珍藏本·增订本
纪念版

汉译世界学术名著丛书

本杰明行纪

〔西〕本杰明 著

李大伟 译注

商務印書館
SINCE 1897
The Commercial Press

רבי בנימן

ספר מסעות של רבי בנימן

汉译世界学术名著丛书
（120 年纪念版·珍藏本）
增订本出版说明

2017 年 10 月，为纪念商务印书馆创立 120 周年，本馆推出“汉译世界学术名著丛书”（120 年纪念版·珍藏本），计七百种。近五六年来，仰赖学界同人倾力支持，订正旧译，增补新译，拓展新著，积累日多。为满足读者需要，本馆在七百种的基础上，继续推出“汉译世界学术名著丛书”（120 年纪念版·珍藏本·增订本）三百种。至此，“汉译世界学术名著丛书”累计出版已达千种。

今后，本馆将继续推进丛书的翻译出版工作，在积累单本名著的基础上陆续分辑刊行，汇印出版。为促进中外文明互鉴、推动我国学术发展，使“汉译世界学术名著丛书”这项对我国学术文化有基本建设意义的重大工程发挥更大作用，诚望海内外学术界、翻译界继续给予支持，帮助我们把这套丛书出得更好。

商务印书馆编辑部

2024 年 2 月

汉译世界学术名著丛书
（120 年纪念版·珍藏本）
出 版 说 明

2017 年 2 月 11 日，商务印书馆迎来 120 岁的生日。120 年前，商务印书馆前贤怀揣文化救国的理想，抱持“昌明教育，开启民智”的使命，立足本土，放眼寰宇，以出版为津梁，沟通中西，为中国、为世界提供最富智慧的思想文化成果。无论世事白云苍狗，潮流左右激荡，甚至战火硝烟弥漫，始终践行学术报国之志，无改初心。

迻译世界各国学术名著，即其一端。早在 20 世纪初年便出版《原富》《天演论》等影响至今的代表性著作，1950 年代后更致力于外国哲学和社会科学经典的译介，及至 1980 年代，辑为“汉译世界学术名著丛书”，汇涓为流，蔚为大观。丛书自 1981 年开始出版，历时三十余年，迄今已推出七百种，是我国现代出版史上规模最大、最为重要的学术翻译工程。

丛书所选之书，立场观点不囿于一派，学科领域不限于一门，皆为文明开启以来，各时代、各国家、各民族的思想与文化精粹，代表着人类已经到达过的精神境界。丛书系统译介世界学术经典，引领时代思想，为本土原创学术的发展提供丰富的文化滋养，为推动中国现代学术和现代化进程做出了突出的贡献。

为纪念商务印书馆成立120周年，我们整体推出“汉译世界学术名著丛书”120年纪念版的珍藏本，寄望既利于文化积累，又便于研读查考，同时向长期支持丛书出版的译者、编者和读者致以敬意。

两甲子后的今天，商务印书馆又站在了一个新的历史时间节点上。我们不仅要铭记先辈的身影和足迹，更须让我们的步伐充满新的时代精神。这是商务人代代相传的事业，更是与国家和民族的命运始终紧密相连的事业。我们责无旁贷，必须做好我们这代人的传承与创造，让我们的努力和成果不仅凝聚成民族文化的记忆，还能成为后来人可以接续的事业。唯此，才能不负前贤，无愧来者。

商务印书馆编辑部

2017年10月

中译者序

12 世纪的拉比本杰明(Rabbi Benjamin)来自西班牙图德拉(Tudela)地区。图德拉位于今西班牙东北部纳瓦拉(Navarra)地区埃布罗(Ebro)河畔;相传该城为古代罗马人所建,8 世纪被阿拉伯人占领,成为倭马亚王朝的领地,被用作伊斯兰抵御纳瓦拉王国(824—1620 年)入侵的前沿阵地——纳瓦拉王国为古代西班牙巴斯克人(Basque)王国,其地位于比利牛斯山西部地区,相当于今西班牙巴斯克自治区、纳瓦拉以及位于法国境内的北巴斯克地区,居民主要为巴斯克人,使用巴斯克语。1119 年,西班牙基督教阿拉贡王国(1035—1707 年)斗士阿方索(Alfonso Warrior,1073—1134 年)国王征服图德拉地区,将其纳入基督教势力范围。

中世纪时期,图德拉地区主要有基督徒、莫扎勒布(Mozarabs)与犹太教徒等教徒。莫扎勒布,意为阿拉伯化,指在安达卢西亚地区摩尔人(Moors)①统治下的基督徒,这些基督徒尽管仍然信仰基督教,但是大部分精通阿拉伯语、深受阿拉伯文化影响,因此被称为莫扎勒布。西班牙北部图德拉与纳瓦拉地区有着

① 摩尔人指中世纪时期生活在伊比利亚半岛、马格里布以及西非等地的穆斯林,最初来自西非等地。8 世纪,摩尔人征服西班牙,以科尔多瓦为统治中心,建立了强大的穆斯林国家。直到 15 世纪,摩尔人在基督徒驱赶下离开了伊比利亚半岛。

历史上最古老与重要的犹太人群体。阿方索占领图德拉之后，当地犹太人之前享有的自治管理与法律等权利得到承认，犹太人生活在相对和平的环境中，直至1321年在西班牙的十字军运动中被打破。此次十字军运动爆发于1320年，开始出现于法国诺曼底地区，旨在协助西班牙再征服运动，图德拉很多犹太人遭到杀害。1498年在西班牙驱逐犹太人的运动中，图德拉犹太人或被迫改宗成为马拉诺[①]，或迁徙到西班牙以外地区，早先繁荣的犹太群体不复存在。

拉比本杰明生活的12世纪是图德拉犹太人较为和平的时期，一直持续到14—15世纪。此时，该地有大量犹太人群体，虽然具体数目不知。此地犹太人生活在特定区域，拥有自己的犹太会堂与墓地，并拥有一定的自治权利，从事制革、谷物、染料、金银器加工等手工业，并从事各类贸易，甚至高利贷活动。此地还有许多著名的犹太学者。1075年，拉比犹大·哈列维(R. Jehuda Halevi，1075—1141年)即出生于图德拉地区，为著名的犹太医生、诗人与哲学家。在10—12世纪“希伯来黄金时期”，他在当时与后世被称为犹太史上最为伟大的希伯来诗人之一，他创作的很多宗教与世俗诗歌一直保留到今天的礼拜仪式之中。晚年出于宗教召唤，拉比犹大·哈列维到达圣地巴勒斯坦，不久即于1141年辞世。中世纪著名圣经评论者、哲学家亚伯拉罕·伊本·以斯拉(Abraham Ibn Ezra，1089—1167年)，著名拉比、卡巴拉学者、《托拉》

① 马拉诺(Marrano)，即指被迫改宗基督教，但是背后依然信仰犹太教的犹太人。

（*Torah*）布道书著者约书亚·伊本·舒瓦（Joshua Ibn Shuaib，1280—1340 年）等也是图德拉犹太人。著名犹太卡巴拉[①]学者亚伯拉罕·阿布拉菲亚（Abraham Abulafia，1290—1291 年）的童年在图德拉度过。14 世纪中叶，伊本·沙普特（Ibn Shaprut）也出生在图德拉，为著名的《塔木德》（*Talmud*）学者、犹太医生、哲学家与辩论家，其曾与对立教皇[②]本笃十三世（Benedict XIII，1328—1423 年）公开辩论原罪与赎罪的问题。

据《本杰明行纪》所记，拉比本杰明从图德拉出发，途经西班牙的托尔托萨、塔拉戈纳、巴塞罗那、赫罗纳等地，到达法国南部的纳博讷贝济耶、蒙彼利埃、吕内勒、博凯尔、圣吉尔、阿尔勒与马赛等地，再至意大利热那亚、比萨、罗马、贝内文托，希腊科孚岛、底比斯与萨洛尼卡等地，再经海路到达阿比多斯、君士坦丁堡、加利波利、希俄斯岛、罗得岛，再经过海路到达塞浦路斯、安条克等地，再到达贝鲁特、西顿、提尔、阿卡、海法、凯撒利亚、撒玛利亚、纳布卢斯、耶路撒冷、伯利恒、希伯伦、拉姆拉、雅比尼、布里拿斯、大马士革，再经阿勒颇、摩苏尔等地，到达巴格达、巴比伦、希拉、库法、苏拉、埃尔-朱巴等地，再到达阿拉伯半岛地区，如也门、蒂尔马斯、塔拿姆、黑巴尔等地，再到达瓦西特、巴士拉、胡齐斯坦、鲁德巴尔、木剌夷、哈马丹、泰伯里斯坦、伊斯法罕、加兹温山，甚至撒马尔罕、吐蕃等地，并从加兹温山返回胡齐斯坦，再经海路到达基什、印度奎隆、

① Kabbalah 为希伯来语קַבָּלָה音译，意为“接受、得到”，是犹太教中一种深奥的方法，旨在探究无限、永恒、宇宙以及人类的关系，该学派学者经常以犹太教经典解释各类神秘的现象，之后逐渐成为神秘宗教解释的基础，并被其他教派所使用。

② Antipope，指中世纪时期反对罗马教皇的宗教人士，又称对立教皇。

哈迪岛(伊布里格岛,应为锡兰)、中国,再从中国经海路返回到僧伽罗与宰比德,再至非洲阿丹、努比亚、阿斯旺、法尤姆、麦西拉姆与亚历山大里亚等地,再到西奈半岛苏巴特、利非丁与特尼斯,再经海路到达西西里岛墨西拿、巴勒莫,再至罗马,穿过意大利到达德国,再至波希米亚、斯拉夫(俄国),最后返回法国巴黎。在大多数情况下,本杰明都记载了其所经诸地之间的行程距离,而且这些距离大多符合实际情况,这便证明了《本杰明行纪》的准确性与真实性。

本杰明在行纪中记载了中世纪时期,尤其是 12 世纪期间欧、亚、非诸地犹太人流散状态(包括这些地区的犹太人数量、生存状况、经济贸易、宗教活动与著名犹太人物等)、著名历史事件、欧亚诸地历史地理以及各类奇闻异事等。其中所记各地犹太人数量,多被认为是指犹太人的户主数目,代表犹太人住户数目,有些地区尤为明显,并得到了其他文献的佐证。在行纪中,本杰明对各地的商业贸易情况记述尤为详细——很多人据此认为本杰明应为一位商人,其游历欧亚诸地应带有贸易目的或即在这些地区经营贸易。在对各地的记载中,本杰明对西班牙、法国、意大利、希腊与拜占庭帝国等基督教世界,以及迦南、美索不达米亚、波斯、埃及、阿拉伯半岛等伊斯兰教世界的记叙尤为详尽,尤其详细记载了这些地区的犹太人数量、著名人物、宗教活动与生存状况以及经济贸易等,但是对中亚、印度、锡兰与中国等东方诸地,乃至俄国的记载却十分简略。虽然也提及了到达这些地区所需时间,乃至距离等,但对这些地区情况的记载显得不够深入、细致。很多学者据此认为,本杰明向东方的行程应未超出巴格达、波斯地区,其关于东方的记载

应是道听途说——本杰明在行纪中亦曾明确提及他曾从他人处听闻了一些事迹，并记载之。尽管我们无法准确判断本杰明是否曾亲自到达过中亚、印度、锡兰与中国等东方诸地，但是可以确信的是他关于东方地区的记载十分真实，很多历史事件都被证实；而且颇具意义的是本杰明作为一位欧洲人，首次提到与印度的贸易，第一次明确地提到了中国，称中国为צין（tsin）——希伯来语称中国为סין（Sin，即“秦”，指秦王朝，Sin 为西方人从海路入华对中国的称号，最初应是马来人以“秦”之名称呼中国，后经阿拉伯人传给希腊人、罗马人等），因语言流变，即 s/th/ts 音互转，中世纪时期本杰明所记希伯来语צין即指中国，并详细记述到达中国的海路行程与一些奇闻异事等。

本杰明为马可波罗（1254—1324 年）与伊本·白图泰（1304—1377 年）之先驱，其行纪远溯博索，以朴实、简洁、明快的语言为我们留下了中世纪时期，尤其是 12 世纪期间欧、亚、非诸地的风貌，比备受赞誉的《马可波罗行纪》与《伊本·白图泰游记》之记载仍要早一两百年。《本杰明行纪》中所记大量有关犹太人历史、著名历史事件、欧亚诸地历史地理以及商业贸易等内容，已被后世游历家证实，为研究中世纪时期犹太史、商业贸易、历史地理、中西交流等提供了弥足珍贵的文献史料，历史价值主要体现在：

(1) 本杰明最为完整地记载了中世纪时期，尤其是 12 世纪犹太人所生活的国家与地区、各地犹太人数量、宗教活动与主要犹太人士等犹太人流散状态，为研究中世纪时期犹太史与古代犹太人入华提供了新的线索与思路。

(2)《本杰明行纪》为研究 12 世纪中后期，尤其是十字军东征时期，欧洲、亚洲与非洲诸地商业贸易史提供了极为翔实、宝贵的文献史料，比《马可波罗行纪》早一个多世纪之久，许多珍贵记载可与之相互印证。

(3)《本杰明行纪》包含了他那个时代欧亚大陆诸地大量有趣、正确、真实的历史信息，如叙利亚、波斯的哈昔新(Assassins)教派等。

(4) 本杰明在行纪中记载了大量中世纪时期历史地理信息，且作为欧洲人，首次提到与印度的贸易，第一次明确地提到中国，其对中亚、印度、锡兰与中国等之记载，为研究中世纪时期中西交流史提供了文献史料。

目前所知，《本杰明行纪》流传于世的希伯来文抄本有 12 个版本，其中以 1543 年君士坦丁堡抄本、1556 年意大利费拉拉(Ferrara)抄本、大英博物馆抄本(No. 27089)、罗马卡萨纳特瑟(Casanatense)图书馆抄本(No. 216)、维也纳爱泼斯坦(Herr Epstein)所藏抄本等较为完整、准确。① 这些希伯来文抄本先后被翻译为拉丁文(5 种版本)、英文(5 种版本)、法文(3 种版本)、荷兰文(1 种版本)与意第绪语(2 种版本)等出版。鉴于《本杰明行纪》所具备的重要历史价值，因此非常有必要将其介绍至中国学界，以期为中世纪时期犹太史、商业贸易、历史地理、中西交流史等研究

---

① ספר מסעות של רבי בנימין ז''ל על פי כתבי יד עם הערות ומפתח, לונדן, שנת תרס"ז לפ"ק(《本杰明行纪》大英博物馆藏) in Marcus Nathan Adler, *The Itinerary of Benjamin of Tudela*, Oxford University, 1907. מסעות של רבי בנימין ז"ל, לונדן, שנת ת"ר לפ"ק[《本杰明行纪》意大利费拉拉(Ferrara)藏], in A. Asher, *The Itinerary of Benjamin of Tudela*, Vol. 1, London and Berlin, A. Asher & Co. 1840。

提供新的文献史料与线索。此工作主要由两部分构成,其一为对《本杰明行纪》内容之翻译,其二为对内容之校注与勘误。亚设(Asher)与马库斯·南森·阿德勒(Marcus Nathan Adler)曾分别据费拉拉与大英博物馆希伯来文抄本,对《本杰明行纪》进行过整理与注解。[①] 此次工作将以费拉拉与大英博物馆所藏希伯来文抄本为基础,据亚设与马库斯·南森·阿德勒的整理与注解,对《本杰明行纪》进行翻译、校注与勘误。关于校注与勘误的内容,以注释形式出现,并在注释末尾标注"译者"字样。需要说明的是有些注释过于冗长,便进行分段,只在该注释最后一段末尾标注"译者"字样。限于译者学识浅薄,欢迎诸位方家对译文中的不当与错讹之处进行诚恳批评与指正!

李大伟

2018 年 9 月 1 日于西安

① A. Asher, *The Itinerary of Benjamin of Tudela*, 2 Vols., London and Berlin, A. Asher & Co. 1840, 1841; Marcus Nathan Adler, *The Itinerary of Benjamin of Tudela*, Oxford University, 1907.

目　　录

亚设译本介绍 …… 1
马库斯・南森・阿德勒译本前言 …… 33
希伯来文版前言 …… 50

第一卷　欧　　洲

一、萨拉戈萨、巴塞罗那与纳博讷 …… 57
二、贝济耶、蒙彼利埃与吕内勒 …… 66
三、博凯尔(珀斯奇瑞斯)、圣吉尔、阿尔勒与马赛 …… 73
四、热那亚、比萨与卢卡 …… 81
五、罗马 …… 83
六、索伦托、那不勒斯与萨勒诺 …… 99
七、阿马尔菲、贝内文托、塔兰托与布林迪西 …… 105
八、奥特朗托、科孚岛、勒班陀与底比斯 …… 112
九、奈戈旁特(伊戈旁)、萨洛尼卡与阿比多斯 …… 119
十、君士坦丁堡 …… 130
十一、罗都斯徒、加利波利、萨摩斯岛与罗得岛 …… 147

第二卷 亚 洲

十二、塞浦路斯、科里库斯、马米斯特斯与安条克 …………… 155
十三、莱加与杰比雷(迦巴勒) ………………………………… 166
十四、杰比雷(迦巴勒)、贝鲁特、西顿与提尔 ……………… 175
十五、阿卡、海法、迦密山与迦百农 …………………………… 187
十六、凯撒利亚、路斯(卢德)、撒玛利亚与纳布卢斯 ………… 197
十七、基利波山与耶路撒冷 ……………………………………… 211
十八、伯利恒与希伯伦 …………………………………………… 227
十九、拜特·贾伯林、示罗、拉姆拉与雅比尼 ………………… 234
二十、帕密斯、亚实基伦、泽林与太巴列 ……………………… 247
二十一、特布尼、梅龙、卡迪斯与布里拿斯 …………………… 260
二十二、大马士革 ………………………………………………… 271
二十三、基拉(迦列)、撒迦、达莫与芮哈(设扎尔) …………… 281
二十四、达拉特、阿勒颇、卡拉特·加巴与拉卡 ……………… 293
二十五、哈兰、拉斯-埃尔-艾因、尼斯比斯与耶泽尔·本·奥马尔 ………………………………………… 302
二十六、摩苏尔、拉哈巴、朱巴与奥克巴拉 …………………… 310
二十七、巴格达 …………………………………………………… 321
二十八、伽黑甘(伽兹甘)、巴比伦、希拉与拿帕查(卡夫里) … 343
二十九、以西结犹太会堂、克茨拿、艾因·亚法塔与库法 …… 354
三十、苏拉、沙菲贾底布、埃尔-朱巴(埃尔-安巴尔)、希拉(示巴) …………………………………………… 367
三十一、蒂尔马斯、塔拿姆、黑巴尔、韦拉(韦雷)……………… 376

三十二、瓦西特、巴士拉、胡齐斯坦与书珊(苏萨) …………… 384
三十三、鲁德巴尔、木剌夷与阿马瑞耶(阿马迪耶)………… 397
三十四、哈马丹、泰伯里斯坦、伊斯法罕、基瓦(加兹尼)……… 417
三十五、撒马尔罕、吐蕃与加兹温(尼沙布尔山)…………… 425
三十六、胡齐斯坦、基什、埃尔-卡提法与印度奎隆………… 440
三十七、哈迪岛(伊布里格岛)、中国、僧伽罗与宰比德 ……… 457

第三卷　非　　洲

三十八、阿丹、努比亚、阿斯旺与法尤姆 ……………………… 471
三十九、麦西拉姆 ………………………………………………… 484
四十、亚历山大里亚 ……………………………………………… 508
四十一、杜姆亚特、苏巴特与特尼斯…………………………… 521

第四卷　欧　　洲

四十二、西西里岛、墨西拿与巴勒莫…………………………… 529
四十三、德国、波希米亚与斯拉沃尼亚………………………… 535
四十四、法国巴黎 ………………………………………………… 544

索引……………………………………………………………… 546

译后记…………………………………………………………… 570

亚设译本介绍[1]

（一）亚设题记

在本书翻译中，精通两种语言的人都将会承认，一些专有名词中元音的发音如下：

a，如同 a 位于 father

e，—— e—— bed

i，—— i—— fit

o，—— o—— over

u，—— u—— full

ch 代表ח（希伯来语字母 het），如同苏格兰语 Loch 或德语 Sprache 中的 ch。

Kh 代表כ（希伯来语字母 khaf）。

希伯来语字母ע（a'yin）每次出现之时，在英文字母前以'标示。

B.代表 Bar 或 Ben，意为拉比（the Rabbinic）或希伯来语中的儿子。[2]

R.指拉比(Rabbi),英语中“大师”(Master)的同义词。Rabbi指犹太会众中最为高贵的宗教人士,或指杰出的人士,其能够广泛地号令具有大师与老师头衔的人。

出现在文中的C.与F.,分别指(本杰明手稿的)君士坦丁堡(Constantinople)版第1版与费拉拉(Ferrara)[3] 版第1版。

文中冗余的内容,以()标示;需要增补的内容,以[]标示。

其他的事宜将在后文中详述,在第2卷中将会为读者就文本继续进行解释。

(二)亚设整理的《本杰明行纪》版本

尽管在13—15世纪本杰明书稿早已被人所熟知,但直到1543年该书才在君士坦丁堡首次付印。久而久之,又出现了各种重印版本,如下为该书稿的版本目录:[4]

I　希伯来文版

1.1543年,由君士坦丁堡的松奇尼(Soncini)(家族)以拉比希伯来文印刷,8开本,64页。[5] 这是第一个版本,极其少见。虽然几经寻觅,我仍然没有见到整本文稿。据说巴黎皇家图书馆藏有此书,但怀着虔诚的用意几经查询,仍一无所获!牛津大学图书馆奥本海默司收藏有一部残本,缺少该书的前14页或几近四分之一。鉴于此种不幸的状况,并不能根据目录学的要求完整地介绍此版的标题(即书名页)。与早期君士坦丁堡出版社出版的大部分希伯来书籍一样,这本书的正确率与排版都比较差。这个版本的所有错误都延伸到了下面将会提到的第3、4与第10个版本中，这也导致了译者所出现的错误。此本唯一的价值就是稀见。

2.1556年，费拉拉的亚伯拉罕·本·尤斯克(Abraham Ben Usque)以拉比希伯来文出版的《已故拉比本杰明行纪》，小8开本，64页。在标题处，有一地球被置于一个正方形之中，周围环绕着希伯来文诗句，前言排在标题页反面。

第二个版本似乎比第一个版本更为少见，很明显是从另外一个手稿印制而来，其对本杰明的手稿进行评判非常必要且不可或缺。这一版本的文本比前者更加素净，很多地方都便于阅读；前者错讹太多，难以理解。

不幸的是早期的译者如阿里亚斯·蒙塔努斯(B. Arias Montanus)与隆佩尔(L'Empereur)等对此本都不知晓。[6] 如果他们能够将此本与君士坦丁堡版本进行比较的话，会犯更少的错误，并对我们的作者有更加正确的判断。我就是采用此版本翻译本杰明手稿。法国与德国的公共图书馆中没有收藏这个版本，我通过私人拜访或信函的形式获得了它。目前所知，唯一一部手稿收藏在牛津大学图书馆奥本海默司。

3.1583年，由布赖斯高(Brisagu)的斯夫若尼(Siphroni)出版，[7] 小8开本，32页，呈正方形状。

此本是第一个版本君士坦丁堡本的重印本，不仅忠实地延续了前者的错误，而且在提到基督徒的篇章中将前者对基督徒的称呼התועים(意为“误入歧途者”)修改为הנוצרים(即拿撒勒[Nazarenes])，这是因为此本经过基督徒审查。此本的一些书上有“布赖斯高的弗赖堡”的印记，我们知道这被不同作者提及。[8] 几乎可以肯定的是康斯坦丁·隆佩尔(Constantin L'Empereur)的版本也是由此本重印而来,此本现仍收藏在莱顿(Lyden)图书馆中。在布赖斯高出版的书比较少见,此本尤为罕见。1606 年,斯凯利格(Scaliger)致信布克斯托夫(Buxtorff),感谢其在艾丕斯特(Epist)希伯来研究所为他获得此本书,并就提到该书极其少见,还是此书问世未超过二十年之时。[9]

4.1633 年,艾兹威尔斯(Elzivirios)出版的马尔库斯·路戈多尼·巴塔沃汝姆(Fr.M.Lugduni Batavorum)神父所拥有的版本,24 开本,203 页,呈正方形状。[10]

这个版本应是重印自弗赖堡版本,其(与下述第 13 个版本)皆为《艾兹威尔斯列国志》(*Respublicae Elzevirianae*)的一部分。[11]《艾兹威尔斯列国志》在珍宝般著名的荷兰出版业余爱好者中十分有名。博学的编辑康斯坦丁·隆佩尔对文本部分词语进行了修改,保留了他对注释的校对,并以此对下面提到的第 10 个版本进行了扩充。

5.已故医生(?)拉比本杰明的足迹遍布世界三大洲,即亚洲、非洲与欧洲。这个新的《行纪》已经出了三个版本,这是其中最好的一版。从第一版开始至今,在很多情况下其宛如天书一般。如很多地名不为人知,因此精读此书变得十分无趣;你必须根据它们的常用名称与词义去探寻每一件事情与每个地名。此版于 1698 年在阿姆斯特丹的卡斯帕(Caspar)出版社出版,32 开本,65 页。

这个版本与著名的拉比玛拿西·本·以色列(R.Manasseh Ben Israel)的《以色列的希望》(*Hope of Israel*)一起出版。[12]拉比玛拿西·本·以色列曾对克伦威尔(Cromwell)施加影响,使其重新接纳犹太人进入英格兰，但这佯装的调和却有害无益。这个版本的编辑确实将很多复杂的希伯来语单词翻译为犹太人所使用的德语（即意第绪语[13]），但是这项工作没有任何价值，因为并没有任何的评判，仅是依靠猜测，顶多是对阿里亚斯·蒙塔努斯与隆佩尔的拉丁译文进行了借鉴，而且无知的译者经常误解其意思。然而，这个版本的印刷为荷兰所出版的漂亮的样本。

6.1734 年，曾出版过一个版本，但我并没有见过；该版本曾被施恩茨（Zunz）博士引用。详见 Zunz，*Zeitschrift für die Wissenschaft des Judenthums*，Berlin，1823，p.130。[14]

7.1762 年，在约翰·安德鲁·迈克尔·纳格尔（John Andrew Michael Nagel）指导下，由约翰·亚当·黑塞尔（John Adam Hessel）在阿尔特多夫（Altdorf）出版，小 8 开本，56 页，呈正方形状。[15]纳格尔出版此书是为名校的学者研究之用。

此本是对上述第四个版本的重印，也保留了其中的每一个错误。该书的编辑纳格尔曾经发表 14 篇有关本杰明的文章，但是此本极其罕见，穆塞尔（Meusel）甚至怀疑其是否存在。[16]

8.1782 年，出版于苏尔茨巴赫（Sulzbach），小 8 开本，32 页，呈正方形状。此本是对隆佩尔版本拙劣的重印，以劣质的德国吸墨纸印刷，充满错误，没有一点文学价值，但却是一本“流行的六便士书”。[17]

9.此版本在奥地利加利西亚（Galicia）的祖瓦克（Zolkiew）出版。[18]著名学者拉比所罗门·L.拉帕波特（Rabbi Salomon L. Rapoport）[19]在写给沙龙·科恩（Shalom Cohen）著作的序言中提到此版。[20]我并没有这一版，这位令人尊敬的拉比在写给他的信中称其为“通用版本”，但其包含一些不同的内容。这些内容出现在上述拉比所写前言的引文或更确切地说正文之中。与其他文章一样，我们就此拥有了这位拉比的手迹，证实了他为欧洲第一位希伯来学者和评论家。我很自豪地说他的善意帮助充实了我的译文和注释，为此我在此公开表达最诚挚的谢意。

Ⅱ　希伯来文与拉丁文版

10.此版本包含译文与康斯坦丁·隆佩尔的注释，来自路戈多尼·巴塔沃汝姆的奥皮克· S.T.D.(Oppyck S.T.D.)与 S.L.P.。[21]1633 年出版，版本出自艾兹威尔斯[22]，小 8 开本，其中 34 页未编页码，编页的为 234 页。

此版本，包括文本与译文，由上述第 4 个版本与下述第 12 个版本构成。在此版本中，有关该书的文章与注释包含了大量陈旧的知识。

在致读者的文章中，隆佩尔以轻蔑的态度对待阿里亚斯·蒙塔努斯的译文，但如果仔细研读，较之他面前的译文来说，可以发现他犯了更多错误。勒诺多(Renaudot)对两位编者的评判一点都不过分。他针对文本提到：“犹太人本杰明……并不是一个卑劣的作者。一些人想要相信连科学家都没有听说过的事情。我们须对承担此翻译的阿里亚斯·蒙塔努斯与其后的康斯坦丁·隆佩尔进行评判，他们的工作并不相同。君士坦丁堡版本存在一些错误，并不整洁，包含了一些不为人知的事情。阿里亚斯·蒙塔努斯在翻译中出现了很多错误，荷兰译者(即隆佩尔)则没有洞察力。他们在城市、省份以及国家的常用名称方面出现了很多问题，令人难以想象。”需要注意的是:“阿里亚斯·蒙塔努斯导致读者陷入困难之中,隆佩尔则设法使作者变得更加清晰。在翻译中加入注释以及阿拉伯文与希伯来文完全没有必要。因为,这些都不是来自原始作者、历史学家与地理学家,而且不被人所熟知,甚至从未听说。”[23]

Ⅲ 拉丁文版

11.“图德拉[24]的本杰明记载了在之前或四百多年之前发生在旅程中的大事与世界。抛开信仰,他几乎看到了他那个时代所有值得尊敬的人。我将简要、清晰地描述之。祝福将希伯来语翻译为拉丁语。”阿里亚斯·蒙塔努斯翻译。

该版于1575年由安特卫普的查尔·普拉提尼·阿奇泰普戈拉菲皇室(Chr.Plantini Architypographi regii)出版。

著名的阿里亚斯·蒙塔努斯首次将这本著作介绍给博学的基督徒们,尽管他们能够理解圣经希伯来文,但对拉比希伯来文仍旧很陌生,这些行纪就以此文记载。在很多情况下,阿里亚斯·蒙塔努斯的翻译都是建立在猜测基础上,而非忠实地翻译文本。但是,我认为他的工作应该得到尊重,他在很多处的猜测都要比后来的译者更加接近事实。

12.1633年,路戈多尼·巴塔沃汝姆出版,24开本。这是一个整齐的版本,是《艾兹威尔斯列国志》的一部分。即使不是最稀缺的,也是比较稀缺的版本。该版的内容来自第10版(希伯来文)。由于其正确性较高和使用便捷,备受学生与书籍收藏者青睐。

13.该版本来自前述阿里亚斯·蒙塔努斯的版本(即第 11 版)。此本对麦加与麦地那有所描述,并提到先知(Al-nabi);路德维奇·瓦图曼尼(Ludovicii Vartomanni)与约翰内斯·瓦尔迪(Johannis Wildii)在其行程中也有所提及。[25]康斯坦丁·隆佩尔的文章也附注在此版之中,但是读者对他的校订已经比较熟悉。1636 年,亨宁·穆勒汝斯(Henning Mullerus)在赫尔姆斯泰(Helmstadi)以克里斯托弗(Calixtino)活版印制,8 开本。[26]

除了蒙塔努斯的译文之外,此本还包括上述所提到内容的摘录。[27]尽管此本几乎没有任何新的内容,但仍令人感到好奇。较之隆佩尔而言,此本的编者更加喜欢蒙塔努斯的译文,并将两人所有不同的短语罗列出来。因此,在此本中可以看到,直到出版之时所有以拉丁文书写的内容。

14.该版本来自阿里亚斯·蒙塔努斯的版本。此本对麦加与麦地那有所描述,并提到先知,路德维奇·瓦图曼尼和约翰内斯·瓦尔迪在其行程中也有所提及。康斯坦丁·隆佩尔的文章也附注在此版之中,当然读者对他的校订已经比较熟悉。1764 年,由莱比锡附近的乔安·迈克尔·路都(Joann. Michael. Ludov)出版社出版。

此版是对第 13 版的重印,但印刷质量优于前者。

Ⅳ 英文版

15.犹太人约拿(Jonas)之子本杰明的《行纪》,以希伯来文书写,由蒙塔努斯翻译为拉丁文。本杰明发现了犹太人的地区与世界,大约在 460 年之前。

该《行纪》的第一个英译本被收录在珀切斯(Purchas)的《朝圣者》之中,分为五段。[28]

16.1160—1173年,图德拉约拿之子本杰明的旅程,经行欧洲、亚洲与非洲等地,从西班牙至中国。此版本来自蒙塔努斯与隆佩尔的拉丁文译本,并与其他语言的译本进行比较,收录在哈里斯(Harris)的《航行与游历汇编》一书中。[29]其中的导言与注释并非毫无意义。编者对本书的作者以及数个版本、译本等都有所交待,反对质疑作者信誉以及存在问题的真实状况等,并对行纪做了简要的概括,通过"先前对该《行纪》的评论以及观察"等得出结论。第554页的注释就显示了编者的精神,其说道:"综合各种情况,可以清晰地看出我们的作者主要想将这部作品献给他自己的民族,保留对他们所定居的不同地区的记载,并尽其所能通过让他们设想弥赛亚即将降临,从而在囚禁状态下振作精神。我必须承认我与大部分评判者的视角并不一样,因为我不认为在读者眼中,热爱自己的同胞会成为对其抱有偏见的理由,并有可能对其与犹太人关系的忠诚度有一些怀疑。然而,我并没有看到这何以能够被公正地延伸至该书的其他部分之中。"[30]遗憾的是哈里斯不懂希伯来文,也没有对我们作者(作品)进行完整的翻译,因为有理由相信这一版本的某些内容显得多余,与重建这部作品的权威相去甚远。

17.[31]图德拉约拿之子本杰明的行程,经行欧洲、亚洲与非洲等地,从古代纳瓦拉(Navarre)王国至中国边疆。[32]该版本忠实地译自希伯来文原版,并囊括了相关的文章、注释、评论、历史以及地理信息等,并对作者的真实情况以及该《行纪》的目的进行了公正考量。

此版由祭司拉比格兰斯(R.Gerrans)修订,其为圣凯瑟琳·科尔曼(Saint Catherine Coleman)教会的讲师、伊丽莎白女王免费文法学校(位于萨瑟克[Southwark]的圣奥拉维[Saint Olave])的副校长。[33]

这位作者(即本杰明)活跃于1160年间,被犹太人以及其他仰慕拉比学者的人赞誉有加,并经常被各国伟大的东方学家提及。但是,据格兰斯所知,本杰明的作品从未被犹太人或异教徒翻译为英文。1784年,8开本。

此版编者格兰斯冒充头衔,谎称从希伯来文译出,并称自己为最忠实的译者,以致查尔莫斯(Chalmers)与朗兹(Lowndes)也如此认为。[34]但是,对其作品仔细推敲就会发现格兰斯懂得的希伯来文很少,他全部的内容来自蒙塔努斯、隆佩尔与巴拉蒂耶(Barratier)等。在印制第一章之前,他拒绝承认看过巴拉蒂耶的译文,但是每个章节的划分都与任何一个原本不同(指希伯来文版本),而与巴拉蒂耶的划分完全相同,此种划分系巴拉蒂耶首次提出,与其辩解相左。在此版开始之处的文章不过是巴拉蒂耶第二卷的缩略本,这些篇章以拉比犹太文(书写),并没有被理解,巴拉蒂耶对其进行错误翻译,格兰斯亦"忠实"地转录之。在很多情况下,这些都没有任何意义。以下例子显示了格兰斯至关重要的圆通以及作为译者的能力。拉比本杰明在提到吕内勒城市之时,提到了常见的数位博学的犹太人,如"极其精通律法"的拉比亚设(R. A-sher),其中希伯来文如下:

והוא חכם גדול בתלמוד והרב רבי שמה גיסו,ורבי שמואל החזן,ורבי שלמה הכהן.

该句希伯来文字面意思为:与他极其精通《塔木德》,还有他的连襟拉比摩西、领唱者拉比撒母耳以及拉比所罗门·科恩[亚伦[Aron][35]之子]。[36]然而，格兰斯翻译为："他对《塔木德》著作特别熟悉。在这里你同样可以遇见伟大的拉比摩西(R. Moses)(Gisso!)、拉比撒母耳(R. Samuel)(Hhasan)以及祭司拉比所罗门(R. Salomon)等。"在注释 13 中，他继续言及："他通常被犹太人称为拉什(רשי)[37]，或拉比所罗门·迦祈(R. Salomon Jarchi)[或基拉祈(Jerachi)]。他来自吕内勒城，此城的名字来自ירח(Jereach)，意为'月亮'[38]……1105 年，他与其门徒一起辞世，他的门徒编写了被祷告者称为《马哈祖尔》(מחזור)或'轮回'(的篇章)，[39]其中包括很多对基督徒，尤其对罗马教会的辛辣的谩骂。这是本杰明在年代上所犯的一个错误，因为拉什已经去世很久。"这里可谓错误连篇！Gisso，为连襟之意，格兰斯却没有辨认出其为专用名词；Chasan(即 Hhasan)，他在注释中有时解释为"读者"，有时解释为"刽子手"！Cohen(即希伯来语הכהן)，为亚伦后裔的称谓，直到今天亦是如此。[40]更不可思议的是，格兰斯指责本杰明犯了一个年代的错误，因为他竟然大意到认为，我们的作者能够将拉比所罗门·科恩当做拉比所罗门·伊扎基(R. Salomon Jitschaki)![41]我们应该忽视仅有格兰斯先生所吹嘘、设想的事情，即：(1)拉什并不是科恩，只有亚伦的后裔才有此称谓；(2)拉什并非指基拉祈，尽管布克斯夫对这一名称缩写有所论述；(3)拉什并非住在吕内勒，而是住在特鲁瓦(Troyes)或伊斯特尔(Luistre)；[42](4)《马哈祖尔》或常用的祈祷书，犹太人的礼拜仪式，在拉什很久之前就已经形成；(5)犹太人从不敢对罗马教会有任何"辛辣的谩骂"，这样做极其愚蠢，因为罗马教会比任何其他的政权都能将其置于更好的保护之下，而一

位犯此种错误的人居然竭尽想象,胆敢如此无知、迷信、卑鄙地指责本杰明!

在该书翻译过程之中,我们将指出格兰斯先生所犯下的更多鲁莽的错误,并将其视为一种责任,因为不幸的是他的翻译在超过五十年的时间中一直作为英文读者唯一可获得的版本。

18.此版本源自蒙塔努斯与隆佩尔的拉丁文译本,并与其他不同语言的译本进行比较。此节本由平克顿(Pinkerton)收录,其仅收录一些自己感兴趣的篇章。[43]平克顿先生根据从该作品中能够得知的最为精彩的事情来摘录,并相信拉比本杰明的判断,从不怀疑游记的准确性。他还提供了一些颇有价值的评论,这对我们的注释有益处。

V　法文版

19.著名的本杰明环游世界的旅行,开始于1173年(原文如此),对世界各地几乎所有精彩的事迹以及那个时代可靠的事件进行了准确、简练的描述,对几乎所有地区先前不为人知的状况、犹太会堂、犹太人住所、数量以及他们的拉比等进行了详细记载,同时还包括人们所知的地区以及突厥人征服之前的不同国家。

本杰明最初以希伯来文记载自己的《行纪》,蒙塔努斯将其翻译为拉丁文;近来又由该拉丁文本翻译为法文,其中包括有大量的注释对文本进行解释。

上述介绍给读者的此译本由伯杰龙(Bergeron)收录,共74页。[44]我认为该版本质量不高,其中所包括的注释以及地图毫无价值。

20.图德拉的约拿(Jona)之子[45]拉比本杰明的行程,从西班牙至欧洲、亚洲、非洲,最终到达中国。该《行纪》记载了12世纪有关历史、地理,尤其是犹太人生活地区的重要信息。此版本译自希伯来文,并包括一些有关此行纪的注释、历史文章以及评论等。由巴拉蒂耶(J.P.Barratier)完成,他是一位学习神学的学生。1734年,由一家阿姆斯特丹的公司资助出版,两卷本,小8开本。

其中第一卷主要包括行纪与注释,第二卷则由八篇相关文章构成。关于此本价值,最好是引用吉本(Gibbon)[46]在《罗马帝国衰亡史》中的评价,即“巴拉蒂耶这位奇妙的孩子在翻译希伯来文之时,增加了一卷原始的知识”。去设想巴拉蒂耶是不是在没有一些经验丰富的学者的帮助下完成翻译几乎毫无意义,但是令人感到遗憾的是即使一位孩子在反对所有与其表达不同信条的人之时,却遭到其老师的偏袒。从他的注释中,可以看出他对罗马天主教与犹太人的证据持怀疑态度,这基于他们的宗教信仰。但是,这轻易地就证明他的怀疑仅是因为他无知而已。

21.图德拉本杰明的行程,开始于1173年(原文如此)。柏郎嘉宾(Jean du Plan-Carpin)[47]曾到达鞑靼,阿斯兰(Ascelin)兄弟与其同伴也曾到达鞑靼。1253年,鲁布鲁克的威廉(William of Rubruk)[48]启程前往鞑靼与中国,博韦(Beauvais)的文森特(Vincent)曾专门追溯其行踪。威廉的行纪证实了先前的行迹。此本于1830年8月在巴黎出版,8开本,政府出资为出版者提供资助。

此本重印自第19个版本,仅有一些场合的叙述充满好奇,这也让人再次回想起令人尊敬的拉比本杰明,使其不被遗忘。

Ⅵ 荷兰文版

22.图德拉拉比本杰明·本·约拿的《行纪》，涉及世界三个地区。[49]此本由简·巴拉(Jan Bara)用荷兰语转录。1666年由乔纳斯·雷克斯(Jonas Rex)在阿姆斯特丹出版，24开本，117页。

此版本转录自隆佩尔的拉丁文版本，对于富有批判精神的读者不再新颖，毫无价值。

Ⅶ 意第绪文版

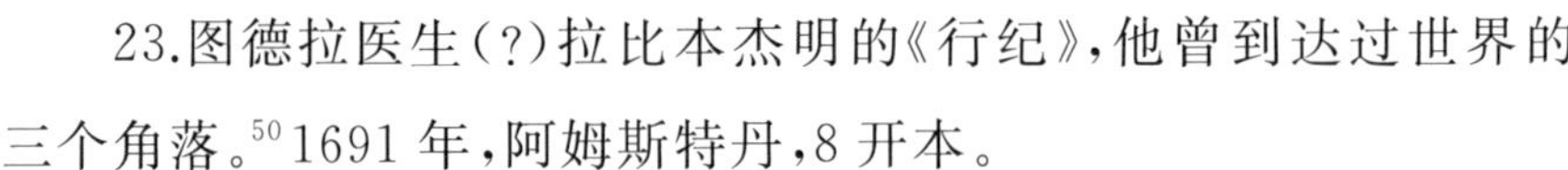

23.图德拉医生(?)拉比本杰明的《行纪》，他曾到达过世界的三个角落。[50]1691年，阿姆斯特丹，8开本。

此版本是由哈伊姆·本·雅各(Chaim Ben Jacob)翻译自隆佩尔版本。尽管译者是一位犹太人，但是却无知至没有纠正隆佩尔的任何一个错误，亦未假装有任何收获，而只是承认他印制此书的目的是为荷兰犹太人的妇孺提供一本阅读著述而已，这些荷兰犹太人将他们自己的方言，将德语与希伯来语夹杂在一起。

24.1711年，法兰克福，8开本。此版本仅是对上一个版本(即第23版本)的重印，对评论者而言毫无价值。

令人好奇的是德国人的著述遍及每一个主题，也几乎将从亚里士多德到尼古拉斯·尼克勒拜(Nicholas Nickleby)[51]的所有事情都进行了翻译，却没有关于此行纪的版本。同时，我们也没能够发现瑞士、丹麦、意大利与西班牙语等译本。

(三)亚设译本前言

每一位学者都觉得应该拥有一部关于中世纪时期地理的著作。一方面希罗多德(Herodotus)[52]、斯特拉波(Strabo)[53]以及其他古代地理学家,吸引了不计其数的编者与评注者的目光;另一方面无论是社会还是个人,都极力想要我们了解当代的世界状况,但是相对而言对被称之为"黑暗"时期的地理状况知之甚微。[54]对于地理的猎奇让我们有很多方式可以了解到亚历山大(Alexander)[55]、奥古斯都(Augustus)[56]、查理五世(Charles V)[57]以及维多利亚一世(Victoria I)[58]等时期世界的政治状况,但却很少有著作涉及十字军东征时期的类似状况。尽管此时一些著名的战争在史学与地理学中有所提及,但与之有关的"姐妹科学"或准确地说"历史上的侍女"早已被遗忘。[59]此项工作的目的就是为了弥补这个缺憾,提供有关中世纪时期地理状况的材料,《本杰明行纪》则正好符合这样的期许。因为较之同时代其他作品,该《行纪》提供了更多的事实与较少的传说,并一直流传下来,另外还对12世纪的世界大部分地区都有所记述。

我呈现给众人的文本对于科学以及自己意图推动的研究的贡献微乎其微,但是希望能够继续此项工作,并通过出版后续的注释为文本提供参考,[60]以备(学习)中世纪与那个时代地理的学生之用。这些材料亦通过比较一些当代(欧洲与东方的)作者未经编辑、校订的内容得以充实,并通过关注世界各地游历者可能出版的那些记载而得以完善。此外,我还设想通过这部作品的发行、流通——此已得到了伦敦与巴黎皇家地理学会的承诺，以推动我的努力，即如罗林森(Rawlinson)[61]少校等更多游历家以及我的更大的目标能够实现！

这里需要特别说明的是该《行纪》与《马可波罗行纪》极其相似，这是促使我尽可能完成编辑此《行纪》的马斯登先生的计划与研究。如果能被认为是一位出色的仿效者，[62]我将感到十分自豪。

最后，对诸友人表示感谢，他们提供了很多帮助。除了那些以自己的注释与文章丰富了此本内容的友人之外，还有罗宾逊博士的旅行同伴、颇具才华的牧师伊利·史密斯(Ely Smith)，柏林皇家图书馆的高级馆员斯派克(Spiker)博士。此外，还离不开泽德内尔(Zedner)先生的帮助；[63]如没有他的帮助，我谦卑地呈现出来的作品不可能达到较为完美的程度。

(四)亚设译本导言

I　作者介绍

图德拉拉比本杰明·本·约拿(Benjamin Ben Jonah)是一位犹太商人，[64]于1160年开始旅行，在《行纪》中记载了已知世界的大部分地区。

此《行纪》的前言[65]是唯一的权威，我们以此尊重本杰明的名誉。尽管其出自后人之手，但是我们没有理由去质疑。

本杰明是一位犹太人，此无须证明。如果我们略微审视本杰明的著作，并将其与类似的作品进行比较，就会情不自禁地察觉到他只可能是一位商人，对其所到城市与国家的贸易状况有着极为准确的观察。艾希霍恩（Eichhorn）与帕德苏斯（Pardessus）也认为我们的游历者本杰明从事商业活动，在我们有关商业的索引中将会明显地证实这个判断。

Ⅱ　目的

本杰明游历显然有两个目的。如中世纪时期很多穆斯林与基督徒一样，拉比本杰明访问耶路撒冷城、巴格达——巴格达为最后的王子及其国家的驻地，[66]并通过这次朝圣收集一些信息，希望能够得到同胞的认可，并对他们有用。他意识到他们对这些地区以及遗迹的眷恋，这些都证明了他们辉煌的过去，通过这些也可寻找到那种甜蜜的忧郁。他已经感受到了那种神奇、无形的渠道。即使是在并无宗教差别的今天，这种渠道仍能够唤醒所有欧洲以色列人对大马士革被压迫（犹太人）的同情，但是他也知道经商是他们能够得到支持、获取成功的唯一办法，这也是影响他们被囚禁的王子的最可靠的办法。呜呼，此种压迫已延续数代之久。正因如此，此书方才著成。他以见闻记述的各国犹太人的状况不尽相同，这充分体现在出色的介绍以及所描写的城市贸易与商业中。此《行纪》不仅受到神学家的重视，而且还受到历史学家的关注。

Ⅲ　游历时间

在对文本的研读过程中，我们作者的写作时间已经可以确定，可见如下注解。他应是在 1159 年之后到达罗马，[67] 1161 年 12 月到达君士坦丁堡，[68]对埃及的记述则肯定是在 1171 年之前，[69]几乎是整个行程的收尾阶段。[70]如果将我们从文本中提炼的时间与前言中所给出的返回时间(1173年)[71]结合起来,就可得知本杰明记述的事件发生在1159—1173年这十四年间。

Ⅳ 作品分类

正如前言所述,需要特别注意的是,这部作品一个十分鲜明的特点,就是其内容可以分为他的所见与所闻。

在从萨拉戈萨(Saragossa)到巴格达经过的很多城市中,拉比本杰明提到了他所见到的犹太会众的主要犹太人士、长者以及司事等。[72]本杰明列举的人士的确是他的同代人,他无意间提到的一些他们的细节也被其他学术权威证实;其中大部分人已经在人物志中被印证,施恩茨博士以此丰富了本书第二卷的内容。[73]

但是,在离开巴格达的第一站吉亥格(Gihiagin)时,本杰明出色的介绍中止了;除了两位王子以及两位拉比之外,我们没有看到其他任何人名。[74]此处与书中之前部分截然不同,不禁让我们认为拉比本杰明的游历并未超过巴格达地区,这就是该作品的第二部分,为本杰明所闻之事。本杰明时期,巴格达是被囚禁的王子的驻所,吸引着来自各地的大量犹太人朝圣者,无疑也是收集世界不同地区犹太人与贸易信息的要地,正好满足了本杰明游历的目的。

Ⅴ 语言与风格

《本杰明行纪》以拉比希伯来文书写。在拉比希伯来文中,很多源自圣经的词汇已经完全改变了原始的意义,并包含了很多其他相对晚近的术语。

该作品的叙述风格显示我们的作者丝毫没有伪装自己的学识，这就是一位朴素的犹太商人的记述。可能因为他对其他知识知之甚少，所以喜欢在文本中使用一些习语。翻译他作品的最有学问的译者，都为这些语言与风格感到困惑。我们将不失时机地在注释中指出这些译者所犯下的最为过分的错误。

Ⅵ　行纪的历史、真实性与主张

此行纪的历史信息在很多方面都显得无与伦比。其很早就在犹太人[75]与基督徒[76]中获得了大量声誉，我们列举的行纪的各种版本证明该作品有着广泛的学术需求。总体而言，该行纪被大量引用，内容被广泛参考，已经证明其真实性。直到近来，都没有人对之提出质疑。但是，这个良好的评价曾在17—18世纪出现了一些变化。神学家认为本杰明并没有记述什么，只是试图夸大犹太人的真实数量以及平淡无奇地呈现地处远方国度的犹太人的状态。[77]尽管一些著名的历史学家承认本杰明的权威性并引用之，[78]但是巴拉蒂耶这位博学的孩子——他是一位神学的初学者，公开宣称对犹太人的仇恨，[79]试图证明这些游历从来就没有发生，只是一位无知的犹太人汇编而成，他可能从未离开过图德拉。[80]格兰斯先生自然接受了巴拉蒂耶的观点；[81]作为一位颇受尊重的人物，格兰斯又轻易地让伯尼奥(Beugnot)与约斯特(Jost)接受了他那些强词夺理的理由。[82]

我们应该对这些作者错误的疑惑进行驳斥。颇具地位与权威的拉帕波特、施恩茨、塔弗(Tafel)与莱布雷希特先生在文章中，皆不仅认为这部作品的真实性毋庸置疑，而且在他们的注解中驳斥

了对本杰明的指责。然而，马斯登先生言道，据实而论应坚持将有任何模棱两可的证据从文本本身中剥离出来，这些证据指本杰明确有对在某地的见闻记述得并不完整的事实。[83]本杰明在文本中提到的大量介绍[84]、地理、历史以及传记都非常独特、偶然，而且被古代以及现代其他作者与旅行者所证实。他不可能杜撰出这些事实，也不可能从他处照搬。很显然这些都是偶然的证据，而非论证而来，但是这很容易受到那些不愿轻信者的指责。对于这些并不相信我们的作者的反对意见，我们会在本卷（第2卷）中专门为读者提供注释，在注释中所有的反对意见将会被公正地讨论，我们作者的声誉将会得到捍卫，因此在此不对该问题进行探讨。对于我们作者的捍卫并不是建立在论证基础之上，而是通过与现代以及同时代的观察进行比较、互证来公正地勘正文本中特定细节，人们将会发现这些勘正都极为正确。

该作品主要包含了三类主要的信息，且其主张的价值已经吸引了博学之士的注意：

（1）《本杰明行纪》最为完整地记载了12世纪犹太人所生活的国家与犹太人数量。

（2）《本杰明行纪》为十字军东征期间欧洲、亚洲与非洲商业史提供了最好的史料。[85]

（3）本杰明是第一位准确地介绍叙利亚、波斯哈昔新教派的欧洲人，第一位提到与印度的贸易［基什（Kish）岛[86]是印度产品主要的销售地］，第一位明确地提到中国，并描述中国与锡兰被海洋相隔，航行十分危险的欧洲人。[87]

（4）《本杰明行纪》包含了他那个时代世界三个部分（即欧洲、

亚洲与非洲)大量有趣、正确、真实的信息。鉴于这些优势,可以说在中世纪时期文献中没有一个能够与之媲美,没有任何一个作品如《图德拉本杰明行纪》,完全没有传说、迷信等内容。

Ⅶ 文本状况

然而,通过对目前文本的仔细研究,我们不得不认为蒙塔努斯的观点有充分根据,我们拥有的不过是一个有所删减的原始版本,此本一方面与比西哈奇亚(Pethachia)[88]、马可波罗的作品有着相同的命运,其他方面亦是如此。[89]这一判断最为明显的证据就是在文中我们被引导与期望看到的一些引文经常缺失,在前言的注释2以及其他地方我们已经指出这些缺失的引文。[90]我们还将会看到文本中对十个城市以及两件事情的描述总计占到整个文本的一半,[91]然而一共提到了大约200个城市,因此一些在很多方面看起来都非常有趣的城市都极为简略地被介绍,关于这些城市的信息只占了很小篇幅。拉比本杰明不可能对德国商业贸易充耳不闻,他提到的雷根斯堡以及其他城市此时容纳了德国的大部分贸易。

但是这些缺失并不是唯一的遗憾,另外一个极大的麻烦就是这些抄书员的无知。自从这些抄本被首次印刷之时,"因为他们的误解,我们的作者经常显得非常模糊;另外他们书写得不准确,很多时候专有名词与地名非常难于辨认"[92]。本杰明在文中使用的一些习语并不能准确地表达法国、意大利、希腊以及阿拉伯语中的称谓,另外文本中没有标注元音字符,这样就很难避免错误的发生。

Ⅷ

考虑到所有这些不足，我们为了找到一部完整、古老而出色的手稿将会不惜任何辛劳。但是，我们在欧洲与埃及没有发现所求之物，尽管蒙塔努斯听说在欧洲有一部手稿，芒克（Munk）先生不辞劳苦地在埃及寻找。[93]因此，我们所做的被局限于在最早的两个版本中进行比较，其中先前的编者与译者从未参考过第二个版本。另外，我们也在文中增加了元音字符，让普通读者便于理解。如果我们声称我们这部有缺憾的文本，仍然是迄今出版的最好的版本，希望不要被冒昧地指责。

我们在注释中竭力寻求早期非常有趣的作品，以应对尚存的指责。[94]通过寻求一些杰出学者的帮助——他们以注释与文章丰富了本卷（即第 2 卷）的内容，我们在注释中发挥了自己的优势，并试图达到我们的目的。因此，如果我们成功地排除那些公开的怀疑与潜藏在心中的疑惑——这些都是对本杰明是否真诚地撰写这部作品表示出来的疑虑——更多的是因为我们喜欢得到慷慨的支持，而非我们自己所拥有的完成这一任务的微小的个人能力。

注释

1　亚设的文本最早于 1840—1841 年出版，详见 A. Asher, *The Itinerary of Benjamin of Tudela*, 2 Vols., London and Berlin, A. Asher & Co. 1840, 1841。其文本分为两卷，第 1 卷为本杰明所记载的文本，第 2 卷为亚设注释。此本又于 1900 年重印，详见 A. Asher, *The Itinerary of Benjamin of Tudela*, 2 Vols., New York: Hakesheth Publishing Co., 1900。两本内容相同。此处主要参考 1900 年的重印本。——译者

2 Bar 为巴比伦亚拉姆(Babylonian Aramaic)语(该语言为巴比伦犹太人在 4—11 世纪所使用的语言,为中世纪亚拉姆语的一种形式)中的בר,通常意为儿子,即希伯来语בן;Ben,即希伯来语בן,指儿子。——译者

3 费拉拉,为意大利东北部城市。——译者

4 这里需要说明的是亚设在介绍《本杰明行纪》版本之时,前半部分为对该版本的介绍以及该版本出版之时编者或出版社对其评价,后半部分为亚设本人对此本的评价。有时,这两种评价不尽相同。——译者

5 松奇尼家族是 15—16 世纪著名的犹太出版家族。该家族生活在意大利米兰松奇尼地区,因此得名。16 世纪 30 年代,其家族一些成员来到君士坦丁堡,随之在此开展了出版印刷业。

拉比希伯来文,亦即《密西拿》(*Mishnah*)希伯来语,指来自《塔木德》(*Talmud*)中除去圣经希伯来文之外的希伯来文。《密西拿》希伯来语分为两部分:第一部分为《密西拿》希伯来语,亦被称为早期拉比希伯来文,第二部分为亚摩兰(Amoraim,希伯来语אמוראים,意即说话者,指讲述《托拉》的犹太学者)希伯来文,即 200—500 年生活在巴比伦与以色列地区的犹太学者在讲述《口传托拉》(*The Oral Torah*)之时所使用的希伯来文,又被称为后期拉比希伯来文。

《塔木德》是源于公元前 2 世纪至公元 5 世纪期间,对犹太教口传律法、条例以及传统的记载与汇编,主要包括《密西拿》与《革马拉》(*Gemara*,即拉比对《密西拿》的评论),是拉比犹太教重要的宗教文献,分为巴比伦《塔木德》与耶路撒冷《塔木德》,其中前者更具权威性。《托拉》(*Torah*)即希伯来语תּוֹרָה,意即教导、指示及律法,其为公元前 6 世纪以前唯一一部希伯来法律汇编,由《创世记》、《出埃及记》、《利未记》、《民数记》和《申命记》等构成,被认为是摩西受上帝的启示所撰写,因此常被称为《摩西五经》。关于《摩西五经》具体成书时间尚不明确,但是公元前 6 世纪犹太人被俘虏至巴比伦之后,犹太人大量文献被汇编起来。相对于《托拉》而言,还有《口传托拉》,相传其源自于上帝在西奈山对摩西的口头训谕。《口传托拉》一代一代传承,并不断增添对经文的解释,将古代口述传统与对经文解释相结合,便于《托拉》传授。2 世纪,拉比犹大(Rabbi Judah)将这些口传律法整理、汇编,被称为《密西拿》,之后成为《塔木德》的成文经典。——译者

6 阿里亚斯·蒙塔努斯(1527—1598 年),西班牙东方学家;隆佩尔(1591—1648 年),荷兰著名犹太学家、东方学家。——译者

7 布赖斯高,位于德国西南部地区;斯夫若尼为出版机构名称。——

译者

8 详见 Wolff Biblioth, *Hebr*, Vols I and III, n.395., Rodriguez de Castro Biblioteca de los escritores Rabbinos españoles etc., p.80。

弗赖堡为布赖斯高地区中心城市。——译者

9 斯凯利格(1540—1609 年),法国宗教领袖、历史学者;布克斯托夫(1564—1629 年),德国犹太人,著名犹太学家。——译者

10 Lugduni Batavorum,拉丁语,地名。通常被认为是现在荷兰的莱顿地区,但亦有人认为其为罗马人在莱顿建立的一个堡垒,是位于莱顿的一个军事据点。此处应是指来自该地的神父马尔库斯。——译者

11 艾兹威尔斯为荷兰莱顿一家著名的出版社。《艾兹威尔斯列国志》为艾兹威尔斯出版社出版的关于各国地理、政治等状况的记载,本杰明这一版本的书稿也被收录至该书之中。——译者

12 玛拿西·本·以色列(1604—1657 年),葡萄牙拉比、作家、出版家,1626 年在阿姆斯特丹建立了第一个希伯来文出版社。其所著《以色列的希望》,详见 R. Manasseh Ben Israel, *The Hope of Israel*, Littman Library of Jewish Civilization, 2004。

13 意第绪语,历史上生活在德国等中欧地区犹太人所使用的语言;该语言夹杂着德语、希伯来语、亚拉姆语等因素,以希伯来文字母书写。——译者

14 施恩茨(1794—1886 年),德国犹太人,著名犹太研究学者、历史学家。——译者

15 阿尔特多夫,德国西南部市镇。——译者

16 详见 Meusel, *Lexicon deutscher Schriftsteller*, Vol.X, 1810。

17 苏尔茨巴赫,德国中西部市镇。——译者

18 加利西亚位于中欧,原被称为该地的地区现分属波兰与乌克兰,分别位于波兰东南、乌克兰西部。近代曾被奥地利占有;奥匈帝国瓦解之后,该地分别被波兰、乌克兰所占。祖瓦克位于今西乌克兰地区。——译者

19 拉比所罗门·L.拉帕波特(1786—1867 年),加利西亚拉比,著名犹太学者、评论家。——译者

20 详见 Shalom Cohen, *Korea Haddoroth*, Warsaw, 1838。

21 Oppyck S.T.D.与 S.L.P.似应为出版机构。——译者

22 即《艾兹威尔斯列国志》。——译者

23 Renaudot, *Anciennes Relations des Indes et de la Chine de deux Voyageurs Mahometans qui y allerent dans le neuviéme siecle; traduites d'Arabe: avec des Remarques sur les principaux endroits de ces Relations*, Paris, 1718, Préface, pag. XXI. Et XXII.

24 图德拉，位于西班牙东北部地区。——译者

25 阿拉伯语 Al-nabi 指先知；路德维奇·瓦图曼尼、约翰内斯·瓦尔迪，均为近代探险家、旅行家。——译者

26 赫尔姆斯泰，位于德国巴伐利亚地区。克里斯托弗，应为克里斯托弗·普朗坦(Christophe Plantin，1520—1589 年)，出生于法国，人文学者、著名出版商，为欧洲印刷术做出了杰出贡献。——译者

27 即上述对麦加、麦地那、先知的记述，以及康斯坦丁·隆佩尔的文章。——译者

28 珀切斯(1577? —1626 年)，英国牧师。他在《旅行者》一书中收录了众多旅行者、游历家的故事，该书共有四卷。其中《本杰明行纪》，详见 Purchas, *Pilgrimes*, London, 1625, Vol. II, Liv. 9, chap. 5, p. 1437。

29 详见 Harris, *Collection of Voyages and Travels*, London, 1744, 8. Fol. Vol. I. pp. 546-555。

30 Ibid. p. 554, Letter g.

31 此处需要说明的是亚设仍将此版标记为第 16 版，故而其所列出的版本总数为 23 版，详见下文。或因亚设认为此本并不是格兰斯从希伯来文翻译而来，而是完全来自蒙塔努斯、隆佩尔以及巴拉蒂耶等人的译本，与上述第 16 版来源相同，故将此版仍然归为第 16 版。但是，下文亦有同源版本，亚设却并没有如此处理。因此，极有可能是讹误所致，待考。尽管如亚设所言，此本存在很多问题，但仍旧为该行纪正式出版书目之一，故此处将其视为一个版本而列出，即为第 17 版。与之对应，之后的版本编号向后顺延，总计 24 版。——译者

32 纳瓦拉，位于西班牙北部，紧邻法国；纳瓦拉王国又称潘普洛纳(Pamplona)王国。778 年，当地的巴斯克(Basques)人击败法兰克人，伊尼戈·阿里斯塔(Inigo Arista，790—851/852 年)被推举为国王。1513 年，该王国南部成为西班牙统一王国的一部分；北部部分保持独立的地区在 1620 年并入法国。本杰明的故乡图德拉即位于该王国。——译者

33 圣凯瑟琳·科尔曼，位于伦敦的教会；萨瑟克位于伦敦中心城区，为

伦敦最古老的地区之一;该校即位于此地。——译者

34 查尔莫斯,英国出版商;朗兹(1798—1843年),英国目录学家,详见 Chambers, *Biographical Dictionary*, NY: St. Martins, 1962; Lowndes, *Bibliographers Manual*, Bell & Daldy, 1865。

35 亚伦,圣经人物,摩西兄长,曾协助摩西率领以色列人走出埃及,为古代以色列人第一位祭司长,祭司职位的创始人。——译者

36 此处的希伯来文以及亚设的翻译,详见 A.Asher, *The Itinerary of Benjamin of Tudela*, Vol.1, pp.18-19。

其中והרב רבי应为"拉比的拉比",即大拉比,故应为他的姐夫大拉比摩西,亚设此处作拉比;החזן,为领唱者之意,亚设此处作 minister,应指领唱者。——译者

37 拉什是拉比什洛莫·伊扎基(Rabbi Shlomo Itzhaki, 1040—1105年)首字母缩写形式,即希伯来语רשי。拉什家族被认为最初来自吕内勒地区。拉比什洛莫·伊扎基为法国拉比,中世纪时期著名的《圣经》与《塔木德》评注者,其评注是研究《圣经》与《塔木德》不可或缺的材料。亚扪人指居住在约旦河以东的民族,其始祖被认为是亚伯拉罕的侄子罗得(Lot)。——译者

38 本杰明在文中对吕内勒以及此地犹太人有着详细的记载,详见下文。该城位于法国南部,相传此城为1世纪来自耶利哥(Jericho,位于死海北部,约旦河西岸的小镇)的犹太人所建。耶利哥,希伯来语为יחר,与ירח音近,ירח或为该地名称来源,因而亦被用于犹太人名之中。——译者

39 希伯来语מחזור,意为"轮回",拟音为 Machasor, Machzor,指犹太新年与赎罪日所用的祈祷书。——译者

40 格兰斯此处应是不知希伯来语גיסו为连襟之意,而仅凭其发音,拟音为 Gisso;同样不知希伯来语 החזן 为领唱者之意,凭其发音,拟音为 Hhasan。希伯来语הכהן有祭司之意,Cohn, Kohen(科恩)源自希伯来语הכהן祭司。在利未部落中,亚伦与其子孙被选作圣殿的祭司,亚伦为首任大祭司;亚伦之后,其子孙继承祭司职位,被称为הכהן(Hacohen),为祭司之意,其中希伯来字母ה(ha)为确指之意。——译者

41 此处的 R.Salomon Jitschaki 即 Rabbi Shlomo Itzhaki,准确的称谓应为 Rabbi Shlomo Itzhaki。如亚设所言,此处应是格兰斯将两人混淆。——译者

42　特鲁瓦位于法国北部地区，拉什出生于该地。Luistre 此处疑指法国 Istres，该地位于法国南部沿海地区。——译者

43　此版本与上述第 16 版版本来源相同。关于此版本内容，详见 Pinkerton, *General Collection of the Best and Most Interesting Voyages and Travels of the World*, London, 1801—1814, 4to, Vol. VII。——译者

44　详见 Bergeron, *Collection de Voyages, faits principalement en Asie, dans le XII-XIII-XIV et XV Siécles, a la Haye*, 1735, 2 Vols, 4to, Vol.1。

45　前文作 Jonas，此处作 Jona，希伯来文本中作 יונה，详见 A. Asher, *The Itinerary of Benjamin of Tudela*, Hebrew edition, Vol.1, p.1; Marcus Nathan Adler, *The Itinerary of Benjamin of Tudela*, Hebrew edition, Oxford University, 1907, p.1。יונה 拟音 Jona 更为符合发音，因此约拿更为准确。——译者

46　吉本（1737—1794 年），英国历史学家，著有《罗马帝国衰亡史》。——译者

47　柏郎嘉宾（1182—1252 年），出生于意大利佩鲁贾地区，为圣方济各会传教士。1246 年，其奉教皇英诺森四世（Innocentius IV, 1180—1254 年）派遣，前往蒙古帝国，抵达上都哈拉和林，晋见蒙古贵由大汗（1206—1248 年），并在其行纪中记载了蒙古帝国统治下的各个地区，详见柏郎嘉宾：《柏郎嘉宾蒙古行纪》，耿昇译，中华书局 1985 年版。

阿斯兰，出生于意大利伦巴第地区，为多明我会修士。1245 年，其受英诺森四世派遣前往蒙古帝国，在波斯地区面见蒙古旭烈兀（1218—1265 年，蒙古伊尔汗国建立者）手下大将拜住（Baichu），后于 1248 年返回至欧洲。——译者

48　鲁布鲁克的威廉（1220—1293 年），法国佛兰德斯鲁布鲁克人，圣方济各会士。1253 年，奉法兰西国王路易九世（Louis IX, 1214—1270 年）前往蒙古帝国，详见威廉：《鲁布鲁克东行纪》，何高济译，中华书局 1985 年版。博韦的文森特（1190—1264 年），多明我会会士，中世纪时期著名的法国百科全书式学者；博韦位于今法国北部地区。——译者

49　即指本杰明到达过亚洲、非洲与欧洲等地。——译者

50　此本将本杰明称为医生，疑误；世界的三个角落指到达过欧洲、亚洲与非洲等各个地区。——译者

51　尼古拉斯·尼克勒拜是一部小说中人物的名字。该小说亦以其名称之，作者为英国作家查尔斯·狄更斯（Charles Dickens，1812—1870年）。——译者

52　希罗多德（约公元前480—前425年），古希腊著名历史学家，著有《历史》一书，被称为“历史之父”。——译者

53　斯特拉波（约公元前64/63—公元23年），古希腊著名历史学家、地理学家，著有《地理学》一书。——译者

54　“黑暗”时期，即指中世纪时期。中世纪时期在西方史学传统中经常被称为黑暗的中世纪。——译者

55　亚历山大（公元前356—前323年），古希腊马其顿王国、亚历山大帝国建立者。——译者

56　奥古斯都（公元前63—公元14年），即罗马帝国皇帝屋大维。——译者

57　神圣罗马帝国皇帝查理五世（1519—1556年），法兰西国王查理五世（1337—1381年），皆为查理五世。此处所指不详。——译者

58　维多利亚一世（1819—1901年），即英国维多利亚女王。——译者

59　亚设此处所提到的“姐妹科学”或“历史上的侍女”，有隐喻之意。应是相比战争等重大历史事件而言，历史上的地理状况显得并不重要，因此而称之。——译者

60　亚设在第2卷的注释中情不自禁地引用了尊敬的拉比拉帕波特（Rapaport）、芒克（S.Munk）先生以及莱布雷希特（Lebrecht）先生的文章。这些文章不可能在该卷（第1卷）中被引用，尽管他有所提及、暗示，详见Asher，*The Itinerary of Benjamin of Tudela*，Vol.2，p.VI。

61　罗林森（1810—1895年），英国东印度公司的军队长官、政治家与东方学家，他记载了很多关于东方各地的历史、见闻。——译者

62　亚设此处称自己为仿效者，应是指能够将本杰明的记载进行翻译整理，从而呈现给读者。——译者

63　泽德内尔为《历史选编》（*Auswahl Historischer Stücke*）编辑，详见A.Asher，*The Itinerary of Benjamin of Tudela*，Vol.2，p.VII。

64　图德拉位于纳瓦拉（Navarre，西班牙北部一个自治区），详见Edrisi II，34.35.227.234。

65　此处指《本杰明行纪》文本附带的希伯来文前言，详见下文。——译者

66 此处的王子指纳西(Nasi),希伯来语为נָשִׂיא,在圣经希伯来语中意为王子,《密西拿》希伯来语中指犹太公会(Sanhedrin)的王子,即犹太公会的最高首领,现代希伯来语中则意为主席、会长与首席大法官等。该词首次出现在《旧约·创世记》(17:20)中,即"至于以实玛利(Ishmael),我也应允你,我必赐福给他,使他昌盛极其繁多,他必生十二个族长(即王子),我也要使他成为大国",指以实玛利的后代。但是,该词又被用于指利未部落负责祭祀仪式的首领、以色列各部落首领以及犹大王国统治者,大卫王的后裔,甚至亚伯拉罕也被称为上帝的王子等。第二圣殿时期(公元前530—前70年),该词又用于指代犹太公会的首领,其被罗马人称为犹太人族长,成为犹太人实际的最高政治领袖。罗马皇帝狄奥多西二世(401—450年)时期开始打击犹太公会的首领,其失去了先前的地位。迦玛列六世(Gamliel VI,370—425年)为最后一位犹太公会首领。之后,该词便被用于指各地犹太群体中职位较高的人,或在非犹太统治者法庭中占据要职的犹太人。在今以色列,该词又被用于指主席、会长或在犹太最高法院首席法官等。亚设此处所提到的巴格达的纳西,是指巴比伦地区的流散犹太人宗主(Exilarch)。Exilarch,源自希伯来语ראש גלות,意为流散宗主、首领,指巴比伦之囚[公元前597年新巴比伦国王尼布甲尼撒二世(Nebuchadnezzar II,公元前634—前562年)攻陷耶路撒冷,将犹太人掳往巴比伦]之后与70年罗马摧毁第二圣殿之后,流亡到巴比伦的犹太人群体的宗主。流散宗主常被追溯为大卫王的后裔,2世纪被首次提及,一直存在至11世纪中叶。通常认为11世纪希西家(Hezekiah)为最后一任巴比伦流散宗主。1世纪第二圣殿被摧毁之后,巴勒斯坦犹太人地位日益下降,巴比伦流散宗主成为被犹太世界尊奉的最高统治权威。因巴比伦流散宗主在中世纪时期犹太人历史上的地位,亚设才甚至称为"他的国家巴格达"。关于巴比伦犹太人宗主的历史,详见 Solomon Katz, *The Jews in the Visigothic and Frankish Kingdoms of Spain and Gaul*, Cambridge, pp.76-77; H.H.Ben-Sasson, *A History of the Jewish People*, p.375; Jacob Neusner, "Some Aspects of the Economic and Political Life of Babylonian Jewry, Ca.160-220 C.E.", in *Proceedings of the American Academy for Jewish Research*, Vol.31, 1963, pp.165-196。——译者

67 亚设文本第33注释,详见 A.Asher, *The Itinerary of Benjamin of Tudela*, Vol.2, p.18。

68 亚设文本第99注释,同上书,第47—48页。

69 亚设文本第 345 注释，同上书，第 201 页。

70 亚设此处提到的注释内容，在关于罗马、君士坦丁堡以及埃及记述的注释中将会一一呈现，详见正文关于这些地区的注释。——译者

71 详见下文，本杰明文本希伯来文前言内容。——译者

72 萨拉戈萨位于西班牙东北部地区。本杰明在文中提到的主要犹太人士指在犹太会众中地位较高或担任重要职务的犹太人；长者指犹太群体中那些德高望重的人，这些人扮演着咨询者与协调者等角色，一般情况下都为犹太会众的首领或负责人；司事指犹太会堂中协助拉比处理各种会堂事物的犹太人。——译者

73 亚设此处所提到的人物志，指施恩茨博士整理出的有关历史上犹太人的人物志。亚设将施恩茨的整理附在文本的第二卷之后，详见 Zunz，"On Geographical Literature of the Jews from the Remotest Times to the Year 1841"，in A. Asher，*The Itinerary of Benjamin of Tudela*，Vol. 2，pp. 230-317。其中施恩茨对本杰明的评价，详见第 252 页。——译者

74 亚设文本中关于本杰明对该地以及王子、拉比的介绍，详见 A. Asher，*The Itinerary of Benjamin of Tudela*，Vol. 1，p. 105，p. 114，p. 128，p.154。此处的王子应为纳西。——译者

75 1368 年，《本杰明行纪》就被撒母耳·萨尔萨（Samuel Zarza）引用，详见 Samuel Zarza，"Mekor Chajim"，123 c.载 Zunz，"On Geographical Literature of the Jews from the Remotest Times to the Year 1841"，见 A. Asher，*The Itinerary of Benjamin of Tudela*，Vol. 2，p. 252。此注释出自 A. Asher，*The Itinerary of Benjamin of Tudela*，Vol.2，p.XIII，亚设在注释中提及对施恩茨博士提供的这则信息表示十分感谢。——译者

76 关于此《行纪》在基督徒中的反响，详见 L'Empereu's *Preface*。此注释出自 A. Asher，*The Itinerary of Benjamin of Tudela*，Vol. 2，p. 252。此处应是指隆佩尔所翻译的《本杰明行纪》的前言。——译者

77 详见巴拉蒂耶关于《本杰明行纪》的文章，Baratie，II. 25，以及格兰斯整理的该文章的节本，Gerrans，p. 14。另可详见亚设文本第一卷，第 54—55 页，以及对这种指责进行反驳的其他事例。此注释出自 A. Asher，*The Itinerary of Benjamin of Tudela*，Vol.2，p.XIII。

78 包括吉本、安德森（Anderson，著有《商业史》）、罗伯逊（Robertson）、艾希霍恩（Eichhorn）以及史普格尔（Sprengel）等历史学者，详见 A. Asher，

The Itinerary of Benjamin of Tudela,Vol.2,p.XIII。

79 巴拉蒂耶整理翻译的《本杰明行纪》版本,详见 A.Asher,*The Itinerary of Benjamin of Tudela*,Vol.1,p.23。

80 莱布雷希特先生的文章(第 359、368、370 页)对巴拉蒂耶的攻击进行了驳斥,并提供了很多证据证明巴拉蒂耶很像一个无知的小孩,详见 A. Asher,*The Itinerary of Benjamin of Tudela*,Vol.2,p.XIV。

81 详见 A. Asher,*The Itinerary of Benjamin of Tudela*,Vol. 1, p.18。

82 详见 *Les Juifs d'Occident*,Pairs,1824,8 vo;*Geschichte der Israeliten*,VI,376-377;Allgem,*Geschichte des Israelitischen Volkes*,Berlin,1832,2 Vols.,8.II.412,以及本杰明文本第 2 卷注释 33、48、73、74,详见 A.Asher,*The Itinerary of Benjamin of Tudela*,Vol.2,pp.17-18,p.43,pp.38-40。

83 详见 *Introduction to Marco Polo*,p.XXXV。此注释出自 A.Asher,*The Itinerary of Benjamin of Tudela*,Vol.2,p.XIV,应指马斯登在有关马可波罗的文章中提及此看法。——译者

84 在文本中关于比布鲁斯(Bybols)政府的记载便是一个鲜明例子,详见 A.Asher,*The Itinerary of Benjamin of Tudela*,Vol.1,p.60。

85 图德拉犹太人拉比本杰明的《行纪》是(那一时代)最为古老的文献,他在《行纪》中提到的主张在随后的世纪中被证明都是真实的,详见 *Pardessus*, collection des lois maritimes, II, xi. xii, in A. Asher, *The Itinerary of Benjamin of Tudela*,Vol.2,p.XVI。

86 基什岛是一个位于波斯湾的岛屿,在伊朗南部,北距伊朗南部海岸约 18 公里。此岛以产珍珠著称,有"波斯湾上的珍珠"之称。——译者

87 本杰明对以上这些地区的记述,可详见正文内容。——译者

88 比西哈奇亚,德国雷根斯堡(Ratisbon,德国东南部城市,位于巴伐利亚州)犹太人。如本杰明一样,12 世纪他曾周游欧亚大陆各地,是中世纪时期著名的犹太游历者。关于其游记内容,详见 Pethachia,*Travels of Rabbi Pethachia of Ratisbon*,A.Benisch,ed.,London:Longman and Co.,Paternoster Row,1861。——译者

89 详见 Zunz,"On Geographical Literature of the Jews from the Remotest Times to the Year 1841",in A.Asher,*The Itinerary of Benjamin of Tudela*,Vol.2,p.253,N.40,以及马斯登先生的导言。此注释出自 A.As-

her, *The Itinerary of Benjamin of Tudela*, Vol.2, p.XVI。

90 亚设文本第 2 卷注释 2，详见 A.Asher, *The Itinerary of Benjamin of Tudela*, Vol.2, pp.1-2。该注释亦可详见下文。——译者

91 这十个城市分别为罗马、君士坦丁堡、那不勒斯、耶路撒冷、大马士革、巴格达、西玛(Thema)、奎隆(Chulam)、开罗与亚历山大；两件事情分别为关于上帝(El-Roy)的历史以及对乌古斯(Ghuz)的远征，详见 A. Asher, *The Itinerary of Benjamin of Tudela*, Vol.2, p.XVII。

希伯来语中上帝被称为אלוה(God)，אלוהים(Gods)，分别拟音为 El, Elohim。El-Roy 一词出现在《旧约·创世记》(16:13)之中，"夏甲就称那对她说话的耶和华(上帝)为看顾人的神。因而说，在这里我也看见那看顾我的吗?"该词源自希伯来语"אלוה ראה"，为"上帝看见"之意，拟音为 El-Roy，又常被用来作为上帝的称呼。——译者

92 详见马斯登先生的导言，此注释出自 A. Asher, *The Itinerary of Benjamin of Tudela*, Vol.2, p.XVII。

93 一位在布鲁塞尔的署名为卡莫利(Carmoly)的人，但其本名为戈茨奇·苏尔茨(Getsch Sulz)，声称拥有一部手稿，但是据莱布雷希特先生、盖格尔(Geiger)以及施恩茨等对此人的披露，我们对此人的声称非常怀疑。关于蒙塔努斯、芒克听说并寻找此书稿，详见 Zunz, "On Geographical Literature of the Jews from the Remotest Times to the Year 1841", in Asher, *The Itinerary of Benjamin of Tudela*, Vol.2, p.302, No.160; p.298, No.151。

94 我的两个目标，即一为我们作者进行平反，二是为了进行地理比较与中世纪时期地理收集材料，我有意在注释与说明中不将古代作家的作品作为参考资料，这些作者描述了我们作者曾访问的国家，或提到了它们的地理面貌及其居民的风俗。我不要太过依赖、沉迷于这些特定说明——这些说明十分庞杂，增加了注释的内容——，因为它们不会促使上述两个目标的实现。通过将我们作者的记述与更近来的学术权威进行勘正、比较，就会实现我的这两个目标，以上详见 A. Asher, *The Itinerary of Benjamin of Tudela*, Vol.2, pp.XVIII-XIX。

马库斯·南森·阿德勒译本前言[1]

(一)中世纪时期的伊斯兰教

图德拉本杰明的行纪照亮了国家发展中最为精彩的一个阶段。

从罗马帝国灭亡至今,文明世界的历史似可概括为十字架与新月之间的斗争。[2] 这种斗争呈现出持久的潮起潮落的状态。622年,穆罕默德好像通过魔力将一群贝都因(Bedouin)[3] 部落变成能征善战的民族。阿拉伯帝国从此建立,其疆域从埃布罗河(Ebro)[4]一直延伸至印度。732年,其进一步的扩张被查理·马特(Charles Martel)在图尔(Tours)的七日之战中阻止,此距穆罕默德逝世仅一百余年。[5]

阿拉伯的文化发展如其军队一样迅猛。诸如开罗、巴格达等大城市被建立起来,商业与手工制造业逐渐繁盛。犹太人被保护在哈里发温和的统治下,将希腊的文化与科学传递给阿拉伯人。学校与大学在帝国各地兴起。基督教世界的黑暗时期印证了犹太人与阿拉伯人文学的黄金时期。

但是到11世纪之时,阿拉伯人很大程度上丧失了他们的尚武精神。伊斯兰教丧失了在东方的优势，不如塞尔柱突厥人那般善战。塞尔柱突厥人来自中亚高原地区，拥有昔日大流士(Darius)[6]时期波斯帝国的领土。塞尔柱人准备改宗伊斯兰教，支撑阿拉伯人虚弱的力量。

前往巴勒斯坦的基督教朝圣者遭受了塞尔柱人的虐待，此举唤醒了基督教欧洲，并导致其发起第一次十字军东征。塞尔柱人采取的封建体系在他们的小君主之间引起了无休止的争执，这些君主被称为阿塔本格斯(Atabegs)，名义上为巴格达哈里发的附庸。[7] 这样彼此对立的伊斯兰教在面对基督教之时仅能够进行微弱的抵抗。十字军几乎毫不费力地到达了巴勒斯坦，占领了耶路撒冷，建立了拉丁帝国。[8]

12 世纪穆罕默德的权力已经缩减至更小的地区。法兰克人不仅占据了巴勒斯坦，而且通过占领小亚美尼亚、安条克(Antioch)以及埃德萨(Edessa)等地，[9] 宛如向叙利亚地区插入了一个楔子，甚至进一步征服幼发拉底河地区。

最后，伊斯兰教的衰落暂时停止。1144 年，一位强大的塞尔柱君主赞吉(Zengi)[10]，夺取了埃德萨[11]——该地是基督教王国与第二次十字军的前哨，由神圣罗马帝国皇帝康拉德(Conrad)[12]与法王路易七世(Louis VII)[13]统领，他们未能重新收复这个堡垒。赞吉富有远见的儿子努尔丁(Nureddin)[14]以及之后的库尔德人萨拉丁(Saladin)[15]都曾在赞吉的宫廷中受到过栽培，深知如何恢复伊斯兰教下降的势力，如何将法兰克人驱逐出亚洲。首要的任务就是要停止各个君主之间的纠纷——努尔丁通过兼并他们的领地有效地达到了这一目的，下一步计划夺取埃及，从而将拉丁帝国孤立。[16]热那亚、比萨与威尼斯三个意大利共和国掌握着制海权，但是都因过于自私以及太过关注他们的商业利益，不能阻止萨拉森人（阿拉伯人）的意图。拉丁国王阿马尔里克（Amalric）[17]多年以来一直寻求能够在埃及获取一处立足之地。1168年11月，他率领一支基督徒军队深入至尼罗河地区，计划夺取福斯塔特（Fustat）——此城是一座位于埃及的古老而未设防的阿拉伯人都城。[18]然而，这里的人们宁愿放火焚烧该城，也不愿其落入基督徒之手。迄今仍然能够在开罗郊区看到这场大火留下的遗迹。努尔丁的军队及时到达，迫使法兰克人撤退；萨拉丁在这支军队中作为属将。萨拉森人被赞誉为拯救者。

埃及此时名义的统治者为法蒂玛王朝哈里发埃尔-阿迪德（El-Adid）[19]。他任命萨拉丁为维齐尔（Vizier）[20]，但没有想到的是自己却在不久之后被这位谦和的大臣取代。尽管此前曾发生了长达五年的战争破坏，但是萨拉丁仍有效地管理着这个国家，不久便重新恢复了昔日的繁荣。

旅行者本杰明就在此时到达了埃及。三年之前，他离开了自己的家乡图德拉，此地位于西班牙埃布罗河北部；再经过位于利翁湾（Lyons）[21]诸多繁荣的城市之后，他到达罗马以及意大利南部；然后从奥特朗托（Otranto）[22]横渡至科孚岛（Corfu）[23]，穿过希腊，至君士坦丁堡。其中他对君士坦丁堡的记述非常有趣，言及："他们从周边的蛮夷国家中雇用士兵与塞尔柱苏丹打仗；当地人都不善战，如同妇女一样无力。"在到达爱琴海诸岛、罗得岛（Rhodes）[24]以及塞浦路斯之后，他前往安条克，并继续沿着地中海沿岸著名的南部道路，[25]前往很多重要的沿海城市，这些城市当时都掌握在法兰克人手中。

考虑到基督徒与萨拉森人之间的紧张关系以及拉丁骑士的征战、突袭等因素，我们可以想象本杰明是通过了一条极其曲折的行程，方才能够前往巴勒斯坦地区所有值得关注的地方。从大马士革，此时该城是努尔丁帝国的首都，他安全地到达了哈里发的城市巴格达。关于巴格达，他记述尤详。

本杰明不可能到达波斯，此时波斯一片混乱，犹太人遭受压迫。他有可能从底格里斯河河口处的巴士拉，前往位于波斯湾的基什岛——该岛是中世纪时期巨大的商业贸易之地；[26]再经过亚丁、阿斯旺(Assuan)，到达埃及。[27]

本杰明为我们留下了关于此时埃及生动的记载。埃及和平、繁荣的景象主要得益于萨拉丁智慧的统治，他刻意地在此留下了自己的印迹，但是本杰明在行纪中却未曾提及萨拉丁的名字。1171年9月10日(周五)，法蒂玛王朝哈里发[28]被罢黜，随后死亡，并引起了小的动荡。萨拉丁以努尔丁属官的名义，继续管理埃及，并择机使自己成为巴尔卡(Barca)[29]与的黎波里(Tripoli)[30]领主，然后征服了阿拉伯半岛南部地区以及苏丹。努尔丁死后，他又毫不费力地兼并了主子的领地。基督教国家焦虑地亲眼目睹着萨拉丁权势快速地扩张。

与此同时，一则消息传到欧洲，即祭司王约翰(Prester John)[31]是一位强大的基督教国王，统治着来自中亚的族群，并入侵了西亚，对穆斯林军队进行了毁灭性的打击。教皇亚历山大二世(Alexander II)[32]设想与这位祭司国王建立联盟，希望他会支持并维护基督教在亚洲的领地，于是便派遣了他的医生菲利普

(Philip)去觐见这位神秘的国王,争取他同意打击伊斯兰教徒。但是,这个使团从未返回。

本杰明是中世纪时期极少数对祭司王约翰的臣民有所记述的作者之一。他们不过是一支异教徒,是乌古斯[33]人的后裔,是一群来自鞑靼草原、生活在荒野地区的蒙古人,他们的鼻子扁平。[34]这些人在本杰明灵巧的文笔中被记为:“他们崇拜荒野的风光与生活,从不吃面包、从不饮酒,而吃生肉;他们没有鼻子,但是有两个用于呼吸的小鼻孔。”

他们似乎并不可能帮到基督徒,但是在本杰明详细的记述中,他们打破了勇猛的波斯国王桑贾尔(Sinjar)苏丹[35]的权力。桑贾尔有幸被乌古斯人赦免,此举对萨拉丁构成了严重威胁。[36]

萨拉丁耗费了数年时间巩固自己的帝国。1187 年,他感觉与法兰克人的冲突已经到了决定性阶段。在太巴列(Tiberias)之战中,拉丁国王盖伊(Guy)战败被俘。[37]本杰明对圣殿骑士团与医院骑士团也进行了详细记述,他们遭到了与国王同样的命运,在此战被杀害。[38]耶路撒冷亦随即陷落。教皇亚历山大三世(Alexander III)[39]唤醒欧洲人,促使骑士们在 1189 年发起了第三次十字军东征。但是,神圣罗马帝国皇帝腓特烈一世(Frederic Barbarossa)、英格兰国王英勇的理查一世(Richard I)以及精明的法王腓力二世(Philip Augustus)并没有足够强大的实力,无功而返。[40]第四次与第五次十字军东征同样没有取得成功,伊斯兰势力逐渐高涨。

萨拉丁死后,他的帝国逐渐土崩瓦解。在成吉思汗统领下,蒙古与鞑靼人发起了征服,[41]乌古斯仅是被他们征服的开始。他们又征服了中国、罗斯[42]、波斯以及部分西亚地区。巴格达的哈里发也被推翻，但是伊斯兰教却重新获得了生机。13 世纪末，蒙古权力快速下降为奥斯曼土耳其的兴起提供了机会。这些突厥人之前经常出没在里海以东地区，逐步迁徙到此。与其宗亲塞尔柱人一样，他们在小亚细亚定居，接受伊斯兰教信仰，如同很多蒙古人那样。这个改宗证明了这些可靠的勇士为伊斯兰教而战，并逐渐达到了成功的顶峰；东欧也被他们侵占。直到 1683 年约翰·索别斯基(John Sobieski)[43]在维也纳城下击败突厥人，他们的胜利才被遏制。

最后伊斯兰教势力式微，他们的好运不再。今天他们在欧洲的领地微乎其微。印度、埃及臣服于英国；俄罗斯兼并了中亚；法国控制着阿尔及利亚与突尼斯。[44]人们不禁猜想伊斯兰教率领的趋势是否会中止，圣经中先知的话是否还会继续正确，即“他为人必像野驴。他的手要攻打人，人的手也要攻打他。他必住在众弟兄的东边”[45]。

这里对基督教与伊斯兰教之间斗争的简述意在说明第二次与第三次十字军东征期间伊斯兰教复兴的重要性，本杰明的《行纪》所记即此时此事。[46]

(二)本杰明游历之目的

我们不禁要问，是什么原因促使本杰明进行游历？他游历的目的或者使命又是什么？

需要说明的是中世纪时期的犹太人非常热衷于游历。犹太人游走各地，与各个国家都保持联络，天然擅长贸易。其同胞遍布世界各个角落。我们从本杰明《行纪》中可以看出，几乎在所有重要的城市中都可以发现犹太人。他们拥有通用、神圣的语言(即希伯来语),无论走到何处,都能够受到同胞的款待。因此,游历对其而言比较简单,而且共同的利益联系总是促使他们游历。与约瑟夫(Joseph)一样,游历者在被派出之时都带有训谕,即“我祈祷你能够看到你的兄弟是否安好,再报信于我”[47]。

如果当犹太人不能够得到宽容与保护之时,他们是多么渴望交往,十字军东征期间便是如此。德国曾经十分兴盛的犹太群体以及前往巴勒斯坦朝圣的犹太会众等都被赶尽杀绝或驱散;甚至在西班牙,犹太人在数个世纪之久都享有安全保障,但仍被科尔多瓦(Cordova)的摩尔人的王国无情地杀戮。[48]

因此,本杰明进行游历的目的有可能是为了找到流亡在海外同胞的避难所。我们将会看到本杰明似乎努力地寻找,尤其是提供了那些独立的犹太人群体的信息,他们有自己的首领,不向外人效忠。

他也有可能是出于贸易与商业活动的考虑,其确实也详细地记述了有关商业利益的事项。因此,他抑或是受两方面原因促使,再加之其有前往父辈之地(即耶路撒冷)朝圣的虔诚之心。

无论其出于何种目的,我们都亏欠其为后人留下记载的感激之情。这个记载对我们认识中世纪时期的地理与民族,有着无与伦比的贡献。

(三)马库斯·南森·阿德勒整理的《本杰明行纪》版本

亚设筹备并出版的《图德拉拉比本杰明行纪》是有关此《行纪》

最好的一版。此版第一卷于1840年出版,包括希伯来文(标音)版、英文版以及版本状况;第二卷出版于1841年,包括亚设本人所作的注释、施恩茨与拉帕波特等其他著名学者所作的注释、施恩茨所作有关犹太人的地理文献与巴勒斯坦地理状况的文章以及莱布雷希特所作有关巴格达哈里发的文章。[49]

除了亚设整理的23种重印与翻译的版本之外,[50]还有其他各种版本不时地被出版,但是都来自亚设所提到的两个版本,即1543年由埃利泽·本·葛森(Eliezer Ben Gershon)[51]在君士坦丁堡出版的版本与1556年亚伯拉罕·本·尤斯克在费拉拉出版的版本——亚伯拉罕·本·尤斯克是西班牙一位著名的犹太圣经编者。

亚设因为没有一个完整的手稿,所以当文本出现疑虑或歧义之时,他无法解决,不止一次地为此感到遗憾。[52]然而,我自己很荣幸地能够查找并细阅三个完整的手稿,以及其他两个手稿中大的残卷,并将这些手稿内容呈现在对它的校对之中。如下是关于这些版本的简要介绍:

1.大英博物馆手稿(No. 27089)。此本与迈蒙尼德(Maimonides)[53]的著作、数卷《密德拉什》[54]、约瑟夫·基卡提里亚(Joseph Gikatilia)对《哈加达》(*Haggadah*)[55]的注解以及阿巴伯内尔(Abarbanel)对以赛亚(Isaiah)[56]评注的摘要绑定在一起。此本曾被阿勒曼兹(Almanzi)收藏,1865年10月被大英博物馆怀着极大的兴趣从阿舍尔公司(Asher & Co.)[57]购得。

在我的希伯来文本中会看到关于此本的三页照片。[58]关于此手稿的时间,一些称职的评判者认为应是13世纪。卢扎托(S.D.

Luzzatto)教授也支持此看法,他评论道:“《本杰明行纪》这部13页的阿什肯纳兹(Ashkenazi)[59]著作是一部较为古老的作品。”[60]我就是主要以此手稿为基础。

2.罗马卡萨纳特瑟图书馆收藏的罗马手稿,在萨塞尔多特(Sacerdote)目录中编号216。[61]第3097号抄本前27页即为该手稿,其中还包括了如伊利达·哈达尼(Eldad Hadani)[62]等人的15篇其他文章。这些内容都由比萨的抄书员艾萨克(Isaac)于希伯来历5189年[63](大致相当于公元1429—1430年)抄写(可见希伯来文本结尾后记页上方)。在我的指导下,来自耶路撒冷的格林胡特(Grünhut)博士前往罗马得到了一件复制本,后又获得纽鲍尔(Neubauer)博士的校订本,这两本手稿都被用于文本的注释之中。之后,当该手稿的希伯来文本被出版之后,我亲自前往罗马,对该手稿进行查勘,发现文稿中的一些变化被忽视了,并复制了数页文本——此数页内容在我的希伯来文本中可以找到。

3.维也纳爱泼斯坦先生所拥有的手稿。他从哈伯斯塔姆(Halberstamm)的收藏中获得此手稿。[64]唯一能够说明该手稿时间的可靠线索是审查官的许可,其言:“1599年7月,从路易吉(Luigi)到博洛尼亚(Bologna)看到了我。”[65]爱泼斯坦先生认为这部手稿应是写于15世纪末或16世纪初。该手稿写在纸上,以“意大利”手写体抄录,一共有74页,每页大概有19—20行,四开本。通常认为此部手稿与1556年的费拉拉版手稿相似,亚设的文本就主要以此稿为基础。但是,爱泼斯坦先生手稿中很多地名与人名与亚设所用的手稿经常不同。

4.牛津大学图书馆奥本海默收藏(MS. Opp. Add. 8°36; ff. 58-

63;Neubauer 2425)了一部手稿的残卷。该残卷起始3页连续,在亚设的文本中是从第61至73页;之后的4页中有一处空白,在亚设的文本中再从第98页开始直到结尾。在该手稿所在卷册中还有同一抄书员抄写的其他各类篇章,如迈蒙尼德(据说其于1202年去世)的一个残卷,以及发生在1263年关于拿马尼德(Nachmanides)[66]一些争议的内容。

该手稿呈现出西班牙拉比的特点,被认为抄写于14或15世纪。在对该手稿以及下面将提到的手稿的校对整理中,我对牛津的好友考利(A.Cowley)的帮助不胜感激。该手稿的一些图片也出现在我的希伯来文本中。

5.此手稿残卷也被牛津大学图书馆奥本海默收藏(MS.Opp. Add.8° 58;fol.57;Neubauer 2580)。此稿在亚设的文本中从第50页开始,时间比前者(即上一手稿)晚,应是18世纪所做,出自一位来自东方的人士之手。

除了对文本进行考证之外,我还对大英博物馆所藏手稿进行了翻译,并增加了简要的注解。同时,鉴于亚设的注释、《犹太百科全书》以及格雷茨(Graetz)等人的工作将会让读者更多地了解本杰明所提到的事件、人物以及地名等信息,因此我将注解限定在较小范围之中。雷蒙德·比兹利(C.Raymond Beazley)先生的著作需要特别提及,[67]比起那些非犹太人的评论者小气、刻薄的评论(亚设对这些评论极为不满)而言,此位作者以直率、友好的方式公正地指出了本杰明这位游历家的优点。

需要指出的是1841年当亚设的文本出版之后,在犹太期刊《东方》(*Der Orient*)连续刊载了评论文章。这些文章的作者署名赛德(Sider),但是作者被证明是斯坦施耐德(Steinschneider)博士[68]。这些文章堪称最早的学术贡献,作者并以此闻名。尽管他写作于六十五年之前,但是至今读来仍有新鲜感,颇具价值。1906年3月20日,庆祝内斯特(Nestor)这位犹太文学巨擘九十岁生日,为他带来很大的满足感,因为斯坦施耐德在那一时刻接受了自己对"本杰明文学"的最新贡献。斯坦施耐德于1907年1月23日仙逝,我谦卑地以自己的拙作纪念这位学者。

最后,对《犹太季刊评论》(*The Jewish Quarterly Review*)诸位编辑表示谢意,感谢他们能够允许我重印自己的文章;对博林(Berlin)博士以及其他共同合作的友人表示谢意;对牛津大学出版社表示谢意,感谢他们能够允许我使用12世纪的西亚地图,该地图由雷·普尔(S.Lane-Poole)教授绘制。

注释

1　此前言写于1907年5月27日,见 Marcus Nathan Ader, *The Itinerary of Beniamin of Tudela*, Oxford University, 1907. pp. VII-XVI。——译者

2　即基督教与伊斯兰教之间的斗争。——译者

3　贝都因,在阿拉伯语中意为"居住在沙漠中的人",指以氏族为单位在沙漠过着游牧生活的阿拉伯人。——译者

4　埃布罗河位于西班牙伊比利亚半岛地区。——译者

5　查理·马特(686—741年),法兰克王国加洛林王朝宫相。732年,在图尔击败了倭马亚王朝军队,阻止了穆斯林向西方的侵略。图尔,法国中西部城市。——译者

6　大流士(?—前485年),古波斯帝国(公元前550—前330年)国王。——译者

7　阿塔本格斯,是源自波斯与突厥传统的一种可以世袭的职位,指统治

某一地区或国家但却臣服或顺从君主的官僚。迄今所知,该头衔最早出现在塞尔柱帝国(1037—1194 年)时期。——译者

8 此处的拉丁帝国指 1099 年第一次十字军东征(1096—1099 年)攻陷耶路撒冷之后,建立的耶路撒冷王国;1291 年,穆斯林收复阿卡,耶路撒冷王国灭亡。第四次十字军东征(1201—1204 年)期间,基督徒曾攻陷拜占庭帝国首都君士坦丁堡之后建立天主教国家拉丁帝国(1204—1261 年)。据此处所述地理位置而言,应指耶路撒冷王国。——译者

9 小亚美尼亚,指古亚美尼亚王国西部与西北部,现为土耳其的一部分。安条克,公元前 4 世纪末塞琉古所建,为塞琉古帝国(公元前 312—前 64 年)都城,位于今土耳其南部,土耳其称之为安塔基亚(Antakya)。十字军期间曾在此建立安条克公国;16 世纪初,该地被并入奥斯曼帝国。埃德萨,位于美索不达米亚北部地区。——译者

10 赞吉(1085—1146 年),早期为塞尔柱王朝奴隶,后以摩苏尔(Mosul,伊拉克北部城市)为中心建立赞吉王朝(1127—1262 年),地辖叙利亚以及伊拉克北部地区。1144 年,收复被十字军占领的埃德萨,遏制了十字军的进攻。——译者

11 第一次十字军东征期间曾在埃德萨建立的埃德萨公国。该公国于 1098 年建立,主要位于土耳其境内。1144 年,该地被赞吉夺取。——译者

12 此处应为康拉德三世(1093—1152 年),其曾与路易七世共同参与第二次十字军东征(1145—1149 年)。——译者

13 路易七世(1120—1180 年),曾参加第二次十字军东征。——译者

14 努尔丁(1118—1174 年),赞吉之子,赞吉王朝第二任君主,1146—1174 年在位。——译者

15 萨拉丁(1137—1193 年),中世纪穆斯林世界著名的军事家、政治家,埃及阿尤布王朝(1171—1260 年)建立者。——译者

16 努尔丁在位之时,十字军曾攻击埃及法蒂玛王朝(909—1171 年)。努尔丁派军将十字军从埃及驱逐,萨拉丁亦曾随军前往。萨拉丁之后实质性地控制了埃及,为建立阿尤布王朝奠定了基础。——译者

17 阿马尔里克(1136—1174 年),耶路撒冷王国国王。——译者

18 641 年,阿拉伯入侵埃及之后,建立福斯塔特城,作为阿拉伯人在埃及的第一座都城。该城位于开罗南部,之后被开罗取代。——译者

19 埃尔-阿迪德(1149—1171 年),法蒂玛王朝最后一任哈里发。——

译者

20 维齐尔，在阿拉伯语中意为“帮助者”、“辅佐者”。该职位相当于宰相或宫廷大臣。维齐尔萨拉丁之后取代埃尔-阿迪德，建立阿尤布王朝。——译者

21 利翁湾为地中海海湾，位于法国东南部原朗格多克-鲁西永大区(Languedoc-Roussillon)和普罗旺斯等地。本杰明从图德拉出发之后，到达该地，并造访了该地诸多城市，详见正文叙述。——译者

22 奥特朗托，位于意大利东南部沿海地区，为意大利最东端。——译者

23 科孚岛，为希腊西部爱奥尼亚海岛屿。——译者

24 罗得岛，即希腊爱琴海岛屿，希腊所辖最东的岛屿。——译者

25 即指从安条克出发沿着地中海东部沿海地区一直向南行进。——译者

26 巴士拉，位于今伊拉克南部，为波斯湾港口城市。基什岛，位于今伊朗南部，波斯湾中的一个岛屿，以盛产珍珠闻名，有“波斯湾中的珍珠”之美誉。——译者

27 亚丁，位于也门南部，濒临印度洋，为历史上东西方贸易重要港口；阿斯旺，位于埃及南部，尼罗河东岸地区，为埃及与努比亚之间的贸易重镇。——译者

28 即埃尔-阿迪德。——译者

29 巴尔卡，位于今北非利比亚沿海地区。——译者

30 的黎波里，今北非利比亚首都。——译者

31 祭司王约翰是12—17世纪盛行于欧洲的传说人物。相传他为存在于东方的基督教王国国王，其国疆域辽阔、物产丰富，并且极为富庶，常与波斯、穆斯林等为敌，捍卫东方的基督教事业。13世纪，马可波罗在其游记中亦记载中亚的约翰王曾与成吉思汗之间所发生的战事。马可波罗所言约翰王应为生活在蒙古高原突厥部族克烈部首领王罕(? —1203年)——王罕曾与成吉思汗之父也速该(1134—1170年)结为义兄弟。也速该死后，成吉思汗势力日益坐大，王罕备感不安；1203年，遂派兵攻其部落。双方兵戎相见，最后成吉思汗击败王罕。马可波罗所记述约翰王与成吉思汗之间的战事应源于此。另外，因克烈部信奉聂斯托利派基督教，故马可波罗将其附会为欧洲所传说的约翰王，详见 A.C.Moule，Paul Pelliot，*Marco Polo，the Descrip-*

tion of the World, London, George Routledge & Sons Limited Carter Lane, 1938, pp.164-167。

32 教皇亚历山大二世(? —1073年),1061—1073年在位。——译者

33 乌古斯,为中世纪时期中亚突厥人人的一支,凡24部,是古代西突厥最大的部落联盟。——译者

34 在蒙古扩张过程中,很多突厥部落被纳入蒙古统治中,与蒙古部落联系密切,彼此杂居。或因此故,马库斯·南森·阿德勒如此记之。——译者

35 桑贾尔(1085—1157年),塞尔柱帝国苏丹,1097—1118年在位。在担任塞尔柱帝国苏丹之前,其曾担任呼罗珊地区总督,随后占据波斯大部分地区,以尼沙布尔(Nishapur)为统治中心。——译者

36 1153年,来自巴克特里亚(Bactria)等地的突厥人生擒了桑贾尔,一直将其关押至1156年;这些突厥人还洗劫了尼沙布尔,详见 Denis Sinor, *The Cambridge History of Early Inner Asia*, Cambridge: Cambridge University Press, 1990, p.368。有关本杰明的记述,详见下文叙述。——译者

37 太巴列,位于今以色列加利利海西岸地区。此战发生在太巴列哈丁(Hattin)地区,又称哈丁之战。盖伊(1150—1194年),在1181—1192年曾担任耶路撒冷国王。此战穆斯林大获全胜,重新夺取了耶路撒冷以及基督教占据的数个城市,亦促使基督徒发起第三次十字军东征(1189—1192年)。——译者

38 圣殿骑士团,是中世纪天主教军事修士会,著名的三大骑士团(圣殿骑士团、医院骑士团以及条顿骑士团)之一。该团创建于第一次十字军东征之后,主要由信奉天主教的法国骑士构成,最初用于保护前往耶路撒冷朝圣的基督徒的安全。因其最初驻扎在耶路撒冷圣殿山,故而得名。圣殿骑士团与十字军联系密切,经常参与十字军的征战。哈丁战役之后,圣殿骑士团被萨拉丁大败,逐渐式微。医院骑士团与圣殿骑士团一样,为中世纪三大骑士团之一。医院骑士团于1099年在耶路撒冷地区创建,最初目的为照料患者与朝圣者。之后,逐步演变为一个军事组织,成为耶路撒冷王国重要的军事力量。哈丁战役之后,医院骑士团被萨拉丁大败,逃亡罗得岛。——译者

39 亚历山大三世(1105—1181年),1159—1181年担任教皇。——译者

40 腓特烈一世(1122—1190年),神圣罗马帝国皇帝;第三次十字军东征前往耶路撒冷途中,被水淹死,其军队也随之撤退。理查一世(1157—1199

年),又称"狮心王",英格兰金雀花王朝国王。在神圣罗马帝国军队撤退之后,理查一世与法王腓力二世继续前行,前往耶路撒冷,但因双方发生矛盾,法王下令撤回军队。理查则继续坚持战斗,终因兵力太弱,无法进行有效作战而撤退。但其与萨拉丁订立盟约,准许非武装的基督教朝圣者前往耶路撒冷朝圣。腓力二世(1165—1123 年),法国卡佩王朝国王,1180—1223 年在位。曾与腓特烈二世、理查一世联合发动第三次十字军,后撤退。——译者

41　鞑靼人指包括以蒙古族为族源之一的游牧民族,同时还包括部分突厥族裔等。——译者

42　罗斯,即包括今俄罗斯、白俄罗斯以及乌克兰等东斯拉夫国家的前身。——译者

43　约翰·索别斯基(1629—1696 年),波兰立陶宛联邦(1569—1795 年)最为杰出的君主之一,军事才能尤为突出。——译者

44　马库斯·南森·阿德勒此文作于 1907 年。此处所言是指当时的政治形势。——译者

45　此句出自《旧约·创世记》(16:12),指亚伯拉罕与其妻撒拉的女仆夏甲所生的儿子以实玛利。夏甲母子之后被赶走,生活在旷野地区;阿拉伯人被视为以实玛利的后代。所以,马库斯·南森·阿德勒引用此句意指伊斯兰教徒。——译者

46　第二次十字军东征为 1145—1149 年,第三次十字军东征为 1189—1192 年,即大致指从 12 世纪中叶到末叶这段时间。——译者

47　此句出自《旧约·创世记》(16:14):"以色列说,你(约瑟夫)去看看你哥哥们平安不平安,群羊平安不平安,就回来报信给我。于是打发他出希伯仑谷,他就往示剑去了。"约瑟夫,为雅各之子。因其哥哥嫉妒雅各对约瑟夫的疼爱,将其贩卖至埃及。——译者

48　科尔多瓦,位于西班牙南部,科尔多瓦省首府。摩尔人指中世纪时期生活在伊比利亚半岛、马格里布以及西非等地的穆斯林,最初来自西非等地。8 世纪,摩尔人征服西班牙,以科尔多瓦为统治中心,建立了强大的穆斯林国家。直到 15 世纪,摩尔人才最终被基督教徒驱赶出伊比利亚半岛。——译者

49　关于亚设版本,详见 A. Asher, *The Itinerary of Benjamin of Tudela*, 2 Vols.。

50　此处采用第 24 种版本。——译者

51 埃利泽·本·葛森是松奇尼家族在君士坦丁堡的主要成员之一,主要负责在该地的书籍出版。——译者

52 此与亚设所言不一致,亚设言及自己通过私人拜访或信函的形式获得了费拉拉版本,并以此本为基础翻译了该行纪,详见 A.Asher, *The Itinerary of Benjamin of Tudela*, Vol.1, p.3。

53 迈蒙尼德(1135—1204 年),生于西班牙,卒于埃及,中世纪时期杰出的犹太神学家、哲学家,著有《迷途指津》、《圣戒书》等。——译者

54 《密德拉什》(*Midrash*)为希伯来语מדרש音译,为解释、阐释之意,即《圣经注释》,主要对犹太教律法进行解释,按照《希伯来圣经》的序列编排讲解。——译者

55 约瑟夫·基卡提里亚(1248—1305 年之后),西班牙犹太人,犹太卡巴拉学者。《哈加达》(*Haggadah*)为希伯来语音译,意为传说。该书是有关犹太人逾越节(Passover,纪念犹太人在摩西带领下逃离埃及的节日)的一些规定,因引用了大量有关出埃及以及往事的流传下来的传说、典故,故而得名。犹太人根据《哈加达》过逾越节,并传述犹太人从奴役到自由的历史。——译者

56 以赛亚,公元前 8 世纪犹太人先知,《圣经》中有《以赛亚书》。——译者

57 该公司应是从事图书收藏等业务。——译者

58 马库斯·南森·阿德勒校勘的希伯来文本与英文本合并出版,前半部分为英文本、后半部分为希伯来文。此处所提到的希伯来文本,详见 Marcus Nathan Adler, *The Itinerary of Benjamin of Tudela*, Hebrew Edition, pp.1-89。

59 阿什肯纳兹,为希伯来语אשכנזית的音译。此名来自圣经人物阿什肯纳兹(Ashkenaz),歌篾(Gomer)长子。圣经中曾将阿什肯纳兹与在遥远北部的王国联系起来,后又被用于指代日耳曼民族的发源地斯堪的纳维亚地区、亚美尼亚等地,《巴比伦塔木德》中亦将歌篾与日耳曼地区联系起来。中世纪中期(11—14 世纪),很多《塔木德》学者以阿什肯纳兹指代今德国地区,因此来自德国莱茵河一带的犹太人被称为阿什肯纳兹犹太人,而其他来自中欧以及东欧的犹太人亦被如此称之。近年来,凡是来自欧洲的犹太人又被统称为阿什肯纳兹犹太人,其中包括欧洲的塞法迪犹太人(Sephardi,该词源自希伯来语סְפָרַדִּי,意为西班牙,指生活在伊比利亚半岛的犹太人)。本杰明来

自西班牙图德拉地区，应为塞法迪犹太人。卢扎托称《本杰明行纪》为阿什肯纳兹的著作，应是指来自欧洲的犹太人所著。——译者

60 详见 Steinschneider，*Hammazkir*，Vol.V，fo.105，XVII。

61 在西班牙语中，Sacerdote 为牧师之意。此处所指不详，疑为牧师。——译者

62 伊利达·哈达尼是一位生活在 9 世纪期间的商人，自称为来自东非但（Dan）部落的犹太人，同时也是一位游历家。——译者

63 希伯来历，又称犹太教历，是一种阴阳合历；以公元前 3760 年上帝创世开始纪年。——译者

64 哈伯斯塔姆（1937—2007 年），一位美国记者、历史学者、收藏家，曾获普利策奖。——译者

65 路易吉似为意大利某地，不详；博洛尼亚位于意大利东北部地区。——译者

66 拿马尼德（1194—1270 年），西班牙犹太人，中世纪时期著名犹太哲学家、医生；继迈蒙尼德之后，西班牙犹太人的宗教领袖。——译者

67 详见 C. Raymond Beazley，*The Dawn of Modern Geography*，3 Vols.London，J.Murray，1907；尤其参见该书第二卷。

68 斯坦施耐德（1816—1907 年），波希米亚犹太人，著名的目录学家、东方学家、《塔木德》学者。——译者

希伯来文版前言[1]

这是约拿之子已故拉比本杰明所著的行纪，他来自纳瓦拉王国的图德拉[2]。他（从故乡图德拉出发）[3]，到达过其行纪中所记载的很多遥远的国度。他记载下了在每一处地方自己亲眼所见以及诚实之人所言之事，这些人的名字[4] 在西班牙被人熟知（本杰明所记之事先前在西班牙都不为人知）。[5]

拉比本杰明也提到了所到之地[一些哲人（Sage）]与主要（杰出）的人士[6]。希伯来历 4933（933）年（即公元 1173 年），[7] 他带着他的记载回到卡斯提尔（Castile）。[8]

据说拉比本杰明充满智慧、善解人意、博学[深谙律法与犹太律法（Halacha）]。[9] 经过严格的探究，证明他所言之事真实而正确（准确、忠于事实、前后一致），因为他是一位正直（值得信赖）的人。[10]

注释

1　亚设提及这则前言显然是在行纪完成之后由另外一位人士所撰写，而非我们的作者。尽管无法得知其由何人在何时写之，但相似的风格不禁让人认为其也写于 12 世纪末。首次出版的两个版本（即亚设所提到的希伯来文版本 1 与版本 2，详见上文亚设对该行纪的版本说明）都有这则前言，这两个版本的前言有一些变化，但都无关紧要。我们无法从前言中得知此位作者的信息。这则前言中包含的信息不容置疑,与之相反,其被所有涉猎此行纪的作者(包括犹太作者与基督教作者)都曾引用。以上内容,详见 A.Asher, *The Itinerary of Benjamin of Tudela*,Vol.2,p.1。

2 马库斯·南森·阿德勒提及本杰明时期,图德拉被称为 Tuteila,详见 Marcus Nathan Adler,*The Itinerary of Benjamin of Tudela*,p.1。

3 马库斯·南森·阿德勒言及本杰明从其故乡图德拉出发,亚设则并未提及,同上书,第 1 页。

4 亚设提及这些给我们作者提供信息的人、在西班牙被熟知的诚实的人,其实只有两位,即拉比亚伯拉罕与拉比摩西。他们的名字非常模糊,但并非不可能"在西班牙被熟知"。我们已经提到我们所拥有的手稿是一部缩略本,而在全本中应包含一些资料信息,这里应指的是这些内容。以上内容,详见 A.Asher,*The Itinerary of Benjamin of Tudela*,Vol.2,pp.1-2。

在亚设的文本中,本杰明明确提到告知他信息的人为拉比亚伯拉罕与拉比摩西,详见 A.Asher,*The Itinerary of Benjamin of Tudela*,Vol.1,p.75,p.136。耶路撒冷的拉比亚伯拉罕告诉本杰明有关大卫家以及犹大国王陵墓被发现一事的经历以及关于这两位告知本杰明的信息,详见下文叙述。——译者

5 亚设言及这些人的名字在西班牙被人所熟知,马库斯·南森·阿德勒言及本杰明所记之事先前在西班牙都不为人知,详见 A.Asher,*The Itinerary of Benjamin of Tudela*,Vol.1,p.29;Marcus Nathan Adler,*The Itinerary of Benjamin of Tudela*,p.1。

6 亚设谓之主要的人士,马库斯·南森·阿德勒谓之一些哲人与杰出的人士,同上书,第 29、1 页。

Sage,源自古希腊语,指拥有哲学智慧的哲人。在犹太教中,哲人与先知常相提并论。如果说先知主要告知人们关于未来,哲人则回溯过去,告知人们如何遵循上帝的旨意;如果说先知给人们带来希望,哲人则告知人们生活的意义;如果说先知帮助人们发现目的,哲人则引导人们认识过去的价值与意义。两者在古代犹太社会发挥着重要作用,都不可或缺。——译者

7 亚设谓之此处为希伯来历 933 年,即公元 1173 年,马库斯·南森·阿德勒谓之希伯来历 4933 年,即公元 1173 年,详见 A.Asher,*The Itinerary of Benjamin of Tudela*,Vol.1,p.29;Marcus Nathan Adler,*The Itinerary of Benjamin of Tudela*,p.1。

亚设提及希伯来历933年是一个希伯来历简约的称法，4933年则是全称，其为公元1173年，因为希伯来历以公元前3760年上帝创世开始纪年。在简约的年代或小数(去掉千位数)933年加上240年就是公元1173年。以上内容，详见A.Asher, *The Itinerary of Benjamin of Tudela*, Vol.2, p.2。

8　马库斯·南森·阿德勒提及关于本杰明行程的开始与结束的具体日期有不同的观点。他认为本杰明游历可以限定在一个小的时间段内。在行程早期，他到达罗马，并发现拉比耶利(R.Jechiel)为教皇亚历山大的管家。此位教皇应为教皇亚历山大三世(Alexander III, 1101—1181年)，曾在亨利二世(Henry II, 1133—1189年，英格兰国王)与托马斯·贝克特(Thomas a Becket, 1119—1170年)的争执中扮演着重要的角色。神圣罗马皇帝腓特烈一世(Frederick Barbarossa, 1122—1190年)支持对立教皇维克多四世(Victor IV, 1159—1164年在位)。亚历山大在1159年当选教皇之后、献祭之前这段时间，离开了罗马。1165年11月23日，他返回罗马，但不久之后又于1167年被迫离开。因此，本杰明在罗马的时间肯定是从1165年末至1167年之间。本杰明从埃及到西西里、意大利，然后跨越阿尔卑斯山到达德国。他在埃及发现法蒂玛哈里发是公认的统治者。此位哈里发肯定是指埃尔-阿比德(El-'Adid, 1149—1171年，1160—1171年在位，埃及法蒂玛王朝最后一位哈里发)，其于1171年9月13日早上去世。埃尔-阿比德逝世之后，萨拉丁(1137—1193年)成为埃及实际的统治者，并命令以阿拔斯王朝(750—1258年)巴格达的哈里发埃尔-穆斯塔迪(El-Mostadi, 1170—1180年在位)之名进行布道(详见*The Life of Saladin*, by Bohadin: *Palestine Pilgrims' Text Society*, p.61)。因此，本杰明不在欧洲的时间应为1166—1171年。本杰明回程经过西西里岛之时，此岛已经不再由总督统治。1169年，好人威廉二世(William II, 1155—1189年，西西里国王)成年，不久本杰明就来到此地。本杰明在记述中很多事件都与实际日期不相符合，详见Marcus Nathan Adler, *The Itinerary of Benjamin of Tudela*, p.3, n.4; p.9, n.2; p.15, n.4; p.61, n.1; p.79, n.2。

本杰明关于以上地区的记述以及时间，详见正文叙述；马库斯·南森·阿德勒所提到本杰明记载之事与实际日期不符的情况，可见正文注释中的说明；此处马库斯·南森·阿德勒提到本杰明在回程之际西西里不再由总督统治是指西西里不再由威廉王的几位大臣代为统治，1169年其成人之后便行使国王权力。卡斯提尔，西班牙古王国(1035—1837年)。该王国占据西班

牙西北部与中部地区，后逐渐与周边王国合并，形成西班牙王国。今西班牙君主即从该王国延续而来。——译者

9　亚设谓之智慧、善解人意、博学，马库斯·南森·阿德勒谓之智慧、善解人意、深谙律法与犹太律法，详见 A.Asher, *The Itinerary of Benjamin of Tudela*, Vol.1, p.30; Marcus Nathan Adler, *The Itinerary of Benjamin of Tudela*, pp.1-2。

马库斯·南森·阿德勒所言前者律法似指非犹太人律法。哈拉哈（Halacha），源自希伯来语הלכה的音译，特指犹太律法。——译者

10　亚设谓之"他所言之事真实而正确，……他是一位正直的人"，马库斯·南森·阿德勒谓之"他所言之事准确、忠于事实、前后一致，……他是一位值得信赖的人"。详见 A.Asher, *The Itinerary of Benjamin of Tudela*, Vol.1, p.30; Marcus Nathan Adler, *The Itinerary of Benjamin of Tudela*, p.2。

第一卷

欧　洲

一、萨拉戈萨、巴塞罗那与纳博讷

已故拉比本杰明·本·约拿如此道来： 1

我从萨拉戈萨城启程，顺着埃布罗河到达托尔托萨（Tortosa）。[1]

从托尔托萨经行两日到达塔拉戈纳（Tarracona）古城[2]。塔拉戈纳古城仍旧保留着大量以巨石堆积的贝拉斯基族（Pelasgic）建筑——这些建筑在西班牙王国的其他地区从未被发现过。[3] 此城位于沿海地区（地中海）。

从塔拉戈纳古城经行两日到达巴塞罗那（Barcelona）。[4] 在巴塞罗那城中有一些智慧、博学而慷慨的犹太会众（Congregation），如拉比什社斯（R.Shesheth）[5]、拉比撒拉铁（R.Shealtiel）[6] 以及逝者拉比所罗门·本·亚伯拉罕·本·哈斯德（R.Solomon B.R. Abraham B. Chisdai）［拉比所罗门（R. Solomon）以及哈斯德（Chisdai）之子拉比亚伯拉罕（R.Abraham）］等。[7] 巴塞罗那城市很小，但非常漂亮，就位于海边。世界各地的商人都携带物资前来此地，如来自希腊、比萨、热那亚、西西里、埃及的亚历山大里亚、巴勒 2
斯坦以及邻近国家等世界各地的商人皆设法前来此地寻求物资。

从巴塞罗那经过一日半的行程到达赫罗纳（Gerona）。[8] 此地有一个规模较小的犹太人群体。

从赫罗纳经行三日到达纳博讷（Narbonne）[9]。纳博讷是有名的学术中心，从这里学习的（犹太）律法（《托拉》）传播到世界各地；这里有很多非常智慧、高贵的人，其中最为著名的是当属拉比卡路尼莫斯（R.Calonymos）。拉比卡路尼莫斯是大卫的后裔[10]，伟大、高贵的拉比塞奥佐罗斯（R.Theodoros）之子，正如其血统所昭示的那般。[11]拉比卡路尼莫斯在此地拥有土地。这些土地可以被继承，并得到当地统治者的承认，任何人不能强行剥夺。[12]此外，这里还有当地学术机构的主事者拉比亚伯拉罕·本·艾萨克（R.Abraham B.Isaac）[13]以及拉比玛吉尔（R.Machir）、拉比犹大（R.Judah）[14]等许多其他杰出的学者。目前，约有 300 名犹太人居住在此地。

注释

1 亚设提及施恩茨博士在法国、西班牙各地城市的认定方面十分权威，他在文本中采纳施恩茨对该地名称的认定，详见 A.Asher，*The Itinerary of Benjamin of Tudela*，Vol.2，p.2。

马库斯·南森·阿德勒提及萨拉戈萨位于西班牙东北部。11 世纪摩尔人曾在此建立萨拉戈萨王国；12 世纪初，伊比利亚半岛的阿拉贡王国占领此地，并立为首都，直至 18 世纪初阿拉贡王国瓦解为止。本杰明即出生于此，此时该地被称为 Sarakosta（=Caesar-Augusta），详见 Marcus Nathan Adler，*The Itinerary of Benjamin of Tudela*，p.2。

埃布罗河为伊比利亚半岛第二长河流，发源于坎塔布连（Cantabrian）山脉，东南向流入地中海。托尔托萨位于西班牙东北，在埃布罗河东岸，紧邻地中海。罗马时期，此地被称为德尔图萨（Dertosa），穆斯林对此地的统治亦长达四百年之久。从萨拉戈萨到托尔托萨约 180 公里。——译者

2 亚设提及塔拉戈纳是古代西班牙最为古老的城市之一。该城城墙十分巨大，本杰明所言应是 1038 年托莱多（Toledo）大主教组织修葺之后的状况，此座古城曾在 719 年被萨拉森人（Saracens，阿拉伯人）破坏。伊德里斯（Edrisi）称此城为“犹太塔拉戈纳”（Tarracona the Jewish）；在珀切斯叙述英

格兰人前往圣地(耶路撒冷)如诗般美妙的行程中,提到西班牙的这个地区有很多犹太人。伊德里斯与本杰明对塔拉戈纳城墙的描述相互印证,详见 A. Asher,*The Itinerary of Benjamin of Tudela*,Vol.2,p.3。

伊德里斯(1100—1165 年),出生在北非马格里布休达(Ceuta)地区,穆斯林地理学家。伊德里斯曾游历于北非、欧洲诸地,曾绘有当时欧亚大陆地图及对各地风貌之叙述,对穆斯林游历家伊本·白图泰以及大航海时代的哥伦布、达伽马等都有深刻影响。珀切斯(1577—1626 年),英国牧师,曾记载并出版大量有关航海、游历等事迹。塔拉戈纳位于西班牙东北部沿海地区,罗马时期该城为重要的军事防御基地,中世纪时期为重要的贸易港口。从托尔托萨到塔拉戈纳约 100 公里。——译者

3 马库斯·南森·阿德勒提及塔拉戈纳地区这些雄伟的建筑遗迹不仅包括史前时期由大量未经加工的石头堆砌的围墙,还有罗马时期的沟渠、墓葬以及竞技场等;文中出现的 R.即 Rabbi 的简写形式,详见 Marcus Nathan Adler,*The Itinerary of Benjamin of Tudela*,p.2,n.2。

贝拉斯基族指在青铜器时期希腊人到达之前,生活在爱琴海地区的族群。——译者

4 从塔拉戈纳到巴塞罗那约 100 公里。——译者

5 施恩茨提及 11—14 世纪的加泰罗尼亚、阿拉贡以及普罗旺斯的犹太人中,很多人的名字都为什社斯,但其他地区却很少见,其中最为著名的犹太人包括:(1)1096 年安达卢西亚犹太人扫罗·本·什社斯(Shaul B.Shesheth);(2)约 1120 年诗人约瑟夫·本·什社斯(Joseph Ben Shesheth)——他经常在摩西·本·亚撒利雅(Moshe B.'Esra)与利未·本·塔班(Levi B. Taban,语法学家、诗人)之间被提及(*Thachkhemoni* chap.3);利未·本·塔班与拉比犹大·哈列维(R.Jehuda Halevi,1075—1141 年,西班牙著名的医生、诗人与哲学家)是同一时代的人,居住在萨拉戈萨;(3)1170 年的纳西(Nasi)什社斯(Shesheth);(4)巴塞罗那纳西什社斯(本杰明);(5)巴塞罗那大纳西什社斯——什社斯死于 1216 年之前,1216 年其侄子纳西艾萨克(Isaac)颇为风光;(3)、(4)、(5)中所提到似应为同一个人;(6)拉比犹大·塞本(R.Jehuda Thibbon)在写给其子拉比撒母耳(R.Sh'muel)的信中提到的什社斯(Shesheth)[汉堡的迈克尔(H.J.Michael)曾详述此人];(7)什社斯(Shesheth),奥本海默图书馆中一封手稿(Catal.Ed.1826,p.634.N.B.720,此手稿现存牛津)的作者,手稿中提到很多祷告者,但是在该手稿的印刷目录

中并没有提到这些祷告者;(8)什社斯(Shesheth),阿维尼翁的《马哈祖尔》的挽歌作者(Zunz,*Ritus der Synagoge von Avignon*, in Allgemeine Zeitung des Judnthums,1839,p.454,p.682.);(9)摩西·本·什社斯(Moshe B. Shesheth),诗人,13世纪初从西班牙移居到巴格达(*Thachkhemoni* chap. 48);(10)约1232年韦斯卡(Huesca)的什社斯·摩西·本·约瑟夫(Shesheth Moshe B.Joseph)(*Letters of Maimonides*, Prague,fol.35 b.);(11)萨拉戈萨的纳西什社斯·本·艾萨克(Shesheth B.Isaac),信件的作者(详见*wars*, ed.1840,p.35;*Israelitische Annalen*,1839,pp.309-310,p.317);(12)雅各·本·什社斯(Jacob B.Shesheth),作家,著有משיב דברים נכוחים,意即"回复、回应正确的事情",全书31章;《神学系统》(מערכת אלוהות)的第14章与瑞卡纳特(Recanate,疑似人名,待考)皆引用此书(Zunz,*Gottesdienstliche Voorträge*, p.400);(13)什社斯(Shesheth),阿德瑞斯(Adereth,疑似人名)的联络员;(15)以斯拉·本·什社斯(Esra B.Shesheth)、马黑尔·本·什社斯·哈列维·本·摩西(Makhir B.Shesheth Halevi B.Moshe)、马黑尔·本·什社斯·陈(Makhir B.Shesheth Chen)、斯拉差(Serachia B.Shesheth Chen)、什社斯·本·撒拉铁·本·艾萨克(Shesheth B.Shealthiel B.Isaac)、什社斯·本·鲁本(Shesheth B.Ruben)——他们在巴塞罗那签署了著名的禁止25岁以下的人学习哲学书籍(Adereth,1.c.No.415;Minch.*Kenaoth*, Pressburg 1838,p.61,154,157,162);(16)1308年,莱里达(Lerida)的约瑟夫·本·什社斯·伊本·拉提米(Joseph B.Shesheth Ibn Latimi)(Zunz,*additamenta ad Catal.Codd.Bidlioth*. Senat.Lipsiens,Grimma 1838,p.318);(17)约1320年,巴塞罗那的什社斯·本·艾萨克·吉伦特(Sheseht B. Isaac Girondi),似亦写过有关(犹太)历的作者(cod.Munic 46;Zunz.Ibid.p. 317);(18)什社斯·巴法特(Shesheth Barfat),拉比艾萨克(R.Isaac)的父亲,1378年艾萨克居住在萨拉戈萨,后移居至阿尔及尔(Algiers)。以上诸内容,详见 A.Asher,*The Itinerary of Benjamin of Tudela*,Vol.2,pp.3-5。

施恩茨以上所提到的被称为Nasi的犹太人皆生活在中世纪时期,因此这里的Nasi应是指在当地犹太群体中担任的较高职务,下同。——译者

6 施恩茨提及撒拉铁是加泰罗尼亚地区一个备受尊重与杰出的家族的名字,他们是著名的拉比犹大·本·巴尔齐莱(R.Jehuda B.Barsillai,其在1130年间尤为出名)的后裔(Zunz,*additamenta*,p.321)。查瑞斯(Charisi)在巴塞罗那也发现一位纳西(Nasi)名叫拉比撒拉铁(*Thachkhemoni*,chap.

46),并对他以及其子盛赞不已,其有可能就是本杰明此处所提到的拉比撒拉铁的后裔。在1305年签署禁令(即上注所提禁止25岁以下人学习哲学的禁令)的人员中,艾萨克·本·摩西(Isaac B.Moshe)、雅各(Jacob)、约书亚·本·斯拉差(Joshua B. Serachia)、鲁本·本·巴尔齐莱(Ruben B.Barsillai)、撒拉铁·本·撒母耳(Shealthiel B. Sh'muel)、博福斯·撒拉铁(Bonfus Shelthiel)——此人备受尊重,1323年居住在巴塞罗那(*Eben Bochan*,end)、斯拉差·本·艾萨克·本·摩西·陈(Serchia B.Issac B.Moshe Chen,1284年,作家)(Zunz,*Analekten* No.6.in Geigers Zeitschrift,IV.190.and f.and additamenta,p.322;compare Israelit.Annalen 1839,p.86)等都是这个家族的成员(Adereth,1.c.*Minchath Kenaoth*,p.64,74,154)。大约1305年的巴塞罗那的撒拉铁·本·艾萨克·本·摩西·陈(Shealthiel B.Issac B.Moshe Chen)、艾萨克·本·撒拉铁(Isaac B.Shealthiel)(in cod. Vatic.297.No.12)、大约1380年生活在巴塞罗那周边的撒拉铁·陈(Shealthiel Chen)(Isaac B.Shethiel,*Decisions* No.369,370,414,415)、1528年生活在坎地亚(Candia,13世纪初威尼斯占领克里特岛对该地的称呼,即坎地亚公国)的撒拉铁家的犹大·陈(Jehuda Chen)(Joseph Caro,*Decisions* No.10)。以上诸内容,详见A.Asher,*The Itinerary of Benjamin of Tudela*,Vol.2,pp.5-6。

施恩茨提到的犹大·本·巴尔齐莱是11世纪初至12世纪末加泰罗尼亚杰出的《塔木德》学者,著名的犹太教律法编纂者。其所提及的查瑞斯为何人,并未言明;但据行文而言,其应为拉比撒拉铁的后世人物。另外需要说明的是,他在这里还指出在一个手稿目录(Catal.MSS.ad cod.269,此手稿)中,德罗西(De Rossi)并没有译出撒拉铁这一人名,即"ego minimus exquirens deum"应改为"ego minimus Shelthiel",疑疏忽所致,详见A. Asher,*The Itinerary of Benjamin of Tudela*,Vol.2,p.6。——译者

7　亚设谓之逝者拉比所罗门·本·亚伯拉罕·本·哈斯德,马库斯·南森·阿德勒谓之拉比所罗门以及哈斯德之子拉比亚伯拉罕,详见A. Asher,*The Itinerary of Benjamin of Tudela*,Vol.1,p.31;Marcus Nathan Adler,*The Itinerary of Benjamin of Tudela*,p.2。

8　马库斯·南森·阿德勒提及该地在古代被称为赫若达(Gerunda),详见Marcus Nathan Adler,*The Itinerary of Benjamin of Tudela*,p.2,n.4。

赫罗纳位于西班牙东北部,隶属于加泰罗尼亚自治区。从巴塞罗那到达该地约100公里。——译者

9 纳博讷位于今法国南部。公元前 2 世纪，高卢人建立此城，历史上其为西班牙与意大利重要的连接点。从赫罗纳到纳博讷约 160 公里。——译者

10 施恩茨提及大卫（公元前 1040—前 970 年，古以色列王国第二任国王）的后裔不仅局限于所罗巴伯（Serubabel）家族，也存在于波斯、希腊，甚至晚至罗马时期的犹太人中（Comp. Zunz, *Analekten*, No.5 p.46. note 18）。但是，随着战争的杀戮以及流散，古代家族的记载早在 1 世纪早期就已丢失，甚至连祭司家族也未能幸免（*Jerusalem*, *Kidduschin* c.4. §.1）。贵族后裔善于吹嘘的缺点与虚假谱系一样源远流长。一些古书中就包含令人生疑的假象的谱系记载，如《历代志》（*Book of Chronicles*）、《友弟德传》（*Judith*）、《谱系书》（*Book Juchasin*）、《塔古姆》（*Thargumim*）、《小的世界秩序》（*The Seder 'Olam sutta*）以及卡拉（Caraïes, Karaite）派犹太教的著作等。除了玛利亚（耶稣之母），以母系而论，希勒尔（Hillel）也是大卫的后裔，因为他来自本杰明部落（Jerusal. Thaanith IV. 2., Jerusal. Khethuboth XII. 3. *Bereshith rabba* c.33 and 98. *Tractat Sabbath* f.56.a），尽管更为古老的《托瑟福塔》（*Thosephta*, *Tosefta*）（comp. Pesachim fol.66 a）忽视了这个高贵的后裔。然而，与《小的世界秩序》相比，格拉纳达的撒迪亚 · 阿本 · 达南（Sa'adia Aben Danan）（*Decisions* by Maimondies No.225）仍以母系认定希勒尔为希西家 · 本 · 尼利雅（Hiskia B. Nearja）（1 Chron, III. 23）的弟弟，尽管两者相差三个多世纪（Comp. Zunz, *gottesdienstl*. Vorträge p.31. Note e）。12 世纪的比西哈奇亚（Pethachia）曾被加利利的某位犹太人提示出他的谱系，其可追溯至犹大族长（或王子）（Jehuda the Patriarch, Jehuda the Prince）。流散之后的作为犹大王国后裔的王子（Horajoth 11.b）都被认为是大卫的后裔，例如大约 200 年的胡拿（Hunna）（comp. Jerus. Khethuboth 1.c.），这样的结果就是造成了很多较晚时期的王子大量伪造将自己的谱系追溯至大卫（*The Seder 'Olam sutta*, Benjamin I.101. Pethachia 175. Salomo Aben Virga No.42. *end*）。这一类显贵被认为应属于格昂尼姆（Geonim）、亚伯拉罕 · 哈勒维（Abraham Halevi）以及迈蒙尼德等人（后裔）。卡拉派亦吹嘘将这些显贵，甚至阿南（Anan, 715—795 年，卡拉派的创建者）家族追溯至大卫。生活在阿拉伯的较为独立的阿拉伯犹太人王子（Benjamin I.114）、后期的格昂尼姆（Sherira in *Juchasin* 117.a）也制造了类似的谱系。大卫家族的显贵转变为纳博讷（Benjamin, I.32. *Thachkhemoni* c.46. Minchath Kenaoth 136, 137, 142）、摩苏尔

(Mosul)(Benjamin I.92)、大马士革(Damascus)(*Thachkhemoni*,c.1 and 46)、安达卢西亚(Andalusia)(Aben Virga. No.50. Depping, hist. des. Juifs. p. 365)有名的王子家族(the Nesiim, Nasi 的复数形式)与埃及的内第迪姆(Nagidm)家族(R.David B.Simrah, *Decisions* Vol.3.No.509),他们被迫用于点缀其他家族,如南森(Nathan)家族(Zunz, *Analekten* 7.p.204)、阿巴伯内尔(Abarbanel)家族等(comp.de Rossi dizion.stor.s.v)不同程度地在他们的记载中附会大卫家族显贵的因素,连迈蒙尼德亦是如此(Asulaï, Vaad f.28. b.No.2)。甚至约 1524 年流便(Reuben)部落的游历家大卫也被称为所罗门王的后裔!继显贵之后,此种追溯并不局限于大卫,但这种行为却几乎完全消失(*Bereshith rabba* c.37),并遭到保罗(I.Timothy I.4)、卡路尼莫斯(Calonymos)(Eben bochan c.43)的谴责。相似的臆造圣经人物的后裔在《塔木德》中被提及(Jerus.Tha'anith IV.4.2.;Jerus.Pea, end;Gittin f.57 b)。中世纪时期,有人冒充先知撒母耳的后裔(Pethachia 175),设拉(Shela,犹大之子)被指定为格昂撒迪亚(the Gaon Sa'adia)的祖先(Sefer ha-kabbala f.40. b)。现在帕鲁士(Parosh)与比撒列(Bezalel)也被推升至族长(Patriarchs)级别,更为人知的就是犹太作家亦将他们吹嘘成《塔木德》作家的后裔。以上诸内容,详见 A.Asher, *The Itinerary of Benjamin of Tudela*, Vol.2, pp.6-9。

所罗巴伯,犹大王国国王耶哥尼雅(Jehoiachin,公元前 615 或 605—?)之孙;约在公元前 538—前 520 年率领一批犹太人从巴比伦之囚返回耶路撒冷,为圣殿的建立创立根基。希勒尔(公元前 110—公元 10 年),犹太教宗教领袖,曾建立希勒尔学院。撒迪亚·阿本·达南(?—1493 年),西班牙犹太人,诗人、文法家。希西家·本·尼利雅(公元前 739—前 687),犹大王国末年君主。亚伯拉罕·哈勒维(?—1393 年),西班牙《塔木德》学者、哲学家、拉比。

《历代志》即《旧约·历代志》。《友弟德传》为《旧约圣经》中的次经——次经指几部存在于希腊文七十士译本但不存在于希伯来文圣经的著作。《谱系书》是对创世记开始到 1500 年间犹太人的谱系进行整理的书籍,该书作者为西班牙犹太人亚伯拉罕·扎库图(Abraham Zacuto,1452—1515 年)。《塔古姆》是指希伯来语圣经的亚拉姆语译本,1 世纪末期希伯来语逐渐式微,亚拉姆语一度成为各地犹太人的通用语言,因此亚拉姆圣经译本逐渐兴起。《小的世界秩序》为犹太人编年史,分为两部分,第一部分叙述从亚当至约雅敬(Jehoiakim,公元前 635—前 598 年,犹大王国君主)的编年史,第二部分叙述约雅敬之后的 39 代流散犹太人宗主的编年史。此处据该书名对应的希伯来语 סדר עולם זוטא 意译而来。卡拉派犹太教指只信奉圣经，以圣经对一切教义、习俗进行解释，与主流的拉比犹太教相区分，反对口传律法《塔木德》等，8 世纪期间开始兴盛，一直流传至今。希勒尔与希西家相差至少六个世纪，撒迪亚·阿本·达南的解释缘由不详。

《托瑟福塔》(*Thosephta*, *Tosefta*)，源自希伯来语 תוספתא，意为"补充、额外"，Tosefta 为其音译。该书是对犹太口传律法的汇编，通常被认为是拉比亥亚(R.Hiyya)与其学生沙雅(R.Hoshaiah)编纂于 2 世纪末期，为《密西拿》的补充。另外，这里所提到的王子即指拥有纳西头衔或被称为纳西的犹太人，其中犹大族长或犹大王子，即《密西拿》的编纂者拉比犹大(R.Jehuda 约 135—220 年)，因其为罗马统治时期犹太群体的首领以及其在拉比犹太教众的地位，故也被称为纳西。比西哈奇亚为上文注释中所提及的 12 世纪著名的犹太游历者。Geonim，希伯来语 גאונים 音译，意为荣耀、天才，单数形式为 Gaon，即格昂，此处指 6—11 世纪巴比伦地区犹太人学校苏拉(Sura)与普穆贝迪塔(Pumbedita)的负责人或主事，同时为巴比伦拉比领袖，中世纪犹太人群体的宗教领袖。Negidm，希伯来语 נְגִידִים，拟音为内第迪姆，指产生于 10 世纪之后伊斯兰地区犹太人群体首领的称谓，最早出现在埃及，为 Nagid (נָגִיד)复数形式——Nagid 拟音为纳第德。南森家族，据圣经记载有大卫王时期的先知南森以及大卫王的第三个儿子南森，此处所指似不应为大卫之子南森，待考。阿巴伯内尔(1437—1508 年)，葡萄牙犹太人，金融家、哲学家、圣经评注者。格昂撒迪亚(882/892—942 年)，出生在埃及，为中世纪时期巴格达著名的拉比、哲学家、犹太-阿拉伯文学的奠基者，曾将《托拉》以及希伯来圣经其他篇章翻译为犹太-阿拉伯文。帕鲁士家族曾在所罗巴伯等带领下从巴比伦返回至耶路撒冷，其家族曾参与城墙的重建。比撒列则具有很高的艺术造诣，曾负责约柜的建造。——译者

11　施恩茨提及卡路尼莫斯·本·塞奥佐罗斯(Calonymos B.Theodoros)是纳博讷非常卓越的律法老师(R.Issac in 'Ittur fol.95 c.*Juchasin* I.c. II.p.317)。1304 年此城的纳西亦叫这个名字(Minchath Kenaoth, p.121. 130.136.and seq.and 141)。纳西摩西·本·塞奥佐罗斯(Nasi Moshe B. Theodoros)('Ittur fol.87 c.Nissim in Baba Mez'a fol.56 c.Khol bo §.20)有可能是文中拉比卡路尼莫斯的兄弟，他亦被称为纳博讷的摩西纳西[Sardi in תרומות(贡献) fol.226 b.236 b]，详见 A.Asher, *The Itinerary of Benjamin*

of Tudela, Vol.2, p.6。

12 亚设提及拉比卡路尼莫斯拥有土地且任何人不能强行剥夺,鲜明地说明了本杰明时代法国犹太人的政治状况,准许拥有土地是一种厚待。此举这是为保护以色列人免受那些嫉妒他们财富的人的迫害,故而为这个国家的地主提供保护,详见 A.Asher, *The Itinerary of Benjamin of Tudela*, Vol. 2 , p.9。

马库斯·南森·阿德勒提及纳博讷的官方资料证实有一处土地曾卖给卡路尼莫斯,卡路尼莫斯的先祖在查理曼时期来到欧洲,详见 Marcus Nathan Adler, *The Itinerary of Benjamin of Tudela*, p.2, n.2。

13 施恩茨提及拉比亚伯拉罕·本·艾萨克可能在 1171—1186 年去世,具体时间不详,详见 A.Asher, *The Itinerary of Benjamin of Tudela*, Vol.2, p.9。

马库斯·南森·阿德勒提及拉比亚伯拉罕·本·艾萨克著有《拉比法典汇编》(*The Rabbinic Code Ha-Eshkol*),是法国犹太法典编纂者与西班牙学者之间的协调与联络人,于 1178 年去世,详见 Marcus Nathan Adler, *The Itinerary of Benjamin of Tudela*, p.3, n.1。

14 施恩茨提及在拉比耶鲁哈姆(R.Jerucham)标记为一本名为《托路都斯》(*Tholdoth*)的书中(R.Jerucham, 1516. Fol. 37. b),我们发现其提及由拉比艾萨克(R.Isaak)制作,他是长者拉比犹大的儿子,备受尊敬的拉比亚伯拉罕·本·艾萨克的兄弟。(拉比犹大)应是非常年长的长者,应为上面所提到的拉比亚伯拉罕(即上注所提到的拉比亚伯拉罕)的兄弟,详见 A.Asher, *The Itinerary of Benjamin of Tudela*, Vol.2, p.9。

Tholdoth,为希伯来语תּוֹלְדֹת音译,即指《托拉》第六周需要诵读的部分,包括《创世记》,25:19—28:9。——译者

二、贝济耶、蒙彼利埃与吕内勒

从纳博讷经行4法尔萨赫(parasangs)[1]到达贝济耶(Beziers)城[2]。贝济耶城有很多博学而富裕的会众,较为出众的包括拉比所罗门·哈拉夫塔(R.Solomon Chalafta)[3]与逝者拉比约瑟夫·本·拿坦业(R.Joseph B.R.Nethanel)[拉比约瑟夫(R.Joseph)以及拉比拿坦业(R.Nethanel)]等。[4]

从贝济耶经行两日到达哈伽什(Har Ga'ash)。哈伽什又被
3 称为蒙彼利埃(Montpellier)[5],为商贸要地,距离海岸2法尔萨赫。
在这里可以遇见来自各地的基督徒与穆斯林商人,如来自[以东(Edom)、以实玛利(Ishmael)]、阿尔加维(Algarve)[6]、伦巴第(Lombardy)[7]、罗马帝国、埃及、巴勒斯坦、希腊、法兰克、西班牙以及英格兰、亚洲等地。[8]讲各种语言的人汇聚于此,皆与热那亚以及比萨的贸易有关。此城的犹太人有很多都是当时最受尊敬的贤明人士,颇具代表性的如拉比鲁本·本·塞奥佐罗斯(R.Reuben B.Theodoros)、拉比内森·本·撒迦利亚(R.Nathan B.R.Sekhariah)、他们拉比的拉比[大拉比(Chief Rabbi)]撒母耳(R.Samuel)[9]、拉比示利米雅(R.Shelemiah)[拉比所罗门(R.Solomon)]以及逝者拉比末底改(R.Mordekhai)等。[10][他们拥有专门用于研究《塔木德》的研习室]。[11]其他富有而乐于慈善的人,非常

乐意资助他们。

再经过 4 法尔萨赫到达吕内勒[12]——此城中也有一个犹太人
群体，他们整日潜心研习律法。著名的大拉比米书兰（R.Meshul-
lam）和他五个儿子拉比约瑟夫（R. Joseph）、拉比艾萨克
（R. Isaac）[13]、拉比雅各（R.Jacob）、拉比亚伦（R.Aharon）以及拉比
亚设（R.Asher）[14]等就居住于此，他们都是杰出的学者，并且十分
富有。尤其是后者（拉比亚设）过着隐士般的生活，从不参与到世
俗之中，夜以继日地潜心研习，并遵守斋戒，从不食肉。他尤其精 4
通《塔木德》，几乎无所不晓。[15]他的连襟拉比（大拉比）摩西（R.
Moshe）[16]、（长者）拉比撒母耳（R.Samuel）[17]、[拉比欧萨努（R.Ul-
sarnu）][18]、拉比所罗门·科恩（R.Solomon Cohen）、来自西班牙的
医生拉比犹大·本·提本（R.Judah B.Tibbon）[19]等亦居住在吕
内勒。这里的犹太会众为远方而来学习律法的学生，提供学习期
间所有衣食住行的费用。此地的犹太人大约有 300 位，他们都很
聪慧、通情达理（神圣）[20]、仁慈，并乐于帮助远近各地的贫穷同胞。
此地距离海边大约 2 法尔萨赫。

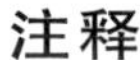

注释

1 马库斯·南森·阿德勒提及 1 法尔萨赫相当于 3.4 英里，从纳博讷至贝济耶的行程大致如此。10 法尔萨赫相当于一天的行程，详见 Marcus Nathan Adler，*The Itinerary of Benjamin of Tudela*，p.3，n.2。

2 贝济耶位于今法国南部地区，古罗马人曾在建城，中世纪时期被摩尔人占据。从纳博讷到贝济耶约 27 公里，本杰明谓之 4 法尔萨赫（约 23 公里），大致一致。——译者

3 施恩茨提及 1304 年在蒙彼利埃（Montpellier，法国南部城市）、阿让蒂耶尔（Argentière，法国东部城市）、吕内勒（Lunel，法国南部城市）也出现过

这一名字(Minchath Kenaoth,p.66.103.117)。他甚至认为约生活在1320年的作家耶弛斯卡·哈拉夫塔(Jechiskia Chalaphtha,Chalafta)就是普罗旺斯(Provence,法国东南部城市)当地人(MS.of H.J.Michael at Hamburg)。查瑞斯(Charisi)在拉卡(Racca,叙利亚北部城市,详见下文)(*Thachkhemoni*,chap.46)曾提及过哈拉夫塔,以及一位大约生活在1434年名叫哈拉夫塔·本·亚伯拉罕(Chalaphtha B.Abraham)人,他是医学著作的抄写员或翻译者(Catal.Oppenheim,MS.)。以上内容,详见 A.Asher,*The Itinerary of Benjamin of Tudela*,Vol.2,pp.9-10。

4 亚设谓之逝者拉比约瑟夫·本·拿坦业,马库斯·南森·阿德勒谓之拉比约瑟夫以及拉比拿坦业,详见 A.Asher,*The Itinerary of Benjamin of Tudela*,Vol.1,p.34;Marcus Nathan Adler,*The Itinerary of Benjamin of Tudela*,p.3。

5 亚设提及巴拉蒂耶嘲笑我们的作者在词源方面的熟悉程度(I.6.Note 40),但是如此博学的人似乎没能意识到在本杰明之前与之后犹太人将蒙彼利埃称为哈伽什(Zunz,*Zeitschrift*, p.168),详见 A.Asher,*The Itinerary of Benjamin of Tudela*,Vol.2,p.10。

蒙彼利埃位于今法国南部地中海沿岸,地处交通要道,为前往西班牙必经之地。文中的 Har Ga'ash 应是希伯来语הר געש的音译,הר געש在希伯来语中意为火山。或因此地多火山,本杰明而称之。从贝济耶到蒙彼利埃约65公里。——译者

6 马库斯·南森·阿德勒提及现在的葡萄牙国王都带有阿尔加维国王的印记,详见 Marcus Nathan Adler,*The Itinerary of Benjamin of Tudela*,p.3,n.3。

阿尔加维位于葡萄牙南部地区,古罗马人曾在此建城,中世纪时期被穆斯林占据。——译者

7 伦巴第是位于意大利北部大区,米兰为其首府。——译者

8 除亚设所提及的地区之外,马库斯·南森·阿德勒还提及来自以东、以实玛利以及亚洲等地区,详见 Marcus Nathan Adler,*The Itinerary of Benjamin of Tudela*,p.3。

Edom一词为“红色”之意,源自艾萨克(Issac,亚伯拉罕之子)的儿子以扫(Esau)。以扫也被视为以东人的先祖。公元前11世纪,以东人起初在死海与亚拉巴(Arabah)以东、阿拉伯沙漠西北地区建立国家;公元前6世纪,又

迁徙至犹大国南部[今以色列南部内盖夫(Negev)]地区建立国家;公元前200年,被塞琉古王朝(公元前312—前63年)所灭,详见 Edomites,*Archaeological Encyclopedia of the Holy Land*,New York and London:Continuum,pp.149-150;以实玛利是亚伯拉罕与正妻撒拉的女仆夏甲(Hagar)所生的长子,该母子后被亚伯拉罕与撒拉赶走,生活在巴兰的旷野地区,以实玛利育有十二子,生活在他的其他众兄弟东部,遍布在从哈腓拉(Havilah)至书珥(Shur)地区,即亚述至埃及边境地区(Genesis 25:12-18),故此处的以实玛利应指这些地区。——译者

9　亚设谓之他们拉比的拉比,马库斯・南森・阿德勒谓之大拉比,拉比的拉比即指大拉比,下同,详见 A. Asher,*The Itinerary of Benjamin of Tudela*,Vol.1,p.33;Marcus Nathan Adler,*The Itinerary of Benjamin of Tudela*,p.3。

施恩茨提及他们拉比的拉比撒母耳极有可能就是拉比撒母耳・本・摩西,撒母耳・本・摩西曾与拉比亚伯拉罕・本・艾萨克通信(Zunz,1.C.p.308)。在信件中残留下来有关拉比格尔森(R.Gerson)与其子的信息中,经过引用、校订之后应包括:贝济耶的拉比格尔森・所罗门(R.Gerson Sh'lomo of Beziers),他是拉比米书兰・本・摩西・本・犹大(R.Meshullam B.Moshe B.Jehuda)的孙子,生活在大约1240年,曾写过有关"什拉姆"(השלמון,השלמה)以及决议(Decisions)方面的作品。השלמון应为השלמה,且其应由拉比格尔森・所罗门之子拉比撒母耳完成。不能将此作者与阿尔勒(Arles)的拉比格尔森・本・所罗门(R.Gerson B.Sh'lomo)混淆,后者生活在13世纪中叶,著有关于自然史的《天堂之门》(*Sha'ar ha-sha-majim*)。好友迈克尔(H.J.Michael)使我能够纠正如上所述内容,对其深表感激。以上诸内容,详见 A.Asher,*The Itinerary of Benjamin of Tudela*,Vol.2,p.10。

"什拉姆"(השלמון,השלמה),指《塔木德》有关的决定与裁决。施恩茨并未对"决议"详述,但其似指有关犹太律法之类的规定。——译者

10　亚设谓之示利米雅,马库斯・南森・阿德勒谓之所罗门,详见 A. Asher,*The Itinerary of Benjamin of Tudela*,Vol.1,p.34;Marcus Nathan Adler,*The Itinerary of Benjamin of Tudela*,p.3。

施恩茨提及示利米雅这个名字并不常见,在法国南部及附近地区曾见过几例。拉比什姆图布(R.Shemtob)曾提到阿尔勒的拉比示利米雅(Sefer ha-emunoth fol.53 a)。拉比艾萨克・本・什社斯(R.Isaac B.Shesheth)在与其

子舍蒂瓦(Xativa)的平夏斯(Pinchas)的通信中提到了吕内勒的什社斯(*Decisions* No.253)。我认为这位平夏斯就是1397年名为平夏斯的意大利抄写员(Cod.Rossi 501),他应是在1391年加泰罗尼亚与瓦伦西亚(Valencia)爆发的迫害中逃到意大利,且其应是(Cod.Rossi 150.and cod.Vatic.Urbin 19 and 47,手稿编号)抄写员平夏斯·本·示利米雅·吕内尔(Pinchas B.Shelemiah Lunel),且手稿的时间印证了这一点。此处所提到的示利米雅与祭司拉比约拿单(R.Jonathan)在《卡拉布》(*Khol bo*)(*Khol bo*, ed.1520.Fol.86.c)与《谱系书》的后半部分中也有所提及。以上诸内容,详见 A.Asher,*The Itinerary of Benjamin of Tudela*,Vol.2,pp.10-11。

舍蒂瓦,西班牙东部城市。《卡拉布》,Khol bo,即希伯来语כל-בו,意思为所有都包含其中,是汇编于15世纪有关犹太人宗教仪式与民法的汇编。——译者

11 马库斯·南森·阿德勒谓之他们拥有专门研究《塔木德》的研习室,亚设则并未提及,详见 Marcus Nathan Adler,*The Itinerary of Benjamin of Tudela*,p.3。

12 吕内勒位于法国南部,相传此城即为1世纪来自耶利哥(Jericho,位于死海北部,约旦河西岸的小镇)的犹太人所建,该地为中世纪时期重要的犹太学术中心。从今蒙彼利埃到吕内勒约25公里,本杰明谓之4法尔萨赫(约23公里),大致一致。——译者

13 亚设谓之 R.Jitschak,马库斯·南森·阿德勒谓之 R.Isaac,Jitschak 与 Isaac 音近,所指一致,下同,详见 A.Asher,*The Itinerary of Benjamin of Tudela*,Vol.1,p.34;Marcus Nathan Adler,*The Itinerary of Benjamin of Tudela*,p.3。

14 施恩茨提及关于吕内勒受人尊敬的大拉比米书兰及其儿子的故事,详见 Zunz,1.c.p.310.311。拉比米书兰于1170年辞世。上述后面的三个儿子可以从其他的资料中得知:拉比雅各在《易土尔》(*'Ittur*)中被提到,拉比亚伦约于1210年逝世,1200年之前为迈蒙尼德辩护,在精神层面强烈反对卡斯提尔(Castilia,西班牙古王国)的拉比梅厄·哈列维(R.Meïr Halevi);拉比亚设曾写一本关于宗教仪式与祷告的书,书名为《习俗》(המנהגות)。这本书的摘要与帕多瓦(Padua)的卢扎托(S.D.Luzzato)先生所有的罗马宗教仪式的《马哈祖尔》手稿相一致。在该书中有提到:"我的兄长拉比雅各·纳西尔(R.Jacob Nasir)对此进行了解释。"从中可以得知,拉比雅各·纳西尔——其

曾与拉比亚伯拉罕·艾萨克、拉比亚伯拉罕·本·大卫通信,就是此处所提到的拉比雅各·本·米书兰(R.Jacob B.Meshullam),即拉比雅各。纳西尔(Nasir)这个称谓意味着他有着类似的生活,此导致了他的兄弟拉比亚设成为苦行者(ascetic)。拉比犹大·塞本(R.Jehuda Thibbon)在写给其子拉比撒母耳的信中对拉比亚伦、拉比亚设赞誉有加,并给予推荐,尤其是亚伦在年表方面的技能(就此信息,向迈克尔先生表示感谢)。拉比米书兰的女婿亦备受尊重(Minchath Kenaoth 85)。以上诸内容,详见 A.Asher, *The Itinerary of Benjamin of Tudela*, Vol.1, p.34, n.a, Vol.2, p.12。

马库斯·南森·阿德勒提及拉比亚设是以普瑞什姆(Perushim)闻名的虔诚的拉比组织中的一员,即类似犹太僧侣一样,其父米书兰于 1170 年去世,详见 Marcus Nathan Adler, *The Itinerary of Benjamin of Tudela*, p.3, n.4。

《易土尔》,'Ittur,希伯来语עיטור,作者为普罗旺斯拉比艾萨克·本·阿巴·马里(Isaac B.Abba Mari, 1122—1193 年),该书是关于犹太律法的汇编。拉比梅厄·哈列维(1170—1244 年),西班牙犹太人,中世纪时期著名的《塔木德》学者、犹太律法权威学者。希伯来语המנהגות,为习俗之意。帕多瓦,意大利北部城市。纳西尔,Nasir,源自阿拉伯语,本意为"助人者"或"带来胜利的人"。苦行者,ascetic,希伯来语פרוש,פרוש在犹太史中指那些离家前往各地学习《托拉》的人,此处应作苦行者理解,意指那些全身心投入到对神谕的思考,而隔离于世界之外的人;善于助人者雅各与其兄弟亚设这一称谓的渊源,此处未详。普瑞什姆(Perushim),希伯来语פרושים,意指对圣经的评注等,后来用于指拉比伊利亚·本·所罗门·杂拉曼(Elijah ben Solomon Zalman)的门徒以及追随者,其曾在 19 世纪初期率领犹太人从立陶宛前往以色列。——译者

15 在犹太教中一年传统的斋戒一般有六天,包括赎罪日[犹太教历提斯利月(Tishrei)第 10 日为赎罪日;犹太教历提斯利月首日,约相当于公历 9—10 月期间]、埃波月(Av)第 9 日(为纪念第一圣殿与第二圣殿被毁;埃波月相当于公历 7—8 月间)、哥达利亚斋戒日(Gedalia,新巴比伦王国占领犹大之后被任命的犹大治理者;此斋戒日为提斯利月第 3 日)、提别月(Tevet)第 10 日[提别月相当于公历 12—次年 1 月间;此斋戒日为纪念耶路撒冷被新巴比伦王国尼布甲尼撒二世(公元前 634—前 562 年)所围困]、搭模斯月(Tammuz)第 17 日(此斋戒日为纪念在第二圣殿被摧毁之前耶路撒冷城墙被冲破;搭模斯月相当于公历 6—7 月间)、以斯帖(Esther)斋戒日[此斋戒日在亚

达月(Adar)第 13 日;若一年中有两个亚达月,则在第二个亚达月第 13 日进行;亚达月相当于公历 2—3 月间;以斯帖为波斯国王薛西斯一世(Xerxes I,公元前 518—前 465 年)的皇后,圣经中有《以斯帖书》]等,分为大斋戒与小斋戒——大斋戒指从前一天日落到第二天黄昏,包括赎罪日与埃波月第 9 日,小斋戒指从一天的日出到黄昏,包括其他四个斋戒日。——译者

16 亚设谓之拉比,马库斯·南森·阿德勒谓之大拉比,详见 A. Asher, *The Itinerary of Benjamin of Tudela*, Vol.1, p.34; Marcus Nathan Adler, *The Itinerary of Benjamin of Tudela*, p.3。

亚设提及希伯来语גיסו,即连襟,在拉比希伯来语中比较常见,颇为惊讶的是先前每一位译者可能会感到内疚,因其并未将这个词视为一个恰当的名称。这一篇章让当之无愧的前辈格兰斯感到困惑,此种滑稽的错误我在第 1 卷第 18 页已经言明,详见 A.Asher, *The Itinerary of Benjamin of Tudela*, Vol.2, p.10。

施恩茨提及拉比摩西是拉比亚设的连襟,可能就是上面所提及的拉比摩西·本·犹大,其子为拉比米书兰·本·摩西,即"什拉姆"的作者,详见 A. Asher, *The Itinerary of Benjamin of Tudela*, Vol.2, pp.10-11。

17 马库斯·南森·阿德勒谓之长者拉比撒母耳,亚设则未言及长者,详见 Marcus Nathan Adler, *The Itinerary of Benjamin of Tudela*, p.3。

施恩茨提及拉比撒母耳可能是吕内勒的拉比撒母耳,1170 年拉比艾萨克(R.Isaac,亚设此处所提此人,叙述未详)曾与之通信(Thosaphoth Themura fol. 12 a.and b),详见 A.Asher, *The Itinerary of Benjamin of Tudela*, Vol.2, p.12。

18 除亚设所提拉比之外,马库斯·南森·阿德勒还提及拉比欧萨努,详见 Marcus Nathan Adler, *The Itinerary of Benjamin of Tudela*, p.3。

19 施恩茨提及拉比犹大·本·提本,格拉纳达犹太人,备受尊敬的翻译家,1161 年之前居住在吕内勒,1186 年之后去世。他与拉比米书兰家族长期保持友好关系(Preface to the translation of *Chobath halebaboth*; Minchath Kenaoth, 85),米书兰是仅次于他的在吕内勒备受尊重的犹太人。(据迈克尔先生所言)他的朋友拉比斯拉差·哈-利未(R.Serachia ha-Levi)之后清除了他的地方。以上诸内容,详见 A. Asher, *The Itinerary of Benjamin of Tudela*, Vol.2, p.13。

20 亚设谓之通情达理,马库斯·南森·阿德勒谓之神圣,详见 A. Asher, *The Itinerary of Benjamin of Tudela*, Vol.1, p.34; Marcus Nathan Adler, *The Itinerary of Benjamin of Tudela*, p.3。

三、博凯尔（珀斯奇瑞斯）、圣吉尔、阿尔勒与马赛

从吕内勒经行 2 法尔萨赫到达博凯尔（Beaucaire）[珀斯奇瑞斯（Posquieres）]。[1] 这是一个很大的城镇，大约 400 位（40 余位）犹太人居住于此，还有一个规模较大的研究中心。[2] 逝者大拉比亚伯拉罕·本·大卫曾执掌此中心，他对圣经与《塔木德》的研习尤其突出（堪称权威）且著名（且精力充沛）。[3] 很多远方的学生慕名而来，他不仅亲口相传，而且还为这些学生提供住宿，甚至以自己的大量资财资助他们。拉比约瑟夫·本·梅纳赫姆（R.Joseph B. R.Menachem）、拉比本维尼斯特（R.Benveniste）、拉比本杰明（R. Benjamin）、拉比亚伯拉罕（R.Abraham）以及逝者拉比艾萨克·本·摩西（R.Isaac B.R.Moshe）[4] 等皆居住于此，他们皆是伟大的学者与智慧的人。

再从此地经行 3 法尔萨赫（4 法尔萨赫）[5] 到达诺格斯（Nogres）[（郊区，Ghetto?）][6] 或（今）圣吉尔（Bourg De St. Gilles）[7]。这里大约有 100 余位犹太人，主要的人士有拉比艾萨克·本·雅各（R.Isaac B.R.Jacob）[8]、犹大之子拉比亚伯拉罕[9]、拉比以利亚撒（R.Eleazar）、拉比雅各（R.Jacob）、拉比艾萨克（R. Isaac）、拉比摩西（R.Moshe）、最近仙逝的拉比利未（R.Levi）的儿

子拉比雅各。[10]此地可谓是(异教徒的)[11]朝圣之地,来自远方地区以及岛屿(世界尽头)的人们纷纷前来;此地距海边约3法尔萨赫,位于大罗讷(Rhone)河畔——罗讷河流经普罗旺斯。[12]雷蒙德(Raymond)伯爵[13]的管家(著名的)[14]逝者拉比阿巴·马里·本·艾萨克(R.Abba Mari B.R.Isaac)[15]也居住在圣吉尔。[16]

从圣吉尔经行3法尔萨赫到达阿尔勒城。[17]这里大约有200位犹太人,主要的人士有拉比摩西(R.Moshe)、拉比托比(R.Tobi)[托比亚斯(R.Tobias)]、[拉比以赛亚(R.Isaiah)、拉比所罗门(R.Solomon)]、拉比(大拉比)南森(R.Nathan)以及逝者拉比阿
6 巴·马里(R.Abba Mari)等。[18]

从阿尔勒经行三日(二日)到达马赛(Marseilles),此地有很多杰出、智慧的人士。[19]这里有两个犹太人群体,总计300余人——一个位于地中海沿岸下城区,另一个则位于地中海沿岸要塞附近的上城区。居住在上城区的犹太群体有一个很大的研究中心,并自诩有很多饱学之士,其中主要包括[拉比西缅(R.Simeon)、拉比所罗门、阿巴·马里(Abba Mari)之子拉比艾萨克[20]]、[21]拉比西缅·本·安托利(R.Shimeon B.R.Antoli)[22]、他的兄弟拉比雅各、拉比里伯儒(R.L'varo,R.Libero);[23]下城区犹太群体主要的人士包括富裕的拉比雅各·佩尔皮亚诺(R.Jacob Perpiano)[拉比雅各·佩尔皮斯(R.Jacob Purpis)][24]、拉比亚伯拉罕、他的女婿拉比梅厄(R.Meir)、拉比艾萨克(R.Iitchak)以及拉比梅厄(R.Meir)[拉比梅厄的女婿拉比亚伯拉罕以及拉比艾萨克,艾萨克为稍晚时期的拉比梅厄之子]。[25]马赛城位于海边,这里贸易繁盛。

注释

1　亚设此处谓之“到达博凯尔”，马库斯·南森·阿德勒此处谓之“到达珀斯奇瑞斯”，详见 A.Asher, *The Itinerary of Benjamin of Tudela*, Vol.1, p.34; Marcus Nathan Adler, *The Itinerary of Benjamin of Tudela*, p.4。

博凯尔位于今法国南部加尔省（Gard），为古罗马道路交通要地，连接意大利与西班牙。珀斯奇瑞斯即今法国沃韦尔（Vauvert），中世纪时期该地以 Posquieres 闻名，沃韦尔亦位于法国南部加尔省。博凯尔位于沃韦尔西北部，两地相距 46 公里。今从吕内勒到达博凯尔约 45 公里，本杰明谓之 2 法尔萨赫（约 11 公里），差异较大，疑误。从今吕内勒到沃韦尔约 13 公里，与本杰明所记距离大致相同，因此此处应是到达珀斯奇瑞斯。——译者

2　亚设谓之 400 余位犹太人，马库斯·南森·阿德勒谓之 40 余人，详见 A. Asher, *The Itinerary of Benjamin of Tudela*, Vol. 1, p. 35; Marcus Nathan Adler, *The Itinerary of Benjamin of Tudela*, p.4。

3　亚设谓之“他对圣经与《塔木德》的研习尤其突出且著名”，马库斯·南森·阿德勒谓之“他对《塔木德》的研习堪称权威，且精力充沛”，详见 A. Asher, *The Itinerary of Benjamin of Tudela*, Vol.1, p.35; Marcus Nathan Adler, *The Itinerary of Benjamin of Tudela*, p.4。

拉比亚伯拉罕·本·大卫对《塔木德》十分精通，被称为 Rabad。其是前面提及的纳博讷拉比亚伯拉罕的女婿，有时居住在博凯尔，有时居住蒙彼利埃、吕内勒、尼姆（Nimes，法国南部城市）。他以大量的著作被铭记，逝世于 1198 年 11 月 27 日（Zunz, 1.C.309-313; Graetz, VI.243），详见 A. Asher, *The Itinerary of Benjamin of Tudela*, Vol.2, p.13; Marcus Nathan Adler, *The Itinerary of Benjamin of Tudela*, p.4, n.1。

Rabad，即希伯来语ראבד，为 R.Abraham B.David 的首字母缩写，汉译为拉巴德。亚伯拉罕·本·大卫通常被称为拉巴德三世（Rabad III）。——译者

4　施恩茨提及亚伦·吕内尔（Aaron Lunel）曾提及一位拉比艾萨克·本·摩西·纳尔博尼（R. Isaac B. Moshe Narboni）（Aaron Lunel, *Orchoth Chajim*, fol. 80. d），详见 A. Asher, *The Itinerary of Benjamin of Tudela*, Vol.2, p.13。

施恩茨此处似指亚伦·吕内尔提到的拉比艾萨克·本·摩西·纳尔博尼即拉比艾萨克·本·摩西，但未详述。——译者

5　亚设谓之 3 法尔萨赫，马库斯·南森·阿德勒谓之 4 法尔萨赫，详见 A.Asher, *The Itinerary of Benjamin of Tudela*, Vol.1 p.35; Marcus Nathan Adler, *The Itinerary of Benjamin of Tudela*, p.4。

3 法尔萨赫约 17 公里、4 法尔萨赫约 23 公里，圣吉尔位于今法国南部加尔省，紧邻博凯尔或珀斯奇瑞斯，故据其行程判断，Bourg De St.Gilles 应指今法国圣吉尔地区。从今博凯尔到圣吉尔约 25 公里，此处 4 法尔萨赫似更符合实际距离。——译者

6　亚设此谓之作 Nogres，不可考；马库斯·南森·阿德勒猜测该词应为郊区或隔都(Ghetto)。尽管如此，此地应为 Bourg De St.Gilles 地区，详见 A.Asher, *The Itinerary of Benjamin of Tudela*, Vol.1, p.35; Marcus Nathan Adler, *The Itinerary of Benjamin of Tudela*, p.4。

Ghetto 一词最早用于称呼生活在威尼斯的犹太人所生活的特定区域，该区域与其他地方相互隔离，并有所限制，通常被称为"隔都"。——译者

7　亚设提及此城镇是备受尊敬的雷蒙德(Raymond)的诞生地与封地。该地主要集中在圣埃吉迪乌斯(St.Aegidius)，其名称早在 1 世纪就出现，在法国人前往圣吉尔之时遭到破坏。圣埃吉迪乌斯教堂是中世纪时期虔诚的基督教徒朝圣之地。拉比阿巴·马里(R.Abba Mari)曾是圣吉尔伯爵与图卢兹亲王雷蒙德五世(Raymond V)的管家——雷蒙德五世(1148—1194 年)为阿方斯(Alphonse)与菲迪德(Faydide)之子，在其父生前，被称为圣吉尔伯爵(Catel 198)。这些亲王在十字军期间尤为活跃，他们被称为图卢兹或圣吉尔，经常被提尔(Tyre)的威廉(William)与记载这些卓越战争的其他历史学家所提及。蒙塔努斯、隆佩尔以及巴拉蒂耶等人没有正确理解文本，误将雷蒙德伯爵认为是达蒙(Damon)苏丹，让博学的晚辈备感疑惑，但是格兰斯先生亦采取此种译法。另外一个较大的错误在下文出现，即他们错将"与这个地方——普罗旺斯"(והיא מקום-Provence)当作"他建立——普罗旺斯"(והיא מקים)——普罗旺斯在我们作者的时代，包括奥弗涅(Auvergne)与朗格多克(Languedoc)地区(Reymond de St. Agiles, p.144)。以上诸内容，详见 A.Asher, *The Itinerary of Benjamin of Tudela*, Vol.2, pp.13-14。

亚设此处所提及的雷蒙德应是指雷蒙德四世(1041—1105 年)，又称圣吉尔雷蒙德(Raymond of St.Gilles)或的黎波里雷蒙德一世(Raymond I of

Tripoli)——此处的黎波里指黎巴嫩西北地区的港口城市。雷蒙德四世,为圣吉尔与图卢兹伯爵、纳博讷公爵与普罗旺斯侯爵。中世纪时期,雷蒙德伯爵在法国南部颇具影响力,并参与领导第一次十字军东征,晚年又致力于的黎波里城的建设,详见 Frederic Duncalf,“The First Crusade: Clermont to Constantinople”,in Marshall W.Baldwin, *The History of the Crusades: The First Hundred Years*, University of Wisconsin Press, Vol.I, pp.253-279。提尔,位于今黎巴嫩南部地区;提尔的威廉(1130—1186 年),中世纪著名的主教与编年史家。——译者

8 施恩茨提及亚伦·吕内尔曾提到蒙彼利埃的一位拉比艾萨克·本·雅各(Lamperonti in Pachad Jitschak, Reggio 1813, v. כהן fol.50.c),详见 A. Asher, *The Itinerary of Benjamin of Tudela*, Vol.2, p.14。

9 施恩茨提及拉比亚伯拉罕·本·犹大似为拉比犹大·本·亚伯拉罕的父亲,犹大·本·亚伯拉罕此时在普罗旺斯颇具盛名(Zunz, 1.C.313),详见 A.Asher, *The Itinerary of Benjamin of Tudela*, Vol.2, p.14。

10 本杰明所提到的主要人士多指该地犹太群体首领与重要人士,下同。——译者

11 马库斯·南森·阿德勒谓之为异教徒的朝圣之地,待考,详见 Marcus Nathan Adler, *The Itinerary of Benjamin of Tudela*, p.4。

12 亚设谓之岛屿,马库斯·南森·阿德勒谓之世界的尽头,详见 A. Asher, *The Itinerary of Benjamin of Tudela*, Vol.1, p.35; Marcus Nathan Adler, *The Itinerary of Benjamin of Tudela*, p.4。

普罗旺斯位于法国东南部,毗邻地中海,接壤意大利。——译者

13 此处的雷蒙德伯爵即为雷蒙德四世。——译者

14 马库斯·南森·阿德勒谓之“著名的拉比”,但并未提及“逝者”,详见 Marcus Nathan Adler, *The Itinerary of Benjamin of Tudela*, p.4。

15 施恩茨提及拉比阿巴·马里·本·艾萨克极有可能是《易土尔》的作者拉比艾萨克·本·阿巴·马里的父亲。拉比艾萨克·本·阿巴·马里于 1179 年在马赛书写此书,其似乎生于 1130 年(又说 1122 年,不详),详见 A.Asher, *The Itinerary of Benjamin of Tudela*, Vol.2, p.14。

16 马库斯·南森·阿德勒提及埃吉迪乌斯的修道院在中世纪时期被大修过。博凯尔及其附近的犹太人也受到图卢兹伯爵雷蒙德五世的恩惠,游吟诗人称其为“好人伯爵”(见 Graetz, *Geschichte der Juden*, Vol.VI, note I,

p.401)。这里无法就本杰明所提及的拉比进行详述,其详细介绍,可见以色列·利末(Israel Levi)《中世纪法国犹太人》(*Jews in Medieval France*),《犹太百科全书》(*Jewish Encyclopaedia*)以及格罗斯(Gross)《高卢犹太人》(*Gallia Judaica*),详见 Marcus Nathan Adler, *The Itinerary of Benjamin of Tudela*, p.4, n.2。

17 阿尔勒位于法国东南部罗纳河口省,公元前 2 世纪罗马人据有此地,此地曾有运河通往地中海;中世纪时期则成为重要的基督教宗教中心。从今圣吉尔到达阿尔勒约 18 公里,本杰明谓之 3 法尔萨赫(17 公里),大致一致。——译者

18 亚设谓之拉比托比、拉比南森,马库斯·南森·阿德勒谓之拉比多俾亚、大拉比南森,并提及拉比以赛亚与拉比所罗门,亚设则并没有提及这两位拉比,详见 A.Asher, *The Itinerary of Benjamin of Tudela*, Vol.1, p.36; Marcus Nathan Adler, *The Itinerary of Benjamin of Tudela*, p.4。

施恩茨提及阿尔勒拉比摩西与拉比卡路尼莫斯(R.Calonymos,即纳博讷的拉比卡路尼莫斯)是同一时代的人(Mordechai in Tr.Shebuoth, chap.7. §.1174)。1100 年,阿尔勒的拉比犹大·本·摩西(R.Jehuda B.Moshe)住在美因(Shibbole haleket II ms. §.59),详见 A.Asher, *The Itinerary of Benjamin of Tudela*, Vol.2, p.14。

马库斯·南森·阿德勒提及大英博物馆所藏手稿称拉比阿巴·马里已经去世。除非有其他的证明,在此种观点中间加入"since"(即 since deceased,似指已去世)显得不可理解,详见 Marcus Nathan Adler, *The Itinerary of Benjamin of Tudela*, p.4。

19 亚设谓之三日到达马赛,马库斯·南森·阿德勒则谓之两日,详见 A.Asher, *The Itinerary of Benjamin of Tudela*, Vol.1, p.36; Marcus Nathan Adler, *The Itinerary of Benjamin of Tudela*, p.4。

马库斯·南森·阿德勒提及亚设所据文本与维也纳爱泼斯坦的手稿皆言及从阿尔勒到马赛需经行三日。实际上两地相距大概 53 英里,或许罗马的道路仍在使用,详见 Marcus Nathan Adler, *The Itinerary of Benjamin of Tudela*, p.4, n.4。

马赛位于法国南部、地中海沿岸,中世纪时期是地中海地区重要的贸易港口,这里常年贸易繁盛。从阿尔勒到马赛约 85 公里。——译者

20 马库斯·南森·阿德勒提及拉比艾萨克,阿巴·马里之子,曾著《巴

拉·哈图尔》(*Baal Haittur*,希伯来语בעל העיטור);1179年,他在马赛写作这部作品。不确定其是否为雷蒙德伯爵管家的儿子,详见 Marcus Nathan Adler,*The Itinerary of Benjamin of Tudela*,p.5,n.1。

21 除亚设所提犹太人士之外,马库斯·南森·阿德勒还提及拉比西蒙、拉比所罗门、阿巴·马里之子拉比艾萨克,详见 Marcus Nathan Adler,*The Itinerary of Benjamin of Tudela*,p.4。

22 施恩茨提及拉比西蒙·本·安托利的兄弟为拉比雅各,谱系如下:

(1)安托利(Antoli):亚伯拉罕·哈加赤(Abraham Hajarchi)的叔叔;(2)安托利的儿子:西蒙、雅各;(3)西蒙的儿子:阿巴·马雷(Abba Mare),雅各的儿子:犹大,约1190年;(4)阿巴·马雷的儿子:雅各,约1232年。

该谱系源自以下根据:(1)这三个名字在同一个人的姓名中出现,即拉比雅各·本·阿巴·马里·本·西蒙[R.Jacob B.Abba Mari B.Simeon(Simson in some MSS.) B. Antoli(Antolio in some MSS. and ed. of Benjamin of Tudela)],其著作有《马拉马德》(*Malmad*),备受尊重(comp. Geiger: Melo chofnajim,Berlin 1840,pp.54-56)。

(2)拉比雅各与纳博讷、贝济耶地区以及提本(Thibbon)家族等有着密切的联系(Catal,Lips.p.306),阿巴·马里(Abba Mari)这个名字就证实其应是普罗旺斯人。

(3)拉比纳西犹大·本·雅各·安托利(R.Jehuda B.Jacob B.Antoli the Nasi,约1204年),曾被一位普罗旺斯的作家亚伯拉罕(Abraham hajarchi)提到(comp. Zunz,*über den Zunamen Jarchi in Israelit*. Annalen 1839,no.42. p.336),并称其为自己的叔叔(Hamanhig,division Ghet §.156)。我们不能忽视的是居住在马赛的《易土尔》的作者(即前述拉比艾萨克·本·阿巴·马里)与安托利一样,也与拉比亚伯拉罕有关系。另外一个安托利·本·约瑟夫(Antoli B.Joseph)与迈蒙尼德有联系。勒班陀(Lepanto)的安托利生活在大约1304年(Cod.Vatic.Urbin.11)。

(4)拉比雅各·佩尔皮亚诺被冠以"富人"之姓(即言称富人雅各·佩尔皮亚诺,详见下文)。另外一位高贵而值得信赖的作家拉比雅各·富汝法格(R.Jacob פרופייג)也曾提起同样一个人(Shebet Juhuda,*Amsterd*.1655. Fol. 76.a),并称其死于1170年。还有一位拉比雅各·富汝法格,1385年其曾生活在尼姆(Isaac B. Shesheth,*Decisions* No.266)。以上诸内容,详见 A. Asher,*The Itinerary of Benjamin of Tudela*,Vol.2,pp.14-15。

拉比雅各·本·阿巴·马里·本·西蒙(1194—1256年),生于法国南部马赛地区,中世纪时期著名翻译家,其将大量阿拉伯文文献翻译成希伯来文,同时又借腓特烈二世(Frederick II,1194—1250年,神圣罗马帝国皇帝)之邀前往那不勒斯的机会,将阿拉伯文文献译介至西方。Malmad,为希伯来语מלמ"ד音译,该书内容主要是关于布道与说教。拉比雅各·富汝法格(R. Jacob פרופייג),希伯来语פרופייג音译为Frofag。——译者

23　亚设谓之R.L'varo,马库斯·南森·阿德勒谓之R.Libero,两者音近,所指相同,详见A.Asher, *The Itinerary of Benjamin of Tudela*, p.36; Marcus Nathan Adler, *The Itinerary of Benjamin of Tudela*, p.5。

24　亚设谓之拉比雅各·佩尔皮亚诺,马库斯·南森·阿德勒谓之拉比雅各·佩尔皮戈亚诺,应是拟音差异所致,详见A.Asher, *The Itinerary of Benjamin of Tudela*, p.36; Marcus Nathan Adler, *The Itinerary of Benjamin of Tudela*, p.5。

25　亚设谓之拉比亚伯拉罕、他的女婿拉比梅厄、拉比艾萨克以及拉比梅厄,马库斯·南森·阿德勒谓之"拉比梅厄的女婿拉比亚伯拉罕以及拉比艾萨克,艾萨克为稍晚时期的拉比梅厄之子",此处为两人所据文本差异所致,详见A.Asher, *The Itinerary of Benjamin of Tudela*, Vol.1, p.36; Marcus Nathan Adler, *The Itinerary of Benjamin of Tudela*, p.5。

四、热那亚、比萨与卢卡

从马赛乘船到达热那亚需四日，热那亚位于海边。两位来自休达（Ceuta）的犹太人拉比撒母耳·本·卡利姆（R. Samuel B. Khilam）和他的兄弟居住在热那亚，［他们都很善良］[1]。此城周围有城墙环绕，这里没有国王的统治，而是由市民选出的议员进行管 7
理。这里的每一个房子上都有一个塔楼，每当发生骚乱之时，居民从塔楼顶端发起攻击。热那亚人尤擅长航海，他们建造了大帆船战舰，在各地发动战争［他们以此掠夺、袭击以东、以实玛利、希腊，乃至西西里］[2]，为热那亚带来了大量掠夺物与战利品。他们与比萨处于交战状态。

从热那亚经行两日可至比萨。[3] 比萨是一个很大的城市，这里有一万多座带有塔楼（或筑有堡垒）[4] 的房子。每当发生骚乱之时，住民就以这些房子发起攻击。这里的居民都十分勇敢，没有国王或王子统治该地，由民众选举的议员被授予最高的权力。这里大约有 20 位犹太人，主要的人士包括拉比摩西、拉比哈伊姆（R. Chaim）以及拉比约瑟夫（R. Joseph）等。比萨城没有城墙，距离海边大约有 4 英里，大量船只航行在阿诺（Arno）河[5] 中——此河流经比萨城，船只经此河进出入城市。

从比萨经行 4 法尔萨赫到达卢卡（Lucca）［该城是伦巴第地区

8 的边界]。[6] 这里大约有 40 位犹太人，主要人士包括拉比大卫、拉比撒母耳以及拉比雅各。

注释

1 马库斯·南森·阿德勒谓之他们都很善良，亚设则并未提及，详见 Marcus Nathan Adler, *The Itinerary of Benjamin of Tudela*, p.5。

2 较之亚设而言，马库斯·南森·阿德勒还提到“他们以此掠夺、袭击以东、以实玛利、希腊，乃至西西里”，详见 Marcus Nathan Adler, *The Itinerary of Benjamin of Tudela*, p.5, n.3。

如前文所言，以东位于今死海与亚拉巴以东，阿拉伯沙漠西北地区。此时该国早已不存在，这里应是以以东指代基督教徒，这可能是因为大量以东人之后迁徙至罗马帝国西部各地，并成为了最早一批基督教徒，故本杰明以此指代基督教徒，详见 Ernest L. Martin, *The People That History Forgot*, Academy for Scriptural, 1994。另外，阿拉伯人被认为是以实玛利的后代，故以此指代阿拉伯人。——译者

3 从热那亚到比萨约 160 公里。——译者

4 亚设谓之筑有堡垒的房子，马库斯·南森·阿德勒谓之带有塔楼的房子，详见 A. Asher, *The Itinerary of Benjamin of Tudela*, Vol. 1, p. 37; Marcus Nathan Adler, *The Itinerary of Benjamin of Tudela*, p.5。

5 阿诺河是意大利中部重要的河流之一，比萨、佛罗伦萨等城市皆位于阿诺河畔。——译者

6 较之亚设而言，马库斯·南森·阿德勒还提及卢卡是伦巴第的边界，详见 Marcus Nathan Adler, *The Itinerary of Benjamin of Tudela*, p.5。

卢卡位于意大利中北部，中世纪时期曾被伦巴第人统治。从比萨到卢卡约 20 公里，本杰明谓之 4 法尔萨赫(约 23 公里)，大体一致。——译者

五、罗马

从比萨经行六日到达罗马城——罗马是一座很大的城市，是基督教世界的大都会。[1] 这里居住有大约200位犹太人，他们都备受尊重，不向任何人纳贡。[2] 其中一些犹太人士是亚历山大教皇[3]的随员（或官员），亚历山大是首要的神职人员与基督教教堂的领袖（基督教世界的精神领袖）[4]。很多杰出的犹太人（犹太学者）[5]居住于此，如拉比（大拉比）[6] 但以理（R.Daniel）以及拉比耶利（R. Jechiel）。耶利为教皇的随员之一，他十分英俊、精明，并富有智慧。作为教皇的管家并为教皇打理私人财产，他经常出入教皇府邸。他是拉比南森（R. Nathan）的后代——南森曾编纂《汇编》（*Aruch*）一书，并对其进行评注。[7] 除这两个人之外，拉比约押·本·所罗门（R.Joab B.Rabbi R.Solomon）[8][大拉比所罗门之子拉比约押（R.Joab）][9]、学术研究中心的主事拉比梅纳赫姆（R. Menachem）[10]、居住在特拉斯泰韦雷（Trastevere）[11]的拉比耶利（R. Jechiel）以及逝者拉比本杰明·本·沙比太（R. Benjamin B. R. Shabthai）[逝者拉比沙比太之子拉比本杰明]等犹太人，也生活在罗马城。[12]

台伯（Tiber）河横穿罗马城，将其一分为二。罗马圣彼得大教堂位于其中一个分区之中，尤里乌斯·凯撒（Julius Caesar）的宫

殿也位于此。[13]这里有很多无与伦比的建筑，其结构与世界各地的
9 建筑都不相一致。包括居住区与废弃区在内，罗马方圆可达 24 英里。城中[14]有 80 座宫殿，各属于 80 位国王——他们被称为罗马皇帝，从塔奎尼乌斯（Tarquinius）皇帝[15]开始，[经尼禄（Nero）、提比略（Triberius）——其生活在拿撒勒人耶稣时期][16]，直至丕平（Pepin）——丕平为查理曼之父，[17]曾从穆斯林手中夺取西班牙。[18]

罗马郊区有一座提图斯（Titus）的宫殿——提图斯用三年时间征服耶路撒冷而遭到 300 名元老院的元老们抵制，因为他们认为提图斯应在两年内征服该地。[19]韦斯巴芗（Vespasianus）[20]的宫殿也位于罗马，这座宫殿十分宏伟、坚固；加尔巴（Galba）[21]的宫殿亦位于罗马，这座宫殿有 360 个窗户，与每年的天数大致对应[斗兽场（Colosseum）也位于罗马，这座建筑由 365 部分构成，与每年的天数相仿]。[22]这些宫殿位于周围方圆 3 英里地区之内。古代这
10 里曾经是战场，大约有十万人在此被杀戮，他们的尸骨一直存留至今。皇帝以此战为代表将军队的征战，士兵、战马以及辎重等杀戮的场面雕刻在大理石之上，以展示古代战争的场面。

罗马有一处地下洞穴，洞穴中有一位皇帝[塔马·伽斯（Tarmal Galsin）]与皇后的墓葬。[23]皇帝与皇后坐在王座之上，周围有一百多位皇室贵族。他们都经过防腐处理，一直存留至今。在拉特兰圣约翰大教堂（San Giovanni in Laterano）[24]之中有两根来自圣殿（Temple）[25]的柱子——这是所罗门王[26]的杰作，上面皆雕刻着他的名字"所罗门·本·大卫"（Solomon Ben David）。罗马的犹太人告诉我："每到阿布（Ab）月 9 日，这两根柱子会渗出很多水，水顺着柱子流下。"[27]同样在这个洞穴中还存放着韦斯巴芗之

子提图斯[28]从耶路撒冷圣殿带回来的器皿。另一个位于台伯河畔(小山)[29]的洞穴中,有已故圣人的坟墓,包括王国的十位殉教者。[30]

在拉特兰圣约翰大教堂对面(前方),竖立着一座参孙(Sam- 11
son)[31]手持长矛的大理石雕塑以及大卫王之子押沙龙(Absalom)[32]的雕塑,还有君士坦丁大帝(Constantinus)[33]铜制雕塑——他曾建立君士坦丁堡城(Constantinople),此城即以他得名,君士坦丁雕塑上的马匹[及随从][34]是镀金而成。[35]罗马城还有很多不计其数、无与伦比的建筑与工艺品。

从罗马经行四天到达卡普亚[36],这座大城由国王卡皮斯(Capys)[37]建立。此城非常美丽,但城中的水质不好,因此不太健康[此城是热病的高发区域]。[38]这里大约有三百位犹太人,其中有很多聪慧(伟大的学者)[39]以及备受尊敬的人士,主要的人士包括拉比寇帕索(R.Konpasso)、其兄弟撒母耳(R.Samuel)[拉比寇索(R.Conso)、其兄弟拉比以色列(R.Israel)][40]、拉比萨肯(R.Saken)以及大拉比大卫(R.David)等,拉比大卫在公国(即卡普亚)担任官职[他们称此地为公国][41]。

注释

1 从比萨到罗马约 330 公里。——译者

2 施恩茨提及一百四十年之后,拉比雅各·本·犹大曾到达过普罗旺斯地区(Minchath Kenaoth letter,53,p.115),并言称那时从普罗旺斯到罗马从未遇到过一个犹太人,甚至本杰明在热那亚、比萨以及卢卡所见的犹太人都已经消失了。阿本·以斯拉(Aben 'Esra)也曾造访过热那亚等城市。然而,在北意大利的东部与中部地区,如在威尼斯、安科纳(Ancona)、瑞耶提

(Rieti)、佩萨罗(Pesaro)、博洛尼亚、法诺(Fano)、弗利(Forli)、费拉拉、费尔莫(Fermo)、菲布瑞阿努(Febriano)、阿斯科利(Ascoli)以及佩鲁贾等地区仍然可以看到犹太会众。拉比摩西·梅兹(R.Moshe Minz,1460)提到卢卡的犹太老师(*Decisions*, No.43)。以上诸内容,详见 A.Asher,*The Itinerary of Benjamin of Tudela*,Vol.2,p.16。

3 施恩茨提及本杰明与其他早期的西班牙犹太人都提到教皇,称其为פפא(Papa,教皇)(Ohel Joseph, in Aben 'Esra, fol. 36. a. comp. *Juchasin* f.142.b)。《约瑟泊》(*Josippon*),相传为10世纪约瑟泊(Josippon)所写(pp.671-672),称其为הגמון הגדול,即"伟大的主教"。在解释教皇之时,本杰明也用此称谓。教皇同样也被称为פטרון,即守护神(Patron)。拉比利未·本·格尔森(R.Levy B.Gerson)(in Daniel VII.11)称教皇为ישיש,即长者,此术语被在《约瑟泊》(p.350)中用于称呼罗马执政官。法国犹太人(Nitsachon,*MS. of the 13th century in cod.Hebr.80.No.6.of the Hamburg city library*)与德国犹太人(R.Asher,*Decisions* 8,11.)将教皇翻译为אפיפיור,该词起初用于指比הגמון低两个级别的职位(S.'*Aruch* v.נפר and Tract.'Aboda Sara f.11)。

亚设提及这里所指的亚历山大教皇应是亚历山大三世(1101—1181年),西恩拿(Sienna,意大利中部城市)人,1159年继位,接任阿德里安四世(Adrian IV,1100—1159年,英格兰人)。亚历山大得到西西里人的支持,却遭到以腓特烈一世(Frederic I)为首的帝国一方的反对,而且还遭到三个对立教皇(Antipopes)的反对。在分裂时期,亚历山大所具备的精神、策略以及解决问题的方法让人感到惊叹,并使自己获得青睐以及来自法国、西班牙、英格兰、西西里和其他很多国家君主的支持。亚历山大获取了伦巴第一部分地区,腓特烈因此陷入到了血腥的战争中。比萨欢迎皇帝一方,并以此掀起了新的纷争,此举几乎完全在共和国(应指比萨)与热那亚之间掀起了激烈的争吵,正如作者所言那般(见上文)。亚历山大被帝国军队的成功步步紧逼而于1165年退出罗马和意大利,逃至法国桑斯(Sens),直到1165年才返回罗马。大约两年之后,1167年他被迫在贝内文托(Benevento)寻找避难之地,在1177年之后才返回罗马。在这期间,他与皇帝在威尼斯达成了和平,并与最后一位对立教皇卡列科斯图斯(Calixtus)达成了和解。亚历山大于1181年在罗马逝世,继位者为卢修斯二世(Lucius II)。在亚历山大担任教皇期间,托马斯·贝克特曾是坎特伯雷(Canterbury)大主教。以上提到的时间证明了本杰明应在1159—1167年到访罗马。尽管如此,我们仍对约斯特(Jost)

博士表示友善的一面，约斯特对于犹太史颇具研究。我们不得不对《历史》第六卷第376页中所提到的关于拉比本杰明行纪中的篇章表示吃惊，其言及："令人感到惊讶的是拉比耶利（R.Jechiel）是罗马教皇的亲信，但该作者并没有提及教皇的名字。"他对本杰明提出了怀疑，因为本杰明并没有提到当时在位的教皇的名字。但是，这些游记并没有经过编辑，其中的名字自然没有清晰地被表示出。我们坦白地认为约斯特博士的判断并不值得相信，这位历史学家的结论并不正确，为此错误感到内疚，我们切勿引用这些错误。甚至巴拉蒂耶——不过是个孩子，认为约斯特在书中所言是对自己尊严的攻击。以上诸内容，详见 A. Asher, *The Itinerary of Benjamin of Tudela*, Vol.2, pp.16-18。

《约瑟泊》为10世纪意大利犹太人约瑟泊·本·古里安[Josippon Ben Gorion，又称为约瑟夫·本·古里安（Joseph Ben Gorion）]所著。该书记载从亚当到提图斯（Titus，41—81年，罗马帝国弗拉维王朝皇帝）时期的犹太教历史。亚设提及亚历山大继任者为卢修斯二世。考之卢修斯二世，虽生年不详，但卒于约1145年，并在1144—1145年担任教皇，早于亚历山大在位之时间，故此处不可能为卢修斯二世。卢修斯三世（Lucius III，1100—1185年）则符合这一时间，故此处应为亚设之误。约斯特（1793—1860年），法兰克福犹太人，犹太史学家，曾著《马加比至今的以色列历史》（*Geschichte der Israeliten seit den Zeit der Maccabaer*）。亚设所言《历史》即指该书。腓特烈一世（1122—1190年），神圣罗马帝国皇帝；桑斯，法国北部城市；贝内文托，意大利南部城市；卡列科斯图斯，1168—1178年担任对立教皇。——译者

4　亚设谓之亚历山大为首要的神职人员与基督教教堂的领袖，马库斯·南森·阿德勒谓之亚历山大是基督教世界的领袖，详见 A.Asher, *The Itinerary of Benjamin of Tudela*, Vol.1, p.38; Marcus Nathan Adler, *The Itinerary of Benjamin of Tudela*, p.5。

5　亚设谓之犹太人，马库斯·南森·阿德勒谓之犹太学者，详见 A. Asher, *The Itinerary of Benjamin of Tudela*, Vol.1, p.38; Marcus Nathan Adler, *The Itinerary of Benjamin of Tudela*, p.5。

6　亚设谓之拉比，马库斯·南森·阿德勒谓之大拉比，详见 A.Asher, *The Itinerary of Benjamin of Tudela*, Vol.1, p.38; Marcus Nathan Adler, *The Itinerary of Benjamin of Tudela*, p.5。

7　拉比南森（1035—1106年），出生于罗马，是中世纪时期著名的犹太

学者。Aruch 源自希伯来语עָרוּךְ,意为“编纂”、“汇编”。南森将收罗大量有关犹太教的文献、著述等进行统一汇编,并对《塔木德》以及拉比文献进行评注、解释。该汇编文献来源十分庞杂,内容涉及面亦广,其中所提及的很多著述现在都已经遗失。此流传久远,为研究犹太人的历史文化提供了极为重要的文献资料,详见 Shimeon Brisman, *A History and Guide to Judaic Dictionaries and Concordances*, Vol.1, Hoboken NJ: KTAV Publishing House, Inc., 2000, pp.16-17。——译者

8 马库斯·南森·阿德勒提及《汇编》可能是有关《塔木德》的字典,完成于 1101 年(Graetz, VI, p.281.),详见 Marcus Nathan Adler, *The Itinerary of Benjamin of Tudela*, p.5, n.2。

施恩茨提及《汇编》一书的作者是备受尊敬的拉比南森。1101 年,他在罗马完成了这本著作。他的父亲拉比耶利·本·亚伯拉罕(R.Jechiel B. Abraham)以礼拜诗而著名,这些礼拜诗被卢扎托发现,《汇编》中也有引用。拉比耶利·本·亚伯拉罕应该就是拉比耶利·本·亚伯拉罕·约押(R. Jechiel B.Abraham Joab),这个(名字)的构成在罗马《马哈祖尔》中曾经出现。拉比南森有两个兄弟:但以理与亚伯拉罕。被称为《塔木德》老师的拉比所罗门(Shibole haleket II. MS. §§. 59. 76. and in MSS. collections of decisions)是后者(即亚伯拉罕)的儿子。我们作者提到的拉比约押无疑就是这位拉比所罗门的儿子,通过רבי הרב(即大拉比,Rabbi R.)这一称号即可证实,文中正是以此称呼后者[即大拉比所罗门(Rabbi R.Sh'lomo)]。我们的作者认为拉比耶利是拉比南森的孙子,是拉比但以理的表兄弟,拉帕波特进一步证明了这种可能性(*Life of R.Nathan*, in Bikhure haïthim, note 3)。阿本·以斯拉为罗马的拉比本杰明·本·约押,撰写他对约伯(Job,《旧约·约伯记》所记人物,被描述为一个正直,受祝福的人)的评注(Cod. Vat. 84.),我亦证明在罗马的长者拉比耶利的母系后裔(Analekten no. 5 Joab, p. 46. and foll)与拉比雅各·本·所罗门的父系后裔是同一代人(1288 年)。基于所有的历史可能性,这些事实使我得出如下谱系(见下页):

约押一世(Joab I)

|

亚伯拉罕一世(Abraham I)

|

耶利一世(Jechiel I,约卒于 1088 年前,肯定卒于 1092 年前)

亚伯拉罕二世　　南森　　但以理

(Nathan,1106 年去世)(Daniel,1101 年之前去世)

|　|　|

所罗门(1133 年)　鲁本(Ruben?)　X

|　|　|

约押二世　耶利二世(1160 年)　但以理(1160 年)

|

本杰明(幼者,1168 年)

|

X

|

约押四世　约押三世　所罗门

|　|　|

所罗门　耶利三世　亚伯拉罕三世　本杰明(1260—1270 年)

|　|　|

耶利四世　费拉　约押五世(1286—1304 年)

(Phila,1288 年)

约押三世是耶利一世的后代;耶利三世与拉比沙比太·本·所罗门(R. Shabthai B.Sh'lomo)是同时代的人(在与迈克尔交流之后),后者又与拉比斯德肯亚·本·亚伯拉罕(R.Tsidkia B.Abraham)是同代人(Shibole haleket MS.II. §.157. comp. cod. Rossi 1237. No. 11. Zunz, *Analekten* No. 6. 1. c. IV. p.190),活跃在 1280 年间。这位耶利也属于同一个家族。以上诸内容,详见 A.Asher, *The Itinerary of Benjamin of Tudela*, Vol.2, p.20。

9　亚设谓之约押·本·所罗门,马库斯·南森·阿德勒谓之大拉比所罗门之子拉比约押,其中亚设所言所罗门为拉比的拉比(Rabbi R.),意即为大拉比,与马库斯·南森·阿德勒所言相同,详见 A.Asher, *The Itinerary of Benjamin of Tudela*, Vol.1, p.38; Marcus Nathan Adler, *The Itinerary of Benjamin of Tudela*, p.6。

10　施恩茨提及罗马负责人拉比梅纳赫姆或许与阿本·以斯拉诗歌中称颂的那个人是同一人(Kherem chemed, Vol.IV. Prague 1839. p.144),与拉比梅纳赫姆·本·犹大(MSS.collection of old decisions)或许亦是同一人,详见 A.Asher, *The Itinerary of Benjamin of Tudela*, Vol.2, p.20。

11　特拉斯泰韦雷为罗马城的一个区。——译者

12　亚设谓之逝者拉比本杰明·本·沙比太,马库斯·南森·阿德勒谓

之逝者拉比沙比太之子拉比本杰明，所指相同，详见 A.Asher，*The Itinerary of Benjamin of Tudela*，Vol.1，p.38；Marcus Nathan Adler，*The Itinerary of Benjamin of Tudela*，p.5。

施恩茨提及 16 世纪之前，沙比太这个名字在意大利（罗马、那不勒斯），希腊（内陆、克里特，以及卡拉派犹太人）比较常见，在法国、德国等地比较少见，在西班牙更加少见。其中提到在意大利包括：

（1）沙比太·多努勒·本·亚伯拉罕（Shabthai Donlo B.Abraham）（s.Zunz，gottesd.Vorträge p.93.362.378.379.，Geiger，Melo Chofnajim pp.95-99）；

（2）罗马的沙比太·本·摩西（Shabthai B.Moshe），礼拜诗作者（Roman Machasor，MS）；

（3）罗马的卡路尼莫斯·本·沙比太（Calonymos B.Shabthai），1090 年在沃尔姆斯（Worms，德国西南部城市）（s.Zunz，Raschi，p.310.ן"בר fol.49.C.53.b）；

（4）沙比太（Shabthai），罗马拉比南森（R.Nathan）的儿子（Shalsheleth ha-kabbala fol.41.B）；

（5）罗马的本杰明·本·沙比太（Benjamin B.Shabthai），本杰明时期的老师；

（6）罗马的马瑟斯亚·本·沙比太（Mathathia B.Shabthai），《塔木德》律法老师，大约 1250 年（s.Zunz，Analekten 5.Joab p.47）；

（7）罗马的所罗门·本·沙比太（Sh'lomo B.Shabthai），曾对拉比阿查（R.Acha）所著《什欧塞斯》进行评注（comp.Oppenh.Catal.624.4to）；

（8）艾萨克·本·沙比太（Isaac B.Shabthai），卡普亚人，1272 年（s.Asulaï，Shen hagedolim II fol.36.b）；

（9）罗马的沙比太·本·马瑟斯亚（Shabthai B.Mathathia）（s.Zunz，1.c）；

（10）沙比太·本·所罗门（Shabthai B.Sh'lomo），即上文注释所提之沙比太·本·所罗门；

（11）莫迪凯·本·沙比太（Mordechai B.Shabthai），曾写有罗马犹太会堂礼拜式的忏悔祈祷文；

（12）沙比太·本·梅纳赫姆·博塞孔（Shabthai B.Menachem Bozeco）、梅纳赫姆的兄弟沙比太（Shabthai）——他们与罗马的伊曼纽尔（'Immanuel）是同辈人（comp.Zunz，Analekten，4，p.330.7，p.489）；

(13)罗马的摩西·本·沙比太·本·梅纳赫姆(Moshe B.Shabthai B. Menachem),大约活跃在1340年(同上);

(14)意大利的沙比太·本·犹大·本·本杰明·坎若斯(Shabthai B. Jehuda B.Binjamin Canroth),抄写员,大约活跃于1322年(cod.Rossi 5);

(15)诗人(诗坛?)沙比太(Shabthai the Parnass)——曾在卡路尼莫斯的《普珥节短文》(*Masekheth Purim*)中提到此人;

(16)埃利亚·本·耶利·本·沙比太·本·阿维格多(Elia B.Jechiel B.Shabthai B.Avigdor),大约活跃于1374年(cod.Rossi 728);

(17)马瑟斯亚·本·沙比太(Mathathia B.Shabthai),大约活跃于1365年(cod.Vat.74);

(18)所罗门·本·沙比太(Sh'lomo B.Shabthai),14活跃于世纪(cod. Rossi 1062);

(19)耶利·本·沙比太(Jechiel B.Shabthai),大约活跃于1389年(cod. Rossi 219);

(20)沙比太·本·利未·本·沙比太·本·埃利亚·本·摩西·沙比太(Shabthai B.Levi B.Shabthai B.Elia B.Moshe Shabthai),梵蒂冈抄本(梵蒂冈图书馆收藏的4世纪以希腊语抄写的圣经)214卷的抄写员,大约活跃于1394年;

(21)沙比太·本·梅纳赫姆·本·沙比太·本·犹大(Shabthai B. Menachem B.Shabthai B.Jehuda),大约1380—1403年,沙比太(Shabthai,约1322年)的孙子(comp.codd.Rossi 1070,64);

(22)沙比太·本·耶利(Shabthai B.Jechiel),其于1383年5月购买了洛伦佐抄本(Cod.Laurent,收藏在意大利洛伦佐图书馆的文献资料);

(23)安科纳(Ancona,意大利中部沿海城市)的沙比太·本·耶利(Shabthai B.Jechiel),约1399年(s.R.Shesheth,*Decisions* No.127);

(24)佩鲁贾的沙比太·本·伊曼纽尔(Shabthai B.'Immanuel),抄写员,大约活跃于1477年(Cod.Rossi 1126);

(25)蒙特·波利齐亚诺(Monte Poliziano,意大利地名)的马瑟斯亚·本·沙比太(Mathathia B.Shabthai)(Monte Poliziano),其将梵蒂冈抄本258卷变得十分混杂;

(26)埃利亚·比尔·沙比太(Elia Beer B.Shabthai),罗马医生,活跃于1420年(s.Zunz,*Analekten*,5.p.53.and 'on a medal' in *Istaelit*. Annalen

1840.p.49)；

(27)苏尔摩纳(Sulmona，意大利中部城市)的沙比太·本·耶古铁(Shabthai B.Jekuthiel)，活跃于1445年(cod.Rossi 326)；

(28)卡梅瑞诺(Camerino，意大利中部城市)的约瑟夫·本·沙比太(cod.Rossi 868)——此人应该就是约瑟夫·本·沙比太·本·所罗门(Jehoseph B.Shabthai B.Sh'lomo)，伊曼纽尔写给约伯评注的抄写员(cod.Rossi 58)。但是，另外还有一位同名的抄写员(cod.Uri 1)，大约生活在1357年；

(29)犹大·本·所罗门·本·沙比太·利未(Jehuda B.Sh'lomo B.Shabthai Levi)，伦巴第抄写员，活跃于1493年(cod.Rossi 1167 and 1168)；

(30)帕莱斯特里(Palestrina，意大利罗马省一个城镇)的摩西·本·沙比太(Moshe B. Shabthai)，大约活跃于1473年(Biscioni Catal. in Svo. p.427)；

(31)亚伯拉罕·本·沙比太(Abraham B.Shabthai)，约活跃于1490年(de Rossi Annal.XV.p.128)；

(32)沙比太·本·乔尔·查吉姆(Shabthai B.Joel Chajim)，曾抄写犹大·罗马诺(Jehuda Romano，1293—1330年，意大利哲学家与翻译家)的著作，大约活跃于1462年(MS.of H.J.Micheal)；

(33)艾萨克·本·沙比太(Isaac B.Shabthai)，奥本海默抄本(cod.Oppenh)791卷(四开本)抄写员(Catal.MS)。其中的注释显示他来自意大利；

(34)那不勒斯的沙比太(Shabthai)，大约活跃于1469年(s.cod.Vatic.Urbin.7 or cod.Kennicott 500)；

(35)沙比太·本·所罗门(Shabthai B.Sh'lomo)，活跃于1471年(s.cod.Rossi 1077)；

(36)西西里的沙比太·本·色汝弛(Shabthai B.Serach)，活跃于1489年(cod.Vat.207)；

(37)沙比太·本·耶利·玛挪亚(Shabthai B.Jechiel Manoach)(cod.Val.90)。这个名字就显示他可生活在意大利中部地区；

(38)意大利的沙比太·本·查吉姆·约拿(Shabthai B.Chajim Jona)(s.Biscioni Catal.In fol.p.163)；

(39)科雷吉奥(Correggio，意大利北部城市)的杰尔·本·沙比太(Jair B.Shabthai)，一篇论战文章的作者(MS.of H.J.Michael)。以下诸位来自何处存疑：莱昂·本·沙比太(Leon B.Shabthai)、塞姆阿加·本·沙比太

(Shem'aja B. Shabthai)、保罗姆·本·沙比太(פפולמון B. Shabthai)、沙比太·本·萨卡伽(Shabthai B. Secharja)[大约活跃于1160年,见 *Hagahoth Maimonioth* in אישות(婚姻)c.23]、沙比太(Thosafoth Nasir 3 b)、抄写员沙比太(约活跃于1291年,Nuremberg Codex)、沙比太·本·米书兰(Shabthai B.Meshullam)(约活跃于1316年,cod.Rossi 738)、雅各·本·沙比太(Jacob B.Shabthai)(约活跃于1433年,cod. Vatic. Urbin. 22)、沙比太·本·雅各(Shabthai B.Jacob)(R.Jacob Levi, Decisions No.81)。诗人犹大·本·艾萨克·本·沙比太·哈列维(Jehuda B.Isaac B.Shabthai Halevi,约活跃于1214年)与扫罗·本·沙比太(Shaul B.Shabthai)[s.משכיות כסף(银盒)Amsterd. 1770.fol.25.a]是卡斯提尔(Castilia,西班牙古王国)人。抄写员沙比太·本·犹大(Shabthai B.Jehuda,约活跃于1144年)(cod.Kennic.293)是西班牙人。爱尔福特(Erfurt,德国中部城市)的殉教者沙比太(Shabthai,活跃于12世纪)(cod.hebr.38.In Hamburg No.154)、拉比艾萨克·本·沙比太(Isaac B.Shabthai,约活跃于1270年)(s.Meïr Rothenb. *Decisions* ed.Cremona No. 17)以及拉比沙比太·本·撒母耳(Shabthai B.Sh'muel,约活跃于1460年)(s.Moshe Mlinz, *Decisions*, No.63)是德国人。抄写员约瑟夫·本·沙比太·本·所罗门(Joseph B.Shabthai B.Sh'lomo,约活跃于1300年)可能是法国人(s.cod.Rossi 369),如果他不是前面提到的那位约瑟夫(Jehoseph,即第27位)。以上诸内容,详见 A. Asher, *The Itinerary of Benjamin of Tudela*, Vol.2, pp.20-24。

拉比阿查,逝世于761年,巴比伦苏拉学校的医生,著有《什欧塞斯》(*Sheelthoth*);该书是关于古代礼仪法典的探究。卡普亚,意大利南部城市。《普珥节短文》,Masekheth Purim,希伯来语מסכת פורים,意为"普珥节短文",相传为14世纪卡路尼莫斯所著,主要是以诙谐幽默的方式书写《塔木德》,此书写于罗马,此处据希伯来语意译而出。——译者

13 马库斯·南森·阿德勒提及此宫殿即为位于帕拉蒂尼(Palatine)山的凯撒宫殿,详见 Marcus Nathan Adler, *The Itinerary of Benjamin of Tudela*, p.6, n.3。

14 马库斯·南森·阿德勒提及爱泼斯坦与亚设所据手稿中误将בתוכה(意为在它里面)作בתוכה(意为在《托拉》里),详见 Marcus Nathan Adler, *The Itinerary of Benjamin of Tudela*, p.6, n.4。

15 拉帕波特提及本杰明此处所提的显然是塔奎尼乌斯·布里斯库斯

(Tarquinius Priscus),而不是图拉真(Trajanus,53—117 年)皇帝,此处应是约斯特的错误(1.c)。这位皇帝是第一位在罗马建立辉煌、壮丽的建筑,还建立了竞技场以及朱庇特神殿与其他著名神殿的皇帝。这里必须说明的是出现在书中的与作者所叙述的其他夸大之词,部分是作者的原因,部分是其他原因,但这并不影响本书的重要性。没有一个古代的旅行者能够避免犯相似的错误,并可与他者进行比较,对拉比本杰明也应掌握此种平衡。以上诸内容,详见 A. Asher, *The Itinerary of Benjamin of Tudela*, Vol. 2, p.24。

塔奎尼乌斯·布里斯库斯(? —公元前 578 年),罗马王政时代第五任君主。——译者

16　马库斯·南森·阿德勒提及尼禄与提比略,亚设则未提及,详见 Marcus Nathan Adler, *The Itinerary of Benjamin of Tudela*, p.6。

尼禄(37—68 年),54—68 年在位,罗马帝国朱里亚·克劳狄王朝的最后一任皇帝,是罗马帝国著名的暴君之一;提比略(公元前 42—公元 37 年)为罗马帝国第二任皇帝,14—37 年在位。——译者

17　丕平(714—768 年),即矮子丕平,法兰克王国加洛林王朝(751—987 年)缔造者,751—768 年在位。查理曼(742—814 年),法兰克王国加洛林王朝国王,768—814 年在位。查理曼在位期间南征北战,法兰克王国的疆域不断扩大。——译者

18　亚设提及吉本在罗马对其所见的纪念碑以及他到访的其他神殿的记载,将会为我们作者的错误提供强烈的辩解:当彼特拉克(Petrarch)首次看到这些纪念碑之时,罗马这些散落的景致早已超越了最为洋洋洒洒的描述,他对那些罗马人倦怠的冷漠个性感到十分吃惊。他十分谦卑,而不是发现之后的欣喜若狂,但是他的朋友黎恩济(Rienzi)与一位来自罗讷河的陌生者比这座都市的显贵与当地人都熟悉这些古代的遗迹。罗马人疏忽以及轻信他人的特点在这座城市的古代就显现出来,如 13 世纪便是如此。除了沉湎于各式名字与地名的错误之外,神殿的传说便会激起轻蔑与愤恨的笑声:一位匿名者昨天说道:"神殿如此命名宛如世界的首领,执政官与元老先前居住在此以管理这个城市与世界。坚固而高大的城墙装饰着玻璃与黄金,并绘有最为丰富而奇异的雕刻。堡垒的下面有一座最大的黄金宫殿,装饰有名贵的石头,整个价值抵得上世界三分之一的财富。所有行省的雕像都有序地排列着,每一个颈上都悬挂有钟。这种富有魔力的设计,里面藏有玄机:即当行省

造反反对罗马时，雕像就会向天上旋转四分之一，钟随即就会敲响；然后先知就会告诉神童，元老便会被警告危险即将到来。”吉本引用其他的例子证明13世纪便已知的忽视与荒谬，并且其后依然如此，这当然让对一个简单的犹太旅行者轻信他人的指控变得毫无力量。以上诸内容，详见 A.Asher, *The Itinerary of Benjamin of Tudela*, Vol.2, pp.24-25。

彼特拉克（1304—1374年），意大利早期人文主义者。——译者

19 马库斯·南森·阿德勒提及这是《约瑟泊》所记载的内容，本杰明偶尔在书中提到这些传说，这些传说可能是前辈告诉他或所记载的。他生活在中世纪黑暗时代。该书第1卷第4章提到320名元老。我遵从布瑞塔普特(Breithaupt)的认识，即 שישי 应意为执政官，详见 Marcus Nathan Adler, *The Itinerary of Benjamin of Tudela*, p.6, n.5。

提图斯（41—81年），罗马帝国弗拉维王朝（69—96年）皇帝，79—81年在位。希伯来语 שישי 为老者或可敬之意，此处指元老院的元老；马库斯·南森·阿德勒认为其应为执政官。——译者

20 韦斯巴芗（9—79年），罗马帝国弗拉维王朝第一位皇帝。——译者

21 加尔巴（公元前3—公元69年），尼禄死后成为罗马皇帝，仅在位六个月。——译者

22 亚设谓之此为加尔巴的宫殿，且有360个窗户，马库斯·南森·阿德勒则谓之为罗马斗兽场，该建筑由365部分构成，与每年的天数相仿，详见 A.Asher, *The Itinerary of Benjamin of Tudela*, Vol.1, pp.39-40; Marcus Nathan Adler, *The Itinerary of Benjamin of Tudela*, pp.6-7。

亚设提及关于传统中的80个大厅（隔间）、提图斯与韦斯巴芗的宫殿等信息大部分应是来自约瑟夫·格里昂德斯(Josephus Goriondes，中世纪犹太作家)，我们的作者应曾向他咨询过，并在其返回之后记载之。约斯特博士应是忽视了这些事实，否则他不会以这些错误指责我们的作者。比起他的评论者而言，我们所争辩的作者相对比较容易摆脱这些错误。以上诸内容，详见 A.Asher, *The Itinerary of Benjamin of Tudela*, Vol.2, pp.25-26。

马库斯·南森·阿德勒提及此处可能为戴克里先(Diocletian)或弗拉维安(Flavian)竞技场。此建筑有四层，每一层包含有80个独立的隔间，总计320个，而本杰明在本书中不止一次地提到对应每年天数而统一设计的建筑，详见 Marcus Nathan Adler, *The Itinerary of Benjamin of Tudela*, pp.6-7。

23 马库斯·南森·阿德勒提及这位皇帝为塔马·伽斯，不可考，详见

Marcus Nathan Adler, *The Itinerary of Benjamin of Tudela*, p.7。

24 拉特兰圣约翰大教堂建造于4世纪早期，为罗马教区驻所，罗马四大教堂之一。——译者

25 圣殿为古代以色列人最高的祭祀场所。所罗门时期曾在耶路撒冷建立第一座圣殿，史称"第一圣殿"。公元前586年，新巴比伦王国(公元前626—前539年)摧毁耶路撒冷，圣殿被毁。公元前539年，波斯帝国推翻新巴比伦王国，犹太人得以从巴比伦返回耶路撒冷，重建圣殿，于公元前515年建成，史称"第二圣殿"。公元70年，罗马军团围攻耶路撒冷，第二圣殿被毁。本杰明此处所记载的来自圣殿的柱子应是罗马人在摧毁第二圣殿时掠夺而来。——译者

26 所罗门(公元前970—前931年在位)，古代以色列王国(约公元前1050—前931年)第三任君主，大卫王之子，第一圣殿的缔造者。——译者

27 亚设提及在耶路撒冷两座圣殿被摧毁的时间，所有的犹太人都要进行斋戒、哀悼，并在所有犹太会堂进行纪念，详见 A. Asher, *The Itinerary of Benjamin of Tudela*, Vol.1, p.41, n.a。

阿布(Ab)月，希伯来语אב，为犹太教历5月，相当于公历7—8月，阴历十一月。——译者

28 即上文所言提图斯皇帝。——译者

29 亚设谓之台伯河畔，马库斯·南森·阿德勒谓之台伯河畔小山，详见 A. Asher, *The Itinerary of Benjamin of Tudela*, Vol. 1, p. 41; Marcus Nathan Adler, *The Itinerary of Benjamin of Tudela*, p.7。

30 施恩茨提及这里的殉教者指《密西拿》中的古代十位老师，他们在韦斯巴芗与哈德良(Hadrian, 76—138年)时期被暴力致死。后者则不仅与这些灾难性的迫害有关(comp. Zunz, *Gottesd*. Vorträge, p. 142)，而且在罗马为这些受害者分配了公墓。当罗马引发此种场面之后，相传十位殉教者与皇帝还曾有过对话。历史当然不会提及这个传说。十位殉教者的一些人没有被安葬到罗马，如阿基巴(Akiba)、以实玛利(Jishma'el)以及犹大·本·西玛(Jehuda B. Thema)的墓葬分别在13世纪与16世纪在巴勒斯坦被发现(R. Jacobin cod. Sorbonne 222. ייחום, ed. Heidelberg p. 37, 59, 67)。据说拉比阿基巴的墓葬被其他人安置在安提帕底(Antipatris)(*Seder Hadoroth*, fol. 140.c)。从一个最近的编目(אגרת מספרת יחסותא Constaninople 1743)已经得知十位殉教者其中另外两位，即拉比犹大·本·巴巴(R. Jehuda B. Baba)与

西蒙·本·迦玛列(Simon B.Gamaliel)的墓葬也在巴勒斯坦。以上诸内容，详见 A.Asher, *The Itinerary of Benjamin of Tudela*, Vol.2, p.26。

马库斯·南森·阿德勒就此处所指殉教者有不同看法，他提及赫普瑞(I.Heilprin)(Seder *Hadoroth*, Warsaw, 1897, edition p.157)以及施恩茨在这里陷入了一个误区，认为本杰明提到的十位殉教者是《密西拿》中的十位老师，包括在罗马皇帝手中殉教于巴勒斯坦的拉比迦马列、拉比阿基巴以及其他的先贤。这里的十位殉教者应是《哈克莫尼》(*Hakemoni*)的序言中所提到的那些人(Geiger in *Melo Chofnaiim*, Berlin, 1840 and *Sefer Hasidim*, Berlin edition, fols.151-152)，十个正义的人被杀，他们是已故的智慧的拉比伟大的哈斯达·本·哈纳内尔(חסדיה בר' חננל)、拉比尤尔(ר' יואל)、正直的近亲拉比阿姆农(ר' אלסודו)、拉比尤利尔·R.阿迪克(ר' אוריאל' הר האדיק)、拉比梅纳赫姆(ר' מנחם)、拉比亥亚(ר' חייא)、拉比摩西(ר' משה)、拉比大卫(ר' דוד)、拉比查迪克(ר' צדק)、拉比耶利米(ר' ירמיה)、仁慈的长者拉比尤利尔(ר' אוריאל)——他不仅是犹太群体的首领，还是已故拉比生活城市的首领。罗马，如其他城市一样，有自己的殉教者。以上诸内容，详见 Marcus Nathan Adler, *The Itinerary of Benjamin of Tudela*, p.7, n.1。

安提帕底，位于以色列撒玛利亚境内。赫普瑞(1600—1746 年)，著有《历代记》(*Seder Hadoroth*)——希伯来语 סדר הדורות，该书记载了从创世记至其时代的历史。《哈克莫尼》(*Hakemoni*)，沙比太·都侬路(Shabbethai Donnolo, 913—982 年，意大利犹太医生)所著，主要有关卡巴拉学说、占星术等。——译者

31 参孙生于公元前 11 世纪，是一位犹太人士师，力大无比，在以色列外敌非利士人(Philistinc)争战中著名，详见《旧约·士师记》(13—16)。——译者

32 押沙龙是大卫王的第三个儿子，号称以色列最英俊的男子。押沙龙后来背叛其父，而被处死，详见《旧约·撒母耳记》(下，13—14)。——译者

33 君士坦丁大帝(272—337 年)，罗马帝国皇帝，306—337 年在位。其任内在拜占庭建立新皇宫，即新罗马，但通常人们以其名称呼该地，即君士坦丁堡。君士坦丁还是第一位改宗基督教的罗马皇帝，曾颁布"米兰敕令"，承认帝国基督教的合法性。——译者

34 亚设谓之马匹以及随从，马库斯·南森·阿德勒谓之马匹，详见 A. Asher, *The Itinerary of Benjamin of Tudela*, Vol.1, p.41; Marcus Nathan

Adler,*The Itinerary of Benjamin of Tudela*,p.7。

35 马库斯·南森·阿德勒提及现在国会大厦前竖立的是马克·奥勒留(Marcus Aurelius)的雕塑,详见 Marcus Nathan Adler,*The Itinerary of Benjamin of Tudela*,p.7,n.2。

马克·奥勒留(121—180 年),罗马皇帝,著有《沉思录》。——译者

36 卡普亚位于意大利南部坎帕尼亚大区的卡塞塔(Caserta)省。该城建于公元前 6 世纪,大约在公元前 4 世纪后期属于罗马。从罗马到卡普亚约 190 公里。——译者

37 卡皮斯,罗马达尔达尼亚国王,其祖父为特洛伊城统治者特柔斯(Tros),其父为达尔达尼亚国王阿萨拉库斯(Assaracus)。1 世纪时,达尔达尼亚被罗马军队征服。——译者

38 亚设谓之"城中的水质不好,因此不太健康",马库斯·南森·阿德勒谓之"此城的水质不好,是热病的高发区域",详见 A.Asher,*The Itinerary of Benjamin of Tudela*, Vol.1,p.41;Marcus Nathan Adler,*The Itinerary of Benjamin of Tudela*,p.7。

马库斯·南森·阿德勒提及本杰明时期,坎帕尼亚地区也以经常发生疟疾著名,详见 Marcus Nathan Adler,*The Itinerary of Benjamin of Tudela*,p.7,n.3。

39 亚设谓之聪慧的人士,马库斯·南森·阿德勒谓之伟大的学者,详见 A. Asher,*The Itinerary of Benjamin of Tudela*, Vol. 1, p. 41; Marcus Nathan Adler,*The Itinerary of Benjamin of Tudela*,p.7。

40 亚设谓之拉比寇帕索、其兄弟撒母耳,马库斯·南森·阿德勒谓之拉比寇索、其兄弟拉比以色列,文本差异所致,详见 A.Asher,*The Itinerary of Benjamin of Tudela*,Vol.1,p.41;Marcus Nathan Adler,*The Itinerary of Benjamin of Tudela*,p.7。

41 亚设谓之他们承担公国的头衔,马库斯·南森·阿德勒谓之他们称此地为公国,详见 A.Asher,*The Itinerary of Benjamin of Tudela*,Vol.1,p.42;Marcus Nathan Adler,*The Itinerary of Benjamin of Tudela*,p.7。

六、索伦托、那不勒斯与萨勒诺

从卡普亚再至波佐利（Pozzuoli），此地又被称为（伟大的）索伦托（Sorrento）。相传此城为森茨撒·哈达利谢（Tsintsan Hadar'eser）[哈达利谢（Hadadezer）之子祖尔（Zur）]所建，他因恐惧逝者大卫王而逃到此处。[1] 当海水升起时，城市的两侧会被淹没。今天仍旧可以看到城中曾被淹没的街道与塔楼。[2] 这里有一处温泉（泉水），水从地下涌出，水面上漂浮着一种被称为石油的油脂。这些油脂被采集之后，当作医用。这里还有一些热的浴场，浴场的 12
水是来自温泉的地下水。其中两个浴场位于海岸（这里还有20处温泉，位于海岸附近），患有疾病的人在里面沐浴，即使不能治愈，也可以极大地缓解。[3] 为此所有来自伦巴第的饱受（病痛）折磨的人都在夏季来到这里。

从这里沿着山下的堤坝可以行走15英里，这个堤坝由恐惧以色列大卫王与其将军约押的罗慕路斯（Romulus）国王建立，山上与山下的建筑（堡垒）也由他建造，[这些山一直延伸远至那不勒斯城]。[4]

那不勒斯城极其坚固，位于海岸边上，由希腊人建立。[5] 这里大约有500位犹太人，主要的人士包括拉比希西家（R. Hezakiah）、拉比沙龙（R.Shallum）、拉比以利亚·科恩（R.Elijah Cohen）

以及来自何珥山(或蒙彼利埃)(Hor mount)的[来自拿普斯山(Har Napus)的逝者大拉比]拉比艾萨克。[6]

从那不勒斯经(海)行[7] 一日便可至萨勒诺(Salerno),这里有
一所基督教医学院。[8] 这里大约有 600 名犹太人,主要人士包括拉
比犹大·本·艾萨克(R. Jehuda B. R. Isaac)[9]、来自森旁特(Si-
13 ponte)[10]拉比麦基洗德(R. Malkhi Tsedek)[大拉比麦基洗德
(Melchizedek)]——拉比麦基洗德的儿子拉比艾萨克[11]、拉比所罗
门·科恩(R. Solomon Cohen)、希腊拉比以利亚(R. Elijah the
Greek)[拉比以利亚·哈耶瓦尼(R. Elijah Hajevani)][12]、拉比亚
伯拉罕·纳尔博尼(R. Abraham Narboni)以及拉比哈蒙(R.
Thamon)等,他们都是智慧而博学的人。[13] 城墙环绕在这个城市
靠近陆地的一侧,城墙的另外一侧一直延伸至海边。山顶上的堡
垒异常坚固。

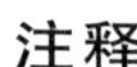

注释

1 亚设分别谓之索伦托、森苂撒·哈达利谢,马库斯·南森·阿德勒谓之伟大的索伦托、哈达利谢之子祖尔,应是拟音差异所致,详见 A. Asher, *The Itinerary of Benjamin of Tudela*, Vol. 1, p. 42; Marcus Nathan Adler, *The Itinerary of Benjamin of Tudela*, p. 8。

此文中出现的讹误,亚设认为:关于这座城市历史的记载及其中的错误,应是源自我们的作者或者《约瑟泊》之后的一位抄写员。在该书中,也提到在这个地区周边可以收集到石油,山脚下的堤坝由恐惧大卫王的罗慕路斯建立,传统认为这些(应指建设堤坝的石材)可能来自此地广泛存在的岩洞。我们的作者没有提到波佐利城任何一位犹太人的名字,因此怀疑他是否真的到过此地。但是,这些建筑的遗迹在周边地区确实存在,此亦让人相信这个城市与索伦托应是同一个地方。利奥波德·冯·布赫(Leopold Von Buch)先生善意地提醒我这些遗迹应是罗马公馆的废墟,其沉入地下后被港湾淹没。

尽管这无疑是一个巨大的变化，确实发生且改变了这个地区，但他认为没有理由相信这里的一个城镇会消失（Hoffman's *Bemerkungen über Italien und Sicilien*，Herausgegeben von H.von Dechen，Berlin）。以上诸内容，详见 A. Asher，*The Itinerary of Benjamin of Tudela*，Vol.2，p.27。

波佐利、索伦托皆位于意大利南部坎帕尼亚大区，且都是那不勒斯南部海港城市。哈达利谢，为琐巴（Zobah）国王。琐巴位于今大马士革以北，曾为早期亚兰人（Arameans）的都城。哈达利谢曾联合亚兰人与大卫为战，但惨遭失败，并向以色列称臣纳贡。《旧约·撒母耳记》（下，10：6—8）记载："亚扪人知道大卫憎恶他们，就打发人去，招募伯利合的亚兰人和琐巴的亚兰人……亚扪人出来，在城门前摆阵。琐巴与伯利合的亚兰人，陀伯人，并玛迦人，另在郊野摆阵。"亚设与马库斯·南森·阿德勒所言建城之人相差甚远，存疑，待考。从卡普亚到波佐利约 40 公里。罗慕路斯（约公元前 771—前 717 年），传说中罗马城建立者之一。——译者

2　马库斯·南森·阿德勒提及 1903 年 12 月 29 日，雷·兰克斯特（Ray Lankester）教授在皇家学院的一次演讲中，通过本杰明所提到的同一个寺院（应为文中的塔楼），说明该处土地与水文状况的变化。它现在矗立在海平面之上，2—3 世纪也是如此，但 8—9 世纪由于陆地下沉，逐渐变低。大理石柱子的下半部分已经淹没在海中，夹缝中有海贝，详见 Marcus Nathan Adler，*The Itinerary of Benjamin of Tudela*，p.8，n.1。

3　亚设谓之这里有一处温泉，两个浴场位于海岸，马库斯·南森·阿德勒谓之泉水，20 处温泉位于海岸附近，详见 A.Asher，*The Itinerary of Benjamin of Tudela*，Vol.1，p.42；Marcus Nathan Adler，*The Itinerary of Benjamin of Tudela*，p.8。

4　亚设谓之建筑，马库斯·南森·阿德勒谓之堡垒，并提及这些山一直延伸远至那不勒斯城，亚设则未提及，详见 A.Asher，*The Itinerary of Benjamin of Tudela*，Vol.1，pp.42-43；Marcus Nathan Adler，*The Itinerary of Benjamin of Tudela*，p.8。

马库斯·南森·阿德勒提及《约瑟泊》（Vol.1，chaps.III-IV）在提到索伦托的祖尔之时，将其与索伦托联系起来，并曾提到这个传说。本杰明应该没有其他的信息来源。波佐利的近邻就是斯劳菲塔拉（Slofatara），那里有硫磺。1198 年灾难就从火口喷发过一次。周边的温泉以及巴尼奥利（Bagnoli）的浴场直到现在仍被提及。山下的路（堤坝）是泼斯利泼（Posilipo）的石窟之

脚(Piedigrotta),由奥古斯都(Augustus)所建,详见 Marcus Nathan Adler, *The Itinerary of Benjamin of Tudela* ,p.8,n.2。

巴尼奥利,位于波佐利附近地区。奥古斯都(公元前 63—公元 14 年),即罗马皇帝屋大维。——译者

5　亚设谓之伊德里斯(II.257)提及:“那不勒斯人口众多,且非常美丽、古老、繁荣,在那里你可以发现有很好的机会进行商品以及各类物资的买卖。”并认为本杰明这里的记述无误,言及我们可以发现一些希腊、拉丁作家在提及那不勒斯之时,称其为尼亚波利斯(Neapolis)、帕泰诺佩(Parthenope),而且这里崇拜帕泰诺佩。这座城市由老城库马(Cuma)以及新城尼亚波利斯组成,仅在中世纪时期就到达了如此大的规模(Bischoff and Möller s.v),详见A.Asher,*The Itinerary of Benjamin of Tudela* , Vol.2,pp.27-28。

尼亚波利斯(Neapolis),那不勒斯最初的希腊语称谓。帕泰诺佩为海妖(Siren)之一。海妖又译作“塞壬”,是希腊神话中人首鸟身的生物,其美丽而充满危险,经常用自己美丽的声音与音乐引诱水手失神,而导致海船触礁沉没。库马(Cuma),古代希腊在意大利地区的殖民地,紧邻那不勒斯。——译者

6　亚设谓之来自何珥山的拉比艾萨克,马库斯·南森·阿德勒谓之来自拿普斯山的逝者大拉比艾萨克,详见 A.Asher, *The Itinerary of Benjamin of Tudela* , Vol.1,p.43;Marcus Nathan Adler, *The Itinerary of Benjamin of Tudela* ,p.8。

施恩茨提及 Hor mount,其中 Har 应为希伯来语 הר 的转音,意为山,整个词组应拼写作“Hor Har”,即希伯来语 ה׳ר ההר。据此拼写,应为何珥山——圣经中亚伦去世的地方,即“以东地边缘”,位于约旦河谷东面以东、死海东岸地区。但是,亚设认为来自何珥山的那不勒斯拉比艾萨克可能来自蒙彼利埃,正如来自纳博讷的萨勒诺拉比亚伯拉罕。蒙彼利埃也被称为 ההר,前者即拉比艾萨克称自己“来自蒙彼利埃”(מההר),可能是后来的抄写员错讹为 ה׳ר ההר,即何珥山,详见 A.Asher, *The Itinerary of Benjamin of Tudela* , Vol.2,p.28。

萨勒诺,意大利南部港口城市,西北距那不勒斯 48 公里。马库斯·南森·阿德勒则提及应为“Har Napus”,即 Napus 山,但 Napus 不可考。——译者

7　亚设谓之经行一日,马库斯·南森·阿德勒谓之经海行一日,详见 A.Asher, *The Itinerary of Benjamin of Tudela* , Vol.1,p.43;Marcus Na-

than Adler, *The Itinerary of Benjamin of Tudela*, p.8。

8 亚设提及吉本(ch.56)曾提及:"希腊医学的宝库传播到了非洲、西班牙的西西里。萨勒诺地处战争与和平的交汇之处,知识的光芒在这座杰出的城市点燃、发展。这里有诚实的男人、美丽的女人。这所学校首次照亮了黑暗的欧洲,是医疗艺术的融汇之地;僧侣与主教的良知与这个有益而有利可图的职业达成了某种和解。大量的病人、显贵以及来自远方的人都被邀请或拜访此地的医生。"详见 A. Asher, *The Itinerary of Benjamin of Tudela*, Vol.2, p.28。

9 马库斯·南森·阿德勒提及拉比艾萨克,拉比犹大之子,应该是反对伊本·以斯拉(Ibn Ezra)对他嘲讽的希腊蝗虫(Greek Locust),后者曾在本杰明到此的二十年之前到访过萨勒诺(Graetz, VI, p. 441),详见 Marcus Nathan Adler, *The Itinerary of Benjamin of Tudela*, p.8, n.3。

伊本·以斯拉(1089—1167年),出生于西班牙图德拉地区,中世纪时期尤为著名的犹太诗人与哲学家。希腊蝗虫,应是表达拉比艾萨克对伊本·以斯拉的嘲讽表示不屑之意。——译者

10 森旁特是位于意大利南部普利亚(Apulia)大区的沿海城市。——译者

11 亚设谓之 R. Malkhi Tsedek,马库斯·南森·阿德勒谓之大拉比麦基洗德,并在文中提及"The son of Melchiedzek",应指麦基洗德为拉比艾萨克的父亲,即拉比艾萨克·本·麦基洗德(R. Jitschak B. Melchiedzek),详见 A. Asher, *The Itinerary of Benjamin of Tudela*, Vol. 1, p. 43; Marcus Nathan Adler, *The Itinerary of Benjamin of Tudela*, p.8。

施恩茨提及来自森旁特的艾萨克,即拉比艾萨克·本·麦基洗德,活跃于1160—1200年,他对部分《密西拿》的评注存留至今,并被一些作者引用,如我们的拉比萨姆(Tham)(*Book Ha-jsashar* §.648)、希勒尔(Hillel)(*Commentary to Sifra*, MS.开头及以后部分)、斯拉差·哈列维(Serachja Halevi)(Maor, *end of Mo'ed Katan*)、亚伯拉罕·本·大卫(Abraham B. David)[其在"希腊"篇中的引用指拉比艾萨克——挚友迈克尔先生认为如此,而不是拉比沙比太(Abraham B. David, *Hagahoth*),另外一篇文章的作者亦证实了这一点(*Israelitische Annalen* 1839, p.154)]、艾萨克·本·阿巴马芮(Isaak B. Abbamare)(*'Ittur* fol.25.c)、梅斯(Metz)的埃利泽(Eli'eser)(*Sefer Jereim* §.23)。拉比本杰明首次告诉我们拉比麦基洗德来自森旁特,我认为此处应

读作"ורבי יצחק ברבי מלכי צדק",即拉比麦基洗德的儿子拉比艾萨克,因为拉比艾萨克的儿子早在《易土尔》中就提到。另外,拉比麦基洗德应该不是大拉比,摩西・列提(Moshe Rieti)认为其应为拉比艾萨克・本・麦基洗德(R. Isaak B.Malkhitsedek),而并非"本・拉比"(B.Rabbi,意即大拉比)[s.*Kherem chemed* IV.26, and *Hagahoth Maimonioth*, ברכות(致词), c.6]。参照以上所提到的同时代的人,拉比艾萨克活跃在1150—1170年,与他相对的地位亦相符合。以上诸内容,详见 A. Asher, *The Itinerary of Benjamin of Tudela*, Vol.2, pp.28-29。

梅斯,法国洛林地区首府。——译者

12　亚设谓之拉比以利亚・哈耶瓦尼,马库斯・南森・阿德勒谓之希腊拉比以利亚,详见 A.Asher, *The Itinerary of Benjamin of Tudela*, Vol.1, p.43; Marcus Nathan Adler, *The Itinerary of Benjamin of Tudela*, p.8。

施恩茨提及 Hajevani 即指希腊,一些杰出的人士以及意大利南部与希腊的当地人以 Hajevani 指称希腊,如拉比巴鲁克(R.Baruch,约活跃于1140年)(*Piske Recanate*, No.393)、本杰明(s.*Bartolocci Bibliotheca*, I.674)、都萨・本・摩西(Dosa B. Moshe)(*A Commentator of Rashi*, MS. with H. I. Michael)、萨勒诺的埃利亚(Elia)、约瑟夫(Wolf, *Bibliotheca*, III.377),似应为约瑟夫・肯提(Joseph Kilti)(*Israelit*, Annalen, 1839, p.163)、约瑟夫・本・大卫(s.Wolf, *Bibliotheac*, ib.393)、塔德莫尔(Tadmor)的艾萨克、森旁特的拉比艾萨克(即上文所提到的拉比)、罗姆(Rom)的梅厄・本・摩西(Meir B. Moshe)(Shibole haleket II. MS. §.41)、摩西(s. *Israelit*, Annalen ibid.p.162)、沙比太[s. *Derascha of Nachmanides*, Prague 1595, 4to, 至末尾;卡莫利(Carmoly)曾专门对其进行论述(Carmoly ed. *Pethachia's Travels*, Paris, 1831. 8vo. p. 109)]、示每(Schimei)(s. the poem by Aben 'Esra in *Kherem chemed* IV.140)、斯拉差(Serachja)(s. Asulai, Schem hagedolim II. fol.26.b. de Rossi diz. Storico II.169)。以上诸内容,详见 A. Asher, *The Itinerary of Benjamin of Tudela*, Vol.2, pp.29-30。

约瑟夫・本・大卫,文法家、希腊犹太人。塔德莫尔,叙利亚中部城市。罗姆,即罗姆苏丹国,1077—1308年塞尔柱王朝在小亚细亚所建国家。——译者

13　亚设谓之这些都是智慧而博学的人,马库斯・南森・阿德勒则未提及,详见 A.Asher, *The Itinerary of Benjamin of Tudela*, Vol.1, p.43。

七、阿马尔菲、贝内文托、塔兰托与布林迪西

从萨勒诺经行半天至阿马尔菲(Amalfi)。[1] 此城大约有 20 位犹太人,主要包括医生拉比哈纳内尔(R. Hananel)、拉比以利沙(R.Elisha)以及仁慈或高贵(nadib)的(王子)阿布·戈德(Abu-al-Gid)[阿布·戈尔(Abu-al-Gir)]等。[2] 这里的基督徒大多数都是商人,从事贸易活动,而不从事播种与收割活动(即农业活动),因为他们居住在高山以及峭壁之上,用钱购买一切。但是,他们有很多水果,土地上有葡萄园、橄榄树、园林以及果园等,而且没有人能够与他们发生战争。

从阿马尔菲经行一日至贝内文托。[3] 该城位于海岸与高山之间,大约有 200 位犹太人,主要人士包括拉比卡路尼莫斯(R.Calonymos)、拉比扎拉(R.Zarach)以及逝者拉比亚伯拉罕(R.Abraham)等。[4]

从贝内文托经行两日到达梅尔菲(Melfi)[5]——该地位于普利 14
亚[6],圣经中的普勒(Pul)(之地)。[7] 这里大约有 200 名犹太人,主要人士包括拉比亚希玛斯(R.Achimaaz)、拉比南森(R.Nathan)、拉比西底家(R.Tsadok)[拉比艾萨克(R.Isaac)][8]。

从梅尔菲经行两日到达阿斯科利(Ascoli)。[9] 这里大约有 40

位犹太人，主要的人士包括拉比孔提路(R.Kontilo)[拉比孔索利(R.Consoli)]、其女婿拉比采马赫(R.Tsemach，R.Zemach)以及拉比约瑟夫。[10]

从阿斯科利经行两日到达沿海城市特拉尼(Trani)。[11]从此港前往耶路撒冷十分便利，朝圣的人都云集此港。此城大约有200位犹太人，主要人士包括拉比以利亚(R.Elijah)、讲演者[12]拉比南森以及拉比雅各等。这是一座巨大而优美的城市。

从特拉尼经行一日到达巴里的圣尼古拉斯(St.Nicolas di Bari，Colo di Bari)。[13]此城很大，曾惨遭西西里的威廉(William)王破坏；至今仍是一片废墟，所以没有犹太人以及基督徒(异教徒)居住。[14]

从圣尼古拉斯经行一日半至塔兰托(Taranto)城，该地位于卡拉布里亚(Calabria)边界(该地受卡拉布里亚管理)。[15]这里的居民为希腊人。[16]此城很大，大约有300位犹太人(其中一些非常博学)[17]，主要人士包括拉比马里(R.Mali)[18]、拉比南森以及拉比以色列等。

15 从塔兰托经行一日至沿海城市布林迪西(Brindisi)。[19]这里大约有10位犹太人，他们都是染工。

注释

1 拉帕波特提及，约斯特博士在此提出了最为清晰地证明我们的作者对阿马尔菲这段行程的记载仅是一个简单的汇编而已。为了证明他的观点，他错误地对本杰明进行了论述："拉比本杰明认定这是一个商业城市，不可被征服。1135年，皇帝与比萨人劫掠了该地，此地所有的优势以及光辉丧失殆尽。在此之前，该城确如本杰明所述。"但是，实际情况是阿马尔菲共和国这种状态一直保持至 1310 年(*Ersch and Greuber Encyclopaedia*, art. Amalfi)。即使该城被劫掠,不如以往辉煌,本杰明仅是叙述了自己所看到的一面。对于他来讲,此地就是一个被石山环绕的堡垒;他仅是据其所见叙述之。也有可能在 1135 年被劫掠之后,这座城市某种程度上恢复了昔日的荣光,而且本杰明实际上也没有提到其如此坚固、强大,仅称其为一个国家而已,称这里人们醉心于商业活动,很难被人袭击,因为他们有坚固的群山可供退却。

亚设则提及我们将这个问题留给读者进行判断,并决定什么原因导致历史学家能够争论如博学的约斯特博士所提出的一个引文。在此仅进一步说明,即阿马尔菲在本杰明时期是一个非常重要的城镇,如伊德里斯(II, 258)提到这个城市非常繁荣,紧邻陆地的一侧十分坚固,仅能通过海洋到达它的港口;甚至在三十年之后(1190 年),该城在那不勒斯都有自己的执政官(或领事)。文献亦证明本杰明绝没有夸大其词(可见 Miltitz, *Manuel and Consuls*, Vol.II, partie I, p.90)。以上诸内容,详见 A. Asher, *The Itinerary of Benjamin of Tudela*, Vol.2, pp.30-31。

阿马尔菲位于意大利南部沿海地区,其地以山地崎岖、风景美丽著称。从萨勒诺至阿马尔菲约 30 公里。——译者

2　亚设谓之仁慈或高贵的阿布·戈德,马库斯·南森·阿德勒则谓之王子阿布·戈尔,详见 A. Asher, *The Itinerary of Benjamin of Tudela*, Vol.1, p.43; Marcus Nathan Adler, *The Itinerary of Benjamin of Tudela*, p.9。

施恩茨谓之נדיב(nadib)有如下含义:慷慨;重要、高贵;富裕等意思。因此, nadib 与'ashir(עָשִׁיר,富裕)被当做同义词使用(*Ma'alith hammiddoth* c.19),我们作者所称呼的"'ashir'(富裕)的拉比雅各"(即上述马赛富裕的拉比雅各·佩尔皮亚诺)被称为非常的"nadib"(*Shebet Jehuda*, fol.76.a)。慷慨被认为是地位相对较高以及显贵后裔的证据(*Ma'aloth hammiddoth* c.22),以至于仁慈的含义也被吸纳至 nadib 之中,表示一种可敬的荣耀,仅用于形容社会中那些不仅富裕而且地位较高的人。地位高的显贵被称为 nedibim(即נדיב 的复数形式נדיבים)(比较שועים in *Josippon*, p.843. Jehuda Levi in בתולת בת יהודה p.48.)。因其地位,他们羞于看到以נבל(意为低下)称呼他们(Charisi, *Thachkhemoni*, c.50)。我们可以看到在 12—13 世纪期间, nadib 这个可敬的荣耀称谓被用来称呼很多人,其可以被解释为"富裕"、"高贵"、"身居高位”等，这些人分别来自加泰罗尼亚(Serachja, *Preface to this translation of the canon*, MS)、吕内勒(R. Aaron ha-Cohen in *Orchoth Chajim* fol. 102.b)、博凯尔[毫无疑问阿维尼翁犹太会堂的宗教仪式诗人艾萨克·哈斯尼(Isaac Hasniri, 1220 年生活在阿维尼翁)应该就是高贵的(ha-nadib)，拉比艾萨克·本·犹大(R. Isaac B. Jehuda)(*Kherem chemed* IV. 35)]、马赛(*Thachkhemoni* c.46. Shebet Jehuda fol. 76. a)、希农(Chinon，位于法国中央大区安德尔-卢瓦尔省)(*Hagahoth Maimonicott*, *Decisions* אישות, No. 21)、拉罗谢尔(La Rochelle)(cod. Kennicott 242)、法国(通常以此称之，应指法兰克地区)(Rabenu Tham in *the Book ha-jaschar* §§. 696. 699. 720. Themim Deim f. 8. b. R. Baruch in *the Book Hatheruma*, Division איסור והיתר §. 50, comp. רקח No. 475. *Hagahoth Maimonioth*, *Decisions* שופטטים No. 20. end)、洛林(Lorraine)(*Shibole haleket* II. MS. §. 27)、德国(R. Joseph Cohen, *Chronicles* s. 25b. s. cod. Vatic. Urbin 1)、波希米亚(Bohemia)(Adereth, *Decisions* No.386)、英格兰(Aben Esra, *Jesod* more c.2)、阿马尔菲(Benjamin)、巴里(Bari)(*Shibole haleket* No.4)。在本书第 89 页中所提到的 Nadib 则是一个人名(指亚设文本第一卷，第 89 页，亦可见下文)。以上诸内容，详见 A. Asher, *The Itinerary of Benjamin of Tudela*, Vol.2, pp.31-33。

拉罗谢尔，法国西部加斯科涅湾港口城市；巴里，意大利南部城市。——译者

3 贝内文托，意大利南部坎帕尼亚大区城市，中世纪伦巴第人曾在此建立贝内文托公国。从阿马尔菲至贝内文托约 80 公里。——译者

4 亚设谓之逝者亚伯拉罕，马库斯·南森·阿德勒则未言及逝者，详见 A. Asher, *The Itinerary of Benjamin of Tudela*, Vol. 1, p. 44; Marcus Nathan Adler, *The Itinerary of Benjamin of Tudela*, p.9。

5 梅尔菲，意大利南部波坦察(Potenza)省城市，波坦察位于巴西利卡塔(Basilicata)大区。本杰明言之梅尔菲属于普利亚大区，疑误，待考。从贝内文托到达梅尔菲约 100 公里。——译者

6 普利亚，意大利南部大区。——译者

7 亚设谓之圣经中的普勒，马库斯·南森·阿德勒谓之普勒之地，详见 A. Asher, *The Itinerary of Benjamin of Tudela*, Vol. 1, p. 44; Marcus Nathan Adler, *The Itinerary of Benjamin of Tudela*, p.9。

亚设认为本杰明关于贝内文托的梅尔菲以及圣经中的普勒等的记载存

在错误，并言及近来的作者们也对此感到内疚，相似的地名可以有足够的证据在圣经中得到证实，在有可能消除古代地理产生的所有疑惑之前，将会历经很多年。以上诸内容，详见 A. Asher, *The Itinerary of Benjamin of Tudela*, Vol.2, p.33。

普勒，据《旧约·以赛亚书》(66:19)记载："我要显神迹在他们中间，余下的我要将其差其到列国去，就是到他施、普勒、拉弓的路德、土巴、雅完。"普勒被认为是利比亚部分地区，详见 Wayne A. Meeks, ed., *The Harper Collins Study Bible*, Harper Collins Publishers, New York, 1993, p.1109。——译者

8 亚设谓之拉比西底家，马库斯·南森·阿德勒谓之拉比艾萨克，详见 A. Asher, *The Itinerary of Benjamin of Tudela*, Vol.1, p.44; Marcus Nathan Adler, *The Itinerary of Benjamin of Tudela*, p.9。

9 阿斯科利，即阿斯科利皮切诺(Ascoli Piceno)，位于意大利马凯尔(Marche)地区阿斯科利皮切诺，地处意大利中东部地区。从梅尔菲到达阿斯科利约 130 公里。——译者

10 亚设谓之拉比孔提路、拉比采马赫(R. Tsemach)，马库斯·南森·阿德勒则谓之拉比孔索利、采马赫(R. Zemach)，两者所指人名类似，拟音差异所致，详见 A. Asher, *The Itinerary of Benjamin of Tudela*, Vol.1, p.44; Marcus Nathan Adler, *The Itinerary of Benjamin of Tudela*, p.9。

11 特拉尼，位于意大利南部普利亚大区，濒临亚得里亚海。从阿斯科利到达特拉尼约 70 公里。——译者

12 施恩茨谓之讲演者指那些对《哈加达》(*Hagada*，希伯来语הגדה)或古代诵读圣经的方式十分通晓的人，希伯来语称其为"darschan"(comp. Zunz, *Gottesdienstliche Vorträge*, p.287、331、337、345、416、423、424、426)，详见 A. Asher, *The Itinerary of Benjamin of Tudela*, Vol.2, p.33。

13 亚设谓之巴里的圣尼古拉斯，马库斯·南森·阿德勒则谓之 Colo di Bari，疑误，详见 A. Asher, *The Itinerary of Benjamin of Tudela*, Vol.1, p.45; Marcus Nathan Adler, *The Itinerary of Benjamin of Tudela*, p.9。

巴里，位于意大利南部普利亚大区，濒临亚得里亚海，是南部意大利主要的经济中心之一。圣尼古拉斯(约 270—343 年)，基督教圣徒之一，曾担任米拉(Myra，今土耳其境内)主教。1087 年，尼古拉斯的遗骨被迁至意大利巴里。该教堂的建筑为纪念圣尼古拉斯，本杰明所言应指该地。从特拉尼到达圣尼古拉斯约 45 公里。——译者

14　亚设谓之基督徒，马库斯·南森·阿德勒谓之异教徒，详见 A. Asher, *The Itinerary of Benjamin of Tudela*, Vol. 1, p. 45; Marcus Nathan Adler, *The Itinerary of Benjamin of Tudela*, p.9。

马库斯·南森·阿德勒提及坏人威廉王（即威廉一世，1131—1166 年）于 1156 年破坏该城。好人威廉（即威廉二世，威廉一世之子）于 1169 年重修此城。因此，本杰明应该是在此城重修之前造访巴里。我们又有另外一个证据证明本杰明旅行的时间，详见 Marcus Nathan Adler, *The Itinerary of Benjamin of Tudela*, p.9, n.1。

亚设提及在威廉王时期该地曾被希腊人占据并摧毁。为纪念以此命名的著名教堂与修道院，该地被称为圣尼古拉斯，不失为最为壮观的点缀。此教堂建于 1098 年，接受了普利亚公爵罗杰（Roger）大量资助，才得以摆脱此城遭遇的大灾难所带来的破坏。这座教堂里有很多坟墓遗迹（Penny Cyclopaedia, *Bari*. *Le Beau*, *Bas Empire* 88.11），详见 A. Asher, *The Itinerary of Benjamin of Tudela*, Vol.2, p.33。

普利亚公爵罗杰，即罗杰一世（1031—1101 年），1071—1101 年曾担任西西里伯爵。——译者

15　亚设谓之该地位于卡拉布里亚边界，马库斯·南森·阿德勒谓之该地受卡拉布里亚管理，详见 A. Asher, *The Itinerary of Benjamin of Tudela*, Vol. 1, p. 45; Marcus Nathan Adler, *The Itinerary of Benjamin of Tudela*, p.9。

塔兰托，意大利南部沿海城市；卡拉布里亚，意大利南部大区，包括那不勒斯以南足尖状意大利半岛地区。从今圣尼古拉斯至塔兰托约 90 公里。——译者

16　吉本在论及 1155 年拜占庭皇帝曼纽尔（Manuel, 1118—1180 年）在对意大利南部省份进行再征服之时，提到塔兰托的当地人仍然讲着希腊语以及供奉（Gibbon, *Decline and Fall of the Roman Empire*, chap. lvi; H. M. Adler, "Jews in Southern Italy", in *J.Q.R.*, XIV, p.111.），详见 Marcus Nathan Adler, *The Itinerary of Benjamin of Tudela*, p.9, n.3。

17　马库斯·南森·阿德勒谓之其中一些人非常博学，亚设则未提及，详见 Marcus Nathan Adler, *The Itinerary of Benjamin of Tudela*, p.9。

18　施恩茨提及这里的居民为希腊人，所以会在塔兰托以及奥特朗托（tranto，意大利南部普利亚大区沿海城市）的犹太人中有人的名字为马里，此

名在罗马的《马哈祖尔》中亦出现；与 Aνδoς(Flos)相比，应为 Mαλιoν，而非 Mηλιoν(malum)(cod.Rossi 12)，详见 A.Asher，*The Itinerary of Benjamin of Tudela*，Vol.2，pp.33-34。

19　布林迪西，意大利南部普利亚大区城市。从今塔兰托到达布林迪西约 70 公里。——译者

八、奥特朗托、科孚岛、勒班陀与底比斯

从布林迪西经行两日至希腊海沿海城市奥特朗托。[1] 这里大约有 500 位犹太人，主要人士包括拉比梅纳赫姆（R. Menachem）、拉比迦勒（R. Khaleb，R. Caleb）[2]、拉比梅厄以及拉比马里。

从奥特朗托经过两天的航行至科孚岛。[3] 这里仅有拉比约瑟夫一位犹太人，他是一位染工。[4] 至此到达西西里王国（西西里王国终于此地）。[5]

从科孚岛海行两日到达阿尔塔（Arta，Larta）[6] 沿海之地，这里是（统治）希腊的曼纽尔国王的帝国边界。[7]

此处大约有 100 位犹太人，主要人士包括拉比沙拉什亚（R. Shelachiah）[8] 与拉比赫拉克勒斯（R. Herculers）。[9]

从阿尔塔经行两日到达阿刻罗俄斯（Achelous）[阿菲雷（Aphilon）][10]，这里约有 10（30）[11] 位犹太人，主要人士为拉比沙比太[12]。

从阿刻罗俄斯经行半日到达海湾地区安纳托利卡（Anatolica）。[13]

从安纳托利卡海行一日到达帕特拉斯（Patras）。[14] 此城由希腊国王安提帕特（Antipatros，Antipater）[15] 所建——安提帕特是亚历山大大帝四位继承者之一，城内有很多宏伟而古老的建筑。

大约有 50 位犹太人居住于此，主要人士包括拉比艾萨克、拉比雅 16
各以及拉比撒母耳等。

从帕特拉斯海行半日到达沿海地区勒班陀(Lepanto)[勒班陀，又称肯夫图(Kifto)]。[16]这里大约有 100 位犹太人，主要人士包括拉比戈斯瑞(R. Gisri)[拉比古里(R. Guri)]、拉比沙龙(R. Shalom)[拉比沙龙(R.Shallum)]以及拉比亚伯拉罕等。[17]

从勒班陀海行一日半到达科瑞萨(Crissa)[18]。这里大约有 200 位犹太人，居住在帕纳苏斯(Parnassus)山[19]。他们有自己的土地与资财，并以此进行农业活动，主要人士包括拉比所罗门、拉比哈伊姆(R. Chaim)[拉比哈伊姆(R. Chayim)]与拉比耶大雅(R.Jedaiah)等。[20]

从科瑞萨经行三日到达科林斯(Corinth)城(首府)[21]。这里大约有 300 位犹太人，主要人士包括拉比利昂(R. Leon)、拉比雅各以及拉比希西家(R.Chiskiah)[拉比希西家(R. Hezekiah)][22]等。

从科林斯经行两天到达底比斯(Thebes)城[23]。此城大约有 2000 位犹太人，他们是整个希腊最为出色的丝绸与紫布手工匠人。他们中有很多杰出的(《密西拿》与)《塔木德》学者[24]，还有很多在当下十分出名的人物。[25]主要人士包括拉比亚伦·科蒂(R. Aharon Koti)[拉比科蒂(R.Kuti)]、亚伦的兄弟拉比摩西、拉比亥亚(R. Chija)[拉比亥亚(R. Chiyah)]、拉比以利亚·特芮图(R. Eliiah Tareteno)[拉比以利亚·特芮图(R. Elijah Tirutot)]以及拉比约坍(R.Joktan)等。[26]除君士坦丁堡之外，再没有其他任何地区如同希腊这样拥有如此众多的学者。 17

注释

1 奥特朗托位于意大利沿海地区,连接亚得里亚海与爱奥尼亚海,本杰明在此称之为希腊海。从布林迪西到奥特朗托约 80 公里。——译者

2 施恩茨谓之较之其他地区而言,拉比迦勒这一名字在希腊犹太人中更为常见,如塔兰托与内格罗蓬特(Negropont)(见下文对希腊犹太人的记载)的迦勒,底比斯的迈克尔·本·迦勒(Mikhael B. Khaleb)(Charsis, *Thachkhemoni*, chap.18)。希腊的《马哈祖尔》就有数篇是叫这个名字的诗人所写。大约活跃于 1534 年间的阿尔塔(Arta,希腊西北部城市)的沙比太·本·迦勒(Shabthai B.Khaleb)(תומת ישרים,fol.82.b)、1520 年间的迦勒·本·约哈南(Khaleb B.Jochanan)(R.Samuel de Medina, *Decisions in Eben ha'eser* fol.58.a)。君士坦丁堡的卡拉派犹太人迦勒·阿法都普路(Khaleb Afandopulo)十分有名。迦勒·本·撒母耳(Khaleb B.Sh'muel)的名字与上述所提到的四位沙比太(s.*Hagahoth Maimonioth* in אישות c.23.,详见上文注释)有所联系,这四位老师(即指拉比)可能来自希腊。另外,还有一位格昂的名字为迦勒(Zunz, in *Geigers Zeitschrift*, IV. p.390)。以上诸内容,详见 A.Asher, *The Itinerary of Benjamin of Tudelam*, Vol.2, p.34。

此处所言四位沙比太,指亚设在罗马城逝者拉比本杰明·本·沙比太的注释中所提及的莱昂·本·沙比太、塞姆阿加·本·沙比太、保罗姆·本·沙比太与沙比太·本·萨卡伽等。——译者

3 亚设提及科孚岛虽然长时间被西西里国王罗杰与威廉王占据,但在 1149 年曾被希腊皇帝(即拜占庭皇帝)曼纽尔再征服。我们的作者这里写道 עד הנה מלכות(王国就止于此)意为,意图表示这是离开西西里国王之后的第一个地方。杜康兹(Ducange)认为希伯来语将此地称为 קרופום,希腊语称此地为 κορυψω΄,源自"堡垒建在山顶"之意(意即"山顶之城")(Ducange, *Observations s.Villehardouin* no.56)。以上诸内容,详见 A.Asher, *The Itinerary of Benjamin of Tudela*, Vol.2, p.34。

西西里国王罗杰,即罗杰二世(1095—1154 年),西西里伯爵罗杰一世之子。——译者

4 亚设谓之拉比约瑟夫是一位染工,马库斯·南森·阿德勒并未言及,详见 A.Asher, *The Itinerary of Benjamin of Tudela*, Vol.1, p.46。

5 亚设谓之至此到达西西里王国，马库斯·南森·阿德勒谓之西西里王国终于此地，详见 A. Asher, *The Itinerary of Benjamin of Tudela*, Vol. 1, p.46; Marcus Nathan Adler, *The Itinerary of Benjamin of Tudela*, p.10。

亚设与马库斯·南森·阿德勒从不同的方位角度，谈及科孚岛与西西里岛的位置关系。——译者

6 亚设提及文中将此地记作לבטה（即 Larta），应是错误所致，关于阿尔塔湾的历史，可参加 *Poucqueville* II. 91. et seq, C. Wordsworth, *Greece, Pictorial, Descriptive and Historical*, London, 1839, 8vo.，详见 A. Asher, *The Itinerary of Benjamin of Tudela*, Vol.2, p.35。

马库斯·南森·阿德勒提及该地又可称为 Larta，详见 Marcus Nathan Adler, *The Itinerary of Benjamin of Tudela*, p.10。

阿尔塔，希腊西北部城市，希腊语称之为 Aρτα，Arta 更为合适。从科孚岛到阿尔塔约 150 公里。——译者

7 亚设提及本杰明经过希腊的行程让之前很多校注者都感到困惑，因为其所提到的很多地名都出现错误。这里得益于卡尔·里特尔（Carl Ritter）教授以及博学的评注者塔弗（Tafel）教授（*De Thessalonica* etc. p. 490. Et seq）的帮助，尽可能地对其进行纠正。以上诸内容，详见 A. Asher, *The Itinerary of Benjamin of Tudela*, Vol.2, p.35。

曼纽尔，即拜占庭皇帝曼纽尔，详见上文注释。——译者

8 施恩茨提及一位名为查拿加·本·沙拉什亚（Chananja B. Shelachjah）的犹太人在伟大的《马哈祖尔》中曾被提及。与拉比亚伯拉罕·本·大卫（见上文注释详述）的通信者应为示利米雅（Shelemia，详见上文蒙彼利埃拉比示利米雅注释关于此名之介绍），而非沙拉什亚，详见 A. Asher, *The Itinerary of Benjamin of Tudela*, Vol.2, p.35。

9 赫拉克勒斯，古希腊罗马神话中的大力神，宙斯之子。当地犹太人称之，应是受希腊文化影响。——译者

10 亚设谓之阿刻罗俄斯，马库斯·南森·阿德勒谓之又可称为阿菲雷，详见 A. Asher, *The Itinerary of Benjamin of Tudela*, Vol. 1, p. 46; Marcus Nathan Adler, *The Itinerary of Benjamin of Tudela*, p.10。

亚设认为阿刻罗俄斯是埃托利亚（Aetolia）的古城，位于阿刻罗俄斯河边（*Poucqueville* II, 184），详见 A. Asher, *The Itinerary of Benjamin of Tudela*, Vol.2, p.35。

马库斯·南森·阿德勒提及阿刻罗俄斯河流向伊萨卡(Ithaca)岛对面的爱奥尼亚海，详见 Marcus Nathan Adler, *The Itinerary of Benjamin of Tudela*, p.10, n.1。

阿刻罗俄斯，是希腊神话中的河神。希腊境内最大的一条河流即被称为阿刻罗俄斯河。埃托利亚是位于希腊科林斯湾正北部城市。从阿尔塔到达阿刻罗俄斯约80公里。——译者

11　亚设谓之此处有10余位犹太人，马库斯·南森·阿德勒谓之有30余位，详见 A. Asher, *The Itinerary of Benjamin of Tudela*, Vol.1, p.46; Marcus Nathan Adler, *The Itinerary of Benjamin of Tudela*, p.10。

12　施恩茨提及本杰明在书中提到生活在希腊的五位名叫沙比太的老师(即拉比)(详见下文)，其中之一应与罗马尼亚的希勒尔(R.Hillel)是同代人(*'Ittur*, fol.15.a)，详见 A.Asher, *The Itinerary of Benjamin of Tudela*, Vol.2, p.35。

13　安纳托利卡，位于海湾(即希腊科林斯湾)地区，在西北方向，迈索隆吉翁(Missolunghi，科林斯湾西北部)附近地区，现在被称为安托利库姆(Aetolicum)，详见 A. Asher, *The Itinerary of Benjamin of Tudela*, Vol.2, p.35; Marcus Nathan Adler, *The Itinerary of Benjamin of Tudela*, p.10, n.2。

从阿刻罗俄斯到达安纳托利卡约40公里。——译者

14　亚设提及帕特拉斯即古代的帕特拉(Patrae)，早在安提帕特之前就已存在。本杰明此处记载来自《约瑟泊》，但该书之记载并不准确，其再次成为本杰明不可靠记载的来源(*Josippon*, II, chap.XXIII)。该城实际上由帕特拉乌斯(Patraeus，该城应以其名字命名)所建；普克维勒(Poucqueville)提到1820年帕特拉斯地区仅有17户犹太家庭(Poucqueville III, 496)。以上诸内容，详见 A.Asher, *The Itinerary of Benjamin of Tudela*, Vol.2, pp.35-36; Marcus Nathan Adler, *The Itinerary of Benjamin of Tudela*, p.10, n.3。

普克维勒(1770—1838年)，法国外交家、作家、历史学家。——译者

15　安提帕特(公元前397—前319年)，为马其顿王国腓力二世(Philip II，公元前382—前336年)和亚历山大大帝(公元前356—前323年)时的将军。公元前320年，担任亚历山大帝国摄政，控制希腊。——译者

16　马库斯·南森·阿德勒谓之勒班陀又称为Kifto，但语焉未详，详见 Marcus Nathan Adler, *The Itinerary of Benjamin of Tudela*, p.10。

亚设提及中世纪早期勒班陀被称为纳夫帕克托斯(Naupactus)(Poucqueville III,114.Et seq Leake II.607)或伊班陀(Epacto),从帕特拉斯到达此地须跨过科林斯湾。普克维勒提及这里几乎已经没有犹太人了,因为他们曾在1756年遭受瘟疫,被困在居住区内,又得不到当地基督徒的帮助,之后设法离开了。以上诸内容,详见 A. Asher, *The Itinerary of Benjamin of Tudela*, Vol.2, p.36; Marcus Nathan Adler, *The Itinerary of Benjamin of Tudela*, p.10, n.4。

17 亚设谓之拉比戈斯瑞、R.Shallum,马库斯·南森·阿德勒谓之拉比古里、R.Shalom,R.Shallum 与 R.Shalom 音近,所指相同,详见 A.Asher, *The Itinerary of Benjamin of Tudela*, Vol.1, p.46; Marcus Nathan Adler, *The Itinerary of Benjamin of Tudela*, p.10。

18 亚设提及科瑞萨位于科瑞萨塞努斯(Crissa Sinus),现在萨路纳(Salona)湾附近,帕纳苏斯山南缘(Leake II.566.586),详见 A.Asher, *The Itinerary of Benjamin of Tudela*, Vol.2, p.36。

科瑞萨,希腊中部城市。萨路纳即现在希腊中部城市阿姆菲萨(Amfissa)的古称。——译者

19 帕纳苏斯山,位于希腊中部,科林斯湾以北地区。——译者

20 亚设分别提及他们拥有土地与资财,R.Chaim,马库斯·南森·阿德勒未提及资财,并言及 R.Chayim,Chaim 与 Chayim 音近,所指相同,详见 A.Asher, *The Itinerary of Benjamin of Tudela*, Vol.1, pp.46-47; Marcus Nathan Adler, *The Itinerary of Benjamin of Tudela*, p.10。

21 亚设谓之科林斯城(Poucqueville IV.15.Et seq),马库斯·南森·阿德勒谓之科林斯首府,详见 A. Asher, *The Itinerary of Benjamin of Tudela*, Vol.1, p.47; Vol.2, p.36; Marcus Nathan Adler, *The Itinerary of Benjamin of Tudela*, p.10。

科林斯,一座历史悠久的古城,科林斯州的首府,连接希腊本土与伯罗奔尼撒半岛。从科瑞萨到达该地约170公里。——译者

22 亚设谓之 R.Chiskiah,马库斯·南森·阿德勒谓之 R.Hezekiah,两者音近,所指相同,详见 A.Asher, *The Itinerary of Benjamin of Tudela*, Vol.1, p.47; Marcus Nathan Adler, *The Itinerary of Benjamin of Tudela*, p.10。

23 施恩茨提及本杰明将底比斯拼写为תיבש,之后该城被拼写为תבץ(s. *Thachkhemoni* chap.18. Elia Misrachi, *Decisions*, No.70),详见 A. Asher,

The Itinerary of Benjamin of Tudela, Vol.2, p.36。

底比斯,位于雅典西北50余公里处,历史上重要的希腊城邦之一,很多希腊神话就出自该地。从科林斯到该地约100公里。——译者

24 亚设谓之《塔木德》学者,马库斯·南森·阿德勒谓之《密西拿》与《塔木德》学者,详见 A.Asher, *The Itinerary of Benjamin of Tudela*, Vol. 1, p.47; Marcus Nathan Adler, *The Itinerary of Benjamin of Tudela*, p.10。

25 亚设提及在本杰明时代底比斯比希腊任何一个地区的犹太人都多,其中有些人是非常出色的丝绸与紫布手工匠人。吉本提到:"经营这些贸易的手工匠人会享受到个人税的减免,这些工艺集中在科林斯、底比斯以及阿尔戈斯(Argos,位于伯罗奔尼撒半岛东北部),为很多人提供了食物与职业:男人、妇女以及小孩根据他们的年龄与能力进行分派。如果其中有很多是家奴的话,他们的主人在经营获利的过程中会得到一个自由、荣耀的环境。"(Gibbon, *Decline and Fall*, chap.LIII)。目前人口总计(应指这里的犹太人数量)也应该没有超过3500人(关于勒班陀、科林斯以及底比斯,详见 Edrisi, II.123),详见 A.Asher, *The Itinerary of Benjamin of Tudela*, Vol.2, pp.36-37。

26 亚设谓之 R.Aharon Koti、R.Chija、R.Eliiah Tareteno,马库斯·南森·阿德勒谓之 R.Kuti、R.Chiyah、R.Elijah Tirutot,其中三者音近,所指相同,详见 A.Asher, *The Itinerary of Benjamin of Tudela*, Vol.1, p.47; Marcus Nathan Adler, *The Itinerary of Benjamin of Tudela*, p.10。

施恩茨提及拉比约坍之名不常见,即使在希腊的《马哈祖尔》中也很少见到,详见 A.Asher, *The Itinerary of Benjamin of Tudela*, Vol.2, p.37。

九、奈戈旁特(伊戈旁)、萨洛尼卡与阿比多斯

从底比斯经行一日到达奈戈旁特(Negropont)[伊戈旁(Egripo)]。[1] 奈戈旁特是一座大的沿海城市,各地商人经常云集于此。大约有200位犹太人居住在此地,主要人士包括以利亚·瑟特芮(R.Elijah Psalteri)、拉比伊曼纽尔(R.Emanuel)[2] 以及迦勒(R.Caleb)等。

从奈戈旁特经行一日到达扎布斯垂萨(Jabustrisa)。[3] 扎布斯垂萨是一座沿海城市,大约有100位犹太人,主要人士包括拉比约瑟夫、[拉比埃拉扎尔(R.Elazar)、拉比艾萨克][4]、拉比撒母耳以及拉比尼探雅(R.Nethaniah)等。

从扎布斯垂萨经行一日到达拉本尼卡(Rabenica)[拉本尼卡(Rabonica)]。[5] 这里大约有100位犹太人,主要人士包括拉比约瑟夫、拉比埃拉扎尔(R.Elazar)以及拉比艾萨克等。

从拉本尼卡经行一日到达泽图河(Zeitún Potamo)[西努河(Sinon Potamo)]。[6] 这里大约有50位犹太人,主要人士包括拉比所罗门与拉比雅各。这是瓦拉几亚(Walachias)的边界(此城位于瓦拉几亚山脚),这里的居民被称为瓦拉几亚人(Vlachi)[瓦拉几亚人(Wallchians)]。[7] 他们敏捷如鹿,经常下山去希腊劫掠、破坏。

没有任何人敢与他们开战，也没有国王能够征服他们。他们不信仰基督教[不接受拿撒勒(Nazarenes)的信仰][8]，取着犹太人的名
18 字。人们都认为他们是犹太人，实际上他们对犹太人亦以兄弟相称。每当遇到以色列人之时，他们进行劫掠，但从不杀戮，对希腊人则悉数杀之。他们从不信守任何宗教信条(简直无法无天)。[9]

从泽图河经行两日到达伽迪肯(Gardicki)[伽迪肯(Gardiki)]。此城是一片废墟，居住有很少(一些)的犹太人或(与)希腊人。[10]

从伽迪肯经行两日到达阿莫柔(Armiro)[阿莫柔(Armylo)]。[11]阿莫柔位于沿海地区，是一个大的商业城市。威尼斯、比萨、热那亚以及其他地区的商人纷纷来此(居住此地)经营贸易。这是一个大城市，大约有400位犹太人居住在此，主要人士包括拉比希洛(R.Shiloh)[12][拉比希洛·隆巴多(R.Shiloh Lombardo)]、长者(司事)拉比约瑟夫以及首领拉比所罗门。[13]

从阿莫柔经行一日到达比森纳(Bissina)[韦森纳(Vissena)]。[14]这里大约有100位犹太人，主要人士包括大拉比沙比太(R. Shabtha)[拉比沙比太(R. Sabbattai)][15]、拉比所罗门(R. Elazar)以及拉比雅各等。

从比森纳海行两日到达萨洛尼卡(Salunki)[萨洛尼卡(Salonica)]。[16]此座大城由塞琉古(Seleucus)国王[17]所建，他是亚历山大大帝四位继任者之一。这里居住大约有500位犹太人，大拉比
19 撒母耳以及儿子就居住于此，他们都是学者。大拉比撒母耳被国王任命为犹太群体的首领。他的女婿拉比沙比太(R. Shabthai)[拉比沙比太(R. Rabbattai)]、拉比以利亚(R. Eliiah)[拉比以利

亚(R.Elijah)]以及拉比迈克尔(R.Michael)等居住在这里。[18]这里的犹太人备受压迫,以手工业(丝织业)[19]为生。

从萨洛尼卡经行两日到达梅特里斯(Mitrizzi)[德梅特里斯(Demetrizi)]。这里大约有20(50)位犹太人,主要人士包括拉比以赛亚(R.Jescha'iah)[拉比以赛亚(R.Isaiah)]、拉比玛吉尔(R.Makhir)[拉比玛吉尔(R.Machir)]以及拉比以利押(R.Eliab)[拉比以利押(R.Alib)]等。[20]

从梅特里斯经行两日到达爪玛(Drama)。此地大约有140位犹太人,主要人士包括拉比米哈伊尔(R.Mikhael)[拉比迈克尔(R.Micheal)]与拉比约瑟夫等。[21]

从爪玛经行一日到达克赖斯特波利(Christopoli),即基督城。[22]这里大约有20位犹太人。

从克赖斯特波利海行三日到达阿比多斯(Abydos)。[23]阿比多斯是一座沿海城市,[绵延在山脉之间]。[24]

注释

1 亚设谓之奈戈旁特,马库斯·南森·阿德勒谓之伊戈旁,详见 A.Asher, *The Itinerary of Benjamin of Tudela*, Vol.1, p.47; Marcus Nathan Adler, The Itinerary of Benjamin of Tudela, p.10。

亚设提及奈戈旁特——在文中被称为ארגירפו,此种称呼非常类似吉本所抱怨的讹误一样,其言称现代的哈尔基斯(Chalcis)以及埃维亚(Euboea)的名字皆来自优芮普斯(Euripus)、优芮泼(Euripo)、奈戈旁(Negri-po)以及奈戈旁特(Negripont)等。关于奈戈旁特的现状,可见 Poucqueville III.162,详见 A.Asher, *The Itinerary of Benjamin of Tudela*, Vol.1, p.47; Vol.2, p.37。

马库斯·南森·阿德勒提及伊戈旁——伊戈旁亦被称为哈尔基斯,是埃维亚或奈戈旁特的首府,其地位于优芮普斯海峡地区,详见 Marcus Nathan

Adler,*The Itinerary of Benjamin of Tudela*,p.10。

奈戈旁特,是13世纪称呼希腊埃维亚地区的意大利名字。埃维亚是继克里特岛之后希腊第二大岛,优芮普斯海峡将其与希腊本土分开。从底比斯到达优芮普斯海峡约30公里。——译者

2 施恩茨提及伊曼纽尔这一名字在拜占庭帝国犹太人中比较常见,从此一直到塔兰托(Tarent,即上文Taranto)、罗马,但也仅局限于这些地区,详见A.Asher,*The Itinerary of Benjamin of Tudela*, Vol.2,p.37。

3 亚设提及扎布斯垂萨似应为斯拉夫语,此地可能居住着瓦拉几亚人。此地目前仍不可知,可能是希腊某地的战争波及到此地,被破坏所致,详见A.Asher,*The Itinerary of Benjamin of Tudela*, Vol.2,p.37。

瓦拉几亚指中世纪时期位于巴尔干半岛,约相当于今罗马尼亚东南部地区。——译者

4 马库斯·南森·阿德勒提及拉比埃拉扎尔与拉比艾萨克,亚设则未提及,详见Marcus Nathan Adler,*The Itinerary of Benjamin of Tudela*, p.11。

5 亚设谓之Rabenica,并提及中世纪时期该城被数个作者提及,可见*Henri de Valencienne*,*Chronique*,edited by Buch,p.259;'Ensi comme jou devant vous dys,fut li parlements ou val de Ravenique',see Tafel,p.488,详见A.Asher,*The Itinerary of Benjamin of Tudela*, Vol.2,p.37;马库斯·南森·阿德勒谓之Rabonica,详见Marcus Nathan Adler,*The Itinerary of Benjamin of Tudela*,p.11。

拉本尼卡,位于希腊中部地区,疑似在拉米亚(Lamia)南部。——译者

6 亚设认为本杰明此处记载有误,应为Zeitún Potamo(即Zeitún河,Potamo希腊语Ποταμό,意为河流),而非Sinon Potamo(即Sinon河),并言及此处由于一些缘故,每年8月会举办集市,每次持续8天。一些瓦拉几亚村庄附属于该地(Poucqeville III,255,258),详见A.Asher,*The Itinerary of Benjamin of Tudela*, Vol.2,pp.37-38。

据本杰明记载路线判读,此地应在从希腊向北前往巴尔干地区途中。——译者

7 亚设谓之这是瓦拉几亚(Vlachi)的边界,马库斯·南森·阿德勒谓之此城位于瓦拉几亚(Wallchians)山脚,Vlachi与Wallchians所指应相同,详见A.Asher,*The Itinerary of Benjamin of Tudela*, Vol.1,p.48;Marcus

Nathan Adler, *The Itinerary of Benjamin of Tudela*, p.11。

拉帕波特提及此信息应是最近的研究成果,具有十分重要的价值,尽管博学的约斯特博士对此十分怀疑并否定(Geschichte der Israeliten, VI.376)。他为了否定我们作者而引用的一些事实恰好证明了我们的作者此处记载的准确性。本杰明叙述瓦拉几亚人生活在底比斯附近,乐于抢劫与劫掠等亦曾被记载,详见 *Allgemeine Zeitung*, July 16.1839. p.1531;其记之:"我们觉察到在这条道路的远处有一处经常游动的村庄,这里的人被称为瓦拉几亚人或游牧民。他们大约有 15 顶帐篷。当夏季他们待在山顶的时候,经常被劫掠者迫使成为教唆者,而且亲自参与到罪恶的活动中。皇帝奥托(Otho, 32—69 年,罗马帝国皇帝)宣称尽管他很高兴在希腊看到这些人,但认为为了考虑希腊的利益,他们应该选择固定的住所,待在他的帝国境内。瓦拉几亚人根据经验常组成小股的劫掠队伍,通过将他们的帐篷、家人撤退至附近的突厥领地而逃脱正义的复仇。"尽管瓦拉几亚人自己佯称是罗马殖民者的后裔,但其与犹太人名字相似不得不让人认为他们来自犹太人的想法,这点当不容置疑。以上诸内容,详见 A. Asher, *The Itinerary of Benjamin of Tudela*, Vol.2, pp.38-39。

8　亚设谓之不信仰基督教,马库斯·南森·阿德勒谓之不接受拿撒勒的信仰——耶稣出生于此地,以此代表基督教,详见 A. Asher, *The Itinerary of Benjamin of Tudela*, Vol.1, p.48; Marcus Nathan Adler, *The Itinerary of Benjamin of Tudela*, p.11。

9　亚设谓之从不信守任何宗教信条,马库斯·南森·阿德勒谓之简直无法无天,并称大约在二十年之后瓦拉几亚人公开造反,并成为拜占庭帝国的附属国(Gibbon, chap. Ⅸ),详见 A. Asher, *The Itinerary of Benjamin of Tudela*, Vol.1, p.48; Marcus Nathan Adler, *The Itinerary of Benjamin of Tudela*, p.11。

亚设提及本杰明此段记载让比起以同样的方式进行记载的历史学家感到陌生(Tafel.1.c),"博学的孩子"巴拉蒂耶与"博学的博士"约斯特却对此感到震惊(Mit den Wallachen hat er Brüderschaft getrunken. 1. c. 376)。然而,为了证明我们作者的正确,我们在上文提到了拉比拉帕波特(Rabbis S. L. Rapaport)所提到的注释。这里将再通过如下引用的内容(Poucqueville II.453),证实本杰明的记载。其记之:"我们看到他们与希腊皇帝的争执,以及在色雷斯与马其顿地区的事故与令人痛心的事故。他们虽然有时被击败,但通常都会取胜，其勇气与残暴的特质让其大放异彩。他们联合罗马人与斯基泰人(Scythes)，从胡姆斯山(Humus)与罗多彼(Rhodope)山的山峰如洪水般地冲下来，极具毁灭性。塞累斯(Serrs)、菲利普波利斯(Philippolis)、特努布(Ternobe)以及罗多斯托(Rodosto)等地都领略过他们的愤怒，东方地区当听到他们的名字就会感到恐怖、颤抖。他们煽动革命，并全部参加，总是让所到之国充满血腥的惊恐，将其肢解并共享之。最终，在1205年3月他们给予拉丁人想支持的这个幻影般的帝国致命一击。"其他一些同时代作家的记载亦可以支持我们的作者，可见 Tafel, l.c.p.490。以上诸内容，详见 A.Asher, *The Itinerary of Benjamin of Tudela*, Vol.2, pp.39-40。

亚设称"博学的孩子"巴拉蒂耶与"博学的博士"约斯特，有嘲讽之意；拉比拉帕波特的注释，即上文对瓦拉几亚人的注释，亚设此处应是应用拉比拉帕波特对瓦拉几亚人的解释。胡姆斯山，指巴尔干地区山脉。罗多彼山，指欧洲东南部山脉，从保加利亚延续至希腊。塞累斯，马其顿城市。菲利普波利斯，马其顿东部城市。特努布，应位于今保加利亚地区。罗多斯托，位于今土耳其马尔马拉海北岸，历史上的东色雷斯地区，泰基尔达(Tekirdağ)的旧称。——译者

10　亚设谓之"很少……或……"，马库斯·南森·阿德勒谓之"一些……与……"，其中 Gardicki 与 Gardiki 音近，所指相同，详见 A.Asher, *The Itinerary of Benjamin of Tudela*, Vol.1, p.49；Marcus Nathan Adler, *The Itinerary of Benjamin of Tudela*, p.11。

亚设提及这是位于(希腊东部)瓦罗(Volo)湾的小城镇(Poucqueville III. 44.222)，主教所在地。此时该城已经被毁，还是正在被毁坏，尚不确定(Tafel l.c.494)。普克维勒提及该城在前往阿米尔特·扎伊(Amyrot Zeitun，该地名不详)的路上，经行7小时行程，位于弗吉尼亚(Vrignia)、伽迪肯(Cardicki)、戈冉尼(Garrani)、库泼斯(Kouphous)等地(似应为分布在这些地区)(Poucqueville III, 72)，详见 A. Asher, *The Itinerary of Benjamin of Tudela*, Vol.2, p.40。

11　亚设谓之 Armiro，马库斯·南森·阿德勒谓之 Armylo，详见 A. Asher, *The Itinerary of Benjamin of Tudela*, Vol.1, p.49；Marcus Nathan Adler, *The Itinerary of Benjamin of Tudela*, p.11。

亚设提及阿莫柔也位于瓦罗湾沿海地区(Wordsworth's *Greece*)，中世纪时期的作家称该地为阿麦尔(Amire)、阿米罗(Amiro)以及阿尔米罗

(Almiro)等。普克维勒认为该城是阿莫柔地区中心城市(Poucqueville III. 72;*Leake* IV. 333. 367),详见 A. Asher, *The Itinerary of Benjamin of Tudela*, Vol.2, p.40。

12 施恩茨提及שילה即为שילא。我们将之读为 Shilah 的后果就是,查瑞斯以שילה押韵为(即称呼为)כלה,בעולה(Charisi, chap. 18),详见 A. Asher, *The Itinerary of Benjamin of Tudela*, Vol.2, p.40。

查瑞斯此处应是将שילה作一位女性理解,故以כלה(新娘)、בעולה(已婚妇女)等词形容之。——译者

13 亚设谓之拉比希洛、长者拉比约瑟夫,马库斯·南森·阿德勒谓之拉比希洛·隆巴多、司事拉比约瑟夫,详见 A. Asher, *The Itinerary of Benjamin of Tudela*, Vol. 1, p. 49; Marcus Nathan Adler, *The Itinerary of Benjamin of Tudela*, p.11。

关于长者拉比约瑟夫中的长者一词,施恩茨提及פרנס(Parnas),亦即卓越、(逐字逐句)鼓励者,是群体长者通用的头衔,之后成为一种荣誉,附着于有此尊严的人名之上,意思类似于זקן(年长)、נדיב(慷慨)、קצין(长官)以及ראש(首领)等。该词也作为家族名字而被使用,且尤其如此。所知希腊有此名字的居民包括:阿比亚·本·约坍(Abia B.Joktan)(*Kherem chemed* IV, 30)、埃利亚(Elia)(R.Joseph Kolon, Decisions, No. 83. comp. *Kore ha-doroth* flo.29.A)、埃利亚·本·撒母耳(Elia B.Samuel)(*Kherem chemel* l.c)、君士坦丁堡的以利亚敬(Eliakim)(本杰明所记之)、艾尔卡纳·本·沙迦(Elkanan B.Sh'marjah)(*Kherem chemed* l.c)、约瑟夫(本杰明所记)、马赛斯亚·本·约瑟夫(Mathathia B.Joseph)(*Kherem chemed* l.c)、摩西(同前)、长者家的摩西·本·以利亚撒(Moshe B.El'asar)(1547—1550 年在君士坦丁堡从事印刷业)、1389 年之前的摩西·本·埃利亚(Moshe B.Elia)(MS.of H. J.Michael)以及撒母耳·本·南森(Samuel B.Nathan)(*Kherem chemed* l. l)。在其他国家,我们发现大约 1470 年的布拉格以利亚撒·帕纳斯(El'asar Parnas)(R.Joseph Kolon, *Decisions* No.78)、大约 1598 年卡拉布里亚的以利亚撒·帕纳斯(Eli'eser Parnas)(Catal. of the Hebrew MSS. at Munic No. 122.276)、13 世纪初期德国长者以利亚敬(Eliakim the Parnas)(ראבי"ה, in *Mordechai Tr.Jebamoth* c.4)、大马士革的长者希幔(Heman the Parnas)(本杰明所记之)、大约 1150 年洛林(Lorraine)高贵的雅各·帕纳斯(Jacob Parnas the Nadib)(Book ha-jashar §.699)、罗姆的长者犹大(Jehuda the Parnas)

(Machberoth c.28)、长者拉比犹大(即上文所提纳博讷拉比犹大)、12世纪德国的长者耶古铁·哈列维(Jekuthiel Halevi)(s.*Commentary to the* machasor,MS.in cod.Hebr.17.at Hamburg)、13世纪特鲁瓦(Troyes)的长者约瑟夫·本·艾萨克(Joseph B.Isaac)(H.J.Michael)、1200年之前的长者卡路尼莫斯(Calonymos the Parnas)——其为斯拜伯斯(Spires,地名待考)拉比西姆哈(Simcha)的叔叔(Or Saru'a,in Therumoth hadeshen,No.341.Hagahoth Maimonioth,*Decis.*קנין No.1)、14世纪的摩西·帕纳斯(Moshe Parnas)、长者撒母耳(Sh'muel the Parnas)(*comment.To the machasor* MS.l.l)、长者沙比太(Shabthai the Parnas,即罗马城中逝者拉比本杰明·本·沙比太的注释中所提到的抄写员约瑟夫·本·沙比太·本·所罗门的父亲拉比沙比太)(此由当代作家所收集,可见 Tafel,l.c.p.490),详见 A.Asher,*The Itinerary of Benjamin of Tudela*, Vol.2,pp.39-40。

洛林,法国东北部大区名称。罗姆的长者犹大,1328年之前逝世,与伊曼纽尔是同代人,即上文注释所提罗马的伊曼纽尔。特鲁瓦,法国塞纳河畔城市。摩西·帕纳斯,曾著《帕纳斯》(פרנס,*Parnas*)一书。——译者

14　亚设谓之比森纳,并言及:"虽然此地位置现在不可考,但是中世纪时期数位作家都提到该地,称其为 Vissena、Vessena、Bezena 等(Tafel,l.c.496),我们的作者曾到过此地或此附近地区,但该地不应为韦雷斯提努(Velestino),虽然我们在希腊地图上沿着我们作者的路线可以发现韦雷斯提努,而且其也在阿莫柔附近,在前往萨洛尼卡(Salonicki,希腊中北部港口城市)的路上,但却是一个内陆城市。"详见 A.Asher,*The Itinerary of Benjamin of Tudela*,Vol.1,p.49;Vol.2,pp.41-42。

马库斯·南森·阿德勒谓之该地为韦森纳,详见 Marcus Nathan Adler,*The Itinerary of Benjamin of Tudela*,p.11。

15　亚设谓之 R.Shabtha,马库斯·南森·阿德勒谓之 R.Sabbattai,两者音近,所指相同,详见 A.Asher,*The Itinerary of Benjamin of Tudela*, Vol.1,p.49;Marcus Nathan Adler,*The Itinerary of Benjamin of Tudela*, p.11。

此处的 Shabtha 似应为本杰明在上文所提到的亚设所谓之 Shabthai,R.Sabbattai 则似应为马库斯·南森·阿德勒所谓之 Shabbethai,即"沙比太"。——译者

16　亚设谓之 Salunki,马库斯·南森·阿德勒谓之 Salonica,两者音近,

所指相同，详见 A. Asher, *The Itinerary of Benjamin of Tudela*, Vol. 1, p.49; Marcus Nathan Adler, *The Itinerary of Benjamin of Tudela*, p.11。

亚设提及萨洛尼卡（Salunki）古称塞萨洛尼卡（Thessalonica），现称 Salonicki。除底比斯之外，此地是希腊地区犹太人口最多的城市。据权威估计此城大约有两万犹太人，占很大的人口比重，但是整个亡灵估计多达四万多。我们作者应是据一些流行的传说将城市的起源追溯至塞琉古。"萨洛尼卡能够成为突厥帝国（即奥斯曼土耳其）最为重要的商业贸易中心很大程度上是因为这里的犹太人。"本杰明时期，拉比撒母耳被委任为该城犹太人的首领。与之类似的是英格兰约翰（John）王亦委任过一位名叫詹姆斯（James）的犹太人，授予其为"整个英格兰犹太人祭司（即类似首领之职）"的特许状。以上诸内容，详见 A. Asher, *The Itinerary of Benjamin of Tudela*, Vol.2, p.42。

17　塞琉古（约公元前 358—前 281 年），早年为亚历山大的将军；亚历山大死后，占据帝国东部地区，自立为王，建立塞琉古王朝，辖美索不达米亚、波斯以及小亚细亚诸地。——译者

18　亚设分别谓之 R. Shabthai、R. Eliiah，马库斯·南森·阿德勒谓之 R. Rabbattai、R. Elijah，两人所记皆为近音，所指相同，详见 A. Asher, *The Itinerary of Benjamin of Tudela*, Vol.1, p.50; Marcus Nathan Adler, *The Itinerary of Benjamin of Tudela*, p.11。

19　亚设谓之以手工业为生，马库斯·南森·阿德勒谓之以丝织业为生，详见 A. Asher, *The Itinerary of Benjamin of Tudela*, Vol. 1, p. 50; Marcus Nathan Adler, *The Itinerary of Benjamin of Tudela*, p.11。

20　亚设谓之梅特里斯，20 位犹太人，R. Jescha'iah, R. Makhir, R. Eliab，马库斯·南森·阿德勒谓之德梅特里斯，50 余位犹太人，R. Isaiah, R. Machir, R. Alib，其中后三者音近，所指相同，详见 A. Asher, *The Itinerary of Benjamin of Tudela*, Vol.1, p.50; Marcus Nathan Adler, *The Itinerary of Benjamin of Tudela*, p.11。

亚设提及梅特里斯已不存在于现代希腊地图之上，正确的读法应为德梅特里斯（Demetrizi），位于 Cercinian 海上的安菲波利斯（Amphipolis）附近——Cercinian 不可考，似应为爱琴海，安菲波利斯即位于爱琴海岸。沙法瑞克（Schaffarik）认为此地应是德梅阿斯（Domeras）（Tafel. L. c. 497）。以上诸内容，详见 A. Asher, *The Itinerary of Benjamin of Tudela*, Vol. 1, p.50, Vol.2, p.42。

安菲波利斯,古希腊城市,连接爱琴海与巴尔干半岛东南部。——译者

21 亚设谓之米哈伊尔,并言及施恩茨称之此名在希腊的以色列人中比较常见(comp. antè p.34),马库斯·南森·阿德勒谓之迈克尔,详见 A. Asher, *The Itinerary of Benjamin of Tudela*, Vol.1, p.50; Marcus Nathan Adler, *The Itinerary of Benjamin of Tudela*, p.11。

亚设提及维尔阿杜安(Villehardouin)曾言及此地为塞萨洛尼卡王所有,称之为"菲利普的爪玛尼"(Dramine)(Villehardouin, No.238)。他的一位博学的评注者提及另外一个手稿中曾将此地称为爪玛斯(Draimes),此与尼斯佛鲁斯·格雷戈拉斯(Nicephoras Gregoras)对该地的称谓比较一致。如我们作者一样,他也经常称此地为爪玛。此地位于峡谷地带,在腓立比(Phelippe,马其顿东部城市)古城遗址附近——该遗址今天仍备受关注,虽然需要付费才能参观。以上诸内容,详见 A.Asher, *The Itinerary of Benjamin of Tudela*, Vol.2, pp.42-43。

塞萨洛尼卡王应指塞萨洛尼卡王国的国王。塞萨洛尼卡王国(1204—1224 年)是第四次十字架东征占领君士坦丁堡之后,在马其顿与色萨利(Thessaly,位于希腊中北部地区)建立的短命王朝,先后共有两位国王,分别为博尼法斯一世(Boniface I, 1150—1207 年)、德米特里斯(Demetrius, 1205—1230 年)。此处所提国王应指其中一位。——译者

22 亚设提及我们作者毫无疑问在这里记载该地为קנישתולי,因其不可能提及基督(Christ)的名字,此书中亦有其他例子可印证(详见 A.Asher, *The Itinerary of Benjamin of Tudela*, Vol.1, p.70)。此地位于从塞萨洛尼卡前往君士坦丁堡的路上,地处马其顿与色雷斯边界,普罗滂蒂海(Propontis,马尔马拉海的古称)靠近欧洲的一侧,萨索斯岛(Thaso)对面。从马其顿前往君士坦丁堡的旅客,如本杰明,就从此地出发,沿海航行,经过加里波利半岛[Gallipoli,即克森尼索·色雷斯(Chersonesus Thraciae,位于色雷斯地区的希腊古城)],前往阿比多斯(见下文注释详述)港。以上诸内容,详见 A.Asher, *The Itinerary of Benjamin of Tudela*, Vol.2, p.43。

23 亚设提及阿比多斯位于赫勒斯滂(Hellespont,即达达尼尔海峡),威尼斯的船员曾在此抛锚,安德鲁·丹多洛(Andrew Dandolo)指挥将第四次十字军东征的英雄从此运往君士坦丁堡(Villehardouin 65)。大约 1206 年,蒙费拉(Montferrat,意大利北部地区)侯爵、马其顿国王博尼法斯的女儿艾格尼丝(Agnes)在嫁给君士坦丁堡皇帝亨利(Henry)之时,就经行此地(Ville-

hardouin No.239)。此地仍然现存,土耳其称之为拿加拉·博勒姆(Nagara Bourum)。以上诸内容,详见 A. Asher, *The Itinerary of Benjamin of Tudela*, Vol.2,p.44。

君士坦丁堡皇帝亨利应是指君士坦丁堡拉丁帝国(1204—1261 年)皇帝佛兰德尔的亨利(Henry of Flanders,1176—1216 年),其为第四次十字军东征攻陷君士坦丁堡之后所建立的拉丁帝国的第二任皇帝。博尼法斯,即塞萨洛尼卡王国博尼法斯一世。——译者

24 马库斯·南森·阿德勒谓之此城绵延在山脉之间,详见 Marcus Nathan Adler, *The Itinerary of Benjamin of Tudela*, p.11。

十、君士坦丁堡

从阿比多斯经山路行五日到达君士坦丁堡大城。[1] 这是整个希腊(Javan)[2] 帝国的都城,伊曼纽尔(Manuel,Emanuel)皇帝[3] 就居住在此。12 位王侯(大臣)[4] 奉他的命令管理整个帝国,他们每人在君士坦丁堡都有宫殿,并拥有自己的城堡与城市。第一级别的显贵被称为大管家(Praepositue Magnus)[喜帕恰斯王(the King Hipparchus)][5]、第二类被称为军队统领(Mega Domesticus)[军队统领(Megas Domesticus)][6]、第三类被称为皇室将领(Do-
20 minus)[7]、第四类被称为海军统领(Mega Dukas)[海军统领(Megas Ducas)][8]、第五类被称为大文书长官(Oeconomus Magnus)[大文书长官(Oeconomus Magalus)][9],其他人的头衔与这些类似。君士坦丁堡城方圆 18 英里,一面临海,一面靠陆,沿海的两侧分别通向俄罗斯与西班牙海。[10]

为了经营贸易,世界各地的商人经过海陆两路纷纷涌向君士坦丁堡,此地变得十分喧闹、热闹。这些商人有来自巴比伦、美索不达米亚(Mesopotamia)[示拿(Shinar)]、米底亚(Media)、波斯、埃及、巴勒斯坦[迦南(Canaan)]、俄罗斯、匈牙利、佩切涅格(Patzinakia)、可萨(Khazaria)、布迪亚(Budia)、伦巴第以及西班牙等地。[11]

除了穆罕默德(伊斯兰)[12]的大都市巴格达之外,没有任何一个城市能与君士坦丁堡相提并论。[13]

圣索菲亚(St.Sophia)教堂[14]与希腊牧首都在君士坦丁堡,希腊牧首并不服从罗马教皇[15]。教堂中有很多祭坛,数量与一年的天数相仿,还有大量财富[这里还有一些教堂,数量与一年天数相
仿]。[16]每年两个岛屿与附近的城堡与村庄都要供奉不计其数的供 21
品到圣索菲亚教堂。世界上任何一个祭祀的圣殿(教堂)[17]都没有圣索菲亚教堂富裕。教堂的柱子与灯具都是以金银进行装饰,其中灯具不计其数。

在宫殿城墙附近有一处公共区域作为竞技场(Hippodrome)[18],此地预留为皇帝竞技之用(此地属皇帝所有)。[19]每年公众(皇帝)都在这里举行盛大的集会庆祝耶稣诞辰。[20]此时,来自世界各地各色人等会来到此地,为皇帝与皇后表演戏法(或不表演戏法)。[21]他们训练狮子、豹子、熊、野驴以及鸟等,让它们彼此争斗并展出。所有活动都在皇帝与皇后面前表演,[22]其他地区都没有此类活动。

除了先辈所建造的宫殿[23]之外,伊曼纽尔皇帝在海边也为自己建造了一座很大的行宫。该建筑被称为布拉契尼(Blachernes)[布拉契尼(Blachernae)]。[24]这个宫殿里的柱子与墙壁都以纯金(金银)包裹,[25]并镌刻着先辈与自己所经历的战争场景。宫殿里
的王座是以金子制成,并镶嵌着珍贵的宝石。一个金色的王冠被 22
一条金制的链子悬挂在王座上,如此皇帝可以坐在王座之上。[26]王冠上装饰着无价的珠宝。即使没有光照,这些珠宝的光泽也足以照亮所放置的房间(即使在夜里没有任何光照,任何人也可以看到

这些珠宝发出的光泽)。[27]这里还有很多其他奇异的物件,没人能够详细地描述之(此城还有很多其他的建筑)。[28]

每年在君士坦丁堡收集的贡品来自希腊帝国[29]各地,丝绸、紫色布以及黄金被运往各个要塞之中。[30]这些建筑(仓库)[31]与财富世界上任何一个地区都无法比拟。据说此城每天(每年)的贡品就价值两万弗罗林(Florins)(金币)。[32]这些贡品收入来自店铺、集市以及从海陆而来的商人所纳的贡物。

居住在这个国家的希腊人极其富有,拥有大量黄金与宝石等
财富。他们穿着以丝绸制作的衣服,上面镶嵌着黄金以及其他宝
贵的物件;[33]他们骑着高头大马,看起来如同王子一样。这个国家
23 盛产各种美味佳肴(各类布料)以及大量的面包、肉以及酒;世界上
没有任何一个地区可与这个国家(君士坦丁堡)的财富相比。[34]他
们都知晓希腊的科学,生活惬意(他们其中一些人通晓希腊所有书
籍,吃喝不愁),[35]"每人都生活在他的葡萄树与无花果之下"。[36]

希腊人雇用蛮族人充当士兵,[37]其与陀迦玛(Thgarmim,Togarmim)苏丹[(塞尔柱)国王马苏德(Masud)苏丹]为战,陀迦玛即突厥人;当地人则没有尚武的精神,如同妇女一般,不适合征战。[38]

这个城市没有犹太人居住,因为他们被限定居住在海湾附近地区。他们的一面被索菲亚湾(马尔马拉海)[39]所阻隔;当要去进城贸易之时,只能通过水路。[40]犹太人聚集区(君士坦丁堡)[41]大约有 2 000 位拉比犹太人与 500 余位卡拉派犹太人。[42]他们居住在一起,但被一面围墙分开。主要的拉比都精通律法,包括大拉比阿夫塔隆(R.Abtalion)[43]、拉比俄巴底亚(R.Obadiah)、拉比亚伦·库

斯泼(R.Aharon Khuspo)[拉比亚伦·贝霍尔·舒路(R.Aaron Bechor Shoro)]、拉比约瑟夫·萨基诺(R.Joseph Sargeno)[拉比约瑟夫·萨基诺(R.Joseph Shir-Guru)]与拉比以利亚敬(R.Eliakim)等。[44]其中有很多犹太人从事丝绸手工业,还有很多富裕的商人,有些甚至是巨富商贾。但是,除了国王的医生拉比所罗门·哈姆斯瑞(R.Solomon Hamitsri)之外,其他所有犹太人都被禁止骑马。通过拉比所罗门·哈姆斯瑞的影响力,犹太人获得了很多好处,甚至在他们遭受压迫之时。他们的形势比较严峻(由于他们的地位低下,处处受到歧视),尤其是一些制革手工匠对他们 24
更为不满。这些人将污浊的脏水泼到大街上,甚至泼到每一户犹太人的家门口(泼到街上的每一户犹太人的家门口)。[45]犹太人遭受到了侮辱[犹太人聚集区(隔都,Ghetto)受到了玷污],成为希腊人憎恨的对象,犹太人无论好人与坏人都承受着这样的枷锁(希腊人仇恨犹太人,无论好人与坏人)。[46]犹太人在街上遭受(各种形式严酷的)殴打,并承受着各种糟糕的待遇,但是他们都很富裕、优秀、仁慈、守教(和蔼和仁慈),以谦卑的态度承受着流散带来的不幸(以乐观的态度忍受着他们)。[47]犹太人的聚集区被称为佩拉。[48]

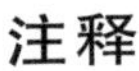

注释

1 亚设提及我们作者对此城的描述作为现存一些对该城记载之一,显示他是一个敏锐的观察者,并忠实地记载了自己的所见。仅凭此处的记载,就显示任何一位与我们作者同时代的旅行者或在随后两个世纪之后的后辈,都不能到达我们作者的层次。他的记载极其符合事实,而回避了所有问题的见闻,不仅具备现代旅行者所具备的特点,而且让中世纪时期任何一位旅行者都变得逊色。以上诸内容,详见 A.Asher, *The Itinerary of Benjamin of*

Tudela, Vol.2, p.44。

2 马库斯·南森·阿德勒谓此地是希腊(Javan)的都城,详见 Marcus Nathan Adler, *The Itinerary of Benjamin of Tudela*, p.11。

Javan,希伯来语יוון,即指希腊。——译者

3 亚设提及伊曼纽尔皇帝即(拜占庭帝国皇帝)伊曼纽尔·科穆宁(Emmanuel Comnenus)——其1143年继位,1180年去世。吉本曾对他的继位与个人描述尤为详细(Gibbon, chap.48th);吉本杰出的著作吸引了众人关注,方才引用之,尤其是那些其从中得出信息的资料。此种古典的叙述方式让业余者尤为喜欢,学者则能将重心集中在博闻的脚注与权威的论证上,他亦凭此支撑自己的观点,详见 A. Asher, *The Itinerary of Benjamin of Tudela*, Vol.2, p.44。

4 亚设谓之王侯,并言及城市与郊区很多庄严房屋的所有者承受着继承与没收带来的连续损失,其中12座房屋都被国家大臣侵占(Gibbon, chap. LIII);马库斯·南森·阿德勒谓之大臣,详见 A. Asher, *The Itinerary of Benjamin of Tudela*, Vol.1, p.50, Vol.2, p.44; Marcus Nathan Adler, *The Itinerary of Benjamin of Tudela*, p.11。

5 亚设谓之大管家,并言及这是帝国最主要的官员之一,管理城市与军队(Ducange, Glossarium ad script. Med. Et inf. Grace. '*Praepositus*'),马库斯·南森·阿德勒谓之喜帕恰斯王,详见 A. Asher, *The Itinerary of Benjamin of Tudela*, Vol.1, p.50, Vol.2, p.45; Marcus Nathan Adler, *The Itinerary of Benjamin of Tudela*, p.12。

大管家,指皇室宫殿的管家,通常由宦官充任,奉皇帝之命行事。希腊历史上曾有一位雅典的统治贵族名为喜帕恰斯(约公元前514年逝世),为希腊僭主庇西特拉图(Peisistratos,约公元前600—前527年)之子,被称为希腊的"暴君"。另外一位名为喜帕恰斯(Hipparkhos,约公元前190—前120年)的则是希腊历史上著名的天文学家。马库斯·南森·阿德勒此处所指似应为前者,但其与此时拜占庭帝国官职有何关系并不得知。——译者

6 亚设谓之 Mega Domesticus,并言及其为军队统领(Ducange, 'Domesticos');马库斯·南森·阿德勒谓之 Megas Domesticus,两者音近,所指相同,详见 A. Asher, *The Itinerary of Benjamin of Tudela*, Vol.1, p.50, Vol.2, p.45; Marcus Nathan Adler, *The Itinerary of Benjamin of Tudela*, p.12。

7 此为皇室将领，负责皇帝的皇家事务，详见 A. Asher, *The Itinerary of Benjamin of Tudela*, Vol.2, p.45。

8 亚设谓之 Mega Dukas，并言及其为海军统领，帝国的海军将领(Ducange notes to Villehardouin No.71.)，马库斯·南森·阿德勒谓之 Megas Ducas，两者音近，所指相同，详见 A. Asher, *The Itinerary of Benjamin of Tudela*, Vol.1, p.50, Vol.2, p.45; Marcus Nathan Adler, *The Itinerary of Benjamin of Tudela*, p.12。

9 此指管理文书的最高官员，详见 A. Asher, *The Itinerary of Benjamin of Tudela*, Vol.2, p.45。

10 亚设提及如前所言吉本对希腊(即拜占庭)宫廷显贵的官职有着详细描述，读者通过吉本的相关记载，就可能够解释与证实我们作者的记载(Tafel, l.c.508)；我们作者时期不同的作家都对该城的面积有所提及(见 Gibbon, chap.XVII, and J.von Hammer, *Constantinopel und der Bosporus*, I. 57)，详见 A. Asher, *The Itinerary of Benjamin of Tudela*, Vol. 2, pp.45-46。

马库斯·南森·阿德勒亦提及吉本对此记载尤详(Gibbon, chap.LIII)，而且对本杰明(所记)有所引用，详见 Marcus Nathan Adler, *The Itinerary of Benjamin of Tudela*, p.12。

西班牙海，应指地中海，即从君士坦丁堡海峡分别可以到达俄罗斯与地中海。——译者

11 美索不达米亚：亚设谓之美索不达米亚，马库斯·南森·阿德勒谓之 Shinar，详见 A. Asher, *The Itinerary of Benjamin of Tudela*, Vol.1, p.51; Marcus Nathan Adler, *The Itinerary of Benjamin of Tudela*, p.12。

Shinar，希伯来语 שִׁנְעָר，圣经中提到的地名，指美索不达米亚地区。《旧约·创始记》(10:10)记载："他国的起头是巴别、以力、亚甲、甲尼，都在示拿地。"

米底亚：米底亚为古代伊朗西北部一个地区，历史上为米底亚王国(公元前 678—前 549 年)。——译者

巴勒斯坦：亚设谓之巴勒斯坦，马库斯·南森·阿德勒谓之迦南，详见 A. Asher, *The Itinerary of Benjamin of Tudela*, Vol.1, p.51; Marcus Nathan Adler, *The Itinerary of Benjamin of Tudela*, p.12。

Canaan，希伯来语 כְּנַעַן，相当于今以色列、约旦河西岸以及加沙，加上临

近的黎巴嫩与叙利亚沿海地区。——译者

佩切涅格:马库斯·南森·阿德勒提及佩切涅格从多瑙河一直绵延至第聂伯河,与古典时期的达基亚(Dacia)有所交流,详见 Marcus Nathan Adler, *The Itinerary of Benjamin of Tudela*, p.12, n.3。

佩切涅格人,西突厥一支。西迁之后于 9 世纪占据黑海以北草原,10 世纪控制顿河与多瑙河下游之间的地区,11—12 世纪初期为拜占庭帝国所败。达基亚则位于多瑙河下游和喀尔巴阡山一带,罗马尼亚古代国家。2—3 世纪成为罗马帝国行省。此处所指应为佩切涅格人与存留下来的达基亚人有所交往。——译者

马库斯·南森·阿德勒提及亚设与爱泼斯坦的手稿有误。罗马手稿作 **כזריאה**,大英博物馆作 **גזרית**。公元 1000 年罗斯人征服该地很久之后,俄罗斯南部的一些省份仍被称为可萨之地,尤其犹太作家们;欧洲的旅行者亦将克里米亚称作可萨。拉比比西哈奇亚曾行走八天穿越可萨(A.Benisch, *Translation of Petachia's Travels*,该书作者对此地历史亦有简介)。可萨的统治王朝与大部分居民都信奉犹太教。以上诸内容,详见 Marcus Nathan Adler, *The Itinerary of Benjamin of Tudela*, p.12, n.4。

可萨,西文称之为 Khazars,即"哈扎尔",כזריאה,גזרית 即希伯来语对可萨的称谓。最早见于 5 世纪亚美尼亚史学摩西(Moses Xorenac' i)的记载之中。关于可萨的族渊争论不一,大致有匈奴阿卡提兹尔(Akatzir)部落、西比尔(Sabir,即鲜卑)、西突厥以及高加索匈奴人等说法,但是可萨说比较流行。6 世纪,可萨一度作为西突的属国;657 年西突厥灭亡,可萨摆脱西突厥统治,并迅速在高加索地区崛起,成为丝绸之路北道重要贸易地区。965 年,可萨汗国与罗斯人在阿得尔地区展开激战,最终亡于罗斯人之手。1016 年,拜占庭皇帝巴西尔二世(Basil,958—1025 年)与罗斯人联盟,最终消灭了流散在塔曼半岛地区的可萨王权。最晚至 8 世纪中下叶时,可萨曾改宗犹太教,详见 D.M.Dunlop, *The History of the Jewish Khazars*, Princeton University Press, 1954; Peter B.Golden, *Khazar Studies, An Historico-Philological Inquiry to the Origins of the Khazars*, Akadémiai Kiadó, Budapest, 1980。张星烺:《中西交通史料汇编》(第 1 卷),中华书局 2003 年版,第 169—170 页。——译者

布迪亚:亚设援引塔弗观点,提出该地可能为保加利亚(Tafel, p.508),详见 A.Asher, *The Itinerary of Benjamin of Tudela*, Vol.2, p.46。

西班牙卡斯提尔-拉·曼恰(Castilla-La Mancha)的瓜达拉哈拉省(Guadalajara)亦有一处地方名叫布迪亚。考虑到本杰明专门提及西班牙,故不可能为此地。Budia 与 Bulgarians 有相似音节,可能是本杰明记载之时过于简略所致,此地有可能就是保加利亚。——译者

在这些地区中,亚设没有提及可萨,马库斯·南森·阿德勒没有提及布迪亚,但提及在《约瑟泊》中称佩切涅格人、可萨人、保加利亚人、匈牙利人以及突厥人皆是陀迦玛(Togarmah)的后裔,详见 A.Asher,*The Itinerary of Benjamin of Tudela*, Vol.1,p.51;Marcus Nathan Adler,*The Itinerary of Benjamin of Tudela*,p.12。

陀迦玛,圣经人物,为挪亚(Noah)后裔,雅弗(Japheth)之子,被认为代表着居住在安纳托利亚地区的族群。中世纪时期,通常被视为来自高加索与西亚等地族群的祖先。或因此故,《约瑟泊》方才如此记之。——译者

12　亚设谓之穆罕默德,马库斯·南森·阿德勒谓之伊斯兰,详见 A.Asher,*The Itinerary of Benjamin of Tudela*, Vol.1,p.51;Marcus Nathan Adler,*The Itinerary of Benjamin of Tudela*,p.12。

13　亚设提及我们作者对君士坦丁堡贸易的描写虽然简短,但证据凿凿,也符合商人圆通的特点。吉本提到:"君士坦丁堡的财富与奢侈对所有气候的产品都有需求,这些进口产品通过艺术品与这里大量的居民劳动力实现(支付)平衡。这里的形势引领世界商业。每一时期,这里商业都掌握在异域商人手中。"本杰明在君士坦丁堡看到了来自欧洲的商人,还有佩切涅格与布迪亚商人。通过提及佩切涅格与布迪亚,本杰明可能是暗示这个来自斯基泰或斯拉夫族群的野蛮国家——他们在拜占庭历史上扮演着重要的地位,曾在1122年唯一一次被击败,变成在土地上耕种、和平定居的居民,而其与他们的先辈曾将之荒废。他们居住在现代匈牙利北部的一些省份(s. Pray Annales)。布迪亚的商人可能即是保加利亚人(Tafel,p.508)(*Hüllmanns Geschichte des Byzantinischen Handels*, introduction and the notes to p.157)。以上诸内容,详见 A.Asher,*The Itinerary of Benjamin of Tudela*, Vol.2,p.46。

14　亚设提及在我们作者时代,这座著名的教堂正值鼎盛时期,仍是君士坦丁堡最为壮观的建筑之一。前述哈默尔对其叙述尤详细(J. von Hammer,*Constantinopel und der Bosporus*),详见 A.Asher,*The Itinerary of Benjamin of Tudela*, Vol.2,p.46。

15 亚设提及吉本对希腊(教会,即东正教)的分裂有着详细的论述(Gibbon,chap.LX)。希腊人与拉丁人的仇恨与厌恶在我们作者访问君士坦丁堡时期尤其严重。吉本曾提及:"主教被指控声明通过消除分裂,信仰才能够从所有罪孽中得到救赎。"以上诸内容,详见 A.Asher,*The Itinerary of Benjamin of Tudela*, Vol.2,p.47。

希腊牧首即指君士坦丁堡牧首,为东正教会名义上地位最高的神职人员。——译者

16 亚设谓之教堂中有很多祭坛,数量与一年的天数相仿,还有大量财富;马库斯·南森·阿德勒谓之这里还有一些教堂,数量与一年天数相仿。此处差异甚大,详见 A.Asher,*The Itinerary of Benjamin of Tudela*, Vol.1,pp.51-52;Marcus Nathan Adler,*The Itinerary of Benjamin of Tudela*, p.12。

亚设提及塔弗提出,本杰明在手稿中的一个词可能为 במות,抑或 בבות。若为前者,则指教堂的数量众多,超过360座(Ducange in Constant,*Christ*);若为后者,则指门,根据索菲亚教堂古老的传说,这里的门与一年的天数相仿(Tafel,l.c.509)。亚设认为,此两种解释皆不正确,而应将理解为祭坛;每一座希腊教堂都有很多壁龛,东正教将一些圣人的图像放置在壁龛内,并为此在其设立祭坛。吉本在其不朽的著作的第40章对这座著名的圣殿有详细的图文说明(Gibbon,chap.XL),关于装饰的灯具,可见 Ducange,l.c.chap.48)。以上诸内容,详见 A.Asher,*The Itinerary of Benjamin of Tudela*, Vol.2,pp.46-47。

17 亚设谓之祭祀的圣殿,马库斯·南森·阿德勒谓之教堂,详见 A.Asher,*The Itinerary of Benjamin of Tudela*, Vol.1,p.52;Marcus Nathan Adler,*The Itinerary of Benjamin of Tudela*,p.12。

18 亚设提及竞技场曾经、现在都是君士坦丁堡最为著名的公共区域之一,现在的名字为阿特-迈丹(At-Maidan),即希腊称谓的转译,或马市。竞技场大部分都已经被破坏,其中一部分被苏丹艾哈迈德清真寺所占,另一部分被动物园占据,动物园中有各种来自异域的动物,新当选的帕夏(Pasha)们将这些动物供奉给奥斯曼宫廷。竞技场被用来进行各类游戏,1159年,皇帝伊曼纽尔(见上文注释详述)就在此宴请到访君士坦丁堡的阿泽丁·肯里卡斯兰(Azeddin Kilidscharslan)苏丹(s.Lebeau,88,39)。1161年耶稣诞辰之日(即12月25日),本杰明有可能亲眼目睹了公众的欢庆、游戏以及展览,这是

为纪念伊曼纽尔皇帝与美丽的玛丽亚(Maria)的婚礼(Lebeau,88,42)。以上诸内容,详见 A. Asher, *The Itinerary of Benjamin of Tudela*, Vol. 2, pp.47-48。

苏丹艾哈迈德清真寺,为奥斯曼帝国苏丹艾哈迈德一世(1590—1617年)所建。帕夏指奥斯曼帝国的政治、军事系统较高级别的官员,经常被授予各地长官、将军以及其他显贵等。安条克亲王,指安条克公国(1098—1268年)的国王。安条克公国是第一次十字军东征期间欧洲人在所建国家,包括今土耳其与叙利亚部分地区,都城在西亚名城安条克;此处的安条克亲王应为康斯坦斯(Constance,1130—1163 年)。阿泽丁·肯里卡斯兰,所指不详,待考。玛丽亚,安条克亲王的女儿。——译者

19 亚设谓之公共区域以及此地预留为皇帝竞技之用,马库斯·南森·阿德勒谓之区域以及此地属皇帝所有,详见 A.Asher, *The Itinerary of Benjamin of Tudela*, Vol. 1, p. 52; Marcus Nathan Adler, *The Itinerary of Benjamin of Tudela*, p.12。

20 亚设谓之公众,马库斯·南森·阿德勒谓之皇帝,详见 A. Asher, *The Itinerary of Benjamin of Tudela*, Vol.1, p.52; Marcus Nathan Adler, *The Itinerary of Benjamin of Tudela*, p.12。

21 马库斯·南森·阿德勒谓之有些人表演戏法,有些人并不表演,详见 Marcus Nathan Adler, *The Itinerary of Benjamin of Tudela*, p.12。

22 较亚设而言,马库斯·南森·阿德勒并未提及所有活动都在皇帝与皇后面前表演,详见 Marcus Nathan Adler, *The Itinerary of Benjamin of Tudela*, p.12。

23 亚设提及此座宫殿名为巴赛里昂(Bucoleon),位于马尔马拉海岸边。在我们作者时期之前,该建筑以“大宫殿”出名。杜康兹对其卓越而恢弘构造的历史与程度有着详细的介绍(Ducange, *Notes to Villehardouin*, No. 123 and 128)。以上诸内容,详见 A. Asher, *The Itinerary of Benjamin of Tudela*, Vol.2, p.48。

巴赛里昂最早应是由狄奥多西二世(Theodosius II, 401—450 年)所建,之后历经多为皇帝修缮、扩建。——译者

24 亚设谓之 Blachernes,马库斯·南森·阿德勒谓之 Blachernae,并言及关于此建筑的详细描述,详见 *Procopius*, Vol.1, Palestine Pilgrims' Texts Society,两人记之音近,所指相同。以上诸内容,详见 A. Asher, *The Itiner-*

ary of Benjamin of Tudela, Vol.1, p.53; Marcus Nathan Adler, *The Itinerary of Benjamin of Tudela*, p.13。

亚设提及杜康兹提到,拜占庭历史学家并没有提到是谁最初建立了这个宫殿。然而,伊曼纽尔·科穆宁对其进行了修缮,从此变得辉煌,正如十字军所见闻、记载那般。在他扩建的大厅中,可以看到大量的马赛克,这些马赛克上镶嵌着珍贵的石头与黄金,代表着他统治期间的文治武功(Ducange, *Constantinop. Christ*, II. 7; Nicetas in Manuele, quoted by Tafel, l. c. 510; Hammer, I.205)。关于皇帝的王座(见 Cinnamus V. 3; Gibbon, chapter LIII)。我们作者对宫殿内珍贵石头描述的语言泄露了商人,尤其是珠宝商(应指印证了商人的贸易活动),这些似曾相似的语言直至今天仍十分熟悉。如下的内容印证了作者的诚实,虽然其以隐喻的语言表述:在一个高台之上,铺满珍贵的地毯,宝座是由珍贵的黄金与宝石镶嵌而成,并冠以华盖,华盖上装饰以东方最美丽的珍珠。亲王坐在宝座上,穿着一身鲜亮的紫衣,布满在上面的珍珠与各类颜色的宝石散落下来,在美丽的草坪上艺术性地摆着鲜花。他的胸前戴着金链子,上面有硕大的闪闪发光的红宝石。身上这件壮丽的衣服光芒四射,远胜光彩的王冠……这个大厅好似太阳宫殿(LE Beau, 88.38., From Cinnamus and Niceatas),详见 A. Asher, *The Itinerary of Benjamin of Tudela*, Vol.2, pp.48-49。

25 亚设谓之纯金,马库斯·南森·阿德勒谓之金银,详见 A. Asher, *The Itinerary of Benjamin of Tudela*, Vol.1, p.53; Marcus Nathan Adler, *The Itinerary of Benjamin of Tudela*, p.13。

26 马库斯·南森·阿德勒提及一位评注者错误地以为是拉什(Rashi),对《旧约·历代志》(上,20:2)的篇章中做出了有趣的注释。该篇章记载,大卫王取得了亚扪子女的国王的王冠,发现上面镶有金子。人们将这个王冠戴在大卫头上。拉什认为,这个篇章的意思肯定是这个王冠悬挂在大卫的王座上,并提及在纳博讷曾听说东方的一些国王仍旧保持这个习惯。以上诸内容,详见 Marcus Nathan Adl, *The Itinerary of Benjamin of Tudela*, p.13, n.2。

拉什,即拉比什洛莫·伊扎基,希伯来语 רש״י,即 Rashi,见上文注释。亚扪人指居住在约旦河以东的民族,其始祖被认为是亚伯拉罕的侄子罗得(Lot)。——译者

27 亚设谓之"即使没有光照,这些珠宝的光泽也足以照亮所放置的房

间”，马库斯·南森·阿德勒谓之“即使在夜里没有任何光照，任何人都可以看到这些珠宝发出的光泽”，详见 A. Asher，*The Itinerary of Benjamin of Tudela*，Vol.1，p.53；Marcus Nathan Adler，*The Itinerary of Benjamin of Tudela*，p.13。

28 亚设谓之“这里还有很多其他奇异的物件，没人能够详细地描述之”，马库斯·南森·阿德勒谓之“此城还有很多其他的建筑”，详见 A. Asher，*The Itinerary of Benjamin of Tudela*，Vol.1，p.53；Marcus Nathan Adler，*The Itinerary of Benjamin of Tudela*，p.13。

29 即拜占庭帝国。——译者

30 亚设提及吉本言及：“我必须再次抱怨此时缺失与模糊的记忆，导致无法对希腊帝国税收、财政收入以及资源进行估计。来自欧洲与亚洲每一个省份分散的金银汇集于长期充盈的帝国府库。各地的分离如同从主干分离而出的支脉一样，凸显了君士坦丁堡这一主干。专制主义的特点就是将国家集中于首都，将首都集中于宫廷，将宫廷集中于皇室之中。12 世纪访问东方的犹太旅行者（即我们的作者）已经迷失在对拜占庭财富的钦佩之中。”（Gibbon，l.c），详见 A. Asher，*The Itinerary of Benjamin of Tudela*，Vol.2，pp.49-50。

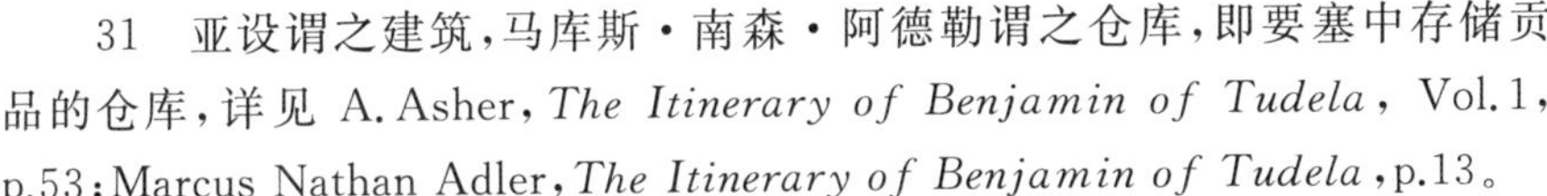

31 亚设谓之建筑，马库斯·南森·阿德勒谓之仓库，即要塞中存储贡品的仓库，详见 A. Asher，*The Itinerary of Benjamin of Tudela*，Vol.1，p.53；Marcus Nathan Adler，*The Itinerary of Benjamin of Tudela*，p.13。

32 亚设谓之此城每天贡品价值两万弗罗林，马库斯·南森·阿德勒谓之此城每年贡品价值两万金币，详见 A. Asher，*The Itinerary of Benjamin of Tudela*，Vol.1，p.53；Marcus Nathan Adler，*The Itinerary of Benjamin of Tudela*，p.13。

弗罗林，源自意大利佛罗伦萨的货币，1252 年始造，为地中海贸易中的重要货币，之后成为欧洲大部分货币原型。——译者

33 亚设提及大约生活在 1190 年西西里的历史学家法拉坎德斯（Falcandus），对希腊的手工业有所记载，他根据丝绸的重量、质量、纹理的密度、颜色的美丽与否、刺绣的品位与材质等断定丝绸的价格。后者（即刺绣）以丝绸或黄金绘制。更加简单的条纹或圆圈被更漂亮的仿制的花朵所超越：转为宫廷设计的外衣经常镶嵌宝石，图形以东方的珍珠串绘制（Gibbon，chap.53），详见 A. Asher，*The Itinerary of Benjamin of Tudela*，Vol.2，p.50。

34 亚设谓之各种美味佳肴、这个国家，马库斯·南森·阿德勒谓之各种布料、君士坦丁堡，详见 A.Asher，*The Itinerary of Benjamin of Tudela*，Vol.1，p.54；Marcus Nathan Adler，*The Itinerary of Benjamin of Tudela*，p.13。

亚设提及君士坦丁堡的皇帝以其尊严、真相，几乎可以宣称在所有基督教的君主中，他们拥有最大的城市、最多的税收、最为繁荣、人口最为众多的国家。拜占庭帝国的臣民最为灵巧、勤劳，他们的国家得天独厚，拥有最好的土地、气候与条件。在艺术的滋养与修复之下，他们的耐心与平和的气度远胜欧洲好战的精神与封建的混乱状态。通过对古代刻苦的学习，拜占庭的希腊人已经具备某些现代特点，乃至现代的感恩之情。从一些早期的作家，如斯托布斯(Stobaeus)、苏达斯(Suidas)、泰泽(Tzetzes)以及欧斯塔修斯(Eustathius)等人，还有无数的学者与评论家中，12 世纪已经形成了文学(或文化)财富：君士坦丁堡被荷马、德摩斯梯尼(Demosthenes，古希腊著名演说家)、亚里士多德以及柏拉图等人所启蒙。这个时代的基本状况可以从两位博学的女性中得以管窥，即皇后尤多西亚(Eudocia)与公主安娜·康尼娜(Anna Comnena)，其中后者在紫色(似为染色)、修辞与哲学艺术方面有良好的修为(Gibbon，chap.53)。以上诸内容，详见 A.Asher，*The Itinerary of Benjamin of Tudela*，Vol.2，pp.50-51。

斯托布斯，5 世纪马其顿人，生前汇编、收集了很多有关希腊作家的著作。苏达斯，10 世纪人，整理汇编了 10 世纪地中海的百科全书，该书就以其得名。泰泽(1110—1180 年)，拜占庭诗人、语法家，著作甚广，并搜罗有众多古代著述。欧斯塔修斯，拜占庭历史上有多位欧斯塔修斯。据其叙述顺序而言，此处应指 12 世纪以后的人士。与之相关的有两位，其中一位为希腊学者、塞萨洛尼卡大主教欧斯塔修斯(1115—1195/1196 年)，其对荷马史诗做过大量评注，留下了珍贵的资料；另外一位为 12 世纪著有很多拜占庭小说的欧斯塔修斯，其借用了很多希腊古典时代的诗歌，不详，待考。尤多西亚(401—460 年)，拜占庭皇帝狄奥多西二世(401—450 年)之妻，精通历史、文学、诗歌，并有所著述；安娜·康尼娜(1083—1148 年)，拜占庭皇帝阿历克塞一世(Alexios I，1081—1118 年在位)之女，受过良好教育，熟读文学、哲学、历史等。——译者

35 亚设谓之他们都知晓希腊的科学，生活惬意，马库斯·南森·阿德勒谓之他们其中一些人通晓希腊所有书籍，吃喝不愁，详见 A.Asher，*The I-*

tinerary of Benjamin of Tudela，Vol.1，p.54；Marcus Nathan Adler，*The Itinerary of Benjamin of Tudela*，p.13。

36　此句来自《旧约·弥迦书》(4：4)："耶和华说，'人们都要生活在自己的葡萄树下与无花果树下，无人惊吓。'"意即人们过着安居乐业的生活。——译者

37　亚设提及希腊(拜占庭帝国)利用雇佣兵及其君王护卫帝国的风俗早就有之，拜占庭作家们经常提到瓦良格人(Varangians)是最值得信任、最忠诚的帝国保卫者。这是英格兰人与丹麦人的殖民者，他们摆脱了诺曼征服者的控制，"一直存在于帝国的最后时期，是绝对忠诚的继承者，并讲着英格兰与丹麦的语言"(Villehardouin，notes by Ducange，no.89，95 etc)。塔弗曾提到，阿兰人(Alans)、罗斯人、保加利亚人等都被列入至希腊军队之中，一些希腊族群(此处应指希腊本土的希腊人)的航海者也偶尔被招募。以上诸内容，详见 A.Asher，*The Itinerary of Benjamin of Tudela*，Vol.2，pp.51-52。

阿兰人，古代黑海北部游牧民族，4 世纪被匈奴人征服，大部分迁往西班牙、北非等地。——译者

38　亚设与马库斯·南森·阿德勒皆认为此处所指的塞尔柱国王为马苏德苏丹。亚设并提及在我们作者的时代，突厥人一直作为伊曼纽尔皇帝统治三十七年间最为令他恼怒的敌人，尽管期间对突厥人、基督徒以及在多瑙河以远地区的荒野发动了各式的战争，突厥仍丝毫不为所动，这是因为穆罕默德胜利的武器显示出了宗教与自由的缺失，"这种自由主张和平与世界性帝国所宣称的神圣而永恒的战争"(Gibbon，chap.58)。我们的作者深刻感受到了希腊人的软弱，此亦遭到了很多拜占庭历史学家的责备(Cederenus，Pairs ed.p.711、852、856；Zonaras 18，20，quoted by Tafel pp.511-513)。吉本认为，艺术与权威不能塑造最为重要的机器，即士兵本身；……君士坦丁(Constantine，Porphyrogenitus)的策略很少摆脱躲避失败与拖延战争的方式。尽管如此，一些短暂的战争使得希腊人沉浸在自我崇拜以及其近邻的崇拜之中。袖手旁观与喋喋不休是对这个国家低俗的描写(Gibbon，chap.53)。"柔弱的希腊人"的描写经常出现在君士坦丁堡历史的作家以及该地犹太人所言之中，这也符合其特点。他们真是如此懦弱，害怕每一个强大的敌人，并为没有保护而恼怒，因为他们如同胆小鬼一样行事。以上诸内容，详见 A. Asher，*The Itinerary of Benjamin of Tudela*，Vol. 1，p. 54；Vol. 2，pp.51-53。

马库斯·南森·阿德勒则言及莱布雷布特在对12世纪下半叶巴格达哈里发的论述中，提到此时强大的马苏德苏丹。以上诸内容，详见Marcus Nathan Adler, *The Itinerary of Benjamin of Tudela*, p.13。

Thgarmim, Togarmim，即为上文注释中所提之陀迦玛。中世纪时期，其通常被视为来自高加索与西亚等地族群的祖先，故突厥亦被如此称之。塞尔柱，古族名，源于乌古斯人，其曾作为突厥人一支，常与突厥人并提。11世纪中叶该族人占领巴格达，迫使阿拉伯帝国哈里发授予苏丹称号，并向埃及、小亚细亚、叙利亚等地扩张，成为西亚兴盛一时的大帝国。本杰明时期所指的突厥人就指塞尔柱突厥。马苏德（1108—1152年）为此时塞尔柱苏丹，马库斯·南森·阿德勒应是据本杰明周游的时间确定其为马苏德。君士坦丁(Constantine, Porphyrogenitus)，此处应指君士坦丁七世（Constantine VII, 905—959年），因其生于皇宫的紫室之中，因此获得Porphyrogenitus称号，意即诞生于紫室之中。此称号常被授予诞生于皇宫紫室的皇帝的后代，以示血统尊贵，又被译作“紫衣贵族”。——译者

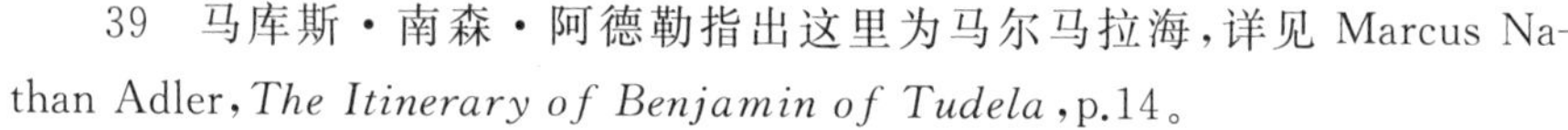

39　马库斯·南森·阿德勒指出这里为马尔马拉海，详见Marcus Nathan Adler, *The Itinerary of Benjamin of Tudela*, p.14。

40　伊本·维尔加(Ibn Verga)指出伊曼纽尔·科穆宁的前任曾颁布敕令，禁止犹太人在佩拉(Pera)以外的地区居住，并限制他们从事制革与造船等(Ibn Verga, *Shevet Jehuda*, XXV)，详见Marcus Nathan Adler, *The Itinerary of Benjamin of Tudela*, p.14, n.1。

亚设提及本杰明时期，君士坦丁堡的犹太人聚集区已经延伸到加拉达塔以外，在港口附近地区。维尔阿杜安提及，有一处被称为斯塔诺(Stanor)的地方，这是一个很好的城市，比较富裕(Villehardouin, No.153)。杜康兹证实他的说明，提出现在港口以外地区的博斯普鲁斯海岸就被称为Stenum（与Stanor音近，所指应为一地），我们作者记载这里犹太人的情况完全正确。关于君士坦丁堡犹太人以及他们在城市里被驱逐的详细情况，可见Ducange, *Constantinop.Christ* X.1。以上诸内容，详见A. Asher, *The Itinerary of Benjamin of Tudela*, Vol.2, p.53。

佩拉，即今天土耳其的加拉达(Galata)，与君士坦丁堡相对，位于金角湾北岸，此湾将此地与历史上的君士坦丁堡阻隔。亚设亦提及佩拉位于君士坦丁堡郊区之地，这是该地起初的名字，希腊人称之为加拉达，现在为欧洲人最为喜欢的地区之一(Ducange Constant, *Christ*. X.1)，详见A. Asher, *The*

Itinerary of Benjamin of Tudela, Vol.2, p.54。Ducagne, 此处应为杜康兹, 亚设前文谓之 Ducange, 此处却为 Ducagne, 疑似笔误, 所指可能为一人。——译者

41　亚设谓之君士坦丁堡, 因前述君士坦丁堡没有犹太人居住, 而是居住在佩拉地区, 此处应是亚设之误; 马库斯·南森·阿德勒谓之犹太人聚集区, 应指佩拉之地, 详见 A. Asher, *The Itinerary of Benjamin of Tudela*, Vol.1, p.55; Marcus Nathan Adler, *The Itinerary of Benjamin of Tudela*, p.14。

42　亚设提及前文已经就拉比派与卡拉派进行了说明, 其中包括他们的主要差别, 即前者尊敬并按照拉比的解释, 后者则不认同拉比的解释。需要指出的是拉比派分布在全世界各地, 而少量的卡拉派群体则集中在立陶宛、加利西亚(Galicia)、克里米亚、君士坦丁堡、亚历山大以及叙利亚的 20 多个城市与村庄等国家与地区。克拉克(Clarke)博士曾访问克里米亚德彻福特-卡莱(Dchufout-Kalé)的卡拉派。他在其行纪的第一卷中对卡拉派进行了丰富而有趣的记载(Clarke, 4to. Ed)。莱比锡的德利奇(Delitzsch)让我们熟悉了他们原教旨的宗教、哲学与道德(Aron Ben Elia's *Chajim*, Leipzig, 1840. 8vo)。据我们所知可以确定的是他们更受俄罗斯政府的青睐, 而非其兄弟拉比派。众所周知他们诚实、举止恰当, 并拥有他们的手工业。这都是他们的优点。1829 年, 独裁者发布了一条法令。该法令强迫俄罗斯犹太人成为士兵, 犹太人对此义务感到十分害怕。卡拉派提出申诉, 并以事实支持他们的请愿, 即他们在俄罗斯期间, 没有一位卡拉派犹太人被指控犯罪。以上诸内容, 详见 A. Asher, *The Itinerary of Benjamin of Tudela*, Vol. 1, n. a, Vol. 2, p.54。

有两处地名被称为加利西亚。其一为中欧历史地名, 分别属于今乌克兰与波兰; 其二为西班牙西北部自治区。亚设将地区置于城市之前叙述, 故此处应指中欧的加利西亚。米亚德彻福特-卡莱疑似为克里米亚地名, 待考。——译者

43　施恩茨提及查瑞斯曾提到一位名叫摩西·本·阿夫塔隆(Moshe B. Abtalion)的希腊诗人(Charisi, ch.18)。在希腊的《马哈祖尔》中我们发现一篇由阿夫塔隆·本·梅加彻斯(Abtanlion B. Samuel Mejuchas)所写的忏悔祷文(יאויה ל, 表示自己很悲痛之意)。以上诸内容, 详见 A. Asher, *The Itinerary of Benjamin of Tudela*, Vol.2, p.54。

44　亚设分别谓之拉比亚伦·库斯泼以及 R.Joseph Sargeno，马库斯·南森·阿德勒谓之拉比亚伦·贝霍尔· 舒路以及 R.Joseph Shir-Guru，其中前者差异较大，后者则音近，详见 A.Asher，*The Itinerary of Benjamin of Tudela*，Vol.1，p.55；Marcus Nathan Adler，*The Itinerary of Benjamin of Tudela*，p.14。

45　亚设谓之"这些人将污浊的脏水泼到大街上，甚至泼到每一户犹太人的家门口"，马库斯·南森·阿德勒则谓之"将脏水泼到街上的每一户犹太人的家门口"，详见 A.Asher，*The Itinerary of Benjamin of Tudela*，Vol.1，p.56；Marcus Nathan Adler，*The Itinerary of Benjamin of Tudela*，p.14。

46　亚设谓之"犹太人遭受到了侮辱，成为希腊人憎恨的对象，犹太人无论好人与坏人都承受着这样的枷锁"，马库斯·南森·阿德勒谓之"犹太人聚集区(隔都，Ghetto)受到了玷污，希腊人仇恨犹太人，无论好人与坏人"，详见 A.Asher，*The Itinerary of Benjamin of Tudela*，Vol.1，p.56；Marcus Nathan Adler，*The Itinerary of Benjamin of Tudela*，p.14。

47　亚设谓之"犹太人在街上遭受殴打……他们都很富裕、优秀、仁慈、守教……以谦卑的态度承受着流散带来的不幸"，马库斯·南森·阿德勒谓之"犹太人在街上遭受各种形式严酷的殴打……他们都很富裕、优秀、和蔼、仁慈……以乐观的态度忍受着他们"，详见 A.Asher，*The Itinerary of Benjamin of Tudela*，Vol.1，p.56；Marcus Nathan Adler，*The Itinerary of Benjamin of Tudela*，p.14。

48　详见上文注释所提及之地。——译者

十一、罗都斯徒、加利波利、萨摩斯岛与罗得岛

从君士坦丁堡(海)行两日到达罗都斯徒(Rodosto)[罗都斯徒(Rhaedestus)]。此地大约有 400 位犹太人,主要人士包括拉比摩西、拉比亚比雅(R. Abiiah)[拉比亚比雅(R. Abijah)]、拉比雅各。[1]

从罗都斯徒经行两日到达加利波利(Gallipoli)[加利波利(Callipolis)]。[2] 这里大约有 200 位犹太人,主要人士包括拉比亚比雅·卡普德(R. Eliiah Kapid)[拉比亚比雅·卡普尔(R. Ejiah Kapur)]、拉比小沙比太(R. Shabthai the little)[拉比沙比太·祖特罗(R. Shabthai Zutro)]、拉比伟大的艾萨克(R. Issac Magus)——Magus 在希腊语中意为“高大”、“伟大”。[3]

从加利波利经行两日到达肯里亚(Kilia)。[4] 这里大约有 50 位 25
犹太人,主要人士包括拉比犹大、拉比雅各以及拉比示玛利雅(R. Shm'aiah)等。[5]

从肯里亚经行两日到达米蒂利尼(Mitilene)[米蒂利尼(Mytilene)]岛。[6] 这里的犹太会众分布在岛上的十个地方。

从米蒂利尼海行三日到达希俄斯(Chio)[希俄斯(Chios)]岛。[7] 这里大约有 400 位犹太人,主要人士包括拉比以利亚(R. Eliian)[拉比以利亚·希幔(R.Elijah Heman)]、拉比希幔(R.Theman)以及拉比沙比太等。[8] 这里有产乳香的树木。[9]

从希俄斯岛海行两日到达萨摩斯(Samos)岛。[10] 这里大约有300位犹太人,主要人士包括拉比示玛利雅(R.Shemaria)、拉比俄巴底亚(R.Obadiah)以及拉比乔尔(R.Joel)等。此岛有很多犹太会众。

从萨摩斯岛海行三日到达罗得岛。[11] 这里大约有400位犹太人,主要人士包括拉比阿巴(R.Aba)[拉比阿巴(R.Abba)]、拉比哈纳内尔(R.Chananel)[拉比哈纳内尔(R.Hannanel)]以及拉比以利亚(R.Eliiah)[拉比以利亚(R.Elijah)]等。[12]

注释

1 马库斯·南森·阿德勒谓之海行以及R.Abijah,Rhaedestus,亚设则未提海行,并谓之R.Abiiah,Rodosto,Abijah与Abiiah音近,Rhaedestus与Rodosto音近,所指应相同,详见A.Asher,*The Itinerary of Benjamin of Tudela*, Vol.1,p.56;Marcus Nathan Adler,*The Itinerary of Benjamin of Tudela*,p.14。

马库斯·南森·阿德勒提及关于此地,详见*Procopius*,p.119。此地曾被查士丁尼(Justinian,483—565年,拜占庭帝国皇帝)所加固,现在被称为Rodosto,详见Marcus Nathan Adler,*The Itinerary of Benjamin of Tudela*, p.14,n.2。

亚设提及该地即古代的本森特(Bisanthe),托勒密(Ptolemy)称之为Rhaedesta,拜占庭历史上经常提及该地:"此城临海,被称为Rodostoch;此地临海,极其富有……"(Villehardouin No.194,No.216)。本杰明是第一个将该地称为Rodosto的作者。此地大约有1000户人家,希腊人多与土耳其人。当地出口到君士坦丁堡的商业物资有玉米、酒、鱼以及羊毛等(Clarke VIII. 120)。以上诸内容,详见A.Asher,*The Itinerary of Benjamin of Tudela*, Vol.2,pp.54-55。

罗都斯徒即今土耳其泰基尔达(Tekirdağ),位于马尔马拉海北岸,现伊斯坦布尔以西之地。泰基尔达在希腊语中又被称为本森特(Βισάνθη,即Bisanthe),古典时期被又被称为Rhaedestus,拜占庭时期一直沿用此名。奥斯曼土耳其时期,又逐渐被称为Rodosçuk,西方将其称为Rodosto。18世纪之后被称为Tekirdağ。

托勒密(90—168年),生活在埃及的希腊作家、天文学家、地理学家。——译者

2 加利波利即今欧洲土耳其西南部延伸部的半岛地区,位于达达尼尔海峡欧洲一侧。从今罗都斯徒到达该地约120公里。——译者

3 亚设谓之拉比亚比雅·卡普德(R.Eliiah Kapid)、拉比小沙比太(R.Shabthai the little),并提及施恩茨曾言及Kapid可能为短的意思,与小、高大等都是形容词,而拉比小沙比太,原文可拟音为R.Shabthai Sutra,有一位名叫亚伯拉罕·苏特罗的作者,可能就来自希腊犹太人之中(Sifthe-Jeshenim,lit.ת No.103;Asulaï,Vaddla-chachamim lit.א No.63)。以上诸内容,详见A.Asher,*The Itinerary of Benjamin of Tudela*, Vol.1,p.56,Vol.2,p.55;

马库斯·南森·阿德勒谓之拉比亚比雅·卡普尔(R.Ejiah Kapur)、拉比沙比太·祖特罗(R.Shabthai Zutro)。其中前者Kapid与Kapur疑似拟音所引起的差别;后者拉比小沙比太与拉比沙比太·祖特罗则差异甚大,亚设应是将Sutra理解为小之意,详见Marcus Nathan Adler,*The Itinerary of Benjamin of Tudela*,p.14。

4 亚设提及肯里亚又称肯里斯(Kales),托勒密称之为肯拉(Coela),普林尼、梅拉(Mela)称之为克鲁斯(Celus)。其地位于加利波利半岛东部沿海,瑟图斯(Sertus)以南地区;肯里亚是该地的突厥名称(Bischoff and Moeller)。以上内容,详见A.Asher,*The Itinerary of Benjamin of Tudela*, Vol.2,p.55。

普林尼(23—79年),古罗马作家、博物学者,著有《博物志》。梅拉,1世纪古代罗马地理学家。——译者

5 马库斯·南森·阿德勒并未提及拉比示玛利雅,详见Marcus Nathan Adler,*The Itinerary of Benjamin of Tudela*,p.14。

6 米蒂利尼位于希腊爱琴海莱斯博斯(Lesbos)岛东南岸地区,为该岛首府。中世纪时期拜占庭据有此岛,之后历经热那亚人、塞尔柱与奥斯曼统治,近代回归希腊。——译者

7 希俄斯岛位于爱琴海东部，距安纳托利亚海岸不远。该地为古希腊所建殖民地之一，中世纪时期相继归塞尔柱突厥与拜占庭帝国所有，近代回归希腊。——译者

8 亚设谓之拉比以利亚，马库斯·南森·阿德勒谓之拉比以利亚·希幔，并未提及拉比希幔，应是将两人当做一人所致。此处差异甚大，文本差异所致。以上诸内容，详见 A. Asher, *The Itinerary of Benjamin of Tudela*, Vol.2, p.57; Marcus Nathan Adler, *The Itinerary of Benjamin of Tudela*, p.14。

9 亚设提及此岛现在仍然出产最好的乳香，并提及据伊德里斯所言，乳香在此岛临近的岛屿萨摩斯(Samos)也出产(Edrisi II.127)。此岛 20 个村庄的居民都参与到此种树的种植以及乳香的收集之中。他们的村庄位于山区一带，这里种植乳香的基督徒不仅不交什一税、不纳贡，而且他们这个阶层还拥有特权。乳香由乳香黄连木所产，此岛所产乳香尤盛。在树枝与树干上划一道切口，乳香就会缓慢地从中渗出。每年从此岛出产的乳香多达 1500 英担(Mac Culloch's *Dictionary of Commerce*)。这些冗长的解释是为了能够全面地展现这些岛屿地区犹太人古代与现代的历史状态。以上诸内容，详见 A. Asher, *The Itinerary of Benjamin of Tudela*, Vol.2, pp.55-56。

传统的 1 英担约合 112 磅，即 8 英石。——译者

10 该岛位于希俄斯岛以南。中世纪分别由拜占庭与奥斯曼统治，近代以来成为希腊一部分。——译者

11 罗得岛位于克里特岛东北部，紧邻安纳托利亚海岸地区。古希腊时期，希腊人曾入侵该岛，颇受希腊文化之影响；中世纪时期则由拜占庭与奥斯曼等统治；近代以来成为希腊的一部分。亚设并谓之伊德里斯亦言及经行三日可从希俄斯岛到达罗得岛(Edrisi, II, 128)，详见 A. Asher, *The Itinerary of Benjamin of Tudela*, Vol.2, p.56。——译者

12 亚设谓之 R. Aba, R. Chananel, R. Eliiah，马库斯·南森·阿德勒谓之 R. Abba, R. Hannanel, R. Elijah，三者皆为近音，所指相同，详见 A. Asher, *The Itinerary of Benjamin of Tudela*, Vol.1, p.57; Marcus Nathan Adler, *The Itinerary of Benjamin of Tudela*, p.14。

施恩茨提及拉比阿巴这一名字经常出现在东方，而非欧洲。在塞萨洛尼基(Saloniki)(Cat. cod. Lips. p.109.)、巴勒莫(Palermo)(Giovanni, *l' Ebraismo di Sicilia*, p.109)以及坎地亚(Candia)(Geiger, *In Melo Chofnajim*, p.XXVII)等地遇见过此名。此名与其他名字结合在一起,我们所知有普罗旺斯的阿巴·马雷(Abba Mare)、特拉尼的阿巴·南森(Abba Nathan)(s. cod.Rossi 892)、阿巴·什马哈(Abba Shemaja)(cod.Rossi 8)、阿德里安堡(Adrianople)的什姆图布·阿巴(Shemtob Abba)(s. Salomo Amarillo, *Decisions in Choshen Ha-mishpat*,No.17.63)。以上诸内容,详见 A.Asher, *The Itinerary of Benjamin of Tudela*, Vol.2,p.56。

塞萨洛尼卡,希腊北部最大城市。巴勒莫,位于意大利西西里岛西北部,为该岛首府。坎地亚,即位于克里特岛的坎地亚公国,详见上文注释。阿德里安堡,土耳其西部城市。——译者

第二卷

亚　洲

十二、塞浦路斯、科里库斯、马米斯特斯与安条克

从罗得岛海行四日到达塞浦路斯。这里不仅有拉比犹太人（与卡拉派犹太人），[1] 还有一个异端犹太人群体，被称为塞浦路斯人（Kaphrossin）［塞浦路斯人（Cyprinas）］——他们是塞浦路斯人（Epicureans）［塞浦路斯人（Epikursin）］，遭受到各地犹太人的驱逐；他们亵渎安息日之夜，周日晚上（安息日结束之后，这周的第一个晚上）才是他们的安息日之夜。[2]

从塞浦路斯经行两日（四日）[3] 到达科里库斯（Corycus，Curi-
cus）［科里驰（Kurch）］。[4][5] 这里是亚兰（Aram）的边界，被称为亚
美尼亚（Armenia）（亚美尼亚之地始于此）。[6] 这里是特罗斯（To- 26
ros）［特罗斯（Thoros）］帝国的边界。特罗斯是众山之王山，[7] 亚
美尼亚的君主。他的统治一直延伸到德赤亚（Dhuchia）城［图尼亚
（Trunia）地区］以及被称为突厥的陀迦玛（陀迦玛或突厥）。[8]

从科里库斯经行两日到达马米斯特斯（Malmistras），[9] 这是特苏斯（Tersoos）［特什示（Tarshish）］，位于海边。[10]

从此便进入希腊人（Javanites）［希腊人（Javanim）］的王国，他们被称为希腊人。[11]

从马米斯特斯经行两日到达安条克大城。[12] 此城位于梅克卜

(Makloub)河畔[福尔(Fur),即奥龙特斯(Orontes)河畔,这是雅博(Jabbok)河]。[13]此河从黎巴嫩山区、哈马斯(Chamath)[哈马斯(Hamath)]之地流出。[14]此城(这座伟大的城市)由安条克国王[15]所建,被高山环绕。城墙环绕在众山周围,山顶处有一口井。这口井有专人管理,他负责将水从(20 个)地下水渠输送到城中主要居民的住宅之中。[16]此城另一部分由一条河流环绕。[17]这座城市异常坚固,为博希蒙德·普瓦特万(Boemond Poitevin)——其姓博布(le Baube)——王公所有。[18]这里居住着十位犹太人,[19]他们从事玻璃制造业,主要人士包括拉比末底改(R.Mordekhai)[拉比末底改(R. Mordecai)]、拉比哈伊姆(R. Chaiim)[拉比哈伊姆(R. Chayim)]以及拉比以实玛利(R.Jishma'el)[拉比约瑟夫(R.Joseph)]。[20]

注释

1 马库斯·南森·阿德勒提及卡拉派犹太人,亚设则并未提及,详见 Marcus Nathan Adler, *The Itinerary of Benjamin of Tudela*, p.15。

2 亚设谓之"还有一个异端犹太人群体,被称为塞浦路斯人——他们是塞浦路斯人,……在周日晚上履行",马库斯·南森·阿德勒谓之"还有一个异端犹太人群体,被称为塞浦路斯人——他们是塞浦路斯人,……安息日结束之后,这周的第一个晚上履行",详见 A. Asher, *The Itinerary of Benjamin of Tudela*, Vol.1, p.57; Marcus Nathan Adler, *The Itinerary of Benjamin of Tudela*, p.15。

拉帕波特谓之此处的 Kaphrossin 即 Cyprinas。塞浦路斯酒的希伯来语为 יין קפורוסין (Thalmud Khrithoth 6 a. and Rashi ibid; Bikhure ha-ithim 1830, p.78),本杰明显然是根据《塔木德》希伯来语中术语的词义,将这个词以双关语的形式称呼这些犹太人,即 Apicorossin 或 Epicureans,从而将其从犹太群体中排除出去。关于古代犹太人的派别,可见 Zunz, *Gottesdienstliche*

Vorträge, pp.395-396; R. Bezael, *Decisions*, No.3。本杰明提到了居住在该岛的异端犹太人宗派，并对其表现进行了解释。伊本·以斯拉在对利未特(Levit)的评注中也如此解释(Levit. XVI. 25)，并称他们为"不信教者"与"被误导者"。此处的记载之前被认为与卡拉派犹太人有关，但是众所周知这个派别极其严格地遵守安息日，连《塔木德》犹太人也无法与之相比(即指拉比犹太人)。伊本·以斯拉曾著有《安息日信札》(*The Sabbath Epistle*)(Kherem chemed, IV.158)。在此书中，他似乎对"塞浦路斯人"(即文中所提犹太人)进行了直接的反对，而且他写作了数本书皆极力辩驳了这些反宗教的原则。本杰明的记述应出自伊本·以斯拉的《安息日信札》。以上诸内容，详见 A. Asher, *The Itinerary of Benjamin of Tudela*, Vol.2, pp.56-57。

马库斯·南森·阿德勒亦言之1158年伊本·以斯拉在到达伦敦开始写《安息日信札》之前，曾访问过塞浦路斯。本杰明在这里所提到的非正统的实践可能已经在伊本·以斯拉所暗示的一些书中被提到。他正是为了给传统履行安息日的方式进行辩护，才写了这个册子。这种假想与格雷茨(Graetz)的想法是一致的(Graetz, vol. Vi, p.447; Friedländer, "Ibn Ezar in England", *J. Q. R.*, III, p. 140; Joseph Jacobs, *The Jews of Angevin England*, p. 35)。以上诸内容，详见 Marcus Nathan Adler, *The Itinerary of Benjamin of Tudela*, p.15。

希伯来语 יין קפורוסיני，其中 קפורוסין 为塞浦路斯，יין 为酒之意。文中的 Kaphrossin 应是希伯来语 קפורוסין 的拟音，而 Epicureans 以及 Apicorossin 等亦表示塞浦路斯人之意。马库斯·南森·阿德勒谓之 Epikursin，与 Epicureans 音近，应是两人拟音误差所致，所指应为同一名称。此处的伊本·以斯拉，即上文注释中所提到的生于西班牙图德拉地区的伊本·以斯拉。安息日(Sabbath，希伯来语 שבת)是犹太教每周一大的休息日，在犹太立法每周的最后一天，即周六。相传是根据神的命令，为纪念神创世六日后休息的第七日。犹太人视安息日为圣日，并不得工作。犹太人视每周六为一周的最后一天，亦是安息日，故马库斯·南森·阿德勒谓之这周的第一个晚上亦即周日晚上。——译者

3　亚设谓之两日，马库斯·南森·阿德勒谓之四日，详见 A. Asher, *The Itinerary of Benjamin of Tudela*, Vol.1, p.57; Marcus Nathan Adler, *The Itinerary of Benjamin of Tudela*, p.15。

4　亚设谓之 Corycus，马库斯·南森·阿德勒谓之 Curicus，又提及此地

又可称为 Kurch，两者音近，所指相同，详见 A.Asher，*The Itinerary of Benjamin of Tudela*，Vol.1，p.57；Marcus Nathan Adler，*The Itinerary of Benjamin of Tudela*，p.15。

亚设提及伊德里斯称该地为科尔克（Kirke）（Edrisi II.130），博学的译者并没有意识到科里库斯这一名称。此地现在的名字为科库斯（Korghos）。博福特（Beaufort）提及："科里库斯古城的遗址一直延伸到海岸（Caramania，p.47，147），现代的名称明显是古代名称的讹误。"厄比（Irby）与曼格斯（Mangles）曾于 1818 年访问过这个遗址，并发现了两座塔楼，以及一条街道上被废弃的墙与建筑（Caramania，p.57）。这个壮观的宫殿遗迹就证明了古代该地十分辉煌。以上诸内容，A.Asher，*The Itinerary of Benjamin of Tudela*，Vol.2，p.57。

Corycus 与 Curicus 音近，所指相同。较之而言，Kurch 应是略去了后面的音节。科里库斯是位于安纳托利亚南部基利家（Cilicia）地区的港口城市。中世纪时期此地归拜占庭所有。12 世纪至 14 世纪末，被亚美尼亚人所占有，成为基利家亚美尼亚王国（见下文注释详述）的据点。在之后数百年间历经易手，最终被奥斯曼土耳其占据。——译者

5 亚设根据本杰明从塞浦路斯到此地的行程，提出我们作者可能在塞浦路斯岛北部登陆，然后经过距离小亚细亚最近的行程，到达科里库斯港，详见 A.Asher，*The Itinerary of Benjamin of Tudela*，Vol.2，p.57。

6 亚设谓之"亚兰，被称为亚美尼亚"，并提及拉帕波特谓之文本中出现的ארם显然指亚美尼亚，圣经的阿拉伯文本毫无保留地转述此种称谓。马库斯·南森·阿德勒谓之亚美尼亚之地始于此，详见 A.Asher，*The Itinerary of Benjamin of Tudela*，Vol.1，p.57，Vol.2，p.59；Marcus Nathan Adler，*The Itinerary of Benjamin of Tudela*，p.15。

希伯来语**ארם**拟音即为 Aram。圣经中提到一个名为亚兰的地区，大概位于今叙利亚中部地区，亚兰人为闪族的一支，亚兰为该族先祖。此处的亚美尼亚指基利家亚美尼亚王国。该王国是由塞尔柱突厥人入侵亚美尼亚之后流亡到此地的亚美尼亚人所建立的、独立于亚美尼亚王国之外的王国。早在 1080 年，此地就成为亚美尼亚公国；1198 年成为独立的王国，期间与十字军联合对付穆斯林。之后在遭受埃及马穆鲁克王朝的打击之后，于 1375 年灭亡。参见 Der Nersessian，"The Kingdom of Cilician Armenia"，in *A History of the Crusades*，vol. II. Kenneth M. Setton，ed.，Philadelphia：University of Pennsylvania Press,1962,pp.630-631;Ghazarian,*The Armenian Kingdom in Cilicia during the Crusades*:*The Integration of Cilician Armenians with the Latins*(*1080-1393*),Routledge,2000。——译者

7 亚设提及众山之王特罗斯起初作为王公与紫衣贵族约翰内斯皇帝(Johannes Porphyrogenitus)居住在一起,备受偏爱。他性格开朗,长相俊朗,过分慷慨,十分勇猛,甚至有些鲁莽。约翰内斯逝世之后,伊曼纽尔·科穆宁继位。他离开君士坦丁堡,乔装成商人经水路到达安条克,进而到达基利家。在牧师与贵族的帮助下,他迅速成为强大军队的首领,并成功地袭击、占领了数个希腊人的城堡以及据点,视希腊人为暴君与篡位者。他如此成功,以至于可以亲眼看到建立自己祖先的王位。当消息传到君士坦丁堡之后,伊曼纽尔暴跳如雷,并集结了大量军队,派遣安多尼古·塞萨尔(Andronicus Cesar)率军前往基利家歼灭亚美尼亚人。但是,这位帝国的将军遭到失败。特罗斯之后也数次与希腊军队兵戎相见,有时也会败北。双方之后开始和解,特罗斯被授予首席贵族(Pansebastos)头衔。他统治二十四年之后,于1167年去世(Chamick,II.159.Le Beau,88,22,23,24)。关于他与皇帝和解以及其后在圣战中的进程,详见 Wilken,*Geschichte der Kreuzzüge* III.ii,61.91.Etc。马库斯·南森·阿德勒亦提及关于特罗斯的历史,亦可详见 Gibbon,chap. LVIII,LIX;Charles Mills,*History of the Crusades*,I,p.159;C.R.Conder,*Latin Kingdom of Jersalem*,p.39。以上诸内容,详见 A.Asher,*The Itinerary of Benjamin of Tudela*, Vol.2,p.58;Marcus Nathan Adler,*The Itinerary of Benjamin of Tudela*,p.15。

此处的特罗斯即基利家亚美尼亚王国鲁本尼德(Rubenid)王朝(1080—1252年)的特罗斯二世(Thoros II,1144/1145—1167/1169年)。1137年,其曾因战败被拜占庭所囚禁,后寻机逃脱。此处所言其与约翰内斯皇帝居住在一起应是表达其被囚禁之意。约翰内斯皇帝(1087—1143年),伊曼纽尔·科穆宁之父。首席贵族,常被皇帝授予皇室宗亲,是帝国贵族中的最高等级。——译者

8 亚设谓之德赤亚城、突厥的陀迦玛,马库斯·南森·阿德勒谓之图尼亚地区、陀迦玛或突厥,并言及不同的手稿对图尼亚地区的解读差异甚大,认为该王国一直延伸至图尔斯山(Taurus)与罗姆苏丹国或以哥念(Iconium),详见 A.Asher,*The Itinerary of Benjamin of Tudela*, Vol.1,p.57;Marcus Nathan Adler,*The Itinerary of Benjamin of Tudela*,p.15,n.3。

拉帕波特谓之德赤亚城,并言及德赤亚城,מדינת הדובים:此处应读作הדובים,即翻译作“熊国”。该国与两条河流接壤,即小狼或熊河与大狼或熊河,熊即希伯来语זאב,叙利亚语דובא。据此其应指阿迪亚波纳(Adiabene)国家,在《塔木德》中此国拥有הדייב的称号(s. Rosenmüller Handb, I. ii. 93. 112)。阿米亚诺斯·马切利努斯(Ammianus Marcellinus)将这两条河称为戴拔斯(Diabas)与阿戴拔斯(Adiabas),即דובים(熊)与אדיאביני,הדייב两个称谓。希伯来语中דוב即为熊,迦勒底语(Chaldaic)则称狼为דיב。

彼得曼(Petermann)提及基利家亚美尼亚王国鲁本尼德王朝的疆域被多次清晰地描述,扎斯查彻尔(Jadschidschear)亦提到一个位于阿泽拿(Alzina或Alznikh)省——大亚美尼亚西南部最远端的省的Dhunch、Tuch或者Thugh(Jadschidschear, *Geographia Armeniae*, Venice, 1822, 4to, p.85)。这有可能就是本杰明所提到的דובא(Dhunch, Tuch, Thugh与דובא发音较为近似)。尽管在该书第387页也出现了另外一个Tucha, Ducha,据说位于亚拉腊(Ararat)省,但不可能为本杰明所提之地,因为此地的俗名为Os'cha或Ochsa。以上诸内容,详见A.Asher, *The Itinerary of Benjamin of Tudela*, Vol.2, pp.58-59。

希伯来语מדינת为国家之意,הדובים为熊的复数形式,因此מדינת הדובים为熊国之意。阿迪亚波纳,为古代美索不达米亚的一个古国,首都位于阿尔贝拉[Arbela,即今伊拉克北部地区埃尔比勒(Arbil)]。1世纪,其国改宗犹太教。阿迪亚波纳的王后海伦娜(Helana)曾迁徙至耶路撒冷居住,并协助犹太人抗击罗马。文中提到דובים与אדיאביני,הדייב分别为Diabas与Adiabas的希伯来语拟音。其中הדייב应为Adiabas的希伯来语简写,并将其与古巴比伦语的דיב联系起来,从而认为其为狼的意思。这与阿迪亚波纳的称号הדייב一致,即认为本杰明所提国家与阿迪亚波纳有关。

亚拉腊省应指亚拉腊山地区,位于土耳其东北部,土耳其最高峰,紧临亚美尼亚。但是,Os'cha或Ochsa与本杰明所提地名发音差异较大,故其认为此处只可能为阿泽拿省的Dhunch、Tuch或者Thugh地区。图尔斯山位于今土耳其南部,该山将土耳其南部沿海地区与安纳托利亚中部高原相隔开。以哥念,今土耳其科尼亚(Keyna),1097—1243年作为罗姆苏丹国首都。马库斯·南森·阿德勒此处谓之图尼亚地区似应指图尔斯山。现今基利家西南部地区即为图尔斯山,与亚设所谓之位于帝国西南部最远端省份的Dhunch,即德赤亚的地理位置相同,故亚设所言德赤亚应位于图尔斯山一带。因此,马库斯·南森·阿德勒与亚设对该地地理位置的认定基本相同,只是亚设认为此地名之来源与阿迪亚波纳有关。陀迦玛通常被认为代表着居住在安纳托利亚地区的族群,包括突厥等族群等都被认为源自陀迦玛。本杰明因此称之,详见上文注释。古巴比伦语,古代巴比伦所使用的语言,为亚拉姆语的一种形式。——译者

9　亚设提及古代的摩普绥提亚(Mopsuhestia),位于皮拉摩斯(Pyramus),今天吉汗(Jeihan)的梅瑟斯(Messis)。马米斯特斯的名字被提尔的威廉以及与我们作者同时代的作家曾提及。伦内尔(Rennell)、比肖夫(Bischoff)以及默勒(Moeller)等皆证明对梅瑟斯、马米斯特斯以及摩普绥提亚的考证是正确的。以上内容,详见 A.Asher,*The Itinerary of Benjamin of Tudela*, Vol.2,p.60。

马米斯特斯是基利家地区的一座城市,位于皮拉摩斯——皮拉摩斯即土耳其南部的杰伊汉(Ceyhan)河。Jeihan 疑似 Ceyhan 的变音,指杰伊汉河。从科里库斯到达该地约 100 公里。——译者

10　亚设谓之特苏斯,马库斯·南森·阿德勒谓之特什示,拟音差异所致,所指相同,详见 A.Asher,*The Itinerary of Benjamin of Tudela*, Vol.1,p.58;Marcus Nathan Adler,*The Itinerary of Benjamin of Tudela*,p.15。

亚设提及特苏斯,文本中记之 היא תרשיש מלמיסטרש,这可能意为马米斯特斯(מלמיסטרש),它是圣经中的特什示(希伯来语 תרשיש,Tharshish)。但是,无论我们采取哪种读法,我们作者显然犯了一个错误,即马米斯特斯距离特苏斯大约 45 英里,而且这两个地方皆位于他的行程之中,而绝不是圣经中的特什示,其须在西班牙寻找之。特苏斯(Tersoos 或 Tarsus)是小亚细亚地区非常著名的城市。我们作者将该地认定为圣经中的特什示是他写作时代所流行的观点,该观点始于提尔的威廉(William,III.49)。1155 年,伊曼纽尔·科穆宁从特罗斯手中夺取了马米斯特斯与特苏斯。以上诸内容,详见 A.Asher,*The Itinerary of Benjamin of Tudela*, Vol.2,p.60。

除上述提及马米斯特斯距离特苏斯 45 英里以远、两地在 1155 年被征服以及特什示被认为是特苏斯(*Josippon*,I,chap.1)之外,马库斯·南森·阿德勒还提及,比兹利(Beazley)认为本杰明在 1167 年之前造访了这个沿海地区,1167 年特罗斯以伊曼纽尔·科穆宁皇帝的附庸身份平静去世,详见 Marcus Nathan Adler,*The Itinerary of Benjamin of Tudela*,p.15,n.4。

《旧约·列王记》(上,10:22)记载:"因为王有特什示(Tarshish)的船只

与希兰(Hiram)的船只一同出海。"特什示位置模糊不清,一些学者认为其在地中海地区,亦有人认为在印度、非洲或阿拉伯地区,详见 Wayne A.Meeks, ed., *The Harper Collins Study Bible*, pp.533-534。

上述亚设所述圣经中的特什示须在西班牙寻找,其必定认定该地位于西班牙。与特什示名称近似的城市特苏斯,位于土耳其南部,紧邻地中海,历史上一直作为商业贸易重镇。亚设所言,本杰明时期可能将此地认定为圣经中的特什示,故才如此记之。无论如何,本杰明此处将马米斯特斯称之为特苏斯略显不妥,两地明显为不同的两个地区。——译者

11 亚设谓之 Javanites,马库斯·南森·阿德勒谓之 Javanim,详见 A. Asher, *The Itinerary of Benjamin of Tudela*, Vol.1, p.58; Marcus Nathan Adler, *The Itinerary of Benjamin of Tudela*, p.15。

Javanim,为希伯来语יון的复数形式יוונים,表示希腊人之意。亚设谓之 Javanites 此处亦应表达此意。希腊人的王国即指拜占庭帝国,他们被称为希腊人应是意指希腊语中对希腊人的称呼。——译者

12 安条克即为公元前 4 世纪末塞琉古所建的塞琉古帝国都城,位于今土耳其南部,土耳其称之为安塔基亚;十字军期间曾在此建立安条克公国。从马米斯特斯到该地约 140 公里。——译者

13 亚设谓之梅克卜河,马库斯·南森·阿德勒谓之福尔,即奥龙特斯河畔,这是雅博河,详见 A. Asher, *The Itinerary of Benjamin of Tudela*, Vol.1, p.58; Marcus Nathan Adler, *The Itinerary of Benjamin of Tudela*, p.15。

亚设提及安条克在基督徒占领巴勒斯坦与叙利亚期间是一个非常重要的进口城市(关于此城,可详见 Edrisi II, 131),位于梅克卜河,古代的奥龙特斯。《塔木德》作者们通常称其为פיר。本杰明对这条河以及这座城市历史的记载,让他遭受了一些非难,但似乎在他的时代得到了认可,甚至颇有成就与博学的提尔的威廉也同样认可(William, IV.9)。安条克巨大的城墙大部分都还存在,但是对城墙的长度认识各异。白金汉(Buckingham)认为将近 4 英里,但此与古代相关部门给出的数量少了很多。提尔的威廉与我们作者几乎是同一时代的人。在他对安条克的描述中也提到了引水渠:"达夫尼斯(Daphins)井的水距离城市三或四英里,通过非常好奇而灵巧的装置传送至城里,分配到一些房子中。"犹太旅行者(即本杰明)的记载,这位基督教主教(即威廉)大部分都同意(Comp. Abulfeda Tab, *Syriae*, p.115, p.116. Vers.

Reiske)。以上诸内容，详见 A.Asher, *The Itinerary of Benjamin of Tudela*, Vol.2, pp.60-61。

马库斯·南森·阿德勒提及福尔河无疑就是奥龙特斯河。古代的安条克位于苏皮斯(Silpius)山的山坡地区，城墙由查士丁尼所建造，一直从河边延伸至山的高原地带。阿布肥达(Abulfeda)提及："哈马(Hamah)河也被称为阿尔·伦特(Al Urunt)或纳赫尔·梅克卜(Nahr al Makiub)(反转，意指其流向)，由南向北流。或者这条河又被称为阿尔·阿西(Al' Asi)(异样，似指其与其他河流的区别)，这是因为尽管河里大部分河水能够不用水车就能够流向河边的土地上，但是哈马河需要提升水的装置才能够灌溉土地。"(Guy le Strange, *Palestine under the Moslems*, p.59)。令人惊异的是本杰明将奥龙特斯称为雅博河，但是他总是强调它在黎巴嫩上升，为了避免误会应该指出的是雅博河是流向约旦。以上诸内容，详见 Marcus Nathan Adler, *The Itinerary of Benjamin of Tudela*, p.15, n.5。

奥龙特斯河位于西亚地中海东岸，发源于黎巴嫩贝卡谷地，向北流入叙利亚、土耳其，经土耳其安塔基亚流入地中海。阿拉伯语称为阿西河，即阿尔·阿西。亚设所言《塔木德》作家称该河为פיר，马库斯·南森·阿德勒谓之 Fur 即פיר的拟音。哈马是位于叙利亚中西部奥龙特斯河的一座城市。或因此故，阿布肥达称该河为哈马河；阿尔·伦特与纳赫尔·梅克卜，包括梅克卜等应是据此河的流向而得名。因此，梅克卜、福尔、奥龙特斯、阿尔·伦特、纳赫尔·梅克卜以及阿尔·阿西等皆指同一条河流。雅博河，《旧约·士师记》(11:13)记之："亚扪人要求以色列人归还我的土，从亚嫩河到雅博河，直到约旦河。"圣经所记之雅博河被认为位于死海与加利利海之间，从东向西流入约旦河，与奥龙特斯河流向相去甚远，详见 Michael David Coogan, *The Oxford History of the Biblical World*, Oxford University Press, p.10, 2001。因此，奥龙特斯河似不应是为圣经中所提到的雅博河。

阿布肥达(1273—1331 年)，中世纪阿拉伯史地学家。——译者

14　亚设谓之 Chamath，马库斯·南森·阿德勒谓之 Hamath，详见 A. Asher, *The Itinerary of Benjamin of Tudela*, Vol.1, p.58; Marcus Nathan Adler, *The Itinerary of Benjamin of Tudela*, p.15。

这里的哈马斯应为上文注释所提到的位于叙利亚中西部地区的哈马。——译者

15　安条克最初应由塞琉古王所建，其后安条克一世(Antiochus I，公元

前 281—前 261 年)、安条克二世(Antiochus II,公元前 261—前 246 年)、塞琉古二世(Seleucus II,公元前 246—前 225 年)、安条克三世(Antiochus III,公元前 223—187 年)以及安条克四世(Antiochus IV,公元前 187—前 175 年)等都进行了扩建与整修,详见 Glanville Downey,*Ancient Antioch*,Princeton:Princeton University Press,1963。——译者

16 马库斯·南森·阿德勒谓之这座伟大的城市,并言及 20 个地下水渠,详见 Marcus Nathan Adler,*The Itinerary of Benjamin of Tudela*,p.16。

17 该河即指奥龙特斯河。——译者

18 亚设提及博希蒙德·普瓦特万王公在我们作者时期统治安条克,他说话口吃,绰号"博布"(le Baube)。"普瓦特万这个名字指一位来自普瓦特万的人,其为瓦伦丁伯爵,来自普瓦特万威廉的后裔。"(Thaumas de la Thaumassière,I.275)。博希蒙德三世(Boemond III),安条克公国的王公,绰号"博布"或有时称为小孩,或口吃的博布以及其他。1163 年,从其母亲手中继承安条克王公,1200 年去世(L.Art do verifier les dates depuis J.C.,8vo. Ed,V.82.,Deguignes,Huns,I.448)。令人好奇的是,之前的译者在此处犯的奇怪的失误。君士坦丁堡手稿中有关博希蒙德的名字中,省略了ב这个字母,称为אמונת,并一直缺失。阿里亚斯·蒙塔努斯翻译为:这座城市与我们的信仰背道而驰。隆佩尔修正为:这是野蛮的普瓦特万教皇(安条克教皇)强烈信奉的信仰完全野蛮。格兰斯先生对这些貌似博学的废话,进一步修正为:在这个拥有残忍民众的帝国中,这座城市最为坚固;这些民众拥护普瓦特万教皇的宗教!以上诸内容,详见 A.Asher,*The Itinerary of Benjamin of Tudela*, Vol.2,pp.61-62。

马库斯·南森·阿德勒亦提及其应为博希蒙德三世,姓博布(le Baube)(口吃),在 1163 年从其母亲手中继位。我们无疑亏欠了约瑟夫·森德(Joseph Zendar),在这里没有将正确的篇章呈现给他的用心。本杰明应是在 1170 年之前访问过安条克,1170 年的地震曾让安条克城遭受到了破坏。以上诸内容,详见 Marcus Nathan Adler,*The Itinerary of Benjamin of Tudela*,p.16,n.1。

希伯来语字母ב即字母 Bet,即 Boemond 中的 B;希伯来语אמונת可拟音 Emond,即 Boemond 删去 Bo 音的部分,ב在此发 Bo 音。此处的普瓦特万教皇指安条克教皇。1 世纪,耶稣门徒首次在安条克被称为基督徒,因此该地

的教堂在基督教历史上占据着重要的地位。相传圣彼得在此地建立首个教堂。博希蒙德三世生于1148年，逝世于1200/1201年。1163年，其母亲康斯坦斯（Constance，1128—1163年）被安条克公国的贵族废黜；1163—1200/1201年，其担任安条克公国王公。

约瑟夫·森德（1804—1871年），德国犹太目录学家、图书管理员，其曾促成了亚设对本杰明游记的整理工作。——译者

19　马库斯·南森·阿德勒提及结合此处的记载以及本杰明的其他记载，需要说明的是当他指出所到地区犹太人的数量之时，实际指的是家族户主（族长）的数量，即犹太人住户的数量，详见 Marcus Nathan Adler, *The Itinerary of Benjamin of Tudela*, p.16, n.2。

20　亚设谓之 R.Mordekhai、R.Chaiim 以及拉比以实玛利，马库斯·南森·阿德勒谓之 R.Mordecai、R.Chayim 以及拉比约瑟夫，其中 Mordekhai 与 Mordecai，Chaiim 与 Chayim 音近，所指相同，后者则差异较大，为文本差异所致，详见 A. Asher, *The Itinerary of Benjamin of Tudela*, Vol. 1, p.58; Marcus Nathan Adler, *The Itinerary of Benjamin of Tudela*, p.16。

十三、莱加与杰比雷(迦巴勒)

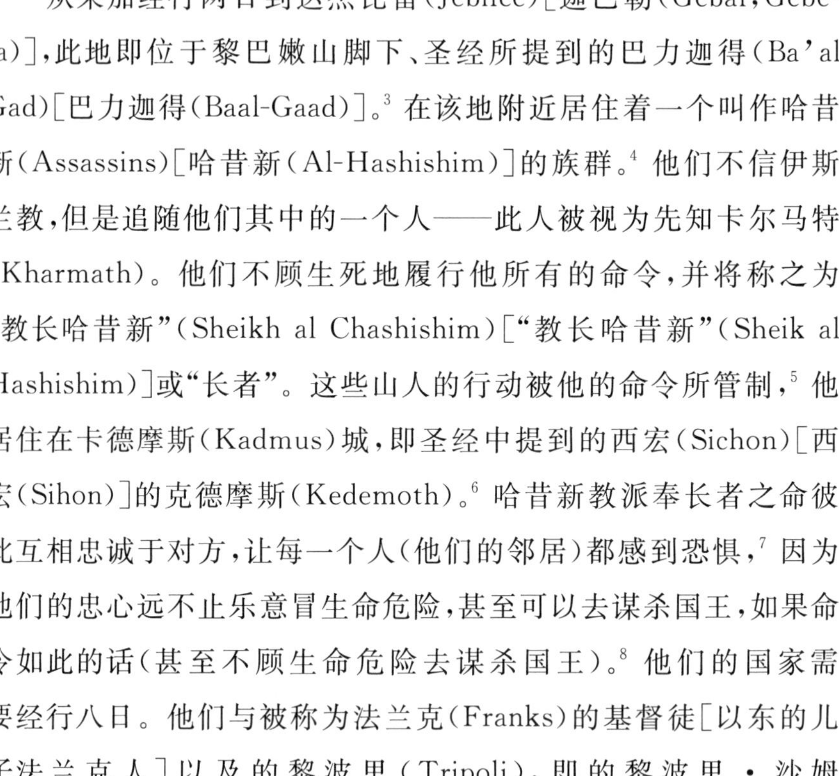

27 从安条克经行两日到达莱加(Lega),此地属于拉塔齐亚(Latachia)。[1] 这里大约有200位犹太人,主要人士包括拉比齐亚(R. Chiia)以及拉比约瑟夫。[2]

从莱加经行两日到达杰比雷(Jebilee)[迦巴勒(Gebal,Gebela)],此地即位于黎巴嫩山脚下、圣经所提到的巴力迦得(Ba'al Gad)[巴力迦得(Baal-Gaad)]。[3] 在该地附近居住着一个叫作哈昔新(Assassins)[哈昔新(Al-Hashishim)]的族群。[4] 他们不信伊斯兰教,但是追随他们其中的一个人——此人被视为先知卡尔马特(Kharmath)。他们不顾生死地履行他所有的命令,并将称之为"教长哈昔新"(Sheikh al Chashishim)["教长哈昔新"(Sheik al Hashishim)]或"长者"。这些山人的行动被他的命令所管制,[5] 他居住在卡德摩斯(Kadmus)城,即圣经中提到的西宏(Sichon)[西宏(Sihon)]的克德摩斯(Kedemoth)。[6] 哈昔新教派奉长者之命彼此互相忠诚于对方,让每一个人(他们的邻居)都感到恐惧,[7] 因为他们的忠心远不止乐意冒生命危险,甚至可以去谋杀国王,如果命令如此的话(甚至不顾生命危险去谋杀国王)。[8] 他们的国家需要经行八日。他们与被称为法兰克(Franks)的基督徒[以东的儿子法兰克人]以及的黎波里(Tripoli),即的黎波里·沙姆

(Tarablous el Sham)的伯爵(统治者)为敌。[9] 数年前的黎波里曾发生地震,很多异教徒与犹太人都被倒塌的房屋与墙掩埋,遭受了巨大的伤亡。巴勒斯坦(以色列之地)在这场灾难中有两万多人 28
死亡。[10]

注释

1 亚设提及此城是塞琉古一世(Seleucus Nicator,即前述塞琉古)为纪念他的母亲所建,被称为劳第齐亚(Laodicea),位于泽尔芮特(Ziaret)海角西北一处海岸凸出的地区,周围都是花园,种植有橄榄油、无花果等,以叙利亚城镇的方式建造而成。这里有一座古老而优美的城堡,一直凸出至海里的岩床中,码头建立在古代柱石的基座上(Edrisi,II.131;Irby and Mangles,223;Maundrell,11),详见 A.Asher,*The Itinerary of Benjamin of Tudela*, Vol. 2,p.62。

拉塔齐亚为位于地中海东岸沿海地区的叙利亚港口城市,从安条克到该地约 110 公里。——译者

2 亚设所言从安条克至莱加这一段行程,马库斯・南森・阿德勒则并未记载,详见 A. Asher, *The Itinerary of Benjamin of Tudela*, Vol. 1, p.58;Marcus Nathan Adler,*The Itinerary of Benjamin of Tudela*,p.16。

3 亚设谓之杰比雷、Ba'al Gad,马库斯・南森・阿德勒谓之迦巴勒、Baal-Gaad,但并未言及圣经,其中 Jebilee、Gebal、Gebela 音近,所指为同一地区,详见 A. Asher, *The Itinerary of Benjamin of Tudela*, Vol. 1, p. 59; Marcus Nathan Adler,*The Itinerary of Benjamin of Tudela*,p.16。

亚设提及杰比雷即古代迦巴勒,距拉塔齐亚不到一天行程,位于富裕的平原地区、黎巴嫩山最北端的支脉安萨纳尔(Ansanar)山脚(Irby and Mangles,1.c),本杰明在这里称为黎巴嫩主山。中世纪时期,该地为主教所在地,曾被圣赫里索斯托姆(St.Chrysostom)的敌手塞韦里安(Severian)所破坏。但是,今天此地仍是一个颇为意思的地方(Maundrell,13)。我们作者可能因为发音相似而将此地误认为是巴力迦得。根据目前的研究,巴力迦得应是在布里拿斯(Belinas)附近地区。以上诸内容,详见 A.Asher,*The Itinerary of Benjamin of Tudela*, Vol.12,pp.62-63。

马库斯·南森·阿德勒言及 Gebal 即古代地理学家所记之 Gebela (Schechter, *Saadyana*, p.25)，包括鲁滨逊（Robinson）等游历家认为巴力迦得应为布里拿斯，还有人则认为巴力迦得应为哈斯拜亚（Hasbaya），详见 Marcus Nathan Adler, *The Itinerary of Benjamin of Tudela*, p.16, n.3。

此处本杰明所记杰比雷即今叙利亚沿海城市杰比雷（Jabelh），该地又被称之为伽巴拉，位于拉塔齐亚以南 25 公里处。巴力迦得，《旧约·约书亚记》（11:17）记之：约书亚夺取了“直到黑门山下黎巴嫩平原的巴力迦得”。关于该地地望，历来争议较大，如有人认为该地位于今黎巴嫩的哈斯拜亚地区。从莱加到杰比雷约 35 公里。圣赫里索斯托姆（349—407 年），君士坦丁堡大主教。塞韦里安（？—408 年），早年为叙利亚伽巴拉（Gabala，地中海沿岸地区，位于拉塔齐亚以南）地区的主教，后来到君士坦丁堡，并与圣赫里索斯托姆交恶。布里拿斯，位于黑门（Hermon）山脚，黑门山是位于东黎巴嫩山南部的山，戈兰高地以北。——译者

4 亚设谓之 Assassins，马库斯·南森·阿德勒谓之 Al-Hashishim，Al-Hashishim 为阿拉伯语读法，详见 A. Asher, *The Itinerary of Benjamin of Tudela*, Vol.1, p.59; Marcus Nathan Adler, *The Itinerary of Benjamin of Tudela*, p.16。

马库斯·南森·阿德勒提及 Hashishim 意为“吸食者”，衍生出 Assassin 一词（Socin, *Palestine and Syria*, p.68, p.99）。伊本·白图泰（Ibn Batuta，1304—1377 年，阿拉伯旅行家）与其他的阿拉伯作家对哈昔新或木剌夷（Mulahids）多有描述。本杰明在下文还会提到哈昔新，他提到他们在山老的支配下经常出没在波斯的木剌夷山区。伊斯兰教族长（Sheik）影响其追随者的方式，马可波罗叙述尤详：“在一个肥沃而与世隔绝的山谷中，他将非常想得到的、令人愉悦的事情呈现给人们，如奢侈的宫殿、宜人的花园、擅长音乐、跳舞与唱歌的大量年轻女子。总之，完全是一个真正的天堂！当希望他的团伙从事危险的事情之时，会让他们在这个辉煌的山谷中吸食一种毒品，变得毫无意识。但是，他们并不被允许在天堂享乐很多天。他们服用另外一剂毒品，当他们醒来之时会发现已在山老面前。”（*The Book of Ser Marco Polo*, translated and edited by Colonel Sir Henry Yule; third edition, London, John Murray, 1903）马可波罗还提到，山老训练了很多副手，他们与其追随者居住在叙利亚与库尔德斯坦（Kurdistan）。1252 年，黎凡特的鞑靼人（Tartars，蒙古人）首领旭烈兀（Alaü）与山老发生战争，并屠杀了他及其随从。裕尔

(Yule)列举了很多谋杀事件,并试图将其归因于哈昔新。萨拉丁曾被他们企图在1174—1176年间谋杀。英格兰的爱德华(Edward)王子于1172年在阿卡尔(Acre,位于今以色列北部沿海地区)被谋杀。这一教派并没有完全灭绝。他们传播至孟买、桑给巴尔,在印度西部地区就多达五万人。提到山老不禁会让读者回想起《一千零一夜》中的航海家辛巴德(Sinbad)的故事。以上诸内容,详见 Marcus Nathan Adler, *The Itinerary of Benjamin of Tudela*, pp.16-17, n.4。

拉帕波特提及拉比本杰明对这一教派的正确记载被博学的格泽纽斯(Gesenius)博士的研究所证实。他以注释的形式补充了他对布克哈特(Burckhardt)在叙利亚旅行的德文翻译(Weimar 1823-24.2 Vols.8vo.I.254,514)。这些注释包含了尼布尔(Niebuhr)、格里菲斯(Griffith)、布克哈特、米克霍德(Mirkhond)、马克里齐(Makrizi)等对这一著名教派所有记载,对其进行了概括。

亚设则为了英语读者,增加了如下对该教派的简要介绍。这是一个军事与宗教组织,11世纪在波斯建立,是伊斯兰教什叶派亦思马因派(Ismaéliens)的分支——什叶派指支持阿里(Ali)的后裔继承哈里发的人,并成功在埃及夺取了王位(即指埃及法蒂玛王朝,909—1171年,该王朝信奉什叶派),假装以实玛利的后代。从阿里开始,亦思马因派认为亦思马因应为第七任伊玛目,因此得名应为亦思马因派。法蒂玛王朝建立者为阿卜杜拉·马赫迪(Obeid Allah Mehdee,909—934年)。该王朝以穆罕默德女儿法蒂玛的名字命名。在他及其继任者的努力下,一个秘密的教义在开罗形成,该派成员遍布亚洲各地。哈桑·本·沙巴(Hassan ben Sabah,? —1124年)对其尤为精通,他并在鲁德巴尔(Rudbar)的阿剌模忒(Alamuth)拥有一座城堡。大约在1090年,他在此建立了一个独立的社会或秩序,包括他自己在内总共有七个级别,最高的为谢赫·杰贝尔(Sheikh al Jebel),即“山老”,第二级为三个大传教士(Daï al Kebir),第三级为祭台(Dias)或创始大师,第四级为同伴(Refeek),第五级为忠诚者(Fedavees,意指可忠诚献身者),第六级为有志者或新手(Laseeks),第七级为世俗之人(即不信教者)。哈桑为祭台与创始者提出了包括七级首领在内的宗教教义,即明确服从他们的首领、保密、最后主要要寻求隐喻,不要简单地理解《古兰经》,如此就可以随意曲解诠释者所解释的所有事情,有效地远离所有已经固定的道德与信仰规则。

哈昔新通过武力或背信弃义的方式占有其他的堡垒或波斯的山堡,深入到叙利亚地区，并在的黎波里（Tripoli，指黎巴嫩西北地区港口城市）附近的山地获得了一些据点，我们的旅行者（即本杰明）也发现了这些据点。需要进一步考证的是本杰明时期，这个组织的首领是居住在波斯，还是叙利亚（详见A.Asher，*The Itinerary of Benjamin of Tudela*，Vol.2，p.120）。哈昔新有时比较友好，但经常与叙利亚、巴勒斯坦的基督教王公以及他们的穆斯林邻居发生争执。为了实现他们的目标，他们毫不顾忌地会实施暗杀。这个教派的第四级教长公开地进行教导，并丝毫不保留对所有穆罕默德律法的蔑视以及违反。因此，他们也被称为木剌夷（Mulhedum），即异端（*Mulehet*，Vol.I. p.120 and note）。提尔的威廉认为他们大约有六万人，分布在十个城堡当中；所有的历史学家都记载他们以狡猾而无畏的方式狂热地执行他们的计划，尤其是暗杀。在巴格达哈里发的请求之下，蒙古可汗征服了他们占据的波斯地区。蒙古可汗（即蒙哥，1209—1259年）派遣他的兄弟旭烈兀大约在1256年彻底消灭了这个暗杀教派。1270年，叙利亚的哈昔新据点被埃及马穆鲁克王朝（1250—1517年）苏丹比巴尔斯（Bibars，1223—1277年）征服。但是，很多人在叙利亚的山区一带找到了避难之地，与耶兹德（Yezed）库尔德人混居，并保持着一些宗教原则。他们在波斯阿拉姆斯的据点被破坏之后，在战利品中发现了此教派的一些书籍。米克霍德从这些书籍中完成了他对该教派的记述，里特尔教授对此也有所提及（Ritter，*Erdkunde*，VIII，577）。以上诸内容，详见 A.Asher，*The Itinerary of Benjamin of Tudela*，Vol.2，pp.63-65。

Hashishim，指吸食苧叶所制名曰哈石失（Haschich）的麻醉剂的人。其麻醉状态与中国鸦片无异。嗜此物者，突厥语称之为哈失新（Haschichin）或哈撒新（Haschachin）。或因其教徒吸食该麻醉剂，而得名“哈昔新”。该教派由哈桑·本·沙巴创立。哈桑·本·沙巴为伊斯兰教亦思马因派人物——亦思马因派的产生是因与十二伊玛目派关于第七任伊玛目人选产生争执而形成的，两者皆属伊斯兰什叶派，后创立哈昔新，视自己为上帝代言人，否定其他教义，并建都于阿剌模忒。该地13世纪中叶被蒙古人征服。该教派行事诡异，擅长培养刺客以刺杀仇敌，“刺客”（assassin）一词应来源于该教派。木剌夷，为阿拉伯语 Mura’i 的对音，意即异端，伊斯兰教徒用之称呼哈昔新教派，此处同一名称兼指教徒与其居住之地。哈昔新与耶兹德人混居，耶兹德人从种族来讲属于库尔德人，但是有属于自己独立的文化，信奉古代美索不达米亚地区的宗教。

关于哈昔新教派的记载,亦可详见(意)马可波罗:《马可波罗行纪》,冯承钧译,北京:东方出版社,2007 年,第 78—82 页。米克霍德(1433/1434—1498 年),15 世纪波斯语历史学家。库尔德斯坦,位于西亚北部,包括土耳其东南、伊拉克北部、伊朗西部以及叙利亚部分地区,主要居住库尔德人。旭烈兀(1218—1265 年),蒙古伊儿汗国建立者。辛巴德,中世纪阿拉伯航海家。阿里(601—661 年),穆罕默德堂弟及女婿,656—661 年任哈里发。伊玛目,阿拉伯语意为领袖、教长之意,穆斯林祈祷的领拜者,后又指宗教领袖等。鲁德巴尔,位于里海南岸今伊朗北部古兰省(Gilan)。阿剌模忒,位于里海南岸古兰省附近地区。山老,山里的教长,阿拉伯语 Sheikh 为教长、长者之意。——译者

5 亚设谓之先知卡尔马特、Sheikh al Chashishim,马库斯·南森·阿德勒并未言及先知卡尔马特,并称 Sheik al Hashishim,Sheikh al Chashishim 与 Sheik al Hashishim 音近,即指该派创始人哈桑·沙巴,详见 A. Asher, *The Itinerary of Benjamin of Tudela*, Vol. 1, p. 59; Marcus Nathan Adler, *The Itinerary of Benjamin of Tudela*, p. 17。

亚设提及卡尔马特是一位著名的冒名者,赫贝罗特(Herbelot)与德金(Desguignes)对其叙述尤详。他所建立的宗派与哈昔新派十分相似,被称为卡尔马特(Carmathians)教派。该派的一个教义为创始者的精神会传递到其继任者身上,接过领袖大任的人是创始者人格的化身。拉比本杰明可能是将卡尔马特派与哈昔新派混淆,或认为哈昔派与卡尔马特派有相似的教义。以上诸内容,详见 A. Asher, *The Itinerary of Benjamin of Tudela*, Vol. 2, pp. 65-66。

卡尔马特派是伊斯兰教亦思马因派的分支,创始者为哈马丹·卡尔马特(Hamdan Qarmat,?—900 年)。该派糅合了什叶派与波斯神秘主义的因素,以反对阿拔斯哈里发著名,并曾在巴林地区建立卡尔马特国。Kharmath 即 Qarmat,指该派创始者哈马丹·卡尔马特。如亚设所言,本杰明此处应是将卡尔马特派与哈昔新派相混淆,且马库斯·南森·阿德勒则并没有提及先知卡尔马特。

德金(1721—1800 年),法国汉学家、东方学家。——译者

6 亚设谓之 Sichon,马库斯·南森·阿德勒谓之 Sihon,两者音近,所指相同,详见 A. Asher, *The Itinerary of Benjamin of Tudela*, Vol. 1, p. 59; Marcus Nathan Adler, *The Itinerary of Benjamin of Tudela*, p. 17。

亚设提及在数个文本中，קדמוס（即 Kadmus 希伯来语写法）中的字母ד（希伯来语字母 dalet）被误写为ר（希伯来语字母 resh），在此予以纠正。我们作者此处所提到的哈昔新派教长的居住地，在布克哈特所列举的一系列城堡当中出现过（Burckhardt, *Syria*, 161, 4to ed）。该地位于安泽尔芮（Anzeyry）地区的斯萨菲塔（Szaffyta）山地地区。以上诸内容，详见 A. Asher, *The Itinerary of Benjamin of Tudela*, Vol.2, p.66。

Kadmus 即今叙利亚的 Al-Qadmus 地区，其地位于叙利亚西北，紧邻地中海东岸。中世纪时期，为亦思马因派，尤其是哈昔新派重要的活动基地。西宏，古代亚摩利人（Amorite，古代闪族一支，曾居住在迦南之地，后迁徙至美索不达米亚平原，建立古巴比伦王国）国王，占据着约旦河地区的土地。其曾阻止以色列人通过他们的国家，《旧约·民数记》（21:23）记载："西宏不容以色列人从他的境界经过，就招聚他的众民出到旷野要攻击以色列人。"

《旧约·申命记》（2:26）记载："我从克德摩斯的旷野派遣使者去见希实（Heshbon）王西宏。"希实为西宏首都，位于从亚嫩河（Arnon，位于约旦境内，流向死海）至吉利德（Gilead，为位于约旦河东部的山地地区，今属约旦）高原地区中部。克德摩斯被认为位于亚嫩河上游荒漠边缘地区。因此，卡德摩斯是否为克德摩斯仍待考证，详见 Wayne A. Meeks, ed. *The Harper Collins Study Bible*, p.272。

安泽尔芮，位于叙利亚西北部地区，距离地中海不远。——译者

7　亚设谓之每一个人，马库斯·南森·阿德勒谓之他们的邻居，详见 A. Asher, *The Itinerary of Benjamin of Tudela*, Vol.1, p.59; Marcus Nathan Adler, *The Itinerary of Benjamin of Tudela*, p.17。

8　亚设谓之"因为他们的忠心远不止乐意冒生命危险，甚至可以去谋杀国王，如果命令如此的话"，马库斯·南森·阿德勒谓之"甚至不顾生命危险去谋杀国王"，详见 A. Asher, *The Itinerary of Benjamin of Tudela*, Vol.1, p.59; Marcus Nathan Adler, *The Itinerary of Benjamin of Tudela*, p.17。

拉帕波特提及这个清晰的句子需要特别注意，因为这句让先前的译者都感到困惑，这句希伯来文מפני שהורגים את המלכים במסירה（意为："因为他们以一种锯谋杀国王"），导致他们犯了很荒谬的错误。阿里亚斯·蒙塔努斯认为该句为"他们在每一个地方，在所有的；事实上他们甚至用锯杀"。隆佩尔接受并修订为"国王被锯切掉"。格兰斯与巴拉蒂耶犯了同样的错误。前者的翻译如上所述，后者则进而演变为"他们用锯谋杀国王"。而且，我们发

现他们都在导言中称这个如此好奇的信息是我们作者最为精彩的记述之一！然而，尊敬的拉比拉帕波特所补充的注释证实了我们翻译的准确性，而且这个翻译能够与之符合。我们从格泽纽斯对布克哈特在叙利亚的旅行的注释中，了解到哈昔新派盲目地遵从他们的首领，经常施暴谋杀，因此变得非常恐怖、危险，甚至对哈里发亦是如此；十字军期间，他们被称为哈昔新(Assassins，或更准确的为 Hashishin)。这个称谓源自他们食用一种令人陶醉的植物。该植物的名称为哈昔新(Hashish)，类似我们今天的鸦片，能够让人迷醉在疯癫的状态。他们也被称为忠诚者(Fedavees)或“愿意献身者”。这个称谓解释了让先前译者困惑的本杰明的记载。该记载希伯来语为מפחדים בכל המקומות מהם, מפני שהורגין את המלכים במסירה，字面意思为：所有的地方都害怕他们，因为他们冒生命危险去刺杀国王。最后一个词במסירה意为冒生命危险，为מסירת הנפש(殉道)的简写(*Thalmud Sabbath*，130.a)。这个词有时也有“交出”的意思，意为国王交出自己的权力，但是第一种解释似乎更接近事实。以上诸内容，详见 A.Asher，*The Itinerary of Benjamin of Tudela*，Vol.2，pp.67-68。

哈昔新派盲目地遵从他们的首领，经常施暴谋杀，这种行为因此被称作 Assassination，意即“刺客”，此词源即来自该教派的名字。——译者

9　亚设谓之被称为法兰克的基督徒……伯爵，马库斯·南森·阿德勒谓之以东的儿子法兰克人，详见 A.Asher，*The Itinerary of Benjamin of Tudela*，Vol.1，pp.59-60；Marcus Nathan Adler，*The Itinerary of Benjamin of Tudela*，p.17。

亚设提及的黎波里的领主是圣吉尔与图卢兹伯爵、纳博讷公爵、普罗旺斯侯爵雷蒙德的后裔，在从耶路撒冷国王手中继承领地的封建领主中位居第四级。我们作者时期的雷蒙德是雷蒙德三世(Raymond III，1140—1187/1188 年)的儿子的黎波里的雷蒙德四世(Raymond IV，？—1199 年)。雷蒙德三世拥有此公国，1148 年从雷蒙德二世(1115—1152 年)继任，1188 年去世，死后并不子嗣。关于该城的描述，可详见 Edrisi I，p.356；Maundrell 25 et seq。我们作者提到先前的地震发生于 1157 年，在下文还会提到。以上诸内容，详见 A.Asher，*The Itinerary of Benjamin of Tudela*，Vol.2，p.68。

马库斯·南森·阿德勒提及帕尔基(Parchi)对该地的历史有着深入研究，曾投入七年时间进行研究，并于 1322 年著成专著，参见 Parchi，*Caphtor wa-pherach*，1322，尤其第 11 章，详见 Marcus Nathan Adler，*The Itinerary of Benjamin of Tudela*, p.17, n.1。

此处的的黎波里指黎巴嫩西北地区港口城市，的黎波里·沙姆为阿拉伯人对该地称谓之一。雷蒙德三世曾担任的黎波里伯爵，但其死后并无子嗣，便让其教子安条克王公的博希蒙德(Bohemond，1148—1201 年)之子继位。雷蒙德四世为雷蒙德三世的教子。1099 年，第一次十字架东征期间西欧封建领主在耶路撒冷地区建立耶路撒冷王国。该王国一直延续至 1291 年最后一个领地阿卡(Arce)被马穆鲁克王朝征服。的黎波里的这些封建领主皆与十字军东征或耶路撒冷王国有关。统治者法兰克即西欧法兰克国王(481—843 年)，以东即指基督徒。——译者

10　亚设谓之巴勒斯坦，马库斯·南森·阿德勒谓之以色列之地，详见 A. Asher, *The Itinerary of Benjamin of Tudela*, Vol.1, p.60; Marcus Nathan Adler, *The Itinerary of Benjamin of Tudela*, p.17。

马库斯·南森·阿德勒提及索辛(Socin)亦认为该地震发生于 1157 年，详见 Socin, *Handbook to Palestine and Syria*, Baedeker。本杰明在下文还会提到此次地震。此地 1170 年也发生了一次剧烈的地震，但本杰明所指的似乎并非此次地震，详见 Marcus Nathan Adler, *The Itinerary of Benjamin of Tudela*, p.17, n.2。

十四、杰比雷(迦巴勒)、贝鲁特、西顿与提尔

从的黎波里再经行一日到达另外一个杰比雷(Djebail)[迦巴勒(Gebal、Gubail)]。[1] 此地是亚扪人子女之地迦巴勒(此地位于亚扪人后代土地的边界地区)。[2] 这里大约有150位犹太人。七位热那亚人统治此地,级别最高的那位名叫朱利安·恩布里亚克(Julianus Embriaco)[纪尧姆·恩布里亚克(Guillelmus Embriacus)]。[3] 在这里我们发现古代亚扪人后代祭祀的神庙。一座神像坐在一个镀金的石头宝座或椅子之上,两个女像坐在他左右两侧。在其前面有一座祭坛,亚扪人的后代在上面献祭,焚烧香火。[4] 这座城市中大约有200位犹太人,主要人士包括拉比梅厄、拉比雅各以及拉比西姆哈(R.Szimchah)[拉比西姆哈(R.Simchah)]等。[5] 该地位于圣地(以色列之地)的海岸地区。[6]

从杰比雷经行两日到达贝鲁特(Beyrut),这里属于比录(Beeroth)。[7] 大约有50位犹太人居住在此地,主要人士包括拉比所罗门、拉比俄巴底亚(R.Obadiah)以及拉比约瑟夫等。

从贝鲁特经行一日到达赛达(Saida),这里是圣经中的西顿 29
(Tsdion)[西顿(Sidon)]。[8] 这座大城有20余位犹太人。在赛达20英里以内(10英里以远)的地区居住着一个族群,其名字为德鲁

斯(Druses)。[9] 他们与赛达人交战,被称为异教徒与不信教者(无法无天的异教徒),因为他们从不信教。[10] 他们居住在山顶与岩石凸出的地方(山上与岩石夹缝中)。他们没有国王与王公(统治者),(而是独立地居住在这些高地之上)。[11] 他们疆域的界线位于黑门山,到那里需要三日的行程。他们极其乱伦(浸淫在恶习之中),父亲与女儿同居(兄弟与姐妹、父亲与女儿同居)。[12] 他们每年有一个节日,即所有男女一起吃喝,之后进行滥交(交换他们的夫妻)。[13] 他们认为当灵魂出窍之时,好人的灵魂将会被转移到新生儿的身体之中,坏人的灵魂则被转移到狗或其他动物(驴)的身体之中。[14] 这就是他们愚蠢的信仰。[15] 犹太人不与他们同住,只是偶尔一些(犹太)商人(手工业者)与染工在贸易或销售他们的物资之时,才会经过他们的领地。[16] 当他们完成交易后,会回到他们家中。他们对犹太人比较友好。他们游走于山地之间,没有人敢与他们交战。

从赛达经行半日到达萨尔朋塔(Sarepta)[萨菲德(Sarfend)],此地属于西顿。[17]

从萨尔朋塔经行一日到达新提尔(New Tsour)[新提尔(New Tyre,Sur)]。[18] 这是一座美丽的城市,城中有一港口。[19] 此港由两座塔楼守卫,船只停泊在其中。海关官员每晚都在两座塔楼之间拉一条铁链,如此有效地阻止了窃贼或劫匪通过乘船或其他方式逃脱(如此没有人能够乘船或以其他方式,在夜间抢劫船只)。[20] 世界上没有一个像这样的港口。大约有 400(500)位犹太人居住在这个美丽的地方,(其中一些为《塔木德》学者),主要人士包括判官埃及的拉比以法莲(R.EphraimMitsri)[判官(Dayan)提尔的拉比以法莲]、卡尔卡松(Carcasson)的拉比梅耶尔(R.Meier)以及群体的首领拉比亚伯拉罕等。[21]提尔的犹太人拥有船只(海船),[22]制造远近闻名的提尔玻璃。在该地附近还发现过紫色的染料(在该地附近有上等的糖,人们在此种植,各地的人们前来购买)。[23]

如果爬上提尔的城墙,就会看到"冠冕的提尔"的遗迹(提尔古城)。[24]其已经被海水淹没,距离新城仅一步之遥。乘船前往可以
在海底看到塔楼(城堡)、集市、街道以及宫殿等。新提尔是非常繁 31
忙的商业城市,各地的贸易者云集于此。[25]

注释

1 亚设谓之 Djebail,马库斯·南森·阿德勒谓之 Gebal、Gubail,详见 A.Asher,*The Itinerary of Benjamin of Tudela*, Vol.1,p.60;Marcus Nathan Adler,*The Itinerary of Benjamin of Tudela*,p.17。

2 亚设谓之此地是亚扪人子女的杰比雷,马库斯·南森·阿德勒谓之此地位于亚扪人子女土地的边界地区,详见 A.Asher,*The Itinerary of Benjamin of Tudela*, Vol.1, p.60; Marcus Nathan Adler, *The Itinerary of Benjamin of Tudela*,p.17。

亚设提及蒙德雷尔谓之此地被希腊人称作比布鲁斯(Byblos)(Maundrell,p.33)。该地以诞生阿多尼斯(Adonis)以及阿多尼斯神庙闻名,位于海边,囊括很少土地,但足够这里为数不多的人居住。他还认为在出现该地名的篇章中,钦定本圣经对其翻译差别很大[出现该地名的篇章,参见《旧约·约书亚书》(13:5)、《旧约·列王记》(上,5:32)以及《旧约·以西结书》(27:9)],但是七十子译本中一直将其称作比布鲁斯。的黎波里与比布鲁斯恰好是一天行程。厄比与曼格斯曾访问、关注过此地(*Travels*,p.22),罗斯穆勒尔(Rosenmüller)对此地的起源与状况甚为了解(Rosenmüller,II.I.17)。罗斯穆勒尔的观点也被格泽纽斯采纳(Gesenius,*Lexicon*,article גבל)。关于阿多尼斯的起源以及崇拜,详见 Maundrell,34 and foll;Strabo,XVI.II. §.18;Cellarius,*Orb.antiq*, II.377。以上诸内容,详见 A.Asher,*The Itinerary of Benjamin of Tudela*, Vol.2,pp.68-69。

圣经中关于“迦巴勒”的记载涉及两个地方。其一位于死海东南部，与亚扪人、亚玛力人等联合反对以色列，如《旧约·诗篇》(83:7)中记载：“迦巴勒、亚扪，和亚玛力、非利士，并推罗的居民。”其二即指位于黎巴嫩的地中海沿岸的腓尼基城市，最早为腓尼基人所建，《旧约·列王记》(上，5:18)记载：“所罗门的匠人和希兰的匠人，并迦巴勒人，都将石头凿好，预备木料和石头建殿。”《旧约·以西结书》(27:9)记载：“迦巴勒的老者，和聪明人，都在你中间作补缝的。一切泛海的船只、和水手、都在你中间经营交易的事。”详见 Wayne A. Meeks, ed., *The Harper Collins Study Bible*, p.522。亚扪人一般认为居住在约旦河以东地区，本杰明此处所提迦巴勒位于亚扪人土地边界地区，显示该地亦应位于约旦河以东。因此从地理方位判断，此处的迦巴勒似不应是位于黎巴嫩的地中海沿海城市，只能为位于死海东南部的迦巴勒，该地至少紧邻亚扪人之地。但是，据本杰明的行程判断，此地又只可能为前者，因为其不可能一天就从地中海沿岸地区到达南部的死海东南部。因此，唯一的可能是本杰明将两处迦巴勒地区相混淆。

阿多尼斯，是希腊神话中掌控植物死而复生的神，最初诞生于黎巴嫩阿菲卡(Afqa)地区。该地距离位于比布鲁斯古城大约 20 公里，阿多尼斯神庙就位于此地。从的黎波里到达该地约 45 公里。钦定本《圣经》，指由英王詹姆斯一世(1566—1625 年)的命令下翻译的英文版本《圣经》，于 1611 年出版。七十子译本，指公元前 2 世纪由七十位犹太学者将《旧约圣经》翻译为希腊文的圣经版本。——译者

3　亚设谓之七位热那亚人以及朱利安·恩布里亚克，马库斯·南森·阿德勒未言及前者，仅提热那亚人统治各地，谓之后者为纪尧姆·恩布里亚克，并提及提尔的威廉对此地历史记载尤详，详见 A. Asher, *The Itinerary of Benjamin of Tudela*, Vol.1, p.60; Marcus Nathan Adler, *The Itinerary of Benjamin of Tudela*, p.17。

亚设提及恩布里亚克家族是古代热那亚最重要的贵族之一(*Bizari Annales Genuenses*, *Antv*. 1579. fol. p.8)。纪尧姆·恩布里亚克作为其中之家族成员，被任命为舰队的指挥官，去协助叙利亚的基督教王公，并于 1109 年占领了比布鲁斯，成为封建领主，每年向热那亚缴纳一定数目的赋税。这项特权引起了其他贵族的嫉妒，尽管恩布里亚克家族有意地保留他们的封建领地(Varese, *Storia della Republiea di Genova*, *Genova*, 1835. 8o. I. p.57 et 99)。然而，在我们作者时代，该城最高统治者是由七人组成的委员会，其中

六人是热那亚共和国的代表,首领一职一直由恩布里亚克家族成员担任。提尔的威廉曾提及比布鲁斯被热那亚征服的情况,以及大约1180年统治该地的基督徒是恩布里亚克家族的胡戈(Hugo),并言及胡戈的孙子征服了该地(William, XI.9)。但是,所有其他历史学家皆称应为纪尧姆征服了该地。或许我们此处应将我们所用的手稿和君士坦丁堡手稿中的גיליאנום(拟音为Gilianom)以及יוליאנום(拟音为Julianus),读作גולײמו(拟音为Goliimo),即"纪尧姆"。为了证明我们作者的记载以及我们手稿的文本与版本,这里必须重述一下蒙塔努斯与隆佩尔的翻译。蒙塔努斯大致翻译为:"这里是另外一个杰比雷,位于亚扪人子孙的边界,……热那亚人管理此地,他们的首领是纪尧姆·恩布里亚克。"隆佩尔对此亚扪人子孙的边界也有翻译,将后半部分修正为,在七个群体中,最高级别的为纪尧姆·恩布里亚克(Gilian Imbiremus)。格兰斯又告诉我们应为:"从此经行一日到达另外一个杰比雷,这是亚扪人的边界。这里大约有150余位犹太人,他们被分成七个不同的群体当中。苏丹的名字是纪尧姆·恩布里亚克(Gilianos Inbiremo)。"这位译者对我们作者的判断有臆想的成分。以上诸内容,详见 A.Asher, *The Itinerary of Benjamin of Tudela*, Vol.2, pp.69-70。

亚设谓之朱利安·恩布里亚克,应是据יוליאנום拟音 Julianus 而得出。如其所言,此处的确应为纪尧姆·恩布里亚克。恩布里亚克家族在十字军东征期间影响甚大,11世纪初开始占领杰比雷,一直到13世纪,被称为杰比雷领主。1099年,纪尧姆·恩布里亚克(大约生于1040年,不详)与其兄弟来到杰比雷,并占领该地,使其成为自己的领地,并在十字军东征期间发挥了重要作用。——译者

4 马库斯·南森·阿德勒提及古代的迦巴勒尤其以工匠与石匠出名,详见《旧约·列王记》(上,5:18)与《旧约·以西结书》(27:9)。希腊人称该地为比布鲁斯,斐洛(Philo)诞生于此。比布鲁斯的钱币上有阿斯塔特(Astarte)神庙。沿着海岸线,我们发现一些对巴力·克洛诺斯(Baal Kronos)、巴提斯(Baaltis)、欧西里斯(Osiris)以及伊西斯(Isis)等崇拜的遗迹。有可能是对阿多尼斯以及朱庇特-阿蒙(Jupiter-Ammon,意指罗马征服埃及之后罗马的众神之王朱庇特等同于埃及的最高神阿蒙)的崇拜导致了本杰明将其与亚扪人联系起来。本杰明此处对亚扪后代的记载应是错误的理解,或因《旧约·诗篇》(83:7)的记载有关。以上诸内容,详见 Marcus Nathan Adler, *The Itinerary of Benjamin of Tudela*, pp.17-18, n.4。

阿斯塔特,古代腓尼基人所崇拜的女神。巴力·克洛诺斯,应指第一代提坦十二神的领袖,提坦神指在奥利匹亚神之前统治世界的神;Baal 是一种尊称,意为“主”,希伯来语בעל。巴提斯,古代腓尼基时期比布鲁斯城崇拜的女神。欧西里斯,古代埃及的冥神,但又掌管生育。伊西斯,古代埃及女神,被敬奉为理想的母亲与妻子,自然和魔法的守护神。

如《旧约·列王记》(上,5:18)记载:“所罗门的匠人和希兰的匠人,并迦巴勒人,都将石头凿好,预备木料和石头建殿。”《旧约·以西结书》(27:9)记载:“迦巴勒的老者和聪明人都在你中间作补缝的。一切泛海的船只和水手都在你中间经营交易的事。”斐洛(公元前 25—公元 50 年?),希腊化时代著名的犹太哲学家,生活在埃及亚历山大里亚,亦有人认为其在亚历山大里亚出生。其家族与犹太哈斯蒙尼(Hasmonean)王朝(公元前 2 世纪—前 63 年统治巴勒斯坦地区的犹太政权)联系密切。马库斯·南森·阿德勒分别言及《旧约·列王记》(上,5:32)与《旧约·诗篇》(83:8)中记载“迦巴勒”,实际为 5:18 与 83:7,在此予以说明。另外,马库斯·南森·阿德勒提到此处应是本杰明将其他神灵误认为亚扪人后代所奉的神灵,应是正确的判断。如前所述,《旧约·诗篇》(83:8)中记载的“迦巴勒”并不是比布鲁斯,此处应是本杰明将两地混淆所致。——译者

5　亚设谓之 R.Szimchah,马库斯·南森·阿德勒谓之 R.Simchah,两者音近,所指相同,详见 A.Asher, *The Itinerary of Benjamin of Tudela*, Vol.1, p.61; Marcus Nathan Adler, *The Itinerary of Benjamin of Tudela*, p.18。

6　亚设谓之圣地,马库斯·南森·阿德勒谓之以色列,详见 A.Asher, *The Itinerary of Benjamin of Tudela*, Vol.1, p.61; Marcus Nathan Adler, *The Itinerary of Benjamin of Tudela*, p.18。

7　亚设提及伊德里斯对贝鲁特有所描述,提到该地距杰比雷大约 30 英里(Edrisi, I.355)。孟德雷尔(Maundrell)、厄比与曼格斯等皆提及两地相距两天的行程。现代普遍认为贝鲁特就是圣经中的比录。1839 年,这里大约有 50 户犹太人,正如本杰明时期那般。1840 年,这些犹太人曾遭到暴力反对。关于 15 世纪早期此城与该地港口的状况,参见 *de Lannoy in Archaeologia*, XXI, 345; Maundrell, p.38; Irby and Mangles, 202。以上诸内容,详见 A.Asher, *The Itinerary of Benjamin of Tudela*, Vol.2, pp.70-71。

贝鲁特,今黎巴嫩首都。《旧约·约书亚记》(9:17)记载:“以色列人起

行,第三天到了他们的城邑,就是基遍,基非拉,比录,基列耶琳。”比录是希未人[希未人为含(Ham)的儿子迦南的后代]居住的城市之一,位于耶路撒冷西北地区。关于该地具体位置存有争议,又认为其在毕都(Biddu,耶路撒冷西北6000米处的城镇)与纳比·撒母耳(Nabi Samwil,位于耶路撒冷4000米处的城镇)之间,详见Wayne A. Meeks, ed., *The Harper Collins Study Bible*, p.341。如上文马库斯·南森·阿德勒提及本杰明所记载的各地犹太人人数实际为犹太人住户的数量,亚设此处亦应认为如此。从今杰比雷,即比布鲁斯到贝鲁特约40公里。——译者

8　亚设谓之Tsdion,马库斯·南森·阿德勒谓之Sidon,详见A. Asher, *The Itinerary of Benjamin of Tudela*, Vol.1, p.61; Marcus Nathan Adler, *The Itinerary of Benjamin of Tudela*, p.18。

亚设提及伊德里斯提及此城很大,建筑很美,城里的市场有各种商品。关于1425年此城与这里港口的情况,详见*Archaeologia*, XXI, 342。关于该地现代的状况,详见Maundrell, 45; Irby and Mangles, 199. et seq。最权威的观点认为该地就是圣经中的西顿,距离贝鲁特有一天的行程(Rosenmüller, II.I.20. et seq. Gesenius, *Lexicon sub voce*)。以上诸内容,详见A. Asher, *The Itinerary of Benjamin of Tudela*, Vol.2, p.71。

赛达,今黎巴嫩南部城市,最早为腓尼基人主要城市之一,即圣经所记之西顿。《旧约·约书亚记》(19:28)记载:“又到义伯仑,利合,哈们,加拿,直到西顿大城。”《旧约·以西结书》(28:23)记载:“我必使瘟疫进入西顿,使血流在她街上。被杀的必在其中仆倒,四围有刀剑临到她,人就知道我是耶和华。”从贝鲁特到西顿约45公里。——译者

9　拉帕波特提到,我的希伯来文手稿中将德鲁斯读为דוגזאין(希伯来语דוגזאין,拟音为Dogzain)。此为讹误,应为נוזראין,即Nosariens、Nusairêjeh或Nosairi。博学的德国译者布克哈特曾提及此宗派,对这些行程有所翻译,并在注释中对其有简要的记述(Burkhardt, p.517)。此处我所倾向采纳的文本,与布克哈特的记述惊人地相似,格泽纽斯先生曾对其进行评注。这位博学的德国人提到:“纳斯汝(Nosairi)曾在德鲁斯的教义中作为该教的叛教者被提及(Tychsen, *Elementale Arabicum*, pp.50-55)。这个狂热的宗派起初被称为卡尔马特(*Herbelot under Carmath*),由纳斯汝那(Nasrana, Nasraya)当地人建立,故而得名。我们作者前面已经暗指提到卡尔马特派(见上文“哈昔新派”)。他们是狂热的什叶派之一,几乎与以实玛利(指伊斯兰教徒)结盟。

他们相信灵魂轮回,甚至轮回至兽类,并通过对穆罕默德的语言进行讽喻式的解释,来蔑视大多数《古兰经》中积极的命名,如禁止食用猪肉、禁止饮酒等。尼布尔与其他作家都斥责他们太过淫乱,此种恶习已在他们中间如此盛行。这种习惯已经被组织得如此有条不紊,以至于他们被称为生殖器崇拜者。"所有这些细节都与本杰明的记述如此一致,这让我也丝毫不会感到我的猜测有误。

亚设则进一步提及带着对拉比拉帕波特的恭敬,他一向作为杰出的权威,请允许我们此处翻译作 Druses,这与费拉拉的版本亦保持一致——如同我们的文本一样,其读作 דורזיאין。我们所掌握的德鲁斯的历史以及宗教让我们相信纳斯汝派、德鲁斯派以及哈昔新派都源自亦思马因派的大分裂,其宗教教义大同小异。德鲁斯派依旧占据着黎巴嫩山一带,他们的埃米尔居住在贝鲁特郊区,本杰明在此发现了他们。1838 与 1839 年他们在抢劫中所犯下的暴行证明自从我们作者时期他们的习惯并没有太大变化。这个极端宗派的宗教教义成为著名的西尔韦斯特·德·萨西(Sylvestre de Sacy)最后一部著作的研究主题,详见 Sylvestre de Sacy, *Religion des Druzes*, Paris, 1838,2 Vols.8vo。从该书中,我们得知他们相信轮回,在秘密聚会中十分淫乱;他们分成三个类型,即愚昧者、部分参与的发起者、行家或全程参与的发起者。关于他们的社会与政治组织状态,1832 年乔伊特(Jowett)在基督教的研究中曾提及,1833 年霍格(Hogg)在前往大马士革的旅行中也有所提及,亦可详见 *Light*, *Travels in Egypt*, Nubia etc.1814。以上诸内容,详见 A. Asher, *The Itinerary of Benjamin of Tudela*, Vol.2, pp.71-73。

德鲁斯派,属于什叶派亦思马因派,其教义融合了基督教与犹太教等,并信仰轮回转世。其信徒主要集中在黎巴嫩山与叙利亚南部德鲁斯山地区。纳斯汝派为什叶派的一个分支,一般被认为创始于 9 世纪。其名称来源,一说源自其诞生地即库法附近的纳斯汝那,又说其源自伊本·纳斯尔(Ibn Nusayr,? —873 年,亦思马因派伊斯兰教徒,曾为第十、十一位伊玛目门徒,宣称转世轮回等思想)。他们居住在黎巴嫩山地区以及叙利亚北部,相信转世轮回并滥交。但其是否为拉帕波特所言为卡尔马特派,不详,待考。拉帕波特所言此处为纳斯汝派,并非有十分确凿的证据,而德鲁斯派的习惯亦与本杰明所述几乎一致,因此如亚设所言此处译作德鲁斯为妥。

纳斯汝那(Nasrana、Nasraya),位于库法(Kufa,今伊拉克中南部城市)附近。埃米尔,阿拉伯贵族称呼,此意为头目、首领。——译者

10　亚设谓之异教徒与不信教者,马库斯·南森·阿德勒谓之无法无天的异教徒,详见 A. Asher, *The Itinerary of Benjamin of Tudela*, Vol.1, p.61; Marcus Nathan Adler, *The Itinerary of Benjamin of Tudela*, p.18。

11　亚设分别谓之山顶与岩石凸出的地方、王公,马库斯·南森·阿德勒谓之山上与岩石夹缝中、统治者,并言及他们独立地居住在这些高地之上,详见 A. Asher, *The Itinerary of Benjamin of Tudela*, Vol.1, p.61; Marcus Nathan Adler, *The Itinerary of Benjamin of Tudela*, p.18。

12　亚设谓之乱伦以及父亲与女儿同居,马库斯·南森·阿德勒谓之浸淫在恶习之中以及兄弟与姐妹、父亲与女儿同居,详见 A. Asher, *The Itinerary of Benjamin of Tudela*, Vol.1, p.61; Marcus Nathan Adler, *The Itinerary of Benjamin of Tudela*, p.18。

黑门山位于东黎巴嫩山南部,戈兰高地以北,详见上文注释。——译者

13　亚设谓之滥交,马库斯·南森·阿德勒谓之交换他们的夫妻,并提及巴勒斯坦探索基金会的季刊声明中对德鲁斯教派有着详细的介绍,他们的道德让其备受指责,详见 A. Asher, *The Itinerary of Benjamin of Tudela*, Vol.1, p.62; Marcus Nathan Adler, *The Itinerary of Benjamin of Tudela*, p.18。

14　亚设谓之其他动物,马库斯·南森·阿德勒谓之驴,详见 A. Asher, *The Itinerary of Benjamin of Tudela*, Vol.1, p.62; Marcus Nathan Adler, *The Itinerary of Benjamin of Tudela*, p.18。

15　《旧约·诗篇》(49:13)记载该族群:"他们行的这道,本为自己的愚昧。但他们以后的人,还佩服他们的话语。"——译者

16　亚设谓之一些商人,马库斯·南森·阿德勒谓之一些犹太手工业者,详见 A. Asher, *The Itinerary of Benjamin of Tudela*, Vol.1, p.62; Marcus Nathan Adler, *The Itinerary of Benjamin of Tudela*, p.18。

17　马库斯·南森·阿德勒谓之萨尔朋塔或萨菲德,亚设并未提及萨菲德,详见 Marcus Nathan Adler, *The Itinerary of Benjamin of Tudela*, p.18。

萨尔朋塔今天被称之为 Sarafand,位于今西顿城南 17 公里处。——译者

18　亚设谓之 New Tsour,马库斯·南森·阿德勒谓之 New Tyre 或 Sur,详见 A. Asher, *The Itinerary of Benjamin of Tudela*, Vol.1, p.62; Marcus Nathan Adler, *The Itinerary of Benjamin of Tudela*, p.18。

亚设谓之这个城市有各种名字，如 Sour、Sur 或 Tsour。伊德里斯对该地描述尤详，其言及："提尔是一座位于海边的城市，该城的港口适合于装卸商物。此城非常古老，三面环海。这里有一个郊区出产上等的玻璃与陶器等。"(Edrisi, I.349)。我们作者认为其成为新提尔是因为这是相对于古代西顿人所建立的古城提尔而言。古城位于大陆边上(*Archaeologia*, XXI, 429)，现在以马术克(Marshúk)的名字闻名，而新提尔位于一处伸向海洋的海岬周围。两者之间有大约 1 英里长的地峡。以上诸内容，详见 A. Asher, *The Itinerary of Benjamin of Tudela*, Vol.2, pp.73-74。

Tsour 为亚设据希伯来文 צור 而来，Sour、Sur 等应为阿拉伯文对该地的称谓。提尔位于今黎巴嫩南部沿海地区，最早为腓尼基城市。马术克为提尔附近的一座山的名字，详见 Andrew A. Bonar and Robert Murrar M'Cheyne, *Narrative of A Mission of Inquiry to the Jews from the Church of Scotland in 1839*, Philadelphia: Presbyterian Board of Publication, 1845, p.317。从萨尔朋塔到提尔约 23 公里。——译者

19　亚设提及在城市之前有四个或五个大的长岩石横亘在海上，……这些岩石构成了提尔港……这是一个良港，可以安全地避风(*Archaeologia*, XXI, 427, 428)。这个盆地的入口处由两座塔楼保卫(Volney, II.21.)。1838 年，德·波图(De Bertou)曾访问此地，他描述的古代提尔遗址与我们作者的记载高度一致，详见 De Bertou, "Notice on the Site of Ancient Tyre", in *Journal of the R. Geographical*, S.IX.286。在第 294 页中，该文所提到的港口计划似可成为本杰明记载的例证，孟德雷尔(Maundrell, 50)、厄比以及曼格斯亦证实如此(Irby and Mangles, 197)。以上诸内容，详见 A. Asher, *The Itinerary of Benjamin of Tudela*, Vol.2, p.74。

20　亚设谓之如此有效地阻止了窃贼或劫匪通过乘船或其他方式逃脱，马库斯·南森·阿德勒谓之如此没有人能够乘船或以其他方式在夜间抢劫船只，详见 A. Asher, *The Itinerary of Benjamin of Tudela*, Vol.1, p.62; Marcus Nathan Adler, *The Itinerary of Benjamin of Tudela*, p.18。

21　亚设谓之 400 余位犹太人、埃及的拉比以法莲，马库斯·南森·阿德勒则谓之 500 余位犹太人、提尔的拉比以法莲，并提及其中一些为《塔木德》学者，亚设则并未言及，详见 A. Asher, *The Itinerary of Benjamin of Tudela*, Vol.1, p.63; Marcus Nathan Adler, *The Itinerary of Benjamin of Tudela*, p.18。

其中 Mitsri,即希伯来语 מִצְרִי,指埃及;Dayan,即希伯来语 דיין,即判官之意。卡尔卡松为法国南部城市,奥德省(Aude)首府。——译者

22 亚设谓之船只,马库斯·南森·阿德勒谓之海船,详见 A.Asher, *The Itinerary of Benjamin of Tudela*, Vol.1, p.63; Marcus Nathan Adler, *The Itinerary of Benjamin of Tudela*, p.18。

亚设提及我们作者提到的情况极其异乎寻常,甚至在我们的时代亦是如此。在世界上极具影响力的商人罗斯柴尔德家族(Rothschilds)及其亲属之时,我们都很少看到拥有船只的犹太人,详见 A.Asher, *The Itinerary of Benjamin of Tudela*, Vol.2, p.74。

罗斯柴尔德家族指梅耶尔·阿姆谢尔·罗斯柴尔德(Mayer Amschel Rothschild,1744—1812 年)的后裔。梅耶尔·阿姆谢尔·罗斯柴尔德为德国犹太银行家,罗斯柴尔德家族银行的创始人,其家族被认为是世界上最富有的家族之一。——译者

23 亚设谓之在该地附近还发现过紫色的染料,马库斯·南森·阿德勒谓之在该地附近有上等的糖,人们在此种植,各地的人们前来购买,详见 A. Asher, *The Itinerary of Benjamin of Tudela*, Vol.1, p.63; Marcus Nathan Adler, *The Itinerary of Benjamin of Tudela*, p.19。

亚设提及中世纪时期提尔的玻璃制造业十分著名,伊德里斯亦如此记之(见上文脚注)。产生紫色的染料的贝类骨螺(Murex)现在在提尔附近仍能发现,尤其在 4、5 月间,详见 Shaw, *Travels*, *Mariti Viaggi*, and *Schicksale eines Schweizers*, II.204。以上诸内容,详见 A.Asher, *The Itinerary of Benjamin of Tudela*, Vol.2, p.75。

马库斯·南森·阿德勒提及直到 1291 年提尔被十字军所抛弃,并被穆斯林破坏之前,该地一直以玻璃器皿与糖厂著名,详见 Marcus Nathan Adler, *The Itinerary of Benjamin of Tudela*, p.18, n.1。

24 亚设谓之"冠冕的提尔"的遗迹,马库斯·南森·阿德勒谓之提尔古城,两者所指相同,皆为古城,详见 A.Asher, *The Itinerary of Benjamin of Tudela*, Vol.1, p.63; Marcus Nathan Adler, *The Itinerary of Benjamin of Tudela*, p.19。

《旧约·以赛亚书》(23:8)记载:"推罗本是赐冠冕的。他的商家是王子,他的买卖人,是世上的尊贵人。遭遇如此,是谁定的呢?"推罗即提尔——译者

25 亚设谓之塔楼,马库斯·南森·阿德勒谓之城堡,详见 A. Asher, *The Itinerary of Benjamin of Tudela*, Vol.1, p.63; Marcus Nathan Adler, *The Itinerary of Benjamin of Tudela*, p.19。

亚设提及提尔古城的名字 Tsur 源自其位于岩石之上,即希伯来语 צור。厄比与曼格斯曾对该古城遗迹进行过追寻,他们怀着为证实我们作者所记之"提尔的城墙"(חומת צור)可能为提尔人的梯子之目的。这条道路在海边的悬崖峭壁一侧被切断,大约高出水面数百英尺(Maundrell, *Alexander the Great*, 52)。如果我们认为在此处发生变化,那么在我们作者时期海上不是不可能已经淹没了这个地区,只是近来的旅行者可以在干旱的时期前往。以上诸内容,详见 A. Asher, *The Itinerary of Benjamin of Tudela*, Vol.2, p.75。

希伯来语 צור 亦表示岩石之意,希伯来语 חומת 意为墙。——译者

十五、阿卡、海法、迦密山与迦百农

从提尔经行一日到达阿卡(Acre),这是圣经中的亚柯(Acco)(这是古亚柯),位于亚设部落边界,是巴勒斯坦边界地区的城市[以色列之地始于此]。[1] 由于其位于地中海沿岸,拥有大的港口,[2] 因此所有经海路前往耶路撒冷朝圣的人都从此地登岸。该城附近(前面)有一条名叫拿哈·克雷布(Nahr el Klbe)[克都米姆(Kedumim)]的溪流。[3] 大约有200位犹太人居住在此地,主要人士包括拉比西底家(R. Tsadok)[拉比西底家(R. Zadok)]、拉比雅弗(R.Jepheth)以及拉比约拿(R.Jonah)。[4]

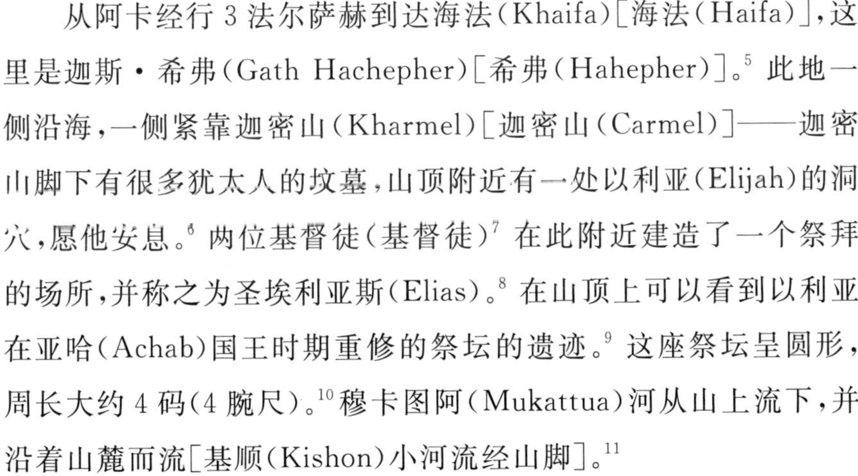

从阿卡经行3法尔萨赫到达海法(Khaifa)[海法(Haifa)],这里是迦斯·希弗(Gath Hachepher)[希弗(Hahepher)]。[5] 此地一侧沿海,一侧紧靠迦密山(Kharmel)[迦密山(Carmel)]——迦密山脚下有很多犹太人的坟墓,山顶附近有一处以利亚(Elijah)的洞穴,愿他安息。[6] 两位基督徒(基督徒)[7] 在此附近建造了一个祭拜的场所,并称之为圣埃利亚斯(Elias)。[8] 在山顶上可以看到以利亚在亚哈(Achab)国王时期重修的祭坛的遗迹。[9] 这座祭坛呈圆形,周长大约4码(4腕尺)。[10]穆卡图阿(Mukattua)河从山上流下,并沿着山麓而流[基顺(Kishon)小河流经山脚]。[11]

(从海法)经行4法尔萨赫到达迦百农村(Kh' phar 32

Thanchum)[迦百农(Capernaum)]。[12]

这里是玛云(Meon)[13],即迦密的拿八(Nabal the Carmelite)[14]的住所。[15]

注释

1 亚设谓之这是圣经中的亚柯、巴勒斯坦边界地区的城市,马库斯·南森·阿德勒谓之这是古亚柯、以色列之地始于此,详见 A.Asher, *The Itinerary of Benjamin of Tudela*, Vol.1, pp.63-64; Marcus Nathan Adler, *The Itinerary of Benjamin of Tudela*, p.19。

亚设提及本杰明在这里的考证正确无误。若以国度而论,这个城市应属于亚设人,但是从来不属于迦南人。《塔木德》中提到的早期拉比都认为这个地方不属于巴勒斯坦,而是提及其为巴勒斯坦与异教徒的边界。但是,《马加比书》的记载显示在哈斯蒙尼王朝时期其属于犹太帝国,位于其疆域境内(Rosenmüller, II.II, 61),《马加比书》称其为"仆托肋买"(Ptolemaïs),详见 A.Asher, *The Itinerary of Benjamin of Tudela*, Vol.2, pp.75-76。

阿卡,位于今以色列北部加利利西部沿海地区,希腊化时期与罗马-拜占庭时期被称为仆托肋买。《旧约·士师记》(1:31)记载:"亚设没有赶出亚柯和西顿的居民,亚黑拉和亚革悉的居民,黑巴,亚弗革与利合的居民。"迦南人属于闪米特族一支,巴勒斯坦早期居民,血缘上与阿拉伯、犹太人相近,被认为是含的儿子迦南的后裔,后融入其他闪米特民族之中。《旧约·马加比书》(1:5:15)记载:"仆托肋买,提洛,漆冬,以及外方人的加里肋亚,都已聚集起来,要消灭我们。"(1:11:22)记载:"王听了大怒,就立刻动身,到了仆托肋买,给约纳堂写信,要他停止围攻,且叫他赶快来仆托肋买,与他会面商谈。"(1:10:1)记载:"160 年,安提约古儿子亚历山大厄丕法乃上去,占领了仆托肋买,人民欢迎他在那里为王。"(1:10:39)记载:"我将仆托肋买及其所属,赠予耶路撒冷圣所,其收入作为圣所需要的经费。"(1:11:24)记载:"且带着金银、衣服和许多别的礼品,前往仆托肋买,来会见君王,甚得君王的欢心。"(1:12:45)记载:"为你自己只选少数的人跟随你,同我一起往仆托肋买去,我要将这座城,及其他堡垒、军队和一切官吏……"(1:12:48)记载:"约纳堂一进仆托肋买城,仆托肋买人便关了城门,将他捉住,用刀将他同来的众人都杀了。"亚

设为雅各之子，亚设部落先祖，其与其子女居住在迦南地区。本杰明所言亚设部落的边界似应指迦南的边界。——译者

2　亚设提及阿卡港对巴勒斯坦一直都很重要。当我们的作者访问此地时，此地在第二次（1147—1149年）与第三次（1189—1192年）十字军东征期间，对欧洲基督徒十分重要。他们从惨痛的教训中得知此条通过海路到达圣地的道路远好于经过希腊（拜占庭）与突厥（即伊斯兰突厥王朝）危险地区的漫长、乏味而险恶的道路。第一次十字军期间（1096—1099年），这条道路布满了他们的尸骨。在本杰明访问阿卡数年之前，仆托肋买有大量战舰进入。这些战舰由佩尔什（Perche）的斯蒂芬（Stephen）伯爵以曼斯（Mans）、昂热（Angers）以及佛兰德尔的蒂埃里（Thierri）伯爵提供的十字军装备，还有大量佛兰芒（Flimish）的朝圣者。这是为了救助耶路撒冷国王与他的骑士免于被毁灭（Michaud，II.262），这个救助到来得很及时。在整个并不寻常的战争期间，拥有这个港口的重要性众所周知，在此无须多言。耶路撒冷陷落之后，距离其大概70英里的阿卡成为拉丁基督徒的都会，是他们占有的最后一块地方。作为入侵者的他们最终在此被驱逐出去。罗斯穆勒（Rosenmüller）与克拉克（Clarke）对这个著名的城市的历史有着深入的研究（Rosenmüller，l.c.；Clarke，IV.98 and foll）。该地在近代又变得十分著名，因为拿破仑（1769—1821年）不可一世的军队在此被打败。拿破仑的军队在此被土耳其人成功地压制，又被西德尼·史密斯（Sideny Smith，1764—1840年，英国海军将领）以及一些英国海员引导、调离。此地现在有15户犹太人（*Zeitung für das Judenthum*，1839，p.100）。以上诸内容，详见 A. Asher，*The Itinerary of Benjamin of Tudela*，Vol.2，pp.76-77。

佩尔什，法国西北地区；曼斯，法国西北部城市；昂热，法国西部城市；佛兰德尔，比利时一个地区，传统中又包括法国北部与荷兰南部。佛兰芒人，居住在佛兰德尔地区，故得名。——译者

3　亚设谓之拿哈·克雷布，马库斯·南森·阿德勒谓之克都米姆，详见 A. Asher，*The Itinerary of Benjamin of Tudela*，Vol.1，p.64；Marcus Nathan Adler，*The Itine rary of Benjamin of Tudela*，p.19。

亚设提及我们作者称该地为נחל קדומים。这个称谓在圣经中只出现过一次，即《旧约·士师记》（5：20，21）中，被称之为基顺（Kishon）。很明显本杰明这里所指或为现代的纳赫尔·穆卡图阿（Nahr-el-Mukattua）河——该河流入阿卡湾，或为更小的乃曼河（Naaman）[该河又被称为贝鲁斯（Belus），位于以

色列西北],数世纪以来此地以玻璃制造而闻名。因此,读者应纠正此处我们所采取的翻译,其无疑是错误的,因为拿哈·克雷布的河床与河口在阿卡北部数英里处。以上诸内容,详见 A.Asher,*The Itinerary of Benjamin of Tudela*, Vol.2,p.77。

马库斯·南森·阿德勒提及基顺在底波拉(Deborah)之歌《旧约·士师记》(5:21)中被提及,但是该河在阿卡以南 5 英里处。距离阿卡最近的河流为贝鲁斯,此处以出产玻璃著名。但是,本杰明此处不是不可能暗指阿拉伯作家经常提及的著名的牛泉(Ox-spring)。985 年,穆卡达斯(Mukkadasi)曾记载:"城东门之外有一处泉水,他们称之为 Ain al Baker。这与亚当有关(愿他安息),他发现这处泉水,因此他的牛得以饮用,因此得名。"以上诸内容,详见 Marcus Nathan Adler,*The Itinerary of Benjamin of Tudela*,p.19,n.2。

希伯来语נחל קדומים,意为"古河",其中נחל为河流之意,קדומים为古代之意,拟音为 Kedumim,即马库斯·南森·阿德勒所言之。亚设所言拿哈·克雷布河位于黎巴嫩,从黎巴嫩杰达(Jeita)地区流向地中海。因此,从地理位置判断,本杰明所言不为此河。但是,据本杰明所记**נחל קדומים**与 Nahr el Klbe 的发音相去甚远,故此处应是亚设误将此河译作 Nahr el Klbe,而正确的拟音应为 Kedumim。《旧约·士师记》(5:1,20,21)记载:"那时底波拉和亚比挪庵的儿子巴拉作歌……星宿从天上争战、从其轨道攻击西西拉。基顺古河、把敌人冲没。我的灵阿,应当努力前行。"因底波拉和亚比挪庵的儿子巴拉作歌,故被称为底波拉之歌。此处所记基顺河,又名纳赫尔·穆卡图阿(Nahr-el-Mukattua),详见 John McClintock, John Strong, *Cyclopaedia of Biblical, Theological and Ecclesiastical Literature*, Vol.10, New York: Harper & Brothers Publishers, p.546。此河源自加利利山地区,西北流向耶斯列谷(Jezreel,位于以色列加利利南部的平原地带),经海法流经地中海。因此,据地理位置判断,如马库斯·南森·阿德勒所言该河不应为基顺河,较之而言亚设的考订似有不妥。底波拉,圣经中提到的以色列唯一一位女先知。穆卡达斯(945/946—991 年),中世纪阿拉伯著名地理学家。——译者

4 亚设谓之 R.Tsadok,马库斯·南森·阿德勒谓之 R.Zadok,两者音近,所指相同,详见 A.Asher,*The Itinerary of Benjamin of Tudela*, Vol.1,p.64;Marcus Nathan Adler,*The Itinerary of Benjamin of Tudela*,p.19。

施恩茨谓之佩萨齐亚与迈蒙尼德亦提及阿卡的犹太人(*Letters*, Prague ed.fol.64.a),拉比雅弗全名为拉比雅弗·本·埃利亚(R.Jepheth B.Elia)。

他是一位判官，以迈蒙尼德的朋友而闻名。1165年，迈蒙尼德在阿卡城与其认识，并在他的陪伴下前往耶路撒冷，详见 *Israelitische Annalen*，1839，p. 317，1839，p.45。以上诸内容，详见 A.Asher，*The Itinerary of Benjamin of Tudela*，Vol.2，p.77。

5　亚设谓之 Khaifa，Gath Hachepher，马库斯·南森·阿德勒谓之 Haifa，Hahepher，详见 A.Asher，*The Itinerary of Benjamin of Tudela*，Vol.1，p.64；Marcus Nathan Adler，*The Itinerary of Benjamin of Tudela*，p.19。

亚设提及现代的批评家并不同意将海法考订为迦斯·希弗，而应为以法(Ephah)[《旧约·以赛亚书》(60:6)]。此地在《塔木德》中被提及，称从提尔的阶梯(Tyrian Ladder)至海法可以捕捉紫鱼(Tractat，*Sabbath*，26 a)。我们的作者称其为חיפה(即海法)，一些抄写员将其改写为חיפר。以上诸内容，详见 A.Asher，*The Itinerary of Benjamin of Tudela*，Vol.2，p.78。

马库斯·南森·阿德勒谓之迦斯·希弗是先知约拿的家乡，克非肯纳(כפר Kefr Kenna)附近，属于泽布伦(Zebulon)的领地[《旧约·约书亚记》(19:13)]，但不应为海法。海法可能为以法[《旧约·列王记》(上，4:10)]。以上诸内容，详见 Marcus Nathan Adler，*The Itinerary of Benjamin of Tudela*，p.19，n.3。

海法，以色列北部港口城市。迦斯·希弗，位于以色列北部边境地区，在以色列北部加利利中部塞佛瑞斯(Sepphoris)东部2英里处。先知约拿(公元前8世纪北部以色列王国先知)的家乡，约拿墓位于此地，详见 Wayne A. Meeks，ed.，*The Harper Collins Study Bible*，p.583。泽布伦为雅各之子，以色列泽布伦部落先祖。该部落生活在加利利南部地区，东界为加利利海、西界为地中海。《旧约·约书亚记》(19:13)记载："从那里往东，接连到迦特希弗，至以特加汛，通到临门，临门延到尼亚。"《旧约·列王记》(上，4:10)记载："在亚鲁泊，有便希悉，他管理梭哥和以法全地。"《旧约·以赛亚书》(60:6)记载："成群的骆驼，并米甸和以法的独峰驼，必遮满你。示巴的众人，都必来到，要奉上黄金乳香，又要传说耶和华的赞美。"以法(希伯来语איפה)，通常被认为位于阿拉伯半岛北部地区，亚设与马库斯·南森·阿德勒此处认为其可能指海法地区，待考，详见 Wayne A.Meeks，ed.，*The Harper Collins Study Bible*，p.1099。从今阿卡到海法约24公里，本杰明记之3法尔萨赫(约17公里)，稍有差异。提尔的阶梯，指提尔南部深入至海的陡峭的山地地区。克非肯纳，位于以色列北部加利利地区。——译者

6 亚设谓之 Kharmel，马库斯·南森·阿德勒谓之 Carmel，两者音近，所指相同，A. Asher，*The Itinerary of Benjamin of Tudela*，Vol.1，p.64；Marcus Nathan Adler，*The Itinerary of Benjamin of Tudela*，p.19。

亚设提及伊德里斯言及："该城位于迦密山的海角，该海角一直延伸至海里，形成了港口；大小船只都可安全地停靠在此港。"目前，这里是一处悲惨的村庄（应为该港口之现状），与海接近，与阿卡相对，呈椭圆状，最大的一面与海平行，大约 200 码，最短的一面约 150 码（Clarke，V.6）。奥托·冯·里希特（Otto von Richter）谓之："迦密山有很多洞穴，尤其是在西侧。有人称有一千多座。这些洞穴都是古代僧侣居住之地，但是肯定不会将其归因于这些僧侣。"（Otto von Richter，65）。这些洞穴可能起初就是被当做坟墓使用，这是巴勒斯坦犹太人的一种习俗，提供这样的坟墓以示对死者的尊敬（Clarke，IV，275，276）。以上诸内容，详见 A. Asher，*The Itinerary of Benjamin of Tudela*，Vol.2，p.78。

马库斯·南森·阿德勒提及本杰明时期，一些隐士最终建立了迦密山僧侣的秩序，并占领了山上的洞穴，详见 Marcus Nathan Adler，*The Itinerary of Benjamin of Tudela*，p.19，n.4。

迦密山，位于以色列北部，濒临地中海。海法就位于迦密山西侧的海角。以利亚，为公元前 9 世纪北部以色列王国先知。1 码约等于 3 英尺，或 0.9 米。——译者

7 亚设谓之两位基督徒，马库斯·南森·阿德勒则只谓之基督徒，详见 A.Asher，*The Itinerary of Benjamin of Tudela*，Vol.1，p.64；Marcus Nathan Adler，*The Itinerary of Benjamin of Tudela*，p.19。

8 亚设提及"修士用天然的岩石建造了我们所看到的洞穴，先知以利亚在此有了他的祭坛。在洞穴前面有一座哥特风格的漂亮教堂的遗迹。这座教堂是皇后海伦娜（Helena）在前往耶路撒冷朝圣之时所建"（Irby and Mangles，193）。向导应该注意提醒旅行者注意这些不同寻常的石头，先知就是用这些石头竖立起祭坛。《旧约·列王记》（上，18：30）记载："以利亚对众民说，你们到我这里来。众民就到他那里。他便重修已经毁坏耶和华的坛。"无疑在此时这些石头比那些翡翠与红宝石更加有价值与成效！以上诸内容，详见 A.Asher，*The Itinerary of Benjamin of Tudela*，Vol.2，p.79。

Elias 即以利亚的拉丁文音译称谓。海伦娜（250—330 年），君士坦提乌斯（Constantius Chlorus，250—306 年，罗马帝国皇帝）之妻，对古代基督教发

展有着卓越贡献。——译者

9 亚哈(? —公元前 852 年),北部以色列王国第七任君主。如上述《旧约·列王记》(上,18:30)记载以利亚重修祭坛。——译者

10 亚设谓之 4 码,马库斯·南森·阿德勒谓之 4 腕尺,1 码相当于 0.9 米,1 腕尺相当于 45—55 厘米,详见 A.Asher,*The Itinerary of Benjamin of Tudela*, Vol.1,p.64;Marcus Nathan Adler,*The Itinerary of Benjamin of Tudela*,p.19。

11 亚设谓之“穆卡图阿河从山上流下,并沿着山麓而流”,马库斯·南森·阿德勒基顺小河流经山脚,详见 A.Asher,*The Itinerary of Benjamin of Tudela*, Vol.1,p.65;Marcus Nathan Adler,*The Itinerary of Benjamin of Tudela*,p.19。

亚设提及“穆卡图阿,希伯来语为קישון。该河在厄斯垂伊伦(Esdraelon)平原地区变低,然后沿着迦密山一侧,在卡帕(Caypa)这个地方流入大海。”(Maundrell,57),详见 A. Asher,*The Itinerary of Benjamin of Tudela*, Vol.2,p.78。

穆卡图阿即上文亚设所言之纳赫尔·穆卡图阿。希伯来语称该河为**קישון**,即 Kishon,即《旧约·士师记》(5:20,21)所言之基顺河。厄斯垂伊伦平原,即耶斯列谷,位于以色列加利利南部地区,其西部为迦密山,东部为约旦谷。——译者

12 亚设谓之经行 4 法尔萨赫、Kh'phar Thanchum,马库斯·南森·阿德勒谓之从海法经行 4 法尔萨赫、Capernaum,详见 A.Asher,*The Itinerary of Benjamin of Tudela*, Vol.1,p.65;Marcus Nathan Adler,*The Itinerary of Benjamin of Tudela*,p.19。

拉帕拉特提及这个地方曾被《塔木德》学者两次提及,即密德拉什·克赫拉斯(Midrash Koheleth)谓之“神摆脱枷锁”(Midrash Koheleth,*Ecclesiast*,VII.26)。这句诗被《密德拉什》用于形容某人摆脱此时主要居住在迦百农的教派的诡计与圈套。我倾向同意布克斯夫,即《密德拉什》所言之教派应该指基督教,在其生前与死后,这个村子一直是耶稣信徒的居住地。众所周知,这个村子紧邻太巴列(Tiberias,以色列东北部)。布克哈特曾提到迦百农(Kapernaum)的遗迹(在迦百农的阿拉伯人中没有发现任何遗迹,Beth Zaide and Chorazin,Robinson and Smith,429),其被称为特勒·胡姆(Tel-Hum)、骆驼山(可比较格泽纽斯的注释与布克哈特行纪的德文翻译,详见

Burkhardt's Travels, p.1055)。我认为 Tel-Hum 这一称谓来自חום，即热、温暖，太巴列附近以及其周围的地表水水质很高，所以整个地区称之为חמתא或חמתי，意即热的，布克哈特的记载亦可证实我的观点。另外一个山名叫 Hum，无疑也是得名于其土壤天然就很热的缘故。拉比帕尔卡（Rabbi Parkhi）提及："戈努萨尔（G'nussar）以东半小时就是 Than-chum，以北半小时就是太巴列。"很明显 Thanchum 就是迦百农，我们这里应读其为תל חום，即 Thal-chum，而非תנחום，即 Thanchum。近来的一些旅行者略去了 Thanchum 中的נ（即希伯来语字母 nun），因此被提及的在哥拉汛那（Chorazin）附近的 Achum，也有可能是迦百农（*Thalmud*, tract. Menachoth, fol. 85 a）。以上诸内容，详见 A. Asher, *The Itinerary of Benjamin of Tudela*, Vol.2, pp.81-82。

Kh'phar Thanchum 是该地的希伯来语称谓כפר נחום的拟音，כפר即 Kefar，为村庄之意，נחום拟音 Nahum，亚设为之 Kh'phar Thanchum，两者音近；Capernaum 则是该地英文称谓，也是转音自希伯来语כפר נחום。迦百农位于加利利海西北附近地区，通常被认为是现在的那鸿村（Kefar Nahum），为耶稣传教的重要地区。拉帕拉特提及特勒·胡姆这一名称源自希伯来语תל חום，其中חום为热之意，又提及תנחום略去נ之后，拟音为 Achum，因此该地也应是迦百农。但是，希伯来语תל以及阿拉伯语تل，即 Tel，指由于人类长期生活而不断隆起来的遗迹，又常被用来称呼地名之用；Hum 似为נחום，即 Nahum 之转音，所以 Tel-Hum 似又可以被理解为"那鸿的遗迹"。为阿拉伯语将迦百农遗迹称为 Tel-Hum。哥拉汛那，位于加利利北部地区，与迦百农紧邻。

从今海法到迦百农约 70 公里，本杰明记之 4 法尔萨赫（约 22 公里），差异较大。因此，若以马库斯·南森·阿德勒文本所记，则完全与实际距离不符。此处极有可能是因为应从海法到迦百农这一段文本缺失所致，故文本在抄写之时错误地将两地联系在一起，待考。——译者

13　玛云是位于犹大部落地区的一个山地，距离希伯伦（Hervon，位于耶路撒冷以南 30 公里处，仅次于耶路撒冷的宗教圣地）南部 7 英里处，详见 Wayne A. Meeks, ed., *The Harper Collins Study Bible*, p.454。《旧约·撒母耳记》（上，23:24—25）记载："西弗人就起身，在扫罗以先往西弗去。大卫和跟随他的人，却在玛云旷野南边的亚拉巴。扫罗和跟随他的人去寻找大卫。有人告诉大卫，他就下到磐石，住在玛云的旷野。扫罗听见，便在玛云的

旷野追赶大卫。”——译者

14　拿八，迦勒族人(Caleb，迦勒曾作为犹大部落的代表在摩西率领希伯来人逃出埃及之后力主进入迦南地区)，为人刚愎凶恶。《旧约·撒母耳记》(上，25:2—11)记载：“在玛云有一个人，他的产业在迦密。是一个大富户，有三千绵羊、一千山羊，他正在迦密剪羊。那人名叫拿八，是迦勒族的人。他的妻名叫亚比该，是聪明俊美的妇人。拿八为人刚愎凶恶。……大卫就打发十个仆人，吩咐他们说你们上迦密去见拿八，提我的名问他安。……拿八回答大卫的仆人说，大卫是谁。耶西的儿子是谁。近来悖逆主人奔逃的仆人甚多。我岂可将饮食，和为我剪羊毛人所宰的肉，给我不知道从哪里来的人呢。”——译者

15　拉帕拉特提及如果我面前的手稿，即在奥地利加利西亚(Gallicia)的祖克瓦(Zolkiew)印制的手稿，正确地复制了本杰明的手稿，那么毫无疑问本杰明此处记载有误。我的手稿读作：

ומשם ד' פרסאות לכפר נחום , והוא כפר נחום והוא מעין מקום על הכרמלי

其无疑应为：

ומשם ד' פרסאות לכפר נחום〔תנחום〕והוא כפר נחום והוא מעין מקום נבל הכרמלי

并且我们的翻译(第二句)与此处的记载相符合。本杰明应是将迦密城与迦密山混淆了。鲁滨逊与史密斯提及：库尔密(Kurmel)，即古代的迦密，大卫与拿八冒险之地，位于美因(Main)，即古代的玛云(Maon)以北大约半小时行程处。玛云位于圆锥形的山上，可以俯瞰整个地区。拿八是犹大部落中迦密的一个城市，而迦密山则位于亚设部落所在地，两者相去甚远。拉比本杰明可能认为拿八的诞生地玛云在迦密山附近，因此其就在迦密城附近。他将迦百农置于此地更是一错再错，这可能是他认为位于太巴列附近的玛云也位于迦百农。这三个地方看似彼此接近，但也被遥远的距离所分割。很明显本杰明在此处仅关注了地名，并没有深入探究。他所记载的这些彼此联系的信息或者来自他的记忆，或者来自他对圣经贫乏的知识。当这些细小的记述随后被整理时，便形成了这样的记载。尽管他没有意识到迦密与迦密山的区别，此引起了手稿中的混淆，但他应当还是觉得玛云与迦百农、迦密等地相距不远。以上诸内容，详见 A.Asher，*The Itinerary of Benjamin of Tudela*，Vol.2，pp.79-80。

马库斯·南森·阿德勒亦言及本杰明是从沿海地区到达凯撒利亚(见下文本杰明对该地的记载)，并提及盖伊·勒·斯特兰奇(Guy Le Strange)谓

之:“小教堂托·卡尼萨(Tall Kanisah),又名奥-库尼萨(Al-Kunaisah),位于阿特利特(Athlith)南部数英里处的小山丘上,这是十字军曾占领的迦百农的地区。”(Guy Le Strange, *Palestine under the Moslems*, 1890, p.477.),本杰明对玛云应十分了解,其紧邻迦犹大部落的迦密,并不位于巴勒斯坦北部。如同迦斯·希弗(见上文本杰明对海法的记载)与其他地区,他应是在访问的地方听到的传言所致,详见 C.R.Conder,“Early Christian Topography”in *the Quarterly Statements of the Palestine Exploration Fund for 1876*, p.16; Fr.Hommel, *The Ancient Hebrew Tradition*, p.243。以上诸内容,详见 Marcus Nathan Adler, *The Itinerary of Benjamin of Tudela*, p.19。

拉帕拉特所提到的希伯来语句子,第 1 句意思为:经行 4 法尔萨赫到达 Kefar Nahum,它是那鸿村,即迦密地区;第 2 句意思为:经行 4 法尔萨赫到达 Kh'phar Thanchum,它是那鸿村,即迦密的拿八的地方。其中 Kefar Nahum(כפר נחום)与 Kh'phar Thanchum(לכפר תנחום),是关于迦百农拟音的差异:前者谓之נחום,后者谓之תנחום。第 1 句提及这为迦密地区(מקום על הכרמלי),第 2 句提及这位迦密的拿八的地方(מקום נבל הכרמלי),差异较大。

拉帕拉特所言之拿八城应是指拿八在迦密生活的地区。如拉帕拉特与马库斯·南森·阿德勒所言,此处的迦密不同于上文提到的迦密山,而是指位于犹大部落的一个地区。扫罗曾在此竖立纪念碑,《旧约·撒母耳记》(上,15:12)记载:“撒母耳清早起来迎接扫罗。有人告诉撒母耳说、扫罗到了迦密、在那里立了记念碑、又转身下到吉甲。”因此,此处应是本杰明将迦密山与迦密混淆,继而又将其联系至玛云与拿八。关于大卫与拿八的争辩与冒险,见《旧约·撒母耳记》(上,25:2—11),即上文注释所引。阿特利特,位于海法南部沿海地区。——译者

十六、凯撒利亚、路斯(卢德)、撒玛利亚与纳布卢斯

(从迦百农)经行6法尔萨赫到达凯撒利亚(Cesarea)。[1] 凯撒利亚是圣经中非利士人(Philistines)[2] 的迦特(Gath)。[3] 这里大约有200位犹太人以及200位古他斯人(Cuthaeans)[古他姆(Cuthim)]。后者是撒玛利亚(Samaritan)[撒玛利亚(Shomron)]犹太人,通常被称为撒玛利亚人。[4]

此城非常美丽、漂亮,位于海边。由希律王(Herod)建造此城,为纪念皇帝或凯撒(Caesar),并将其称为凯撒利亚[此城由凯撒建造,并称为凯撒利亚]。[5]

从凯撒利亚经行半日到达卡库(Kakun)[卡库(Kako)]。卡库是圣经中的基伊拉(K'eilah)[基伊拉(Keilah)];[6] 此地没有犹太人。

从卡库经行半日到达圣乔治(St.George)。圣乔治是古代的路斯(Luz)[卢德(Ludd)],仅有一位犹太人生活在此地,他是一位职业染工。[7]

从圣乔治经行一日到达塞巴斯特(Sebaste)[塞巴斯特亚(Sebastiya)]。这里是撒玛利亚的古城[撒玛利亚犹太人的城市]。[8] 在这里你可以看到以色列国王亚哈[暗利(Omri)之子)亚哈]的宫

殿遗址。[9] 这是一个非常坚固的山城,地处优美的地区——该地有丰富的水源,周围有园林、果园、葡萄园以及橄榄树林(山腰让此城变得异常坚固,溪水从山间流过。这片土地还有溪流、园林、果园、葡萄园以及橄榄树林)。[10] 但是,没有犹太人居住在此地。

从塞巴斯特经行 2 法尔萨赫到达纳布卢斯(Nablous)。纳布卢斯是位于以法莲(Ephraim)山的示剑(Sh'ekhem)[示剑(Shechem)],这里没有犹太人。[11] 此地位于基利心(Gerizim)山与以巴路(Ebal)山之间的峡谷地带,居住着 100(1 000)余位古他斯人(古他姆人)——他们只遵循摩西律法(摩西成文律法),被称为撒玛利亚人。[12]

33 他们有祭司,这些祭司是已故祭司亚伦的后裔,被他们称为亚伦尼姆(Aharonim)[亚伦尼姆(Aaronim)],[13] 只与祭司家庭通婚(不与古他斯人通婚,只在他们中间通婚)。[14] 这些祭司在基利心山上他们的犹太会堂(聚众的地方)进行献祭、燔祭,[15] 并根据圣经所记,"你就要将祝福的话陈明在基利心山上。"[16] 他们将此地当做圣殿一样对待。[17] 在逾越节与(其他)节日之时,祭司们在基利心山上建立的祭坛中进行燔祭;[18] 这些建立祭坛的石头是以色列子孙在跨过约旦河之后竖立的[正如他们的律法所写,你应该在基利心山上竖立石头,这些石头是约书亚与以色列子孙在约旦河所竖立的]。[19] 他们佯装(自称)是以法莲(Ephraim)部落的后裔,先祖雅各之子约瑟夫的墓在他们生活的地区,愿他安息——圣经中就提及:"以色列人从埃及所带来约瑟夫的骸骨,葬埋在示剑。"[20]

撒玛利亚人的字母中没有ה、ח、ע三个字母。[21] 字母ה源自我们的先祖亚伯拉罕,因为他们没有荣耀(尊严);字母ח源自我们的先

祖艾萨克，因为他们不够虔诚(善良)；字母 ע 源自雅各，因为他们
想要谦卑(不够谦卑)。[22]然而，他们将这些字母都读作 א。因此，34
我们得知他们不是犹太人的后代，尽管他们知道摩西律法，不知道
这三个字母。

这一派别小心地设法使自己免受意外死亡以及坟墓中的尸骨的玷污。无论任何时候，当他们进入犹太会堂(供奉之地)之时，都要换掉日常的着装；在进入之时，则用水清洗全身，换上其他(新)的衣服。[23]这就是他们的日常习惯。

基利心山有井(泉水)、果园(园林与种植园)，[24]以巴路山则荒芜，仅有岩石。纳布卢斯城(示剑)位于两座山的峡谷之中。

注释

1　亚设谓之经行 6 法尔萨赫，马库斯·南森·阿德勒从迦百农经行 6 法尔萨赫，详见 A. Asher, *The Itinerary of Benjamin of Tudela*, Vol.1, p.65；Marcus Nathan Adler, *The Itinerary of Benjamin of Tudela*, p.21。

亚设言及我们作者将凯撒利亚称为 שיזריש，即 Cesarea，该地阿拉伯人称为 Tshisery。这是一个很美的地方：伊德里斯(Edrisi, p.348)称凯撒利亚的周围是郊区，一个非常坚固的堡垒保护该地。为了确保凯撒利亚港口的安全与便利，希律王(Herod，公元前 74—前 4 年)不仅在此地建立了城墙，还增添了数座汉白玉宫殿，耗费甚大。他在此经营十二年之久，此城在诸多方面都得到了完善，之后庄重地宣布此城落成。为纪念奥古斯都，此城被称为凯撒利亚。目前，该地是一座衰落的村庄，厄比与曼格斯在该地附近发现了罗马与萨拉森人的遗迹(Irby and Mangles, *Travels*, pp.189-190)。以上内容，详见 A.Asher, *The Itinerary of Benjamin of Tudela*, Vol.2, p.82。

Cesarea 为 שיזריש 音译，Tshisery 与 Cesarea 音近，亦应源自希伯来语 שיזריש。该地位于以色列西北沿海地区，位于特拉维夫与海法之间。希律王，古犹太国王、罗马帝国犹太行省的从属国王。相传希律王曾救过凯撒(Caeser，公元前 100—前 44 年，罗马共和国末期政治家、军事家，前三头同盟

之一),因此获得凯撒准许统治以色列旧地全境。其曾扩建第二圣殿,修建凯撒利亚港口。从今迦百农到达凯撒利亚约 90 公里,本杰明记之 6 法尔萨赫(约 32.5 公里),差异较大。此处极有可能是因为从迦百农到凯撒利亚行程的文本缺失所致,待考。——译者

2　亚设谓之圣经中的非利士人,马库斯·南森·阿德勒则未言及,详见 A.Asher,*The Itinerary of Benjamin of Tudela*, Vol.1,p.65。

非利士人是古代居住在迦南南部沿海地区的族群。现代学者认为非利士人与希腊迈锡尼文化有某种联系,并非巴勒斯坦地区的土著民族,其可能是古代"海上民族"的一部分。非利士人曾占领迦南西南部沿海地区,与希伯来人为敌。公元前 6 世纪末,新巴比伦王国尼布甲尼撒二世占领迦南地区之后,非利士人的领地沦为新巴比伦国王领土。之后,非利士人很少再次出现。《旧约·撒母耳记》(上 6:17)记载:"非利士人献给耶和华作赔罪的金痔疮像,就是这些,一个是为亚实突,一个是为迦特,一个是为亚实基伦,一个是为迦特,一个是为以革伦。"——译者

3　亚设言及我们作者认为非利士人的迦特就是凯撒利亚,而迦特可能位于凯撒利亚附近地区(详见 Rosenmüller,II.II,273),详见 A.Asher,*The Itinerary of Benjamin of Tudela*, Vol.1,p.65。

马库斯·南森·阿德勒言及在十字军东征期间迦特应位于雅麦尼亚(Jamnia)附近地区,但位置并不明确(Baedeker,*Handbook to Palestine and Syria*,1876,p.317),详见 Marcus Nathan Adler,*The Itinerary of Benjamin of Tudela*,p.20。

迦特为非利士人的城邦之一,位于非利士人土地西北部。关于该地地望众说纷纭,现代考古学者认为其应为特拉·萨菲(Tell es-Safi)地区。特拉·萨菲位于雅麦尼亚东南地区。亚设与马库斯·南森·阿德勒所言皆与此有所出入,关于该地地望仍需更多考古发现进行证明。雅麦尼亚,又称亚夫内(Yavne),位于以色列中西部沿海平原地区,特拉维夫以南。——译者

4　亚设谓之古他斯(Cuthaeans)、Samaritan,马库斯·南森·阿德勒谓之古他姆(Cuthim)、Shomron,两者分别音近,所指相同,详见 A.Asher,*The Itinerary of Benjamin of Tudela*, Vol.1,p.65;Marcus Nathan Adler,*The Itinerary of Benjamin of Tudela*,p.20。

撒玛利亚人为古代以色列国的后裔。公元前 740 年,亚述帝国灭亡以色列国,并把外族移入以色列地区。这些外族与当地犹太人所生的后裔被称为

撒玛利亚人。由于其与异族通婚,并混合了外族的宗教崇拜,因此不被南部的犹大国所接受,被视为以色列人的一个旁支。文中 Samaritan 与 Shaomron 音近,皆指撒玛利亚。《旧约·列王记》(下,17:24)记载:"亚述王从巴比伦、古他(Cutha)、亚瓦、哈马和西法瓦音迁移人来,安置在撒玛利亚的城邑,代替以色列人。他们就得了撒玛利亚,住在其中。"据 1 世纪著名犹太史学家约瑟夫所著《犹太古史》中记载,亚述王将古他等地的族群迁往以色列,这些人与当地犹太人通婚,古他一词又被用于称呼这些后裔,称为古他斯,即指撒玛利亚人;有时又被称为古他姆,两者所指相同。该地位于美索不达米亚地区幼发拉底河上游地区。关于该词意义,可详见 V.J.Samkutty, *The Samaritan Mission in Acts*, New York: T&T Clark, 2006, pp.62-63。——译者

5 亚设谓之希律王(Herod)建造此城,为纪念皇帝或凯撒,并将其称之为凯撒利亚;马库斯·南森·阿德勒谓之:此城由凯撒建造,并成为凯撒利亚。详见 A. Asher, *The Itinerary of Benjamin of Tudela*, Vol. 1, p. 65; Marcus Nathan Adler, *The Itinerary of Benjamin of Tudela*, p.20。

如上文注释所言,希律王曾在凯撒利亚经营多年,奠定此城的基础,而并无史料显示凯撒曾营造此城。因此,马库斯·南森·阿德勒此处应是讹误。——译者

6 亚设分别谓之 Kakun、K'eilah,马库斯·南森·阿德勒谓之 Kako、Keilah。两人所言皆音近,所指相同,详见 A. Asher, *The Itinerary of Benjamin of Tudela*, Vol. 1, p. 65; Marcus Nathan Adler, *The Itinerary of Benjamin of Tudela*, p.20。

亚设言及卡库在文本中读作קקון,为了与鲁滨逊教授的旅行同伴牧师史密斯的建议一致,这里被转录为 Kakun;伯格豪斯(Berghaus)在叙利亚地中也提到这个地名。然而,在我们所掌握的这些作者中,并没能够发现任何对此地的关注。所有涉及巴勒斯坦地理的作品对基伊拉的关注以及史密斯先生的观点,不禁让我们认为拉比本杰明将基伊拉认定为卡库的观点并不正确。以上内容,详见 A. Asher, *The Itinerary of Benjamin of Tudela*, Vol. 2, pp.82-83。

马库斯·南森·阿德勒言及卡库位于凯撒利亚与卢德(Lydda)之间(Conder's *Latin Kingdom of Jersulam*; Munk Palestine's *Palestine*),详见 Marcus Nathan Adler, *The Itinerary of Benjamin of Tudela*, p.20, n.2。

如马库斯·南森·阿德勒所言,卡库位于凯撒利亚东南部地区,在凯撒

利亚与卢德之间，是一座阿拉伯人村庄。据《旧约·约书亚记》(15:21—44)记载："犹大支派尽南边的城邑，……基伊拉，亚革悉，玛利沙，共九座城，还有属城的村庄。"此显示基伊拉位于犹大南部地区。本杰明将基伊拉认定为卡库，但又有人认为其拉(Qila)——其拉位于特拉维夫、耶路撒冷以南地区。关于基伊拉具体地望，仍有所争议。从今凯撒利亚到卡库约30公里。卢德，位于特拉维夫东南部地区15公里处，又称Ludd。——译者

7 亚设谓之路斯、他是一位职业染工，马库斯·南森·阿德勒谓之卢德、他是一位染工，详见A.Asher, *The Itinerary of Benjamin of Tudela*, Vol.1, p.65; Marcus Nathan Adler, *The Itinerary of Benjamin of Tudela*, p.20。

亚设引用《旧约·士师记》(1:26)所记："那人往赫人之地去，筑了一座城，起名叫路斯。那城到如今还叫这名。"认为本杰明此处所记即此路斯城，详见A.Asher, *The Itinerary of Benjamin of Tudela*, Vol.1, p.65, n.d。

如《旧约·士师记》(1:23—26)所记："约瑟夫家打发人去窥探伯特利(Bethel)。那城起先名叫路斯。窥探的人看见一个人从城里出来，就对他说，求你将进城的路指示我们，我们必恩待你。那人将进城的路指示他们，他们就用刀击杀了城中的居民，但将那人和他全家放去。那人往赫人之地去，筑了一座城，起名叫路斯。那城到如今还叫这名。"路斯城原为伯特利城(位于耶路撒冷正北十余公里处)的名字，后来通风报信的那人往赫人之地建筑了一座城，名为路斯。亚设认为本杰明此处所提即此城。赫人为迦南地区一个古民族，在亚伯拉罕之前就定居在迦南地区，拥有大片领土。亚设所指的路斯城具体位置尚不得知。马库斯·南森·阿德勒所言卢德城，如上文所述位于特拉维夫东南部地区15公里处，《旧约·历代志》(上8:12)记之："以利巴力的儿子是希伯，米珊，沙麦。沙麦建立阿挪和卢德二城与其村庄。"天主教圣人圣乔治(280—303年)的母亲即来自卢德城，传说圣乔治出生于卢德，但至少曾在卢德生活。马库斯·南森·阿德勒提及圣乔治的墓地仍在卢德的希腊教堂中陈列，详见Marcus Nathan Adler, *The Itinerary of Benjamin of Tudela*, p.20, n.3。因圣乔治的地位，卢德也被称为圣乔治。综上所述，路斯与卢德在圣经中应是两个不同的地区，圣乔治则与卢德城有着深厚的渊源，所以本杰明此处所记的圣乔治应是指卢德城，亚设之考证存疑。从今卡库到圣乔治约50公里。——译者

8 亚设谓之塞巴斯特、撒玛利亚人的古城，马库斯·南森·阿德勒谓之

塞巴斯特亚、撒玛利亚犹太人的城市，其中 Sebaste 与 Sebastiya 音近，所指相同。以上详见，A. Asher，*The Itinerary of Benjamin of Tudela*，Vol.1，p. 65；Marcus Nathan Adler，*The Itinerary of Benjamin of Tudela*，p.20。

亚设言及此处将塞巴斯特认定为撒玛利亚，以及对该地周围美丽景色的描述（见下文），与所有现代作者的描述都极为一致。蒙德雷尔提到："塞巴特斯是古代的撒玛利亚。在十个部落从大卫家（the House of David）造反之后，这里就是他们的皇城。大希律王时期，其不再被称为撒玛利亚。大希律王将此城从废墟之中建筑得极为壮观，为纪念奥古斯都而称其为塞巴特斯。"（Maundrell，p. 58）。伊德里斯（Edrisi，I. 319，360）与阿布肥达（Abulfeda，*Annal.Moslem*.IV.62）也曾提及塞巴特斯这一名字，"此城位于一座椭圆形的长山中。这里不仅有一个丰饶的山谷，而且被群山环绕。此座大城现在完全被改造为花园。能够说明此地的所有存留下来的标记仅有北面的一个大的广场——石柱环绕在该广场周围，与东面的一座伟大教堂的断壁残垣——据说该教堂由海伦娜皇后建立。这些被基督徒视为断壁残垣的教堂遗址，有可能就是犹太人所认为的亚哈的宫殿遗址。"以上内容，详见 A. Asher，*The Itinerary of Benjamin of Tudela*，Vol.2，p.83。

撒玛利亚城位于以色列中部地区撒玛利亚山地区，公元前 9—前 8 世纪北部以色列王国的首都。北部以色列王国君主暗利购买撒玛利亚山，并营建此城，作为都城。《旧约·列王记》（上，16：24）记载："暗利用二他连得银子向撒玛买了撒玛利亚山，在山上造城，就按着山的原主撒玛的名，给所造的城起名叫撒玛利亚。"希律王时期为纪念奥古斯都，将该地改名为塞巴特斯。Sebaste 源自希腊语，相当于拉丁语中的 Augusta。古代城市为纪念奥古斯都，而被称之为 Sebaste。从今卢德到塞巴特斯约 85 公里。大卫家，指大卫家族及其后裔。——译者

9　亚设谓之以色列国王亚哈的宫殿遗址，马库斯·南森·阿德勒谓之暗利之子亚哈的宫殿遗址，详见 A. Asher，*The Itinerary of Benjamin of Tudela*，Vol.1，p.65；Marcus Nathan Adler，*The Itinerary of Benjamin of Tudela*，p.20。

亚哈，北部以色列王国第七任君主，详见上文注释。暗利（公元前 884—前 873 年在位），北部以色列王国第六任君主，亚哈之父。——译者

10　亚设谓之这是一个非常坚固的山城，地处优美的地区——该地有丰富的水资源，周围有花园、果园、葡萄园以及橄榄树林。马库斯·南森·阿德

勒则谓之山腰让此城变得异常坚固,溪水从山间流过。这片土地还有溪流、花园、果园、葡萄园以及橄榄树林。详见 A. Asher, *The Itinerary of Benjamin of Tudela*, Vol.1, p.66; Marcus Nathan Adler, *The Itinerary of Benjamin of Tudela*, p.20。

11 亚设谓之 Sh'ekhem,马库斯·南森·阿德勒谓之 Shechem,两者音近,皆指示剑,详见 A. Asher, *The Itinerary of Benjamin of Tudela*, Vol.1, p.66; Marcus Nathan Adler, *The Itinerary of Benjamin of Tudela*, p.20。

亚设言及纳布卢斯即古代的示剑,并提及伊德里斯曾称:"纳布卢斯是撒玛利亚国家的都会。你会看到由先祖雅各(Jacob the Patriarch)挖的一口井。耶路撒冷的人们说仅在此处与另外一个地方可以遇见撒玛利亚人,这另外一个地方位于前往埃及途中距离加沙 30 英里处。"(Edrisi, I.339)。孟德雷尔曾用两个小时从塞巴斯特到达纳布卢斯,称该地是《新约》中的示剑(Sychem, Sychar)。

孟德雷尔言及:"纳布卢斯位于北面的基利心山与南面的以巴路山狭窄的山谷之间,建于基利心山山脚。犹太史家约瑟夫对该城与山的形势有所记述(Jospephus, *Antiq. Jud*. Lit.5. Chap.9),其言基利心山好似悬挂在示剑上面(Lib.4. Chap.ult)。摩西命令建立了一座祭坛。此祭坛面向东方,与示剑不远,示剑位于基利心山右侧(若向东部望去,其应是南方)与以巴路山(Hebal,为 **הר עיבל** 音译,其中 **הר** 为山之意,此处即指以巴路山)左侧(若向东望去,其应是北方)之间。如此两座山的位置便很清楚,但不知何故地理学家却提出了很多与此不同的意见。又不知阿德戈米努斯(Adrichomius)为何认为它们位于示剑峡谷的同一侧。上帝从基利心山上传递了对以色列子孙的祝福,而从以巴路山传递了诅咒[《旧约·申命记》(2:29),亚设在此补充到《塔木德》学者认为在《旧约·申命记》(11:29)中所记之为上帝传递祝福的那人并没有在基利心山上,而仅是面对此山;他们将 **את הברכה**(祝福)译作昂赫路斯(Onkelos)的 **ית מברכיא**(那些祝福)]。撒玛利亚人的首要居住地示剑就在基利心山,示剑有一座小神庙或祭祀之地,用于开展他们的宗教仪式;有时,他们仍想对其进行修缮。这些仪式的内容我不得而知,但是如犹太人所言他们的仪式中包括对小牛的崇拜,其中更多的是一种亵渎,而非真实的仪式。上帝曾在其中的这些山上命令以色列子孙竖立大石,在上面涂写、镌刻他们的律法,并建立祭坛,进行献祭、禁食,在上帝面前[《旧约·申命记》(27:4)]。但是,这个庄严的事情到底发生在基利心山,还是以巴路山,现在都值得怀疑。从《托拉》的记载中,我们得知发生在以巴路山,但是撒玛利亚人认为在基利心山。我们的同伴在纳布卢斯停留了一段时间,我有幸拜访了撒玛利亚人的主祭司,想与他探讨《托拉》中出现的这个问题以及其他问题。博学的约伯·鲁道夫(Job Ludolphus)曾向我询问过这些问题。他著有《埃塞俄比亚史》(*the Acthiopick History*)一书。我经过德国时曾在法兰克福拜访过他。关于圣经与撒玛利亚人之间的不同,这位祭司自称犹太人恶意地改变了他们的记载,流露出对撒玛利亚人的憎恨;选择以巴路山,而非基利心,仅仅是因为撒玛利亚人在基利心山供奉。正因为如此,它们将不会是上帝选定的对其进行供奉、献祭的真正地方。为了证明这点,他辩护道以巴路山是被诅咒的山[《旧约·申命记》(2:29)],其本身就是一个令人感到不愉悦的地方;但是,基利心山是上帝亲自选定的传递祝福的山,并指定了这些宗教节日[《旧约·申命记》(27:4)],因此并不是(犹太人篡改的)以巴路山。我们注意到在某种程度上,他对这两座山本质情况的辩护无疑是正确的,而这些山民都不曾吹嘘自己所能带来的愉悦。但是比较而言,基利心山比以巴路山更加葱绿、丰饶。这可能是因为,基利心山面向北方,能够通过自己背对太阳的阴影遮蔽太阳的热量,而以巴路山面向南方,直接受到太阳的照射,以致被烧焦,显得比较贫瘠。这位撒玛利亚人的祭司没有谈起这些巨石——这些巨石是上帝让约书亚竖立的,现在在基利心山上仍然能够看到。这些现存的巨石将决定这一问题显然倾向于祭司一方。”

博学的孟德雷尔所言就是这些。关于此特殊的族群,可详见巴斯纳戈(Basnage)的《犹太史》(*Histoire des Juifs*)以及约斯特的《以色列史》(*Geschichte der Israeliten*)。据我们作者的记载——其应比伊德里斯更加自信,尽管不可否认撒玛利亚人的数量不多,但除了阿拉伯地理学家提到的撒玛利亚人之外,此时在我们作者所到的城市中都可见到撒玛利亚人。最后一位访问这一古老支派的遗迹的犹太人旅行者是罗未(Loewe)博士。他提到大约还有30户撒玛利亚人。关于他的信件,详见 *Allgemeine Zeitung des Judenthums*,1839,No.39,46,47,50,56。在此我们将信息提供给那些感兴趣的读者。以上诸内容,详见 A.Asher,*The Itinerary of Benjamin of Tudela*, Vol.2,pp.84-87。

纳布卢斯位于约旦河西岸地区,耶路撒冷以北60余公里处。示剑则是北部以色列王国第一个首都,与纳布卢斯地区相连。《旧约·约书亚记》(20:7)记载:“在以法莲山地分定示剑。”以法莲山即以色列以法莲部落所占据山区的统称。该地位于基利心与以巴路山之间的峡谷地带、基利心山山脚，是撒玛利亚人分布的重要城市之一。另外，亚设在注释中提到的族长雅各，为艾萨克之子、亚伯拉罕之孙，与亚伯拉艾萨克并称为以色列的族长，此三人所生活的大约公元前2000年的时期也被称为以色列“族长时期”。雅各有12个儿子，这些儿子分别成为以色列十二部落的族长，由此形成了十二部落。据《旧约·创世记》(32:28)记载：“那人说，你的名不要再叫雅各，要叫以色列。因为你与神与人较力，都得了胜。”所以得名以色列，意为“与上帝角力者”，雅各的后代因此也被称为以色列十二部落。关于“诅咒”与“祝福”，《旧约·申命记》(2:29)记载：“就如住西珥的以扫子孙和住亚珥的摩押人待我一样，等我过了约旦河，好进入耶和华我们神所赐给我们的地。”《旧约·申命记》(11:29)记载：“及至耶和华你的神领你进入要去得为业的那地，你就要将祝福的话陈明在基利心山上，将诅咒的话陈明在以巴路山上。”《旧约·申命记》(27:4)记载：“你们过了约旦河，就要在以巴路山上照我今日所吩咐的，将这些石头立起来，墁上石灰。”孟德雷尔所提到的撒玛利亚人崇拜小牛应是因为他们的宗教仪式中吸收了很多异族崇拜，因此被犹太人排斥。从今塞巴斯特到纳布卢斯约8英里，本杰明记之2法尔萨赫(6.8英里)，大致一致。

撒玛利亚国家即指古代北以色列王国。加沙地带位于西奈半岛东北部地区，加沙城即位于此地。阿德戈米努斯(1533—1585年)，天主教祭司、神学家。昂赫路斯，生活在2世纪期间，相传为罗马皇帝哈德良的侄子，之后改宗犹太教，曾参与将希伯来文圣经翻译为希腊文。约书亚，摩西之后犹太人的领袖，带领犹太人离开旷野，进入迦南。——译者

12　亚设谓之100余人、古他斯人以及遵循摩西律法，马库斯·南森·阿德勒谓之1000余人、古他姆人以及遵循摩西成文律法，详见A. Asher, *The Itinerary of Benjamin of Tudela*, Vol.1, p.66; Marcus Nathan Adler, *The Itinerary of Benjamin of Tudela*, p.20。

两人所言人数差别为文本差异所致，如上文注释所言古他斯人即古他姆人。摩西律法主要指《托拉》。相对于《口传托拉》而言，《托拉》即为成文律法。基利心山与以巴路山见上文注释。——译者

13　亚设谓之Aharonim，马库斯·南森·阿德勒谓之Aaronim，详见A. Asher, *The Itinerary of Benjamin of Tudela*, Vol.1, p.66; Marcus Nathan Adler, *The Itinerary of Benjamin of Tudela*, p.20。

如上文注释所言，亚伦为古代以色列人第一位大祭司，也是祭司职位的

创始人。亚伦的儿子们之后也被授予圣职祭司,并被称为亚伦子孙。亚伦的希伯来语称谓为אַהֲרֹן。据 Aharonim 与 Aaronim 发音判断,应为אַהֲרֹן的阳性复数形式为**אהרנים**。**אהרנים**此处应指亚伦的子孙。——译者

14 亚设谓之他们只与祭司家庭通婚,马库斯·南森·阿德勒谓之他们不与古他斯人通婚,只在他们中间通婚,所指相同,详见 A.Asher, *The Itinerary of Benjamin of Tudela*, Vol. 1, p. 66; Marcus Nathan Adler, *The Itinerary of Benjamin of Tudela*, p.20。

马库斯·南森·阿德勒言及考利(A.Cowley)先生曾在一篇关于撒玛利亚人礼仪的文章中(*J.Q.R.*, VII, 125),提到"亚伦之家"(the House of Aaron)于 1624 年谢世。其随后演变为另外一个支脉,祭司被称为"利未的科恩"(**כהן הלוי**, the Levite Cohen),详见 Adler and Seligsohn, *Une nourelle chronique Samaritaine*, Pairs: Durlacher, 1903。以上内容,详见 Marcus Nathan Adler, *The Itinerary of Benjamin of Tudela*, p.20, n.4。

历史上利未部落一直负责、从事与圣殿宗教活动的有关的宗教事务。如上文注释所言,在利未部落(希伯来语הלוי,即 Levite)中,亚伦与其子孙被选作为圣殿的祭司,亚伦作为首任大祭司;亚伦之后,其子孙继承祭司职位,被称为הכהן(Hacohen),为祭司之意——其中希伯来字母ה为确指之意,相当于英语中的 the,拟音为 Ha,因此הכהן拟音为 Hacohen。亚伦死后,其子孙成为新的祭司,故被称为"利未的科恩"或"来自利未的科恩"。关于亚伦生卒年代,不得而知。考利此处应是指作为首任祭司的亚伦死后,且其时间肯定为公元前,故此处应是为公元前 1624 年。——译者

15 亚设谓之犹太会堂,马库斯·南森·阿德勒谓之聚众的地方,详见 A.Asher, *The Itinerary of Benjamin of Tudela*, Vol.1, p.66; Marcus Nathan Adler, *The Itinerary of Benjamin of Tudela*, p.20。

燔祭是指将所献上的整只祭牲完全烧在祭坛上,全部经火烧成灰的一种祭祀仪式。犹太教的燔祭,详见《旧约·利未记》中的描述。——译者

16 如上文注释所言,《旧约·申命记》(11:29)记载:"及至耶和华你的神领你进入要去得为业的那地,你就要将祝福的话陈明在基利心山上,将咒诅的话陈明在以巴路山上。"——译者

17 亚设提及《塔木德》犹太人的原则认为这些献祭等活动只能在圣殿举行;圣殿被摧毁后,这些活动亦随之停止,详见 A.Asher, *The Itinerary of Benjamin of Tudela*, Vol.1, p.66, n.c。

18 亚设谓之逾越节与节日，马库斯·南森·阿德勒谓之逾越节与其他节日，详见 A. Asher, *The Itinerary of Benjamin of Tudela*, Vol.1, p.66; Marcus Nathan Adler, *The Itinerary of Benjamin of Tudela*, p.20。

19 亚设谓之这些建立祭坛的石头是以色列子孙在跨过约旦河之后竖立的，马库斯·南森·阿德勒谓之正如他们的律法所写，你应该在基利心山上竖立石头，这些石头是约书亚与以色列子孙在约旦河所竖立的。详见 A. Asher, *The Itinerary of Benjamin of Tudela*, Vol.1, pp.66-67; Marcus Nathan Adler, *The Itinerary of Benjamin of Tudela*, pp.20-21。

《旧约·申命记》(27:2—6)记载："你们过约旦河，到了耶和华你神所赐给你的地，当天要立起几块大石头，……你们过了约旦河，就要在以巴路山上照我今日所吩咐的，将这些石头立起来，墁上石灰。在那里要为耶和华你的神筑一座石坛。……在坛上要将燔祭献给耶和华你的神。"马库斯·南森·阿德勒所言应是引自《旧约·申命记》的记载，这里应是跨过约旦河，而非在约旦河。另外，《旧约·申命记》记载此事发生在以巴路山，而非基利心山。如上文注释所言，撒玛利亚人认为犹太人篡改了圣经的记载，仍认为圣经中所指的是基利心山，而非以巴路山。——译者

20 亚设谓之佯装，马库斯·南森·阿德勒谓之自称，详见 A. Asher, *The Itinerary of Benjamin of Tudela*, Vol.1, p.67; Marcus Nathan Adler, *The Itinerary of Benjamin of Tudela*, p.21。

亚设提及约瑟夫的墓现在仍然存在，我从史密斯牧师那里得知。1839年，他曾与鲁滨逊教授参观过这一遗迹（详见 *Clarke IV*, 275），详见 A. Asher, *The Itinerary of Benjamin of Tudela*, Vol.2, p.87。

马库斯·南森·阿德勒言及约瑟夫的墓葬是一个呈四方形状的小的建筑，在雅各所挖的井以北附近，位于纳布卢斯山谷东部入口处，详见 Marcus Nathan Adler, *The Itinerary of Benjamin of Tudela*, p.21, n.1。

约瑟夫为雅各的第十一位儿子，也是其最为宠爱的儿子。其被同父异母的哥哥们因为嫉恨而卖往埃及为奴；之后，曾担任埃及皇室担任要职。后因迦南大旱，约瑟夫将家人接往埃及。雅各在临终前给了约瑟夫长子的身份，长子可继承两份土地。约瑟夫的两个儿子玛拿西(Manasseh)与以法莲继承了这两份土地，日后玛拿西与以法莲也被作为两个支派分别列出。但是，由于利未部落要事奉圣殿，不能继承土地。因此，最后仍有十二支派。关于约瑟夫葬于示剑，《旧约·约书亚记》(24:32)记载："以色列人从埃及所带来约

瑟夫的骸骨,葬埋在示剑,就是在雅各从前用一百块银子向示剑的父亲,哈抹的子孙所买的那块地里。这就作了约瑟夫子孙的产业。”——译者

21　马库斯·南森·阿德勒提及关于此问题,可详见 Guy Le Strange, *Palestine*,381,以及亚设引用的拉帕波特的注释 166(见下一注释),详见 Marcus Nathan Adler,*The Itinerary of Benjamin of Tudela*,p.21,n.2。

22　亚设分别谓之没有荣耀、他们想要谦卑,马库斯·南森·阿德勒则谓之没有尊严、他们不够谦卑,详见 A.Asher,*The Itinerary of Benjamin of Tudela*, Vol.1,p.67;Marcus Nathan Adler,*The Itinerary of Benjamin of Tudela*,p.21。

拉帕波特提及本杰明的记述被现代很多评论家与游历者所证实——撒玛利亚人都好像把这三个字母读作א,这是讹误。详见 Eichhorn,*Einleitung in das alte Testment*, §.97.384;*Gesenius de Pentateuchi samaritain origine* etc. §.52.;*Allgemeine Zeitg des Judenthunums*,l.c。亦可与《塔木德》进行比较,详见 *Thalmud*,‘Erubin p.52.b,其中加利利人对这些字母的发音也很滑稽。该段剩下的内容在我看来应是之后由一些卡巴拉抄书员所增添。以上为亚设所引用的拉帕波特的注释。亚设还提及马克里齐(Makrizi)也同样记载了撒玛利亚人的这一情况,详见 De Sacy,*Chrestomathic arabe*I。以上诸内容,详见 A. Asher, *The Itinerary of Benjamin of Tudela*, Vol. 2, pp.87-88。

据《旧约·创世记》(17:5)记载:“(上帝对亚伯拉罕说)从此以后,你的名不再叫亚伯兰(Abram),要叫亚伯拉罕,因为我已立你作多国的父。”上帝在与亚伯拉罕立约之后,给亚伯兰的新名字亚伯拉罕,即在אברם(Abram)中间加字母ה,构成אברהם(Abraham)。有学者认为אברם意为“崇高的父亲”,אברהם则意为“众人(多国)的父亲”,其中新加的字母ה被认为是尊严、荣耀的象征。关于אברם,אברהם的意思,详见 Wayne A. Meeks, ed., *The Harper Collins Study Bible*,Harper Collins Publishers,p.26。

《旧约·创世记》(17:19)记载:“神说,不然,你妻子撒拉要给你生一个儿子,你要给他起名叫艾萨克。我要与他坚定所立的约,作他后裔永远的约。”艾萨克希伯来语为יצחק,其中ח在希伯来语中被赋予数字 8 的意思,יצחק中的字母ח表示在艾萨克出生第八天进行割礼。因此,字母ע被认为是虔诚的象征。希伯来语字母ע被赋予数字 70 的意思,《旧约·出埃及记》(1:1—5)记载:“以色列的众子,各带家眷和雅各一同来到埃及,他们的名字记在下面。……

凡从雅各而生的，共有 70 人。约瑟夫已经在埃及。”因此，希伯来字母ע又被认为与雅各同去埃及的 70 人有联系。另外ע在希伯来语词根中常表示苦难的意思，故常被用于形容“雅各的苦难”，如《旧约・耶利米书》(30:7—10)记载：“哀哉。那日为大，无日可比。这是雅各遭难的时候，但他必被救出来。……故此，耶和华说，我的仆人雅各阿，不要惧怕。以色列阿，不要惊惶。因我要从远方拯救你，从被掳到之地拯救你的后裔。雅各必回来得享平靖安逸，无人使他害怕。”或因如此，该字母被认为来自雅各，为谦卑的象征。关于对雅各名称的解释，详见 Deborah Jean Stearn, *Unveiling the Time of Jacob's Trouble*, 2013, Redemption Press, Po Box, 427, Enumclaw, WA。另外，根据上下文意思而言，亚设在文中提到的撒玛利亚人想要谦卑，似乎理解为他们没有谦卑更加合理。此疑似亚设文本抄写之时的讹误。加利利人，历史上的加利利指北到黑门山、南到迦密山、东到约旦裂谷、西到地中海沿岸地区。马克里齐(1364—1442 年)，埃及历史学家。——译者

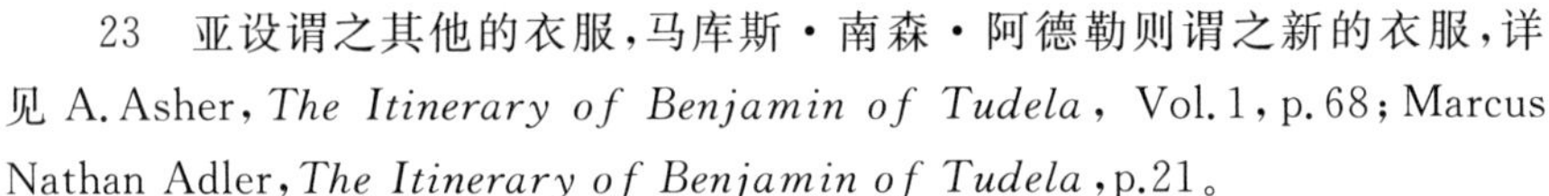

23 亚设谓之其他的衣服，马库斯・南森・阿德勒则谓之新的衣服，详见 A. Asher, *The Itinerary of Benjamin of Tudela*, Vol. 1, p. 68; Marcus Nathan Adler, *The Itinerary of Benjamin of Tudela*, p.21。

24 亚设谓之井与果园，马库斯・南森・阿德勒则谓之泉水、花园与种植园，详见 A. Asher, *The Itinerary of Benjamin of Tudela*, Vol. 1, p. 68; Marcus Nathan Adler, *The Itinerary of Benjamin of Tudela*, p.21。

十七、基利波山与耶路撒冷

从纳布卢斯经行4法尔萨赫到达基利波山，基督徒称其为基利波(Jelbon)[基利波(Gilboa)]山。[1] 此山非常贫瘠(位于炎热地带)。[2]

从基利波山经行5法尔萨赫到达亚雅仑(Ajalon)谷，基督徒称其为瓦尔·德·卢纳(Val de Luna)(从基利波山经行5……这是一个村庄；没有犹太人居住在此。再经行2法尔萨赫到达亚雅仑谷，基督徒称其为瓦尔·德·卢纳)。[3]

从亚雅仑谷经行1法尔萨赫到达基遍·大卫(Gran David)，大穆罕默德(Mahomerie-le-Grand)。此地是曾经的基遍(Gib'on)[基遍(Gibeon)]大城，没有犹太人居住在此。[4]

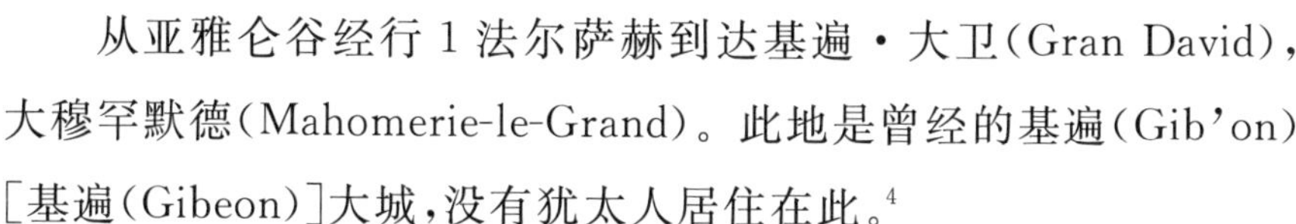

从该地经行3法尔萨赫到达耶路撒冷。此城很小，由三面城墙守护。这里有各式各样的人，如(伊斯兰教徒所称)雅各布斯人(Jacobites)、亚美尼亚人、希腊人、格鲁吉亚人以及法兰克人，可以说讲所有语言的人都在耶路撒冷。[5] 耶路撒冷的犹太人租用这里
的染坊，并从国王那里购得了经营此贸易的垄断权(耶路撒冷的犹 35
太人通过每年向国王[6] 缴纳少量租金租用了这里的染坊，条件是除了犹太人之外，耶路撒冷不得有其他染工)；这些犹太人大约有200位，居住在大卫塔下的一个城市角落之中。[7]

这座建筑(大卫塔)的大约 10 码(腕尺)长的底座(墙垣)是我们祖先在很久之前建立的(地基的一部分),[8] 其余的建筑由穆罕默德建造。此城中没有任何建筑比大卫塔更加坚固。

耶路撒冷城中有两座医院(两座建筑,其中一座为医院)。医院为 400 余位骑士服务,并收留所有病人,照料他们的生死;第二个被称为所罗门医院,这是所罗门国王建筑宫殿的地方(第二座建筑是所罗门圣殿,这是以色列王国所罗门建立的宫殿)。[9]

这座医院也是避难所,400(300)余位骑士驻扎在此。这些骑士来自法兰克王国以及其他基督教地区,在此备战(每天进行军事训练);他们通常履行一年或两年的誓约,直到结束为止。[10]

36 耶路撒冷有一处祭拜的场所,被称为圣墓(Sepulchre)(耶路撒冷有一座被称为圣墓的教堂)。那个人(耶稣)的墓地就在这里,(基督徒)朝圣者皆来此地。[11]

耶路撒冷有四座城门,亚伯拉罕城门、大卫城门、锡安(Tsion)[锡安(Zion)]城门以及约沙法(Jehoshaphat)城门[谷什帕特(Gushpat)城门,即约沙法城门]。[12] 约沙法城门的对面是古代的圣殿,现在则是一个称为圆顶清真寺(Templo Domino)[圆顶清真寺(Templum Domimi)]的建筑;奥马尔·本·赫塔卜(Omar Ben Al-Khataab)在圣所上建立了一个硕大、漂亮的圆顶建筑。[13] 禁止(异教徒)将肖像或画像带入其中,这里是仅供祷告的地方。[14] 在圆顶清真寺前面,可以看到西墙。西墙是古代圣殿至圣所的一面城墙。[15](在城墙中)有一处城门被称为慈悲之门(Gate of Mercy),所有犹太人都来到圣殿庭院的城墙前祷告。[16]

在耶路撒冷,还可以看到一个马厩。该马厩由所罗门用巨石建造，硕大无比，是所罗门宫殿的一部分。在世界其他地方绝对见不到此等马厩。[17]

迄今仍然能够看到古代（祭司）在献祭中进行宰杀所用的沟渠遗址。[18]来到此地的犹太人都在附近的墙上刻上自己的名字。

如果你从约沙法城门离开城市，你就会看到押沙龙宫殿上的 37
石柱、乌西雅（'Usia）的陵墓、西罗亚（Shiloach）大泉——其流向汲沦（Kidron）溪[约沙法门通向约沙法谷；约沙法谷是诸国聚集之地。这里有被称为"押沙龙之手"的石柱以及乌西雅（Uzziah）陵墓。附近还有西罗亚（Siloam）大泉，即西罗亚池——其与汲沦溪相通]；经过西罗亚大泉，有一处我们祖先建造的大建筑。[19]耶路撒冷极度缺水，人们在家中经常用水缸收集雨水，并饮用之。

从约沙法谷便可登上橄榄山（Mount of Olives）[20]——约沙法谷位于耶路撒冷城与橄榄山之间。从约沙法谷（橄榄山）可以清晰地看到死海[所多玛海（the Sea of Sodom）]。盐柱（the Salt Pillar）位于死海 2 法尔萨赫以远，是罗得妻子的化身；尽管羊不断添着盐柱，但是盐柱会再次形成，并恢复到初始状态。[22]你还可以看到死海的整个峡谷（平原）、什亭（Shittim）溪，远至尼波（N'bo）[尼波（Nebo）]山。[23]

锡安山在耶稣撒冷附近（在耶路撒冷前方）。[24]这里除了一个祭拜拿撒勒的场所（基督徒的祭拜场所）之外，再没有其他建筑。[25]此外，还会看到犹太人的三个墓地（还会看到在面对耶路撒冷 3 英里远的地方是以色列人的墓地），先前的一些死者被埋葬在这里，一些坟墓的墓碑石上刻有墓志铭（每个坟墓都有陈旧的墓志铭）；但是，基督徒破坏了这些墓碑石，并用其建造他们的房子，[这些坟墓一直延伸到远至本杰明(部落)的领地泄撒(Zelzah)]。[26]

38 耶路撒冷被高山环绕。大卫家(the House of David)[27]的墓
地以及大卫王继任者的墓地位于锡安山。但是,这些墓地具体位
置现在已经很难确定,这是因为十五年前锡安山祭拜场所(教堂)
的一面墙曾倒塌;之后,牧首命令祭司(监工)进行重修,即从锡安
山旧墙中取出一些石头用于重修,这个命令被执行。[28]他雇用了
20余位工匠,并支付给他们工资。这些工匠从锡安山旧墙的墙角
取出石头。其中两位工匠关系十分密切。有一天,他们彼此取乐;
愉快地用餐之后,返回到工地。监工质问他们缘何迟到,他们回答
道:“你为何要抱怨?当其他工匠用餐的时候,我们将会继续工
作。”当午餐时间到来之时,其他工匠前去用餐,他们继续搬运石
头。突然当他们拿起一块石头之时,发现了一个洞穴。他们便商
量着进入这个洞穴寻找宝藏,并发现了一个大厅——这个大厅由
39 镶嵌着金银的大理石柱支撑。在大厅前方有一张桌子、一个权杖
以及一枚王冠。这就是以色列国王大卫的陵墓。在大卫王陵墓左
侧,是所罗门王的陵墓;所罗门王陵墓与大卫王陵墓类似。然后,
就是埋葬在这里的所有犹大王国国王的陵墓。他们还看到了被锁
着的库房,里面的情况无人得知。他们试图进入大厅,但是从洞口
处刮来一股狂风,将他们吹倒在地,几乎丧命,直到晚上才清醒。
此时,吹来了另外一股风,好像有人在风中向他们喊道:“起来!从
这里离开!”他们非常害怕地迅速离开了这里,并向牧首告诉了他
们的遭遇。牧首随即与拉比亚伯拉罕(R.Abraham)[拉比亚伯拉
罕·康斯坦丁(R.Abraham el-Constantini)]——他是一位虔诚的
苦行者、耶路撒冷陷落哀悼者之一——,见面并让这两位工匠告诉

拉比亚伯拉罕他们的遭遇(拉比亚伯拉罕这两位工匠的遭遇)。[29] 拉比亚伯拉罕告诉牧首他们发现了大卫家以及犹大国王的陵墓(拉比亚伯拉罕回答道:“这些都是大卫家的陵墓,他们属于犹大国王。早上我们可以进去,你、我以及这两位工匠,以探究竟。”)[30] 第二天早上,他们去找这两位工匠之时,发现他们瘫在床上,充满恐惧,并称他们再也不想进入那个洞穴,因为上帝不想让任何人发现它。最后,牧首下令封闭了这个洞穴。直到今天,这个洞穴也没有被人看到。拉比亚伯拉罕告诉我这些事情。

注释

1 亚设谓之 Jelbon,马库斯·南森·阿德勒谓之 Gilboa,两者音近,所指相同,详见 A. Asher, *The Itinerary of Benjamin of Tudela*, Vol.1, p.68; Marcus Nathan Adler, *The Itinerary of Benjamin of Tudela*, p.21。

亚设提及此山因扫罗(Saul)与其子在此与非利士人的战争而闻名,当地人仍称此山为基设波(Dshebel)、基什波(Dshilbo),详见 Richardson, *Travel*, II.424。以上内容,详见 A. Asher, *The Itinerary of Benjamin of Tudela*, Vol.2, p.88。

基利波山位于以色列北部耶斯列(Jezreel)山谷上方,基利波,希伯来语称为הגלבוע,意为“沸腾的泉水”,Gilboa 为הגלבוע音译。此处所言基督徒对该山的称谓即源自希伯来语הגלבוע。Dshebel、Dshilbo 亦应是הגלבוע的转音。扫罗与非利士人的战争,《旧约·撒母耳记》(上 24:8)记载:“非利士人聚集,来到书念安营。扫罗聚集以色列众人在基利波安营。”扫罗,古代以色列王国首位国王(公元前 1050—前 1011 年在位)。《旧约·撒母耳记》(上 31:1—8)记载:“非利士人与以色列人争战。以色列人在非利士人面前逃跑,在基利波有被杀仆倒的。……次日,非利士人来剥那被杀之人的衣服,看见扫罗和他三个儿子仆倒在基利波山。”《旧约·撒母耳记》(下 1:6,21)记载:“报信的少年人说,我偶然到基利波山,看见扫罗伏在自己枪上,有战车,马兵紧紧地追他。……基利波山哪,愿你那里没有雨露。愿你田地无土产可作供物。因为英雄的盾牌在那里被污丢弃。扫罗的盾牌仿佛未曾抹油。”从今纳布卢斯到基利

波山约40公里,本杰明记之5法尔萨赫(约27公里)。此处记载差异较大,有可能是指到达该山某地,而非该山主要地区。——译者

2 亚设谓之此山非常贫瘠,马库斯·南森·阿德勒则谓之此山位于炎热的地带,详见A. Asher, *The Itinerary of Benjamin of Tudela*, Vol.1, p.68; Marcus Nathan Adler, *The Itinerary of Benjamin of Tudela*, p.21。

3 亚设谓之从基利波山经行5法尔萨赫到达亚雅仑峡谷,基督徒称其为瓦尔·德·卢纳。马库斯·南森·阿德勒则谓之从基利波山经行5……这是一个村庄;没有犹太人居住在此。再经行2法尔萨赫到达亚雅仑,基督徒称其为瓦尔·德·卢纳。两者关于此段行程叙述差异较大,应是所据文本抄写引起的差异,详见A. Asher, *The Itinerary of Benjamin of Tudela*, Vol.1, p.68; Marcus Nathan Adler, *The Itinerary of Benjamin of Tudela*, p.21。

马库斯·南森·阿德勒提及他所据的文本在"从基利波山经行5……"处残缺,从示剑开始到基利波山,然后出现残缺,此段行程与前往亚雅仑峡谷并不在同一个方向,因此本杰明是否真的到达过这些地区仍是一个疑问。本杰明在第二次十字军东征之后不久开始游历,此时在耶路撒冷国王的统治下的巴勒斯坦陷入到内部的纷争以及与努尔丁及其将领率领下的萨拉森人的冲突之中,十分混乱。本杰明充其量是在机会允许的条件下访问了这些地区。本杰明所提到的此处地方以及其他大部分其他地方都被识别,可详见The Palestine Exploration Fund, *The Survey of Western Palestine*。我们作者的记述已经得到了仔细的勘查,康德尔(Conder)上校在阐述了一些十字军时期作家的明显错误之后——其中一些作家将加利利海(位于以色列北部)与地中海混淆,说道:"中世纪时期的犹太朝圣者通常对国家(即指以色列)与圣经都有十分精确的认识,他们的主张被现存的遗迹所证明,并且具有很大的价值。"以上内容,详见Marcus Nathan Adler, *The Itinerary of Benjamin of Tudela*, p.21, n.3, 4。

亚设提及麦瑟斯(Messrs)、罗宾逊与史密斯从他们其中一个浏览的地点通过卢德(Lud,即Lydda,详见上文注释)、基莫尔(Gimro,不详)、下伯和仑(Bethoron)与上伯和仑、基遍(Gib, Gibeon)到达耶路撒冷,"从上伯和仑俯瞰,在西南方向可以看到一个广阔的峡谷,该峡谷从众山延伸到平原,绕过山脊西南一侧可以看到一个名叫亚路(Yâlo)的村庄。Yâlo是希伯来语Ajalon的阿拉伯文形式。这里可能是约书亚追杀五王(亚摩利人的五王)的地方,五

王到达上伯和仑，在约书亚前面回望基遍，下坡而去；约书亚说出了命令‘日头阿，你要停在基遍。月亮阿，你要止在亚雅仑谷。’”以上诸内容，详见 A. Asher, *The Itinerary of Benjamin of Tudela*, Vol.1, n.6, Vol.2, p.88。

亚雅仑谷位于纳布卢斯南部，希伯来语称之为אילון，阿拉伯语 Yâlo 与其音近，Yâlo 应指亚雅仑。关于亚雅仑谷以及约书亚与五王的战争，《旧约·约书亚记》(10:10—12)记载：“约书亚在基遍大大地杀败他们，追赶他们，在伯和仑的上坡路击杀他们，直到亚西加和玛基大。他们在以色列人面前逃跑，正在伯和仑下坡的时候，耶和华从天上降大冰雹在他们身上，直降到亚西加，打死他们。被冰雹打死的，比以色列人用刀杀死的还多。当耶和华将亚摩利人交付以色列人的日子，约书亚就祷告耶和华，在以色列人眼前说，日头阿，你要停在基遍。月亮阿，你要止在亚雅仑谷。”另外，马库斯·南森·阿德勒所言并非没有道理，其中纳布卢斯位于基利波山与亚雅仑峡谷之间，基利波山位于北部，而亚雅仑峡谷位于南部，因此从纳布卢斯到基利波山，再到亚雅仑峡谷并不是最合理的行程安排。如上文所言，本杰明所言从基利波山经行 5 法尔萨赫到达亚雅仑谷，似应是指从该山距离亚雅仑谷较近的地方前往。康德尔(1848—1910 年)，英国军人、探险家。伯和仑，今天的贝特乌尔(Beit Ur)，位于耶路撒冷西北十余公里处，该地控制亚雅仑谷以及穿越谷中地中海与内地的交通，分为上、下伯和仑。基遍，位于耶路撒冷北部。——译者

4 亚设谓之大大卫、Gib'on，马库斯·南森·阿德勒谓之大穆罕默德。大穆罕默德应是穆斯林对该地的称谓；Gib'on 与 Gibeon 音近，皆指基遍，详见 A. Asher, *The Itinerary of Benjamin of Tudela*, Vol. 1, p. 68; Marcus Nathan Adler, *The Itinerary of Benjamin of Tudela*, p.22。

亚设提及费拉拉版中称该地为גיב דוד，即 Gib David，需要注意此点；在我们作者时期位于耶路撒冷附近的基遍(Gib，如上文注释所言)似乎被称为 Gid Daoud。其有可能就是位于距离耶路撒冷两小时行程以内的基遍大城(详见 Rosenmüller, II.ii.178 et seq)。据罗宾逊与史密斯所言，犹太史家约瑟夫将基遍(Jib)称之为 Gabao，圣经称之为 Gibeon，是古代一个坚固的据点，位于岩石山脊之上，该山脊位于一片大的碎石或平原之上。这个平原是一个大的盆地，有玉米田、葡萄园以及种植有橄榄树与无花果的果园等。以上内容，详见 A. Asher, *The Itinerary of Benjamin of Tudela*, Vol. 2, pp.88-89。

本杰明此处所提的地方应为位于耶路撒冷以北的基遍城，其中 Gib、Jib、Gabao 皆与 Gibeon 音近，为其转音。亚设与马库斯·南森·阿德勒对该地称谓的差异为版本不同所致。费拉拉版本中所记גיב דוד似更符合真实情况，即基遍·大卫。亚设此处应是将גיב拟音为 Gran，《旧约·约书亚记》(10:2) 记载："因为基遍是一座大城，如都城一般，比艾城更大，并且城内的人都是勇士。"——译者

5　马库斯·南森·阿德勒谓之伊斯兰教徒所称之雅各布斯……法兰克人等，亚设则并未提及伊斯兰教徒，详见 Marcus Nathan Adler, *The Itinerary of Benjamin of Tudela*, p.22。

亚设提及莱布雷希特先生在关于中世纪时期耶路撒冷历史与地形的文章中对我们作者的文本进行了说明，这些说明将会在我提供的关于耶路撒冷的注释结束之时被证明，详见 A. Asher, *The Itinerary of Benjamin of Tudela*, Vol.2, p.89。

雅各布斯人，在圣经中指雅各的后裔，即以色列人；此外还指叙利亚东方正教会(Oriental Orthodoxy)雅各·巴拉迪斯(Jacob Baradaeus, ? —578 年)主教的追随者，指叙利亚的东方正教会的基督徒，即雅各派基督徒。东方正教会指 5 世纪脱离普世牧首的东正教派系。此处的雅各布斯人应是指叙利亚东方正教会的基督徒，因为本杰明在文中并未以雅各布斯来称呼以色列人。基遍距离耶路撒冷约 14 公里，本杰明记之 3 法尔萨赫(约 17 公里)，大致一致。——译者

6　马库斯·南森·阿德勒言及国王鲍德温三世(Baldwin III, 1130—1162 年)于 1162 年死亡，其第阿尔马里克(Almaric, 1136—1174 年)继任，详见 Marcus Nathan Adler, *The Itinerary of Benjamin of Tudela*, p.22, n.1。

鲍德温三世与阿尔马里克为耶路撒冷王国(1099—1291 年)国王。马库斯·南森·阿德勒在希伯来文前言的注释中曾称本杰明不在欧洲的时间应为 1166—1171 年(详见上文希伯来文注释其关于本杰明游历时间的判断)，据此判断，其应认为本杰明到达耶路撒冷之时应在阿尔马里克国王时期。——译者

7　亚设谓之耶路撒冷的犹太人租用这里的染坊，并从国王那里购得了经营此贸易的垄断权，马库斯·南森·阿德勒谓之耶路撒冷的犹太人通过每年向国王缴纳少量租金租用了这里的染坊，条件是除了犹太人之外，耶路撒冷不得有其他染工。详见 A.Asher, *The Itinerary of Benjamin of Tudela*,

Vol.1, p.69; Marcus Nathan Adler, *The Itinerary of Benjamin of Tudela*, p.22。

马库斯·南森·阿德勒言及罗马手稿中提到只有四位犹太人，此与拉比比西哈奇亚的记载相符合——在拉比本杰明经过十年或二十年之后，比西哈奇亚曾经过巴勒斯坦，并仅在此发现一位犹太人。希伯来字母ד(表示数字4)很容易被误读为ר(表示数字200)。以上内容，详见 Marcus Nathan Adler, *The Itinerary of Benjamin of Tudela*, p.22, n.2。

施恩茨提及犹太人遭到十字军的谋杀之后，很少有人幸存，四处流散。那些哀悼此种不幸的人被称为"耶路撒冷哀悼者"。我们在1147年的卡拉派犹太人中也发现这些哀悼者。关于基督教时期犹太人访问耶路撒冷所引发的危险，详见 Maimonides, *Sefer Charedim*, fol.66 a.; Charisi, ch.28。比西哈奇亚在此只发现了一位犹太人，本杰明则称有200余位。1190年，大量犹太会众再次出现在耶路撒冷(Charisi, l.c)，但是不同会众之间的诉求，导致了发生在1216彼此的争执。甚至之后的作家也暗指此种情况，详见 R. Meier Rothenburg, *Khol Bo* No.127。以上诸内容，详见 A. Asher, *The Itinerary of Benjamin of Tudela*, Vol.2, pp.89-90。

比西哈奇亚在其行纪中确实记载了只有一位犹太染工在耶路撒冷，并向国王交纳很高的赋税才留在此地，详见 Pethachia, *Travels of Rabbi Pethachia of Ratisbon*, p.61。考虑到此时基督徒对耶路撒冷的占领以及对犹太人的迫害，不排除这里误将希伯来字母ד抄写为ר的可能。"耶路撒冷哀悼者"，本杰明亦提及这些人，详见 A. Asher, *The Itinerary of Benjamin of Tudela*, Vol.1, p.74, p.113, p.163, 详见下文叙述。——译者

8　亚设谓之"10码、底座是我们祖先在很久之前建立的"，马库斯·南森·阿德勒谓之"10腕尺、墙垣是我们祖先在很久之前建立的地基的一部分"。详见 A. Asher, *The Itinerary of Benjamin of Tudela*, Vol.1, p.69; Marcus Nathan Adler, *The Itinerary of Benjamin of Tudela*, p.22。

大卫塔是一座建于公元前2世纪的城堡，位于耶路撒冷旧城雅法门，为加强耶路撒冷城防之用。大卫塔是来自拜占庭的基督徒对该建筑的称谓。他们认为此地曾是大卫的宫殿，便如此称之。此城之后被多次毁掉、重建。——译者

9　亚设谓之"两座医院，……第二个被称为所罗门医院，这是所罗门国王建筑宫殿的地方"，马库斯·南森·阿德勒谓之"两座建筑，其中一座为医

院。……第二座建筑是所罗门圣殿，这是以色列王国所罗门建立的宫殿。”此处应为文本差异所致，详见 A.Asher，*The Itinerary of Benjamin of Tudela*，Vol. 1，p. 69；Marcus Nathan Adler，*The Itinerary of Benjamin of Tudela*，p.22。

马库斯·南森·阿德勒提及这里提到的圣约翰（St.John）医院与圣殿骑士，详见 Gibbon，*Decline and Fall of the Roman Empire*；Charles Mills，*History of the Crusades*，4th edition，Vol.1，p.342；Besant and Palmer，*Jersualem*，chap.ix。以上诸内容，详见 Marcus Nathan Adler，*The Itinerary of Benjamin of Tudela*，p.22，n.3。

所罗门圣殿，即第一圣殿，是犹太人进行祭拜上帝与祭祀的地方，为犹太教信仰的核心之一。第一圣殿由所罗门在公元前 960 年建成，故又称所罗门圣殿，公元前 586 年，新巴比伦王国占领耶路撒冷，摧毁第一圣殿。因第一圣殿早已被摧毁，故马库斯·南森·阿德勒在此处提及所罗门圣殿值得商榷。或其是指所罗门圣殿遗址，待考。——译者

10　亚设谓之“400 余位骑士、在此备战”，马库斯·南森·阿德勒谓之“300 余位骑士、每天进行军事训练”，同时并未提及“这座医院也是避难所”，详见 A.Asher，*The Itinerary of Benjamin of Tudela*，Vol.1，p.69；Marcus Nathan Adler，*The Itinerary of Benjamin of Tudela*，p.22。

11　亚设谓之“耶路撒冷有一处祭拜的场所，被称为圣墓。那个人的墓地就在这里，朝圣者皆来此地”，马库斯·南森·阿德勒谓之“耶路撒冷有一座被称为圣墓的教堂。耶稣的墓地就在这里，基督徒朝圣者皆来此地”，详见 A.Asher，*The Itinerary of Benjamin of Tudela*，Vol.1，p.70；Marcus Nathan Adler，*The Itinerary of Benjamin of Tudela*，p.22。

亚设提及《塔木德》中将耶稣称为“那个人”，详见 A.Asher，*The Itinerary of Benjamin of Tudela*，Vol.1，p.70，n.a。

此处的那个人指耶稣。这里所提到的是圣墓教堂，该教堂位于耶路撒冷旧城，被认为是建立在耶稣被钉死的地方。据说，耶稣的圣墓也在其中。因此，该地成为基督徒重要的朝圣地。——译者

12　马库斯·南森·阿德勒谓之“谷什帕特城门，即约沙法城门”，亚设则仅谓之“约沙法城门”，详见 Marcus Nathan Adler，*The Itinerary of Benjamin of Tudela*，p.22。

马库斯·南森·阿德勒言及此处关于耶路撒冷的记载，亦可详见伦敦巴

勒斯坦朝圣者文本学社出版的穆卡达斯的著作，伊德里斯、赫尔特(Heart)的阿里(Ali)的著作。亦可详见盖伊·勒·斯特兰奇所引用的伊德里斯写于1154年以及阿里写于1173年的记载，详见 Guy Le Strange, *Palestine*, chap. III。关于1160—1180年关于耶路撒冷的五个计划，详见 *Zeitschrift des Deutschen Palastina-Vereins*, Vol. XV。以上诸内容，详见 Marcus Nathan Adler, *The Itinerary of Benjamin of Tudela*, p.22, n.4。

锡安，希伯来语צִיּוֹן音译，指耶路撒冷附近的一座山，即锡安山。大卫王曾征服锡安，并命名为大卫城，《旧约·撒母耳记》记载："然而大卫攻取锡安的保障，就是大卫的城。"锡安又常被用来指代耶路撒冷城以及所罗门圣殿等。约沙法(？—公元前848年)古代犹大王国第四任国王。赫尔特，阿富汗第三大城市。赫拉特的阿里(？—1215年)，12—13世纪波斯游历家。——译者

13 亚设谓之 Templo Domino，马库斯·南森·阿德勒谓之 Templum Domimi，详见 A. Asher, *The Itinerary of Benjamin of Tudela*, Vol. 1, p.70; Marcus Nathan Adler, *The Itinerary of Benjamin of Tudela*, p.22。

本杰明此处是指穆斯林在圣殿遗址上建立的圆顶清真寺。现在在耶路撒冷圣殿遗址上有两座圆顶清真寺。一座为691年倭马亚王朝哈里发阿卜杜勒·马利克(Abd al-Malik, 646—705年)所建的金色圆顶清真寺，又称金顶清真寺、岩石清真寺(Domi of Rock)，欧洲人称其为奥马尔清真寺——奥马尔即奥马尔·本·赫塔卜(591—644年)，伊斯兰教历史上第二任哈里发；奥马尔时期，伊斯兰帝国迅速扩张，并成功地和平进入耶路撒冷。另一座为阿克萨清真寺——该寺是银顶清真寺，最早是由奥马尔·本·赫塔卜建立的小的祷告场所，之后由阿卜杜勒·马利克及其子瓦利德(al-Walid, 668—715年)在795年最终建成。本杰明此处所言应指金色圆顶清真寺，但该寺由哈里发阿卜杜勒·马利克所建，并非奥马尔所建。此处疑似本杰明之误。——译者

14 马库斯·南森·阿德勒谓之"禁止异教徒……"亚设则并未提及异教徒，详见 Marcus Nathan Adler, *The Itinerary of Benjamin of Tudela*, p.23。

偶像崇拜是指对一些人物的崇拜，经常会出现各种神灵或人物的图像、肖像，并加以祭拜，如佛教祭拜佛像等。偶像崇拜与信奉独一上帝的一神教相对。如犹太教、基督教以及伊斯兰教等反对偶像崇拜，认为这些偶像都是

人所造的物体，因此禁止任何形式的偶像崇拜。所以，在清真寺中自然要禁止这些带有偶像崇拜因素的图像或肖像。——译者

15　至圣所是圣殿中帐幕最内层的位置，帐幕分为外院子、圣所、至圣所，为耶和华的住所。西墙，又称哭墙，是第二圣殿护墙中的一段，也是该护墙仅存的遗址。在四面墙中，西墙被认为是最靠近圣殿的，这也使它成为犹太教信仰中最神圣的地点之一。千百年来，流散在各地的犹太人回到耶路撒冷之时，便在该墙前祷告、哭诉流亡之苦，因此也被称为哭墙。——译者

16　慈悲之门，位于圣殿山北部的东墙，为目前耶路撒冷最古老的城门。目前的城门，相传为查士丁尼一世于520年在之前的废墟上所建。根据犹太教的传统，认为当弥赛亚(救世主)来临时再次显现，以一个新的城门取代目前的城门。因此，犹太人经常在该门处祷告、祈求，因此得名慈悲之门。基督徒称此门为“金门”。——译者

17　《旧约·列王记》(上，4:26)记载：“所罗门有套车的马四万，还有马兵一万二千。”——译者

18　马库斯·南森·阿德勒提及“祭司”，亚设则并未言及，详见 Marcus Nathan Adler, *The Itinerary of Benjamin of Tudela*, p.23。

19　亚设谓之“如果你从约沙法城门离开城市，你就会看到押沙龙宫殿上的石柱、乌西雅的陵墓、西罗亚大泉——其流向汲沦溪”，马库斯·南森·阿德勒谓之“约沙法门通向约沙法谷；约沙法谷是诸国聚集之地。这里有被称为‘押沙龙之手’的石柱以及乌西雅陵墓；附近还有西罗亚大泉，即西罗亚池——其与汲沦溪相通”。详见 A. Asher, *The Itinerary of Benjamin of Tudela*, Vol.1, p.71; Marcus Nathan Adler, *The Itinerary of Benjamin of Tudela*, p.23。

马库斯·南森·阿德勒提及关于约沙法谷，《旧约·以西结书》(20:35)记载：“我必带你们到外邦人的旷野，在那里当面刑罚你们。”约沙法谷的寓意为最后的审判，其应源自《旧约·约拿书》(4:1—2)记载，即“这事约拿大大不悦，且甚发怒。就祷告耶和华说，耶和华阿，我在本国的时候，岂不是这样说吗？我知道你是有恩典，有怜悯的神，不轻易发怒，有丰盛的慈爱，并且后悔不降所说的灾，所以我急速逃往他施去”。详见 M.N.Adler, *Temple at Jersulem and Sir Charles Warren's Comments*。由于押沙龙背叛其父大卫，因此犹太人经常向这座纪念碑投掷石头，直到今天仍是如此。附近的陵墓是撒迦利亚(Zechariah，以色列先知，曾率犹太人从巴比伦返回耶路撒冷)的陵墓，

《旧约·历代志》(下,24:20)记载:"那时,神的灵感动祭司耶何耶大的儿子撒迦利亚,他就站在上面对民说,神如此说,你们为何干犯耶和华的诫命,以致不得亨通呢?因为你们离弃耶和华,所以他也离弃你们。"乌西雅国王,又称亚撒利雅(Azariah),埋葬在锡安山,紧邻其他犹大国王的陵墓,《旧约·列王记》(下,15:7)记载:"亚撒利雅与他列祖同睡,葬在大卫城他列祖的坟地里。他儿子约坦接续他作王。"关于这些遗址的考订,详见 P.E.F.,*Jersulem*;查尔斯·威尔逊(Charles Wilson)先生对圣地进行了非常出色的说明,很值得参考,详见 Charles Wilson,*Picturesque Palestine*。以上诸内容,详见 Marcus Nathan Adler,*The Itinerary of Benjamin of Tudela*,p.23,n.1。

约沙法,希伯来语为 יְהוֹשָׁפָט,原意即指"耶和华的审判",《旧约·约珥书》(3:2)记载:"我要聚集万民,带他们下到约沙法谷。在那里施行审判,因为他们将我的百姓,就是我的产业以色列,分散在列国中,又分取我的地土。"约沙法谷即象征着耶和华的审判。马库斯·南森·阿德勒认为这种思想应出自约拿(圣经人物)。关于押沙龙宫殿上的石柱,《旧约·撒母耳记》(下,18:18)记载:"押沙龙活着的时候,在王谷立了一根石柱,因他说,我没有儿子为我留名。他就以自己的名称那石柱叫押沙龙柱,直到今日。"乌西雅(?—公元前740年),古代犹太王国第十任君主,又称亚撒利雅,《旧约·列王记》(下,15:1—13)记载:"以色列王耶罗波安二十七年,犹大王亚玛谢的儿子亚撒利雅登基,……犹大王乌西雅(就是亚撒利雅)三十九年,雅比的儿子沙龙登基在撒玛利亚作王一个月。"如马库斯·南森·阿德勒所言,本杰明此处关于乌西雅陵墓的考订疑似有误。西罗亚池,相传为公元前8世纪所建,位于耶路撒冷城内,其与城外的汲沦溪相连,以确保城内的用水。《旧约·以赛亚书》(8:6)记载:"这百姓既厌弃西罗亚缓流的水,喜悦利汛和利玛利的儿子。"经过西罗亚大泉所见的大建筑,本杰明并未详述,故其所指不详。——译者

20　橄榄山,位于耶路撒冷东部,因满山生长着橄榄树而得名。《旧约·撒迦利亚》(14:3-4)记载耶和华曾降临橄榄山,即"那时耶和华必出去与那些国争战,好像从前争战一样。那日,他的脚必站在耶路撒冷前面朝东的橄榄山上"。因此,犹太人都希望埋葬在橄榄山。从圣经时代至今,橄榄山一直是犹太人的墓地。——译者

21　亚设谓之"从约沙法谷可以清晰地看到死海",马库斯·南森·阿德勒谓之"从橄榄山可以清晰地看到所多玛海",详见 A. Asher,*The Itinerary of Benjamin of Tudela*, Vol.1,p.71;Marcus Nathan Adler,*The Itinerary of Benjamin of Tudela*,p.23。

死海,位于以色列、约旦以及巴勒斯坦交界地区,因水质含盐度极高,鱼类无法生存而得名。所多玛为紧邻死海的一座城市,位于死海东南部,现已沉没在水底。或因死海紧邻该地,又被称为所多玛海。——译者

22 马库斯·南森·阿德勒提及在其他地方也可看到盐柱,如阿尔及利亚的哈马姆·梅斯库提姆(Hammam Meskutim)。盐柱由盐度很高的水喷射凝固而成,呈现出泉水柱状。然而,后者因为牛将周围的盐吸收干净而再次开封,如此周而复始,详见 Talmud Berachot,54 a。以上诸内容,详见 Marcus Nathan Adler,*The Itinerary of Benjamin of Tudela*,p.23,n.3。

罗得之妻化身为盐柱,出自《旧约·创世记》(19:24—26)记载,即"当时,耶和华将硫磺与火从天上耶和华那里降与所多玛和蛾摩拉。把那些城和全平原,并城里所有的居民,连地上生长的,都毁灭了。罗得的妻子在后边回头一看,就变成了一根盐柱。"——译者

23 亚设谓之"整个峡谷、N'bo",马库斯·南森·阿德勒谓之"平原、Nebo",其中 N'bo 与 Nebo 音近,详见 A.Asher,*The Itinerary of Benjamin of Tudela*, Vol.1,p.72;Marcus Nathan Adler,*The Itinerary of Benjamin of Tudela*,p.24。

什亭,位于死海北岸东北部地区,《旧约·民数记》(25:1)记载:"以色列人住在什亭,百姓与摩押女子行起淫乱。"《旧约·约珥书》(3:18)记载:"到那日,大山要滴甜酒。小山要流奶子,犹大溪河都有水流。必有泉源从耶和华的殿中流出来,滋润什亭谷。"尼波山是位于约旦的一个山岭,《旧约·申命记》(34:1)记载:"摩西从摩押平原登尼波山,上了那与耶利哥相对的毗斯迦山顶。"——译者

24 亚设谓之"在耶稣撒冷附近",马库斯·南森·阿德勒谓之"在耶路撒冷前方",详见 A.Asher,*The Itinerary of Benjamin of Tudela*, Vol.1, p.72;Marcus Nathan Adler,*The Itinerary of Benjamin of Tudela*,p.24。

锡安山位于耶路撒冷东部。——译者

25 亚设谓之"祭拜拿撒勒的场所",马库斯·南森·阿德勒谓之"基督徒的祭拜场所"。此处应是指基督徒祭拜耶稣的场所,详见 A.Asher,*The Itinerary of Benjamin of Tudela*, Vol.1,p.72;Marcus Nathan Adler,*The Itinerary of Benjamin of Tudela*,p.24。

26 亚设谓之"还会看到犹太人的三个墓地,……一些坟墓的墓碑石上

刻有墓志铭。"马库斯·南森·阿德勒谓之。"还会看到在面对耶路撒冷 3 英里远的地方是以色列人的墓地,……每个坟墓都有陈旧的墓志铭。"并谓之这些坟墓一直延伸到远至本杰明(部落)的领地泄撒,亚设则并未提及此,详见 A.Asher, *The Itinerary of Benjamin of Tudela*, Vol.1, p.72; Marcus Nathan Adler, *The Itinerary of Benjamin of Tudela*, p.24。

马库斯·南森·阿德勒提及关于这些坟墓,详见 Baedeker, Palestine and Syria, p. 233, 236; Schwartz, Palestine, 1852, p. 230; Robinson, Plaestine, I, p.516。以上内容,详见 Marcus Nathan Adler, *The Itinerary of Benjamin of Tudela*, p.24, n.1。

泄撒,位于耶路撒冷西南部 5 英里处。《旧约·撒母耳记》(上 10:2)记载:"(撒母耳对扫罗说)你今日与我离别之后,在本杰明境内的泄撒,靠近拉结的坟墓,要遇见两个人。"——译者

27 大卫家,即指大卫王的家族及其后裔。——译者

28 亚设谓之祭拜场所、祭司,马库斯·南森·阿德勒谓之教堂、监工,详见 A.Asher, *The Itinerary of Benjamin of Tudela*, Vol.1, p.72; Marcus Nathan Adler, *The Itinerary of Benjamin of Tudela*, p.24。

本杰明到达耶路撒冷期间正值基督教耶路撒冷王国(1099—1291 年)统治该地时期。——译者

29 亚设谓之"拉比亚伯拉罕,……见面并让这两位工匠告诉拉比亚伯拉罕他们的遭遇",马库斯·南森·阿德勒谓之"拉比亚伯拉罕·康斯坦丁,……见面并告诉拉比亚伯拉罕这两位工匠的遭遇"。详见 A.Asher, *The Itinerary of Benjamin of Tudela*, Vol.1, p.74; Marcus Nathan Adler, *The Itinerary of Benjamin of Tudela*, pp.24-25。

耶路撒冷陷落哀悼者或耶路撒冷哀悼者,又称"锡安哀悼者",指第二圣殿被罗马摧毁之后,那些期望恢复圣殿,并经常祈祷、哀悼的犹太人,而且这些人大多是苦行者,不参与到商业经济活动中。卡拉派犹太人但以理·库米西(Daniel al-Qumisi, 840—940 年)时期,尤其 950—1000 年,一些卡拉派犹太人自称为"锡安哀悼者"。但以理·库米西在耶路撒冷建立了关于锡安哀悼者的规定,号召卡拉派犹太人返回以色列。但是,锡安哀悼者并非都是这一支的卡拉派犹太人。本杰明在该行纪中也记述了生活在也门地区的耶路撒冷哀悼者,详见下文叙述。关于耶路撒冷哀悼者,详见 Philip S. Alexander, *The Targom of Lamentations*, Minnesota: Liturgical Press, 2008, pp.78-86。

30 亚设谓之“拉比亚伯拉罕告诉牧首他们发现了大卫家以及犹大国王的陵墓,”马库斯·南森·阿德勒谓之“拉比亚伯拉罕回答道:‘这些都是大卫家的陵墓,他们属于犹大国王。早上我们可以进去,你、我以及这两位工匠,以探究竟。’”详见 A.Asher, *The Itinerary of Benjamin of Tudela*, Vol.1, pp.74-75; Marcus Nathan Adler, *The Itinerary of Benjamin of Tudela*, p.25。

十八、伯利恒与希伯伦

从耶路撒冷经行2法尔萨赫到达犹大王国的伯利恒(Beth-Lechem)[伯利恒(Bethlehem)]。该地被(基督徒)称为伯利恒(Beth-Lechem)[伯利恒(Beth-Leon)]。[1]

距离伯利恒大约半英里远有一个路口交会处。拉结(Rachel)陵墓的纪念碑(石柱)就位于此。该纪念碑(石柱)由11块石头构成,象征着雅各的11个儿子,纪念碑(石柱)的上方是一个圆顶——该圆顶由4个柱子支撑。[2] 每一位经过这里的犹太人都将自己的名字刻写在上面。伯利恒有12位犹太人,他们是专业的染工。该地还有很多溪流、水井以及泉水。[3]

从伯利恒经行6法尔萨赫到达希伯伦(Chebron)[圣亚伯兰·德·伯伦(St. Abram de Bron),即希伯伦(Hebron)]。[4] 希伯伦古城位于山上,现在是一片废墟。现在的希伯来城位于麦比拉(Makhphela)[麦比拉(Machpelah)]地区的峡谷地带。[5] 这里有一个被称为圣亚伯兰的祭拜场所(圣亚伯兰大教堂),穆斯林统治时期这是一座犹太会堂(犹太人祭拜的场所)。[6] 异教徒在6个墓地上方进行营建,即亚伯拉罕与撒拉(Sarah)、艾萨克与利百加 41
(Ribekah)、雅各与利亚(Leah)的墓地。[7] 麦比拉山洞看守告诉朝圣者这是先祖的墓地,并因此而获取钱财。但是,如果犹太人给看

守额外的钱财，看守会为其打开一扇铁门——这扇铁门是在我们先祖时期所建，愿他们安息；然后，手持蜡烛走下台阶可到达第一个墓地，但这里空无所有，第二个墓地也是如此；但是第三个就是亚伯拉罕与撒拉、艾萨克与利百加、雅各与利亚的墓地，他们各自埋葬在妻子的对面。这些墓地的墓碑上都刻有墓志铭，其中亚伯拉罕的墓碑上刻写着“这是我们的先祖亚伯拉罕，愿他安息”，艾萨克以及其他人的墓碑上亦有刻写（艾萨克的墓碑上刻写着“这是我们的先祖亚伯拉罕之子艾萨克的墓地”，雅各的墓碑上刻写着“这是雅各的墓地，他是我们的先祖亚伯拉罕之子艾萨克的儿子”，其他则刻写着“这是撒拉的墓地”、“这是利百加的墓地”以及“这是利亚的墓地”等）。[8] 在洞穴墓地中有一盏日夜点燃的油灯。此外，还会看到装有以色列人尸骨的木桶。这是以色列人的习俗，即将他们的遗孀以及先祖的尸骨带到这里，一直存放到今天。[9]

42 经过麦比拉地区可以看到我们的先祖亚伯拉罕之家（the House of Abraham），愿他安息！亚伯拉罕之家前面有一处泉水（一口井）；为了纪念亚伯拉罕（出于对我们先祖亚伯拉罕的崇敬），禁止任何人在亚伯拉罕之家周围地区进行建筑活动。[10]

注释

1 亚设谓之 Beth-Lechem，并称犹大王国的伯利恒；马库斯·南森·阿德勒谓之 Bethlehem、Beth-Leon，并称基督教称该地为伯利恒。两者分别音近，所指相同，详见 A. Asher, *The Itinerary of Benjamin of Tudela*, Vol. 1, p.75；Marcus Nathan Adler, *The Itinerary of Benjamin of Tudela*, p.25。

亚设提及伯利恒是一个非常小的地方，距离耶路撒冷 6 英里远；以通常的方式计算此距离，几乎所有作者大概需要两个小时，详见 A. Asher, *The*

Itinerary of Benjamin of Tudela，Vol.2，p.90。

伯利恒，位于耶路撒冷南部，大卫王与耶稣的出生地。伯利恒，希伯来语为 **בית לחם**，意为“面包房”，Bethlehem 为 **בית לחם** 的拟音。因此，基督徒对该地的称呼也来自希伯来语。伯利恒最初被称为“以法他”，即希伯来语 **אפרת**（Ephrath），意为“富饶”，《旧约·创世记》（35:19）记载：“以法他就是伯利恒。”本杰明记载从耶路撒冷到达伯利恒 2 法尔萨赫（约 11 公里），与实际距离大致一致。——译者

2　亚设谓之纪念碑，马库斯·南森·阿德勒谓之石柱，该纪念碑就是石柱，详见 A. Asher, *The Itinerary of Benjamin of Tudela*，Vol.1，p.75；Marcus Nathan Adler, *The Itinerary of Benjamin of Tudela*，p.25。

亚设提及拉结陵墓现在仍在这里，尽管《旧约·创世记》（35:29）记载了雅各在拉结的陵墓上建立了一个石柱，但是现在的这个纪念碑无疑是比较新近的建筑。这个地方不仅被犹太人与基督徒所崇拜，阿拉伯人与突厥人亦对此地十分敬仰（Clarke，IV.345）。拉比比西哈奇亚对这个纪念碑描述尤为详细，伊德里斯在 1154 年提到：“陵墓的上方有 12 块石头，向上直立。其顶上是石制的圆顶。”（Edrisi，Vol.I.345）这是一个穆斯林的建筑，与阿拉伯、埃及的酋长坟墓的外形特别类似，这些坟墓比较小，呈四方形状，顶上有一个圆顶。白金汉提到：“通过在南边的一个孔——通过这个孔很难爬行，因为没有门洞，发现里面正中央处有一个以石头砌成的正方形物体，一直从地层延伸至顶端。如此所剩下的狭小空间仅能够让人绕行一圈。这个建筑的表层以石灰涂抹，其高大到足以将可能在拉结陵墓发现的任何古代石柱都囊括入内。整个建筑内墙呈现出拱形凹状。几乎在每一处石灰上都以希伯来文、阿拉伯文以及拉丁文刻写着很多名字。这应是最初以一种奇怪的物体刻写而成的，仿佛一种胡言乱语。”白金汉的描述还刻成木雕展示。最后 位对这个纪念碑进行描述与绘制的犹太旅行者是罗木博士（*Zeitung des Judenthums*，1839，p.272）。以上诸内容，详见 A. Asher, *The Itinerary of Benjamin of Tudela*，Vol.2，pp.90-91；Marcus Nathan Adler, *The Itinerary of Benjamin of Tudela*，p.25，n.1。

拉结，是雅各第二任也是最为宠爱的妻子，约瑟夫与本杰明的母亲。拉结在生本杰明之时，死于难产。拉结墓地位于从伯利恒前往耶路撒冷的路上，在伯利恒北边。《旧约·创世记》（35:19—20）记载：“拉结死了，葬在以法他的路旁。以法他就是伯利恒。雅各在她的坟上立了一统碑，就是拉结的墓

碑，到今日还在。”丹尼斯·普林格尔（Denys Pringle）认为拉结墓碑上的圆顶有可能是在法兰克人占领耶路撒冷时期（即十字军东征时期）由基督徒所建。15 世纪，该陵墓曾被穆斯林占领，并进行整修，因此便如亚设所言该墓碑有一些穆斯林建筑的风格，详见 Denys Pringle，*The Churches of the Crusader Kingdong of Jeruslam*，Cambridge：Cambridge University Press，1998，pp.176-177。拉比比西哈奇亚提及这个纪念碑由 11 块石头构成，这是因为拉结在生本杰明时死于难产，所以并没有为他立石，另外的 11 块石头分别代表雅各其他的 11 位儿子，详见 Pethachia，*Travels of Rabbi Pethachia of Ratisbon*，p.59。伊德里斯谓之该纪念碑由 12 块石头构成，此与本杰明、比西哈奇亚所言不同，待考。——译者

3　亚设言及我们作者所提到该地有很多水晶以及泉水，此时的巴勒斯坦地区确是如此。但是当伊利·史密斯到达该地之时却提到这里极其荒芜，从未遇见泉水。这是一个令人感到惊讶的变化。详见 A.Asher，*The Itinerary of Benjamin of Tudela*，Vol.2，p.91。

据亚设在前言以及上文注释中所言，史密斯应与亚设为同代人，其曾与罗宾逊一同到达过耶路撒冷等地。——译者

4　亚设谓之希伯伦，马库斯·南森·阿德勒谓之圣亚伯兰·德·伯伦，其中 Chebron、Hebron 音近，圣亚伯兰·德·伯伦为基督徒对该地的称呼，详见 A.Asher，*The Itinerary of Benjamin of Tudela*，Vol.1，p.76；Marcus Nathan Adler，*The Itinerary of Benjamin of Tudela*，p.25。

亚设提及希伯伦，即现今的哈利勒（al-Khalil），深受爱戴的亚伯拉罕的住所。据尤西比乌斯（Eusebius）所言，此地距离伯利恒大约 16 罗马英里（详见 Map in *Reland's Palestine*，p.423）。以上诸内容，详见 A.Asher，*The Itinerary of Benjamin of Tudela*，Vol.2，p.91。

希伯伦，位于耶路撒冷南部，约旦河西岸南部，也是该地最大的城市。希伯伦，希伯来语为חֶבְרוֹן，意为朋友或联盟之意，al-Khalil 为阿拉伯人对该地的称谓，亦源自חֶבְרוֹן。《旧约·创世记》（23：17-19）记载：“撒拉死在迦南地的基列亚巴，就是希伯仑……麦比拉，幔利前，以弗仑的那块田和其中的洞，并田间四围的树木，都定准归与亚伯拉罕，乃是他在赫人面前并城门出入的人面前买妥的。此后，亚伯拉罕把他妻子撒拉埋葬在迦南地幔利前的麦比拉田间的洞里。幔利（为靠近希伯来的幔利树丛）就是希伯仑。”希伯伦最早建立在山上，基列亚巴即指“四城”或四座小山的联盟。亚伯拉罕曾购买了希伯

伦地区的土地,或因此该地也被称为亚伯拉罕的住所。从今伯利恒到希伯伦约 33 公里,本杰明记之 6 法尔萨赫(约 32.5 公里),基本一致。尤西比乌斯所记两地之间的距离有所差异。

尤西比乌斯(264—340 年),基督教史学家,巴勒斯坦凯撒利亚主教。罗马英里,古代罗马计量单位,1 罗马英里相当于 1481 米,16 罗马英里约 24 公里。——译者

5 亚设谓之 Makhphela,马库斯·南森·阿德勒谓之 Machpelah,两者音近,所指相同,详见 A. Asher, *The Itinerary of Benjamin of Tudela*, Vol.1, p.76; Marcus Nathan Adler, *The Itinerary of Benjamin of Tudela*, p.25。

6 亚设谓之"被称为圣亚伯兰的祭拜场所、犹太会堂",马库斯·南森·阿德勒谓之"圣亚伯兰大教堂、犹太人祭拜场所",虽表述不同,但两人所指相同,详见 A. Asher, *The Itinerary of Benjamin of Tudela*, Vol. 1, p. 76; Marcus Nathan Adler, *The Itinerary of Benjamin of Tudela*, p.25。

7 伊德里斯提及"从伯利恒到易卜拉欣(Ibrahim,即亚伯拉罕)清真寺或亚伯拉罕神庙,大约在南部 8 英里处。亚伯拉罕、艾萨克与雅各的遗骸埋葬在这个清真寺中,因此这个自治城镇非常著名。每一个先祖都埋葬在其合法妻子的对面。这个城镇位于山坡上,到处都是橄榄树、无花果、梧桐以及其他果树。"亚设认为伊德里斯的这段记载应是照搬自伊本·豪盖勒(Ibn Haukal),与后者的记载完全相同(Ibn Haukal, p.40)。希伯伦之前位于山上,面向北方,但在重建中改变了地方(D'Avrieux, *Memories*)。我们发现在基督徒占领时期,希伯伦被称为圣亚伯拉罕(St. Abraham,即圣亚伯兰),"希伯伦即圣亚伯拉罕"(*Notit. Ecclesiar*, ed. K. Holstenii)。据德阿芮厄(D'Avrieux)与特罗伊洛(Troilo)言,我们作者提到的这个教堂由皇后海伦娜所建,现在是一座清真寺——除了穆斯林之外,对其他人而言这显得不可思议。比较可疑的是,我们作者所记述的这是一个犹太会堂是否正确,或者是否这个记述来自于一个传说,即 8 世纪基督徒来到这个建筑的一侧,而犹太人在另外一侧的墓地上祈祷。对此可参见罗宾逊与史密斯的旅行(记述)。教授 R.(亚设在此处遗漏了教授的名字)认为该清真寺底层的墙比较古老,与耶路撒冷圣殿的墙的建造十分相似。友人芒克在巴黎皇家图书馆的一个未经编辑的阿拉伯文手稿中发现了记载这个建筑及其在萨拉丁时期的状况的篇章,令人感到十分好奇。我将会在完成此项工作之后或在将来的注解中了解这个文稿的记载。我们作者所记载的先祖的墓地被比西哈奇亚证实。

但是，最近门罗(Monro)先生提及禁止进入清真寺下面的墓地，这些墓地确实存在(Monro，I.242)。洛伊(Loewe)博士也参观了希伯伦，他对墓穴的记载十分有趣(*Allgem.Zeitung des Judenthums*，1839，p.272.)。以上诸内容，详见A.Asher，*The Itinerary of Benjamin of Tudela*，Vol.2，pp.91-93。

如上文注释所言，亚伯拉罕曾购买希伯伦麦比拉山洞，并将撒拉埋葬于此。这里还埋葬着亚伯拉罕、艾萨克及其妻子利百加、雅各及其妻子利亚，因此希伯伦也被称为"列祖之城"，同时被犹太教、基督教以及伊斯兰教视为圣地。希律王时期，曾环绕麦比拉山洞修建城墙；关于该地的教堂存有争议，其又被认为是拜占庭皇帝查士丁尼在6世纪所建，之后被萨珊波斯(224—651年)破坏；阿拉伯时期，又在此建造清真寺，但允许犹太人在此建立犹太会堂以及附近的公墓——本杰明所言应指这个犹太会堂；十字军东征期间，将清真寺改建为教堂，并禁止穆斯林进入；萨拉丁占领期间，该地又被改建为清真寺，但允许基督徒在此进行祭拜。因此在麦比拉山洞上方以及周围，相继建筑或改建了基督教堂、清真寺以及犹太会堂等。比西哈奇亚对麦比拉山洞的记述，详见Pethachia，*Travels of Rabbi Pethachia of Ratisbon*，pp.63-65。伊本·毫盖勒，10世纪阿拉伯作家、地理学家，出生于今天土耳其南部边境地区的努赛宾(Nusaybin)。——译者

8　亚设谓之"艾萨克以及其他人的墓碑上亦有刻写"，马库斯·南森·阿德勒谓之"艾萨克的墓碑上刻写着'这是我们的先祖亚伯拉罕之子艾萨克的墓地'，雅各的墓碑上刻写着'这是雅各的墓地，他是我们的先祖亚伯拉罕之子艾萨克的儿子'，其他则刻写着'这是撒拉的墓地'、'这是利百加的墓地'以及'这是利亚的墓地'等"，详见A.Asher，*The Itinerary of Benjamin of Tudela*，Vol.1，p.77；Marcus Nathan Adler，*The Itinerary of Benjamin of Tudela*，p.25。

9　亚设提及以色列人遗孀的尸骨也被带到该洞穴的墓地中，马库斯·南森·阿德勒则并未提及，详见A.Asher，*The Itinerary of Benjamin of Tudela*，Vol.1，p.77。

亚设提及犹太人将他们死去的父母与朋友的尸骨带到巴勒斯坦的习俗，源自于《旧约·申命记》(32:43)的记载，即"你们外邦人当与主的百姓一同欢呼。因他要伸他仆人流血的冤，报应他的敌人，洁净他的地，救赎他的百姓"。一些《塔木德》学者将"他将洁净他的地，救赎他的百姓"解读为"土地将与他的百姓的罪恶和解"。因此就产生了一个信条，即埋葬在巴勒斯坦这块土地足以消除掉生命中的所有罪孽，同时最大的功绩也莫过于将父母以及朋友的

遗骸安置在这个安息之地。以上内容，详见 A.Asher, *The Itinerary of Benjamin of Tudela*, Vol.2, p.93。

马库斯·南森·阿德勒提及关于对该洞穴内犹太人尸骨的记述，亦可参加拉比比西哈奇亚的记载，详见 Pethachia, *Travels of Rabbi Pethachia of Ratisbon*, pp.63-65。戈尔德奇赫尔(Goldziher)与古特(Guthe)教授曾在一篇文章中对 1119 年希伯伦墓地开放的情况进行过描述，这些描述基于可能是同时代的一则手稿——该手稿由莱恩特(Riant)伯爵发现(详见 Goldziher and Guthe, *Zeitschrift des Deutschen Palästina-Vereins*, XVII, p.115, 238.)。其中 15 个装有尸骨的陶器被发现，这可能就是本杰明所提到的那些尸骨。令人感到有疑的是先祖的墓地是否被扰乱，但是 1180 年圣加仑(St.Gallen)的修道院长曾为了取回希伯伦教堂祭坛上的遗物，支付了 10 马克的黄金(等于 5240 英镑)。莱恩特伯爵的手稿进一步提及在阿拉伯人占领希伯伦之前，希腊人(即拜占庭人)封堵并隐藏了该洞穴的入口。犹太人随后为穆斯林找到了入口，以此得到的补偿就是穆斯林准许其在附近建立犹太会堂。本杰明所提到的犹太人祭拜场所无疑就是指该犹太会堂。本杰明游历此地之后不久，十字军便在禁地(即指麦比拉洞穴)的南部建立了主教与教堂。亦可参见康德尔对国王访问希伯伦禁地的记述——这位国王当时还是作为威尔士亲王，详见 Conder, *Palestine Exploration Fund's Quarterly Statement*, 1882。以上诸内容，详见 Marcus Nathan Adler, *The Itinerary of Benjamin of Tudela*, p.26, n.1。

圣加仑，位于瑞士东北部。威尔士亲王，此处应是指英王爱德华七世(Edward VII, 1841—1910 年)，其于 1901 年继位，是作为威尔士亲王时间最长的国王。——译者

10　亚设谓之“一处泉水，……为了纪念亚伯拉罕……”，马库斯·南森·阿德勒谓之“一口井，……出于对我们先祖亚伯拉罕的尊敬……”，详见 A.Asher, *The Itinerary of Benjamin of Tudela*, Vol.1, p.77; Marcus Nathan Adler, *The Itinerary of Benjamin of Tudela*, p.26。

厄比与曼格斯提及“我们从赛菲尔(Sipheer)村庄经过一段崎岖的道路到达另外一个平原。这里是一个小修道院的遗址，犹太人称之‘亚伯拉罕之家’”(Irby and Mangles, 342)。一个小时的骑行可以从希伯伦到达此地。以上诸内容，详见 A.Asher, *The Itinerary of Benjamin of Tudela*, Vol.2, p.93。

此处的亚伯拉罕之家指亚伯拉罕曾经的居住之地。——译者

十九、拜特·贾伯林、示罗、拉姆拉与雅比尼

再经行 5 法尔萨赫到达拜特·贾伯林(Beith Jaberim)[拜特·贾伯林(Beit Jibrin)],即古代的玛利沙(Maresha)[玛利沙(Mareshah)]。[1] 该地仅有三位犹太人。

从拜特·贾伯林经行 5 法尔萨赫到达特洛·德·罗斯·卡瓦耶罗斯(Toron de Los Caballeros),即书念(Shunem);这里居住有 300 余位犹太人。[2]

再经行 3 法尔萨赫到达示罗(Shiloh)的圣撒母耳(St. Samuel)。[3] 这里是古代的示罗,距离耶路撒冷 2 法尔萨赫。当基督徒从穆斯林手中夺取拉玛(Ramleh)[拉玛(Ramlah)],即(古代的)拉玛(Ramlah)之时,[4] 在犹太会堂附近发现了拉玛人(Ramthite)[5] 撒母耳的墓地,将其残骸移至示罗,并在上面建立了一座大的祭拜场所(教堂)[6]——该教堂被称为示罗的圣撒母耳教堂,一直存留至今。[7]

从圣撒母耳经行 3 法尔萨赫到达佩斯普阿(Pesipua)[小穆罕默德-勒-佩蒂特(Mahomerie-le-petit)]——该地是扫罗的迦巴(Gib'ath)[迦巴(Gibeath)]或本杰明的迦巴(Geb'a)[迦巴(Gibeah)]。[8] 没有犹太人居住在此地。

从迦巴经行 3 法尔萨赫到达拜特·努巴（Beith Nubi）[拜特·努巴（Beit Nuba）]——该地是祭司城市挪伯（Nob）。[9] 在前往
此地途中，有两块约拿单（Jonathan）岩石，一块名为播薛（Botsets） 43
[播薛（Bozez）]，另一块名为西尼（Séne）[西尼（Seneh）]。[10] 两位犹太染工居住在此地。

从拜特·努巴经行 3 法尔萨赫到达拉姆拉（Ramleh）[拉姆拉（Rams，Ramleh）]，这里是哈-拉玛（Ha-rama）。[11] 在此仍旧可以看到我们祖先建造的城墙遗址，一些石头上还刻写着文字。此地有 3（300）位犹太人，先前该地有很多（犹太人）（先前该地是一个大城市）。[12] 距离该地 2 英里远的地方有一处非常大的犹太人墓地。

从拉姆拉经行 5 法尔萨赫到达雅法（Jaffa）[雅法（Yāfa）]，这是古代的雅法（Japho）。[13] 此地位于海边，一位职业的犹太染工居住在此。

从雅法经行 3（5）法尔萨赫到达雅比尼（Ibelin）[雅比尼（Jabneh）]——这是古代的雅比尼（Jabneh），至今在这里仍能够看到学校的遗址（这里是学校所在地），没有犹太人居住在此地；此地位于以法莲部落的边界（从此地便进入以法莲部落的领地）。[14]

注释

1 亚设谓之 Beith Jaberim，马库斯·南森·阿德勒谓之 Beit Jibrin，两者音近，所指相同；另外亚设谓之古代的玛利沙，马库斯·南森·阿德勒则谓之玛利沙，详见 A. Asher, *The Itinerary of Benjamin of Tudela*, Vol. 1, p.77; Marcus Nathan Adler, *The Itinerary of Benjamin of Tudela*, p.26。

亚设提及拜特·贾伯林，即希腊、罗马作家笔下的拜特伽伯瑞斯（Bethogabris）。罗宾逊与史密斯先生提到该地可能是尤西比乌斯与圣哲罗姆

(St.Jerome)时期著名的埃尔特罗波利斯(Eleutropolis),是他们经常提到的城市之一。他们从该地测量到其他城市的距离。玛利沙应位于该地附近。以上诸内容,详见 A.Asher,*The Itinerary of Benjamin of Tudela*, Vol.2, p.94。

马库斯·南森·阿德勒提及 1134 年富尔克(Fulk)国王将拜特·贾伯林城加固,详见 Baedeker,*Palestine and Syria*,p.309;Rapoport,*Erech Milin*, p.54。关于玛利沙的墓地的初步介绍,详见 *P.E.F.Q.S.*, Oct., 1902, p.393。文本当中记作 **לבין**,应为 **לבית**。那些拜特·贾伯林死者的墓志铭显示该城被称为玛利沙,这些死者的墓地位于该城附近。以上内容,详见 Marcus Nathan Adler,*The Itinerary of Benjamin of Tudela*,p.26,n.2。

拜特·贾伯林,位于希伯伦西北部。其名称源自该地的希伯来语称谓 **בית גוברין**,意为"威武(或强壮)人之家",Beith Jaberim、Beit Jibrin 以及希腊、罗马作家笔下的 Bethogabris 皆为 **בית גוברין** 的拟音;罗马人称该地为埃尔特罗波利斯,意为"自由之城"。马库斯·南森·阿德勒所言 **לבית**,应是指 **בית גוברין** 其中的 **בית**,意为"家",而非 **לבין**。古城玛利沙遗址现在已经被考古发掘,属于拜特·贾伯林-玛利沙国家公园地区,紧邻拜特·贾伯林。《旧约·约书亚记》(15:44)记载:"基伊拉,亚革悉,玛利沙,共九座城,还有属城的村庄。"从今希伯伦麦拉比到拜特·贾伯林约 32 公里,本杰明记之 5 法尔萨赫(约 27 公里),稍有差异,但大致符合实际距离。

圣哲罗姆(340—420 年),古代著名基督教圣经学者,尤西比乌斯之子。富尔克(1089—1143 年),耶路撒冷国王。——译者

2　亚设提及本杰明关于特洛·德·罗斯·卡瓦耶罗斯的记述,详见 A.Asher,*The Itinerary of Benjamin of Tudela*, Vol.1,p.78。

马库斯·南森·阿德勒没有提及此段记述,并认为亚设版本以及所有印刷版中有关书念与特洛·德·罗斯·卡瓦耶罗斯的篇章有讹误。书念是加利利地区的一个小地方,十字军时期不可能有 300 位犹太人生活在此地,更不用说特洛,即现今的拉特伦(Latrun)。以上内容,详见 Marcus Nathan Adler,*The Itinerary of Benjamin of Tudela*,p.26,n.2。

亚设言及众所周知在基督徒占领巴勒斯坦期间,该地的领主建立了很多要塞,其中一些要塞的遗迹至今仍存。博耶(Boullaye)提及:"我曾到达过法兰克人城堡(Fransaoukalaci)。该地之前被我们圣地英勇的武士守卫,之后陷入到奥斯曼人之手。基督教亲王占领的其他地区也陷入奥斯曼之手。"

(Boullaye,p.354)。厄比与曼格斯曾提及了一个被称为法兰克山的要塞(Irby and Mangles,340),称"法兰克山十分陡峭、险峻,位于伯利恒东南部,呈现出一个截断的圆锥状,从东坡众山与山脊之中突出。山顶有古代堡垒的遗迹,山脚北部是一个古代城镇的遗迹——该城镇有可能是希律王建立的希律堡(Herodium),希律王葬在此处。"在威尔肯(Wilken)关于十字军期间巴勒斯坦地图中,我们发现了一个被称为白卫队(Garde blanche)的地方。这两处地方无疑源自十字军,并由其命名。特洛·德·罗斯·卡瓦耶罗斯这一名称的意思为"骑士塔"。我们作者可能是以此指一个能够容纳300名犹太人生活的城镇——该城镇的名称取自位于十字军骑士在该镇或在其附近所建的塔楼或要塞。十字军史学家曾提到一个名为特洛的要塞,其位于地中海与黎巴嫩山之间的平原地区。但是,我们作者所指应不是此要塞。我们作者将该地认定为圣经中的书念也不正确,因为书念位于从杰宁(Jenîn)到拿撒勒(位于杰宁北部)的路途中,在泽林(Serain,Zer'in)附近。以上内容,详见A. Asher,*The Itinerary of Benjamin of Tudela*, Vol.2,pp.94-95。

特洛·德·罗斯·卡瓦耶罗斯,即今以色列拉特伦,位于亚雅仑谷拉特伦突出的小山之上,耶路撒冷以西。从该地可俯瞰从特拉维夫到耶路撒冷的道路。特洛·德·罗斯·卡瓦耶罗斯为十字军对该地的称谓,意为"骑士的城堡",亚设谓之"骑士塔"。如亚设所言,书念位于特洛·德·罗斯·卡瓦耶罗斯东北部地区,《旧约·约书亚记》(19:18)记载:"他们的境界是到耶斯列、基苏律、书念。"两地相去甚远,本杰明此处考订有误。从拜特·贾伯林至特洛·德·罗斯·卡瓦耶罗斯大约30公里,这与本杰明所言3法尔萨赫大致相当。从特洛·德·罗斯·卡瓦耶罗斯到达下一行程,先知撒母耳(Nabi Samwil,详见下文)比拜特·贾伯林到该地更加符合本杰明的记载。因此,从本杰明行程考虑,此处关于特洛·德·罗斯·卡瓦耶罗斯的行程似更符合实际情况。从今拜特·贾伯林到拉特伦约30公里,本杰明记之5法尔萨赫(约27公里),亦大致一致。关于此时该地犹太人实际数量,待考。

博耶(1623—1668/1669年?),法国贵族、旅行家。希律堡,位于耶路撒冷以南、伯利恒东南部,十字军称该地为法兰克山。杰宁,位于约旦河西岸北部地区。泽林,即古代耶斯列(Jezreel)。——译者

3 示罗是古代撒玛利亚城市,位于以法莲山地、耶路撒冷以北,即今以色列特拉·示罗(Tel Shiloh)。《旧约·士师记》(21:19)记载:"他们又说,在利波拿以南,伯特利以北,在示剑大路以东的示罗,年年有耶和华的节期。"撒

母耳，以色列先知，曾为以色列国王扫罗与大卫受膏，出生并逝世于拉玛。本杰明此处的圣撒母耳意指基督徒将撒母耳的残骸从拉玛移出并重新埋葬之地，详见下文。——译者

4　亚设分别谓之 Ramleh，马库斯·南森·阿德勒谓之 Ramlah，详见 A.Asher，*The Itinerary of Benjamin of Tudela*，Vol.1，p.78；Marcus Nathan Adler，*The Itinerary of Benjamin of Tudela*，p.26。

此处所提到的拉玛应是指古代本杰明部落城市拉玛（Ramah in Benjimin），撒母耳即出生并逝世于该地。该地即今以色列拉姆（al-Ram），位于耶路撒冷以北约 8 公里处。《旧约·约书亚记》（18:21—25）记载："本杰明支派按着宗族所得的城邑就是耶利哥，伯曷拉，伊麦基悉，……又有基遍，拉玛，比录。"——译者

5　《旧约·撒母耳记》（上，1:1）记载："以法莲山地的拉玛琐非有一个以法莲人，名叫以利加拿，是苏弗的玄孙，托户的曾孙，以利户的孙子，耶罗罕的儿子。"其中拉玛琐非即指 Ramthite，指来自该地的人。——译者

6　亚设谓之祭拜场所，马库斯·南森·阿德勒谓之教堂，详见 A.Asher，*The Itinerary of Benjamin of Tudela*，Vol.1，p.78；Marcus Nathan Adler，*The Itinerary of Benjamin of Tudela*，p.26。

7　亚设提及一个被称为"先知撒母耳"（Nebi-Samwill）或"撒母耳墓地"的村庄，位于耶路撒冷郊区附近。罗宾逊与史密斯谈及："（他们）从基遍东南部前往耶路撒冷经行半个小时，可以看到一个高大的山脊，从东北方向延伸至西南方向。先知撒母耳（村庄）位于该山脊最高处，也是最为显眼的地方。一座清真寺位于此地，先知撒母耳的墓地被认为就在这座清真寺中。该地通常也被认为撒母耳的诞生地拉姆·祖非穆（Ramathaim Zophim）。这座清真寺曾经是一座教堂——该教堂的建筑呈现出拉丁十字架状，带有十字军时期鲜明的特色。经过长时间的研究，我们倾向认为这可能是古代米斯巴（Mizpeh）的遗址，距离耶路撒冷大约两个小时的行程。"因此，该地明显不是以法莲部落的古代城市示罗。我们的旅行者（即本杰明）甚至对此熟知。他应是仅凭自己的回忆得来这一断定，这又是一个例证。翻开巴勒斯坦地图就会看到一个到达特定地方的旅行者不可能按照本杰明在第 78 页以及第 79 页部分提到的地区的顺序进行访问，而且其所提到的距离与事实不相符合。我们只能认为本杰明出于某种敬重以及其他原因，仅是注意到这些地方，而其所提及的距离应是这些地方距离耶路撒冷的距离。本杰明应是从耶路撒冷到

达亚实基伦(Ascalon)港,以及朝向东北方向到达大马士革以及商业旅行者感兴趣的城市。以上诸内容,详见 A.Asher,*The Itinerary of Benjamin of Tudela*, Vol.2,pp.95-96。

马库斯·南森·阿德勒提及在十字军期间示罗被认为是占领了米斯巴遗址(即先知撒母耳之地)。该遗址位于耶路撒冷附近一座山的最高处;士师时代,以色列民众在此聚集。现在这里是一座破旧的清真寺,其底座是法兰克人时期基督徒建造,被巧妙地结合起来。该建筑半圆形的后殿被升高。著名的撒母耳墓地就位于教堂的西侧。今日仍被犹太人与穆斯林所祭拜。以上内容,详见 Marcus Nathan Adler,*The Itinerary of Benjamin of Tudela*, pp.26-27,n.3。

Nebi-Samwill,其中 Nebi 为希伯来语נביא(即先知)音译,故其意为"先知撒母耳"。《旧约·撒母耳记》(上,7:5)记载:"撒母耳说,要使众人聚集在米斯巴,我好为你们祷告耶和华。"该地即位于耶路撒冷西北部的米斯巴。本杰明提到在该地的教堂应是十字军期间由基督徒所建。奥斯曼土耳其占领该地期间,又在该教堂基础上建造了清真寺,即罗宾逊、史密斯与马库斯·南森·阿德勒所提及的清真寺。如上文注释所言,先知撒母耳之地与示罗相去甚远。亚设甚至由此认为本杰明根本没有到达过此地,甚至对其行程有所怀疑。将先知撒母耳之地认定为示罗无疑是错误的,但是如此认定并不是本杰明之误。早在 6 世纪,著名的基督徒朝圣者狄奥多西(Theodosius,423—629 年)在前往耶路撒冷朝圣之旅中,错误地将示罗认定为在从耶路撒冷到以马忤斯(Emmaus,位于耶路撒冷西部 30 余公里处)的路途中;之后西方的地图又将示罗错误地标注为先知撒母耳之地。因此,本杰明应是受到西方基督徒错误的影响,错误地称该地为"示罗的圣撒母耳",如其其他地名考订讹误一样;马库斯·南森·阿德勒所言示罗占领圣撒母耳之地亦应是受此错误标注的影响。另外,从今拉特伦到圣撒母耳约 20 公里,本杰明记之 3 法尔萨赫(约 17 公里),与之相当;先知撒母耳之地距离耶路撒冷大约 11—12 公里,此与本杰明所谓之 2 法尔萨赫(相当于 11 公里)大致相当,显示本杰明对该地地望应是比较了解,故其应是到达过此地。以此而论,亚设对于本杰明是否到达该地以及其行程与距离标注等质疑仍待商榷。继圣撒母耳之后,亚设文本第 78 页以及第 79 页提到的地区有佩斯普阿(Pesipua)、拜特·努巴(Beith Nubi)、拉姆拉(Ramleh)、雅法(Jaffa)、雅比尼(Ibelin)、亚实突(Ashdoud)、亚实基伦(Ascalon),详见 A.Asher,*The Itinerary of Benjamin of Tudela*,

Vol.1,pp.78-79。关于这些地区的记述以及行程距离考证详见下文叙述。亚实基伦,以色列南部沿海城市。士师时代,约公元前13世纪—前1030年,即指以色列松散的部落联盟时期,由士师领导;扫罗王出现之后,士师时代结束。——译者

8　亚设谓之佩斯普阿、Gib'ath以及Geb'a,马库斯·南森·阿德勒谓之小穆罕默德-勒-佩蒂特、Gibeath以及Gibeah,其中Gib'ath、Geb'a、Gibeath以及Gibeah近音,皆指迦巴,详见A.Asher, *The Itinerary of Benjamin of Tudela*, Vol.1, p.78; Marcus Nathan Adler, *The Itinerary of Benjamin of Tudela*, p.27。

亚设提及关于该地的希伯来文记载为:

ומשם שלשה פרסאות ללהר מורייה, לפשיפוה היא גבעת שאול......והיא גבע בנימן

[该句希伯来语意为:从那里(即圣撒母耳)经行3法尔萨赫到达摩利亚山(Moriah),到达佩斯普阿,即扫罗的迦巴……本杰明的迦巴],并因此言及摩利亚山过去与现在都是耶路撒冷的一部分,这里或是我们作者凭借回忆的记述,或是一些无知的抄写员所犯下的错误。佩斯普阿(Pesipua,即**לפשיפו**)从未被同时代与现代作家提及。本杰明的迦巴也被称为扫罗的迦巴,在拉玛(Rama)附近,距离耶路撒冷30斯迪达(Stadia)(Josephua, *de bello Judaico*, V.2.1)。罗宾逊与史密斯提到"从亚拿突(Anathot)向北,穿越两个很深的峡谷,我们经过了80分钟后到达了迦巴,古代扫罗的迦巴。该地也地处北部一个有深谷的高地上。"迦巴位于一个荒芜的山麓上,与沙龙平原(Saron)相连,并一直延伸至耶路撒冷。或因此故,导致了文中的错误,即到达摩利亚山。我们在此处没有译出这个错误。以上内容,详见A.Asher, *The Itinerary of Benjamin of Tudela*, Vol.2, p.96。

马库斯·南森·阿德勒言及此处的穆罕默德-勒-佩蒂特与上文所提到的穆罕默德(即基遍)皆为十字军的教堂,详见Rey, *Les Colonies franques de Syria aux XIILe et XIIIe siècles*, p.387; Conder, *The Latin Kingdom of Jersulam*。以上内容,详见Marcus Nathan Adler, *The Itinerary of Benjamin of Tudela*, p.27, n.1。

迦巴(Gibeah),即希伯来语**גבעה**音译,为山的意思。其地即今之以色列豆山(Tell el-Ful)或扫罗山,位于今以色列皮斯伽特·泽未(Pisgat Ze'ev)附近地区,北距耶路撒冷约10公里。迦巴属于本杰明部落的城市,因此被称为本杰明的迦巴,如《旧约·约书亚记》(18:21—24)记载:"本杰明支派按着宗

族所得的城邑就是……基法阿摩尼，俄弗尼，迦巴，共十二座城，还有属城的村庄。”《旧约·士师记》(20:10)记载：“我们要在以色列各支派中，一百人挑取十人，一千人挑取百人，一万人挑取千人，为民运粮，等大众到了本杰明的迦巴，就照迦巴人在以色列中所行的丑事征伐他们。”《旧约·列王记》(上，18:22)记载：“以利亚王宣告犹大众人，不准一个推辞，吩咐他们将巴沙修筑拉玛所用的石头，木头都运去，用以修筑本杰明的迦巴和米斯巴。”扫罗王时曾占据并统治迦巴，因此该地也被称为扫罗的迦巴，详见《旧约·撒母耳记》(上，8—31)以及《旧约·士师记》(10—20)的记载，此处不再赘述。马库斯·南森·阿德勒此处所言穆罕默德-勒-佩蒂特与上文所提到的大穆罕默德为基督教堂，有待商榷。其一，此两地的名称带有鲜明的伊斯兰教特色，与基督教堂明显不符合；其二，马库斯·南森·阿德勒在上文中并没有提到大穆罕默德为基督教堂。另外，需要说明的是从圣撒母耳之地到达迦巴，即现在的谷山，大约10英里。此与本杰明所记3法尔萨赫大致相当，说明本杰明关于此段行程距离的记载比较准确。

摩利亚山，位于耶路撒冷古城圣殿区内，为亚伯拉罕献祭艾萨克的地方。拉玛，即本杰明部落的拉玛。斯迪达，古希腊长度计量单位，1斯迪达大约相当于180米；此处约为5.4公里。亚拿突，大约距离耶路撒冷一个小时。沙龙平原，即指以色列中北部的沿海平原地区。——译者

9　亚设谓之 Beith Nubi，马库斯·南森·阿德勒谓之 Beit Nuba。今以色列称该地为 Bayt Nuba，后者的称谓更加确切，详见 A. Asher, *The Itinerary of Benjamin of Tudela*, Vol. 1, p. 78; Marcus Nathan Adler, *The Itinerary of Benjamin of Tudela*, p.27。

亚设提及提尔的威廉曾提到：“他们现在普遍将挪伯称为拜特·努巴。该地位于山脚，是平原滋养的首要之地。通过此地可到达卢德。”《塔木德》在对弥赛亚(*Jesaiah*, X.32)的解释中提到森纳赫里布(Sanherib)曾对此地进行了升高，为了能从此俯瞰耶路撒冷全地(*Talmud*, *Sanhedrin*, 95.a)。几乎明显的是我们作者好像是有意去记述那些他所知道的耶路撒冷周边地区，并将其与旧约中的历史联系起来。他在此处转录了自己的记录，而对地理状况没有任何提及。以上诸内容，详见 A. Asher, *The Itinerary of Benjamin of Tudela*, Vol.2, pp.96-97。

马库斯·南森·阿德勒提及拜特·努巴无疑就是挪伯；本杰明访问此地约二十五年之后，狮心王理查(Richard Coeur-de-Lion)曾在此地安营扎寨，并

随十字军经雅比尼(Ibelin)到达亚实基伦。以上内容,详见 Marcus Nathan Adler, *The Itinerary of Benjamin of Tudela*, p.27, n.2。

拜特·努巴,位于耶路撒冷以西,即圣经中所记之挪伯。挪伯被称为古代祭司之城,祭司亚希米勒(Ahimelech)就居住在此地,《旧约·撒母耳记》(上,21:1)记载:"大卫到了挪伯祭司亚希米勒那里,亚希米勒战战兢兢地出来迎接他,问他说,你为什么独自来,没有人跟随呢?"《旧约·撒母耳记》(上,22:19)记载:"又用刀将祭司城挪伯中的男女,孩童,吃奶的,和牛,羊,驴尽都杀灭。"今天从豆山到达拜特·努巴的道路约 30 公里,本杰明谓之 3 法尔萨赫(大约 17 公里)。本杰明此段关于两地距离记载的差异,或因古今道路不同所致,或因本杰明在记述之时存在误差。但是,值得注意的是拜特·努巴距离耶路撒冷也约 30 公里。森纳赫里布,亚述国王,公元前 705—前 681 年在位。狮心王理查德·科尔,即英格兰国王狮心王理查一世,1157—1199 年,曾投身第三次十字军东征。雅比尼,12 世纪耶路撒冷王国一座堡垒,位于今以色列亚夫内(Yavne,以色列西部沿海城市,位于亚实基伦以北)。——译者

10　亚设谓之 Botsets、Séne,马库斯·南森·阿德勒谓之 Bozez、Seneh,两人所述皆音近,所指相同,详见 A. Asher, *The Itinerary of Benjamin of Tudela*, Vol.1, p.78; Marcus Nathan Adler, *The Itinerary of Benjamin of Tudela*, p.27。

亚设提及《旧约·撒母耳记》(上,14:5)曾提及约拿单岩石,其位于迦巴(Geba,即上文之 Gibeah)与穆赫玛斯(Mikhmash)两地之间,在这两地之间形成了一条狭窄的通道。罗宾逊与史密斯亦提到:"在迦巴与穆赫玛斯之间有两座锥形低矮的小山,有可能就是《旧约·撒母耳记》(上,14)所记约拿单攻打非利士人遭遇的传奇地方。"以上诸内容,详见 A. Asher, *The Itinerary of Benjamin of Tudela*, Vol.2, p.97。

马库斯·南森·阿德勒提及关于这两块岩石,可参见 D. G. Dalman, "Der Pass von Michmas", in *Z. D. P. V.*, 1904, Vol. XXVII, p. 161。详见 Marcus Nathan Adler, *The Itinerary of Benjamin of Tudela*, p.27, n.3。

《旧约·撒母耳记》(上,14)记载了约拿单(扫罗长子)通过由名为播薛与西尼的小山构成的隘口攻打非利士人,如《旧约·撒母耳记》(上,14:5)记载:"约拿单要从隘口过到非利士防营那里去。这隘口两边各有一个山峰,一名播薛,一名西尼。"因此,这两座构成隘口的岩石或小山被称为约拿单岩石(或

小山)。穆赫玛斯,位于耶路撒冷东北 10 余公里处。——译者

11 亚设谓之 Ramleh,并言及该地即为哈-拉玛,马库斯·南森·阿德勒谓之 Rams、Ramleh,详见 A.Asher, *The Itinerary of Benjamin of Tudela*, Vol. 1, p. 79; Marcus Nathan Adler, *The Itinerary of Benjamin of Tudela*, p.27。

亚设言及罗斯穆勒尔(Rosenmüel)认为 Ramleh 不是拉玛(Ramah,即本杰明部落城市拉玛)(Rosenmüel, II.358),即使博学的克拉克博士也认可了这个"错误的观点"(Clarke, IV. 430),即使这是普遍的观点,但仍被布施(Büsching)所纠正(Büsching, V.I.459)。伊德里斯时期,Ramleh 是巴勒斯坦地区主要的城市之一,仅次于耶路撒冷(Edrisi, I.389)。我们作者提到"该地之前有很多",应是指先前该地有很多犹太人,并见证了位于该地郊区大的墓地。但是,当他到达巴勒斯坦之时,该地只有三位犹太人,这可能是因为该地沦陷到十字军手中的原因(比较参见 William of Tyre, X.17)。以上诸内容,详见 A.Asher, *The Itinerary of Benjamin of Tudela*, Vol.2, pp.97-98。

马库斯·南森·阿德勒言及亚设将 רמש 认定为 Ramleh,有一些理由。Ramleh 在圣经时期并不存在,而是建于 716 年。该地繁荣时期规模与耶路撒冷相当,但是 1033 年被一场地震严重破坏。该地主要人口为穆斯林,存留在这里的犹太人相对而言与十字军并没有太大的争执。随后本杰明提到了居住在这里的犹太人数量较大。亚设文本以及所有出版的版本中称"三位犹太人居住在此地",这显然是一个错误。有可能是抄写员将 'ש(代表数字 300)错抄为 שלש(数字 3)。同时代阿拉伯作者的记载,详见 Guy Le Strange, *Palestine*, pp.303-308。以上诸内容,详见 Marcus Nathan Adler, *The Itinerary of Benjamin of Tudela*, p.27, n.4。

根据亚设所言,显而易见其将该地认定为上文提到的城市本杰明部落的拉玛,且将该地与拉玛皆称为 Ramleh,称 Ramleh 又被称为哈-拉玛(Ha-rama,其中 Ha 为冠词,表示特指),并指出"Ramleh 不是拉玛"的观点不正确。古代以色列还有一处地名为拉姆拉(Ramla)的城市,又被称为 Remle、Rama 等。该城是在 8 世纪早期由倭马亚王朝王朝所建,位于以色列中部,耶路撒冷西部大约 50 公里处,主要居民为穆斯林。因其连接耶路撒冷以及以色列沿海地区,故经济以及战略地位尤为重要。该地距离拜特·努巴约 19 公里,与本杰明记之 3 法尔萨赫几乎一致,而位于耶路撒冷北部的本杰明部落拉玛则距离该地远超 50 公里,因此本杰明此处提到的城市应指拉姆拉。马库

斯·南森·阿德勒亦认为亚设将该地认定为拉姆拉是正确的,但是遗憾的是没有指出本杰明将拉姆拉与本杰明部落的拉玛两地混为一地。正因为如此,亚设在上文关于拉玛的注释中,提到本杰明在下文一些地方的记述中标注的距离并不符合实际情况,殊不知是其在拉姆拉与拉玛等地的考订中出现错误,方才产生对本杰明在这段行程记载中的质疑。——译者

12 亚设谓之"三位犹太人,先前该地有很多(犹太人)",马库斯·南森·阿德勒谓之"300 位犹太人,先前该地是一个大城市",详见 A. Asher, *The Itinerary of Benjamin of Tudela*, Vol.1, p.79; Marcus Nathan Adler, *The Itinerary of Benjamin of Tudela*, p.27。

关于亚设与马库斯·南森·阿德勒所言差异,为文本不同所致。——译者

13 亚设谓之 Jaffa、Japho,马库斯·南森·阿德勒谓之此地还被称为 Yāfa、Jaffa, Japho 以及 Yāfa 音近,皆指雅法,详见 A. Asher, *The Itinerary of Benjamin of Tudela*, Vol.1, p.79; Marcus Nathan Adler, *The Itinerary of Benjamin of Tudela*, p.27。

亚设提及伊德里斯曾称:"从拉姆拉到地中海沿海城市雅法大约需要半天。"(Edrisi, I.339)。"雅法位于海边,是一座小的堡垒城市,……我们看到的这个地方是法国人在进军叙利亚时曾进入的城市,这里有一座医院,拿破仑曾毒死他的那些染病的人。"(Irby and Mangles, 184)。此地就是圣经中所记载的雅法。以上诸内容,详见 A. Asher, *The Itinerary of Benjamin of Tudela*, Vol.2, p.98。

雅法,以色列地中海沿海港口城市,1950 年与特拉维夫合并成为特拉维夫-雅法市,位于该市南部老城区。1799 年拿破仑在占领该地之后,该地发生瘟疫。拿破仑曾下令处死一些染上瘟疫的人,以防止瘟疫的蔓延。雅法即圣经所记之古代雅法,《旧约·约书亚记》(19:46)记载:"美耶昆,拉昆,并雅法对面的地界。"《旧约·历代志》(下,2:16)记载:"我们必照你所需用的,从利巴嫩砍伐树木,扎成筏子,浮海运到约帕。你可以从那里运到耶路撒冷。"从拉姆拉到达雅法约 25 公里,本杰明记之 5 法尔萨赫(约 27 公里),与实际距离大致符合。——译者

14 亚设谓之"3 法尔萨赫、Ibelin、这里是古代的雅比尼 Jabneh","至今在这里仍能够看到学校的遗址,……此地位于以法莲部落的边界",马库斯·南森·阿德勒谓之"5 法尔萨赫,Ibelin 或 Jabneh","这里是学校所在地……

从此地便进入以法莲部落的领地”，其中 Ibelin 与 Jabneh 音近，所指相同。详见 A.Asher，*The Itinerary of Benjamin of Tudela*，Vol.1，p.79；Marcus Nathan Adler，*The Itinerary of Benjamin of Tudela*，p.27。

亚设提及此地位于亚实突（Asdoud）与雅法之间，我们作者的行程即从雅法经雅比尼到达亚实突；厄比与曼格斯也经过雅比尼，并提及这是古代的雅麦尼亚，位于一个小而壮丽的地区（Irby and Mangles，p.182）。雅比尼城与堡垒位于今雅比尼遗址附近（Raumer，201）。基督教占领时期，此地是巴利安及其后裔的封地——巴利安为沙特尔（Chartres，法国北部城市）威廉（William）伯爵的兄弟。巴利安的后裔亦因此常被称为雅比尼，如雅比尼的吉恩（Jean）便是其中之一。吉恩为雅法与亚实基伦伯爵、贝鲁特与拉姆拉领主，于 1266 年去世。我们遗憾的是未能恢复著名的“耶路撒冷敕令”（*Assises de Jerusalem*）（Gibbon，chap.58）。雅比尼为耶路撒冷王国提供 10 位骑士。在耶路撒冷最后的围攻形成之前，犹太公会（Sanhedrin）或犹太人最高法院的成员跟随其纳西或王子来到雅比尼，并在杰出的《塔木德》老师的带领下在此地停留了很长时间，比西哈奇亚也曾注意此地。我们作者此处将该地认定为以法莲部落的边界明显是一个错误，以法莲部落位于巴勒斯坦北部地区。以上诸内容，详见 A.Asher，*The Itinerary of Benjamin of Tudela*，Vol.2，pp.98-99。

雅比尼（Ibelin、Jabneh），即今以色列的亚夫内（Yavne），历史上该地又被称为雅麦尼亚，位于今以色列中西部沿海平原地区，雅法南部。《旧约·历代志》（下，26：6）记载：“他出去攻击非利士人，拆毁了迦特城，雅比尼城和亚实突城。在非利士人中，在亚实突境内，又建筑了些城。”十字军时期，曾在此地建立一座堡垒，名为雅比尼。从今雅法到达亚夫内大约 25 公里，较之亚设谓之 3 法尔萨赫（17 公里）而言，马库斯·南森·阿德勒谓之 5 法尔萨赫（27 公里）更加接近实际距离，此处应是亚设文本之误。

另外，亚设所提及的巴利安（Balian，？—1150 年）是 12 世纪耶路撒冷王国贵族，雅比尼领主，又被称为雅比尼的巴利安。巴利安自称为沙特尔伯爵的后裔，但关于其早年生平知之甚少，亚设此处谓之其为沙特尔伯爵威廉（1085—1150 年）的兄弟有待考证。此处亚设所谓之雅比尼的吉恩，应为雅比尼的约翰（1215—1266 年，John of Ibelin）。约翰为该家族的重要代表人物之一，在耶路撒冷王国身居要职，同时还是一位著名的法学家，曾著有关律法的《巡回书》（*Livre des Assises*），其书中用大量篇幅处理“耶路撒冷敕令”——耶路撒冷敕令为有关中世纪十字军时期耶路撒冷王国以及塞浦路斯王国的律法汇编，汇编于13世纪，但是未能全部保存下来。Sanhedrin为希伯来语סַנְהֶדְרִין音译，指在以色列每个城市由法官构成的犹太人的法庭。摩西与以色列人奉上帝之命建立法官法庭，法官教导并监督民众遵守律法；士师时代，法官则兼具宗教与政治权力。在各地犹太公会之上，是大犹太公会(Great Sanhedrin)。大犹太公会由纳西组成，作为首领或公会代表，但不作为法庭成员。直到第二圣殿被摧毁之前，犹太公会通过圣经与拉比传统对犹太人的政治与宗教生活进行了律法规范。第二圣殿被摧毁之后，犹太公会迁至亚夫内。随着罗马人的迫害，犹太公会逐渐式微，迦玛列六世(370—425年)为最后一位犹太公会首领，即纳西。正是由于犹太公会成员以及大量拉比、《塔木德》学者于七十年之后迁至亚夫内，便在此地形成了犹太教宗教中心以及各类宗教学校等。亚夫内也成为继耶路撒冷之后最重要的犹太教中心。

以法莲部落位于迦南中心地带，约旦河西部、本杰明部落北部，其地之后被称为撒玛利亚，亚夫内位于该部落西南部。亚实突，以色列沿海城市，位于雅法以南，下文即将提及。沙特尔，法国北部城市。——译者

二十、帕密斯、亚实基伦、泽林与太巴列

从雅比尼经行2(5)法尔萨赫到达帕密斯(Palmis)[帕密德(Palmid)],又被称为亚实突(Ashdoud),先前是非利士人的城市[此地就是非利士人的亚实突(Ashdod)]。[1] 现在该地是一片废墟,没有犹太人居住在此。

从亚实突经行2法尔萨赫到达亚实基伦(Ascalon)[亚实基伦(Askelonah)],这里实际上是新亚实基伦(或新亚实基伦)。[2] 此城位于海边,由已故祭司以斯拉(Ezra)所建,最初被称为本尼布拉(Benebra)[本尼·布拉克(Bene Berak)],距古代亚实基伦遗址约4法尔萨赫。[3] 这是一座非常漂亮的大城市,因其位于埃及边境地区,地理位置便利,各地商人来到该地(的集市)经营贸易。[4] 大约
200位拉比犹太人居住在此地,其中主要的人士包括拉比采马赫 44
(R.Tsemach)[拉比采马赫(R.Zemach)]、拉比亚伦以及拉比所罗门等;此外还有约50位卡拉派犹太人以及300余位古他斯人(Cutheans)[古他姆人(Cuthim)]或撒玛利亚人。[5] 在城里(中心)有一处泉水(一口井),被称为亚伯拉罕·哈利勒井(Bir Ibrahim-al-Khalil)[亚伯拉罕井(Bir Abraham)],挖于非利士人时期(这是先祖在非利士人时期所挖)。[6]

然后,从亚实基伦返回到圣乔治,即卢德(Lydda)(从亚实基

伦经过一天行程到达卢德的圣乔治)。[7] 从圣乔治经行一日半到达泽林(Serain)[泽林(Zerin)或耶斯列(Jezreel)],这里是古代的耶斯列(Jisre'el);城中有一处很大的泉水,仅有一位职业的犹太染工居住在此地。[8]

从泽林经行 3 法尔萨赫到达色佛黎(Sufurieh)[西弗利亚(Saffuriya)或西弗利斯(Sepphoris)],这里是古代的塞佛瑞斯(Tsippori)。[9] 我们的拉比哈卡都什(Rabenu Hakkadosh)、[拉班迦玛列(Rabban Gamaliel)]、拉比亥亚(R.Chiya)——他从巴比伦返回到此地、先知约拿·本·阿米赛(Jonah ben Amithai)的墓地就位于此地,他们被葬在山里;很多其他犹太人的墓地也在这里。[10]

从色佛黎经行 5 法尔萨赫到达太巴列(Tiberias)——此城位于约旦河,这里被称为基尼烈(Khinnereth)[基尼烈(Chinnereth)]海或太巴列湖。[11] 这里有约旦河的瀑布,因此该地被称为斯迦山坡(Ashdoth Hapisga),意为"急流之河形成瀑布的地方'。约旦河随后最终流向沥青(Asphaltes)湖,即死海[约旦河在这里通过两山之间的峡谷流下,注入基尼烈湖——该湖水域宽广,如海一般。约旦河从两山之间流下到达平川——该地被称为斯迦山坡,然后继续流向所多玛海,即盐海]。[12]

太巴列有 50 余位犹太人,主要人士包括天文学家拉比亚伯拉罕、拉比穆赫塔尔(R.Muchtar)与拉比艾萨克等。[13] 这里的温泉从地下涌出,被称为太巴列温泉。在太巴列近郊有一座迦勒·本·
45 耶孚尼(Khaleb B.J'phuneh)[迦勒·本·耶孚尼(Caleb ben Jephunneh)]犹太会堂,[14] 以及大量其他犹太人的墓地,如拉比约哈南·本·萨凯(R.Jochanan B.Sakhai)[拉比约哈南·萨凯(R.Johanan ben Zakkai)]与拉比乔纳森·本·利未(R.Jehonathan B.Levi)[拉比犹大·哈列维(R.Jehudah Halevi)]等。[15]这些地区皆位于下加利利。

注释

1 亚设谓之"2法尔萨赫到达帕密斯(Palmis),又被称为亚实突(Ashdoud),先前是非利士人的城市",马库斯·南森·阿德勒谓之"5法尔萨赫到达帕密德(Palmid),此地就是非利士人的亚实突(Ashdod)",其中Palmis与Palmid拟音有差异,Ashdoud与Ashdod音近,皆指亚实突,详见A. Asher, *The Itinerary of Benjamin of Tudela*, Vol.1, p.79; Marcus Nathan Adler, *The Itinerary of Benjamin of Tudela*, p.27。

亚设提及帕密斯这个名字应是源自欧洲,可能在我们作者访问巴勒斯坦的时候流行;伊本·毫盖勒、伊德里斯、阿布肥达以及提尔的威廉都没有提及这个名字,这可能是因为如本杰明所言在他们所在的时期该地早已成为一片废墟。本杰明所言从雅比尼到达该地经行2法尔萨赫是正确的(比较Irby and Mangles, 182)。希腊人该地为Azotos,拉丁人称该地为Azotus,但是如叙利亚其他地区一样,该地又重新被称为Asdoud。此地现在有大约100座破旧的小屋散落在古代饶有趣味的废墟之中。以上内容,详见A. Asher, *The Itinerary of Benjamin of Tudela*, Vol.2, p.99。

如上文注释所言,亚实突,以色列南部沿海港口城市,位于雅法、亚夫内以南,今亚实突城位于古代遗址附近地区。该城初为非利士人人城巿,《旧约·约书亚记》(13:3)记载:"从埃及前的西曷河往北,直到以革伦的境界,就算属迦南人之地。有非利士人五个首领所管的迦萨人,亚实突人,亚实基伦人,迦特人,以革伦人之地,并有南方亚卫人之地。"希腊人以及拉丁人分别对该地的称谓Azotos与Azotus应皆源自希伯来语אַשְׁדּוֹד(Ashdod)。今亚夫内距亚实突约15公里,本杰明言之2法尔萨赫(约11公里)。如亚设所言,2法尔萨赫更接近实际距离,马库斯·南森·阿德勒所谓之5法尔萨赫应是其文本之误。——译者

2 亚设谓之Ascalon以及这实际上是新亚实基伦,马库斯·南森·阿

德勒谓之 Askelonah 以及或新亚实基伦,其中 Ascalon 与 Askelonah 音近,皆指亚实基伦,详见 A.Asher, *The Itinerary of Benjamin of Tudela*, Vol.1, p.80;Marcus Nathan Adler, *The Itinerary of Benjamin of Tudela*, p.27。

亚设提及此城位于叙利亚海边,因其非常漂亮而被称为阿鲁斯·阿斯闪姆(Arous As-scham),"叙利亚新娘"(之意)(Bakoui in notices et extraits, II, 445)。伊德里斯曾称:"亚实基伦由双重城墙守卫,城里有集市,但是在该城郊区没有任何花园与树木。耶路撒冷国王围攻此城,并于哈吉来历(Hegria)548 年(1153 年)夺之。此城现在仍被基督徒占领。"(Edrisi, I.340)。本杰明所提到的从亚实突经行 2 法尔萨赫到达该地是准确的。现在残留的巨大而厚重的一面城墙以及神庙与剧院的遗址,就是古代此地的遗址。以上内容,详见 A.Asher, *The Itinerary of Benjamin of Tudela*, Vol.2, pp.99-100。

亚实基伦位于以色列南部沿海港口城市,今亚实基伦位于亚实突南部 20 余公里处,本杰明此处谓之 2 法尔萨赫(约 11 公里),大概相差 1 法尔萨赫。该城最初为非利士人的五城之一,约于公元前 1150 年占据此地,《旧约·约书亚记》(13:3)记载:"有非利士人五个首领所管的迦萨人,亚实突人,亚实基伦人,迦特人,以革伦人之地,并有南方亚卫人之地。"《旧约·士师记》(1:18)又记:"犹大又取了迦萨和迦萨的四境,亚实基伦和亚实基伦的四境,以革伦和以革伦的四境。"公元前 604 年,该城被新巴比伦王国尼布甲尼撒二世摧毁。本杰明此处所指的新亚实基伦似应指以色列人在巴比伦之囚之后返回该地所建的新城,先前的旧城称为古代亚实基伦。历史上的亚实基伦城遗址位于今以色列亚实基伦国家公园内,位于今亚实基伦城西南部。哈吉来历,阿拉伯语,意为走出、离开,特指 622 年穆罕默德离开麦加,到达麦地那,故阿拉伯历以 622 年开始纪年。——译者

3 亚设谓之 Benebra,马库斯·南森·阿德勒谓之 Bene Berak,详见 A. Asher, *The Itinerary of Benjamin of Tudela*, Vol.1, p.80; Marcus Nathan Adler, *The Itinerary of Benjamin of Tudela*, p.28。

亚设提及被称为本尼布拉的城市遗址,可能我们作者仅是听说而已,此时没有一个地理学家与历史学家提及本尼布拉,反而证实亚实基伦贸易繁荣,且是一处要地。提尔的威廉对该地有着十分细致的描写,详见 William of Tyre, XVII, 22。以上诸内容,详见 A.Asher, *The Itinerary of Benjamin of Tudela*, Vol.2, pp.99-100。

如上文注释所言,古代亚实基伦应为非利士人时期的城市。以斯拉(公

元前480—前440年),犹太祭司,曾率以色列人从巴比伦返回至耶路撒冷。犹太人从巴比伦返回迦南之后,曾在亚实基伦地区参与该地的重建。本杰明此处应是将该城的重建与以斯拉联系起来,因其率领犹太人返回迦南。——译者

4 亚设谓之"这是一座非常漂亮的大城市,……地理位置便利,各地商人来到该地经营贸易",马库斯·南森·阿德勒谓之"这是一座大城市,……各地商人来到该地的集市经营贸易",且并未言及其地理位置便利,详见A. Asher, *The Itinerary of Benjamin of Tudela*, Vol.1, p.80; Marcus Nathan Adler, *The Itinerary of Benjamin of Tudela*, p.28。

亚设提及我们作者记载各地的方式以及其对各地重要犹太人的列举,在记载该地时再次出现。这不禁让我们认为他确实到达过此地,推动他前来的应是商业目的,详见A. Asher, *The Itinerary of Benjamin of Tudela*, Vol. 2, p.100。

5 亚设谓之R. Tsemach以及古他斯人(Cutheans)或撒玛利亚人,马库斯·南森·阿德勒谓之R. Zemach以及古他姆人(Cuthim),并未言及撒玛利亚人——其中R. Tsemach与R. Zemach音近,所指相同;撒玛利亚人又被称为古他斯人或古他姆人,见上文注释。详见A. Asher, *The Itinerary of Benjamin of Tudela*, Vol. 1, p. 80; Marcus Nathan Adler, *The Itinerary of Benjamin of Tudela*, p.28。

施恩茨言及查瑞斯曾提及一个亚实基伦(犹太人)群体定居在耶路撒冷(Charisi, c.46),详见A. Asher, *The Itinerary of Benjamin of Tudela*, Vol. 2, p.100。

6 亚设谓之"在城里有一处泉水,被称为亚伯拉罕·哈利勒井,挖于非利士人时期",马库斯·南森·阿德勒谓之"在城中心有一口井,被称为亚伯拉罕井,这是先祖在非利士人时期所挖掘。"详见A. Asher, *The Itinerary of Benjamin of Tudela*, Vol.1, p.80; Marcus Nathan Adler, *The Itinerary of Benjamin of Tudela*, p.28。

亚设提及布施曾注意到本杰明所记载的泉水(Büsching, l.c.454)。详见A. Asher, *The Itinerary of Benjamin of Tudela*, Vol.2, p.100。

马库斯·南森·阿德勒提及本杰明同时期的人来自(阿富汗)赫尔特的阿里曾提及:"亚实基伦是一个高雅而美丽的城市,亚伯拉罕井位于该城附近,相传其由亚伯拉罕亲自挖掘。"博哈丁(Bohadin)在《萨拉丁传记》(*The*

Life of Saladin)中详细地记述了在英王理查一世与萨拉丁之间的和平被打破之后，该城在1192年被破坏的情况；1355年，伊本・白图泰曾发现了该城的废墟，但对亚伯拉罕井进行了细致的描述。详见Guy Le Strange，pp.402-403，Dr. H. Hildesheimer，*Beiträge zur Geographie Palästinas*。以上诸内容，详见Marcus Nathan Adler，*The Itinerary of Benjamin of Tudela*，p.28，n.1。

Ibrahim-al-Khalil，为阿拉伯语对亚伯拉罕的称呼，al-Khalil源自希伯来语חֶבְרוֹן，为朋友之意，故其意为敬爱的亚伯拉罕，上文所提到的希伯伦即源自חֶבְרוֹן。艾萨克曾在基拉耳谷[Gerar，今内盖夫(Negev)沙漠纳哈・基拉尔谷(Nahal Gerar)，位于今亚实基伦南部]将亚伯拉罕在非利士人时期所挖的井重新挖出来，并称之为"亚伯拉罕井"，《旧约・创世记》(26:17—18)记载："艾萨克就离开那里，在基拉耳谷支搭帐棚，住在那里。当他父亲亚伯拉罕在世之日所挖的水井因非利士人在亚伯拉罕死后塞住了，艾萨克就重新挖出来，仍照他父亲所叫的叫那些井的名字。"本杰明此处所提到的亚伯拉罕井应是指位于古代亚实基伦南部不远地区的基拉耳谷的亚伯拉罕井，如阿里所言其应位于该地附近。第三次十字军东征期间，亚实基伦曾是十字军重要的战略要地，被萨拉丁所摧毁。这里需要说明的是经过上述对从佩斯普阿、拜特・努巴、拉姆拉、雅法、雅比尼、亚实突到亚实基伦这一段行程距离的考察，显示除了有个别差异之外，本杰明关于行程距离的记载与实际情况基本符合。亚设所谓之本杰明关于行程距离之错误以及将这些距离认定为以上各地距离耶路撒冷的行程，是因为其在地名考证以及距离认定中出现了错误。因此，亚设关于本杰明行程的主张有误，本杰明准确的记载显示其应是按照记载的顺序进行游历。

博哈丁(1145—1234年)，伊斯兰教教法家、历史学家。——译者

7 亚设谓之"从亚实基伦返回到圣乔治，即卢德"，马库斯・南森・阿德勒谓之"从亚实基伦经过一天行程到达卢德的圣乔治"，详见A. Asher，*The Itinerary of Benjamin of Tudela*，Vol.1，p.80；Marcus Nathan Adler，*The Itinerary of Benjamin of Tudela*，p.28。

亚设提及我们作者从亚实基伦直接前往大马士革——这又是另外一个重要的商业城市，这也解释了他为何返回到圣乔治或卢德。卢德有一处专门纪念圣乔治的大教堂，据说他的遗骸保存在教堂中(*Mabillon acta ord.benedict*c. *Sae*. 3. p. 520，Paris，1672. *Quaresmius* II)。以上诸内容，详见A.

Asher, *The Itinerary of Benjamin of Tudela*, Vol.2, p.100。

马库斯·南森·阿德勒提及1191年当萨拉丁占领卢德之时，卢德的教堂与圣乔治的墓地曾被破坏，17世纪又被英格兰国王重建，详见 Marcus Nathan Adler, *The Itinerary of Benjamin of Tudela*, p.28, n.2。

圣乔治，即卢德，上文已提及。如上文所言，亚设将圣乔治考订为古代路斯，此处则将其考订为卢德，乔治即卢德城，而非路斯城。从今亚实基伦到达卢德约50公里。圣乔治教堂最初由拜占庭人在6世纪期间建立，1010年被法蒂玛王朝所破坏；1150—1170年，十字军重建了该教堂，后有遭萨拉丁破坏。第三次十字军期间，英格兰王国理查德重新占领该地，并将圣乔治誉为战士的圣人，以助十字军战斗，圣乔治之后逐步演变为英格兰的守护神，13世纪圣乔治的红色十字架也成为英格兰国旗的图像。13世纪中叶之后，该地分别被马穆鲁克与奥斯曼土耳其占领。17世纪，该地被奥斯曼土耳其占领，马库斯·南森·阿德勒所言此时一位英格兰国王重建该教堂一事不详，待考。——译者

8　亚设谓之"泽林(Serain)……这里是古代的耶斯列(Jisre'el)"，马库斯·南森·阿德勒谓之泽林(Zerin)或耶斯列(Jez reed)，Serain与Zerin音近，Jisre'el与Jezreed音近，详见 A. Asher, *The Itinerary of Benjamin of Tudela*, Vol.1, p.80; Marcus Nathan Adler, *The Itinerary of Benjamin of Tudela*, p.28。

亚设提及将泽林考订为耶斯列是正确的，希腊人称该地为埃斯德莱(Esdraela)，我们看到十字军历史学家称该地为戈瑞努姆(Gerinum)、小戈瑞努姆与泽林(Zarain)。提尔的威廉也曾提到我们作者所记述的井或泉水，并称其为图巴尼亚(Tubania)。白金汉称其地为泽哈瑞(Zohareen)(Buckingham, II.381)；"其位于一座石山山眉处，面向东北，从此可俯瞰整个峡谷。在峡谷中依稀可以感觉埃斯德莱(Esdraelon)平原在下降。通过峡谷的开口处，可以清晰地看到约旦东部地区。""这个峡谷其中一处泉水现在被称为贾路德(Jalûd)，即十字军所称的图巴尼亚，无疑是古代耶斯列的泉水。"(Robinson and Smith)。以上诸内容，详见 A. Asher, *The Itinerary of Benjamin of Tudela*, Vol.2, p.100。

耶斯列，以色列以萨迦(Issachar)部落的一座边城，被认为是泽林，位于杰宁以北。从圣乔治到泽林约100余公里。《旧约·约书亚记》(19:17—18)记载："为以萨迦人，按着宗族，拈出第四阄。他们的境界是到耶斯列，基苏

律，书念。”《旧约·撒母耳记》（下，2:8—9）记载：“扫罗的元帅尼珥的儿子押尼珥，曾将扫罗的儿子伊施波设带过河，到玛哈念，立他作王，治理基列，亚书利，耶斯列，以法莲，便雅悯，和以色列众人。”以萨迦，雅各第九子，其后代发展成为以色列以萨迦部落。伊施波设（Shbosheth，？—前1003年），扫罗之子，被其父随从立为国王，但并没有通过祭司受膏，因此在圣经中并不被承认。关于该地的泉水，《旧约·撒母耳记》（上，29:29）记载：“非利士人将他们的军旅聚到亚弗。以色列人在耶斯列的泉旁安营。”该处泉水被基督徒称为图巴尼亚，阿拉伯人则称为贾路德。Zohareen应为Zarain的转音。今耶斯列谷指从迦密山到约旦河的整个平原地区，包括埃斯德莱平原地区。——译者

9　亚设谓之“色佛黎……这里是古代的塞佛瑞斯”，马库斯·南森·阿德勒谓之西弗利亚或西弗利斯，详见A.Asher，*The Itinerary of Benjamin of Tudela*，Vol.1，p.80；Marcus Nathan Adler，*The Itinerary of Benjamin of Tudela*，p.28。

亚设提及色佛黎、塞佛瑞斯或西弗利亚（Sephoury）曾是加利利地区首要的城市与堡垒，犹大五个犹太公会其中之一就位于此地。之后该地区被称为提奥西西里亚（Diocaesarea），但是如其他很多地方一样又重新被称为塞佛瑞斯。这个称谓在《塔木德》以及十字军历史学家中被提及。该地现在是一个破败的村庄。关于对该地全面的记述，详见Clarke，*Travels*，IV，pp.133-154。我们作者这里提出的距离无误。以上诸内容，详见A.Asher，*The Itinerary of Benjamin of Tudela*，Vol.2，p.101。

塞佛瑞斯（Tsippori），又被称为Sufurieh、Sufurieh、Saffuriya、Sepphoris以及Diocaesarea等，加利利地区历史名城，位于拿撒勒西北6公里处，相传圣母玛利亚就出生在此地。从泽林到塞佛瑞斯约15公里，本杰明谓之3法尔萨赫（约17公里），大体一致。——译者

10　马库斯·南森·阿德勒谓之拉班迦玛列，亚设则未提及，详见Marcus Nathan Adler，*The Itinerary of Benjamin of Tudela*，p.28。

施恩茨提及拉比哈卡都什即著名的《密西拿》的编纂者族长拉比犹大（R.Jehuda the Patriarch），拉比亥亚则是《托瑟福塔》或“《密西拿》的补充”的编纂者。之后，拉比犹大儿子及其学者（这里应指拉比犹大的学生）的墓地也在色佛黎出现，拉比亥亚及其两个儿子的墓地则被迁至太巴列（s. **ייחום**，p.41，p.63；Jacob in cod.Sorbon）。近来一些作者认定先知约拿的墓地位于一

个被他们称为卡易纳(כינה)或卡纳(כנה)村庄(Kh'phar,即希伯来语כפר,为村庄之意)的地方,该地位于色佛黎与太巴列之间(s. ייחום,p.63;Sirkhron Jerushalajim,ed.1743)。他们还提及约拿壮丽的墓地纪念碑,比西哈奇亚对其有过描述,并称该地为乌兹(עוזא,Uzza)村(Ed.Wagenseil,196,200)。绝对不能将该地与阿兹(עזיז,Aziz)村(Ed.Paris 1831,p.100.)相混淆——阿齐兹是位于加利利边界地区之外的一座村庄。以上诸内容,详见 A.Asher,*The Itinerary of Benjamin of Tudela*, Vol.2,p.102。

马库斯·南森·阿德勒提及朗茨(A.M.Luncz)曾全部列举了位于巴勒斯坦著名犹太人的墓地,详见 A.M.Luncz,*Year-Book for 1881*,pp.71-165。我们的文献有很多关于知名犹太人士墓地的记载,但是很难在不同的记载版本中进行调和。对此可详见 Jacob ben Nethanel's *Itinerary* in Luncz's *Jerusalem*,1906,VII,p.87。以上诸内容,详见 Marcus Nathan Adler,*The Itinerary of Benjamin of Tudela*,p.28,n.3。

Rabenu,意为"我们的拉比",源自希伯来语הרב。拉比犹大又被称为拉比哈卡都什,这里的族长即为纳西,其常被称为纳西拉比犹大。R.Chija 即上文所提编纂《托瑟福塔》的 R.Hiyya。拉班迦玛列,其中 Rabban,源自希伯来语רבן,音译即拉班,亦即拉比之意,但专指区别与拉比的 1—5 世纪犹太公会的首领纳西。1 世纪犹太公会首领迦玛列一世(Gamliel I)首次被称为 Rabban,此处的拉班迦玛列应是指迦玛列一世。先知约拿·本·阿米赛即先知约拿。关于比西哈奇亚对先知约拿墓地的描述,详见 Pethachia,*Travels of Rabbi Pethachia of Ratisbon*,pp.59、67。尽管如此,先知约拿墓地又被认为位于底格里斯河东岸的尼尼微古城。详见 Pethachia,*Travels of Rabbi Pethachia of Ratisbon*,p.106,n.113。——译者

11 亚设谓之 Khinnereth、太巴列湖,马库斯·南森·阿德勒谓之 Chinnereth,但未提及太巴列湖,其中 Khinnereth 与 Chinnereth 音近,详见 A. Asher,*The Itinerary of Benjamin of Tudela*, Vol.1,p.81;Marcus Nathan Adler,*The Itinerary of Benjamin of Tudela*,p.28。

亚设提及伊德里斯对太巴列的描述最为详尽(Edrisi,I.347),"美丽的太巴列建立在一座山上,方圆 2 英里;在山脚以西有一个淡水湖,此湖长、宽皆约 12 英里……这里有温泉,这些水四季都是热的,无须用火加热"。[乔伯特(Jaubert)译]。我们作者到访太巴列城时,该地是耶路撒冷王国休·德·桑科多·阿尔多马洛(Hugh de Sancto Aldomaro)的封地。"现在的太巴列城

市非常小，紧邻基尼烈湖，周围环绕着塔楼，这些塔楼之间的距离皆相同。古代城市的遗迹位于遗址的最北面，可以看到一些城墙以及其他被破坏的建筑，还有残断的柱子，其中一些柱子是漂亮的红色花岗岩。城市南边是著名的太巴列温泉；虽然我们没有温度计，但是我们足以感到水温很高，以致手不能在水中坚持 50 秒以上。我们尝试在水中煮一个鸡蛋，但是没有成功，即使蛋壳已经破裂。经过温泉有一处突厥人的浴场。该浴场紧邻湖边，多被犹太人所用，他们也崇敬一座罗马人的墓地——该墓地附近的悬崖处被发掘，他们将此认为是雅各的墓地。"当我们对太巴列古代城墙采取措施之时，经过浴场发现一座城墙一直从湖边延伸至山边，这让我们很是疑惑。但是很明显的是这座城墙并未向南延伸，其为韦斯巴芗军营的堡垒，如约瑟夫所记（Josephua，*Jewish Wars*，b.3.c.10. §.1）。越过浴场，可以看到一座城墙从湖边一直延伸至山边。太巴列湖水质优良，但太巴列之地毫无亮点，景致也毫无特色。水流从整个湖面，甚至直到湖边流过。约旦河流经此地，湖面在此非常平静（Irby and Mangles，2893）。克拉克博士在其行纪第四卷中对太巴列的历史描述十分详细，读者可参考这些记述，这些记述可以说明并证明我们的作者；亦可参见布克哈特的记述（Burckhardt，II，560-577，德文译本），他提到有 1000 余位犹太人在此地。以上诸内容，详见 A. Asher，*The Itinerary of Benjamin of Tudela*，Vol.2，pp.102-104。

太巴列位于以色列东北，加利利海西安岸城市，紧邻约旦。太巴列湖即为加利利海，又被称为基尼烈湖，《旧约・民数记》(34:11)记载："这界要从示番下到亚延东边的利比拉，又要达到基尼烈湖的东边。"从色佛黎到太巴列约 29 公里，本杰明记之 5 法尔萨赫（约 27 公里），大体一致。——译者

12　亚设谓之"这里有约旦河的瀑布，因此该地被称为斯迦山坡，意为'急流之河形成瀑布的地方'。约旦河随后最终流向沥青海，即死海"，马库斯・南森・阿德勒谓之"约旦河在这里通过两山之间的峡谷流下，注入基尼烈湖——该湖水域宽广，如海一般。约旦河从两山之间流下到达平川——该地被称为斯迦山坡，然后继续流向所多玛海，即盐海"，详见 A. Asher，*The Itinerary of Benjamin of Tudela*，Vol.1，p.81；Marcus Nathan Adler，*The Itinerary of Benjamin of Tudela*，p.28。

亚设提及关于急流之河形成瀑布的地方，见 Gesenius，**אַשְׁדּוֹת**。详见 A. Asher，*The Itinerary of Benjamin of Tudela*，Vol.1，p.81，n.c。

Ashdoth Hapisga，其中 Ashdoth 源自希伯来语**אַשְׁדּוֹת**，意为山坡或瀑布。

Hapisga 源自希伯来语הפסגה，意为顶峰，此处指尼波山西北山麓，《旧约·申命记》(3:17)记载："又将亚拉巴和靠近约旦河之地，从基尼烈直到亚拉巴海，就是盐海，并毗斯迦山根东边之地，都给了他们。"《旧约·申命记》(4:49)记载："还有约旦河东的全亚拉巴，直到亚拉巴海，靠近毗斯迦山根。"详见 Wayne A.Meeks,ed.,*The Harper Collins Study Bible*,p.273。因此，这里即为斯迦山坡地区，约旦河流经此地，并形成瀑布。所多玛海即死海，又被称为盐海，沥青海则是希腊人对死海的称谓。——译者

13　施恩茨提及中世纪时期犹太人经常被阿拉伯王子雇用为占星家，如拉比艾萨克·本·巴鲁克(R.Isaac B.Baruch，约活跃在 1080 年)便为穆罕默德提供此类服务(Sefer ha-kabbala f.44.b)，卡斯提尔阿方索(Alphonsus)国王也善待那些精通占星术的犹太作家。חוזה(先见之意)，即占星家，这一姓曾被用于太巴列的亚伯拉罕、埃利泽(Eli'eser)——其生活在 1559 年，是关于机遇占星一书的作者(cod.Vatican,216.No.6;H.J.Michael)、摩苏尔(Mosul)苏丹瑟法迪恩(Seifeddin)的约瑟夫(*Benjamin of Tudela*，I.91,126，此处为亚设文本所示)、12 世纪法国的拉比艾萨克(Salomo Luris,*Decisions*,ed.Lublin,No.29)、尼尼微的所罗门(Pethachia)。德尔·麦迪古(del Medigo)将我们的本杰明也称为חוזה，这应是因为他讲了一些很好的故事，这些故事如同真的一般。以上诸内容，详见 A.Asher,*The Itinerary of Benjamin of Tudela*，Vol.2,p.104。

施恩茨所提到的卡斯提尔阿方索国王应是指阿方索十世(Alfonso X，1221—1284 年)，其尤喜占星术。德尔·麦迪古，1459—1493 年，出生在克里特岛，犹太哲学家。希伯来语חוזה为先见之意，这里被用以称谓那些可以占卜的占星家。苏丹瑟法迪恩的约瑟夫，详见下文叙述。——译者

14　亚设谓之 Khaleb B.I'phuneh，马库斯·南森·阿德勒谓之 Caleb ben Jephunneh，两者音近，所指相同，详见 A.Asher,*The Itinerary of Benjamin of Tudela*，Vol.1,p.81;Marcus Nathan Adler,*The Itinerary of Benjamin of Tudela*,pp.28。

施恩茨提及比西哈奇亚曾称约书亚犹太会堂在太巴列城中，并未提及太巴列郊区这座犹太会堂，又言及这两位著名人士的墓地皆位于伽什(Ga'ash)山，且彼此紧邻。然而拉比雅各(MS)与《戈齐斯》(*Jichus*)一书的作者则认为这些墓地位于邻近的西拉村(K'phar Cheres,K'phar 为希伯来语כְּפַר对音，村庄之意)，即圣经中的亭拿西拉(Timnath-heres)；圣哲罗姆也知晓约书

亚的墓地。不必感到奇怪的是以往的传统应被动摇，即《戈齐斯》称其为拉比西蒙·本·尤查（R.Simeon B.Jochai）犹太会堂（*Jichus*，p.23），记述这些墓地的君士坦丁堡版本仅提及太巴列地区有一座古代犹太会堂。以上诸内容，详见 A.Asher，*The Itinerary of Benjamin of Tudela*，Vol.2，pp.104-105。

迦勒·本·耶孚尼为摩西率领犹太人从埃及返回迦南地时犹大部落的代表。《旧约·约书亚记》（24：29—30）记载："耶和华的仆人嫩的儿子约书亚，……以色列人将他葬在他地业的境内，就是在以法莲山地的亭拿西拉，在迦什山的北边。"这里所指的迦什山属以法莲山，关于约书亚葬在亭拿西拉的说法更为确切。比西哈奇亚对约书亚犹太会堂以及约书亚与迦勒·本·耶孚尼埋葬在迦什山墓地的描述，详见 Pethachia，*Travels of Rabbi Pethachia of Ratisbon*，pp.55-57。施恩茨所提及的《戈齐斯》一书是关于犹太人生活的古代著作，尤对家庭地位描述详细，详见 Werner J. Cahnman etc，*Social Issues，Geopolitics，and Judaica*，New Brunswick，New Jersey：Transaction Publishers，2007，p.306。拉比西蒙·本·尤查，2 世纪人士，犹太哲人，犹太卡巴拉研究权威。——译者

15　亚设谓之 R.Jochanan B.Sakhai、乔纳森·本·利未，马库斯·南森·阿德勒谓之 R.Joanan ben Zakkai、拉比犹大·哈列维，其中 R.Jochanan B.Sakhai 与 R.Joanan ben Zakkai 音近，所指相同，后者则差异较大，文本不同所致，详见 A. Asher，*The Itinerary of Benjamin of Tudela*，Vol.1，p.81；Marcus Nathan Adler，*The Itinerary of Benjamin of Tudela*，pp.28-29。

施恩茨提及拉比约哈南·本·萨凯是韦斯巴芗时期一位《密西拿》老师，之后的文献中也提到其墓地位于太巴列；乔纳森·本·利未则不知为何人，我们绝不能将其认定为约书亚·本·利未（Joshua B.Levi）——传统上一直认为其在天堂中永生（对于这些墓地的描述，详见 Clarks，IV，210，211，275）。以上诸内容，详见 A.Asher，*The Itinerary of Benjamin of Tudela*，Vol.2，p.105。

马库斯·南森·阿德勒提及大英博物馆与罗马卡萨纳特瑟图书馆所藏手稿记作ר' יהודה הלוי（即拉比犹大·哈列维），爱泼斯坦与亚设的手稿错误地作ר' יהונהן בן לוי（即拉比乔纳森·本·利未）；《历代记》（*Seder Hadoroth*）所记与爱泼斯坦以及亚设手稿相同。拉比犹大·哈列维在本杰明游历前三十年去世，我们这位伟大民族诗人葬身之处显然最终确定了。以上诸内容，详见 Marcus Nathan Adler，*The Itinerary of Benjamin of Tudela*，p.29， n.1。

拉比约哈南·本·萨凯，生活在1世纪期间，为第二圣殿时期重要的犹太哲人，对《密西拿》的编纂有着突出贡献。约书亚·本·利未，生活在3世纪上半叶，《塔木德》学者，传说他曾到达天堂。拉比犹大·哈列维（1075—1141年），西班牙著名的医生、诗人与哲学家，其在晚年曾前往故土以色列，但不幸遇难。关于其前往以色列的旅行，知之甚少。马库斯·南森·阿德勒认为本杰明此处所记应是拉比犹大·哈列维的墓地。——译者

二十一、特布尼、梅龙、卡迪斯与布里拿斯

从太巴列经行 6 法尔萨赫(两日)到达特布尼(Tebnin),这里是古代亭纳他(Thimnatha)[亭纳(Tymin)或亭纳他(Timnathah)]。[1]

正义的撒母耳(西蒙)(Shmu'el、Shim'on the Just)[正义的西蒙(Simon the Just)]以及很多其他以色列人的墓地位于该地。[2]

从特布尼经行一日到达吉什(Gish),即古什·哈拉(Gush Chaleb)。此地约有 20 位犹太人。[3]

从吉什经行 6 法尔萨赫到达梅龙(Meroon),即玛龙(Maron)[从亭纳经行 3 法尔萨赫到达梅东(Medon)或梅龙(Meron)]。[4] 此地附近有一处洞穴,里面埋葬着希勒尔(Hillel)、沙麦(Shamai)以及他们 20 位门徒;拉比本杰明·本·雅弗(R.Benjamin B.Jephet)与拉比犹大·本·本瑟拉(R.Jehuda B.B'thera)也埋葬在这里[包括拉比本杰明·本·雅弗与拉比犹大·本·本瑟拉(R.Jehuda B.Bethera)]。[5]

从梅龙经行 6(2)法尔萨赫到达阿尔玛('Alma)[阿尔玛(Almah)]。[6] 这里约有 50 位犹太人,还有一处很大的以色列人的墓地,[拉比以利亚撒·本·阿拉克(R.Eleazar ben Arak)、拉比以

利亚撒·本·亚撒利雅(R.Eleazar ben Azariah)、褚尼·哈马伽(Chuni Hamaagal)、拉班西蒙·本·迦玛列(Raban Simeon ben Gamaliel)、拉比乔斯·哈戈利利(R.Jose Hagelili)等人就埋葬在该墓地之中]。[7]

从阿尔玛经行半日到达卡迪斯(Kades),即位于约旦河畔的卡迪斯·拿弗他利(Kadesh Naphthali)。[8] 拉比以利亚撒·本·阿拉克(R.El'asar B.'Arach)、拉比以利亚撒·本·亚撒利雅(R.El'asar B.' Asariah)、拉班西蒙·本·迦玛列(R. Shim'on B. Gamaiel)、拉比乔斯·哈戈利利(R.Jose Hag'lili)以及巴拉克·本·亚比挪庵(Barak B. Abino'am)[巴拉克·本·亚比挪庵(Barak B. Abinoam)]等人的墓地位于此地。此地没有犹太人居住。[9]

从卡迪斯经行一日到达布里拿斯(Belinas)[布里拿斯(Bani-
as)],即古代但(Dan)。[10]旅行者在此可以看到一个洞穴,约旦河就 46
发源于此。约旦河流经3英里之后,与亚嫩河(Arnon)汇合——
亚嫩河发源自古代摩押之地(摩押边界地区)。[11]

在洞穴前面可以看到(雕刻有)弥迦(Mikha)像的祭坛遗址——古代但支派子孙在此祭拜。[12] 这里还有耶罗波安·本·尼百(Jarob'am B.N'bat)为纪念金牛犊而竖立的祭坛[耶罗波安(Jeroboam)祭坛遗址——一个金牛犊竖立在祭坛上]。[13] 此处便是以色列土地的疆界,一直延伸到最远处的海。[14]

注释

1 亚设谓之"经行6法尔萨赫(两日)到达特布尼(Tebnin)这里是古代

亭纳他(Timnathah)”,马库斯·南森·阿德勒谓之亭纳或亭纳他,详见 A. Asher, *The Itinerary of Benjamin of Tudela*, Vol.1, pp.81-82; Marcus Nathan Adler, *The Itinerary of Benjamin of Tudela*, p.29。

亚设提及经过详细的考订之后认为这里对特布尼的记述要么是一些抄写员的错误,要么就是拉比本杰明确实提到这里有一些犹太人墓地,如同太巴列一样。古代亭纳他位于犹大,在太巴列南部以远(详见文本中出现的章节以及 Gesenius under תמנה),因此并非特布尼。根据牧师伊利·史密斯个人的记述,在从采法特(Safed)到苏尔(Sûr)、吉什(Gish)的道路右侧仍可以看到特布尼。文本中所出现的距离有误,特布尼在十字军战争中被提及,1266 年被苏丹比巴尔斯从基督徒手中夺取(Wilken VII.493)。令人感到惊讶的是本杰明与比西哈奇亚皆未提及采法特,此城在犹太人中尤为著名,尤其是该城里的大学——该大学应是后期所建,可能是在基督徒入侵者被驱逐出巴勒斯坦之后。以上诸内容,详见 A.Asher, *The Itinerary of Benjamin of Tudela*, Vol.2, pp.105-106。

亭纳他,又称亭纳,《旧约·约书亚记》(15:10)记载:“又从巴拉往西绕到西珥山,接连到耶琳山的北边(耶琳就是基撒仑)。又下到伯示麦过亭纳。”《旧约·约书亚记》(19:43)记载:“以伦,亭纳他,以革伦。”亭纳他地望有所争议,其有可能为特拉·巴塔什(Tell el-Batashi),位于贝特谢梅什(Beth-shemesh,位于耶路撒冷以西,属耶路撒冷管辖)以北 4 英里处,详见 Wayne A.Meeks, ed., *The Harper Collins Study Bible*, p.393。亚设此处所提及的 Tebnin 应为 Tebnine, Tebnine 位于今黎巴嫩,紧邻今黎巴嫩与以色列边境地区。亚设所言特布尼的大学应是指该地犹太人的学校或研究机构。若以亚设文本所记,本杰明则从太巴列北上至特布尼;若以马库斯·南森·阿德勒文本所记,本杰明则从太巴列南下至亭纳他。从太巴列至亭纳他约 150 公里。采法特,以色列北部城市。吉什,详见下文,位于从采法特到特布尼半道处。——译者

2　亚设谓之正义的撒母耳(西蒙),马库斯·南森·阿德勒谓之正义的西蒙,详见 A. Asher, *The Itinerary of Benjamin of Tudela*, Vol.1, p.82; Marcus Nathan Adler, *The Itinerary of Benjamin of Tudela*, p.29。

亚设提及先知撒母耳埋葬在拉玛或示罗,因此本杰明此处肯定是指另外一个人,定为西蒙,其应为最高祭司西蒙,西拉(Sirach)曾提及并对其有所赞誉。然而,《塔木德》以“正义”的称谓来辨别先知撒母耳(Chagigah, 4.b)。本

杰明有可能并没有对这两个不利的记载置若罔闻。根据之后的记载，士师珊迦(Shamgar)的墓地就位于特布尼，墓地有两个大理石石柱(*Jichus*,51)。以上诸内容，详见 A. Asher, *The Itinerary of Benjamin of Tudela*, Vol.2, p.106。

马库斯·南森·阿德勒提及通常认为西蒙的墓地位于耶路撒冷附近，在前往纳布卢斯途中，约距大马士革门 1 英里。详见 Marcus Nathan Adler, *The Itinerary of Benjamin of Tudela*, p.29, n.2。

如上文注释所言，先知撒母耳埋葬在耶路撒冷西北部的米斯巴。大马士革门即耶路撒冷旧城的北门，也称为纳布卢斯门或示剑门。正义的西蒙(公元前 300/310—前 273/291 年)，第二圣殿时期最高祭司，因其仁厚、博爱、公道、虔诚而被称为正义的西蒙。如马库斯·南森·阿德勒所言，西蒙的墓地位于今以色列西蒙·哈查狄克(Shimon HaTzadik)，距大马士革门北部 1 英里。因亭纳他地望尚无确论，故本杰明称西蒙墓地位于亭纳他仍有待商榷。较之而言，西蒙墓地则全然不可能与特布尼有任何联系。西拉，公元前 2 世纪人士，著有《便西拉智训》。——译者

3 亚设所谓之吉什之地，马库斯·南森·阿德勒则并没有提到此地，详见 A.Asher, *The Itinerary of Benjamin of Tudela*, Vol.1, p.82。

亚设提及伊利·史密斯称《塔木德》中将此地称为吉什·哈拉(Gish Chaleb)，约瑟夫经常称该地为吉什拉(Gischala)，《约瑟泊》中称之为吉萨拉(Gissala)，现在则被称为吉什。伯格豪斯在地图中称该地为吉萨卡拉特(Giskalaat)——该名即为《塔木德》中的古什·哈拉，很明显是有所变化。牧师拉比拉帕波特让人感到颇为好奇地认为，《约瑟泊》通常都能够恰当而正确地以希伯来字母表达拉丁与希腊字母，但却对这一名称拼写有误(Rapaport, *Preface to Shalom Cohen's Kore Haddoroth*)。该地被《塔木德》(*Menachoth* 85.b)以及同样著名的作者提到因盛产大量橄榄油而变得繁荣，橄榄油是该地主要商品。《塔木德》中的篇章进一步证明该地居民因经营橄榄油贸易而变得富有，吉什、阿卡本拉('Akhbera, עכברא)以及梅龙(Meroon)彼此紧邻。以上诸内容，详见 A. Asher, *The Itinerary of Benjamin of Tudela*, Vol.2, pp.106-107。

吉什，以色列北部城市，位于特布尼以南，今以色列采法特以北 13 公里处。阿卡本拉，位于吉什东南 12 公里处。梅龙，约位于吉什以南约 5 公里处，下文即将提及，详见下文。——译者

4 亚设谓之"从吉什经行 6 法尔萨赫到达梅龙，即玛龙"，马库斯·南森·阿德勒谓之"从亭纳经行 3 法尔萨赫到达梅东或梅龙"，其中 Meroon，Maron 以及 Meron 皆音近，详见 A. Asher, *The Itinerary of Benjamin of Tudela*, Vol.1, p.82; Marcus Nathan Adler, *The Itinerary of Benjamin of Tudela*, p.29。

亚设提及伯格豪斯在地图中作 Marun；据牧师伊利·史密斯所述，梅龙(Meirûn)是附近犹太人的朝圣之地，他们在某些时候便会来到这些拉比的墓地进行祈祷，此就证实了我们的文本。两位最杰出的《塔木德》老师就埋葬在梅龙附近的洞穴之中。这个说法在我们作者时期非常流行，比西哈奇亚也是如此记载，并提到在墓地的洞穴有一个大的石瓶。任何时候当一个值得信任的人怀着忠诚的心进入之时，瓶中就会自发地被水填满，但是如果一个别有用心的人进入之时，瓶子则始终是空空如也。牧师拉帕波特对我们所提到的该地的情况有所评论(Rapaport, l.c)。据伯格豪斯的地图所示，在稍微偏东的地方有一处名叫 Meru 的地方，采法特以北有一处名叫 Marun 的地方。如果这两个地方皆是保持其原有的名字，由此便产生被拉帕波特所注意到的问题。但是，他进而解释道："迄今为止词源学家并未对 Merino 一词的词源达成满意的解释。该词被用于指一种著名的西班牙羊，该羊毛极其著名。我认为这是该词源自阿拉伯语，如阿拉伯语中的其他词汇一样，其被西班牙人所用。阿拉伯人则是从叙利亚人中得知该词，叙利亚语中羊被称为 **אמריא** 或 **אמרין**，即 Im'ri 或 Im'rin。在《塔木德》中，我们发现玛龙(Marun)或梅龙(Merun)的居民饲养羊(*Kiddushin* 26.b; *Babba Kama* 156.b)，其中：

(Rosh hashana.16.a) **כל באי עולם עוברים לפניך כבני מרון**

[意为：所有人在你面前如同羊(מרון)一样经过]

被拉什(Rashi)解释为指一种非常肥胖的羊——这些羊被一个个地驱赶着走在狭窄而陡峭的路上。再者巴勒斯坦地区的自然特性比较适合于羊的饲养，并且盛产上等的羊毛，因此西班牙语 merino 一词有可能源自巴勒斯坦地区。"以上诸内容，详见 A. Asher, *The Itinerary of Benjamin of Tudela*, Vol.2, pp.107-108。

关于比西哈奇亚对这个洞穴的描述，详见 Pethachia, *Travels of Rabbi Pethachia of Ratisbon*, p.57。拉帕波特提及拉什即将 **מרון** 解释为羊之意，希伯来语 **מרון** 拟音为 Meron。Merino 指一种以生产上等羊毛著名的羊，最初源自西班牙。本杰明此处所记即以色列梅龙(מירון, Meron)地区，位于以色列北部梅龙山一带，采法特西北约10公里处。从吉什到该地仅约5公里，亚设文本言及需经行6法尔萨赫（约32公里），与实际距离有所差异。但是，从亭纳他（以特拉·巴塔什地望而定）或西蒙的墓地到达梅龙则远超过100公里，马库斯·南森·阿德勒文本言及3法尔萨赫则与实际距离严重不符。亚设文本与马库斯·南森·阿德勒文本此处皆出现与实际不符的差异，且后者文本中并没有出现关于吉什的记载，似应是所据文本出现遗漏或文本残缺所致。——译者

5 亚设谓之“拉比本杰明·本·雅弗与拉比犹大·本·本瑟拉也埋葬在这里”，马库斯·南森·阿德勒谓之“包括拉比本杰明·本·雅弗与拉比犹大·本·本瑟拉”，详见 A. Asher, *The Itinerary of Benjamin of Tudela*, Vol.1, p.82; Marcus Nathan Adler, *The Itinerary of Benjamin of Tudela*, p.29。

施恩茨提及希勒尔与沙麦是希律王的同代人，拉比雅各(MS.)、帕尔基(Parchi)(*Khafthor vaferach*, 67 a)、《戈齐斯》皆提及他们的墓地在梅龙附近(*Jichus*, p.55)，比西哈奇亚仅提及位于下加利利地区。拉比本杰明·本·雅弗是一位巴勒斯坦犹太律法老师，生活在299年间；他的墓地也曾被提及(*Sikhron Jerushalajim*, 12.a)。拉比犹大·本·本瑟拉是尼斯比斯(Nisibis)的一位犹太律法老师，大约生活在140年间，《戈齐斯》中提及他的墓地就在此地(*Jichus*, p.69)。以上诸内容，详见 A. Asher, *The Itinerary of Benjamin of Tudela*, Vol.2, p.109。

希勒尔（公元前110—前10年），犹太教宗教领袖、拉比犹太教重要人士，建立希勒尔学院，拉比。沙麦（公元前50—公元30年），1世纪著名犹太教，尤其是拉比犹太教宗教人士，其与希勒尔在犹太律法等诸多方面的认识有很大差异，并建立与希勒尔学院相对的沙麦学院。拉比本杰明·本·雅弗与拉比犹大·本·本瑟拉与希勒尔、沙麦并非同代人，因此其应不是两人的门徒。尼斯比斯即今天土耳其南部边境地区的努赛宾(Nusaybin)，Nisibis 为阿拉伯语对该地的称谓。——译者

6 亚设谓之“经行6法尔萨赫到达阿尔玛('Alma)”，马库斯·南森·阿德勒谓之“经行2法尔萨赫到达阿尔玛(Almah)”，其中'Alma 与 Almah 音近，所指相同，详见 A. Asher, *The Itinerary of Benjamin of Tudela*, Vol.1, p.82; Marcus Nathan Adler, *The Itinerary of Benjamin of Tudela*, p.29。

施恩茨提及'Alma 正确的称呼为'Ulma，尤西比乌斯曾提到此地；此地

距离塞佛瑞斯 12 罗马英里(约 18 公里)。《戈齐斯》中也提到这里有一处很大的墓地(*Jichus*,65 and foll),拉比雅各提到一些特别的坟墓(MS.);另外,此处还有一座废弃的犹太会堂(*Sikhron Jerushalajim*, 11.a)。以上诸内容,详见 A.Asher,*The Itinerary of Benjamin of Tudela*, Vol.2,p.109。

阿尔玛,以色列北部城市,位于上加利利地区,梅龙以北,从梅龙到阿尔玛约 13 公里。因此,此处马库斯·南森·阿德勒所言 2 法尔萨赫(约 11 公里)与两地实际距离大体一致。今从塞佛瑞斯到阿尔玛约 50 公里,尤西比乌斯所记两地距离与之有较大差异。——译者

7 马库斯·南森·阿德勒谓之以上诸位犹太人葬于该地的墓地之中,并提及可详见 Schechter,*Saadyana*, p.89;亚设则在下文提及,详见 A. Asher,*The Itinerary of Benjamin of Tudela*, Vol.1,p.82;Marcus Nathan Adler,*The Itinerary of Benjamin of Tudela*,p.29。

施恩茨提及拉比以利亚撒·本·阿拉克是一位来自艾莫斯(Emaus,地望不详)的《密西拿》老师,生活在 90 年间;拉比以利亚撒·本·亚撒利雅是雅麦尼亚学术机构的负责人,生活在 100 年间。据拉比雅各以及《戈齐斯》所述这两位拉比的墓地就位于阿尔玛。褚尼·哈马伽与哈斯蒙尼王朝的海尔卡努斯(Hyrcanus)是同代人(70.b.Chr.),以虔诚闻名;《戈齐斯》提到其墓地位于帕拉(Pharan)(*Jichus*,p.51)。拉班西蒙·本·迦玛列为族长拉比犹大(《密西拿》编纂者)的父亲,闻名于 2 世纪下半叶。近来很多作者认为其墓地位于卡夫·曼达(Kh'phar Manda)(*Jichus*,p.53;*Sikhron Jerushalaim*)。拉比乔斯·哈戈利利是加利利地区当地人、《密西拿》老师,生活在 120 年间。据其他资料称其被埋葬在达拉塔(Dalata,地望不详)(*Jichus*,p.53)。以上诸内容,详见 A. Asher,*The Itinerary of Benjamin of Tudela*, Vol.2,p.110。

海尔卡努斯,公元前 164—前 104 年,哈斯蒙尼王朝大祭司。帕拉,位于阿拉伯半岛以西,红海沿岸地区。犹太人从埃及出走之后曾在此地停留长达四十年之久,以实玛利亦被认为曾在此地生活。此处的拉班西蒙·本·迦玛列应为拉班西蒙·本·迦玛列二世(Raban Simeon ben Gamaliel II),其为犹太公会首领,故被称为拉班。卡夫·曼达位于下加利利地区,距离拿撒勒西北约 18 公里。——译者

8 亚设提及卡迪斯即为卡迪斯·纳斐塔,这一考证正确无误,与现代的考证一致。《旧约·约书亚记》(20:7)记载:“卡迪斯位于加利利,位于拿弗他利山。”约瑟夫提及“加利利的卡迪斯”(I.Maccab.XI.63)位于加利利以及提

尔(Tyrus)公国边界地区(*Antiq*.XII.c.5. §.6)。尤西比乌斯与圣哲罗姆认为该地位于布里拿斯(Banias)或帕聂斯(Paneas)附近(Rosenmüller,II.ii.53),我们作者从此地"经行一天"到达。我们在伯格豪斯地图中发现一个溪流,该溪流流经卡迪斯与阿祖尔(Azur,Hazur)。我们作者可能穿过溪流到达布里拿斯(Baneas),并错误地以为是约旦河畔。以上诸内容,详见 A. Asher,*The Itinerary of Benjamin of Tudela*, Vol.2,pp.109-110。

卡迪斯位于以色列北部,今以色列与黎巴嫩边境地区,属拿弗他利(Naphthali,雅各第六子,拿弗他利支派先祖)支派城市,故被称为卡迪斯·拿弗他利。该地位于布里拿斯西南约 30 公里,阿尔玛以北约 15 公里。Tyrus 为 Tyre 的拉丁语称谓,即黎巴嫩南部沿海城市提尔。本杰明接着从卡迪斯经行一日到达布里拿斯,故亚设如此言之。关于布里拿斯,详见下文叙述。阿祖尔,地望不详。但据亚设所述,该地应是在位于前往布里拿斯的方向。——译者

9 亚设谓之 Barak B.Abino'am,马库斯·南森·阿德勒谓之 Barak B. Abinoam,两者音近,所指相同;另除了巴拉克·本·亚比挪庵之外,马库斯·南森·阿德勒认为拉比以利亚撒·本·阿拉克等人埋葬在阿尔玛,亚设则言及这些人埋葬在卡迪斯,详见 A.Asher,*The Itinerary of Benjamin of Tudela*, Vol.1,p.82;Marcus Nathan Adler,*The Itinerary of Benjamin of Tudela*,p.29。

施恩茨提及《旧约·士师记》(4)对巴拉克记述尤为详细,《戈齐斯》又提到了底波拉(Deborah)、雅亿(Jaël)的墓地;巴拉克的父亲亚比挪庵(Abinoam)与雅亿的丈夫彻博(Cheber)的墓地也在此地(*Sikhron Jerushal*)。详见 A.Asher,*The Itinerary of Benjamin of Tudela*, Vol.2,p.110。

亚设此处所谓之 R.Shim'on B.Gamaiel,其中 R.应作拉班,因其曾担任犹太会众首领。如上文注释,施恩茨已言及以上人士墓地的位置。巴拉克·本·亚比挪庵为公元前 12 世纪犹太人首领、士师,其墓地位于卡迪斯。底波拉,犹太人第四任士师,也是唯一一位女士师;雅亿,圣经士师记中的一位女英雄;亚比挪庵为巴拉克的父亲,来自卡迪斯·拿弗他利。——译者

10 亚设谓之 Belinas,马库斯·南森·阿德勒谓之 Banias,两者音近,所指相同,详见 A.Asher,*The Itinerary of Benjamin of Tudela*, Vol.1,p.83;Marcus Nathan Adler,*The Itinerary of Benjamin of Tudela*,p.29。

亚设提及提尔的威廉曾称:"这里是帕聂斯,帕聂斯为布里拿斯的通用名

称;在以色列人来到应许之地很久之前,该地被称为利善(Lesen)。很多但支派的子孙来到利善,之后该地被称为但,《旧约·约书亚记》(19:47)。”(William of Tyre,XV.9)。布里拿斯,即凯撒利亚·菲利普(Caesarea Philippi),即现在的布里拿斯或帕聂斯。“该地很小,呈现出三角形状,一面被约旦河环绕,一面被溪流环绕,后面靠山。据此判断,我们认为古代的帕聂斯,问题应该不是很大。”(Irby and Mangles,288)。尽管很多古代与现代的作者将此地认定为古代但支派,但却不全正确。古代但支派,今天亦被如此称之,位于另外一个溪流处,位于帕聂斯以西 4 罗马英里(约 6 公里)处,在前往提尔途中。如下作者认同提尔的威廉(William of Tyre,l.c)将此地考订为凯撒利亚·菲利普,详见 Gesenius' note to Burckhardt, p. 495; Raumer, 124; Rosemüller,II.ii.49;the thargum Jerushalmi Gen.XIV.14。以上诸内容,详见 A.Asher,*The Itinerary of Benjamin of Tudela* , Vol.2,pp.110-111。

Banias,即上文注释所提到的 Belinas,其地位于东黎巴嫩山南部的黑门山,希腊人称该地为帕聂斯,《马太福音》中称该地为凯撒利亚·菲利普,在以色列但支派到达这里之前,该地则被称为利善,《旧约·约书亚记》(19:47)记载:“但人的地界越过原得的地界。因为但人上去攻取利善,用刀击杀城中的人,得了那城,住在其中,以他们先祖但的名将利善改名为但。”《旧约·士师记》(18:29)记载:“照着他们始祖以色列之子但的名字,给那城起名叫但。原先那城名叫利善。”但为雅各第五子,但支派先祖。从卡迪斯到布里拿斯约 30 公里。——译者

11 亚设谓之亚嫩河发源自古代摩押之地,马库斯·南森·阿德勒谓之发源自摩押边界地区,并没有提及旅行者,详见 A.Asher,*The Itinerary of Benjamin of Tudela* , Vol.1,p.83;Marcus Nathan Adler,*The Itinerary of Benjamin of Tudela* ,p.29。

亚设提及厄比与曼格斯称:“约旦河的水源源自山崖脚下的洞穴,在山崖边有几处刻有希腊文的壁龛。”(Irby and Mangles,289)。关于约旦河来源详细的记述,博学的读者可参考布克哈特文本以及格泽纽斯教授对其译文进行扩充的注释(Gesenius,p.495)。格泽纽斯教授的文章很好地说明了我们作者(的记述),我们作者似乎错误地将亚嫩河这条小河称为约旦河的支脉。以上诸内容,详见 A.Asher,*The Itinerary of Benjamin of Tudela* , Vol.2,p.111。

马库斯·南森·阿德勒亦提及本杰明此处关于亚嫩河的叙述明显有误,

详见 Marcus Nathan Adler, *The Itinerary of Benjamin of Tudela*, p.29, n.4。

约旦河源自布里拿斯的一处水泉之中;亚嫩河位于约旦境内,在死海东部,流向死海。本杰明此处称亚嫩河为约旦河支脉有误。摩押指位于死海东岸的约旦一带的山地,亚嫩河即源于此地。历史上曾有摩押王国,常与以色列人为敌,《旧约·以西结书》(25:9)记载:"所以我要破开摩押边界上的城邑,就是摩押人看为本国之荣耀的伯耶西末,巴力免,基列亭。"——译者

12　马库斯·南森·阿德勒谓之雕刻有米哈像的祭坛遗址,亚设则未提及"雕刻有",详见 Marcus Nathan Adler, *The Itinerary of Benjamin of Tudela*, p.29。

亚设提及对(壁龛)切口的考察,并随着布克哈特、厄比与曼格斯对约旦河发源地洞穴上的龛的叙述,将会证明甚至一位比我们作者更加熟悉希腊、罗马古迹的人,都会轻易地认出这些壁龛与祭坛。在本杰明时代,这些壁龛上有可能已经刻有图像了。以上诸内容,详见 A. Asher, *The Itinerary of Benjamin of Tudela*, Vol.2, pp.111-112。

此处的弥迦应是指生活在公元前 8—前 7 世纪期间的先知弥迦,著有《弥迦书》(*Book of Micha*)。——译者

13　亚设谓之"这里还有耶罗波安·本·尼百为纪念金牛犊而竖立的祭坛",马库斯·南森·阿德勒谓之"耶罗波安祭坛遗址——一个金牛犊竖立在祭坛上",详见 A.Asher, *The Itinerary of Benjamin of Tudela*, Vol.1, p.83; Marcus Nathan Adler, *The Itinerary of Benjamin of Tudela*, p.29。

耶罗波安·本·尼百(? —前 910 年),即古以色列王国南北分裂之后,北部以色列王国第一任君主。金牛犊是摩西前往西奈山之时以色列人所铸的一个圣像。因担心摩西不归,所以铸造该像,以为以色列人引路。《旧约·出埃及记》(32:1—4)记载:"百姓见摩西迟延不下山,就大家聚集到亚伦那里,对他说,起来,为我们作神像,可以在我们前面引路,……百姓就都摘下他们耳上的金环,拿来给亚伦。亚伦从他们手里接过来,铸了一只牛犊,用雕刻的器具作成。他们就说,以色列阿,这是领你出埃及地的神。"

耶罗波安在建立北部以色列王国之后,担心以色列人前往耶路撒冷圣殿献祭,便铸造金牛犊,并告诉他们这是引领他们出埃及的神,《旧约·列王记》(上,12:27—29)记载:"这民若上耶路撒冷去,在耶和华的殿里献祭,他们的心必归向他们的主犹大王罗波安,……耶罗波安王就筹划定妥,铸造了两个

金牛犊，对众民说，以色列人哪，你们上耶路撒冷去实在是难。这就是领你们出埃及地的神。他就把牛犊一只安在伯特利，一只安在但。”——译者

14 亚设提及为了说明以色列土地的疆域之时，圣经中总是用“从但到贝尔谢巴(Beersheba)”这样的表述，详见《旧约·撒母耳记》(上，3:20；下，3:10，17:11，24:2、15)、《旧约·列王记》(4:25)、《旧约·士师记》(20:1)以及《旧约·历代志》(上，32:2；下，30:5)等。任何时候当这个国家被叙利亚进行战争威胁之时，最先得知的便是但，详见《旧约·耶利米书》(4:15，16；8:16)。这里的海指地中海，详见《旧约·申命记》(11:24)。比较地望而言(应指比较其他地望而言)，这也是我们作者企图到达失败的地方之一(意指本杰明未能从布里拿斯向西行直到地中海边)。以上诸内容，详见 A. Asher, The Itinerary of Benjamin of Tudela, Vol.1, p.83, n.b, Vol.2, p.112。

马库斯·南森·阿德勒亦提及关于以色列疆域的描述应详见《旧约·申命记》(11:24)，详见 Marcus Nathan Adler, *The Itinerary of Benjamin of Tudela*, p.29, n.5。

以色列北部边界为但，南部则为贝尔谢巴——贝尔谢巴为以色列南部内盖夫沙漠城市，如《旧约·撒母耳记》(上，3:20)记载：“从但到贝尔谢巴所有的以色列人，都知道耶和华立撒母耳为先知。”《旧约·申命记》(11:24)则记载：“凡你们脚掌所踏之地都必归你们。从旷野和利巴嫩，并伯拉大河，直到西海，都要作你们的境界。”其中西海即指地中海。——译者

二十二、大马士革

从布里拿斯经行两日到达大马士革。大马士革是一座大城，努尔丁(Nureddin)帝国的边境城市(努尔丁帝国始于此地)——努尔丁是陀迦玛(Thogarmim)[陀迦玛(Togarmim)]的国王，被称为突厥人。[1] 此地很大，且很漂亮，被城墙环绕，周围是美丽的乡村，方圆15英里都是富庶的园林与果园，世界上没有任何一个地方可与这些园林与果园的数量与美丽景致相比(可与其果实相比)。[2]

亚玛拿(Amana)河与法珥法(Parpar)河从黑门山流下——城市位于黑门山脚。亚玛拿河流经大马士革，河水经过水渠被输送至城中的主要居民以及街道、市场之中。[3] 法珥法河流经大马士革 47
郊区的园林与果园，为其提供丰富的水源。来自世界各地的商人皆来此地经营贸易。

大马士革城中有一座穆罕默德清真寺(阿拉伯人的清真寺)，被称为“大马士革犹太会堂”(“the synagogne of Damascus”)[大马士革清真寺(Gami)]。[4] 世界上没有任何一座建筑可与之相比。他们说这是本·哈达(Ben Hadad)的宫殿，其中一面墙是通过魔力用(水晶)玻璃建造而成。[5] 这面墙上有很多孔，其数量与阳历年的天数相等，太阳光渐次照射着这些孔。这些孔被分为12个刻度，与每天时辰数量相等。通过这样的设计，每个人便可得知时间（太阳光每天依次照射这些孔，通过刻度盘便可得知一天的时间）。[6] 这座宫殿中有很多以金银装饰的奢华房间，房间中还有类似洗澡所用的浴缸，可同时容纳三个人洗浴。（如果人们沿着墙走，便会看到彼此，尽管他们被墙所阻隔。宫殿里不仅有被金银包裹的柱子，而且有各色大理石柱子。）[7] 宫殿里还保存有巨人的肋骨，约长 9 手扎（Spans）、宽 2 手扎，是古代巨人国王亚巴马斯（Abkhamas）的肋骨。［在宫殿的朝堂上有一个被金银缠绕的巨人的头颅，好像一个镶有金银边的碗一般，大如木桶，可同时容纳三个人洗浴。宫殿上还挂着一个巨人的肋骨，此肋骨长 9 腕尺、宽 2 腕尺，据说是古代巨人亚衲克（Anak）国王的肋骨，他的名字是亚巴马斯（Abramaz）］。[8] 亚巴马斯国王的名字被刻写在其墓地的
48 石头之上，上面还写着他曾统治整个世界。

大马士革城有 3000 余名犹太人，其中很多人都很博学、富有。巴勒斯坦大学（以色列之地的研究机构）主事者拉比亚撒利雅（R.'Esra）［拉比亚撒利雅（R.Azariah）］居住在此城。[9] 他的兄弟、犹太法庭（Beth Din）的主事沙尔・沙龙（Sar Shalom）、第五任大学（研究机构）主事拉比约瑟夫、学校（祭礼）的讲师与主事拉比马兹里奇（R.Matsliach）［拉比马兹里奇（R.Mazliach）］、博学之士的翘楚拉比梅厄、大学的骨干人物拉比约瑟夫・伊本・普拉提（R.Joseph Ibn Pilath）［拉比约瑟夫・伊本・阿尔・普拉提（R.Joseph Ibn Al Pilath）］、长者（司事）拉比希幔（R.Heman）[10] 以及医生拉比西底家（R.Tsadok）［拉比西底家（R.Zedekiah）］等人亦居住在此。[11] 大马士革城中还有约 200 名卡拉派犹太人以及 400 余名撒玛利亚

人(古他姆人)。所有派别的犹太人皆在此和睦相处,但彼此不通婚。[12]

注释

1　亚设谓之努尔丁帝国的边境城市以及 Thogarmim,马库斯·南森·阿德勒谓之努尔丁帝国始于此地以及 Togarmim,其中 Thogarmim 与 Togarmim 音近,所指相同,详见 A. Asher, *The Itinerary of Benjamin of Tudela*, Vol.1, p.83; Marcus Nathan Adler, *The Itinerary of Benjamin of Tudela*, p.29。

亚设提及本杰明对该城的描述被同时代与现代很多作者证明、证实。大马士革此时被努尔丁·阿塔本格斯(Noureddin Chothbeddin)占领(见 *Aleppo*)。"这位王子担心法兰克人不久设法占领该城市,便与一些居民沟通,同时利用此时亚实基伦被围困的优势——十字军所能鼓动的所有军队都在亚实基伦,1145 年城中的一些居民打开了城东门,他便占领该城。"(Desgnignes, III.a.178)。伊本·毫盖勒提到:"大马士革是首要城市,位于叙利亚城市右方,在众山之间,地势广阔。周边留下的水为该地提供了丰富的水源。该地生产树木,这些树木被农夫精心栽培。城中有一座桥,骑马的人从此经过,并进入周边的乡村地区,来往于他们的旅馆、热水浴池与商号之间。"(Ouseley's Ed., 41.42)伊德里斯证实了所有这些记述,并提到:"这里的环境让人羡慕,气候适宜、温暖,土壤肥沃,水源丰富,物产丰富,财富聚集,有大量的军队以及令人叹为观止的建筑。"[Edrisi, I. 349,朱伯特(Jouberts)译]。以上诸内容,详见 A. Asher, *The Itinerary of Benjamin of Tudela*, Vol.2, pp.112-113。

如上文注释所言,努尔丁(1118—1174 年),即赞吉之子,赞吉王朝第二任君主,1146—1174 年在位。亚设此处所言 Chothbeddin 应为 atabegs 的转音,如上文注释所言,atabegs 为某地的实际统治者。努尔丁曾统治阿勒颇(Aleppo,叙利亚北部城市)与摩苏尔,故被如此称之。Thogarmim、Togarmim 即为陀迦玛。中世纪时期,其通常被视为来自高加索与西亚等地族群的祖先,故突厥亦被如此称之。——译者

2　亚设谓之"周围是美丽的乡村,……世界上没有任何一个地方可与这些园林与果园的数量与美丽景致相比",马库斯·南森·阿德勒谓之"可与其

果实相比”，且没有提及周围是美丽的乡村，详见 A.Asher，*The Itinerary of Benjamin of Tudela*，Vol.1，p.83；Marcus Nathan Adler，*The Itinerary of Benjamin of Tudela*，p.29。

亚设提及我们作者提到园林众多的乡村为埃-汗塔(el-Ghanta)。据伊本·毫盖勒所言，此地延伸至2梅尔勒(merileh)。伊德里斯提及：“此地的长度为两天的行程，宽度为一天的行程。”此地有很多与城市规模差不多的村庄。伊德里斯还提及：“此地河流源自埃-菲迪亚(el-Faïdia)地区。该地位于山顶，水流从此急促而下，宛如一条大河一般，速度飞快，声音巨大，从很远的地方都可听到。”仅有其中的一条河流到现在还存在，孟德雷尔称：“其中的一条河流应是现在仍流经大马士革古城的那条河，……这条河的其他部分我并不知道在哪里可以找到；不过也难怪他们为了自己的便利抑或已经改变了这条河的河道。”(Maundrell，p.122)。亦可参见罗斯穆尔勒对该地的描述。以上诸内容，详见 A.Asher，*The Itinerary of Benjamin of Tudela*，Vol.2，p.113。

梅尔勒(merileh)，古代距离单位，具体不详。——译者

3　亚设提及希腊人将亚玛拿河称为赫理索罗斯(Chrysorhoas)，现代阿拉伯语则称之为巴拉迪(Barady)，法珥法河现在称为埃·法格(el Faige)，详见 A.Asher，*The Itinerary of Benjamin of Tudela*，Vol.1，p.84，n.a，b。

亚玛拿河和法珥法河发源自黑门山，其中前者流经大马士革城，《旧约·列王记》(下，5：12)记载：“大马色的河亚玛拿和法珥法岂不比以色列的一切水更好吗？我在那里沐浴不得洁净吗？于是气忿忿地转身去了。”——译者

4　亚设谓之“穆罕默德清真寺，被称为‘大马士革犹太会堂’”，马库斯·南森·阿德勒谓之“阿拉伯人的清真寺，被称为大马士革清真寺”，详见 A.Asher，*The Itinerary of Benjamin of Tudela*，Vol.1，p.84；Marcus Nathan Adler，*The Itinerary of Benjamin of Tudela*，p.30。

亚设提及阿拉伯地理学家对大马士革清真寺的历史及其状况有着简要描述，直到今日凡是见此建筑的人都认为其是最为壮观的建筑，详见 A.Asher，*The Itinerary of Benjamin of Tudela*，Vol.2，pp.113-114。

马库斯·南森·阿德勒提及关于大马士革城以及清真寺，详见 Baedeker，Guy Le Strange，*Palestine under the Moslems*，chap.vi。清真寺最东边的圆顶现在被称为“钟顶”[Dome of Hours，Kubbet-es-Saa(阿拉伯语称谓)]。穆卡达斯对此清真寺及其其他特点记述尤详。以上诸内容，详见 Marcus

Nathan Adler,*The Itinerary of Benjamin of Tudela*,p.30,n.1。

本杰明此处所提到的即为大马士革大清真寺,又称为倭马亚清真寺,其为世界上最大、最为古老的清真寺,被穆斯林视为圣地。倭马亚王朝之时,大马士革作为首都,哈里发瓦利德(al-Walid,668—715 年)建筑此清真寺,因此也被称为倭马亚王清真寺。马库斯·南森·阿德勒所提到的 Gami,即为阿拉伯语中的清真寺之意。亚设文本在此称其为"大马士革犹太会堂"应是比附之意,即指这座清真寺之于穆斯林而言相当于犹太人的犹太会堂。——译者

5　亚设谓之用玻璃建造而成,马库斯·南森·阿德勒谓之用水晶玻璃建造而成,详见 A. Asher,*The Itinerary of Benjamin of Tudela*, Vol.1, p.84;Marcus Nathan Adler,*The Itinerary of Benjamin of Tudela*,p.30。

亚设提及本·哈达是大多数大马士革国王的头衔,我们作者提到的以魔力建造的玻璃墙对于来自西班牙的他而言极为新颖,尽管在其很早之前这种建筑方法便已经被掌握,且在中国此种方法被改进之后使得人们可以兴建足以容纳百人的玻璃厅堂(Desguignes,l.c),详见 A. Asher,*The Itinerary of Benjamin of Tudela*, Vol.2,p.114。

哈达为叙利亚地区的神灵,早期叙利亚国王都被称为哈达之子,即本·哈达,如本·哈达一世(Ben Hadad I,公元前 885—前 865 年在位)以及本·哈达二世(Ben Hadad II)、本·哈达三世(Ben Hadad III,公元前 796—前 792 年)等。《旧约·耶利米书》(49:27)记载:"我必在大马色城中使火着起,烧灭本哈达的宫殿。"《旧约·阿摩司书》(1:4)记载:"我却要降火在哈薛的家中,烧灭本哈达的宫殿。"——译者

6　亚设谓之"这些孔被分为 12 个刻度,与每天时辰数量相等。通过这样的设计,每个人便可得知时间",马库斯·南森·阿德勒谓之"太阳光每天依次照射这些孔,通过刻度盘便可得知一天的时间",详见 A. Asher,*The Itinerary of Benjamin of Tudela*, Vol.1,p.85;Marcus Nathan Adler,*The Itinerary of Benjamin of Tudela*,p.30。

7　马库斯·南森·阿德勒谓之"如果人们沿着墙走,便会看到彼此,尽管他们被墙所阻隔。宫殿里不仅有被金银包裹的柱子,而且有各色大理石柱子",亚设则并未提及此,详见 Marcus Nathan Adler,*The Itinerary of Benjamin of Tudela*,p.30。

8　亚设谓之"巨人肋骨约长 9 扎、宽 2 扎,……古代巨人国王亚巴马斯

(Abkhamas)的肋骨”,马库斯·南森·阿德勒谓之“宫殿上还挂着一个巨人的肋骨,此肋骨长 9 腕尺、宽 2 腕尺,据说是古代巨人亚衲克(Anak)国王的肋骨,他的名字是亚巴马斯(Abramaz)”,其中 Abkhamas 与 Abramaz 音近,所指相同。此外,马库斯·南森·阿德勒谓之“在宫殿的朝堂上有一个被金银缠绕的巨人的头颅,好像一个镶有金银边的碗一般,大如木桶,可同时容纳三个人洗浴”,亚设则谓之“这座宫殿中有很多以金银装饰的奢华的房间,房间中还有类似洗澡所用的浴缸,可同时容纳三个人洗浴”,此处为文本差异所致。以上诸内容,详见 A. Asher, *The Itinerary of Benjamin of Tudela*, Vol.1, p.85; Marcus Nathan Adler, *The Itinerary of Benjamin of Tudela*, p.30。

马库斯·南森·阿德勒提及关于巨人国王,详见 *Midrash Raba*, chap. xiv;约瑟夫在“大马士革巨人亚巴马斯”中曾提及大马士革的尼古拉斯(Nicolaus),详见 Josephus, *Ant*. I. vii, 2。以上诸内容,详见 Marcus Nathan Adler, *The Itinerary of Benjamin of Tudela*, p.30, n.2。

Span 是一种以手测量距离的单位,其指手张开后从大拇指尖到小拇指尖的距离,通常认为相当于半腕尺,即 22—23 厘米之间,一腕尺约 45—55 厘米。此处将其译作手扎。亚衲克为圣经中所记亚衲族,其族人身材高大、强壮,希伯来语称之为ענק,ענק即巨大之意。《旧约·民数记》(13:33)记载:“我们在那里看见亚衲克族人,就是伟人。他们是伟人的后裔。据我们看,自己就如蚱蜢一样。据他们看,我们也是如此。”亚衲克族生活在迦南南部地区,其先祖为亚巴,《旧约·约书亚记》(15:13)记载:“亚巴是亚衲族的始祖。”本杰明此处所记巨人亚巴马斯国王应指该族先祖亚巴。尼古拉斯,1 世纪希腊历史学家、哲学家。——译者

9　亚设谓之巴勒斯坦大学、R.'Esra,马库斯·南森·阿德勒谓之以色列之地的研究机构、R. Azariah,其中 R.'Esra 与 R. Azariah 音近,所指相同,详见 A. Asher, *The Itinerary of Benjamin of Tudela*, Vol.1, p.85; Marcus Nathan Adler, *The Itinerary of Benjamin of Tudela*, p.30。

施恩茨提及巴勒斯坦主事老师(即拉比)与法官在我们作者时期由在巴格达被囚禁的王子中选任。约 1167 年迈蒙尼德在《密西拿》评注中亦明确地证实此事(Maimondies, l.c.86)。“巴格达被囚禁的王子授予此职位的职权。这些在巴勒斯坦被选任的主事者并不都作为哲人或研究机构的主事者,但是其必须为当时最为精通律法知识的人。巴勒斯坦主事者所授予的法官的权

威只局限于当地，然而流散的王子所授予的法官职权则具有普世性。因为后者为领袖，拥有统治权，前者则仅是哲人或精通律法，仅在通过考核之后才能被擢升入职，并不能取代流散的王子。任何一位完全掌握整个《塔木德》知识的人都适合主事的职位，可以选择驻地，并在任何地方都可以作为老师（即拉比）与法官。”比西哈奇亚亦是如此记述：“在摩苏尔、大马士革、波斯、米底亚以及巴比伦等地，法官都是由巴比伦王子任命，王子的签章在各地都受到尊重，即使在巴勒斯坦也是如此。”11 世纪研究机构位于耶路撒冷（ראב"ן，fol. 69.d）。之后由于战争巴勒斯坦犹太人皆纷纷逃离，研究机构被破坏，并一度中止，直到在统治繁荣的大马士革城的阿拉伯王子帮助下在大马士革得以重建。大马士革的研究机构在 10 人监管之下，与巴格达研究机构相同（I，100）。主事拉比亚撒利雅就是被巴格达研究机构所任命。然而，本杰明文本中并没有提及第三任与第四任老师。大马士革与巴格达学院两位主事的头衔都非常相似，大马士革第六任老师与巴格达第五任老师的头衔都是“研习导师”，前者同时还是一位讲经者，后者则是犹太人会堂的领唱者。此外，大马士革第七任的头衔为“博学光彩之人”、巴格达第六任的头衔则为“智慧光彩之人”。但是，纳西、哲人（博学之人）、研究机构主事（Rosh Jeshiba）等头衔或荣誉多为虚职，甚至在巴勒斯坦亦是如此（Maimonides in Bekhoroth c.4. §. Abraham B.Mainmonides in the letters of Maimonides，end）。约 1216 年，大马士革主事为纳西约书亚·本·约沙·本·所罗门（Joshia B.Jishai B. Salomo）（Thachkhemoni，c.l.and 46）；1286 年为拉比希西家·本·约沙（R. Hiskia B.Jishai）（Kherem chemed，III.171）——此二人皆有流散的王子的称号。14 世纪该称号被纳第德（Nagid，犹太首领称呼）所取代。纳第德这个称呼应用于埃及（Ohel Joseph，*Preface*），迈蒙尼德的后人被称为纳第德。但是，直到约 1388 年我们仍看到一位来自博沙（Brusa）名为所罗门·纳西·本·约书亚·纳西（Salomo Nasi B.Jishai Nasi）的犹太人（Wolf Bibliotheca，III.1048）。此人的名字以及称号不禁让人认为其应是来自古代大马士革研究机构主事的后裔。因此这一家族的谱系应是：所罗门（1167 年）—约沙—约书亚（1216 年）—约沙—希西家—约沙（1286 年）—A—B—约沙—所罗门（1388 年）。此家族的先父所罗门与本杰明应为同代人。以上诸内容，详见 A.Asher，*The Itinerary of Benjamin of Tudela*，Vol.2，pp.115-117。

马库斯·南森·阿德勒提及比西哈奇亚提到大马士革约有 19 000 名犹太人，证实了如在上文所言的观点，即本杰明所指的是犹太家庭的户主（族

长)的数目;巴赫(Bacher)博士曾客观地提到十字军期间,巴勒斯坦研究机构(Palestinian Gaonate)的一些传统在大马士革仍存在,详见 *J.Q.R.*,XV,pp.79-96。以上诸内容,详见 Marcus Nathan Adler, *The Itinerary of Benjamin of Tudela*,p.30,n.3,n.4。

施恩茨提及比西哈奇亚之记载,详见 Pethachia, *Travels of Rabbi Pethachia of Ratisbon*,p.19。讲经者,指诵读《托拉》以及宗教故事的犹太人士,通常由拉比担任。Rosh Jeshiba,希伯来语为**ראש הישיבה**,**ראש**意为首要、第一,拟音 Rosh;**הישיבה**意为坐下,拟音 Yeshiva(耶希瓦),指主要学习、研究传统犹太教经典、《塔木德》以及犹太律法的机构,即此处之大学或研究机构,但与近代欧洲大学意义并不相同;上文注释中,所提到的犹太人研究机构或学校皆与之相同。Rosh Jeshiba 则指研究机构的主事者或负责人。中世纪时期,巴比伦最为著名的犹太学校(耶希瓦)为苏拉与普穆贝迪,其主事者为格昂或格昂尼姆。与掌握各地犹太人世俗权力的巴格达流散宗主相比,巴比伦犹太人学校则是各地犹太人最高的宗教权威。因此,施恩茨此处所提到的被囚禁或流散的王子,应指中世纪时期作为各地犹太人宗教与精神最高领袖的巴比伦犹太学校的格昂或主事。所谓被囚禁应意是表达巴比伦犹太人学校主格昂或主事流散的状态,并非真被囚禁。中世纪时期,生活在阿拉伯世界的犹太人具有一定的自治。与巴比伦犹太学校相对应的则是巴勒斯坦犹太学校——巴勒斯坦犹太学校存在于 9 世纪期间或更早,最早在太巴列,9 世纪中叶迁至耶路撒冷,11 世纪期间曾一度被废止,于 1071 年又迁至提尔。十字军占领巴勒斯坦之前,该校似最终被废止。但是,该校的一些传统又在大马士革、埃及等地复兴。因格昂在犹太人学校重要的地位,巴比伦犹太学校与巴勒斯坦犹太学校有时也被称为巴比伦格昂(Gaonate)、巴勒斯坦格昂。中世纪时期,两地犹太学校曾一度彼此竞争,但巴勒斯坦犹太学校的地位远不如巴格达犹太学校,巴勒斯坦犹太人地位亦无法与巴比伦犹太人相提并论。

另外,约书亚·本·约沙·本·所罗门与拉比希西家·本·约沙所谓流散王子称号,应是其被称为纳西,此与巴比伦犹太学校的格昂或主事有别。施恩茨根据 1216 年纳西约书亚·本·约沙·本·所罗门、1286 年拉比希西家·本·约沙、1388 年所罗门·纳西·本·约书亚·纳西,列出该家族的谱系。在谱系中其中 1286 年应指希西家,而非约沙。据名字而言,从希西家到所罗门·纳西·本·约书亚·纳西之间并没有出现约沙,故此处的约沙

(1286年)疑误,可能的谱系应为所罗门(1167年)—约沙—约书亚(1216年)—约沙—希西家(1286年)—A—B—约沙—所罗门(1388年)。比西哈奇亚对大马士革犹太人的记述,详见 Pethachia,*Travels of Rabbi Pethachia of Ratisbon*,p.65。博沙,位于安纳托利亚西北部的土耳其城市。——译者

10 施恩茨提及拉比希幔是大马士革一位长者(Parnas)与老师(即拉比)。10世纪上半叶尼斯比斯(Nisibis)也有一位著名的犹太人士叫拉比希幔(*Juchasin*,fol.122.b)。

以及医生拉比西底家(R.Tsadok)[拉比西底家(R.Zedekiah)]等人亦居住在此。

11 亚设谓之第五任大学主事、学校的讲师与主事、R.Matsliach、约瑟夫·伊本·普拉提(R.Joseph Ibn Pilath)、长者拉比希幔、R.Tsadok,马库斯·南森·阿德勒谓之第五任研究机构主事、祭礼的讲师与主事、R.Mazliach、拉比约瑟夫·伊本·阿尔·普拉提(R.Joseph Ibn Al Pilath)、司事拉比希幔、R.Zedekiah,其中 R.Matsliach 与 R.Mazliach,R.Tsadok 与 R.Zedekiah 音近,所指相同。详见 A.Asher,*The Itinerary of Benjamin of Tudela*, Vol.1,pp.85-86;Marcus Nathan Adler,*The Itinerary of Benjamin of Tudela*,p.30。

施恩茨提及拉比希幔是大马士革一位长者(Parnas)与老师(即拉比)。10世纪上半叶尼斯比斯(Nisibis)也有一位著名的犹太人士叫拉比希幔(*Juchasin*,fol.122.b)。详见 A.Asher,*The Itinerary of Benjamin of Tudela*, Vol.2,pp.117-118。

Beth Din,希伯来语为 בית דין,为法庭之意,指犹太教拉比法庭。Parnas 之意义详见上文注释。尼斯比斯即上文注释所言今天土耳其南部边境地区的努赛宾。——译者

12 施恩茨提及迈蒙尼德也提及大马士革的卡拉派犹太人(Maimonides,*Letters*,fol.60.b)。比西哈奇亚时期,大马士革全部犹太人约有10 000人。比西哈奇亚提及在大马士革郊区有两座犹太会堂,其中一座名为先知以利沙(Elish'a)犹太会堂,另一座名为拉比以利亚撒·本·亚撒利雅(R.El'asar B.'Asarja)——其为一名《密西拿》老师。后者比前者要大很多,被用于礼拜仪式(Ed.Wagenseil,p.199.Ed.1831,p.107,并提及"今天")。《戈齐斯》记载位于大马士革附近的朱巴尔(Djubar)村庄的一座犹太会堂一半由以利沙所建,另一半则由拉比以利亚撒·本·亚撒利雅·阿拉克(R.

El'eser B.'Arach)所建(*Jichus*,p.67)。以色列·纳伽拉(Israel Nagara,大马士革当地人)、拉比摩西·阿尔谢(R.Moses Alshech)、阿苏莱(Asulai)也提到这个村庄。在大马士革郊区还发现以利亚(Elijahu)的洞穴(*Sikhron Jerushalajim*)。布施提到这个村庄的人全部是犹太人(Büsching,*Erdbeschreibung*,V.303)。以上诸内容,详见 A.Asher,*The Itinerary of Benjamin of Tudela*,Vol.2,p.118。

以利沙,公元前 9 世纪北部以色列王国先知。此处的拉比以利亚撒·本·亚撒利雅与拉比以利亚撒·本·亚撒利雅·阿拉克应为上文分别在阿尔玛与卡迪斯出现的拉比以利亚撒·本·亚撒利雅与拉比以利亚撒·本·亚撒利雅·阿拉克。以利亚,公元前 9 世纪北部以色列王国先知,以利沙为其门徒。马库斯·南森·阿德勒在上文注释中提及比西哈奇亚提到大马士革约有 19 000 名犹太人,施恩茨提及比西哈奇亚时期大马士革全部犹太人约有 10 000 人(此处应包括撒玛利亚人与卡拉派犹太人)。此应是两人所据不同的比西哈奇亚记述版本所引起的差异,此时大马士革犹太人数仍待考。——译者

二十三、基拉(迦列)、撒迦、达莫与芮哈(设扎尔)

从大马士革经行一日到达基拉(Jela'ad)[迦列(Galid)],即基列(Gil'ad)[基列(Gilead)]。[1] 此地有60余位犹太人,主要人士包括拉比西底家[拉比艾萨克以及拉比所罗门]。此城很大,水源充足,周围全是园林与果园。

从基列经行半日到达撒迦(Salkhat)[撒迦(Salkat)],即圣经中所记之撒迦(Salkhah)[古代撒迦(Salchah)]。[2]

从撒迦经行半日到达巴勒贝克(Ba'albek)[巴勒贝克(Baalbec)]。[3] 此地即圣经中所记之位于黎巴嫩山谷(平原)的巴拉('Ba'alath)城[巴拉(Baalath)城],是所罗门为法老(Pharao)的女儿建造。[4] 这里的宫殿以长约20手扎(腕尺)、宽约12手扎(腕尺)
的巨石建造。没有什么东西能够将这些石头捆绑在一起(这些巨 49
石之间没有缝隙),人们意想这个建筑应是在阿斯摩太(Ashmedai)的帮助下建成[据说只有阿斯摩太才能建此建筑]。[5] 在巴勒贝克上城区有一处很大的泉水。泉水顺城而下,宛如一条河流(宽阔的溪流),推动城中几座水磨转动,并滋养着其中的园林与果园。[6]

沙漠之中的达莫(Thadmor)[达莫(Tarmod,Tadmor)]城也是由所罗门用同样的巨石建造。[7] 此城被城墙环绕,位于沙漠之中，远离人烟。从巴勒贝克到达此地需四天的行程，城中有 2000 余名好战的犹太人。他们与基督徒以及努尔丁的阿拉伯人交战，帮助他们的邻居穆斯林[以实玛利人(Ishmaelites)]；此地主要的犹太人士有拉比艾萨克·哈瓦尼(R.Jitschak Haj'vani)[(R.Isaac Hajvani)]、拉比南森(R.Nathan)以及拉比尤泽尔(R.'Usiel)[(R. Uziel)]等。[8]

(从巴尔米拉)经行半日到达卡列亭(Cariateen)[卡列亭(Karjatēn)]，即基列亭(Kirjathaim)[基列亭(Kirjathim)]。只有一位职业的犹太染工生活在此地。[9]

[从卡列亭经行一天到达埃米萨(Emesa)，即洗玛利人(Zemarites)的城市，大约有 20 位犹太人居住在此。][10]

(从埃米萨)经行一日到达哈马(Hamah)，即古代的哈马斯(Chamath)[哈马(Hamath)]。此地位于黎巴嫩山下的奥龙特斯河畔(雅博河畔)。[11]之前这里曾发生了大地震，15 000 人(25 000
50 人)在一天内死亡(其中包括 200 名犹太人)，仅有 70 人存活。[12]这里的主要人士有祭司拉比以利(R.'Ulah Hacohen)[祭司拉比以利(R.Eli Hacohen)]、教长(Sheik)阿布·阿尔·加莱布·尤穆赫塔尔(Abu al Galeb Umokhatar)[阿布·加莱布(Abu Galib)以及穆赫塔尔(Mukhtar)]等。[13]

(从哈马)经行半日到达芮哈(Reiha)[设扎尔(Sheizar)]，此地即夏锁(Chatsor)[夏锁(Hazor)]。[14]

注释

1 亚设谓之从大马士革经行一日、基拉(Jela'ad)、基列(Gil'ad)，马库斯·南森·阿德勒谓之经行一日、迦列(Galid)、基列(Gilead),其中四者皆音近,所指相同,详见 A.Asher,*The Itinerary of Benjamin of Tudela*, Vol.1, p.86;Marcus Nathan Adler,*The Itinerary of Benjamin of Tudela*,p.30。

亚设提及布克哈特、厄比与曼格斯皆访问过此地。此地现在为一座村庄,仍沿用最初的名字,厄比与曼格斯称之为 Gilhad,此地即位于基列山。正如我们作者所述,该地乡村现今仍然有"大量的葡萄园与橄榄园"。厄比与曼格斯称这里有叙利亚最好的葡萄干。以上诸内容,详见 A.Asher,*The Itinerary of Benjamin of Tudela*, Vol.2,pp.118-119。

马库斯·南森·阿德勒提及基列城地望仍不可考,详见 Marcus Nathan Adler,*The Itinerary of Benjamin of Tudela*,p.30,n.5。

圣经中所记基列通常认为位于约旦河东部的基列山地区,大致相当于外约旦地区(Transjordan),介于迦得(Gad)支派与玛拿西(Manasseh)支派之间,北界为巴珊(Bashan,圣经所记约旦东部地区,南至基列、北至黑门山),南界为亚扪。《旧约·何西阿书》(6:8)记载:"基列是作孽之人的城。被血沾染。"《旧约·民数记》(32:39)记载:"玛拿西的儿子玛吉,他的子孙往基列去,占了那地,赶出那里的亚摩利人。"由于基列具体地望不详,故其距大马士革距离不得而知,但是从大马士革至外约旦地区约 200 公里。此处极有可能是因为从大马士革到基拉一段行程的文本缺失所致,待考。——译者

2　亚设谓之 Salkhat、圣经中所记之撒迦(Salkhah),马库斯·南森·阿德勒谓之 Salkat、古代撒迦(Salchah),其中 Salkhat、Salkhah、Salkat 与 Salchah 皆音近,所指相同,详见 A.Asher,*The Itinerary of Benjamin of Tudela*, Vol.1,p.86;Marcus Nathan Adler,*The Itinerary of Benjamin of Tudela*,p.30。

亚设提及端详地图便会得知我们作者并没有给出行程或安排,而仅对大马士革附近地区进行记述,将这些地区与圣经历史联系起来,包括对达莫(Thadmor)等地亦用这种方式记述,且自认是顺便提及,这种记述方式已经非常明显。另外,关于其所提及的距离也是充满错误。不可能从大马士革经行一日或两日到达基列与撒迦。格泽纽斯认为撒迦就是圣经所记载之撒迦,并不位于所谓从基列经行半日之处,而是位于布斯拉(Boszra)附近,在东北方向经行两日之处以远(Gesenius,*Notes to Burckhardt*,p.507)。厄比、曼格斯与布克哈特曾提到一个相似的地方,即撒特(Szalt),它位于基列附近地区,但却并不是圣经中的撒迦。我们认为本杰明应是从大马士革经巴勒贝克

(Ba'albeck)与哈马(Hamah)到达阿勒颇。以上诸内容,详见 A.Asher, *The Itinerary of Benjamin of Tudela*, Vol.119。

马库斯·南森·阿德勒提及撒迦位于豪仑(Hauran)东部,距离布斯拉半日行程,圣经中记载其为巴珊(Bashan)边界城市[《旧约·申命记》(3:10)、《旧约·约书亚记》(12:5)],距离大马士革南部以远,巴勒贝克(Baalbec,即上文注释 Ba'albeck)位于该地以北。以上诸内容,详见 Marcus Nathan Adler, *The Itinerary of Benjamin of Tudela*, pp.30-31, n.5。

撒迦,为古代巴珊城市,即今叙利亚南部城市塞勒海德(Salkhad)。《旧约·申命记》(3:10)记载:"就是夺了平原的各城,基列全地,巴珊全地,直到撒迦,和以得来,都是巴珊王噩国内的城邑。"显示萨迦为巴珊城市。《旧约·历代志》(上,5:11)记载:"迦得的子孙在流便对面,住在巴珊地,延到撒迦。"《旧约·约书亚记》(12:5)记载:"他(西宏)所管之地是黑门山、撒迦、巴珊全地。"塞勒海德位于布斯拉附近,从今塞勒海德到布斯拉约 25 公里,到大马士革约 130 公里。但是若以外约旦而论,从基列至该地则长达 100 余公里,半日之内似不可从基列到达该地。因此本杰明此处所记完全与实际距离不符,亚设甚至认为本杰明并未到达过以上两地。但是,此处极有可能亦是因为从基列到撒迦一段行程的文本缺失所致,待考。

达莫,叙利亚城市,下文即将提及。布斯拉,叙利亚西南部古城。巴勒贝克,黎巴嫩城市,位于首都贝鲁特东北处约 85 公里处,下文即将提及。哈马,叙利亚城市,位于大马士革以北,下文即将提及。毫仑,指从大马士革、黑门山到约旦西北的地区。布斯拉(Bosra),即上文注释 Boszra。——译者

3　亚设谓之 Ba'albek,马库斯·南森·阿德勒谓之 Baalbec,其中 Ba'albek 与 Baalbec 音近,所指相同,详见 A.Asher, *The Itinerary of Benjamin of Tudela*, Vol.1, p.86; Marcus Nathan Adler, *The Itinerary of Benjamin of Tudela*, p.31。

施恩茨提及本杰明将此地称为בעלביק(Ba'albek、Baalbec),《谱系书》称之为בעלביג(Balbig)(*Juchasin*, 149.a),阿尔谢(Alshech)与阿拉伯作家称之为בעל בק(Baal Bek)(Alshech, Decis, No.104)。《密西拿》中的巴勒贝的大蒜(**שום בעל בכי**)即为来自巴勒贝克的大蒜;如此的话,《密西拿》中的拉法拿(רכפא, Raphana)的葱应可在叙利亚拉法拿(Raphana)附近发现(*Mishna Maaseroth end*)。以上诸内容,详见 A.Asher, *The Itinerary of Benjamin of Tudela*, Vol.2, pp.119-120。

巴勒贝克,为今黎巴嫩城市,位于黎巴嫩东部贝卡山谷(Beqaa),距离首都贝鲁特东北处约 85 公里,大马士革以北 75 公里。施恩茨所提及בעלביק拟音即为 Ba'albek,Baalbec,בעלביג拟音为 Balbig,בעל בק拟音为 Baal Bek,皆指巴勒贝克地区。其所言之《密西拿》所提到的שום בעל בבי,意为巴勒贝的大蒜——其中בעל בבי拟音为 Baalbeey,指巴勒贝克,שום为大蒜,רכפא拟音为 Raphana,指拉法拿地区——该地位于今约旦北部地区。此处施恩茨据《密西拿》之记载对巴勒贝蒜与拉法拿葱之来源进行说明。——译者

4 亚设谓之黎巴嫩山谷以及'Ba'alath,马库斯·南森·阿德勒谓之黎巴嫩平原以及'Ba'alath,其中'Ba'alath 与'Ba'alath 音近,所指相同,详见 A. Asher, *The Itinerary of Benjamin of Tudela*, Vol.1, p.86; Marcus Nathan Adler, *The Itinerary of Benjamin of Tudela*, p.31。

亚设提及伊德里斯曾称从大马士革需要经行 10 日才能到达巴勒贝克古城,此处的文本应是抄书员誊抄之时犯了错误。罗斯穆勒尔认为巴力迦得(Ba'al Gad)也被称为巴拉('Ba'alath)(Rosenmüller, I. ii. 281),但是我们作者此处显然正确地将巴勒贝克认定为巴拉。根据沃尔尼(Volney)所言,这里的居民认为此地由所罗门所建,且伊德里斯所述与我们作者非常一致,甚至上面推动磨机转动的河流都被阿拉伯地理学家提及(Volney, I. 355.)。以上诸内容,详见 A. Asher, *The Itinerary of Benjamin of Tudela*, Vol. 2, p.120。

如上文注释所言巴力迦得具体地望仍有争议,所指不详。巴勒贝克位于黎巴嫩贝克山谷,与圣经中所记巴拉地望一致,因此通常认为巴拉即指该地。此处的黎巴嫩山谷即指贝克山谷。所罗门曾为其妻子埃及法老女儿建筑城市,《旧约·列王记》(上,9:16—18)记载:"先前埃及王法老上来攻取基色,用火焚烧,杀了城内居住的迦南人,将城赐给他女儿所罗门的妻作妆奁。……所罗门建造基色,下伯和仑,巴拉,并国中旷野里的达莫。"《旧约·历代志》(下,8:6)记载:"又建造巴拉和所有的积货城,并屯车辆马兵的城,与耶路撒冷,利巴嫩,以及自己治理的全国中所愿意建造的。"今塞勒海德距巴勒贝克约 250 公里,大马士革距巴勒贝克约 75 公里。本杰明此处所记从撒迦经行半日到达该地明显错误。亚设所言伊德里斯曾称从大马士革需要经行 10 日才能到达巴勒贝克古城,应指从塞勒海德到该地的行程,故此处似应是抄书员错将从撒迦到巴勒贝克的行程誊抄错误。——译者

5 亚设谓之"手扎,……没有什么东西能够将这些石头捆绑在一起。人

们意想这个建筑应是在阿斯摩太的帮助下建成",马库斯·南森·阿德勒谓之"腕尺,……这些巨石之间没有缝隙。据说只有阿斯摩太才能建此建筑",详见 A.Asher,*The Itinerary of Benjamin of Tudela*, Vol.1,pp.86-87;Marcus Nathan Adler,*The Itinerary of Benjamin of Tudela*,p.31。

亚设提及将巴勒贝克城内令人备感惊讶的建筑归因于超人力量、戈尼(Genii)、仙女或阿斯摩太等则完全是东方的传统。"巴勒贝克山谷或寇斯密亚(Kosmia)山谷,贝卡山谷(Bekaa Methooalis)土壤肥沃,但却没有发挥此优势,只有少量土地被开垦。除了紧邻的巴勒贝克城之外,连一棵树都没有。伍德(Wood)、道金斯(Dawkins)以及沃尔尼等对这个不可思议的地方有着正确记述,并以图板进行说明,在此对这些细节不再赘述。"(Irby and Mangles,212)。以上诸内容,详见 A.Asher,*The Itinerary of Benjamin of Tudela*, Vol.2,p.120。

戈尼是一种阿拉伯民间具有超自然能力的生物。寇斯密亚,疑似贝克山谷的希腊语称谓,Bekaa Methooalis 应指贝克山谷。该山谷是今黎巴嫩繁荣的农业平原地区之一。阿斯摩太为圣经与《塔木德》中的恶魔王。——译者

6 亚设谓之宛如一条河流,马库斯·南森·阿德勒谓之宛如一条宽阔的溪流,详见 A.Asher,*The Itinerary of Benjamin of Tudela*, Vol.1,p.87;Marcus Nathan Adler,*The Itinerary of Benjamin of Tudela*,p.31。

7 亚设谓之 Thadmor,马库斯·南森·阿德勒谓之 Tarmod、Tadmor,三者皆音近,所指相同,详见 A.Asher,*The Itinerary of Benjamin of Tudela*, Vol.1,p.87;Marcus Nathan Adler,*The Itinerary of Benjamin of Tudela*,p.31。

亚设提及厄比与曼格斯称:"从墓地的山谷可以看开放的巴尔米拉遗迹,我们被整个如画的景致所震撼,这是我们所见到过的最有魅力的景致。当我们经过荒野中荒凉的一处建筑之时则更加有趣,并突然看到了无数柱子以及在沙地中其他的遗迹。"(Irby and Mangles,267)。本杰明所提到的当时叙利亚这一地区的战争被德金所证实——德金堪称同代作家中的权威,其言:"法国利用了这一情况,即整个大马士革军队为了向周边进军而成为一支被耗尽的部队……有时他们来到大马士革附近的贝卡山谷。正是在这个乡村地区,发现了著名的城市古迹与古老的巴尔米拉(Palmyra)。这些地区的人们被囚禁、财产被没收、土地被蹂躏……这是统治穆斯林所带来的分离的局面。"(Desguignes,III.a.226,227)。厄比与曼格斯提及其中一些建筑遗迹仍然竖

立在该地,这里的居民最初是犹太人。他们还提到:“沿着柱子所在的大街一直向下走,在右手边有一个门道。门道中有一处建筑遗迹,建筑上有一处希伯来文题词。题词中记载着三件有趣的事件,即其一达莫城由所罗门建筑,其二芝诺比阿(Zenobia)被称为(信奉)犹太人的宗教,其三瑞德(Riddle,不详)主教曾将2000余名犹太人安置于此地。”格泽纽斯言及Palmyra一词被卡提布(Khethib,伊斯兰教的布道者)解释,《旧约·列王记》(上,9:18)记载:“所罗门建造基色,下伯和仑,巴拉,并国中旷野里的达莫。”其中达莫被拼写为תמר,即棕榈树(Palm、Palmyra)。此种解释并不适用于西班牙城市帕尔马之论。阿拉伯人称此地为Thadmira。以上诸内容,详见A.Asher,*The Itinerary of Benjamin of Tudela*, Vol.2,pp.120-122。

马库斯·南森·阿德勒提及Tarmod即Tadmor或巴尔米拉(Palmyra),详见Marcus Nathan Adler,*The Itinerary of Benjamin of Tudela*,p.31,n.1。

如上文注释所言,所罗门同时建筑了巴勒贝克与达莫等城市,《旧约·列王记》(上,9:18)记载:“所罗门建造基色,下伯和仑,巴拉,并国中旷野里的达莫。”《旧约·历代志》(下,8:4)记载:“所罗门建造旷野里的达莫,又建造哈马所有的积货城。”达莫即今叙利亚中部城市巴尔米拉,位于叙利亚沙漠之中。希伯来语达莫即上述格泽纽斯所言תמר,其拟音即为Tadmor,为棕榈树之意;阿拉伯语亦称该地为Tadmor或Thadmira。Palmyra则是希腊罗马世界对该地的称谓,意即棕榈树。从巴勒贝克到达该地约200公里。芝诺比阿(240—?)为3世纪巴尔米拉王国王后,其丈夫死后成为国王。相传芝诺比阿善待巴尔米拉境内的犹太人,接受过犹太教育,甚至自认为犹太人。帕尔马,西班牙港口城市。——译者

8 亚设谓之穆斯林、R.Jitschak Haj'vani以及R.'Usiel,马库斯·南森·阿德勒谓之以实玛利人、R.Isaac Hajvani以及R.Uziel,其中Jitschak即Isaac,所言两人皆音近,所指相同,详见A. Asher, *The Itinerary of Benjamin of Tudela*, Vol.1,p.87;Marcus Nathan Adler,*The Itinerary of Benjamin of Tudela*,p.31。

施恩茨提及达莫的拉比尤泽尔有可能是“五十年之后阿勒颇的纳西尤泽尔,此人非常重要”(Charisi, c. 46),详见A. Asher, *The Itinerary of Benjamin of Tudela*, Vol.2,p.122。

如上文注释所言阿拉伯人视以实玛利为其祖先,故此处以实玛利人即指

阿拉伯人。12世纪早期,巴尔米拉被大马士革博瑞德王朝(Burid,1104—1154年)的建立者阿塔本格斯托特金(Toghtekin,?—1128年)所占领。12世纪中叶,努尔丁占领此地。因此,本杰明此处提到该地犹太人应是在大马士革博瑞德王朝与努尔丁交战之时所占,基督徒则应指此时的十字军。从今巴勒贝克到巴尔米拉约250公里。——译者

9 亚设谓之经行半日、Cariateen、Kirjathim以及一位职业的染工,马库斯·南森·阿德勒谓之从巴尔米拉经行半日、Karjatēn、Kirjathim以及一位染工,其中Cariateen与Karjatēn音近,Kirjathim与Kirjathim音近,所指皆相同,详见A.Asher, *The Itinerary of Benjamin of Tudela*, Vol.1, p.87; Marcus Nathan Adler, *The Itinerary of Benjamin of Tudela*, p.31。

亚设提及"从达莫到达卡列亭需经行一天"(Irby and Mangles,237),圣经提到两处名为基列亭的地方,一为《旧约·民数记》(32:37)、《旧约·约书亚记》(13:19)所记位于流便(R'uben)支派境内的基列亭,另一个为《旧约·历代志》(上,6:76)所记位于拿弗他利境内的基列亭。这两座城市皆不指现在的城市。此名指两座城市,或许一座为新城、一座为旧城。以上诸内容,详见A.Asher, *The Itinerary of Benjamin of Tudela*, Vol.2, p.122。

《旧约·民数记》(32:37)记载:"流便子孙建造希实本,以利亚利,基列亭。"《旧约·约书亚记》(13:19)记载:"基列亭,西比玛,谷中山的细列哈沙辖。"《旧约·历代志》(上,6:76)记载:"在拿弗他利支派的地中得了加利利的基低斯与其郊野,哈们与其郊野,基列亭与其郊野。"因此,基列亭即为位于约旦东部流便支派城市,又为以色列北部拿弗他利支派城市。18世纪苏格兰旅行家、商人詹姆斯·布鲁斯(James Bruce,1730—1794年)在行经叙利亚之时曾提其曾到达平原之地卡列亭,提及卡列亭的阿拉伯人经常骑着骆驼昼夜不停经行一天两夜穿越沙漠从巴尔米拉到卡列亭,然后他从卡列亭到达巴勒贝克,并言及卡列亭距巴勒贝克约130英里(约208公里),详见James Bruce, *Travels throuth Parts of Africa, Syria, Egypt and Arabia to Abyssinia*, London: St.John's Square, 1837, pp.41-42。

据詹姆斯·布鲁斯行程判断,此处的卡列亭应为圣经所记之位于以色列北部的基列亭,因此本杰明此处的考订应该无误。但是,无论是从巴尔米拉,还是从巴勒贝克都不可能在半日之内到达卡列亭。此处极有可能是因为从达莫到卡列亭一段行程的文本缺失所致,待考。流便,雅各长子,流便部落先祖。——译者

10 马库斯·南森·阿德勒所谓之埃米萨,亚设并未提及,详见 Marcus Nathan Adler,*The Itinerary of Benjamin of Tudela*,p.31。

马库斯·南森·阿德勒提及这里的重镇埃米萨应该是现在被称为霍姆斯(Homs)的城市。《旧约·创世记》(10:18)记载在迦南诸族人中洗玛利人与哈马人(Hamathite)被分到一起。福瓦·艾德-德尔(Fuwâr ed-Der)时有时无的泉水、古代沙巴特(Sabbatio)河位于此地,提图斯在耶路撒冷陷落之后曾造访此地。约瑟夫曾记载:"该河水流湍急,水源充足。如任何人所见,在泉水六天断流之后河床便干;每当第七天时却湍流不息,好像从未变化一样:它总是准时地保持这种节奏。"(Josephus,*Wars of the Jews*, Book. VII, p. 5)。这种时断时续的现象被轻易地认为是由于河流被地下管道所吸干,即虹吸。以上诸内容,详见 Marcus Nathan Adler,*The Itinerary of Benjamin of Tudela*,p.31,n.2。

埃米萨,即今叙利亚城市霍姆斯(Homs),Emesa 为该地希腊语称谓。该地位于叙利亚西部,大马士革以北 161 公里处。洗玛利人为圣经所记迦南族人,相传其生活在叙利亚西部地区,因此本杰明此处将埃米萨称为洗玛利人的城市;哈马人指生活在哈马城的迦南族人,哈马城下文即将提及。《旧约·创世记》(10:15—18)记载:"迦南生长子西顿,又生赫……亚瓦底人,洗玛利人,哈马人,后来迦南的诸族分散了。"古代沙巴特河是《塔木德》中所提到一条传说中的河。该河流动周期为七天,因此得名沙巴特河(**שבת**, Sabbath,拟音沙巴特,即安息日)。从今巴勒贝克北行 100 余公里方至霍姆斯,卡列亭则北行 208 公里方至巴勒贝克,因此不可能一天就从卡列亭到达埃米萨。此处极有可能是因为从卡列亭到达埃米萨一段行程的文本缺失所致,待考。——译者

11 亚设谓之经行一日、Hamah、Chamath 以及奥龙特斯河畔,马库斯·南森·阿德勒谓之从埃米萨经行一日、Hamath 以及雅博河畔,其中 Hamah、Chamath、Hamath 音近,所指相同,详见 A. Asher,*The Itinerary of Benjamin of Tudela*, Vol.1, p.88;Marcus Nathan Adler,*The Itinerary of Benjamin of Tudela*,p.31。

亚设提及哈马斯是古代城市,本杰明正确地将其认定为圣经所记哈马。我们作者提及发生在叙利亚这一地区的地震发生在 1157 年。此时,哈马、安条克、埃米萨(Emessa,即 Emesa)、阿帕米亚(Apamia)、拉塔基亚(Laodices)以及其他城市都变成了废墟。《尼加拉斯坦》(*Nighiaristan*)一书曾提到一

位学校的校长在地震期间幸运地离开此地，当其回来之后发现他的房子以及所有孩子都被埋在废墟之下，甚至连一位前来询问的朋友或父母都没有(Herbelot: Hamah; Desguignes, c. XIII, 180)。“哈马斯非常幸运地处于两座山之间的中空地带，紧邻奥龙特斯河西岸，但是今天此地并没有什么值得注意。”(Irby and Mangles, 244)。拉比本杰明称此河为雅博河，阿拉伯人称其为奥龙特(Oroad)或阿斯(Asi)河。该河又被称为מרוד，即反叛之意(Uri catal. Bodlej. Cod. 14. Or cod. Kennicott G)，详见 Ritter, *Erdkunde*, 1st ed. part 2, p. 449。以上诸内容，详见 A. Asher, *The Itinerary of Benjamin of Tudela*, Vol.2, pp.122-123。

马库斯·南森·阿德勒提及圣经中多次记载哈马，该地紧邻奥龙特斯河。第一次十字军之后，该地被亦思马因派或哈昔新派占领，十分混乱。1157年的地震带来了巨大的损失；二十年之后，该地被萨拉丁占领。以上诸内容，详见 Marcus Nathan Adler, *The Itinerary of Benjamin of Tudela*, p. 31, n.3。

哈马斯是位于叙利亚中西部、奥龙特斯河畔的城市，即圣经所记哈马城，迦南族哈马人曾生活在该地，《旧约·民数记》(13:21)记载：“从寻的旷野到利合，直到哈马口。”《旧约·民数记》(34:8)记载：“从何珥山划到哈马口，通到西达达。”从今霍姆斯到哈马约53公里，马库斯·南森·阿德勒文本所记经行一天与实际距离大致相符，亚设文本此处出现明显缺失的情况。关于奥龙特斯河之称谓详见上文注释。希伯来语מרוד，为反叛之意，拟音为 morut，因此河由南向北流，并不同于其他河流流向，故方才被如此称之。上述注释所提及之阿布肥达提及：“哈马河也被称为阿尔·伦特(Al Urunt)或纳赫尔·梅克卜(Nahr al Makiub)(反转，似意指其流向)……”其中 morut、Urunt、Makiub 音近，故其皆表示此河流向的不同。另如上文注释所言，奥龙特斯河似并不为雅博河。此处本杰明之考订有误。阿帕米亚，叙利亚西部城市，位于奥龙特斯河畔。拉塔基亚，叙利亚西部港口城市。《尼加拉斯坦》，为一部13世纪的阿拉伯著作。——译者

12 亚设谓之15 000人在一天之内死亡，马库斯·南森·阿德勒谓之25 000人在一天之内死亡，其中包括200名犹太人，详见 A. Asher, *The Itinerary of Benjamin of Tudela*, Vol.1, p.88; Marcus Nathan Adler, *The Itinerary of Benjamin of Tudela*, p.32。

13 亚设谓之 R.'Ulah Hacohen、阿布·阿尔·加莱布·尤穆赫塔尔，

马库斯·南森·阿德勒谓之 R.Eli Hacohen、阿布·加莱布以及穆赫塔尔,详见 A.Asher,*The Itinerary of Benjamin of Tudela*, Vol.1,p.88;Marcus Nathan Adler,*The Itinerary of Benjamin of Tudela*,p.32。

亚设提及 Umokhatar 原文为ומוכתר,应该译为"与 Mukhtar",此名在东方犹太人中比较常见,详见 A. Asher, *The Itinerary of Benjamin of Tudela*, Vol.2,p.123。

希伯来文**ומוכתר**,其中**ו**为"与"之意,**מוכתר**拟音为 Mukhtar,即"与穆赫塔尔",显示亚设亦认为其文本此处有误,此马库斯·南森·阿德勒文本认识相同。——译者

14 亚设谓之芮哈、Chatsor,马库斯·南森·阿德勒谓之设扎尔、Hazor,其中 Chatsor 与 Hazor 音近,所指相同,详见 A.Asher,*The Itinerary of Benjamin of Tudela*, Vol.1,p.88;Marcus Nathan Adler,*The Itinerary of Benjamin of Tudela*,p.32。

亚设提及 Reiha 或 Rieha 迄今仍是从大马士革到阿勒颇途中一处地方与山的名字,布克哈特曾提到大量城镇的遗迹,这些遗迹在山上仍清晰可见,其中拉特(Lamdin,详见下文提及)便是我们必须寻找之地,详见 A.Asher,*The Itinerary of Benjamin of Tudela*, Vol.2,p.123。

马库斯·南森·阿德勒提及罗宾逊与康德尔认为夏锁位于卡迪斯·拿弗他利,但设扎尔无疑是 Sheizár,古代的拉芮萨(Larissa)。参考其他文本,(本杰明)前往阿勒颇途中的下一站拉特(Latmin,详见下文)无疑是正确的地名。同时,可参考 M. Hartmann,"Beiträge zur Kenntnis der Syrischen Steppe",in *Z.D.P.V.*, Vols.XXII and XXIII,1900-1901;M.Friedmann,*The Boundaries of Palestine and Syria*;Luncz,*Jerusalem*,Vol.II。以上诸内容,详见 Marcus Nathan Adler,*The Itinerary of Benjamin of Tudela*,p.32,n.1。

约翰·塞维斯·布克哈特(John Servis Burckhardt)提及芮哈位于德贝尔·厄本(Djebel Erbayn,不详)以北,属阿勒颇管辖,详见 John Servis Burckhardt,*Travels in Syria and the Holy Land*,London:John Murray,Albemarle Street,p.126。设扎尔为叙利亚西北部城市,位于哈马西北,两地相距约30公里,阿拉伯人称该地为设扎尔,叙利亚人称之为拉芮萨(Larissa)。夏锁,《旧约·约书亚记》(11:1—11)记载:"夏锁王耶宾听见这事……约书亚又用火焚烧夏锁。"《旧约·列王记》(下,15:29)记载:"以色列王比加年间,亚述

王提革拉毗列色来夺了以云……夏锁，基列……将这些地方的居民都掳到亚述去了。”圣经所记夏锁古城已经被考古发现，位于上加利利地区、加利利海以北、以色列胡拉山谷（Hula Valley）以南地区。夏锁应位于卡迪斯·拿弗他利南部，芮哈、设扎尔皆不是夏锁，本杰明考证有误。考之芮哈属阿勒颇管辖，从哈马到阿勒颇约200公里，且本杰明后经拉特之后才至阿勒颇，故此处不应为芮哈，此为亚设文本之误；另外，从哈马至设扎尔约30公里，马库斯·南森·阿德勒文本记之经行半日大致符合实际距离，故后者文本记载正确。——译者

二十四、达拉特、阿勒颇、卡拉特·加巴与拉卡

从设扎尔经行3法尔萨赫到达拉特(Lamdin)[迪姆(Dimn)、拉特(Latmin)]。[1]

从拉特经行两日到达阿勒颇(Aleppo)[哈勒博(Haleb)],即圣经所记之亚兰人的琐巴(Aram Tsoba)[亚兰人的琐巴(Aram Zoba)],努尔丁王居住在此地。[2] 他的宫殿位于城中,被罕见的高墙所护卫(这是一座很大的宫殿)。这里没有泉水与河水,居民只能喝雨水。每户用水池收集雨水,阿拉伯人称水池为阿古布(Al-gub)。[3] 大约有1 500(5 000)余名犹太人生活在阿勒颇,主要人士有拉比摩西·埃尔-康斯坦丁(R.Moshe el-Costandini)[拉比摩西·埃尔·康斯坦丁(R.Moses el Constantiti)]、拉比以色列(R.Jisrael)以及拉比设斯(R.Sheth)。[4]

从阿勒颇经行两日到达巴利斯(Bales)[巴利斯(Balis)],即幼发拉底河畔的毗夺(P'thora)[毗夺(Pethor)]。甚至现在在此地都可以找到巴兰·本·比珥(Bil'am Ben Be'or)[巴兰(Balaam)]塔(可能为"恶人的名字必朽烂")的遗迹;他根据一天的时辰所建此塔(他建筑此塔是为了告诉人们一天的时辰)。[5] 此地约有10位犹太人。[6]

从巴利斯经行半日到达卡拉特·加巴(Kala' Jiaber)[卡拉
特·加巴(Kalat Jabar)],即荒野中的西拉(Sela')[西拉
(Selah)]。[7] 当陀迦玛或突厥人占领阿拉伯人的国家(土地),并将
他们驱散到沙漠之时,此城仍掌握在阿拉伯人手中。[8] 此城约有
51 2 000 名犹太人,主要人士包括拉比西底家(R.Tsidkiah)[拉比西
底家(R.Zedekiah)]、拉比亥亚(R.Chia)[(R.Chiya)]以及拉比所
罗门等。[9]

从卡拉特·加巴经行一日到达拉卡(Racca)[或撒迦(Salchan)],即位于美索不达米边界地区的甲尼(Khalneh)[其地位于示拿(Shinar)边界地区]。[10] 此城为此国(此王国)与陀迦玛或突厥人帝国的边界城市。[11] 约有 700 位犹太人生活在这里,主要人士包括拉比萨凯(R.Sakhai)[拉比萨凯(R.Zakki)]、盲人拉比纳迪布(R.Nadib)以及拉比约瑟夫。[12] 此地的一座犹太会堂是文士以斯拉从巴比伦返回耶路撒冷之时所建造犹太会堂之一(以斯拉从巴比伦返回耶路撒冷之时所建)。[13]

注释

1　亚设谓之 Lamdin,马库斯·南森·阿德勒谓之 Dimn、Latmin,其中 Lamdin 与 Latmin 音近,所指相同,Dimn 应为 Latmin 之误,详见 A.Asher, *The Itinerary of Benjamin of Tudela*, Vol.1,p.88;Marcus Nathan Adler, *The Itinerary of Benjamin of Tudela*,p.32。

亚设提及我们作者所记拉特没有被其他旅行者或地理学者记之,现代所有旅行者都愿意经行从大马士革到阿勒颇的道路,此道经过霍姆斯与达莫,赛岑(Seetzen)曾经行此道,布克哈特首次偏离此道,详见 A.Asher, *The Itinerary of Benjamin of Tudela*, Vol.2,p.123。

拉特为位于设扎尔以北约 18 公里处的叙利亚村庄,本杰明所记 3 法尔

萨赫(约17公里)与实际距离大致一致。——译者

2 亚设谓之阿勒颇、圣经所记之、Aram Tsoba,马库斯·南森·阿德勒谓之哈勒博、Aram Zoba、并未言及圣经所记之,其中Aram Tsoba与Aram Zoba音近,所指相同,详见A.Asher,*The Itinerary of Benjamin of Tudela*, Vol.1,p.88;Marcus Nathan Adler,*The Itinerary of Benjamin of Tudela*, p.32。

施恩茨提及叙利亚人认为琐巴指尼斯比斯,犹太作家则认为其为哈勒博,本杰明与比西哈奇亚即如此认为(Pethachia,ed.Wagenseil,p.193)。迈蒙尼德与查瑞斯所称道的哈勒博为琐巴,被拉帕波特在"拉比南森的生平"中所证实(Rapaport,p.76)。然而,迈蒙尼德认为琐巴与亚黑拉(Achlab,亚设支派城市,地望不详)有所区别(Maimonides,*Hilchoth Therumoth*,c.1)。之后的作者以琐巴指哈博勒地区的王子。本杰明在文本中并未言及"圣经所记之",如比西哈奇亚一样简略地提及"以书面形式"(Pethachia,the ed.1831,p.86)。以上诸内容,详见A.Asher,*The Itinerary of Benjamin of Tudela*, Vol.2, p.124。

亚设提及如上文注释所言努尔丁作为大马士革的统治者,通常居住在阿勒颇。1149年努尔丁继位之后统治该地,于1173年去世,详见Herbelot, *Noureddin*;*Juchasin*,149.b。以上诸内容,详见A.Asher,*The Itinerary of Benjamin of Tudela*, Vol.2,p.125。

阿勒颇,今叙利亚北部城市,该地古称哈勒博(Haleb)。一说Haleb意为"铁铜"等金属,因该地盛产金属;一说意为白色,因该地土地皆为白色。如上文注释所言,琐巴为亚兰人城市。琐巴地望可谓众说纷纭:一说即尼斯比斯,一说位于哈马与大马士革之间,甚至认为位于叙利亚南部、黎巴嫩地区。11世纪以来,犹太作家皆以其指阿勒颇,故本杰明亦如此记之。亚设言及本杰明并未言及"圣经所记之",故文中"圣经所记之"为其所加。1128年,阿勒颇成为赞吉王朝的首都,又说努尔丁于1174年去世。从今拉特到阿勒颇约110公里,本杰明所记与实际距离大体一致。——译者

3 亚设提及阿拉伯人称水池为阿古布,马库斯·南森·阿德勒则并未提及,详见A.Asher,*The Itinerary of Benjamin of Tudela*, Vol.1,p.88。

亚设提及伊本·毫盖勒与伊德里斯对此城当时状态的描述非常简略,我们无法确定这个坚固的堡垒——最近一些旅行者常对这个巨大的城墙皱眉兴叹(Monro,II.222),是否为现代建筑,或为我们作者那个时代的建筑。然

而，令人感到惊讶的是关于此城水源缺乏还是充足，本杰明与伊德里斯的记述有一些差异。我们作者提到这里的居民只能喝雨水，因为城中没有河流与泉水；伊德里斯则称寇克(Koïk)河流经城门附近，并通过专门修建的水渠为街道、市集，甚至居民提供水源(Edrisi，II.136)。巴奎(Bakui)以及现代的旅行者亦证实了伊德里斯的记载(Bakui，*Notices et extraits*，I.434)。以上诸内容，详见 A. Asher，*The Itinerary of Benjamin of Tudela*，Vol. 2，pp.123-124。

马库斯·南森·阿德勒提及伊德里斯提及阿勒颇城中有丰富的水源，但是亚设却认为本杰明与伊德里斯的记述并无差异。约1200年该城古老的水利系统被马利克(Malek)破坏，大概在本杰明到达此地三十年之后。以上诸内容，详见 Marcus Nathan Adler，*The Itinerary of Benjamin of Tudela*，p.32，n.2。

koïk 河即今 Queiq 河，该河流经阿勒颇北部城市。马利克应是指阿尤布王朝苏丹马利克·曼苏尔(Malek al-Mansour，1188—1216年)。马库斯·南森·阿德勒此处应是误解了亚设关于城内水源记载差异的意思。——译者

4 亚设提及奥托·冯·里希特(Otto von Richter)对此城现在的状态以及社会情况有着突出的记述，读者可参考之。他提及此城现在的犹太居民约有5000名(Otto von Richter，240 et seq)。以上诸内容，详见 A.Asher，*The Itinerary of Benjamin of Tudela*，Vol.2，p.124。

5 亚设谓之 Bales、P'thora、巴兰·本·比珥塔以及他根据一天的时辰所建此塔，并提及"可能为'恶人的名字必朽烂'"，马库斯·南森·阿德勒谓之 Balis、Pethor、巴兰塔以及他建筑此塔是为了告诉人们一天的时辰，并未提及"可能为'恶人的名字必朽烂'"，其中 Bales 与 Balis，P'thora 与 Pethor 音近，所指相同，详见 A.Asher，*The Itinerary of Benjamin of Tudela*，Vol.1，pp.88-89；Marcus Nathan Adler，*The Itinerary of Benjamin of Tudela*，p.32。

亚设提及伊本·毫盖勒称巴利斯城位于幼发拉底河畔(Zunz，b.p.44)、沙漠边界地区(Edrisi，I.355)，1111年被坦克雷德(Tancred)率领的十字军所占领(Desguignes，III.a.110)。厄比与曼格斯称此地为贝利斯(Beles)。将此地考订为圣经中的毗夺有可能是因为关于此塔的传说。此塔被这些旅行者多次提及，并认为巴兰建造此塔。关于此塔的地望，我们仅知道其位于幼发拉底河畔，其功能如同大马士革的玻璃墙一样。以上诸内容，详见 A.Asher，

The Itinerary of Benjamin of Tudela, Vol.1, p.89, Vol.2, p.125。

马库斯·南森·阿德勒提及伊德里斯与阿布肥达分别称该地为巴利斯(Balis)、卡拉特·加巴(Kalat Jabar),详见 Guy Le Strange, p.417;阿塔本格斯赞吉在卡拉特·加巴被杀。以上诸内容,详见 Marcus Nathan Adler, *The Itinerary of Benjamin of Tudela*, p.32, n.3。

巴利斯应为今叙利亚中北部的卡拉特·巴利斯(Qala'at Balis),卡拉特·巴利斯为古代巴巴利索斯(Barbalissos)城遗址。该城位于幼发拉底河畔——幼发拉底河从此地向东流,为古代交通要地,距离阿勒颇以东约 100 公里处。从该地称谓、地望以及本杰明所述行程等诸方面考虑,卡拉特·巴利斯极有可能就是巴利斯。阿布肥达称该地为卡拉特·加巴疑误,因为本杰明从巴利斯离开之后下一站即到达卡拉特·加巴。毗夺,位于幼发拉底河上游,《旧约·民数记》(22:5)记载:"他差遣使者往大河边的毗夺去……"毗夺具体地望迄今仍不确定。巴兰,即比珥之子,又称巴兰·本·比珥,圣经所记来自毗夺的预言家,其并非以色列人,有诅咒和祝福的本领,为圣经所记的负面人物,摩押人曾请巴兰诅咒以色列人,《旧约·申命记》(23:4)记载:"他们(摩押人)雇了米所波大米的毗夺人比珥的儿子巴兰来咒诅你们。"因此,亚设在此引用《旧约·箴言》(10:7)所记"恶人的名字必朽烂"来称之。本杰明将巴利斯考订为毗夺仍有待商榷。此处巴兰所建造的塔似应指用于祭祀或预言所用的祭坛,《旧约·民数记》(23:14)记载:"于是巴勒带巴兰到了琐腓田,上了毗斯迦山顶,筑了七座祭坛。"阿塔本格斯赞吉,即赞吉王朝建立者赞吉,曾担任摩苏尔阿塔本格斯。坦克雷德(1075—1112 年),第一次十字军首领,加利利公爵。——译者

6 亚设提及文本中的מנין并未被先前的译者所理解,如巴拉蒂耶与格兰斯等,其指成年男性的数量,为构成一个会众以及允许祷告者在公开场合进行祈祷必备的人数,详见 A.Asher, *The Itinerary of Benjamin of Tudela*, Vol.1, p.89, n.c。

מנין指犹太教举行宗教仪式的法定人数或必备人数,即 10 名男性。——译者

7 亚设谓之 Kala' Jiaber、Sela',马库斯·南森·阿德勒谓之 Kalat Jabar、Selah,两者所指皆音近,所指相同,详见 A.Asher, *The Itinerary of Benjamin of Tudela*, Vol.1, p.89; Marcus Nathan Adler, *The Itinerary of Benjamin of Tudela*, p.32。

亚设提及格泽纽斯称卡拉特·加巴不是佩特拉(Petra)——佩特拉即圣经所记סלע。在十字军历史中,卡拉特(Kalat)或堡垒,加巴(Jiaber)经常被提及。提尔的威廉称卡拉特为卡拉加巴(Calegember)。德金对我们作者提到关于此地的情况有着大量论述,可参考之(Desguignes,III.a.110)。阿布肥达时期此地不过是一处"浪费时间且建筑极其让人失望"的废墟(Abulfeda, p.240),但建立在土石堆上的堡垒仍然矗立,位于比尔(Bir)下方 35 英里处,幼发拉底河左岸,周围则是大约有 1000 座房子与帐篷的城镇(*Journal Geog, Society*,III.233)。以上诸内容,详见 A.Asher,*The Itinerary of Benjamin of Tudela*, Vol.2,pp.125-126。

卡拉特·加巴具体位置不详,但据本杰明行程而言,其从阿勒颇向东行进,故卡拉特·加巴应位于巴利斯以东。比尔则应位于卡拉特·加巴北部某地。《旧约·列王记》(下,14:7)记载:"亚玛谢在盐谷杀了以东人一万,又攻取了西拉,改名叫约帖,直到今日。"其中סלע即指西拉(Sela),意为"岩石",为以东人都城,其地位于何珥山附近;之后该地又与佩特拉联系起来——佩特拉位于约旦西南、死海东北地区,其地为岩石地貌,Petra 即源自希腊语岩石的称谓,与西拉同意。但是,据以东人所处地理位置而言,佩特拉与西拉地望似并不一致,因此关于西拉地望仍有争议。本杰明此处将卡拉特·加巴考订为西拉疑似有误,因为仅从地理位置判断,两地就相去甚远。——译者

8 亚设谓之陀迦玛或突厥人、阿拉伯人的国家,马库斯·南森·阿德勒谓之陀迦玛、阿拉伯人的土地,并未提及突厥人,详见 A.Asher,*The Itinerary of Benjamin of Tudela*, Vol.1,p.89;Marcus Nathan Adler,*The Itinerary of Benjamin of Tudela*,p.32。

如上文注释所言此处陀迦玛即指突厥人。9 世纪中叶之后,阿拔斯王朝的突厥人逐渐得势,掌握了王朝各地实际的控制权,哈里发成为其手中的傀儡。本杰明文中所述即是在此种历史背景下发生。——译者

9 亚设谓之 R.Tsidkiah、R.Chia,马库斯·南森·阿德勒谓之 R.Zedekiah、R.Chiya,两者皆音近,所指皆相同,详见 A.Asher,*The Itinerary of Benjamin of Tudela*, Vol.1,p.89;Marcus Nathan Adler,*The Itinerary of Benjamin of Tudela*,p.32。

10 亚设谓之拉卡即位于美索不达米边界地区的甲尼,马库斯·南森·阿德勒谓之拉卡或撒迦,其地位于示拿边界地区,详见 A.Asher,*The Itinerary of Benjamin of Tudela*, Vol.1,p.89;Marcus Nathan Adler,*The Itin-

erary of Benjamin of Tudela,p.32。

亚设提及圣经地理的晦涩不明,让我们难以判断将拉卡考订为甲尼是正确,还是罗斯穆勒与格泽纽斯将泰西封(Ctesiphon)考订为甲尼正确。圣经中没有一处提到甲尼出现的地区,也没有任何关于其地理位置的线索。不得不承认上述作者所提及的尤西比乌斯与圣哲罗姆在提到这一远古之地地望之时,比起他们苍白的断定而言需要更多的支持。伊本·毫盖勒与伊德里斯曾简要地提及拉卡(Ibn Haukal,p.58;Edrisi,p.I.335.360.II.136),在之后作者的时期此地出现了大量的贸易。阿布肥达称这个城市很荒凉(Abulfeda,p.240)。如果阿布肥达所言极是,显示该地随后迅速衰落。德金对拉卡的历史及其不断被征服有所研究,详见 Desguignes,*Huns*,Vol.III。"八个小时从贾巴尔(Giabar,叙利亚某地,不详)到达拉卡。拉卡仅有约 30 座房子,位于幼发拉底河左岸,贝利奇河(Belich、Belejich)就在该地附近与幼发拉底河交汇。"(*Journal Geogr.Soc*. III.233.234)。"位于塔普斯彻斯(Thapsachus)北面的两座古代城堡与堤道遗址在道路上交汇——马其顿人曾控制此道前往尼科福留姆(Nicephorium)。尼科福留姆旧称卡纳(Calne),随后被阿布法拉迪斯(Abulfaragius)称为卡卢尼克斯(Calonicos),斯特拉波与普林尼称之为卡里尼库姆(Callinicum),哈里斯则称之为拉卡(Rakkah)。"(*Journal Geogr. Soc*. VII.425)。此地的遗迹被欧洲的探险家以及天文观测者考察,有可能从巴塔尼(Al-Batani)时期就开始,在哈伦·拉希德(Harun al Rashid)的皇城内进行。以上诸内容,详见 A.Asher,*The Itinerary of Benjamin of Tudela*,Vol.2,pp.126-127。

马库斯·南森·阿德勒提及拉卡位于幼发拉底河左岸,是上美索不达米亚地区重要的城市,守卫着叙利亚边界。撒迦位于毫仑,详见 Marcus Nathan Adler,*The Itinerary of Benjamin of Tudela*,p.30,n.5。位于幼发拉底河右岸与拉卡正对的则是塔普斯彻斯(Thapsacus)。居鲁士(Cyrus)曾越过拉卡渡河,亚历山大在追赶大流士时亦从拉卡渡河。以上诸内容,详见 Marcus Nathan Adler,*The Itinerary of Benjamin of Tudela*,p.32,n.4。

拉卡,叙利亚北部城市,位于幼发拉底河畔。阿拔斯王朝第五任哈里发哈伦·拉希德(763—809 年)时期,拉卡曾作为阿拔斯王朝首都。相传亚历山大在此地渡河之时该城始建,称为尼科福留姆;罗马时期称为卡里尼库姆,阿拉伯人称该地为拉卡。其地东距巴利斯约 100 公里,距阿勒颇约 200 公里。Salchan,即上文所言之撒迦,其地位于叙利亚南部城市塞勒海德,与卡拉特·加巴与拉卡皆相去甚远,此处应是马库斯·南森·阿德勒文本之误。《旧约·创始记》(10:6—10)记载:"(挪亚的儿子)闪的儿子是古实……古实又生宁录……他国的起头是巴别,以力,亚甲,甲尼,都在示拿地。"《旧约·阿摩司书》(6:2)记载:"你们要过到甲尼看,从那里往大城哈马去……"如亚设所言,关于甲尼地望仍不确定。示拿则为圣经所记之美索不达米亚地区,此处将拉卡考订为示拿之地更为恰当。泰西封,美索不达米亚著名城市,帕提亚帝国(公元前 247—前 224 年)与波斯萨珊王朝(224—651 年)首都,位于巴格达东南底格里斯河畔。关于贝利奇河,详见 James Frederick McCurdy, *History, Prophecy and the Monuments*, New York: Macmillan and Co. and Lodon, 1894, Vol.1, pp.84-85。阿布法拉迪斯(1226—1286 年),亚美尼亚犹太人,历史学家。巴塔尼(858—929 年),阿拉伯著名天文学家、数学家。尼鲁士应为居鲁士二世(Cyrus II,公元前 600 或 576—前 530 年),古波斯帝国创立者。大流士应为古波斯帝国末代国王大流士三世(Darius III,公元前 380—前 330 年)。亚历山大在其在位之时,灭亡古波斯帝国。——译者

11 亚设谓之此国、陀迦玛或突厥人帝国,马库斯·南森·阿德勒谓之此王国、陀迦玛,并未提及突厥人帝国,详见 A.Asher, *The Itinerary of Benjamin of Tudela*, Vol.1, p.89; Marcus Nathan Adler, *The Itinerary of Benjamin of Tudela*, p.32。

此处的此国或此王国即指阿拉伯人占领卡拉特·加巴等地建立的独立于突厥人的政权。——译者

12 亚设谓之 R.Sakhai,马库斯·南森·阿德勒谓之 R.Zakki,两者音近,所指相同,详见 A.Asher, *The Itinerary of Benjamin of Tudela*, Vol.1, p.89; Marcus Nathan Adler, *The Itinerary of Benjamin of Tudela*, p.32。

施恩茨提及东方很多人使用萨凯这一名字,如摩苏尔的纳西拉比萨凯(R.Sakhai)、巴格达的萨凯·本·博斯西拿(Sakhai B.Bosthenai),详见 A. Asher, *The Itinerary of Benjamin of Tudela*, Vol.1, p.91, p.101,并详见下文;还有拉卡主要犹太人士拉比萨凯、哈勒博的著名人士萨凯(*Thachkhemoni*, c.46)、摩苏尔的萨凯·本·约瑟夫(Sakhai B.Joseph)(13 世纪,Cod. Rossi, 166)、作家拉比萨凯[*Col.Uri*, 189(1305 年之前); Wolf bibliotheca, II. 1403。拉比佩拉彻(R.Perachjah)与祭司拉比犹大(R.Jehuda Ha-Cohen)应是 1250—1286 年的巴勒斯坦两位拉比,详见 Kherem Chemed, III.171.172]。纳迪布是城中的主要人士;几乎没有例外,查瑞斯对该城居民的描述过于简

略(Charisi,*Thachkhemoni*,c.46)。以上诸内容,详见 A.Asher,*The Itinerary of Benjamin of Tudela*, Vol.2,p.127。

亚设提及格兰斯先生不懂拉比希伯来文,将盲人译作很开明的人(Gerrans,s.p.92),详见 A.Asher,*The Itinerary of Benjamin of Tudela*, Vol.1,p.89,n.e。

13　亚设谓之"此地的一座犹太会堂是文士以斯拉从巴比伦返回耶路撒冷之时所建造犹太会堂之一",马库斯·南森·阿德勒谓之"此地的一座犹太会堂是以斯拉从巴比伦返回耶路撒冷之时所建",详见 A.Asher,*The Itinerary of Benjamin of Tudela*, Vol.1,p.90;Marcus Nathan Adler,*The Iti-nerary of Benjamin of Tudela*,p.32。

以斯拉,又称文士以斯拉(Esra the Scribe)、祭司以斯拉(Esra the Priest)。——译者

二十五、哈兰、拉斯-埃尔-艾因、尼斯比斯与耶泽尔·本·奥马尔

经行一日到达古代哈兰（Choran）［距拉卡两日行程处是古代哈兰（Harrān）］。[1] 此地有 20 位犹太人，他们也拥有一座以斯拉建立的犹太会堂。在我们先祖亚伯拉罕之家遗址上严禁任何人营建任何建筑［他拉（Terah）及其子亚伯拉罕之家位于此地，上面没有任何建筑］，甚至穆罕默德都敬仰此地，并前来祈祷。[2]

从哈兰经行两日到达……［拉斯-埃尔-艾因（Ras-el-Ain）］，位于埃尔-哈布尔（El-Khabour）河口，即圣经中的哈博河（Chabor）——此河流经米底亚，在肯兹·歌散（Kizil Ozein）消失［埃尔-哈布尔（El-Khabur）河，即古代哈博（Habor）河，从此地流出，途经米底亚，流入歌散（Gozan）河］。[3] 约有 200 位犹太人生活在此地附近。

经行两日到达尼斯比斯。尼斯比斯是一座大城，有丰富的水源，约 1 000 位犹太人生活在此地。[4]

（从拉斯-埃尔-艾因）经行两日到达耶泽尔·本·奥马尔（Jez-
52 ireh Ben 'Omar）［泽尔·本·奥马尔（Geziret Ben Omar）］。[5] 此
地为底格里斯河中的一座岛［位于底格里斯河（Hiddekel）中］，位
于亚拉腊（Ararat）山脚之下。[6] 诺亚方舟位于此地约 4 英里处。奥

马尔·本·赫塔卜('Omar Ben Al Khatab)[奥马尔·本·赫塔卜(Omar Ben Al Khataab)]从两座山顶处(两座山中)移走方舟,并以其建造一座(伊斯兰教徒的)清真寺。[7]

在方舟附近迄今仍可看到文士以斯拉犹太会堂,每年阿布月九日城里的犹太人都来到此犹太会堂祷告。[8] 耶泽尔·本·奥马尔城约有 4 000 名犹太人,主要人士包括拉比马查尔(R. Mubchar)、拉比约瑟夫以及拉比齐亚(R. Chiia)[拉比齐亚(R. Chiya)]等。[9]

注释

1 亚设谓之经行一日到达古代哈兰,马库斯·南森·阿德勒谓之距拉卡两日行程处是古代哈兰,其中 Choran 与 Harrān 音近,所指相同,详见 A. Asher, *The Itinerary of Benjamin of Tudela*, Vol.1, p.90; Marcus Nathan Adler, *The Itinerary of Benjamin of Tudela*, pp.32-33。

亚设提及伊德里斯称:"哈兰是萨比教派(Sabéens)的主要城市,此地的小山有一个小礼拜堂。他们认为礼拜堂的根底是亚伯拉罕的,亚伯拉罕得以救赎。"(Edirisi, II.153)。阿布肥达称:"哈兰(Harran、Charrae、Carrae)曾经是一座大城,现在则今非昔比。"(Abulfeda, 239)。尼布尔称:"哈兰现在很小,位于乌法(Oraf)西南约两日行程。犹太人至今仍经常访问此地,亚伯拉罕曾从此地离开前往迦南。"(Niebuhr, *Voyage*, II.333)。关于此地亦可详见 Buckingham, *Mesopotamia*, I.161, 162。我们作者如同古代、现代很多旅行者一样,沿着幼发拉底河从阿勒颇到达阿卡。但是到达阿卡之时,其有可能是被前往摩苏尔大量的贸易所吸引,故如同马可波罗一样从阿拉出发,沿着哈兰、尼斯比斯、耶泽尔(Jezireh)这条道路——亚历山大亦应途经此道,伦内尔在地图中提到亚历山大曾沿此道撤退了十万人。以上诸内容,详见 A. Asher, *The Itinerary of Benjamin of Tudela*, Vol.2, pp.127-128。

马库斯·南森·阿德勒提及哈兰即拿鹤(Nahor)城,位于拜利赫河(Balikh)畔的埃德萨东南约 25 英里处,穆斯陶菲(Mustawfi)提到此地的亚伯拉罕神殿,详见 Marcus Nathan Adler, *The Itinerary of Benjamin of Tudela*, p.33,n.1。

哈兰为亚伯拉罕前往迦南之时曾途径之地,同时亦为亚伯拉罕兄弟哈兰,《旧约·创世记》(11:31)记载:“他拉带着他儿子,亚伯兰和他孙子,……出了迦勒底的吾珥,要往迦南地去。他们走到哈兰,就住在那里。”《旧约·列王记》(下,19:12)记载:“我列祖所毁灭的,就是歌散,哈兰,利色,和属提拉撒的伊甸人,这些国的神何曾拯救这些国呢?”《旧约·以西结书》(27:23)记载:“哈兰人,干尼人,伊甸人,示巴的商人,和亚述人,基抹人与你交易。”《旧约·创世记》(11:25—27)记载:“拿鹤生他拉之后,又活了一百一十九年,并且生儿养女。……他拉的后代,记在下面,他拉生亚伯兰,拿鹤,哈兰。”哈兰在今土耳其南部阿尔滕巴沙克村(Altınbaşak)——其位于桑尼乌法(Şanlıurfa)西南部,Şanlıurfa 又称乌法,即 Orfa,数公里处曾发现古代哈兰城遗址。从今阿卡到哈兰遗址约 110 公里,故此处经行两日似更为妥当,应以马库斯·南森·阿德勒文本所记为准。拿鹤,如《旧约·创世记》(11:25—27)所记显示拿鹤即为亚伯拉罕祖父,又指亚伯拉罕的兄弟。《旧约·创世记》(24:10)记载:“那仆人从他主人的骆驼里取了十匹骆驼,并带些他主人各样的财物,起身往米所波大米去,到了拿鹤的城。”拿鹤城通常被认为位于美索不达米亚北部。

萨比教相传是 1—2 世纪主要出现在哈兰的一个宗教派别。阿拉伯语中 Sabéens 意为上升,常与星宿联系起来,因此也被称为拜星教。该教非犹太教,亦非基督教与伊斯兰教,有自己独特的教义与生活习惯。拜利赫河发源于叙利亚与土耳其边界南部地区,在拉卡注入幼发拉底河。埃德萨即位于美索不达米亚北部城市。穆斯陶菲(1281—1349 年),阿拉伯历史学家、地理学家。耶泽尔,应为亚美尼亚南部地区,详见下文注释。——译者

2　亚设谓之“在我们先祖亚伯拉罕之家遗址上严禁任何人营建任何建筑”,马库斯·南森·阿德勒谓之“他拉及其子亚伯拉罕之家位于此地,上面没有任何建筑”,详见 A. Asher, *The Itinerary of Benjamin of Tudela*, Vol.1, p.90; Marcus Nathan Adler, *The Itinerary of Benjamin of Tudela*, p.33。

施恩茨提及除了一些犹太会堂被认为是以斯拉所建之外,我们发现在胡泽(הוצל, Huzel,地名,待考)的一座学校被称为以斯拉学校,详见 Sherira Gaon, ap. *Juchasin*, 115. a.),详见 A. Asher, *The Itinerary of Benjamin of Tudela*, Vol.2, p.128。

此处的亚伯拉罕之家应是指亚伯拉罕及其家人在哈兰停留之时的居所，他拉即亚伯拉罕之父。——译者

3 亚设谓之“从哈兰经行两日到达……位于埃尔-哈布尔河口，即圣经中的哈博河——此河流经米底亚，在肯兹·歌散消失”，并言及文本中没有提到所到达的地区，马库斯·南森·阿德勒谓之“从哈兰经行两日到达拉斯-埃尔-艾因。埃尔·哈布尔河，即古代哈博河，从此地流出，途径米底亚，流入歌散河”，其中 El-Khabour 与 El Khabur，Chabor 与 Habor 皆音近，所指相同，详见 A.Asher，*The Itinerary of Benjamin of Tudela*，Vol.1，p.90 and n.b；Marcus Nathan Adler，*The Itinerary of Benjamin of Tudela*，p.33。

亚设提及文本中的“埃尔-哈布尔河口”译文有误，应是“埃尔-哈布河的源头”，此城的名字缺失。我们作者应是记述：“从哈兰经行两日到达拉斯-埃尔-艾因（Edrisi，II.150；Abulfeda，244），哈布尔河在此成为一条令人生畏的河流。”几近 300 条溪流从此地流出，汇聚在一起，成为哈布尔河（Khabouran）的源头（Ibn Haukal，p.57；Edrisi，l.c）。之后抄写员关于该河河道的内容出现了讹误，这明显亦是来自原始手稿的一些变化。在上述缺失的内容中，一些读作בהר（在山上之意），一些读作בנהר（在河里之意）。以上诸内容，详见 A. Asher，*The Itinerary of Benjamin of Tudela*，Vol.2，p.128。

马库斯·南森·阿德勒提及拉斯-埃尔-艾因可能为罗塞纳（Rhesaina）；哈布尔河，即色诺芬（Xenophon）所记阿斯拉河（Araxes），从库尔德斯坦向南流，注入到幼发拉底河。如亚设默认的那样，歌散河不是肯兹·歌散（Kizil Uzun，也被称为阿斯拉河）。肯兹·歌散河位于库尔德斯坦山脉分水岭右侧，注入里海。上述所提到的哈布尔河流经美索不达米亚，并不经过米底亚。我们作者此处的误解有可能是太过留意圣经中经常出现的记载，即《旧约·列王记》（下，17：6）记载：“（何细亚第九年亚述王攻取了撒玛利亚，将以色列人掳到亚述），把他们安置在哈腊与歌散的哈博河边，并米底亚人的城邑。”以上诸内容，详见 Marcus Nathan Adler，*The Itinerary of Benjamin of Tudela*，p.33，n.2，3，4。

拉斯-埃尔-艾因，即今叙利亚哈散卡（Al-Hasakah）省的拉斯·艾因（Ras al-Ayn），罗马人称该城为 Rhesaina，即罗塞纳。其地位于叙利亚东北与土耳其交界处。此地有丰富的泉水资源，其地名即来自阿卡德语[统治美索不达米亚地区阿卡德帝国（公元前 2334—前 2193 年）人所使用的语言，阿卡德人为闪族一支]，意为“泉水之源”。详见 Dominik Bonatz，*The Archaeol-*

ogy of Political Spaces: *The Upper Mesopotamian Piedmont in the Second Millennium BCE*, Walter de Gruyter.p.61。从今哈兰遗址到拉斯-埃尔-艾因约120公里。埃尔-哈布尔河发源于今土耳其，流经今叙利亚，在叙利亚西南部布萨拉(Al-Busayrah)地区注入幼发拉底河，但其主要水源来自拉斯-埃尔-艾因的众多泉水，因此本杰明称此河从该地流出。如《旧约·列王记》(下，17:6)所记，该河即圣经中的哈博河。米底亚位于古代伊朗西北部，埃尔-哈布尔河应不经过米底亚地区。

阿斯拉河，亦发源自土耳其，流经亚美尼亚、阿塞拜疆以及伊朗等地，最终注入到库拉(Kura)河——库拉河最终注入到里海。色诺芬所记之阿斯拉河应不是哈布尔河，其应是将这两条河混淆。圣经所记之歌散遗址位于今叙利亚哈散卡省的特拉·哈拉(Tell Halaf)。歌散地区今称Kizil Ozein，Kisil意为红色，详见Ern. Frid. Car Rosenmüller, *The Biblical Geography of Central Asia*, Edinburgh: Thomas Clark, 38. George Street, 1836, Vol. 1, p. 130; C.F.Keil, Franz Delitzsch, *Commentary on the Old Testament*, 2 Kings 17:6。Kizil Ozein似并不指阿斯拉河或阿斯拉。歌散地区与拉斯·艾因紧邻，哈博河流经此地，因此哈博河又常被称为歌散河。如《旧约·历代志》(上，5:26)所记："他们就把流便人，迦得人，玛拿西半支派的人掳到哈腊，哈博，哈拉与歌散河边。"《旧约·列王记》(下，17:6)记载："把他们安置在哈腊与歌散的哈博河边，并米底亚人的城邑。"因此本杰明称之哈博河流入歌散河，实则为歌散的哈博河，而且其混淆了哈博河的流向。19世纪，一些欧洲旅行者曾一度认为歌散河为位于东方的阿富汗巴里黑(Balkh)河或位于中亚的阿姆(Amu)河；然而此说充满争议，今已不用。但是，据本杰明所述，其显然认为歌散河为流向东方的一条河流。色诺芬(公元前427—前355年)，古代希腊著名历史学家。——译者

4 亚设文本提及尼斯比斯，马库斯·南森·阿德勒文本则并没有提及该地，后者还提及除了大英博物馆所藏文本(即马库斯·南森·阿德勒所用之文本)之外，其他文本都记述了尼斯比斯，详见A.Asher, *The Itinerary of Benjamin of Tudela*, Vol.1, p.90; Marcus Nathan Adler, *The Itinerary of Benjamin of Tudela*, p.33, n.4。

亚设提及伊本·毫盖勒、伊德里斯、阿布肥达以及伊本·白图泰等皆提到此地(Ibn Haukal, p.56; Edrisi, II.150; Abulfeda, p.244; Ibn Batuta, p.49)。埃及军队通过一场胜利从苏丹手中获取了此地附近地区，故此地在我们这一

时代再次变得显著。这些作者提到这里风景旖旎,“水源充足,有很多园林;周围被河环绕,如同手镯一般,而且贸易极为繁盛”。拉比比西哈奇亚亦曾到达此地,并提到此地的犹太会众很多(Pethachia,ed.Wagenseil,p.170),有数座古代犹太会堂。尼布尔时期,该地十分贫穷,仅有150座房子(Niebuhr,II.307);甚至这些房子都已经消失,据路梭(Rousseau)在1812年称:“此地今天只有一些茅舍,这就是昔日著名的尼斯比斯的情况。”(Rousseau,*Description du Pachalik de Bagdad*,p.92,93)。关于此地详细情况,亦可详见Buckingham,*Mesopotamia*,I.431-440 and Journ.G.S.IX.421。以上诸内容,详见A.Asher,*The Itinerary of Benjamin of Tudela*, Vol.2,p.129。

如上文注释所言,尼斯比斯即今天土耳其南部边境地区的努赛宾,阿拉伯语称其为Nisibis。今叙利亚拉斯·艾因至土耳其努赛宾约130公里。大英博物馆所藏文本未提及本杰明关于此地的记载,应是因文本残缺。埃及军队通过一场胜利从苏丹手中获取了此地附近地区应是指埃及阿尤布王朝对该地之占领。比西哈奇亚对该地的记述,详见Pethachia,*Travels of Rabbi Pethachia of Ratisbon*,p.9。——译者

5　亚设谓之“经行两日到达耶泽尔·本·奥马尔”,马库斯·南森·阿德勒谓之“从拉斯-埃尔-艾因经行两日到达耶泽尔·本·奥马尔”,其中Jezireh Ben 'Omar与Geziret Ben Omar,两者音近,所指相同,详见A.Asher,*The Itinerary of Benjamin of Tudela*, Vol.1,p.90;Marcus Nathan Adler,*The Itinerary of Benjamin of Tudela*,p.33。

亚设提及Jezireh,又称Djeziret ebn-Omar[扎巴底斯拿(Zabdicena)]被上述所提到的阿拉伯地理学家所提及(Ibn Haukal,57.60;Edrisi,II.153;Abulfeda,244;Ibn Batuta,49);据伊德里斯所言,其应为来自摩苏尔的黄金贸易之地,应位于亚美尼亚。现在该地甚至是土耳其人称为寇拉(Kora)或黑色的地方,这是因为这里的建筑全是用黑色的玄武岩建筑,外表全是黑色,迪亚巴克(Diarbetsk)的建筑亦是如此。以上诸内容,详见A.Asher,*The Itinerary of Benjamin of Tudela*, Vol.2,p.129。

亚设所言应是从尼斯比斯经行两日到达耶泽尔·本·奥马尔,马库斯·南森·阿德勒文本由于缺失关于尼斯比斯的记载,故其此处所言从拉斯-埃尔-艾因经行两日到达耶泽尔·本·奥马尔有误。据亚设所言本杰明行程以及阿拉伯地理学家的记载,耶泽尔·本·奥马尔应是位于底格里斯河发源处、亚美尼亚南部地区的城市,Zabdicena应是西方人或罗马人对该地的称

谓。Kora在土耳其语中意为黑色。迪亚巴克,土耳其东南部城市。——译者

6 亚设谓之"此地为底格里斯河中的一座岛",马库斯·南森·阿德勒谓之"此地位于底格里斯河中",详见 A.Asher, *The Itinerary of Benjamin of Tudela*, Vol.1, p.90; Marcus Nathan Adler, *The Itinerary of Benjamin of Tudela*, p.33。

Hiddekel,即希伯来语החידקל,指底格里斯河。亚拉腊山即上文注释所言位于土耳其东北的山脉。——译者

7 亚设谓之'Omar Ben Al Khatab,从两座山顶处移走方舟,一座清真寺,马库斯·南森·阿德勒谓之Omar Ben Al Khataab,从两座山中移走方舟,一座伊斯兰教徒的清真寺,其中'Omar Ben Al Khatab与Omar Ben Al Khataab音近,所指相同,即上文所言阿拉伯第二任哈里发奥马尔·本·赫塔卜,详见 A.Asher, *The Itinerary of Benjamin of Tudela*, Vol.1, p.91; Marcus Nathan Adler, *The Itinerary of Benjamin of Tudela*, p.33。

亚设提及本杰明所记关于方舟的位置在他那个时代非常流行,伊本·毫盖勒与伊德里斯(Edrisi,l.c)亦如此认为。乔迪(Joudi)提到方舟所处的地方是位于尼斯比斯附近的一座山,诺亚方舟(愿其安息)就位于这座山的顶端。我们作者是一位不错的犹太人,当然称之为亚拉腊山,因为这与《旧约·创世记》(8:4)以及当地人的信念一致(Rich, *Koordistan*, II.123)。以上诸内容,详见 A.Asher, *The Itinerary of Benjamin of Tudela*, Vol.2, p.130。

马库斯·南森·阿德勒提及约瑟夫称诺亚方舟在他那个时代仍存在(Josephus, *Antiquities*, I.3)。拉比比西哈奇亚在本杰明游历二十年之后曾到达亚美尼亚地区,称方舟被固定在四座山峰之间,无法移动。阿拉伯作家告诉我们从耶泽尔可以看到朱迭山(Jabal Judi)以及山顶上的方舟清真寺;亦可详见 Marco Polo, Bk.I.ch.3。以上诸内容,详见 Marcus Nathan Adler, *The Itinerary of Benjamin of Tudela*, p.33, n.5。

诺亚,圣经人物,上帝曾命其建造方舟,以躲避洪水,拯救其家人与世界上的生物,详见《旧约·创世记》(6:9)。历史上从未停止过寻找方舟停泊之地,土耳其以东的亚拉腊山地区被认为是方舟停泊之地,《旧约·创世记》(8:4)记载:"七月十七日,方舟停在亚拉腊山上。"本杰明所述奥马尔·本·赫塔卜以方舟建造清真寺显示奥马尔·本·赫塔卜亦曾寻找方舟。《古兰经》(11:44)记载:"船停舶在朱迭山上。"Jabal Judi,Jabal在阿拉伯语中为山之

意;朱迭山位于今土耳其东南部地区。——译者

8 阿布月,如上文注释所言为犹太教历 5 月,相当于公历 7—8 月,阴历十一月。——译者

9 亚设谓之 R.Chiia,马库斯·南森·阿德勒谓之 R.Chiya,两者音近,所指相同,详见 A.Asher, *The Itinerary of Benjamin of Tudela*, Vol.1, p.91;Marcus Nathan Adler, *The Itinerary of Benjamin of Tudela*, p.33。

二十六、摩苏尔、拉哈巴、朱巴与奥克巴拉

从耶泽尔·本·奥马尔城经行两日到达摩苏尔(Mosul),即
圣经所记之伟大的亚述(Ashur)[亚述(Assur)]。[1] 摩苏尔约有
7 000余名犹太人,主要人士包括拉比萨凯王子——其为大卫王后
裔;拉比约瑟夫——其又名博尔汗·普卢克(Borhna al Phulkh),
即大马士革国王;努尔丁的兄弟、瑟法迪恩(Seifeddin)的天文学
家。[2] 此座大城历史久远,位于波斯边界地区、底格里斯河畔,经过
一座桥便可至尼尼微(Niniveh)。[3] 尼尼微是一片废墟,但是仍有大
量乡村与乡镇(小村庄),其距离阿比尔(Arbiil)镇约 1 法尔萨赫
53 [城墙体现了该城的规模,其一直延伸 40 法尔萨赫直至阿比尔
(Irbil)城],位于底格里斯河畔。[4] 摩苏尔有俄巴底亚(Obadiah)犹
太会堂、约拿·本·阿米赛犹太会堂[约拿建造的俄巴底亚犹太会
堂]以及伊勒歌斯的那鸿(Nachum Haelkoshi)犹太会堂[伊勒歌
斯的那鸿(Nahum the Elkoshite)犹太会堂]等。[5]

从尼尼微经行三日到达拉哈巴(Rahabah),即幼发拉底河畔的利河伯(Rechoboth)。[6] 此地有 2 000 余名犹太人,主要人士包括拉比希西家(R.Chiskiiah)[拉比希西家(R.Hezekiah)]、拉比以笏(R.Ehud)、[拉比塔胡(R.Tahor)]以及拉比艾萨克等。此城被城

墙环绕，十分漂亮，规模宏大，且异常坚固，周围则是园林与果园。[7]

从拉哈巴经行一日到达幼发拉底河畔的迦基斯亚(Karkisia)[迦基斯亚(Karkisiya)]，即古代的迦基米施(Kharkhmish)[迦基米施(Carchemish)]。[8] 此地有500余名犹太人，主要人士包括拉比艾萨克以及拉比埃尔赫南(R.Elchanan)[拉比埃尔赫南(R.Elhanan)]等。[9]

(从迦基斯亚)经行两日到达朱巴(Juba)[埃尔-安巴尔(El-Anbar)]，即内哈德(Nehardea)的普穆贝迪塔(Pumbeditha)。[10] 此地约有2 000(3 000)余名犹太人，其中有很多杰出的学者，主要人士包括拉比陈(R. Chen)、拉比摩西以及拉比以利亚敬(R. Eliakim)[拉比约雅敬(R.Jehoiakim)]等。[11] 游历者在此地可以看到拉比犹大(R.Jehuda)以及拉比撒母耳的墓地，这两座墓地位于两座他们生前所建的犹太会堂对面；亦可看到被囚禁的王子拉比博茨塔那(R. Bosthenai)[被囚禁的首领拉比博茨塔那(R. Bostanai)纳西]、拉比南森以及拉比拿马尼·本·帕帕(R. Nachman B.Papa)等人的墓地。[12]

从朱巴(埃尔-安巴尔)经行五日到达哈达拉(Chardah、 54
Chadrah)[哈达拉(Hadara)]。[13] 此地约有15 000名犹太人，主要人士包括拉比萨肯(R.Saken)、拉比约瑟夫以及拉比拿坦业(R. N'thanel)[拉比拿坦业(R.Nethanel)]等。[14]

从哈拉达经行两日到达奥克巴拉(Okbara)——此城为犹大国王约雅斤(Jekhoniah)所建。[15] 约有10 000名犹太人生活在此地，主要人士包括拉比约书亚以及拉比南森(R.Nathan)[拉比赫南(R.Chanan)、拉比耶宾(R.Jabin)以及拉比以实玛利]等。[16]

注释

1　亚设谓之 Ashur，马库斯·南森·阿德勒谓之 Assur，两者相近，所指相同，详见 A. Asher, *The Itinerary of Benjamin of Tudela*, Vol.1, p.91; Marcus Nathan Adler, *The Itinerary of Benjamin of Tudela*, p.33。

亚设提及亚述的都城位于摩苏尔附近地区，当我们作者称摩苏尔为"伟大的尼尼微"之时，已暗示了该城的状况。伊本·毫盖勒时期，此城很大，皆以石头与砂浆建造(Ibn Haukal, p.59; Edrisi, II.148)。13 世纪此城为美索不达米亚地区大都会，且十分坚固(Abulfeda, 247; Ibn Batuta, 49)。关于此城详细的历史，详见 Desguignes, *Histoire des Huns*, Part 1, 2。从德金的记述中，我们得知我们作者时期此城被科斯贝德·默都得(Cothbeddin Maudoud)占据——其在 1149 年继承其兄瑟法迪恩，于 1170 年去世，举世哀叹(Desguignes, *Histoire des Huns*, III. a. 170, 190, 211)。以上诸内容，详见 A. Asher, *The Itinerary of Benjamin of Tudela*, Vol.2, p.130。

摩苏尔，位于今伊拉克北部地区。亚述(公元前 2500—前 612 年)为美索不达米亚古国，其国都城为尼尼微，位于摩苏尔附近。瑟法迪恩、科斯贝德·默都得以及努尔丁皆为赞吉之子，瑟法迪恩曾占据大马士革地区。——译者

2　亚设提及拉比比西哈奇亚在 1175 或 1180 年在摩苏尔曾发现两位表兄弟，其皆为"大卫皇室(后裔)"(Ed. Wagenseil, p.171)。他们极有可能就是本杰明提及的拉比萨凯家的后裔。在这些以大卫(后裔)自称的人中，其中一位也被查瑞斯所记(*Thachkhemoni*, Constantinople edition, p.66)。拉比约瑟夫的姓是博尔汗·普卢克(Borhan al Phalk)，他是瑟法迪恩的天文学家或占星家；瑟法迪恩、科斯贝德以及阿勒颇的努尔丁皆为赞吉之子，在历史上以叙利亚的阿塔本格斯闻名。拉比比西哈奇亚曾提及摩苏尔另外一位占星家，并称此城约有 6000 名犹太人(Ed. Wagenseil, p.172)。尼布尔为我们留下了关于摩苏尔城的规划与描述(Niebuhr, *Voyage*, II.289)；白金汉认为其言极是，即"此城平淡无奇、枯燥不堪，街道狭窄、坑坑洼洼，仅有一处街道尚好；这里没有上好的集市、清真寺与宫殿，似乎不像一个城市。此地人称这里的人口超过了十万"(Buckingham, *Mesopotamia*, II. 27. Et seq)。亦可参见里奇(Rich)先生对摩苏尔及其郊区的记述，从其记述中我们得知犹太人仍然造访

阿尔科什(Alkosh),朝圣者亦到达伊勒歌斯的那鸿(Nahum the Elkoshite)墓地,认为其埋葬于此地。里奇称先知约拿(Nebi Junes)目前甚至作为附近郊区一个村庄的名字,其中一座雕塑被土耳其人崇敬为先知约拿(Rich, *Koordistan*,II)。以上诸内容,详见 A.Asher,*The Itinerary of Benjamin of Tudela*, Vol.2,pp.130-131。

马库斯·南森·阿德勒提及关于拉比约瑟夫之事迹,详见 Lebrecht,*On the State of the Caliphate at Bagdad*。Seifeddin 又被称为 Sineddin,于 1149 年去世,大约在本杰明访问二十余年之前。格雷茨称皇室天文学家应是由努尔丁的侄子任命(Graetz,Vol.VI.note,10),没有任何一个文稿提及此事,因此亦不需要纠正。拉比约瑟夫应是由努尔丁的兄弟所任命,并自然地在其继任者统治期间担任此职。以上诸内容,详见 Marcus Nathan Adler,*The Itinerary of Benjamin of Tudela*,pp.33-34,n.6。

那鸿(Nahum)为公元前 7 世纪期间以色列先知,来自伊勒歌斯,圣经中有《那鸿书》。《旧约·那鸿书》记载:“论尼尼微的默示,就是伊勒歌斯人那鸿所得的默示。”阿尔科什位于今伊拉克北部,距离摩苏尔以北约 50 公里处,那鸿即葬在该地。关于伊勒歌斯地望争议较大,有约旦河东部、加利利等地诸多说法,甚至有学者认为其即指阿尔科什,为 Alkosh 之转音。Nebi Junes,其中 Nebi 为希伯来语נביא,先知之意;Junes 为 Jonah 转音,为约拿。——译者

3 亚设提及如我们作者所言尼尼微位于摩苏尔对面、底格里斯河东岸。尼尼微村(Ninive)、奴尼亚(Nunia)、先知约拿村、宁录(Nimrod)村、卡拉·努尼亚(Kalla Nunia)村等都建立在尼尼微的废墟之上,并一直沿用这些称呼,此亦成为这座古城几乎唯一的纪念。里奇对该地有着详尽的记述,详见尼布尔之译本。以上诸内容,详见 A.Asher,*The Itinerary of Benjamin of Tudela*, Vol.2,pp.131-132。

4 亚设谓之“尼尼微仍有大量乡村与乡镇,其距离阿比尔(Arbiil)镇约 1 法尔萨赫”,马库斯·南森·阿德勒谓之“尼尼微仍有大量乡村与小村庄,城墙体现了该城的规模,其一直延伸 40 法尔萨赫直至阿比尔(Irbil)城”,其中 Arbiil 与 Irbil 音近,所指相同,详见 A.Asher,*The Itinerary of Benjamin of Tudela*, Vol.1,p.92;Marcus Nathan Adler,*The Itinerary of Benjamin of Tudela*,p.34。

马库斯·南森·阿德勒提及 Irbil 又称 Arbela,距离摩苏尔两天行程,详见 Saadyana,*J.Q.R.*,Vol.XIV,p.503;W.Bacher’s *note*,p.741。以上诸内

容，详见 Marcus Nathan Adler，*The Itinerary of Benjamin of Tudela*，p.34，n.1。

阿比尔位于今伊拉克北部地区，距摩苏尔约 100 公里。马库斯·南森·阿德勒所言尼尼微城墙一直延伸 40 法尔萨赫（约 230 公里）至阿比尔，亚设所言尼尼微距离阿比尔约 1 法尔萨赫，应是从不同角度叙述两地之间的距离。——译者

5　亚设谓之约拿·本·阿米赛犹太会堂、Nachum Haelkoshi，马库斯·南森·阿德勒谓之约拿建造的俄巴底亚犹太会堂、Nahum the Elkoshite，详见 A.Asher，*The Itinerary of Benjamin of Tudela*，Vol.1，p.92；Marcus Nathan Adler，*The Itinerary of Benjamin of Tudela*，p.34。

马库斯·南森·阿德勒提及对于摩苏尔及其他地区的记述，详见 Guy Le Strange，*The Lands of the Eastern Caliphate*，1905；Layard，*Nineveh and its Remains*，*and Nineveh and Babylon*。拉亚德（Layard）对先知约拿有过详细考证，穆斯林亦极其崇拜先知约拿，并认为传统所言约拿墓地位于此地仅是一个谎言（Layard，p.596）。本杰明此处所提到的神社应为犹太会堂。那鸿墓地即位于摩苏尔附近的阿尔科什，阿拉伯人称在约拿完成对尼尼微民众的使命之后，他们又转入到偶像崇拜之中。那鸿谴责此城，被该地民众所杀，这些民众认为他与约拿是伪先知，因为后者预言的厄运并没有出现。施瓦茨（Schwarz）认为太巴列附近的那鸿村（Kefar Tanchum）为那鸿埋葬之地，详见 Schwarz，*Das Heilige Land*，1852，p.259。以上诸内容，详见 Marcus Nathan Adler，*The Itinerary of Benjamin of Tudela*，p.34，n.2。

此处的俄巴底亚应为先知俄巴底亚，其生活在公元前 9 世纪期间。约拿·本·阿米赛即上文所提及之公元前 8 世纪先知约拿。Nachum 与 Nahum 音近，皆指那鸿；Haelkosh，其中 Ha 为希伯来语ה之转音，表示确指之意，故与 the Elkoshite 意同。两者皆指来自伊勒歌斯的那鸿，详见上文注释。亚设与马库斯·南森·阿德勒所记差异为文本不同所致。太巴列附近的那鸿村，详见上文注释。通常认为那鸿的墓地位于阿尔科什。先知约拿与那鸿在尼尼微的事迹，详见《旧约·约拿书》、《旧约·那鸿书》。——译者

6　亚设谓之拉哈巴即幼发拉底河畔的利河伯，马库斯·南森·阿德勒并未提及利河伯，仅称幼发拉底河畔的拉哈巴，详见 A.Asher，*The Itinerary of Benjamin of Tudela*，Vol.1，p.92；Marcus Nathan Adler，*The Itinerary of Benjamin of Tudela*，p.34。

亚设提及拉比本杰明从上述所言之底格里斯河畔的摩苏尔——其可能是因商业之故访问摩苏尔,经行三日穿越沙漠返回到幼发拉底河畔进而到达拉哈巴。本杰明正确地认定了拉哈巴即为圣经中的“河边的利河伯”。伊本·毫盖勒称该地为拉哈巴·马利克·本·塔克(Rahabah Malek ben Tawk),亦如我们作者所称此城水源丰富、植被茂密(Ibn Haukal,p.59;Edrisi,II.145),但是在阿布肥达时期此地却为一片废墟,仅是一处微不足道之地,却有几处古老的纪念碑。切斯尼(Chesney)称此地为拉哈巴特(Rahabat),位于河右岸2英里处富足的平原地区;但是此与拉沃尔夫(Rauwolff)的记述却并不一致,关于此地(记述)似乎出现了些许困难(*Journal Geogr. Soc*.III.235;Rennel,copm.*Geography of Western Asia*, I.42 and foll)。以上诸内容,详见 A. Asher,*The Itinerary of Benjamin of Tudela*,Vol.2,p.132。

《旧约·创世记》(36:37)记载:“桑拉死了,大河边的利河伯(Rechoboth)人扫罗(Saul)接续他作王。”此处的扫罗指以东人的国王,圣经记载其来自大河边的利河伯。圣经中的大河通常指幼发拉底河,因此本杰明所记位于幼发拉底河畔的拉哈巴应为圣经中的利河伯。但有人认为幼发拉底河并不属于生活在死海南部以东人的国家的领地,因此这里的大河又被认为应位于以东人境内,利河伯亦是如此。据本杰明行程判断,其应是从底格里斯河畔的摩苏尔、尼尼微等地行至幼发拉底河地区。——译者

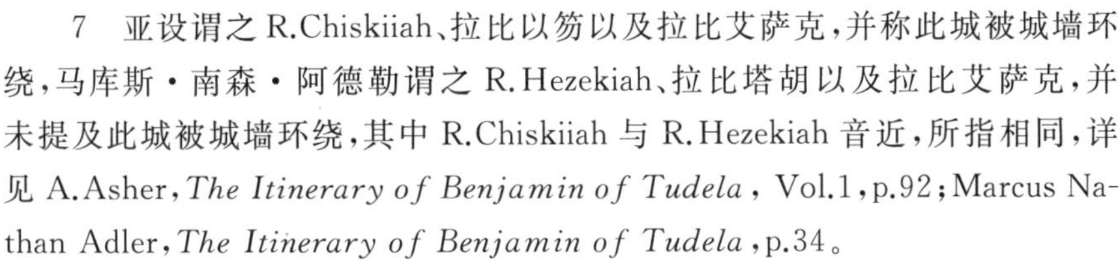

7 亚设谓之 R.Chiskiiah、拉比以笏以及拉比艾萨克,并称此城被城墙环绕,马库斯·南森·阿德勒谓之 R.Hezekiah、拉比塔胡以及拉比艾萨克,并未提及此城被城墙环绕,其中 R.Chiskiiah 与 R.Hezekiah 音近,所指相同,详见 A.Asher,*The Itinerary of Benjamin of Tudela*, Vol.1,p.92;Marcus Nathan Adler,*The Itinerary of Benjamin of Tudela*,p.34。

8 亚设谓之 Karkisia,Kharkhmish,马库斯·南森·阿德勒谓之 Karkisiya、Carchemish,其中 Karkisia 与 Karkisiya,Kharkhmish 与 Carchemish 分别音近,所指相同,详见 A.Asher,*The Itinerary of Benjamin of Tudela*, Vol.1,p.92;Marcus Nathan Adler,*The Itinerary of Benjamin of Tudela*,p.34。

亚设提及如罗斯穆勒尔、德金等现代著名东方学家皆认可我们作者将迦基斯亚(Karkisia、Cercusium、Circesium、Circessum)认定为迦基米施。伊本·毫盖勒称迦基斯亚位于哈博河畔,景色优美,土地与园林精良(Ibn

Haukal,p.59)。在从迪尔(Deir)到迦基斯亚行进途中需要途经一处等高的乡村,此地主要是沼泽,还有一些海芋之地以及精良的土地(*Journal Geog. Soc.*VII,425)。哈博河从此地附近注入幼发拉底河(Abulfeda,p.243)。翻开地图便知没有任何一位想要到达唯一目的地的旅行者,会走拉比本杰明所示道路——他先向下(即向南)到拉哈巴,然后迂回到巴格达。对于此种有悖常规的行程之解释,可以参考导言以及所附之注释。以上诸内容,详见 A. Asher,*The Itinerary of Benjamin of Tudela*,Vol.2,pp.132-133。

迦基斯亚,即今叙利亚西部之 Cercusium,哈博河即在此地附近注入幼发拉底河之中。据亚设所言,本杰明此处应是从拉哈巴又北上至迦基斯亚。亚设在导言中认为拉比本杰明应为一位贸易商人,故其认为本杰明为贸易才如此行进。《旧约・以赛亚书》(10:9)记载:"迦勒挪岂不像迦基米施吗?哈马岂不像亚珥拔吗?撒玛利亚岂不像大马色吗?"迦基米施,《旧约・耶利米书》(46:2)记载:"论到关乎埃及王法老尼哥的军队,这军队安营在伯拉河边的迦基米施。"《旧约・历代志》(下,35:20)记载:"这事以后,约西亚修完了殿,有埃及王尼哥上来,要攻击靠近伯拉河的迦基米施。"现在通常认为圣经中的迦基米施位于叙利亚北部与土耳其交界处、幼发拉底河西岸地区,且已有考古发现所证实,故此处本杰明之考证似有误。——译者

9 亚设谓之 R.Elchanan,马库斯・南森・阿德勒谓之 R.Elhanan,两者音近,所指相同,详见 A. Asher,*The Itinerary of Benjamin of Tudela*,Vol.1,p.92;Marcus Nathan Adler,*The Itinerary of Benjamin of Tudela*,p.34。

10 亚设谓之"经行两日到达,……Juba",马库斯・南森・阿德勒谓之"从迦基斯亚经行两日到达……,El-Anbar",详见 A. Asher,*The Itinerary of Benjamin of Tudela*, Vol.1,p.92;Marcus Nathan Adler,*The Itinerary of Benjamin of Tudela*,p.34。

施恩茨提及苏拉与普穆贝迪塔为格昂尼姆两座著名的驻地,两地紧邻,距巴格达不远。然而,拉比本杰明在两地之间提及内哈德的沙菲贾底布(Shafijathib)(A. Asher,*The Itinerary of Benjamin of Tudela*, Vol.1,pp.111-112)。无疑该地位于内哈德,但是仅有拉什与本杰明将其作为一个独立的城市提及(*Megillah*,29 a;Rosh,*Hashana*,24b. *Nidda*,13 a;Rosh,*Hashana*,l.l),而格昂尼姆与拉比比西哈奇亚仅知道其作为一座犹太会堂的名称(Sherira ap.*Juchasin*,115 a.'*Aruch* v.שף;R.Pethachia,p.183)(关于沙菲

贾底布之地，详见下文叙述）。内哈德城位于幼发拉底河畔（Josephus，*Arch*，XVIII，11）、苏拉上方（即北部）（'*Aruch* v.על）、苏拉城附近地区。3 世纪拉比撒母耳曾在此地教学，其门徒犹大·巴·以西结（R.Jehuda B.Jecheskel）曾在普穆贝迪塔担任教职。因此，可以明确的是我们作者所言"内哈德的朱巴"只能为内哈德，但是此处的文本出现了错位，应该紧接下文的普穆贝迪塔（p.112）。这应是我们作者原始的记载，"内哈德的普穆贝迪塔"的叙述亦证明此点，因为尽管有两座城市名为苏拉（Rashi in *Moëd-katon*，20.a.24.b.*Baba Metsia*，61.6），但仅有一座名为普穆贝迪塔的城市。再者，撒母耳不可能同时葬在两座普穆贝迪塔城中，且此处所言之 Juba 即为下文（亚设文本第一卷）第 112 页的埃尔-朱巴（El-Jubar）。巴拉蒂耶注意及此，却没有解决由此产生的困难（Baratier，I.167）。将内哈德的篇章放置于合适的位置，并将朱巴与普穆贝迪塔联系起来，我们在其他两个方面重新确立所列举内容，其一在巴勒斯坦卡迪斯之后未在列举的墓地，再次正确地出现在拉斯·艾恩（Ras-Al-Aien）地区，其二对当时（拉比）老师的记述在之后的地方（即普穆贝迪塔）便终止。以上诸内容，详见 A. Asher，*The Itinerary of Benjamin of Tudela*，Vol.2，pp.133-134。

马库斯·南森·阿德勒提及关于巴比伦犹太人学术中心所在地，详见 Krauss，"Babylonia"，in *the Jewish Encylopaedia*；Guy Le Strange，p.74。其提及普穆贝迪塔意为"巴达特（Badat）运河河口"之意，详见 *J.Q.R.*XVII，p.756。以上诸内容，详见 Marcus Nathan Adler，*The Itinerary of Benjamin of Tudela*，p.34，n.3。

内哈德位于巴格达西部附近地区，为巴比伦犹太教最早的中心之一，并曾作为流散宗主的驻地。内哈德城与普穆贝迪塔紧邻，此处本杰明称普穆贝迪塔位于内哈德地区。普穆贝迪塔，源自亚拉姆语פומבדיתא，为河口之意。在内哈德与普穆贝迪塔附近有一处地，名为埃尔-安巴尔（El-Anbar），本杰明此处所记 Juba 或 El-Anbar 应指此地。因其与内哈德城、普穆贝迪塔紧邻，故本杰明如此记之。较亚设文本而言，马库斯·南森·阿德勒文本对此地名称记述更加准确。因本杰明在下文中亦提及普穆贝迪塔（详见下文），故施恩茨认为本杰明的文本出现了错位，并认为本杰明重新在上述拉斯·艾恩地区列举了犹太人墓地，但本杰明在下文对普穆贝迪塔之记载不排除其再次到达该地之可能。如上文注释所言中苏拉与普穆贝迪塔耶希瓦为中世纪时期最为著名的犹太人学校，其主事者被称为格昂尼姆。219 年阿巴·阿里卡（Abba Arikha,175—247 年)在苏拉建立耶希瓦;不久拉比撒母耳(165—257 年)在内哈德建立内哈德耶希瓦,但是该耶希瓦在其死后便谢幕。拉比犹大·巴·以西结(220—299 年)为阿巴·阿里卡最为杰出的门徒;阿巴·阿里卡死后,其追随撒母耳,直到建立普穆贝迪塔耶希瓦。从今叙利亚迦基斯亚至伊拉克内哈德、普穆贝迪塔等地约 400 公里,本杰明似两天无法从迦基斯亚到达内哈德等地。此处或因文本缺失所致,待考。——译者

11 亚设谓之此地约有 2 000 名犹太人以及拉比以利亚敬,马库斯·南森·阿德勒谓之此地约有 3 000 名犹太人以及拉比约雅敬,详见 A.A-sher, *The Itinerary of Benjamin of Tudela*, Vol.1, p.92; Marcus Nathan Adler, *The Itinerary of Benjamin of Tudela*, p.34。

施恩茨提及拉比陈与其他人生活在克克塞姆(Kirkesium)附近地区[埃尔-朱巴(Al-Jubar)?];然而这些墓地(即下文即将提及的墓地)位于内哈德或普穆贝迪塔。详见 A.Asher, *The Itinerary of Benjamin of Tudela*, Vol. 2, p.134。

施恩茨所言克克塞姆似应指埃尔·安巴尔附近地区,Al-Jubar,即朱巴之地埃尔-安巴尔。——译者

12 亚设谓之被囚禁的王子拉比博斯塔那,马库斯·南森·阿德勒谓之被囚禁的首领拉比博茨塔那纳西,详见 A.Asher, *The Itinerary of Benjamin of Tudela*, Vol.1, p.93; Marcus Nathan Adler, *The Itinerary of Benjamin of Tudela*, p.35。

施恩茨提及拉比博茨塔那是流散的王子,并在 660 年担任普穆贝迪塔的格昂,受到奥马尔(Omar)的尊重,详见 Rapaport, *The Life of Hai Gaon*, pp. 83-84; Jost, *History*, V.317, p.101。拉比南森似应为闻名于 2 世纪初的流散王子南森·苏特西撒(Nathan Tsutsitha),详见 Rapaport, *The Life of R. Nissim*, note.39。拉比拿马尼·本·帕帕在《塔木德》中曾被提及(Rashi in *Moëd-katon*, 80 b.*Chullin* 60 b),其为长者帕帕(Papa)十一位儿子之一,帕帕的儿子们在塞琉古历 663 年(公元 351 年)被杀(*Seder Thenaim in Kherem chemed*, IV.186),他们的名字被后世所记(*Juchasin*, 88.a)。以上诸内容,详见 A. Asher, *The Itinerary of Benjamin of Tudela*, Vol. 2, pp.134-135。

本杰明此处所记拉比犹大与拉比撒母耳,分别为上文注释所言普穆贝迪塔耶希瓦的建立者拉比犹大·巴·以西结与内哈德耶希瓦建立者拉比撒母

耳。博茨塔那生活在 7 世纪期间，是阿拉伯统治时期第一位流散宗主。其在阿拉伯王廷享有盛誉，其家族亦连续三个世纪都担任流散宗主一职，详见 Norman A.Stillman, *The Jews of Arab Lands*, p.30。此处“被囚禁的王子”、“被囚禁的纳西”以及“流散的王子”等称谓指处于流散状态的流散宗主，并非指其被真正囚禁。奥马尔即阿拉伯第二任哈里发。据拉什考证，南森·苏特西撒(Nathan Tsutsitha)曾在 4 世纪期间担任流散宗主。拉比帕帕(300—375 年)，巴比伦著名《塔木德》学者，曾在内哈德耶希瓦任教。塞琉古历为塞琉古帝国采取的历法，其以公元前 311 年作为纪年元年。——译者

13　亚设谓之 Chardah、Chadrah，马库斯·南森·阿德勒谓之 Hadara，两者音近，所指相同，详见 A.Asher, *The Itinerary of Benjamin of Tudela*, Vol.1, p.93; Marcus Nathan Adler, *The Itinerary of Benjamin of Tudela*, p.35。

亚设提及 Chardah 似应为 Al-Hadr，希伯来语读作 חדרה。此地十分著名(Abufeda, 246)，其绚丽的遗迹说明其先前十分辉煌。对于该地遗址考察以及记述，详见 *The Journal of the R.Geographical Society*, Vol.9, p.444。以上诸内容，详见 A.Asher, *The Itinerary of Benjamin of Tudela*, Vol.2, p.135。

马库斯·南森·阿德勒提及哈达拉又称哈塔(Alhathr、Hatra)，此处让我们深感怀疑的是本杰明对其所言此地以及直到埃及等其他地区犹太人数量是否满意。就此而言，游历者似乎总是低估犹太人的数量。我们之后将会发现本杰明明显地夸大了犹太人的数量，不得不让人怀疑他是否到达过伊斯法罕(Isphan)以远的地区，而是从此地前往埃及。其关于从伊斯法罕到埃及之间地区的记述因此可能是来自于传闻。比西哈奇亚的记述极为重要，其称在古实(Cush)与巴比伦有 60 万犹太人，波斯亦是如此，但是波斯犹太人遭受束缚与苦难，因此他只访问了波斯尼一个城市(Dr.Benisch' edition, p.19)。以上诸内容，详见 Marcus Nathan Adler, *The Itinerary of Benjamin of Tudela*, p.35, n.1。

哈达拉应为今伊拉克北部城市哈塔(Hatra)，其地距普穆贝迪塔约 300 公里。古实为含(Ham)的长子，古实子民的土地通常被认为位于红海周边地区，摩西的妻子即来自该地，如《旧约·民数记》(12:1)记载：“摩西娶了古实女子为妻。”Babel，即希伯来语 בבל 音译，指巴比伦地区。马库斯·南森·阿德勒认为本杰明对哈达拉的犹太人数量以及随后游历地区的犹太人

数量有夸大的嫌疑，尤其是伊斯法罕之后的地区。伊斯法罕，今伊朗中西部城市，本杰明关于以上所提伊斯法罕等地之论述详见下文。——译者

14　亚设谓之 R.N'thanel，马库斯·南森·阿德勒谓之 R.Nethanel，两者音近，所指相同，详见 A.Asher，*The Itinerary of Benjamin of Tudela*，Vol.1，p.93；Marcus Nathan Adler，*The Itinerary of Benjamin of Tudela*，p.35。

15　亚设提及奥克巴拉遗址，详见 *The Journal of the R.Geographical Society*，Vol.9，p.444；伊本·毫盖勒称该地为阿克巴拉（Akbera）（Ibn Haukal，p.71）。此地位于底格里斯河畔，哈里发时期此城备受关注（Rennel，*Retreat of the ten thousand*，126，128）。阿布肥达称此城位于巴格达上方（即北部）约 10 法尔萨赫（约 34 英里）处（Abulfeda，246），然而我们作者却称从该地到巴格达需要经行两天，亦可详见 Edrisi，II.146。施恩茨提及犹大国王约雅斤于公元前 597 年被带到巴比伦，被认为是犹太先祖的后裔、流散的王子以及卡拉派的领袖。同时，奥克巴拉、沙菲贾底布以及先知以西结（Ezechiel）的墓地也被认为是约雅斤建立。他的墓地位于库法。以上诸内容，详见 A.Asher，*The Itinerary of Benjamin of Tudela*，Vol.2，pp.135-136。

奥克巴拉，位于底格里斯河西岸，位于巴格达以北附近地区，上述阿布肥达所言不误。从今哈塔到达奥克巴拉约 250 公里。本杰明下文提到从奥克巴拉经行两日至巴格达，此与奥克巴拉到巴格达的实际距离似有不符，可能为本杰明记载之误。约雅斤（公元前 615/605—?），犹大国王，公元前 598—前 597 年在位，约雅敬国王之子。公元前 597 年，约雅斤被新巴比伦王国掠往巴比伦，约于公元前 562 年被释放，《旧约·列王记》（下，24:15）记载："将约雅斤和王母，后妃，太监，与国中的大官，都从耶路撒冷掳到巴比伦去了。"《旧约·列王记》（下，25:27）记载："犹大王约雅斤被掳后三十七年，……提他出监。"因此，约雅斤也被追溯为流散的王子，即流散宗主。以西结（公元前 622—前 570 年），犹太人先知，《旧约·以西结书》被认为由其所作。——译者

16　亚设谓之拉比约书亚、拉比南森，马库斯·南森·阿德勒谓之拉比赫南、拉比耶宾以及拉比以实玛利，文本差异所致，详见 A.Asher，*The Itinerary of Benjamin of Tudela*，Vol.1，p.93；Marcus Nathan Adler，*The Itinerary of Benjamin of Tudela*，p.35。

二十七、巴格达

从奥克巴拉经行两日到达巴格达。[1] 巴格达是座大城，是哈里发埃米尔穆米尼·阿拔斯(Emir al Mumenin al Abassi)[埃米尔穆米尼·阿拔斯(Emir al Muminin al Abbasi)]的首都(皇室所在地)——其来自先知(穆罕默德)家族，是伊斯兰教的首领，被所有穆斯林国王尊奉，享有教皇在基督徒中所享有的尊严。[2]

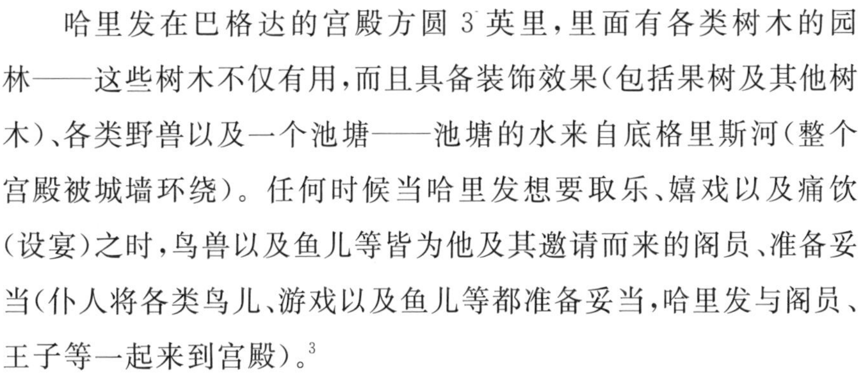

哈里发在巴格达的宫殿方圆 3 英里，里面有各类树木的园林——这些树木不仅有用，而且具备装饰效果(包括果树及其他树木)、各类野兽以及一个池塘——池塘的水来自底格里斯河(整个宫殿被城墙环绕)。任何时候当哈里发想要取乐、嬉戏以及痛饮(设宴)之时，鸟兽以及鱼儿等皆为他及其邀请而来的阁员、准备妥当(仆人将各类鸟儿、游戏以及鱼儿等都准备妥当，哈里发与阁员、王子等一起来到宫殿)。[3]

伟大的阿拔斯(哈里发)对犹太人极其友好(掌握朝堂，对以色 55
列人极其友好)，很多犹太人都是他的官员(随从)。他知晓所有语言，精通摩西律法(以色列律法)，并可以阅读、书写希伯来语(圣语)。[4] 他只享受那些凭自己双手获取的事物，除非凭自己双手赚钱(他从不参与任何事情，除非凭自己双手赚钱)，因此亲自织造裯，并再盖上他的玉玺。这些裯被他的官员在公共集市上销售，被

土地贵族购买，所获收益为其提供日常之用。[5]

哈里发非常优秀(诚实)，值得信赖，亲切地对待每个人(为所有人传递和平)，但是一般穆斯林无法见到他(伊斯兰教徒一年只能见到他一次)。那些来自远方前往也门的麦加的朝圣者都迫切想见到哈里发，并在他的宫殿前呼喊：“我们的真主，穆斯林之光，我们宗教的辉煌，让我们一睹面容的光芒。”但是，他从未听从他们。他的仆人以及官员(侍奉他的王子们)接近他并祈祷：“我们的真主，赐予这些人以和平，他们来自远方之地，渴求荣耀之庇护。”他在请愿之后便起身，将其衣服的一角放在窗户外面，让朝圣者热
56 切地亲吻。其中一位阁员(王子)对他们说：“为了我们的真主、穆斯林之光，和平地去吧，非常高兴，他赐福予你们。”这位王子被他们尊崇如先知一般(他被他们视为穆罕默德)。他们继续赶路(回家)，传递和平信息的阁员(王子)所说的话让他们充满欢乐(他们亲吻哈里发的长袍让他们内心十分喜悦)。[6]

哈里发家族的所有兄弟以及其他人亦以例亲吻他的衣衫。他们在哈里发的宫廷中都拥有自己的宫殿，但是这些宫殿被铁链隔开，每户都被任命一位特别的官员(卫兵)以防止他们对大哈里发进行谋反。这些措施的实施是因为前一段时间曾经发生兄弟们谋反并拥立他们中的其中一位为国王(前任被他们的兄弟们谋反，并拥立他们中的其中一位为国王)。为了阻止他们谋反的意图，阻止此类事件再次发生，哈里发下旨将其家族成员加以束缚。但是，居住在宫殿中的他们皆享有荣耀，拥有村庄与城镇。他们的仆人从村庄与城镇中为其征收税收，他们则吃喝享乐，过着逍遥的生活。[7]

哈里发的宫殿中有很多(大理石)建筑、金银柱子以及宝石宝

藏(刻在稀有石头并被镶嵌在墙上的雕刻;哈里发宫殿财富众多, 57
有塞满金子的塔楼、丝绸衣服以及所有宝石等)。哈里发每年只离开宫殿一次,即在拉马丹(Ramadan)[埃尔-以德-拜德·拉马赞(El-id-bed Ramazan)]节日之时。[8] 此时很多来自远方的穆斯林聚集在一起以目睹他的面容。他骑着皇家马骡,身穿以金银织造的王道长袍,头戴装饰有无价宝石的头巾,但是头巾上遮盖着黑色的面纱——此象征着谦逊,试图表达:看! 这一切世俗的荣誉在死的那天将会变成黑暗。大量身着盛装的穆斯林贵族作为随从骑马伴随其左右,来自阿拉伯半岛、米底亚、陀迦玛、吉兰(Daylam、Gilān)、波斯、乌古斯(Ghuzz),甚至吐蕃等地的王子亦在其周围——吐蕃距离阿拉伯半岛需经行三月[其地西面为撒马尔罕(Samarkand)之地]。[9]

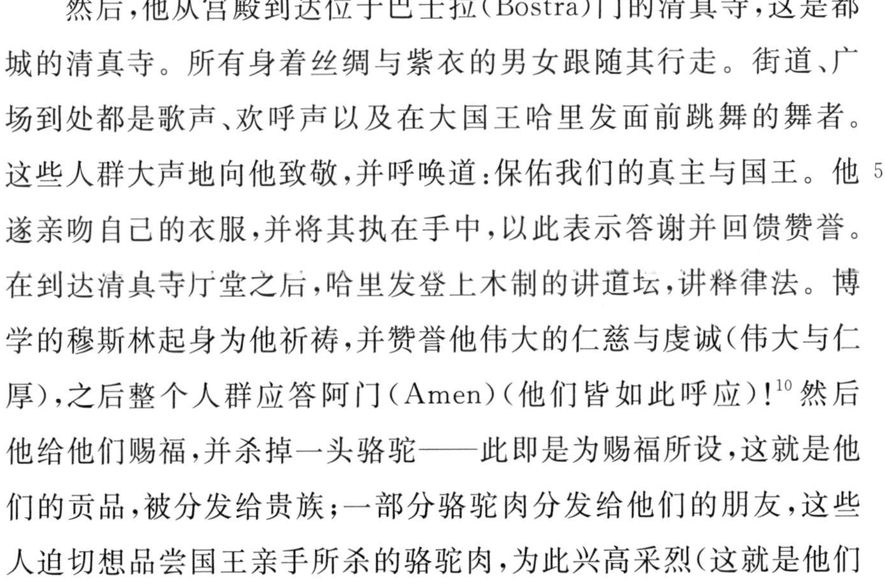

然后,他从宫殿到达位于巴士拉(Bostra)门的清真寺,这是都城的清真寺。所有身着丝绸与紫衣的男女跟随其行走。街道、广场到处都是歌声、欢呼声以及在大国王哈里发面前跳舞的舞者。
这些人群大声地向他致敬,并呼唤道:保佑我们的真主与国王。他 58
遂亲吻自己的衣服,并将其执在手中,以此表示答谢并回馈赞誉。在到达清真寺厅堂之后,哈里发登上木制的讲道坛,讲释律法。博学的穆斯林起身为他祈祷,并赞誉他伟大的仁慈与虔诚(伟大与仁厚),之后整个人群应答阿门(Amen)(他们皆如此呼应)![10] 然后他给他们赐福,并杀掉一头骆驼——此即是为赐福所设,这就是他们的贡品,被分发给贵族;一部分骆驼肉分发给他们的朋友,这些人迫切想品尝国王亲手所杀的骆驼肉,为此兴高采烈(这就是他们的逾越节献祭,他将其分给王子们,这样他们便可以品尝到这位神

圣的国王亲手所杀的骆驼肉,为此兴高采烈)。[11]然后,哈里发离开清真寺,沿着底格里斯河岸独自返回宫殿,那些在船上的穆斯林贵族一直伴随其进入宫殿那一刻。他从不原路返回。为了防止他的脚印被踩踏,河畔的那条道路被仔细守卫了约一年时间。在之后的一年中,哈里发再没有离开他的宫殿。

59 哈里发是一位虔诚、仁慈的人,曾在河的另一侧与幼发拉底河畔建立一些建筑(医院)——幼发拉底河位于城市的另外一侧(位于城市边界)。这些建筑(医院)包括很多大房子、街区以及为病人准备的收容所,他们得以在此治愈。[12]这里有60座医药(医生的)仓库——其原本是国王的仓库,里面存储着香料(药品)以及其他必需品。国王为每一位需要帮助的病人承担费用,直到治愈为止(国王为每一位到此地的病人提供费用以及治疗)。[13]

这里还有一座名叫达尔·马里菲坦(Dar-al-Maraphtan)[达尔·马里斯坦(Dar-al-Maristan)]的大建筑。[14]所有疯癫的人被锁在这座建筑之中,彼此见面,尤其在炎热季节(这些人来自各个城镇,因为太热而变得疯癫)。[15]每个人被铁链"保护",直到他们有理由回家之时(在此期间哈里发王室为这些人提供食物)。如此,国王任命的官员每月都可审查这些人,当他们有理由被释放时便立即恢复自由。国王对于所有来到巴格达的人所做的一切完全是一种慈善行为,无论其有病或疯癫,因为国王是一位虔诚(正义)的人,其因此被称道。[16]

60 巴格达有约1 000(40 000)名犹太人。在伟大哈里发的统治下,他们热爱和平、生活如意、深感荣耀(生活安宁、祥和、深感荣耀),其中很多人都是聪慧之士(哲人)以及研习摩西律法的学校主事者。[17]

巴格达有10所学校，大学校的主事者为大拉比撒母耳·本·以利(R.Samuel Ben Eli)，其亦为格昂雅各学校的主事者(他是利未人，其谱系可追溯至我们的拉比摩西)；[18]利未人首领[拉比哈纳尼亚(R.Hanania)]为第二所学校主事者；拉比但以理(R.Daniel)为第三所学校主事者；研究者拉比埃拉扎尔(R.Elazar)为第四所学校主事者；拉比埃拉扎尔·本·采马赫(R.Elazar Ben Tsemach)为第五所学校主事者——他是一位研究大家(祭礼的主事者)，为已经安息的哥辖人(Kohathites)先知撒母耳的后裔，他与其兄弟精通在圣殿中所唱诵的曲调；[19]拉比哈斯德(R.Chasadiah)[拉比哈斯德(R.Hisdai)]是一位研究大家(荣耀的学者)，为第六所学校主事者；王子拉比哈该(R.Chagi)[拉比哈该(R.Haggai)]为第七所学校主事者；[20]拉比以斯拉为第八所学校主事者；拉比亚伯拉罕，又名阿布·塔希尔(Abu Tahir)，为第九所学校主事者；拉比萨凯·本·博茨塔那(R.Sakhai B.Bosthenai)[拉比萨凯·本·博茨塔那(R.Zakkai B.Bostanai)]是一位研究大家，为第十所学校主事者。[21]这些人皆被称为巴塔尼姆(Bathanim)，即“好闲者”，因为他们唯一的职业就是处理公共事务(这是十位巴塔尼姆， 61
他们只从事公共事务)。[22]除周一之外，他们每天都在为此地犹太人维护正义(除了一周的第二天之外，他们每天为同胞犹太人主持公道)；周一会众则是在格昂雅各学校的主事者大拉比撒母耳主持之下聚在一起，其为每一位请愿者带来正义，并得到十位学校主事者巴塔尼姆的帮助(其与其他学校的主事者巴塔尼姆一起为每一位在其面前的人主持公道)。[23]

然而，所有这些学校主事者的首领为拉比但以理·本·哈斯德(R.Daniel Ben Chisdai)[但以理·本·哈斯德(R.Danile Hisdai)]，其拥有“被囚禁之王子”以及君主(我们的君主以及所有以色列人被囚禁的首领)等头衔，为大卫王后裔。[24]犹太人称其为“君主，被囚禁之王子”，穆斯林称其为大卫王后裔贵族(Saidna ben Daoud)。在穆斯林君主埃米尔穆米尼(信仰领袖)统治之下，他为所有犹太会众的大统领(统治所有以色列会众)，(因此他及其后裔受穆罕默德的命令)。[25]埃米尔穆米尼尊重他，通过授予官方印玺认可他的权力，并命令其治下的所有臣民都在王子[流散宗主(Exilarch)]面前起身，为他尊敬地致礼，无论是穆斯林、犹太人，还是任何其他信仰的臣民(还是其治下的任何其他族群)，否则就会遭遇一百下鞭刑。[26]

每次(每五天)当他觐见国王(大哈里发)之时，都有很多随从
62 簇拥，这些随从包括犹太人与异教徒。[27]传令官(预先)呼喊：“请避让备受敬仰的我们的君主、大卫王之子。”此时，他骑在马上，身着以刺绣织成的服饰(长袍)，头戴大头巾，头巾被白布覆盖，顶上还镶有一个项圈或王冠(一条大白布悬吊在头巾之上，头巾上镶有一个项圈，项圈上则刻有阿拉伯数字)。[28][然后，他来到哈里发面前，亲吻哈里发的手；哈里发则起身，让他坐在宝座之上——此宝座是哈里发下令专门为他制作；所有来到哈里发王庭的穆斯林王子亦在他面前起身。于是，被囚禁的王子坐在他的宝座之上，与哈里发正对——这是遵照、执行穆罕默德的命令，此命令被写进律法，即“圭必不离犹大，杖必不离他两脚之间，直等示罗(Shiloh)来到，万民都必归顺”][29]。

被囚禁王子的权威波及以下诸地，如美索不达米亚（示拿），波斯，呼罗珊（Khorassan）[呼罗珊（Khurasan）]，示巴（S'ba）[示巴（Sheba）]（即也门），迪亚贝克（Diarbekh）[迪亚·卡拉奇（Diyar Kalach），又迪亚贝克（Bekr）]，亚美尼亚，[阿拉姆·拿哈拉易姆（Aram Naharaim），即美索不达米亚]，亚拉腊山附近的科塔（Kota）之地（亚拉腊山地区的居民），阿兰人（Alanians）[阿兰（Alans）]之地——其地被群山封闭，仅有一座铁门可供出入，此铁门由亚历山大所建，（但是之后遭到破坏），[30]西伯利亚（Sikbia）[西伯利亚（Siberia）]，突厥人（Turkmans）（陀迦玛）领地直至阿斯皮斯（Aspisian）[阿斯维（Asveh）]山，格鲁吉亚（Georgians）之地直至乌浒（Oxus）河——这些是圣经中的革迦撒人（Girgashim），信奉基督教[戈尔甘（Gurgan）之地——此地居民被称为戈尔甘人（Gurganim），居住在基训（Gihon）河畔，他们是革迦撒人（Girgashites），信奉基督教]，以及远至（撒马尔罕之门）、西藏与印度的省份与城市（西藏与印度之地）。[31]

被囚禁的王子准许这些所有不同地区的犹太会众遴选拉比以 63
及首领，这些拉比以及首领则亲自来到王子面前以得到授职以及正式认可，即使他们来自很远的地区亦要为其奉上赠品与珍贵的礼物（并从世界的尽头带来贡品与礼物）。[32]

被囚禁的王子在巴比伦拥有客栈、园林以及果园，并从其父辈手中继承了大片土地财产，任何人都不敢（以武力）剥夺（他的财物）。他每年（每周）从此地的犹太客栈、市场以及商货中获得一定的收入，这些收入以税收的形式获得，此外还有来自异域各地所呈送的礼物。他非常富裕，而且是一位杰出的学者（精通《圣经》与

《塔木德》),亦非常好客,每天都有很多以色列人与其共同进餐。[33]

被囚禁的王子在就职之时,会给国王或哈里发与王公贵族(王公大臣)呈送很多钱财。在就职仪式上,他将手放在国王或哈里发的手上(那天哈里发为他主持就职仪式,赋予其职权),然后在各式乐器的演奏声中(鼓声与长笛声中),坐在王室马车(第二驾王室马车)上从国王寝宫骑行而至他的住所,之后则将手放在那些大学文士之上(流散宗主将手放在研究机构主事者的头上,以此任命、授予其职位)。[34]

64 巴格达犹太人中有很多优秀的学者以及富人。巴格达城中有28座犹太会堂,分别位于巴格达以及卡尔赫(Al-Karkh)——卡尔赫位于底格里斯河另一侧,底格里斯河横穿巴格达城。被囚禁的王子的大犹太会堂以色彩丰富的大理石柱装饰,石柱镀以金银,并以金字镌刻着《诗篇》(*Psalms*)中的诗句。经过十座大理石台阶可登至圣约柜(Holy Ark);在台阶的最高处则专门为被囚禁的王子以及大卫家的其他王子设有正厅前座(座位)。[35]

巴格达城方圆3(20)英里。此城所在地有大量棕榈树、果园以及花园,美索不达米亚(示拿)其他地区皆不可与之相比。所有国家的人到此地经营贸易;此地亦有很多充满智慧、通晓科学的哲学家以及精通所有巫术的魔术师(智慧的人生活在这里,哲学家通晓所有智慧,魔术师精通所有巫术)。[36]

注释

1　如上文注释所言,奥克巴拉与巴格达紧邻,似无须经行两日,此处似为本杰明记载之误。

2　亚设谓之 Emir al Mumenin al Abassi、首都以及来自先知家族，马库斯·南森·阿德勒谓之 Emir al Muminin al Abbasi 以及皇室所在地以及来自穆罕默德家族，详见 A. Asher，*The Itinerary of Benjamin of Tudela*，Vol.1，p.93；Marcus Nathan Adler，*The Itinerary of Benjamin of Tudela*，p.35。

亚设提及我们作者对巴格达城、哈里发以及之后被囚禁的王子（即流散宗主）等之描述，亦可以在注释之后的莱布雷希特所写两篇文章的其中一篇中看到，详见 Lebrecht，"On the State of the Khalifate of Bagdad"，in A. Asher，*The Itinerary of Benjamin of Tudela*，Vol.2，pp.318-392。以上诸内容，详见 A.Asher，*The Itinerary of Benjamin of Tudela*，Vol.2，p.136。

马库斯·南森·阿德勒提及阿拔斯王朝哈里发将他们的先祖追溯至穆罕默德。本杰明此处是指哈里发埃尔·穆斯坦德（El Mostanshed）。将哈里发比作教皇比较恰当。除了在巴格达的世俗权威之外，他还作为信仰的领袖（Emir al Mumenin），为从西班牙到印度大量穆斯林的宗教权威。之后维齐尔窃取了哈里发的所有权威，哈里发只能在清真寺或皇室中消磨时光。以上诸内容，详见 Marcus Nathan Adler，*The Itinerary of Benjamin of Tudela*，p.35，n.2。

Emir al Mumenin 在阿拉伯语种意为"信仰王子"或"信仰领袖"之意，al Abassi 指阿拔斯王朝，故埃米尔穆米尼·阿拔斯应为阿拔斯王朝信仰领袖之意，本杰明此处所记意为阿拔斯王朝哈里发作为伊斯兰教信仰领袖。穆罕默德在伊斯兰教中被认为真主派遣到人类的最后一位先知，故先知家族即指穆罕默德家族。如马库斯·南森·阿德勒所言，本杰明到达巴格达之时应为哈里发埃尔·穆斯坦德（1124—1170 年）时期，其于 1160—1170 年担任哈里发。——译者

3　亚设谓之"这些树木不仅有用，而且具备装饰效果，……痛饮之时，鸟兽以及鱼儿等皆为其及其邀请而来的阁员准备妥当"，马库斯·南森·阿德勒谓之"包括果树及其他树木，……设宴之时，仆人将各类鸟儿、游戏以及鱼儿等都准备妥当，哈里发与阁员、王子等一起来到宫殿"，文本差异所致，详见 A.Asher，*The Itinerary of Benjamin of Tudela*，Vol.1，pp.93-94；Marcus Nathan Adler，*The Itinerary of Benjamin of Tudela*，p.35。

4　亚设谓之"伟大的阿拔斯对犹太人极其友好，……很多犹太人都是他的官员……精通摩西律法……阅读、书写希伯来语"，马库斯·南森·阿德勒

谓之“伟大的阿拔斯哈里发掌握朝堂，对以色列人极其友好，很多犹太人都是他的随从……以色列律法……阅读、书写圣语”，详见 A. Asher, *The Itinerary of Benjamin of Tudela*, Vol.1, p.94; Marcus Nathan Adler, *The Itinerary of Benjamin of Tudela*, p.35。

其中伟大的阿拔斯即指阿拔斯王朝哈里发，摩西律法即以色列律法，圣语即指希伯来语，文本差异所致。——译者

5　亚设谓之“他没有任何嗜好，除非凭自己双手赚钱……公共集市……”马库斯·南森·阿德勒谓之“他从不参与任何事情，除非凭自己双手赚钱……集市……”，详见 A. Asher, *The Itinerary of Benjamin of Tudela*, Vol.1, p.94; Marcus Nathan Adler, *The Itinerary of Benjamin of Tudela*, pp.35-36。

6　亚设谓之“哈里发非常优秀……亲切地对待每个人，但是一般穆斯林无法见到他。……他的仆人以及官员……其中一位阁员对他们说……这位王子被他们尊崇如先知一般，他们继续赶路，传递和平信息的阁员……”马库斯·南森·阿德勒谓之“哈里发诚实……为所有人传递和平，但是伊斯兰教徒一年只能见到他一次。……侍奉他的王子们……王子对他们说……他被他们视为穆罕默德，他们回家，王子所说的话让他们充满欢乐，他们亲吻哈里发的长袍让他们内心十分喜悦”，详见 A. Asher, *The Itinerary of Benjamin of Tudela*, Vol.1, pp.94-95; Marcus Nathan Adler, *The Itinerary of Benjamin of Tudela*, p.36。

马库斯·南森·阿德勒提及莱布雷希特称黑天鹅围巾通常是麦加清真寺帷幕的一部分，其被悬挂在宫殿的阳台之上，被称为哈里发的袖筒(Lebrecht, p.391)，详见 Marcus Nathan Adler, *The Itinerary of Benjamin of Tudela*, pp.35-36, n.1。

亚设所言王子指哈里发本人，马库斯·南森·阿德勒所言王子则应为哈里发的儿子或臣子，文本差异所致。——译者

7　亚设谓之“每户都被任命一位特别的官员以防止……这些措施的实施是因为前一段时间曾经发生兄弟们谋反并拥立他们中的其中一位为国王”，马库斯·南森·阿德勒谓之“每户都被任命卫兵以防止……这些措施的实施是因为曾经前任被他们的兄弟们谋反，并拥立他们中的其中一位为国王”，详见 A. Asher, *The Itinerary of Benjamin of Tudela*, Vol.1, pp.95-96; Marcus Nathan Adler, *The Itinerary of Benjamin of Tudela*, p.36。

马库斯·南森·阿德勒提及本杰明关于哈里发家族成员生活状态的描述似出现了异乎寻常的矛盾，可参见 Goldziher, in Z.D.P.V., 1905, p.151，详见Marcus Nathan Adler, *The Itinerary of Benjamin of Tudela*, p.36, n.2。

本杰明此处所言前一段时间或前任哈里发被谋反之事，应是指埃尔·穆斯坦德之父哈里发穆卡塔菲(Al-Muqtafi, 1096—1160 年)遭遇塞尔柱苏丹之子谋反之事。——译者

8　亚设谓之“很多建筑……宝石宝藏……拉马丹”，马库斯·南森·阿德勒谓之“大理石建筑……刻在稀有石头并被镶嵌在墙上的雕刻；哈里发宫殿财富众多，有塞满金子的塔楼、丝绸衣服以及所有宝石等……埃尔-以德-拜德·拉马赞”，详见 A. Asher, *The Itinerary of Benjamin of Tudela*, Vol.1, p.96; Marcus Nathan Adler, *The Itinerary of Benjamin of Tudela*, p.36。

Ramadan，又称 Ramazan，指伊斯兰历九月，为伊斯兰教斋月。——译者

9　亚设谓之“阿拉伯半岛、米底亚、波斯，甚至西藏等地的王子亦在其周围——吐蕃距离阿拉伯半岛需经行三月”，马库斯·南森·阿德勒谓之“阿拉伯半岛、米底亚、陀迦玛、吉兰、波斯、乌古斯，甚至吐蕃等地的王子亦在其周围——吐蕃距离阿拉伯半岛需经行三月，其地西面为撒马尔罕之地”，详见 A. Asher, *The Itinerary of Benjamin of Tudela*, Vol. 1, p. 97; Marcus Nathan Adler, *The Itinerary of Benjamin of Tudela*, p.37。

陀迦玛，如上文注释所言中世纪时期通常被视为来自高加索与西亚等地族群的祖先，此处应是指塞尔柱突厥人。吉兰位于今伊朗北部地区。乌古斯人为生活在蒙古以及西伯利亚南部地区游牧民族，塞尔柱人即为乌古斯人分支，其曾为西突厥部落联盟，常与突厥人被同时提及。一些乌古斯人曾迁往伊朗以及安纳托利亚地区，建立塞尔柱帝国。本杰明此处所提乌古斯王子似应指塞尔柱帝国王子。——译者

10　亚设谓之“赞誉他伟大的仁慈与虔诚，之后整个人群应答阿门！”马库斯·南森·阿德勒谓之“赞誉他伟大与仁厚，他们皆如此呼应”。另外，亚设所言哈里发从宫殿出发至登上讲道坛的情形，马库斯·南森·阿德勒则并没有提及，详见 A. Asher, *The Itinerary of Benjamin of Tudela*, Vol.1, p.98; Marcus Nathan Adler, *The Itinerary of Benjamin of Tudela*, p.37。

巴士拉门，指位于巴格达西南部的大门。为了沟通与外地的联系，巴格

达设四座城门，巴士拉门为其中之一，详见 C.Edmund Bosworth, *Historic Cities of Islamic World*, Leiden · Boston: Brill, 2007, p.32。Amen，即希伯来语אָמֵן音译，意为“真的”、“确实如此”，表示同意之意，阿拉伯语中常读作 ahmeen('Āmīn)。——译者

11 亚设谓之“这就是他们的贡品，被分发给贵族；一部分骆驼肉被分发给他们的朋友，这些人迫切想品尝国王亲手所杀的骆驼肉，为此兴高采烈”，马库斯·南森·阿德勒谓之“这就是他们的逾越节献祭，他将其分给王子们，这样他们便可以品尝到这位神圣的国王亲手所杀的骆驼肉，为此兴高采烈”，详见 A.Asher, *The Itinerary of Benjamin of Tudela*, Vol.1, p.98; Marcus Nathan Adler, *The Itinerary of Benjamin of Tudela*, p.37。

如上文注释所言，逾越节是为纪念摩西带领犹太人走出埃及的犹太人节日，马库斯·南森·阿德勒文本所述穆斯林逾越节献祭似有将穆斯林斋月活动与逾越节类比之可能。——译者

12 亚设谓之“哈里发是一位虔诚、仁慈的人……建立一些建筑——幼发拉底河位于城市的另外一侧。这些建筑包括很多大房子……”马库斯·南森·阿德勒谓之“哈里发是一仁慈的人，……建立一些医院——幼发拉底河位于城市边界。这些医院包括很多大房子……”，详见 A. Asher, *The Itinerary of Benjamin of Tudela*, Vol.1, pp.98-99; Marcus Nathan Adler, *The Itinerary of Benjamin of Tudela*, p.37。

马库斯·南森·阿德勒提及盖伊·勒·斯特兰奇的著作有助于解释本杰明对穆斯林首都的记述，详见 Guy Le Strange, *Bagdad during the Abbaside Caliphate, from Contemporary Arabic and Persian Sources*, 1900。762年哈里发曼苏尔(Mansur)将此地作为帝国首都，《塔木德》中的很多文献都证实此地早已有犹太人。曼苏尔在底格里斯河西侧建立了一座由双重城墙环绕的直径 2 英里的城市。如果我们想象一下泰晤士河萨里(Surrey，英格兰东南部城市)一侧的圆城——圆城中心为象堡，就会对巴格达首都有一个客观的认识。曼苏尔清真寺位于此地，周五礼拜活动就在此清真寺举行，哈里发在拉马赞(Rmanzan，斋月)斋戒结束后的巴勒姆(Bairam)节日仪式中扮演着重要角色。此座圆城周期性地遭受水灾，官府的建筑被逐渐转移到河的东侧。王城地基被称为哈利姆(Harim)，方圆 3 英里，相当于从威斯敏斯特(Westminster，位于伦敦市区)到(伦敦)城。王城中一度有 23 座宫殿。当哈里发去此地的清真寺之时，会离开王宫，经过主桥——此桥类似威斯敏斯特

桥，沿着本杰明时期的道路到达巴士拉门区。在清真寺仪式结束之后，哈里发穿过船桥，途经类似与泰晤士河堤岸的路返回到王宫。宫廷成员与贵族乘坐游船沿河护送哈里发。阿拉伯作家提到一些宫殿作为国家监狱，哈里发将其近亲有尊严地囚禁在此。他们由很多人侍奉，过着极为奢侈的生活，但是严禁走出宫殿，违者则被处死。莱布雷希特曾以哈里发穆卡塔菲囚禁其兄弟及其随从为例对此种状况进行解释（Lebrecht，p.381）。巴格达有很多大医院，本杰明所言这些医院其中一个应为巴格达西部穆斯坦希利亚（Mustansiriyah）的比尔马斯坦（Birmaristan），其长达三个世纪都是重要的医学学校。其遗址位于今船桥附近，今天仍旧可见。读者必须明白的是本杰明访问巴格达之时，塞尔柱苏丹被击败，这些哈里发掌握了空前的权力，但是他们无心关心政治，将其交由他们的维齐尔处理。以上诸内容，详见 Marcus Nathan Adler，*The Itinerary of Benjamin of Tudela*，pp.37-38，n.1。

本杰明此处所言"河的另一侧"指底格里斯河。底格里斯河从巴格达城中流过，幼发拉底河则在巴格达城以西。哈里发曼苏尔（707—775 年），阿拔斯王朝第二任哈里发。巴勒姆指伊斯兰教斋月之后穆斯林节日。莱布雷希特所言应是指哈里发穆卡塔菲遭遇塞尔柱苏丹之子谋反之事。11 世纪末，塞尔柱帝国便四分五裂，最终于 1194 年灭亡。因此本杰明访问巴格达之时，掌握阿拉伯帝国实际权力的塞尔柱帝国已经衰落。——译者

13　亚设谓之"医药仓库——其原本是国王的仓库，里面存储着香料……国王为每一位需要帮助的病人承担费用，直到其治愈为止"，马库斯·南森·阿德勒谓之"这里有 60 座医生的仓库——其原本是国王的仓库，里面存储着药品以及其他必需品。国王为每一位到此地的病人提供费用以及治疗"，详见 A.Asher，*The Itinerary of Benjamin of Tudela*，Vol.1，p.99；Marcus Nathan Adler，*The Itinerary of Benjamin of Tudela*，p.38。

14　亚设谓之 Dar-al-Maraphtan，马库斯·南森·阿德勒谓之 Dar-al-Maristan，两者音近，所指相同，详见 A.Asher，*The Itinerary of Benjamin of Tudela*，Vol.1，p.99；Marcus Nathan Adler，*The Itinerary of Benjamin of Tudela*，p.38。

亚设提及 Dar-al-Maraphtan 在阿拉伯语中意为那些需要禁闭的人的居住之地，或疯癫人居住之地，详见 A.Asher，*The Itinerary of Benjamin of Tudela*，Vol.1，p.99，n.a。

15　亚设谓之"彼此见面，尤其在炎热季节"，马库斯·南森·阿德勒谓

之“这些人来自各个城镇,因为太热而变得疯癫”,详见 A.Asher,*The Itinerary of Benjamin of Tudela*, Vol.1,p.99;Marcus Nathan Adler,*The Itinerary of Benjamin of Tudela*,p.38。

16 亚设谓之国王是一位虔诚的人,马库斯·南森·阿德勒谓之国王是一位正义的人,同时言及“在此期间哈里发王室为这些人提供食物”,亚设则未言及此,详见 A.Asher,*The Itinerary of Benjamin of Tudela*, Vol.1, p.99;Marcus Nathan Adler,*The Itinerary of Benjamin of Tudela*,p.38。

17 亚设谓之“巴格达有约 1 000 名犹太人……他们热爱和平、生活如意、深感荣耀,其中很多人都是聪慧之士……”马库斯·南森·阿德勒谓之“巴格达有约 40 000 名犹太人……他们生活安宁、祥和、深感荣耀,其中哲人……”,详见 A.Asher,*The Itinerary of Benjamin of Tudela*, Vol.1,p.100;Marcus Nathan Adler,*The Itinerary of Benjamin of Tudela*,p.39。

马库斯·南森·阿德勒提及亚设文本以及该文本的其他印本提到此地有 10 000 名犹太人;比西哈奇亚做出了同样的估计,但与亚设文本并不一致,其称学校主事者一度有 2 000 余名学生,其周围则约有 500 名学生。大英博物馆与罗马卡萨纳特瑟图书馆收藏手稿解决了关于犹太人数量不一致的记述,皆称有 40 000 余名犹太人。在这些注释中确定这些手稿中所呈现的关于所有地区比较好的记述,让人感到十分生厌。然而,学生将会发现亚设所遇到的很多异常(记述)现在将会被去除。以上诸内容,详见 Marcus Nathan Adler,*The Itinerary of Benjamin of Tudela*,p.38,n.1。

此处的学校即犹太人耶希瓦。马库斯·南森·阿德勒此处认为亚设文本关于巴格达犹太人数量之记载应与实际情况有所出入,并援引大英博物馆与罗马卡萨纳特瑟图书馆收藏手稿予以说明。比西哈奇亚关于巴格达犹太人之记载,详见 Pethachia,*Travels of Rabbi Pethachia of Ratisbon*, pp.15-17。——译者

18 马库斯·南森·阿德勒谓之“他是利未人,其谱系可追溯至我们的拉比摩西”,亚设则未提及此,详见 Marcus Nathan Adler,*The Itinerary of Benjamin of Tudela*,p.39。

此处所言大学校应指第一所学校,似因其地位重要,故如此称之。另此处所言犹太人学校的主事者与苏拉与普穆贝迪塔犹太人学校主事者格昂尼姆有别,下同。如上文注释所言,格昂尼姆专指 6—11 世纪期间苏拉与普穆贝迪塔犹太人学校主事者。——译者

19　亚设谓之“利未人首领为第二所学校主事者，……埃拉扎尔·本·采马赫一位研究大家，为已经安息的先知撒母耳的后裔，……”马库斯·南森·阿德勒谓之“利未人首领拉比哈纳尼亚为第二所学校主事者，……拉比埃拉扎尔·本·采马赫祭礼的主事者，为已经安息的哥辖人先知撒母耳的后裔，……”，详见 A. Asher, *The Itinerary of Benjamin of Tudela*, Vol.1, p.100; Marcus Nathan Adler, *The Itinerary of Benjamin of Tudela*, p.39。

先知撒母耳的谱系可以追溯至哥辖人，详见《旧约·历代志》(上，6:3—15)。哥辖人为利未支派其中一个分支，为利未之子哥辖族人，《旧约·民数记》(3:17)记载：“利未众子的名字是革顺，哥辖，米拉利。”——译者

20　亚设谓之 R.Chasadiah、R.Chagi，马库斯·南森·阿德勒谓之 R. Hisdai、R.Haggai，两人所言皆音近，所指相同，详见 A.Asher, *The Itinerary of Benjamin of Tudela*, Vol.1, p.100; Marcus Nathan Adler, *The Itinerary of Benjamin of Tudela*, p.39。

21　亚设谓之 R.Sakhai B.Bosthenai，马库斯·南森·阿德勒谓之 R. Zakkai B.Bostanai，两者音近，所指相同，详见 A. Asher, *The Itinerary of Benjamin of Tudela*, Vol.1, p.101; Marcus Nathan Adler, *The Itinerary of Benjamin of Tudela*, p.39。

22　亚设谓之“这些人皆被称为巴塔尼姆(Bathanim)，即‘好闲者’，因为他们唯一的职业就是处理公共事务”，马库斯·南森·阿德勒谓之“这是十位巴塔尼姆，他们只从事公共事务”，详见 A.Asher, *The Itinerary of Benjamin of Tudela*, Vol.1, p.101; Marcus Nathan Adler, *The Itinerary of Benjamin of Tudela*, p.39。

马库斯·南森·阿德勒提及巴塔尼姆在《塔木德》中常被用于指那些全身心投入到公共事务的学者，详见 Marcus Nathan Adler, *The Itinerary of Benjamin of Tudela*, p.39, n.2。

Bathanim，源自希伯来语בטלים，为好闲之意。此处指这些人只从事公共事务，并不参与日常生产工作。——译者

23　亚设谓之“除周一之外，他们每天都在给此地的犹太人维护正义；周一会众则是在格昂雅各学校的主事者拉比撒母耳主持之下聚在一起，其为每一位请愿者带正义，并得到十位学校主事者巴塔尼姆的帮助”，马库斯·南森·阿德勒谓之“除了一周的第二天之外，他们每天为同胞犹太人主持公道；其与其他学校的主事者巴塔尼姆一起为每一位在其面前的人主持公道”，详

见 A.Asher,*The Itinerary of Benjamin of Tudela*, Vol.1,p.101;Marcus Nathan Adler,*The Itinerary of Benjamin of Tudela*,p.39。

在犹太人礼拜之中,周日作为一周的开始,因此一周的第二天即指周一。拉比撒母耳亦应属于巴塔尼姆,因此亚设所言拉比撒母耳得到十位学校主事者巴塔尼姆的帮助似有不妥,应为得到其他九位之帮助。——译者

24　亚设谓之 R.Danile Ben Chisdai 以及其拥有被囚禁之王子以及君主等头衔,马库斯·南森·阿德勒谓之 R.Danile Hisdai,其拥有"我们的君主以及所有以色列人被囚禁的首领"等头衔,其中 R.Danile Ben Chisdai 与 R. Danile Hisdai 音近,所指相同,详见 A.Asher,*The Itinerary of Benjamin of Tudela*, Vol.1,p.101;Marcus Nathan Adler,*The Itinerary of Benjamin of Tudela*,p.39。

马库斯·南森·阿德勒提及最后的流散宗主为 1040 年的希西家,这些流散宗主的谱系可以经所罗巴伯(Zerubbabel,犹大国王约雅斤之孙)追溯至大卫。哈斯德的谱系可以追溯至希勒尔,其母系来自王室(Graetz,Vol.VI, note.10)。比西哈奇亚提到他到达巴格达一年之前但以理去世。但以理的侄子大卫与大学校主事者拉比撒母耳共同成为流散宗主,撒母耳对整个亚洲犹太人群体有着最高的权威。撒母耳仅有一位女儿,并学习圣经与《塔木德》。她在房间中通过一扇窗户接受指导,下面的学生无法看到她。本杰明的记载显示流散宗主的职位此时得到了复兴,这里所提及的哈里发应为穆卡塔菲,其前任为哈里发穆斯塔舍德(Mostanshed,1092—1135 年)。以上诸内容,详见 Marcus Nathan Adler,*The Itinerary of Benjamin of Tudela*, pp.39-40,n.4,n.1。

此处的被囚禁的王子指流散的犹太人宗主,被囚禁是说明其流散的状态。如上文注释所言,一般认为巴比伦最后一位流散宗主为希西家,其于 1040 年去世。但是,之后又有犹太人偶尔也被称为流散宗主,如本杰明所记之拉比但以理·哈斯德(1160—1174 年)以及其父哈斯德等。穆卡塔菲时期善待犹太人,竭力恢复犹太人的自治,甚至在其任内出现了新的流散宗主哈斯德,详见 Simon Dubnov,*History of Jews*,New Jersey:South Brunswick, Vol.2,pp.800-801。穆卡塔菲的前任应为哈里发阿尔-拉什德(Ar-Rashid, 1109—1138 年),其于 1135—1136 年在位,为穆斯塔舍德之子。比西哈奇亚对但以理逝世以及撒母耳之女学习《圣经》与《塔木德》之记述,详见 Pethachia,*Travels of Rabbi Pethachia of Ratisbon*, pp.17-19。因古代犹太人妇

女并不能学习圣经等犹太经典,故撒母耳之女方才如此隐蔽地学习。——译者

25　亚设谓之"他为所有犹太会众的大统领",马库斯·南森·阿德勒谓之"他统治所有以色列会众,因此其及其后裔受穆罕默德的命令",详见 A. Asher, *The Itinerary of Benjamin of Tudela*, Vol.1, p.101; Marcus Nathan Adler, *The Itinerary of Benjamin of Tudela*, p.39。

马库斯·南森·阿德勒提及本杰明的记载显示流散宗主的职位此时得到了复兴,这里所提及的哈里发应为穆卡塔菲,其前任为哈里发穆斯塔舍德,详见 Marcus Nathan Adler, *The Itinerary of Benjamin of Tudela*, pp.39-40。

Saidna ben Daoud 在阿拉伯语中为"大卫王后裔贵族"之意。埃米尔穆米尼,即上文注释所言信仰领袖之意,指阿拉伯帝国哈里发。如马库斯·南森·阿德勒所言此处应指哈里发穆卡塔菲。——译者

26　亚设谓之"……在王子面前起身王子起身,……还是任何其他信仰的臣民……"马库斯·南森·阿德勒谓之"……在王子(流散宗主)面前起身,……还是其治下的任何其他族群……",详见 A. Asher, *The Itinerary of Benjamin of Tudela*, Vol.1, p.102; Marcus Nathan Adler, *The Itinerary of Benjamin of Tudela*, p.40。

27　亚设谓之"每次当他觐见国王之时",马库斯·南森·阿德勒谓之"每五天当他觐见大哈里发之时",详见 A. Asher, *The Itinerary of Benjamin of Tudela*, Vol.1, p.102; Marcus Nathan Adler, *The Itinerary of Benjamin of Tudela*, p.40。

28　亚设谓之"身着以刺绣织成的服饰,头戴大头巾,头巾被白布覆盖,顶上还镶有一个项圈",马库斯·南森·阿德勒谓之"身着以刺绣织成的长袍,头戴大头巾,一条大白布悬吊在头巾之上,头巾上镶有一个项圈,项圈上则刻有阿拉伯数字",详见 A. Asher, *The Itinerary of Benjamin of Tudela*, Vol.1, p.102; Marcus Nathan Adler, *The Itinerary of Benjamin of Tudela*, p.40。

29　马库斯·南森·阿德勒提及此节内容,亚设则并未言及,详见 Marcus Nathan Adler, *The Itinerary of Benjamin of Tudela*, p.40。

"圭必不离犹大,杖必不离他两脚之间,直等示罗来到,万民都必归顺。"出自《旧约·创世记》(49:10)之记载。此处指雅各对其子犹大的赞美与期

望。“他两脚之间”指犹大的后裔；Shiloh，源自希伯语שילה，为平安之地或赐予平安之意，与上文注释所言示罗之地并不相同。此句意为犹大后裔必将长久掌握王权。此处显示伊斯兰教对圣经中的律法之尊崇以及穆斯林对犹太人君主或王子之尊敬。——译者

30 亚设谓之“美索不达米亚，波斯，呼罗珊，示巴，迪亚贝克，亚美尼亚，亚拉腊山附近的科塔之地，阿兰人之地——其地被群山封闭，仅有一座铁门可供出入，此铁门由亚历山大所建”，马库斯·南森·阿德勒谓之“示拿，波斯，呼罗珊，示巴，迪亚·卡拉奇，又迪亚贝克贝克，阿拉姆·拿哈拉易姆（美索不达米亚），亚拉腊山地区的居民，阿兰之地——其地被群山封闭，仅有一座铁门可供出入，此铁门由亚历山大所建，但是之后遭到破坏”，其中 Khorassan 与 Khurasan，S'ba 与 Sheba 音近，所指相同，详见 A. Asher, *The Itinerary of Benjamin of Tudela*, Vol. 1, p. 102; Marcus Nathan Adler, *The Itinerary of Benjamin of Tudela*, p.40。

马库斯·南森·阿德勒提及整个中世纪时期阿兰人占领了格鲁吉亚以及高加索地区。关于亚历山大所建制铁门，裕尔在《马可波罗行纪》中的注释中提到本杰明是首位提到此通道的欧洲旅行者，详见 *Travels of Ser Marco Polo*, edit., Henry Yule, 3rd edition, London, John Murray, chap. iii。本杰明与马可波罗皆提到一个普遍的认识，即那时亚历山大曾穿越德本得（Derbend）通道。突厥语中仍称其为“Demis-Kapi”，即铁门之意；波斯人则专称其为“Sadd-i-Iskandar”，即亚历山大堡垒之意。然而，罗德·科岑（Lord Curzon）最终证实，即在阿贝拉（Arbela）战之后，亚历山大军队追讨大流士所经的通道并不位于德本得，详见 Lord Curzon, *Persian and the Persians*, Vol. 1, p.293。阿里安（Arrian）曾著描述亚历山大远征征战的《远征记》，曾提及以亚历山大军队行军速度而论，此通道距离剌吉思（Rages）约一天行程——剌吉思为《多比传》（*Book of Tobit*）所提及的著名城市。但是，德本得距离剌吉思则 500 英里以远。科岑认为，希达拉（Sirdara）通道——其位于前往马什哈德（Meshed）途中，距离德黑兰（Teheran）约 40 英里，应为亚历山大军队所经之隘口，斯皮格尔（Spiegel）、德卢森（Droysen）、逊德勒（Schindler）等亦认为如此。我个人认为马可波罗所记地理没有本杰明可靠。在上述所提及的《马可波罗行纪》第三章中，马可波罗提及幼发拉底河流入里海。以上诸内容，详见 Marcus Nathan Adler, *The Itinerary of Benjamin of Tudela*, pp.40-41, n.3。

示拿，即 Shinar，希伯来语中指美索不达米亚。示巴为位于阿拉伯半岛南部的王国，其具体位置可能为今埃塞俄比亚与也门等地。《旧约·列王记》（上，10:1）记载："示巴女王听见所罗门因耶和华之名所得的名声，就来要用难解的话试问所罗门。"迪亚贝克或迪亚·卡拉奇，地望不可考；Aram Naharaim 即希伯来语ארם נהרים音译，指美索不达米亚地区。如上文注释所言，亚拉腊山位于今土耳其东北部地区，科塔具体地望不可考；阿兰人为古代占据黑海以及西伯利亚南部的草原游牧民族，4 世纪被匈奴人所灭，大部分加入了匈奴人的联盟，后又迁徙至西方，亦有少数躲入山地一带，本杰明此处所言应是指仍旧生活在黑海一带山地地区的阿兰人。呼罗珊，指波斯东北部地区，意为"太阳升起之地"。德本得，即今位于德本特（Derbent），其地位于里海南部沿岸地区，属俄罗斯达吉斯坦（Dagestan）共和国领地。阿贝拉战役，即高加米拉战役（Gaugamela），指公元前 331 年亚历山大军队与大流士军队在今摩苏尔附近地区所发生的战争。此战导致了波斯帝国的灭亡。阿里安（86/89—146/160 年），古希腊历史学家，著有《远征记》。剌吉思，今伊朗北部城市，又称雷伊（Rayy）。《多比传》，又称《多俾亚传》（*Book of Tobias*），曾被收入至圣经七十士译本之中，为天主教与东正教《旧约·圣经》中的一部分。Meshed，即 Mashhad，今伊朗西部城市马什哈德；德黑兰，今伊朗首都，位于伊朗北部。——译者

31 亚设谓之"西伯利亚，突厥人领地直至阿斯皮斯山，格鲁吉亚之地直至乌浒河，这些是圣经中的革迦撒人，信奉基督教，以及远至西藏与印度的省份与城市"，马库斯·南森·阿德勒谓之"西伯利亚，陀迦玛领地直至阿斯维山，戈尔甘之地——此地居民被称为戈尔甘人，居住在基训河畔，他们是革迦撒人，信奉基督教，以及远至撒马尔罕之门、西藏与印度之地"，其中 Sikbia 与 Sibcria，Girgashim 与 Girgashites 音近，所指相同，详见 A. Asher，*The Itinerary of Benjamin of Tudela*，Vol. 1，pp. 102-103；Marcus Nathan Adler，*The Itinerary of Benjamin of Tudela*，p.41。

马库斯·南森·阿德勒提及此处的 Gihon 可能为乌浒河，阿拉伯人称乌浒河为 Gaihūn。本杰明同代人拉巴德一世（Rabad I）提到戈尔甘之地，详见 Rabad I，*Sefer Hakabalah*。此处所提到的基督教可能为聂斯托利派基督教。以上诸内容，详见 Marcus Nathan Adler，*The Itinerary of Benjamin of Tudela*，p.41，n.1。

此处的 Turkmans 应指突厥人，陀迦玛如上文注释所言此处亦应指突厥

人。阿斯皮斯山或阿斯维山，具体地望不详，待考。乌浒河，即今中亚阿姆河之古称，《隋书》、《新唐书》与《旧唐书》等汉籍等记之为“乌浒水”，古希腊人称之为 Oxus。革迦撒人为迦南的后裔，居住在加利利海以东的迦南地区，如《旧约·创世记》(10:15—16)记载：“迦南生长子西顿，又生赫，和耶布斯人，亚摩利人，革迦撒人。”亦可详见《旧约·创世记》(15:18—21)、《旧约·约书亚记》(24:11)。本杰明此处应是将生活在远至东方的乌浒河一带的人亦称为革迦撒人。聂斯托利派基督教创始人为聂斯托利(Nestorian，386—451年)，431 年聂斯托利派被东正教定为异端之后，主要在东方等地传播，在波斯、中亚等地信徒众多，故此处有可能为聂斯托利派基督教。因此，本杰明称之“他们为革迦撒人，信奉基督教”。

戈尔甘即今伊朗北部 Gorgan 地区。基训河为圣经所记从伊甸园中流出的四条河流之一，其余三条分别为幼发拉底河、底格里斯河与比逊河(Pishon)。Gihon，希伯来语为גיחון，意为涌出。《旧约·创世记》(2:10—13)记载：“有河从伊甸流出来，滋润那园子，从那里分为四道。……第二道河名叫基训，就是环绕古实(Cush)全地的。”古实，为含的儿子，《旧约·创世记》(10:6)记载：“含的儿子是古实，麦西，弗，迦南。”古实之地为古实后裔所居之地，关于其地望，众说纷纭，如红海两侧地区、美索不达米亚中部的基实(Kish)地区，乃至埃塞俄比亚、兴都库什山脉等，因此基训河之地望亦难有定论。中世纪时期阿拉伯人又经常以 Jayhoun，亦即 Gaihūn——其即为圣经所记之基训河，称呼乌浒河。因此，马库斯·南森·阿德勒认为此处的基训河应为乌浒河，此与亚设文本所记一致。亚设文本与马库斯·南森·阿德勒文本此处关于 Georgians 与 Gurgan 的拟音差异较大，位于伊朗北部的戈尔甘人应不可能生活在乌浒河畔，故马库斯·南森·阿德勒文本所言之 Gurgan 有待商榷。马库斯·南森·阿德勒所言拉巴德一世应指亚伯拉罕·伊本·多德(Abraham Iben Daud，1110—1180 年)，西班牙犹太人、哲学家，其常被称为拉巴德一世——Rabad 为 Abraham Iben Daud 首字母缩写，亦即ראבד。——译者

32　亚设谓之“即使他们来自很远的地区亦要为其奉上赠品与珍贵的礼物”，马库斯·南森·阿德勒谓之“并从世界的尽头带来贡品与礼物”，详见 A.Asher, *The Itinerary of Benjamin of Tudela*, Vol.1, p.103; Marcus Nathan Adler, *The Itinerary of Benjamin of Tudela*, p.41。

亚设提及授职仪式סמיכה，由被囚禁的王子执行，即将手放在候任者的头

上，详见 A. Asher, *The Itinerary of Benjamin of Tudela*, Vol. 1, p. 103, n.b。

希伯来语סמיכה，即按手礼之意，流散宗主通过此礼授予候任者职权。——译者

33 亚设谓之“任何人都不敢剥夺……每年……而且是一位杰出的学者，亦非常好客，每天都有很多以色列人与其共同进餐”，马库斯·南森·阿德勒谓之“任何人都不敢以武力剥夺他的财物……每周……精通《圣经》与《塔木德》，每天都有很多以色列人与其共同进餐”，详见 A. Asher, *The Itinerary of Benjamin of Tudela*, Vol. 1, pp. 103-104; Marcus Nathan Adler, *The Itinerary of Benjamin of Tudela*, p.41。

34 亚设谓之“会给国王或哈里发与王公贵族呈送很多钱财。在就职仪式上，他将手放在国王或哈里发的手上，然后在各式乐器的演奏声中，坐在王室马车……之后则将手放在那些大学文士之上”，马库斯·南森·阿德勒谓之“会给哈里发与王公大臣呈送很多钱财。那天哈里发为他主持就职仪式，赋予其职权……流散宗主将手放在研究机构主事者的头上，以此任命、赋予其职位”，详见 A. Asher, *The Itinerary of Benjamin of Tudela*, Vol. 1, p.104; Marcus Nathan Adler, *The Itinerary of Benjamin of Tudela*, pp.41-42。

马库斯·南森·阿德勒提及流散宗主的就职仪式与埃及纳第德（Nagid，详见上文注释）就职仪式之比较将会十分有趣，详见 *J.Q.R.* IX. p.717。以上诸内容，详见 Marcus Nathan Adler, *The Itinerary of Benjamin of Tudela*, p.42, n.1。

此处的大学或研究机构即指犹太人耶希瓦，其主事者则不应为格昂，因为格昂专指 6—11 世纪期间苏拉与普穆贝迪塔耶希瓦的主事者，此处则仅指耶斯瓦的负责人。——译者

35 亚设谓之正厅前座，马库斯·南森·阿德勒谓之座位，详见 A. Asher, *The Itinerary of Benjamin of Tudela*, Vol.1, p.105; Marcus Nathan Adler, *The Itinerary of Benjamin of Tudela*, p.42。

亚设提及约柜即《摩西五经》的存放地，通常位于会众座位的高处，详见 A.Asher, *The Itinerary of Benjamin of Tudela*, Vol.1, p.105, n.a。

底格里斯河横穿巴格达，巴格达城主要城区在河东，被称为鲁萨法（Al-Rusafa），河西则被称为卡尔赫。圣约柜，即约柜，源自希伯来语אָרוֹן קֹדֶשׁ，为

犹太人圣物，里面存放着上帝与犹太人所订立的契约，即先知摩西在西奈山上从上帝处得来的两块十诫石板。以色列人在旷野流浪之时，约柜被放置在至圣所中，直到第一圣殿建立，被放置在圣殿之中。公元前6世纪，第一圣殿被新巴比伦王国摧毁后，约柜消失。圣经中最后一次提及约柜是在《旧约·耶利米书》(3:16)中，记载："耶和华说，你们在国中生养众多。当那些日子，人必不再提说耶和华的约柜，不追想，不记念，不觉缺少，也不再制造。"之后关于约柜下落一直不明。犹太会堂中的约柜中则存放着《托拉》，即《摩西五经》，此为犹太会堂最为神圣的地方。——译者

36　亚设谓之"巴格达城方圆3英里，……美索不达米亚……此地亦有很多充满智慧、通晓科学的哲学家以及精通所有巫术的魔术师"，马库斯·南森·阿德勒谓之"巴格达城方圆20英里，……示拿……智慧的人生活在这里，哲学家通晓所有智慧，魔术师精通所有巫术"，详见A.Asher，*The Itinerary of Benjamin of Tudela*，Vol.1，p.105；Marcus Nathan Adler，*The Itinerary of Benjamin of Tudela*，p.42。

马库斯·南森·阿德勒所言巴格达城方圆20英里似更符合巴格达城之规模，亚设所言似应指前文所述哈里发在巴格达宫殿之规模。——译者

二十八、伽黑甘（伽兹甘）、巴比伦、希拉与拿帕查（卡夫里）

从巴格达经行两日到达伽黑甘（Gihiagin）［伽兹甘（Gazigan）］或拉斯·艾恩（Ras-Al-Aien），即“大城”利鲜（Resen）。[1] 这里有 5 000 余名犹太人以及一座大犹太会堂［拉巴（Rabbah）犹太会堂位于此城中心地带］。……（拉巴）的坟墓位于犹太会堂附近的房子之中；该墓下面埋葬着他的 12 位门徒。[2]

从伽黑甘（伽兹甘）经行一日到达巴比伦，即古代巴比伦城 65
(Babel)。此地现在是一片废墟，但是街道却延伸至 30 英里以远（此地方圆 30 英里都是一片废墟）。尼布甲尼撒（Nebuchadnetsar）［尼布甲尼撒（Nebuchadnezzar）］宫殿的废墟仍旧可见；但因废墟中的蛇蝎成灾，人们不敢进入宫殿之内。[3]

距离此地 20 英里（在此地附近 1 英里）的范围之内约有 20 000（3 000）名犹太人。他们在但以理犹太会堂中进行祷告，但以理已经安息！这座犹太会堂历史久远，由但以理用坚固（粗糙）的石头与砖块所建。[4]

游人亦可在尼布甲尼撒宫殿旁（犹太会堂与尼布甲尼撒王宫殿之间）看到燃烧的火窑。哈拿尼雅（Chananiah）［哈拿尼雅（Hananiah）］、米煞（Mishael）、亚撒利雅（'Asariah）［亚撒利雅（Azariah)]等曾被扔进火窑之中;火窑位于一个山谷之中,众人对此均已知晓。[5]

从巴比伦城经行 5 英里(法尔萨赫)到达希拉(Hillah)。[6] 此地约有 10 000 名犹太人(以色列人)与四座犹太会堂,分别为拉比梅厄(R.Meier)[拉比梅厄(R.Meir)]犹太会堂——其墓地位于此犹太会堂前面、[马尔·科什沙(Mar Keshisha)犹太会堂——其墓地位于此犹太会堂前面]、拉比扎伊里·本·哈马(R.S'iri Ben Chama)[拉比扎伊里·本·哈马(R.Zeiri Ben Chama)]犹太会堂、拉比马里(R.M'iri)[拉比马里(R.Mari)]犹太会堂。[7] 犹太会众每天在这些犹太会堂中祷告。

从希拉经行 4 英里到达(巴比伦)塔。此塔为分散(语言混乱)的那代人所建,建筑所用的砖块被称为阿古尔(Al-ajur)[阿古尔(Agur)]。[8] 塔的底座长 2 英里,塔的宽度为 240 码(40 腕尺)、高

66 100 卡纳(Canna)(200 腕尺);从塔的 10 码处建有一条螺旋状的通道,直通塔顶(在每 10 腕尺处有一个斜坡环绕在塔周围,凭此可直通塔顶)。[9](由于此地非常平整)在塔顶可以展望方圆 20 英里的地区,此地为一片宽阔的平原,非常平整。天火曾侵袭此塔,并(从塔中间)一直劈入其底座深处。[10]

从此塔经行半日到达拿帕查(Napacha)[卡夫里(Kaphri)]。[11] 此地有 200 余名犹太人以及拉比艾萨克·拿帕查(R.Jitschak Napacha)[拉比艾萨克·拿帕查(R.Isaac Napcha)]犹太会堂——其墓地就位于该犹太会堂前。[12]

注释

1 亚设谓之伽黑甘或拉斯·艾恩,即"大城"利鲜,马库斯·南森·阿德

勒谓之伽兹甘,即利鲜,其中 Gihiagin 与 Gazigan,为拟音差异所致,所指应相同,详见 A. Asher, *The Itinerary of Benjamin of Tudela*, Vol. 1, p. 105; Marcus Nathan Adler, *The Itinerary of Benjamin of Tudela*, p.42。

亚设提及现代东方学家已认为利鲜的具体地望已不可能确定;如比肖夫以及默勒等,将利鲜与拉斯·艾恩考订为伽黑甘即"利鲜或拉斯·艾恩",明显是错误的。据白金汉所言,本杰明经行两天所到达的伽兹甘似应为现在地图上的菲鲁甘(Felugia),本杰明没有将此地考订为被认定的巴比伦地区,却认为其为圣经中的大城利鲜,应是据此地所存留的大量废墟而得出此种推测(Buckingham, *Mesopotamia*, II, 426)。以上诸内容,详见 A. Asher, *The Itinerary of Benjamin of Tudela*, Vol.2, p.136。

利鲜,为古实之子宁录(Nimrod)所建的城市,位于尼尼微与迦拉(Calah,位于今摩苏尔城以南约 30 公里处)之间。《旧约·创世记》(10:12)记载:"和尼尼微,迦拉中间的利鲜,这就是那大城。"关于利鲜具体地望目前并不得知;但据圣经记载,其地应位于古代亚述境内,今伊拉克北部地区。巴格达距离迦拉近 400 公里,故据本杰明行程判断,伽黑甘或伽兹甘不应为利鲜。Ras-Al-Aien 应为 Resen 之转音。菲鲁甘,即今伊拉克之费卢杰(Fallujah),其地位于巴格达以西约 70 公里处,与普穆贝迪塔紧邻,亚拉姆语中的普穆贝迪塔甚至即指菲鲁甘地区;此地为历史上重要的犹太人学术中心。费卢杰距离下文即将提到的巴比伦城约 150 公里,似乎一天之内难以从该地到达巴比伦城,故伽黑甘或伽兹甘是否为菲卢杰仍待商榷。——译者

2 亚设谓之"一座大犹太会堂……(拉巴)的坟墓",马库斯·南森·阿德勒谓之"拉巴犹太会堂位于此城中心地带,拉巴的坟墓",详见 A. Asher, *The Itinerary of Benjamin of Tudela*, Vol.1, p.105; Marcus Nathan Adler, *The Itinerary of Benjamin of Tudela*, p.42。

亚设提及所有手稿中都缺失了此犹太会堂的名字,详见 A. Asher, *The Itinerary of Benjamin of Tudela*, Vol.1, pp.105-106。

马库斯·南森·阿德勒提及拉巴为一位著名的哲人,其名字多次在《塔木德》中出现,详见 Marcus Nathan Adler, *The Itinerary of Benjamin of Tudela*, p.42, n.2。

亚设所言显然是对马库斯·南森·阿德勒所使用的文稿并不知晓。——译者

3 亚设谓之"此地现在是一片废墟,但是街道却延伸至 30 英里以远。

尼布甲尼撒(Nebuchadnetsar)宫殿的废墟仍旧可见”,马库斯·南森·阿德谓之“此地方圆30英里都是一片废墟。尼布甲尼撒(Nebuchadnezzar)宫殿的废墟仍旧可见”。其中Nebuchadnetsar与Nebuchadnezzar音近,所指相同,详见A.Asher, *The Itinerary of Benjamin of Tudela*, Vol.1, p.106; Marcus Nathan Adler, *The Itinerary of Benjamin of Tudela*, p.42。

亚设提及从伽黑甘经行一日到达古代巴比伦——古代巴比伦现在为一处很小的村庄,但在古代则是伊拉克最为重要的地区,整个巴比伦地区的名称就来源于此地,详见Ibn Haukal, p.70; Edrisi, II.160。如果行程是沿着幼发拉底河道乘船,这些地区则皆位于河流两岸。在此种时间、空间之下,很容易经行此段距离。本杰明此处依稀暗指尼布甲尼撒宫殿无法进入是因为魔鬼与野兽身居其中,但是他提及此宫殿,并认为其位于此地——此地的人们为恶魔、各种邪恶的灵魂以及爬行动物创造了居所,因此他所指的无疑是姆吉里贝(Mujellibé)丘陵——宫殿以及空中花园即位于此地,此地仅为时至今日仍被称为巴比伦地区的一部分。伦内尔与米格那(Mignan)认为姆吉里贝或姆吉里巴(Mujellibah)应该就是本杰明下文所提到的拜鲁斯(Belus)塔(详见下文)。针对此争议之处,我们所提到以上诸位作者以及里奇先生所记等提供了更多的信息。以上诸内容,详见A.Asher, *The Itinerary of Benjamin of Tudela*, Vol.2, p.136。

马库斯·南森·阿德勒提及圣经时期巴比伦曾被辛那赫里布(Sennacherib)占领,通过堵住幼发拉底河大坝,水漫该地,城市被摧毁。尼布甲尼撒重建此城,为自己在此建立了一座壮观的宫殿(Kasr,阿拉伯语中为宫殿、城堡之意),以及贝尔(Bel)庙。希罗多德对位于此大都市的大厦以及住所有着详细的描述,此地约方圆50英里(Herodotus, I, pp.178-189)。薛西斯(Xerxes)摧毁了此城。亚历山大大帝曾尝试重建贝尔庙,但是仅移走此处的废墟就动用了一万人,花费了两个月时间,因此最终放弃了这个计划。最近,德国人对此废墟进行了发掘。引导幼发拉底河与底格里斯河的河堤已经被移拆除,现在整个巴比伦地区为一片沼泽,瘴气遍布。耶利米(Jeremiah,公元前650—前585年)曾称:“她的城邑(巴比伦城)变为荒场,旱地,沙漠,无人居住,无人经过之地。”以上诸内容,详见Marcus Nathan Adler, *The Itinerary of Benjamin of Tudela*, p.42, n.3。

如上文注释所言,Babel,即希伯来语בבל音译,指巴比伦城,又名巴别。《旧约·创世记》(10:10)记载:“他国的起头是巴别(巴比伦),以力,亚甲,甲尼,都在示拿地。"亦可详见《旧约·创世记》(11:9)、《列王记》(下,17:24)等。巴比伦为美索不达米亚地区重要的历史名城,幼发拉底河从此城横穿而过,位于巴格达以南,历史上曾作为新巴比伦王国首都;今巴比伦遗址距离巴格达约80公里。由于巴比伦城之影响,美索不达米亚南部地区亦被称为巴比伦尼亚(Babylonia)。贝尔庙位于今叙利亚巴尔米拉地区,用于供奉美索不达米亚地区的贝尔神。历史上贝尔庙曾几次被摧毁,最晚的一次重建为32年左右;2015年8月占领叙利亚的"伊斯兰国"将此庙摧毁。此处的尼布甲尼撒即指新巴比伦王国国王尼布甲尼撒二世。辛那赫里布(?—公元前681年),亚述国王;薛西斯(公元前519—前465年),波斯国王。——译者

4 亚设谓之"距离此地20英里的范围之内约有20 000名犹太人。……坚固的石头",马库斯·南森·阿德勒谓之"在此地附近1英里的范围之内约有3 000名犹太人。……粗糙的石头",详见 A.Asher, *The Itinerary of Benjamin of Tudela*, Vol.1, p.106; Marcus Nathan Adler, *The Itinerary of Benjamin of Tudela*, pp.42-43。

亚设提及此处的20 000名犹太人可能是抄书员之误,本杰明在此处中断了自己的叙述。拉帕波特提及拉比比西哈奇亚亦提及但以理犹太会堂这一历史久远的祈祷场所,《塔木德》中亦曾提及(*Talmud*, tract., *Erubin*, 21. a);该犹太会堂周围3英里都是一片废墟。以上诸内容,详见 A.Asher, *The Itinerary of Benjamin of Tudela*, Vol.2, p.137。

亚设认为此处有20 000名犹太人可能为抄书员之误,说明其对该地有如此之多犹太人表示怀疑,故马库斯·南森·阿德勒文本所言3000名犹太人似更为接近事实。亚设文本此处所言内容似讹误颇多。亚设所言本杰明此处中断自己的叙述,似指本杰明在此处并未提及此地主要的犹太人士,而仅提及犹太人数量。此处的但以理,应为公元前6世纪被俘虏至巴比伦的但以理,圣经中有《但以理书》。但以理曾被掳往巴比伦,在巴比伦王国中任职,为尼布甲尼撒二世解梦。——译者

5 亚设谓之"游人亦可在尼布甲尼撒宫殿旁看到燃烧的火窑。哈拿尼雅(Chananiah)……亚撒利雅('Asariah)……"马库斯·南森·阿德勒谓之"游人亦可在犹太会堂与尼布甲尼撒王宫殿之间看到燃烧的火窑。哈拿尼雅(Hananiah)……亚撒利雅(Azariah)……"其中 Chananiah 与 Hananiah, 'Asariah 与 Azariah 音近,所指相同,详见 A.Asher, *The Itinerary of Benjamin of Tudela*, Vol.1, p.106; Marcus Nathan Adler, *The Itinerary of Ben-*

jamin of Tudela,p.43。

亚设提及伊本·亳盖勒与伊德里斯亦提及燃烧的火窑(Edrisi,l.c);前者言及火窑的灰烬仍存在,同样的传说在《密德拉什》中亦被提及,详见 A. Asher,*The Itinerary of Benjamin of Tudela*, Vol.2,p.137。

马库斯·南森·阿德勒提及杜拉(Dura)山谷在《旧约·但以理书》(3:1)中被提及,亦可详见 Berliner,*Beitrage zur Geographie und Ethongraphie Babyloniens*;Layard,*Nineveh and Babylon*, p.469;*Berachot*,57 b。以上诸内容,详见 Marcus Nathan Adler,*The Itinerary of Benjamin of Tudela*, p.43。

《旧约·但以理书》(3:1)记载:"尼布甲尼撒王造了一个金像,高六十肘,宽六肘,立在巴比伦省杜拉平原。"《旧约·但以理书》(3:9—23)记载:"他们对尼布甲尼撒王说,愿王万岁。……凡不俯伏敬拜的,必扔在烈火的窑中。……哈拿尼雅、米煞、亚撒利雅这三个人都被捆着落在烈火的窑中。"此山谷即位于杜拉平原中。——译者

6　亚设谓之 5 英里,马库斯·南森·阿德勒谓之 5 法尔萨赫,详见 A. Asher,*The Itinerary of Benjamin of Tudela*, Vol.1,p.106;Marcus Nathan Adler,*The Itinerary of Benjamin of Tudela*,p.43。

亚设提及希拉距离巴比伦城遗址约 5 英里,为一处古代之地。据阿布肥达所言,伊斯兰历 495 年(公元 1101—1102 年)此地被城墙环绕(Abulfeda,p.256),城中有最后一位伊玛目的著名清真寺(Ibn Batuta,p.45)。里奇称(现在)该城的建筑比较简陋,人口没有超过 6 000—7 000,主要有阿拉伯人与(1 000 名)犹太人;这些犹太人有一座犹太会堂(Rich,*Babylon*,p.49)。本杰明时期这里有 10 000 余名犹太人,相当于当时巴格达的犹太人数量。1 000 名(应为 10 000 名犹太人,亚设此处误称 1 000 名)犹太人,即本杰明所记巴格达犹太人数量,亦即希拉犹太人的数量;此处仅是改变了地名,犹太人人数则并未增减。以上诸内容,详见 A. Asher,*The Itinerary of Benjamin of Tudela*, Vol.2,pp.137-138。

希拉,位于今伊拉克中部地区,巴格达以南,幼发拉底河西岸,即《后汉书》所记载之"于罗国",其记之:"于罗国,安息国(即帕提亚帝国)界极矣。自此南乘海,乃通大秦(罗马)。"详见《后汉书》卷 88《西域传》,中华书局 1965 年版,第 2918 页。此地紧邻古代巴比伦城,今距巴比伦遗址约 12 公里。故此处马库斯·南森·阿德勒文本谓之 5 法尔萨赫较为符合两地实际距离,亚

设文本疑误。

伊斯兰教逊尼派与什叶派尊奉不同的伊玛目,并对伊玛目的认识有所不同。其中逊尼派常尊奉的伊玛目有四位,最后一位为伊玛目艾哈麦德·本·罕伯里(Ahmad ibn Hanbal,780—855 年);什叶派尊奉的伊玛目有 12 位,最后一位为穆罕默德·伊本·哈桑·马赫迪(Muhammad ibn Hasan al-Mahd,869—?),什叶派认为第 12 位伊玛目至今依然在世,只不过隐遁起来,直到世界末日就会复临人间,将公正带给世界。亚设引文中并未言明该清真寺属于哪一派伊玛目。——译者

7　亚设谓之"此地约有 10 000 名犹太人……与四座犹太会堂,分别为拉比梅厄犹太会堂……拉比扎伊里·本·哈马犹太会堂、拉比马里犹太会堂",马库斯·南森·阿德勒谓之"此地约有 10 000 余名以色列人……分别为拉比梅厄犹太会堂……马尔·科什沙犹太会堂——其墓地位于此犹太会堂前面、拉比扎伊里·本·哈马犹太会堂、拉比马里犹太会堂"。其中 R. Meier 与 R. Meir,R. S'iri Ben Chama 与 Rab Zeiri Ben Chama,R. M'iri 与 R. Mari 音近,所指相同,详见 A. Asher, *The Itinerary of Benjamin of Tudela*, Vol.1, pp.106-107; Marcus Nathan Adler, *The Itinerary of Benjamin of Tudela*, p.43。

施恩茨提及虽然拉比梅厄曾被记载前往巴比伦('Aboda Sara, 18.b),但据其他权威资料显示其住所应该在巴勒斯坦(Jerusal, Khilaim, end,卡莫利对此完全误解, *notes to Pethachia*, p.56)。然而,拉比本杰明与比西哈奇亚皆提及拉比梅厄的墓地位于希拉,后者更是明显指出(Pethachia, p.183)。此处梅厄为《密西拿》中的拉比梅厄。但是,很多文献亦提及梅厄的墓地位于太巴列,即他居住的地方(*Jichus*, p.41; *Iggereth Jichusta*, ed. Mantua, 1676; *Sikhron Jerushaluim*, ed.1759; *Midrash Kohelteh*, 101.c)。对拉比梅厄苦行传说的记载导致了将其墓地错误地置于希拉地区(*Tales* by R. Nissim),在这段记载中拉比梅厄也出现在巴比伦,然而作为一位充满奇迹的人(בעל הנס,意为"奇迹的人"),他被认为埋在基斯卡拉(Giskala)(*Jichus*, p.57),并被认为太巴列的拉比梅厄·卡泽(R. Meier Kazin)(Cod. Sorbonne, No.222)。拉比扎伊里·本·哈马生活在巴勒斯坦地区(Joma, 78.a),其埋葬在巴比伦并没有得到历史证实;拉比马里应与拉瓦(Rava)为同时代人,大约生活在 4 世纪上半叶。以上诸内容,详见 A. Asher, *The Itinerary of Benjamin of Tudela*, Vol.2, pp.138-139。

亚设文本此处仅提及三座犹太会堂,疑误。拉比梅厄为《密西拿》时期的一位杰出哲人,在《密西拿》中经常被提及。现在通常认为拉比梅厄被埋葬在太巴列地区,施恩茨所言拉比梅厄·卡泽即为埋葬在太巴列的拉比梅厄;《戈齐斯》所言基斯卡拉为加利利地区城市,在提尔附近地区。拉瓦,希伯来语为רבא,在《塔木德》中专指拉比阿巴·本·约瑟夫·巴·哈马(Abba ben Joseph bar Hama,280—352年)。——译者

8 亚设谓之"从希拉经行4英里到达塔。此塔为分散的那代人所建,建筑所用的砖块被称为阿古尔",马库斯·南森·阿德勒谓之"从希拉经行4英里到达巴比伦塔。此塔为语言混乱的那代人所建,建筑所用的砖块被称为阿古尔",其中Al-ajur与Agur音近,所指相同,详见A.Asher,*The Itinerary of Benjamin of Tudela*, Vol.1,p.107;Marcus Nathan Adler,*The Itinerary of Benjamin of Tudela*,p.43。

亚设提及此塔被附近的土耳其人、阿拉伯人与犹太人称为比尔斯·宁录(Birs Nemroud)。我们作者正确地指出巴比伦塔距离希拉约5英里,以阿古尔砖建造。Al-ajur源自波斯语,后被阿拉伯人所用,意为砖块(R.Thanchum in *Habakuk*,II.11 and in *Morshid rad*)。阿布瓦里德(Abulwalid)颇具权威地通过אלאגר将כפס翻译为כפיס——他进而言之אלאגר意为לבן מטבוך,即被烧的砖块,这是一种通过艺术形式形成的砖,并不是אבן,אבן为חגר מקטוע,即自然形成的石头(S.Munk)。以上诸内容,详见A.Asher,*The Itinerary of Benjamin of Tudela*, Vol.2,p.139。

马库斯·南森·阿德勒提及此塔位于波尔西帕(Borsippa)(*Bereshith Rabba*,chap.XXXVIII),此处所提及的废墟可能指比尔斯·宁录的废墟。拉亚德对其描述尤详,称:"土堆突出的高度为198英尺。顶部紧凑的块状物,是以砖建筑而成,高37英尺、宽28……在此塔一侧无上光荣的建筑底端则为此塔基柱被破坏的巨大残垣。砖块被烧焦,表面呈现透明状,融入到岩石般的建筑之中;这就显示其应是因遭受雷电而坍塌。该遗迹几乎从顶端到底端都被撕裂。无论如何,犹太旅行者所提到的螺旋状的通道现在都无迹可寻。"(Layard, *Nineveh and Babylon*, chap. XXII, p. 496)亦可详见T.K. Cheyne,"The Tower of Babel",in *the New Biblical Cyclopaedia*。尼布甲尼撒在他的波尔西帕铭文中曾记载此座从未完工的塔坍塌、腐烂,烧制而成的砖被撕裂。本杰明提到的阿古尔砖确实存在,详见《旧约·以赛亚书》(27:9):"所以雅各的罪孽得赦免,他的罪过得除掉的果效,全在乎此。就是他叫

祭坛的石头,变为打碎的灰石,以致木偶和日像,不再立起。”阿拉伯人现在仍然以阿古尔指烧制而成的砖。以上诸内容,详见 Marcus Nathan Adler, *The Itinerary of Benjamin of Tudela*, p.43, n.2。

《旧约・创世记》(11:4—9)记载:“我们要建造一座城和一座塔,塔顶通天,……免得我们分散在全地上。耶和华降临,要看看世人所建造的城和塔。耶和华说,看哪,他们成为一样的人民,都是一样的言语,如今既作起这事来,以后他们所要作的事就没有不成就的了。我们下去,在那里变乱他们的口音,使他们的言语彼此不通。于是,耶和华使他们从那里分散在全地上。……因为耶和华在那里变乱天下人的言语,使众人分散在全地上,所以那城名叫巴别(就是变乱的意思)。”因此本杰明此处便记载分散的、语言混乱的人建造此塔。巴别,即巴比伦,为希伯来语בבל拟音,原意为变乱。因此,此塔也被称为巴比塔,又称通天塔。波尔西帕为巴比伦地区重要历史城市,位于巴比伦城南部附近地区,又被称为 Birs Nimrud,即 比尔斯・宁录。巴比伦塔通常被认为位于该地,但此说未见确论。希伯来语כפס为宛如一条线或如一条线之意,כפיס意为光束;阿拉伯语אלאגר,可拟音为 alagar,亚设此处所引该词指לבן מטבוך,并称לבן מטבוך谓被烧的砖块之意——其中希伯来语לבן为白色之意。希伯来语אבן指石头,此处称חגר מקטוע为自然形成的石头之意,其中希伯来语חגר为弹出、跳跃之意,希伯来语קטוע为不连贯之意,故似指随意形成之意。此处据亚设注释译出对以上希伯来语之解释。——译者

9 亚设谓之“塔的宽度为 240 码、高 100 卡纳;从塔的 10 码处建有一条螺旋状的通道,直通塔顶”,马库斯・南森・阿德勒谓之“塔的宽度为 40 腕尺、高 200 腕尺;在每 10 腕尺处有一个斜坡环绕在塔周围,凭此可直通塔顶”,详见 A. Asher, *The Itinerary of Benjamin of Tudela*, Vol.1, p.107; Marcus Nathan Adler, *The Itinerary of Benjamin of Tudela*, p.43。

亚设提及我们作者言及此塔长 2 英里,似应指周长,甚全包括废弃的神庙及其垃圾堆。里奇先生测量此塔高度从地面至最高处的砖块为 235 英尺(Rich, p.167)。环绕此塔螺旋式的通道现在已并不明显,但我们作者所言可能是指八层,里奇与白金汉对此皆曾提及此,并描述之(Rich, l. c; Buckingham, l.c, II.368, 381)。此塔上升的形状呈金字塔状,整个高度由八层构成。在北侧与东侧,可以明显地看到其中的四层,从此塔废弃的外形中显现出来。以上诸内容,详见 A. Asher, *The Itinerary of Benjamin of Tudela*, Vol.2, pp.139-140。

卡纳为古代意大利长度单位,1卡纳约为2—3米。亚设所言,显示巴比伦塔被认为为八层建筑,另其与马库斯·南森·阿德勒皆援引资料说明此塔的通道已不存在。由于巴比伦塔尚未完全建成便遭破坏,加之历史久远,故关于其真实状况难以准确得知。——译者

10　亚设谓之“在塔顶可以展望方圆20英里的地区,此地为一片宽阔的平原,非常平整。天火曾侵袭此塔,并一直劈入其底座深处”,马库斯·南森·阿德勒谓之“由于此地非常平整,在塔顶可以展望方圆20英里的地区。天火侵袭此塔,并从塔中间一直劈入其底座深处”,详见A. Asher, *The Itinerary of Benjamin of Tudela*, Vol.1, p.107; Marcus Nathan Adler, *The Itinerary of Benjamin of Tudela*, p.43。

亚设提及拉比本杰明进而提及在塔顶可以看到方圆20英里的地区,更为具体地说此地广袤且非常平整,其所言极是。“塔的正面以及土地顶端的视野非常好。我们看到了克非(Kefel),即以西结的墓地,并被告知在早上可以清晰地看到阿里清真寺(Meshed Ali),位于10小时行程以远。”(Rich, p. 34; Forbes, *Mesopotamia*, II.24)。此地被天火摧毁的传说至今仍存在。这个传说应是源自里奇与上述其他作者所言巨大的建筑体被火烧之后的表面形状。以上诸内容,详见A. Asher, *The Itinerary of Benjamin of Tudela*, Vol.2, p.140。

先知以西结的墓地位于今伊拉克南部克非地区。Meshed在阿拉伯语中意为清真寺,阿里清真寺位于纳杰夫(Najaf)——纳杰夫位于巴格达南部约160公里处;该清真寺为什叶派伊斯兰教圣地。——译者

11　亚设谓之拿帕查,马库斯·南森·阿德勒谓之卡夫里,详见A. Asher, *The Itinerary of Benjamin of Tudela*, Vol.1, p.107; Marcus Nathan Adler, *The Itinerary of Benjamin of Tudela*, p.43。

亚设提及拿帕查应是托勒密所言之拿查巴(Nachaba)(Hudsom, *Gerog. min*, III, 9);现代地图上无法找到此地。仅有一位旅行者提及此地,即白金汉,其言:“根据本杰明记载,拿菲斯(Napheus)犹太会堂与墓地位于此地附近,此地约有200名犹太人,距离比尔斯(即波尔西帕)约半天行程,距离以西结的墓地约3里格(league)。我同意本杰明所记该地名称与距离,该地迄今亦是如此。”(Buckingham, *Mesopotamia*, II, 428)。以上诸内容,详见A. Asher, *The Itinerary of Benjamin of Tudela*, Vol.2, p.140。

亚设与马库斯·南森·阿德勒文本所言此地差异较大,为文本不同所

致。该地详细地望不可考,但据本杰明行程而言,其应位于波尔西帕附近地区。白金汉所言拿菲斯应为拿帕查之误。里格,为欧洲长度单位,1 里格约为 3 英里。——译者

12 亚设谓之 R.Jitschak Napacha,马库斯·南森·阿德勒谓之 R.Isaac Napcha,两者音近,所指相同,详见 A.Asher, *The Itinerary of Benjamin of Tudela*, Vol.1, p.107; Marcus Nathan Adler, *The Itinerary of Benjamin of Tudela*, p.43。

施恩茨提及拉比艾萨克·拿帕查生活在加利利,活跃于 3 世纪期间,约 280 年;他的墓地被认为在海法。然而,从《塔木德》中我们得知他也生活在巴比伦地区,且可能出生在该地(*Talmud*, *Sabbath*, 1126.d; *Moed Katon*, 24,b)。以上诸内容,详见 A.Asher, *The Itinerary of Benjamin of Tudela*, Vol.2, pp.140-141。

拉比艾萨克·拿帕查墓地存疑,尚不可考。——译者

二十九、以西结犹太会堂、克茨拿、艾因·亚法塔与库法

从拿帕查（卡夫里）经行3法尔萨赫到达先知以西结（J'cheskel）[以西结（Ezekiel）]犹太会堂，即以西结（Ezekiel），他已安息！[1] 此犹太会堂位于幼发拉底河畔，其前方为60座塔（炮塔）；每座塔（炮塔）之间有一座（小）犹太会堂；约柜位于最大一座犹太会堂（犹太会堂）正厅，祭司布斯之子以西结（J'cheskel Ben Busi the Cohen）的墓地（以西结的墓地）位于该犹太会堂后面。这座古迹上方为一座大圆顶，其建筑极为美观。[2] 犹大国王约雅斤（J'khoniah）[约雅斤（Jeconiah）]被以未米罗达（Evil M'rodakh）[以未米罗达（Evil-merodah）]释放之后，与追随他的35 000余名犹太人建此建筑。其位于迦巴鲁（Chaboras）河与另一条河之间[此地一侧为迦巴鲁（Chebar）河，另一侧为幼发拉底河]。[3] 约雅斤与追随他的所有犹太人的名字都刻在一面墙上，约雅斤的名字出
67 现在最前面，以西结的名字出现在最后面。

此地至今仍被（以色列人）视为（小）圣地，为来自远方之地的人们前来祷告的圣地之一，尤其在新年与赎罪日期间（来自远方之地的人们在新年与赎罪日期间前来此地祷告）。[4] 此时该地弹冠相庆，“被囚禁之王子”与巴格达学校（研究机构）的主事者甚至也加

入其中。他们的集会规模很大,其临时居所就遍布22英里的空地,以致吸引了很多阿拉伯商人前来举办集市或市场[阿拉伯商人也来到此地;如此大的集会宛如市场一般,被称为菲拉(Fera)]。[5]

在赎罪日那天,以西结所书写的大羊皮纸手稿将会被诵读(他们带来先知以西结在羊皮纸上所书写的律法卷轴,并在赎罪日那天被诵读)。[6]

在先知墓地中有一盏油灯日夜燃烧。自从先知点燃此油灯之后,便从未熄灭。灯油与灯芯经常被及时更换(直到今日)。圣所中有一间大房子;在此房子中存放有不计其数的书籍,其中一些属于第二圣殿时期,甚至有些属于第一圣殿时期。任何人死后若无子嗣(儿子),便会将他的书籍馈赠于此圣所;此种传统一直延续。此地居民常往此墓地,来自米底亚与波斯的异域犹太人为履行其誓言亦常到此(来自波斯与米底亚的犹太人常来到此地进行祈祷,并携带钱财;他们的同胞将这些钱财提供给先知以西结犹太会堂)。[7]

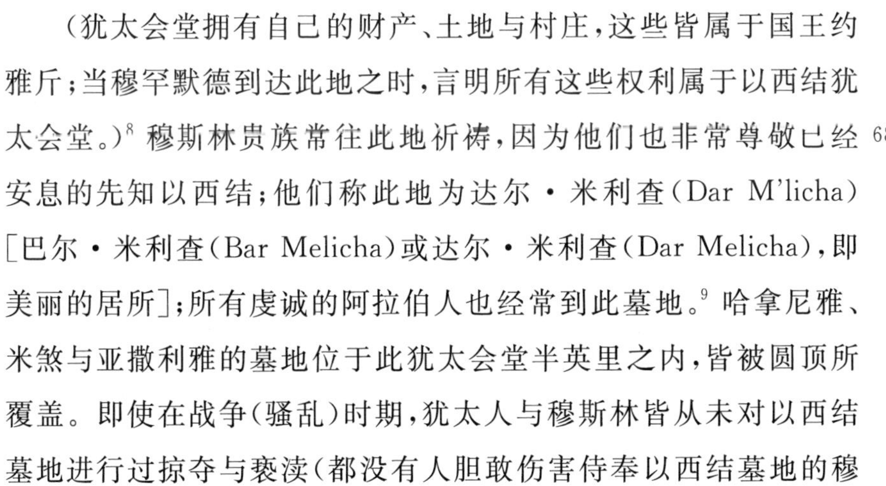

(犹太会堂拥有自己的财产、土地与村庄,这些皆属于国王约雅斤;当穆罕默德到达此地之时,言明所有这些权利属于以西结犹太会堂。)[8] 穆斯林贵族常往此地祈祷,因为他们也非常尊敬已经 68
安息的先知以西结;他们称此地为达尔·米利查(Dar M'licha)[巴尔·米利查(Bar Melicha)或达尔·米利查(Dar Melicha),即美丽的居所];所有虔诚的阿拉伯人也经常到此墓地。[9] 哈拿尼雅、米煞与亚撒利雅的墓地位于此犹太会堂半英里之内,皆被圆顶所覆盖。即使在战争(骚乱)时期,犹太人与穆斯林皆从未对以西结墓地进行过掠夺与亵渎(都没有人胆敢伤害侍奉以西结墓地的穆

斯林与犹太人)。[10]

从以西结犹太会堂经行 3 英里到达克茨拿(Al Kotsonaath)[克茨拿(Kotsonath)]。[11]此地约有 300 名犹太人。拉比帕帕(R. Papa)、拉比胡拿(R. Huna)、拉比约瑟夫·西奈(R.Joseph Sinai)以及拉比约瑟夫·本·哈马(R.Joseph B.Chama)[拉比约瑟夫·本·哈马(R.Joseph B.Hama)]的墓地位于此地;各自墓地前皆有一座犹太会堂,犹太人每日在其中祈祷。[12]

从克茨拿经行 3 法尔萨赫到达艾因·亚法塔(Ain Japhata)[艾因·斯法(Ain Siptha)]。[13]已经安息的先知伊勒歌斯的那鸿(Nachum the Elkoshite)的墓地位于此地。[14]从此地经行一日到达一座波斯人村庄[葡萄园村庄(Kefar Al-Keram)];拉比哈斯德(R.Chisdai)、拉比阿基巴(R. Akiba)、[亚撒利雅(R. Azariah)]、拉比多萨(R.Dossa)[拉比多萨(R.Dosa)]的墓地位于此村庄。[15]再经行半日到达另一座村庄——该村庄位于沙漠之中;拉比大卫、拉比犹大、[拉比阿巴吉(R.Abaji)]、拉比库布里(R.Kubreh)[拉比库德(R. Kurdiah)]、拉比舒拉(R. Schora)以及拉比阿巴(R. Aba)[拉比阿达(R.Ada)]墓地位于此村庄。[16]再经行一日到达莱
69 伽(Lega)[莱伽(Raga)]河畔;已经安息的西底家(Zidkiiahu)[西底家(Zedekiah)]国王墓地位于此——此墓顶为一座大圆顶。[17]

再经行一日到达库法。此地约有 70 000(7 000)名犹太人;约雅斤国王的墓地位于此地——此墓地由一处大建筑组成,前面有一座犹太会堂。(这里有一座穆斯林大清真寺,穆罕默德的女婿阿里·本·阿布·塔利卜(Ali ben Abu Talib)埋葬于此;穆斯林来到这里……)[18]

注释

1 亚设谓之“从拿帕查经行3法尔萨赫到达先知以西结(J'cheskel)犹太会堂,即以西结(Ezekiel),他已安息!”马库斯·南森·阿德勒谓之“从卡夫里经行3法尔萨赫到达先知以西结(Ezekiel)犹太会堂,即以西结,他已安息!”其中J'cheskel与Ezekiel音近,所指相同,详见A.Asher, *The Itinerary of Benjamin of Tudela*, Vol.1, p.107; Marcus Nathan Adler, *The Itinerary of Benjamin of Tudela*, p.43。

亚设提及针对这些墓地以及相似的古迹,此处需要指出的是通常情况下一些传统提及这些墓地以及相似的古迹,无非是为了从虔诚的游人手中获取钱财。如果我们了解穆斯林伊本·白图泰,以及知晓53册的《圣徒行传》(*Acta Sanctorum*)专门致力于记述基督教圣徒,我们不禁对拉比本杰明的谦逊感到敬佩,他作为一位犹太人,其所属于的宗教派别比其他两个加起来还要更为长久。以上诸内容,详见A.Asher, *The Itinerary of Benjamin of Tudela*, Vol.2, p.141。

亚设此处所言意在表达当本杰明提及犹太人历史古迹之时,并不如伊斯兰教徒与基督徒那般如此狂热,反倒是显得如此谦逊、平静。《圣徒行传》记载历史上基督教圣徒事迹,53册的《圣徒行传》在17—18世纪期间被编纂完成。——译者

2 亚设谓之“其前方为60座塔;每座塔之间……约柜位于最大一座犹太会堂正厅,祭司布斯之子以西结的墓地位于犹太会堂后面……”马库斯·南森·阿德勒谓之“其前方为60座炮塔;每座炮塔之间有一座(小)犹太会堂……约柜位于犹太会堂正厅,以西结的墓地位于犹太会堂后面”,详见A.Asher, *The Itinerary of Benjamin of Tudela*, Vol.1, pp.107-108; Marcus Nathan Adler, *The Itinerary of Benjamin of Tudela*, p.44。

亚设提及长期以来以西结墓地都是附近犹太人与穆斯林的朝圣之地——赫贝罗特称穆斯林敬称以西结为Khazkil;此墓地在伦内尔地图中可以找出,与尼布尔所增加的记述极为吻合。比西哈奇亚与阿查瑞兹(Alcharizi)对其皆有记述——前者以拙劣的散文记述之,后者则以优美、优雅的诗句描述之,他们皆在叙述中交织着当地的传统(Pethachia, p.197, ect.Seq.; Alcharizi, c.35),但是本杰明的叙述平淡无奇。在其所处时期,一位清醒的犹

太商人方才如此记之。在本杰明同代作家当中没有一人提到这一古迹;我们经常引用这些作家来说明我们的文本。在现代旅行者中,尼布尔首次对此墓地有所描述,其言:“12月25日,我从阿里清真寺向北经行4里格,直到克菲(Kefil),东北直到赫勒(Helle);这两个城市相距9里格或德国的7英里。克菲是阿拉伯人对以西结的称呼,每年约有成千犹太人参观以西结墓地。但是这位先知没有财宝、金银以及宝石。犹太人喜欢带这些礼物给他,穆斯林则并不乐意如此,但却停留很久之后方才离开。他们很高兴能够被允许到这里朝圣。先知的礼拜堂位于一座小塔之下,礼拜堂中只有此年代久远的墓地。此圣所的拥有者或守护者是一个阿拉伯家族,他们在这里拥有一座漂亮的小清真寺。这一尖塔(即指此座清真寺的尖塔)对土耳其人毫无用处,唯独表达对先知的爱。除了这个阿拉伯家族之外,还有大量旅行者,他们喜欢在这里停歇。以西结墓地、清真寺以及少数破旧的阿拉伯人住宅,被坚固的高墙环绕;经过30英尺与250台阶,或者绕过1200英尺。

据说来自库法(Cufa)的一位名叫苏莱曼(Soleiman)的犹太人出资修建此地;犹太人至今仍负责维护此地,因为他们从中得到了很多资助。”(Nibuhr,*Voyage*,II.216)。路梭言及:“在伊玛目侯赛因(Hussein)与伊玛目阿里之间,有一座圆顶建筑物,当地居民认为这就是以西结的墓地,虔诚的犹太人经常到此。”(Rousseau,*Description*,etc.p.77)克内尔称:“这是一座巨大而笨拙的建筑,没有美感与装饰,犹太朝圣者经常到此,自愿捐赠的钱财用于修缮此座建筑。”(Kinneir,p.282)据伦内尔地图显示,古代幼发拉底河河湾纳萨雷斯(Nahrsares)位于环绕着墓地周边地区,尼布尔认为其位于幼发拉底河以东约18英里。此种状况让我们亦采取了目前的译本,本杰明在上文对流散宗主的描述(即上文第102页第10行,即“大卫王后裔贵族”)——此记述并非指这里的墓地,适用于被囚禁的犹太国王。如我们作者所描述的那些一样,由于来自世界各地的人汇聚于此,便在此形成了市集;欧洲天主教国家,也在著名的朝圣之地附近形成了类似的市场。我们希望在以后对这些注释的完善中,能够对这一著名墓地现在的状况有更加完善的描述,并期望那些可能到达此地的旅行者,通过英语或法语地理协会,提供他们的观察。以上诸内容,详见 A. Asher, *The Itinerary of Benjamin of Tudela*, Vol.2, pp.141-143。

马库斯·南森·阿德勒提及尼布尔对他参观场地的情况进行了详细记述(Niebuhr,Vol.II,p.216);拉亚德在谈到比尔斯·宁录之时提到,在西南部远处可以看到克菲(Kifil)的棕榈树,极少的树荫遮蔽着圆顶,以西结墓地。有时这里人流如织,如同其父辈数个世纪以来那般,来自巴格达、希拉以及迦勒底(Chaldea)其他城市的犹太人……现在为一座朴实的建筑,装饰与手迹(应指约雅斤国王与其他犹太人的署名,下文即将提及)已经不再——手迹过去已被获取(Layard,*Nineveh and Babylon*,p.500)。阿查瑞兹在参观此墓之时,书写过一篇颂词(Alcharizi,chap.XXXV,L)。以上诸内容,详见 Marcus Nathan Adler,*The Itinerary of Benjamin of Tudela*,pp.43-44,n.3。

先知以西结的墓地位于今伊拉克南部克菲地区。以西结之父为布斯,其家族为祭司家庭;如上文所言,the Cohen 即希伯来语 הכהן,为祭司之意,指亚伦的后裔,故 J'cheskel Ben Busi the Cohen 译作祭司布斯之子以西结。路梭所言伊玛目侯赛因与伊玛目阿里应分别指侯赛因清真寺与阿里清真寺。伊玛目侯赛因(626—680 年),为阿里次子,穆罕默德外孙,为什叶派所尊奉的伊玛目。此处所言侯赛因清真寺位于今伊拉克卡巴拉地区——卡巴拉为伊拉克中部城市,位于巴格达西南约 100 公里处。伊玛目侯赛因即葬于此清真寺之中。亚设所言被囚禁的犹太国王即指犹大国王约雅斤。迦勒底,古代巴比伦南部地区,大致相当于今伊拉克南部与科威特地区;公元前 10—前 6 世纪,迦勒底人生活在此地,因此得名。——译者

3 亚设谓之“其位于迦巴鲁(Chaboras)河与另一条河之间”,马库斯·南森·阿德勒谓之“此地一侧为迦巴鲁(Chebar)河,另一侧为幼发拉底河”,其中 J'khoniah 与 Jeconiah,Evil M'rodakh 与 Evil-merodah 音近,Chaboras 与 Chebar 所指相同,详见 A.Asher,*The Itinerary of Benjamin of Tudela*,Vol.1,p.108;Marcus Nathan Adler,*The Itinerary of Benjamin of Tudela*,p.44。

约雅斤即曾被掳往巴比伦的犹大国王,详见上文注释。以未米罗达(?—公元前 560 年),新巴比伦王国国王、尼布甲尼撒二世之子;其曾释放犹大国王约雅斤。《旧约·列王记》(下,25:27)与《旧约·耶利米书》(52:31)记载:“犹大王约雅斤被掳后三十七年,巴比伦王以未米罗达元年十二月二十七日,使犹大王约雅斤抬头,提他出监。”迦巴鲁河通常被认为迦勒底之地的河流,《旧约·以西结书》记载:“在迦勒底人之地,迦巴鲁河边,耶和华的话特特临到布斯的儿子祭司以西结。耶和华的灵降在他身上。”亚设文本所言另一条河流即指幼发拉底河。——译者

4 亚设谓之“此地至今仍被视为圣地,为来自远方之地的人们前来祷告

的圣地之一，尤其在新年与赎罪日期间”，马库斯·南森·阿德勒谓之“此地至今仍被以色列人视为小圣地，来自远方之地的人们在新年与赎罪日期间前来此地祷告”，详见 A.Asher, *The Itinerary of Benjamin of Tudela*, Vol. 1, p.108; Marcus Nathan Adler, *The Itinerary of Benjamin of Tudela*, p.44。

亚设提及犹太新年到赎罪日这段日期为从提斯利月(Tishrei)1日到10日(即9月末到10月初)，详见 A. Asher, *The Itinerary of Benjamin of Tudela*, Vol.1, p.108, n.b。

犹太新年，希伯来语为שנה חדשה，为犹太教历提斯利月首日，约相当于公历9月到10月期间。提斯利月10日为赎罪日。赎罪日为犹太人每年最为神圣的节日，此节日是上帝晓谕摩西，让犹太人遵守之，《旧约·利未记》(23:26—28)记载：“耶和华晓谕摩西说，七月初十是赎罪日，你们要守为圣会，并要刻苦己心，也要将火祭献给耶和华。当这日，什么工都不可作，因为是赎罪日，要在耶和华你们的神面前赎罪。”该日犹太人要进行禁食、祈祷，忏悔自己的罪过。——译者

5　亚设谓之“……学校……以致吸引了很多阿拉伯商人前来举办集市或市场”，马库斯·南森·阿德勒谓之“……研究机构……阿拉伯商人也来到此地；如此大的集会宛如市场一般，被称为菲拉”，详见 A. Asher, *The Itinerary of Benjamin of Tudela*, Vol. 1, pp. 108-109; Marcus Nathan Adler, *The Itinerary of Benjamin of Tudela*, p.44。

菲拉(Fera)，为阿拉伯语对集市的称谓。——译者

6　亚设谓之“在赎罪日那天，以西结所书写的大羊皮纸手稿将会被诵读”，马库斯·南森·阿德勒谓之“他们带来先知以西结在羊皮纸上所书写的律法卷轴，并在赎罪日那天被诵读”，详见 A.Asher, *The Itinerary of Benjamin of Tudela*, Vol.1, p.109; Marcus Nathan Adler, *The Itinerary of Benjamin of Tudela*, p.44。

亚设提及巴拉蒂耶与格兰斯皆对此处所记内容无法理解(Baratier, Vol. 1, p.161; Gerrans, p. 107)，详见 A. Asher, *The Itinerary of Benjamin of Tudela*, Vol.1, p.109, n.a。

亚设所言应是其文本此处所记语焉未详，马库斯·南森·阿德勒文本此处所记较为详细。——译者

7　亚设谓之“灯油与灯芯经常被及时更换，……任何人死后若无子嗣，

便会将他的书籍馈赠于此圣所;此种传统一直延续……此地居民常往此墓地,来自米底亚与波斯的异域犹太人为履行其誓言亦常到此",马库斯·南森·阿德勒谓之"灯油与灯芯经常被及时更换,直到今日……任何人在死后若无儿子,便会将他的书籍馈赠于此圣所……来自波斯语米底亚的犹太人常来到此地进行祈祷,并携带钱财;他们的同胞将这些钱财提供给先知以西结犹太会堂",详见 A.Asher,*The Itinerary of Benjamin of Tudela*, Vol.1, p.109;Marcus Nathan Adler,*The Itinerary of Benjamin of Tudela*,p.44。

8 马库斯·南森·阿德勒所言此段,亚设并未提及,详见 Marcus Nathan Adler,*The Itinerary of Benjamin of Tudela*,p.44。

马库斯·南森·阿德勒提及此位穆罕默德,如上文第 40 页所言,肯定是现任哈里发的前任,因为先知穆罕默德从未到达过巴比伦,且其绝不会眷顾犹太人。需要注意的是在我所用大英博物馆手稿与罗马卡萨纳特瑟图书馆手稿中,皆将先知称为המשוגע;以君士坦丁堡版本为基础首次出版的手稿,其中那些称谓以及其他令人反感的评论可能被审查者删掉;我们将会看到呈现在我们面前的篇章中有关穆罕默德所赐土地以及穆罕默德的女婿阿里等内容,将不会出现在任何出版的文稿中。赫希菲尔德(Hirschfeld)博士认为:一方面这一称谓应是译自阿拉伯语 majnūn——在《古兰经》中,穆罕默德曾数次抗议 majnūn,因为其表示他将会被 Jinn 所把持——Jinn 即预言家;另一方面,该词被选作指《旧约·何西阿书》(9:7)——《旧约·何西阿书》(9:7)记载:"以色列人必知道降罚的日子临近,报应的时候来到。(民说,作先知的是愚昧,受灵感的是狂妄。)皆因他们多多作孽,大怀怨恨。"在本杰明时期很久之前,雅弗与其他人早已如此为之。以上诸内容,详见 Marcus Nathan Adler,*The Itinerary of Benjamin of Tudela*,pp.44-45,n.1。

希伯来语 המשוגע 为疯狂之意;阿拉伯语 majnūn 亦为此意。阿拉伯语 Jinn 指某种超自然的生物,赫希菲尔德此处所言代指预言家。马库斯·南森·阿德勒所言,本杰明所言之穆罕默德应非指先知穆罕默德,应为一位哈里发,但具体不详;且此段内容,在亚设文本中并未出现,显示马库斯·南森·阿德勒关于文稿被删节的判断不无道理。——译者

9 亚设谓之 Dar M'licha,马库斯·南森·阿德勒谓之 Bar Melicha、Dar Melicha,三者音近,所指相同,详见 A.Asher,*The Itinerary of Benjamin of Tudela*, Vol.1,p.110;Marcus Nathan Adler,*The Itinerary of Benjamin of Tudela*,p.45。

马库斯·南森·阿德勒提及传统以西结的墓地照片，详见 *The Jewish Encyclopedia*，Vol.V，p.315。以上诸内容，详见 Marcus Nathan Adler，*The Itinerary of Benjamin of Tudela*，p.45，n.1。

Dar Melicha 在阿拉伯语中意为美丽的居所或舒适的居所之意。——译者

10 亚设谓之"即使在战争时期，犹太人与穆斯林皆从未对以西结墓地进行过掠夺与亵渎"，马库斯·南森·阿德勒谓之"即使在骚乱时期，都没有人胆敢伤害侍奉以西结墓地的穆斯林与犹太人"，详见 A. Asher，*The Itinerary of Benjamin of Tudela*，Vol.1，p.110；Marcus Nathan Adler，*The Itinerary of Benjamin of Tudela*，p.45。

《旧约·但以理书》(3：12)记载："现在有几个犹大人，就是王所派管理巴比伦省事务的沙得拉，米煞，亚伯尼歌。王阿，这些人不理你，不事奉你的神，也不敬拜你所立的金像。"——译者

11 亚设谓之 Al Kotsonaath，马库斯·南森·阿德勒谓之 Kotsonath，两者音近，所指相同，详见 A.Asher，*The Itinerary of Benjamin of Tudela*，Vol.1，p.110；Marcus Nathan Adler，*The Itinerary of Benjamin of Tudela*，p.45。

克茨拿为今伊拉克南部某地。——译者

12 施恩茨提及拉比帕帕曾在苏拉附近的内拉什(Nerash)学校担任主事者，约于 372 年去世；拉比胡拿曾担任苏拉学校主事者，约于 290 年去世；拉比约瑟夫·本·哈马为著名《塔木德》学者拉瓦的父亲，310 年间活跃于巴比伦地区。以上诸内容，详见 A. Asher，*The Itinerary of Benjamin of Tudela*，Vol.2，p.144。

拉比帕帕，在上文注释中已有提及，又认为其于 375 年去世；拉瓦，即上文注释中所提及之拉比阿巴·本·约瑟夫·巴·哈马。内拉什，即内哈德(Nehardea)。——译者

13 亚设谓之 Ain Japhata，马库斯·南森·阿德勒谓之 Ain Siptha，Ain Japhata 与 Ain Siptha 应为拟音差异所致，所指应为同一地区，详见 A. Asher，*The Itinerary of Benjamin of Tudela*，Vol.1，p.110；Marcus Nathan Adler，*The Itinerary of Benjamin of Tudela*，p.45。

亚设提及艾因·亚法塔、埋葬犹太拉比的两座村庄以及另一座墓地所在莱伽河畔遗址，目前已不得而知，与本杰明时期位于幼发拉底河与底格里斯

河畔的很多其他或更加著名的城镇与村庄有着相似的命运——伊德里斯提及在巴格达与库法之间有着很多村庄与乡村(Edrisi,II,157)。在后者(即莱伽河畔)与沙漠之间,尼布尔提及:"我在此段路程中没有看到清真寺,但在村庄附近以及幼发拉底河的平原地区,有很多建筑(Kubbets);据其形状而言,应为被视为圣人的墓地。"(Niebuhr,*Voyage*,II.206;Comp.Keppel,I,118,119,120)。以上诸内容,详见 A.Asher,*The Itinerary of Benjamin of Tudela*,Vol.2,p.144。

Kubbets 在阿拉伯语中指那些被视为圣人的穆斯林墓顶的小建筑,详见 Johann Jahn,*Biblical antiquities*,London:Thomas Ward and Co.1832,p.102。——译者

14 亚设提及希尔(Shiel)上校曾发现了一座墓地,当地人称其为先知那鸿的墓地;此墓地位于伊勒歌斯(Elkosh)附近、底格里斯河东岸、库尔德斯坦山脚下。"我进而前去审视这座犹太会堂。没有犹太人生活在伊勒歌斯,但他们却把此地当做一处朝圣之地。此座犹太会堂很大,规模犹如一座教堂;如同我所见过的所有犹太会堂一样,此犹太会堂十分朴素。现在犹太人对此犹太会堂不再如此爱慕;但是有时他们从邻近地区来此地访问先知那鸿(Nahum Peïghember,即先知那鸿之意)的墓地——其墓地位于犹太会堂之中。墙上到处都是写在纸上的希伯来文题词。这里有一大部圣经,刻在羊皮纸上,被密封在圆筒中,可从中间打开;其抄写或印制十分优美,我无法区别是抄写或印制而成。犹太会堂中有很多书籍,这些书中的希伯来文皆十分优美。"(*Journal Geogr.Society*,VIII,93)以上诸内容,详见 A.Asher,*The Itinerary of Benjamin of Tudela*,Vol.2,pp.144-145。

如上文注释所言,先知那鸿通常被认为埋葬在位于今伊拉克北部的阿尔科什地区。据本杰明此段行程判断,其应活动在今伊拉克南部一带,故此处所言位于艾因·亚法塔的那鸿墓地有待商榷。——译者

15 亚设谓之"波斯人村庄……拉比哈斯德、拉比阿基巴、拉比多萨(R.Dossa)……"马库斯·南森·阿德勒谓之"葡萄园村庄……拉比哈斯德、拉比阿基巴、拉比亚撒利雅、拉比多萨(R.Dosa)……"其中 Dossa 与 Dosa 音近,所指相同,详见 A.Asher,*The Itinerary of Benjamin of Tudela*,Vol.1,p.110;Marcus Nathan Adler,*The Itinerary of Benjamin of Tudela*,p.45。

施恩茨提及没有其他的哈斯德如此有名,此处的哈斯德为流散王子所罗

门的父亲，其活跃在哈里发从大马士革到达库法这一时期，约750年；哈斯德无疑也是一位王子。接下来的两个名字（即拉比阿基巴、拉比多萨）值得怀疑：格昂拉比谢拉（R.Sherira Gaon）的确提到一位2世纪的拉比阿基巴·本·多萨（R.' Akiba B.Dosa），但是《塔木德》中仅提到居住在巴勒斯坦的拉比约瑟夫·本·多萨（R.Jacob B.Dosa）（*Juchasin*，108.a）。作为《密西拿》老师的阿基巴与多萨绝不是此处所言之阿基巴与多萨。由于其他两个名字（即阿基巴与多萨），将哈斯德（Chisdai）修订为哈斯达（Chisda，308年在苏拉逝世）难被接受；再者据说哈斯达被埋葬在加利利的阿布尼特（Abnit）（*Jichus*，63）。以上诸内容，详见 A. Asher, *The Itinerary of Benjamin of Tudela*, Vol.2, pp.145-146。

如上文注释所言，Kefar 为希伯来语כפר音译，为村庄之意；Al-Keram 为希伯来语הכרם为葡萄园之意。亚设与马库斯·南森·阿德勒此处所言之差异，为文本不同所致。以大马士革为首都的倭马亚王朝于750年灭亡，阿拔斯王朝在750—762年间以库法为首都，故施恩茨所言"哈里发从大马士革到达库法这一时期"即阿拉伯帝国改朝换代之际，此时倭马亚王朝哈里发为马尔万二世（Marwan II，691—750年）、阿拔斯王朝哈里发为阿布·阿拔斯（Abu al-Abbas，722—754年）。格昂拉比谢拉（906—1006年），曾担任普穆贝迪塔耶希瓦格昂。阿布尼特地望不详。——译者

16　亚设谓之 R.Kubreh、R.Aba，马库斯·南森·阿德勒谓之 R.Kurdiah、R.Ada，并言及拉比阿巴吉，其中 R.Kubreh、R.Aba 与 R.Kurdiah、R.Ada 之差异为文本不同所致，详见 A.Asher, *The Itinerary of Benjamin of Tudela*, Vol.1, p.111；Marcus Nathan Adler, *The Itinerary of Benjamin of Tudela*, p.45。

施恩茨提及在格昂时代最后数个时期中，大卫的名称方才出现；1000年之前，其中九位中的三位比较著名，他们被称为大卫（Zunz, *Namen der Juden*, 39），为流散的王子（*Juchasin*，118.b.121 a）。我们没有办法确定此处所提之人，但是应不是阿巴·本·犹大（Abba B.Jehuda）（*G'lilot erets Jisrael*）、拉比阿巴·本·朱旦（R.Abba B.Judan）——其生活在4世纪（*Vajikra rabba*, c.7）。Kubreh（קובריה）为拼写讹误，其应被拼写为 Obadia（עובדיה），即俄巴底亚（*G'lilot erets Jisrael*）——拉瓦的一位门徒就叫俄巴底亚（约350年）（*Baba bathra*，22.a.）；拉比舒拉是拉瓦的老师（*Baba bathra*，128.a）。令人感到惊奇的是我们作者提到了约瑟夫·本·哈马——为拉瓦

的父亲、约瑟夫、舒拉——为拉瓦的老师,拉比俄巴底亚与拉比帕帕——为拉瓦的门徒,以及拉瓦的同代人马里、阿巴、拉比拿马尼・本・帕帕与阿巴・本・朱旦等,然而却对拉瓦与其同事拉比阿巴吉(R.Abaje)只字不提。称这些人被埋葬在奥克博拉('Okbera)或帕聂斯之说毫无根据(*Emek halemekh* and *Iggereth Jachsutha*)。以上诸内容,详见 A. Asher, *The Itinerary of Benjamin of Tudela*, Vol.2, p.146。

施恩茨所言"我们没有办法确定此处所提之人,但是应不是阿巴・本・犹大、拉比阿巴・本・朱旦",应指阿巴・本・犹大、拉比阿巴・本・朱旦与拉比犹大、拉比阿巴并没有关系,非指同一人。奥克博拉,位于巴格达南部城市,详见下文;帕聂斯即上文注释所言布里拿斯。——译者

17　亚设谓之 Lega、Zidkiiahu,马库斯・南森・阿德勒谓之 Raga、Zedekiah,Zidkiiahu 与 Zedekiah 音近,所指相同,详见 A. Asher, *The Itinerary of Benjamin of Tudela*, Vol. 1, p. 111; Marcus Nathan Adler, *The Itinerary of Benjamin of Tudela*, p.45。

西底家为犹大王国最后一任国王,原名为玛探雅(Mattanyahu),为约雅斤的叔叔,公元前 579—前 586 年在位;后被尼布甲尼撒二世掳往巴比伦,并死于此地;其墓地具体位置不详。《旧约・列王记》(下,24:17)记载:"巴比伦王立约雅斤的叔叔玛探雅代替他作王,给玛探雅改名叫西底家。"亚设文本所言 Lega 为希伯来语לגא,马库斯・南森・阿德勒文本所言 Raga 为希伯来语 רגא。详见 A.Asher, *The Itinerary of Benjamin of Tudela*, Vol.1, Hebrew Edition, p.94; Marcus Nathan Adler, *The Itinerary of Benjamin of Tudela*, Hebrew Edition, p.45。——译者

18　亚设谓之 70 000 余名犹太人,马库斯・南森・阿德勒谓之 7000 余名犹太人,并言及"这里有一座穆斯林大清真寺,穆罕默德的女婿阿里・本・阿布・塔利卜埋葬于此;穆斯林来到这里……"详见 A. Asher, *The Itinerary of Benjamin of Tudela*, Vol.1, p.111; Marcus Nathan Adler, *The Itinerary of Benjamin of Tudela*, p.45。

亚设提及伊本・毫盖勒言及库法比巴士拉(Basra)小(Ibn Haukal, p. 65),但很多方面极其相似。库法的空气与水皆优于巴士拉,位于弗拉特(Forat)河附近。伊德里斯与阿布肥达皆称此地极其重要,且非常漂亮(Edrisi, I, p.366; Abulfeda, p.257)。位于库法郊区的阿里清真寺吸引着来自世界各地的人们,但是早在伊本・白图泰时期,此清真寺开始变得破旧(Ibn Batuta,

p.43)。著名的旅行者尼布尔指出库法古城遗址位于阿里清真寺东北偏东5英里处,此地周围是一片沙漠,城中并无居民(Niebuhr,II,213)。阿拉伯文库法体即源自此城;现在该地遗留的只有一座清真寺了,阿里被刺杀于此;穆斯林对此清真寺极为崇敬。以上诸内容,详见 A.Asher,*The Itinerary of Benjamin of Tudela*, Vol.2,pp.146-147。

库法,位于今伊拉克中南部,幼发拉底河畔。本杰明是第一位明确提及约雅斤墓地位于库法的犹太人,至于其真伪仍待商榷。详见 Martin Jacobs, *Reorienting the East:Jewish Travelers to the Medieval Muslim World*,University of Pennsylvania Press,2014,p.119。巴士拉,伊拉克南部港口城市。弗拉特河,即幼发拉底河;Euphrates 又称 Ufrātu、Purattu,Forat 为其转音,希伯来语称之为פרת。库法体,为阿拉伯文一种书法体;伊斯兰教初期,库法体备受推崇,很快流布到各地。此种书写方式遂被以其发源地库法命名,称为库法体。如上文注释所言,阿里清真寺位于纳杰夫地区,与库法紧邻。阿里·本·阿布·塔利卜在661年在库法被刺杀,后被埋葬在位于纳杰夫的阿里清真寺中。——译者

三十、苏拉、沙菲贾底布、埃尔-朱巴（埃尔-安巴尔）、希拉（示巴）

（从库法）经行一日半到达苏拉(Sura)。[1]《塔木德》称此地为马塔·梅西亚(Matha M'chasia)［马塔·梅西亚(Mata Mehasya)］；“被囚禁王子”与学校主事者最初居住在此地。[2] 如下人士的墓地位于苏拉，包括拉比谢拉(R.Shrira)［拉比谢拉(R.Sherira)］、谢拉之子我们的拉比亥(Rabenu Hai)［已故拉比亥(R.Hai)］、我们的拉比萨阿迪·法尤弥(Rabenu S'adiah-al-Fajumi)［拉比萨阿迪·法尤弥(R.Saadiah al-Fiumi)］、祭司拉比撒母耳·本·霍夫尼(R.Sh'muel B.Chophni the Cohen)［祭司霍夫尼(Hofni Hacohen)之子拉比撒母耳］、先知西番雅·本·库什·本·格戴利亚(Z'phaniahu B.Khushi B.Gedaliah)［西番雅·本·库什·本·格戴利亚(Zcphaniah B.Cushi B.Gedaliah)］等。大卫家后裔、被囚禁的王子（与研究机构的主事者）的墓地也位于此地——这些王子（与研究机构的主事者）在此城被破坏之前便居住在此地。[3]

从苏拉经行两日到达沙菲贾底布(Shafjathib)。此地有一座犹太会堂——此犹太会堂是以色列人用从耶路撒冷带来的泥土与砖块建筑而成；他们称其为内哈德的“移居者”［他们称其为沙菲贾底布，位于内哈德附近］。[4]

从沙菲贾底布经行一日半到达幼发拉底河畔的埃尔-朱巴(El-Jubar)[埃尔-安巴尔(El-Anbar)]或普穆贝迪塔。此地有3 000余名犹太人;拉布(Rab)、撒母耳犹太会堂、学校以及他们的墓地位于此地[墓地位于研习室前方]。[5]

70 (从埃尔-安巴尔经行五日到达希拉),经过21天行程穿过示巴(Sh'ba)或也门(Al-Yemen)的沙漠[从希拉经行21天穿越沙漠到达示巴(Saba)之地,即也门(El-Yemen)],美索不达米亚(示拿)位于其北侧。[6] 犹太人居住在此地,被称为利甲人(B'ne Rekhab)或提马(Thema)人[黑巴尔人(Kheibar),即提马(Teima)人]。[7] 他们的管理驻地位于提马或特哈马(Tehema),他们的王子与管理者拉比赫南(Rabbi Chanan)[王子拉比赫南(Rabbi Hanan)]居住在此地。此城很大,他们的领地一直向北部山脉地区蔓延16天之久(他们的领地一直延伸至16天行程之远,被北部的山脉环绕)。他们拥有大而坚固的城市,不臣服于任何异教徒,并与他们的阿拉伯邻居以及“那些抢财为掳物,夺货为掠物”的盟友一起发动好战的远征。[8]

这些阿拉伯人是贝都因人,居住在沙漠的帐篷之中,居无定所(以沙漠为家,没有宅院),习惯在也门地区进行劫掠活动。[9] 犹太人让他们的邻里感到恐怖;这些犹太人的领地很大,其中一些人耕种土地、饲养牛。

这里有很多好学而博学的人(博学而智慧的人),他们终日研习律法,以所有产品的什一税维持生活。部分什一税被用于资助穷人(贫穷的以色列人)与苦行者(遁世者)——他们被称为锡安哀

71 悼者与耶路撒冷哀悼者,不吃肉、不饮酒,总是身着黑衣,住在洞穴

或低矮的房子(地下室)之中,除了安息日与圣日(节日)之外终日斋戒。他们不断向上帝哀求给予流散的犹太人(以色列人)以仁慈,虔诚地祈祷他(上帝)会因其大名而同情他们,在他们的祷告者中也包括所有提马犹太人与蒂尔马斯(Telmas)[蒂尔马斯(Tilmas)]犹太人。[10]

注释

1　亚设谓之经行一日半到达苏拉,马库斯·南森·阿德勒谓之从库法经行一日半到达苏拉,详见 A. Asher, *The Itinerary of Benjamin of Tudela*, Vol.1, p.111; Marcus Nathan Adler, *The Itinerary of Benjamin of Tudela*, p.45。

亚设提及我们的作者住在巴格达,尤其关注苏拉,其首先记述巴比伦、希拉以及南部其他感兴趣的地区,然后再返回到巴格达北部。期间苏拉受到了我们作者的高度关注——苏拉在长达八百年都作为其中最著名的犹太人学校之一的驻地,以拥有杰出的《塔木德》学者为荣。我们在前页第 255 注释中,提及了此城的遗址;需要注意的是伊德里斯称此地为 صر ,Sura ——其位于幼发拉底河支脉岸边,并提及另外一个 Sura, سورا ——其位于幼发拉底河另一个支脉岸边。后者位于巴格达下方;前者即上述所提及的城市,此处所言之苏拉,布施将其视为拉沃尔夫的艾瑞(Erry)、古典作家所说的科萨特(Corsate)。比肖夫、默勒与罗斯穆勒尔(Rosenmullër)(地图)皆认可此说,亦可比较 Rennel, *Western Asia*, I.39。以上诸内容,详见 A. Asher, *The Itinerary of Benjamin of Tudela*, Vol.2, pp.147-148。

本杰明此处所记之苏拉,指中世纪时期作为犹太人宗教中心的苏拉城。如上文注释所言,苏拉位于今伊拉克南部地区,巴格达以南。中世纪时期,苏拉为重要的犹太人宗教研究中心。苏拉耶希瓦与普穆贝迪塔耶希瓦为中世纪时期最为著名的犹太人学校,格昂尼姆担任此两所学校的主事者。苏拉距离库法约 30 公里。——译者

2　亚设谓之 Matha M'chasia,马库斯·南森·阿德勒谓之 Mata Mehasya,两者音近,所指相同,详见 A. Asher, *The Itinerary of Benjamin of Tudela*, Vol.1, p.111; Marcus Nathan Adler, *The Itinerary of Benjamin of*

Tudela,p.45。

马库斯·南森·阿德勒谓之《塔木德》中提及马塔·梅西亚被破坏之情形(*Talmud*, *Sabbath*, II,a),苏拉作为学术中心。详见 Marcus Nathan Adler,*The Itinerary of Benjamin of Tudela*,p.45,n.2。

《塔木德》中将苏拉称之为马塔·梅西亚,希伯来语为מתא מחסיא;马塔·梅西亚为苏拉地区的一座城镇。被囚禁的王子与学校主事者分别指流散宗主与犹太人学校即耶希瓦的主事者。——译者

3 亚设谓之 R.Shrira、我们的拉比亥、我们的拉比萨阿迪·法尤弥(Rabenu S'adiah-al-Fajumi)、R.Sh'muel B.Chophni the Cohen、Z'phaniahu B. Khushi B.Gedaliah、大卫家后裔、被囚禁的王子的墓地也位于此地——这些王子在此城被破坏之前便居住在此地,马库斯·南森·阿德勒谓之 R.Sherira,已故拉比亥、拉比萨阿迪·法尤弥(R.Saadiah al-Fiumi)、祭司霍夫尼(Hofni Hacohen)之子拉比撒母耳、Zephaniah B.Cushi B.Gedaliah、被囚禁的王子与研究机构的主事者的墓地也位于此地——这些王子与研究机构的主事者在此城被破坏之前便居住在此地。其中 R.Shrira 与 R.Sherira,S'adiah-al-Fajumi 与 Saadiah al-Fiumi,R.Sh'muel 与 R.Samuel,Chophni 与 Hofni,Z'phaniahu B.Khushi B.Gedaliah 与 Zephaniah B.Cushi B.Gedaliah 音近,所指相同,详见 A. Asher, *The Itinerary of Benjamin of Tudela*, Vol.1, p.111;Marcus Nathan Adler, *The Itinerary of Benjamin of Tudela*, pp.45-46。

施恩茨提及拉比谢拉、拉比亥以及拉比萨阿迪是10世纪三位著名的研究机构主事者,即格昂尼姆;拉比谢拉逝世于998年,拉比亥逝世于1039年,拉比萨阿迪逝世于942年。关于这些人的生平,详见 Rapaport,*Biographies*;Munk,*Notice sur Saadia*。撒母耳·本·霍夫尼是拉比亥的岳父,逝世于1034年(Comp.Rapaport,*Life of Hai*,86,88,Addition 10.*Life of R. Chananel* 20.Zunz,in Geiger,*Zeitschrift*,IV,386,et seq)。以上诸内容,详见 A.Asher,*The Itinerary of Benjamin of Tudela*, Vol.2,p.148。

马库斯·南森·阿德勒提及《塔木德》与《密德拉什》中关于巴比伦犹太学术中心的细节,详见 Berliner,p.45,47,54,57。以上诸内容,详见 Marcus Nathan Adler,*The Itinerary of Benjamin of Tudela*,p.46,n.1。

4 亚设谓之"他们称其为内哈德的'移居者'",马库斯·南森·阿德勒谓之"他们称其为沙夫迦底布,位于内哈德附近",详见 A.Asher,*The Itiner-*

ary of Benjamin of Tudela, Vol.1, p.112; Marcus Nathan Adler, *The Itinerary of Benjamin of Tudela*, p.46。

亚设提及关于此犹太会堂的传说来自《塔木德》(*Megillah*, 28.a)。比西哈奇亚更加正确地指出此犹太会堂位于内哈德(Pethachia, p.188)。我们认为此处的"ושם"(即"在此地")被增添于此,详见注 255(即亚设所引用的施恩茨在"内哈德的普穆贝迪塔"中所做的注释,详见上文注释)。以上诸内容,详见 A.Asher, *The Itinerary of Benjamin of Tudela*, Vol.2, p.148。

马库斯·南森·阿德勒提及此座犹太会堂经常在《塔木德》中被提到,施恩茨在注 255 中忽略了拉什曾解释沙菲贾底布位于内哈德地区(*Aboda Zarah*, 43.b);约雅斤及其追随者将泥土从圣地带到此地,以致《旧约·诗篇》(102:14)中记载:"你的仆人原来喜悦她的石头,可怜她的尘土。"详见 Marcus Nathan Adler, *The Itinerary of Benjamin of Tudela*, p.46, n.2。

希伯来语שם意为"这里",ו表示"与"之意,作"与此地"理解更为妥当。亚设所言"ושם"被增添于此,因其赞同施恩茨在上文"内哈德的普穆贝迪塔"注释中,认为本杰明此段行程的篇章出现了错位之观点,即文本中所述从内哈德的普穆贝迪塔至沙菲贾底布,再至普穆贝迪塔的行程并非本杰明实际行程,属于文本错位,但是不排除本杰明两次到达普穆贝迪塔之可能。沙菲贾底布位于内哈德地区,内哈德则地处苏拉以北 250 余公里处。——译者

5 亚设谓之埃尔-朱巴、学校,马库斯·南森·阿德勒谓之埃尔-安巴尔、研习室,并言及墓地位于研习室前方,详见 A.Asher, *The Itinerary of Benjamin of Tudela*, Vol.1, p.112; Marcus Nathan Adler, *The Itinerary of Benjamin of Tudela*, p.46。

马库斯·南森·阿德勒提及本杰明访问了附近多个研究中心,显然再次来到了内哈德,其在前文已对该地有所记载;此处的 Rab 应为拉比犹大,其与拉比撒母耳在一起。以上诸内容,详见 Marcus Nathan Adler, *The Itinerary of Benjamin of Tudela*, p.46, n.3。

如前文所述,此处的埃尔-朱巴、埃尔-安巴尔,即本杰明在前文所述"内哈德的普穆贝迪塔",其地为今伊拉克埃尔-安巴尔,与内哈德城、普穆贝迪塔紧邻。前述亚设文本记载该地有 2 000 余名犹太人,此处却记之 3 000 余名犹太人;马库斯·南森·阿德勒文本则皆记之 3 000 余名犹太人,故前述亚设文本所记 2 000 余名犹太人疑误。如马库斯·南森·阿德勒所言,Rab 疑为 R.Jehuda 之误;拉比犹大与拉比撒母耳,见上文注释。——译者

6　亚设谓之“经过21天行程穿过示巴或也门的沙漠,美索不达米亚位于其北侧”,马库斯·南森·阿德勒谓之“从埃尔-安巴尔经行五日到达希拉;从希拉经行21天穿越沙漠到达示巴之地,即也门,示拿位于其北侧”,其中Sh'ba与Saba音近,所指相同,示拿即指美索不达米亚。详见A.Asher, *The Itinerary of Benjamin of Tudela*, Vol.1,p.112;Marcus Nathan Adler, *The Itinerary of Benjamin of Tudela*,p.46。

示巴为位于也门南部地区的古代王国,《旧约·列王记》(上,10:1)记载:“示巴女王听见所罗门因耶和华之名所得的名声,就来要用难解的话试问所罗门。”——译者

7　亚设谓之B'ne Rekhab、Thema,马库斯·南森·阿德勒谓之Kheibar、Teima,其中Thema与Teima音近,所指相同,详见A.Asher, *The Itinerary of Benjamin of Tudela*, Vol.1,p.112;Marcus Nathan Adler, *The Itinerary of Benjamin of Tudela*,p.47。

亚设提及此处我们文本针对阿拉伯半岛地区的记述,读者可参考牧师拉帕波特的文章,即Rapaport, *On the Independent Jews of Arabia*——此文将出现在文末注释之后(即附录),详见A.Asher, *The Itinerary of Benjamin of Tudela*, Vol.2,p.148。

马库斯·南森·阿德勒提及亚设的注释,并称在拉帕波特这篇文章中并未出现此类的说明,但是他在以希伯来文书写的另一篇文章对此有所说明,详见*The Bikkure Haittim*, 1824,p.51。在叶斯里卜(Yathrib)与黑巴尔、提马[又称哈拉(Harrah)]的火山高地地区存在着强大而独立的犹太人群体;这些犹太群体被穆罕默德摧毁。赫希菲尔德博士曾译出一封来自开罗戈尼萨(Cario Genizah)的信件——此信为穆罕默德写给黑巴尔与马奇拿(Maqna)犹太人,在信中赋予了这些犹太人一些特权,如允许他们生活在家园之中、获取利益等(*The Jewish Quarterly Review*, Vol.XV,p.170)。第二任哈里发奥马尔撕毁协定,但是允许他们定居在幼发拉底河畔的库法。尽管朝圣者每年都沿着商队道路前往麦加,但是对古代哈拉犹太人遗址知之甚少。伊德里斯与阿布肥达并未曾阐明本杰明的记述。1904年,霍加斯(D.G.Hogarth)先生在一部佳作中,记述了西方对于阿拉伯半岛知识的发展,详见D.G.Hogarth, *The Penetration of Arabia*,1904。他为曾到达过此地游历的欧洲旅行者进行了详细的记述。1762年,尼布尔曾到也门访问,重述了意大利旅行者瓦尔特马(Varthema)所言黑巴尔仍居住着散乱的犹太人。1836年,传教

士约瑟夫·沃尔夫(Joseph Woolf)曾到达阿拉伯半岛访问,为我们提供了其对一些利甲(Rechabites)人的采访。然而,他这一有趣的故事似没有那么重要。耶稣会士帕尔格雷夫(W.G.Palgrave)曾在叙利亚居住数年,在那里自称为迈克尔(Michael)[科恩(Cohen)]神父。1862 年,其受拿破仑三世(Napoleon III,1808—1873 年)委派前往接洽苏伊士运河的规划。他是极少数到达过哈拉地区的访问者,但对该地犹太人并未有特别描述。1869 年,约瑟夫·哈列维(Joseph Halevi)游历阿拉伯半岛南部地区,并获很多有价值的碑刻。他还曾访问也门萨那(Sanaa,也门首都)地区受压迫的犹太群体,发现了古代米拿(Minaean)王国遗址,并称在奈季兰(Nejran)的犹太人被包容,甚至受到礼遇,但却没有提及任何关于哈拉地区犹太人的情况。

然而,1875 年道蒂(C.M.Doughty)对这一地区的访问显得更加成功。他称:"黑巴尔现在是一座贫穷的村庄。这里的居民都是可怕的近亲,外表类似穆斯林,但私底下却是残忍的犹太人;陌生人并不愿遭受风险来到他们中间。"详见 C.M.Doughty, *Arabia Deserta*, Vol.II, p.129。"提马是舍迈尔(Shammar)的内志殖民地;其先辈在此定居的时间并未超过两百年。根据他们的传统得知,犹太人的古代提马(两次)遭受洪水破坏。从那时起此地仅有一些大而粗糙的石制建筑。此地现在为一处开发地带。"(Vol.1,p.286)唯一能够消除对本杰明关于阿拉伯半岛独立的犹太部落记载疑惑的作者,为拉比雅各·萨菲尔(R.Jacob Safir)。1864 年,他曾访问过也门以及红海地区其他阿拉伯港口,详见 *Ibn Safir*, Vol.XV, Vol.XLIII, Lyck, 1866。格鲁特(L.Grünhut)博士在他的《导言》中却对萨菲尔的记述予以反驳(L.Grünhut, *Die Reisebeschreibungen des R.Benjamin von Tudela*, Jerusalam, 1903, p.16)。霍加斯曾展示了一块来自提马石碑的拓本,碑文以亚拉姆语刻写,据说为 4 或 5 世纪遗物,并提及了道蒂对黑巴尔地区有趣的记述(D.G.Hogarth, *The Penetration of Arabia*, p.282, p.285)。以上诸内容,详见 Marcus Nathan Adler, *The Itinerary of Benjamin of Tudela*, pp.46-47, n.4。

亚设所言 B'ne Rekhab,其中 B'ne 即希伯来文בן音译,为儿子之意,即利甲之子或利甲人之意。马库斯·南森·阿德勒则称之为黑巴尔人,黑巴尔位于阿拉伯半岛北部地区,历史上曾为重要的犹太人聚集地;628 年穆罕默德曾与该地犹太人交战,并征服该地。详见 Asher Elkayam, *The Qur'an and Biblical Origins*, *United States of America*, 2009, pp.32-33; Richard A.Gabriel, *Muhammad: Islam's First Great General*, University of Oklahomas:

Norman,2007。黑巴尔位于阿拉伯半岛地区,故此处马库斯·南森·阿德勒所言黑巴尔人比较符合事实,亚设所言利甲人疑为文本讹误。关于 Rekhab 之讹误,马库斯·南森·阿德勒在下文注释有详细论述,详见下文。与黑巴尔一样,提马亦位于阿拉伯半岛北部地区,《旧约·以赛亚书》(21:14)记载:"提马地的居民拿水来,送给口渴的,拿饼来迎接逃避的。"《旧约·耶利米书》(25:23)记载:"底但,提马,布斯,和一切剃周围头发的。"亦可详见 *Gesenius Lex*。

戈尼萨(Geniza),即希伯来语 גניזה,意指"仓储"或"宝藏"。在犹太人心目中,希伯来语是上帝唯一的语言,以上帝名义(带有上帝的)书写的希伯来文被视为"圣书";即使这些文字资料不再使用,也不应被焚烧或丢弃,而是先要临时存放在戈尼萨中,然后再下葬到墓地。19 世纪在埃及福斯塔特(Fustat)本·以斯拉(Ben Ezra)犹太会堂的戈尼萨中发现了大量犹太人历史文献,故被称为"戈尼萨文献"。该戈尼萨中共有 25 万件文献,文献上迄 10 世纪、下止 19 世纪。此戈尼萨仅在棚顶有一洞口以供放入文书,没有门窗可供进入,因此清理这些文书十分不便,故方才幸运地被保存下来。福斯塔特为 641 年阿拉伯将领阿穆尔·本·阿斯(Amr bin Aspen)在进入埃及之后所建,为埃及阿拉伯化之后的第一个首都。970—972 年法蒂玛王朝在福斯塔特城北营建新都开罗,并于 973 年迁都于此;开罗取代福斯塔特成为埃及首都。开罗戈尼萨实际指的是福斯塔特戈尼萨。舍迈尔为南部阿拉伯半岛也门地区重要的阿拉伯人部落。叶斯里卜,麦地那古称;马奇拿,阿拉伯半岛南部地区;米拿,公元前 6—前 2 世纪也门地区古代国王,因其族名得名;奈季兰,位于阿拉伯半岛南部地区;内志,指阿拉伯半岛中心地区。——译者

8　亚设谓之"他们的管理驻地位于提马或特哈马,他们的王子与管理者拉比赫南居住在此地。……他们的领地一直向北部山脉地区蔓延 16 天之久。……'那些抢财为掳物,夺货为掠物'的盟友一起发动好战的远征",马库斯·南森·阿德勒谓之"他们的管理驻地位于提马,他们的王子拉比赫南居住在此地。……他们的领地一直延伸至 16 天行程之远,被北部的山脉环绕。……盟友一起发动好战的远征",详见 A.Asher, *The Itinerary of Benjamin of Tudela*, Vol.1, pp.112-113; Marcus Nathan Adler, *The Itinerary of Benjamin of Tudela*, pp.47-48。

Tehema 与 Thema 音近,Rabbi Chanan 与 Rabbi Hanan 音近,所指相同。《旧约·以赛亚书》(10:6)记载:"我要打发他攻击亵渎的国民,吩咐他攻击我

所恼怒的百姓,抢财为掳物,夺货为掠物,将他们践踏,像街上的泥土一样。”——译者

9 亚设谓之“这些阿拉伯人是贝都因人,居住在沙漠的帐篷之中,居无定所……”,马库斯·南森·阿德勒谓之“这些阿拉伯人居住在沙漠的帐篷之中,以沙漠为家,没有宅院……”,详见 A. Asher, *The Itinerary of Benjamin of Tudela*, Vol.1, p.113; Marcus Nathan Adler, *The Itinerary of Benjamin of Tudela*, p.48。

10 亚设谓之“这里有很多好学而博学的人,……部分什一税被用于资助穷人与苦行者……住在洞穴或低矮的房子之中,除了安息日与圣日之外终日斋戒。他们不断向上帝哀求给予流散的犹太人以仁慈,……包括所有提马犹太人与蒂尔马斯犹太人”,马库斯·南森·阿德勒谓之“这里有很多博学而智慧的人,……部分什一税被用于资助贫穷的以色列人与遁世者……住在洞穴或地下室之中,除了安息日与节日之外终日斋戒。他们不断向上帝哀求给予流散的以色列人以仁慈,……包括所有提马犹太人与蒂尔马斯犹太人”,其中 Telmas 与 Tilmas 音近,所指相同,详见 A. Asher, *The Itinerary of Benjamin of Tudela*, Vol.1, pp.113-114; Marcus Nathan Adler, *The Itinerary of Benjamin of Tudela*, p.48。

亚设提及《塔木德》中规定这些天(即安息日与圣日)禁止斋戒,此证明了尼布尔认为他们对《塔木德》学者的认识是正确的,详见 A. Asher, *The Itinerary of Benjamin of Tudela*, Vol.1, p.113, n.b。

如上文注释所言,犹太教一年中有六日斋戒,安息日以及其他圣日皆不斋戒。《旧约·撒母耳记》(上,12:22)记载:“耶和华既喜悦选你们作他的子民,就必因他的大名不撇弃你们。”蒂尔马斯似应位于提马附近地区。——译者

三十一、蒂尔马斯、塔拿姆、黑巴尔、韦拉(韦雷)

(大城)蒂尔马斯有 100 000 余名犹太人,受王子萨蒙(Salmon)管理;他们的(书面)谱系证明其与其兄弟王子赫南皆是大卫家王室后裔,他已安息!(这一地区属于他们兄弟两人)。他们遇到疑难问题之时会征求被囚禁的王子的决定,每年专门留出 40 天用于出租衣服、斋戒以及为所有流散的犹太人祈祷(向被囚禁的王子——他们在巴格达的亲属,诉求很多问题,并为所有流散的犹太人祈祷)。[1]

大都市塔拿姆(Thanaeim)所在地区包括 40 座城市、200 座村庄、100 座小城镇以及约 300 000 名犹太人(此地有 40 座城市、200 座小村庄与村庄)。[此地的主要城市是塔拿(Tanai),此地总计约有 300 000 名犹太人],塔拿姆城非常坚固,方圆 15 英里,大到足可在城内进行农业生产活动(人们在城中进行耕种);城内还有萨蒙王子的宫殿以及园林与花园等(城内还有萨蒙王子的宫殿,他的
72 兄弟王子赫南居住在提马;塔拿城市非常美丽,有园林与花园)。[2]

蒂尔马斯也是一座大城,有 100 000 余名犹太人。该城十分坚固,位于两座高山之间。城中很多居民都见多识广、智慧、富有(智慧、谨慎、富有);蒂尔马斯距离黑巴尔(Chaibar)[黑巴尔

(Kheibar)]三日行程。[3]

据说这些犹太人(黑巴尔犹太人)来自流便(Reuben)、迦得(Gad)支派,还有玛拿西(M'nashe)[玛拿西(Manasseh)]支派的半数人口,亚述国王萨尔玛那萨尔(Shalmaneser)将他们囚禁到这里。[4] 他们在此地建立了上述所提及的坚固的大城,并与很多(其他的)王国交战。[5] 没有人能够到达他们的领地,因为到达他们的领地需要经行18天,穿过荒无人烟的沙漠。

黑巴尔也是一座大城。50 000余位犹太人生活在城中,其中很多为博学之士。[6] 此城的人非常勇猛,与美索不达米亚地区的人、北部地区的人以及生活在其附近的也门人交战,后者(的国家)边界紧邻印度。[7]

从这些犹太人的国家经行25日到达……位于也门的韦拉(Virah)河畔[从他们的地区返回,经行25天到达韦雷(Virae)河畔;此地位于也门]。此地有3 000余位犹太人(他们中有一位拉比与判官)。[8]

注释

1　亚设谓之"蒂尔马斯……他们的谱系证明……他已安息!他们遇到疑难问题之时会征求被囚禁的王子的决定,每年专门留出40天用于出租衣服、斋戒以及为所有流散的犹太人祈祷",马库斯·南森·阿德勒谓之"大城蒂尔马斯……他们的书面谱系证明……这一地区属于他们兄弟……两人向被囚禁的王子——他们在巴格达的亲属,诉求很多问题,并为所有流散的犹太人祈祷",详见A.Asher, *The Itinerary of Benjamin of Tudela*, Vol.1, p.114;Marcus Nathan Adler, *The Itinerary of Benjamin of Tudela*, p.48。

亚设提及巴拉蒂耶完全误解了"他们遇到疑难问题之时会征求被囚禁的王子的决定"这一句话的意思(Baratier, Vol.I, p.170);戈兰斯先生的翻译与巴拉蒂耶类似(Gerrans,p.111)。他们皆不理解拉比希伯来文中שאלות的意思,详见 A. Asher, *The Itinerary of Benjamin of Tudela*, Vol.1, p.114, n.b。

马库斯·南森·阿德勒提及很显然当提到某些地区的犹太人之时,应包括整个绿洲或地区,并非特指某一城市,详见 Marcus Nathan Adler, *The Itinerary of Benjamin of Tudela*, p.48, n.1。

שאלות在希伯来文中为“问题”之意。亚设所言指巴拉蒂耶与戈兰斯并未知晓该词含义,故而对此句理解有误。此处所言被囚禁的王子指巴格达流散宗主,显示阿拉伯半岛地区的犹太人亦尊奉流散宗主的权威。马库斯·南森·阿德勒所言这一地区指提马与蒂尔马斯。此处本杰明所言蒂尔马斯犹太人应指蒂尔马斯所在地区全部犹太人的数量,其下文还将提及蒂尔马斯城的情况。——译者

2　亚设谓之“大都市塔拿姆所在地区包括 40 座城市、200 座村庄、100 座小城镇以及约 300 000 名犹太人。塔拿姆城非常坚固,方圆 15 英里,大到足可在城内进行农业生产活动;城内还有萨蒙王子的宫殿以及园林与花园等”,马库斯·南森·阿德勒谓之“此地有 40 座城市、200 座小村庄与村庄。此地的主要城市是塔拿,此地总计约有 300 000 名犹太人,塔拿姆城非常坚固,方圆 15 英里,人们在城中进行耕种;城内还有萨蒙王子的宫殿,他的兄弟王子赫南居住在提马;塔拿城非常美丽,有园林与花园”。其中 Thanaeim 与 Tanai 为拟音差异所致,所指相同,详见 A. Asher, *The Itinerary of Benjamin of Tudela*, Vol. 1, pp. 114-115; Marcus Nathan Adler, *The Itinerary of Benjamin of Tudela*, p.48。

马库斯·南森·阿德勒称通常认为塔拿姆或塔拿为也门首都萨那(Sanaa),详见 Marcus Nathan Adler, *The Itinerary of Benjamin of Tudela*, p.49, n.2。——译者

3　亚设谓之“见多识广、智慧、富有,……黑巴尔(Chaibar)”,马库斯·南森·阿德勒谓之“智慧、谨慎、富有……黑巴尔(Kheibar)”,详见 A. Asher, *The Itinerary of Benjamin of Tudela*, Vol.1, p.115; Marcus Nathan Adler, *The Itinerary of Benjamin of Tudela*, p.48。

亚设所言之 Chaibar,为 Kheibar 转音,所指相同,即上文之黑巴尔。——译者

4　亚设谓之这些犹太人、M'nashe,马库斯·南森·阿德勒谓之黑巴尔

犹太人、Manasseh,M'nashe 与 Manasseh 音近,所指相同,详见 A. Asher, *The Itinerary of Benjamin of Tudela*, Vol. 1, p. 115; Marcus Nathan Adler, *The Itinerary of Benjamin of Tudela*, p.48。

亚设所言这些犹太人与马库斯·南森·阿德勒所言黑巴尔犹太人,应皆指上文中所提及之生活在示巴地区的犹太人。此处所言亚述国王萨尔玛那萨尔应指萨尔玛那萨尔五世(?—公元前 722 年),其曾于公元前 725 年征服以色列王国。以色列王国十个支派犹太人的流散历史限于史料匮乏难以考证,本杰明所言示巴地区的犹太人为萨尔玛那萨尔五世囚禁而来,应是当地犹太人代代口耳相传的一种说法。——译者

5 亚设谓之很多王国,马库斯·南森·阿德勒谓之其他的王国,详见 A.Asher, *The Itinerary of Benjamin of Tudela*, Vol.1, p.115; Marcus Nathan Adler, *The Itinerary of Benjamin of Tudela*, p.48。

6 马库斯·南森·阿德勒言及从前述对阿拉伯地区犹太人的记述,可以明确地表明本杰明从未到达过此地,他也没有假装曾到达过此地。比兹利称这大多不是记述个人的游历,而是试图首先去补充所见之事,再次则补充所闻之事(C.R.Beazley, *The Dawn of Modern Geography*, p.252)。但是,当比兹利将南部阿拉伯[南部阿拉伯人为利甲人(Rechabites)]犹太人的记述定性为"胡乱之为"之时,则完全错误。本杰明如此言之吗?大英博物馆手稿中并没有如此称之。现在我们的作者是我们所拥有的最为古老与最值得信任的权威。全部误解源自爱泼斯坦手稿以及在所有出版中对כיבר的置换,即将其置换为רכב。拉帕波特在文中已经提及对这一错误之处的怀疑:为证实此点,其据《旧约·耶利米书》(35)、《旧约·士师记》(1:16)、《旧约·撒母耳记》(上,27:10)以及《旧约·历代志》(上,2:55)将黑巴尔人与利甲人、基尼各的希百(Heber)之子(后裔)联系起来。施恩茨与亚设没有对此段行程有所评述,格雷茨对本杰明的记载有所摘录。与其他作者一样,他也不能考订蒂尔马斯的位置。但是通常认为塔拿应为也门的首都萨那,然而其距黑巴尔则有 20 天的行程。自从圣经时代,也门就虐待犹太人,突厥人时期更加明显;尽管如此,也门城镇与乡村中的犹太人一直生活至今。其地相对便捷,因其紧邻大海。现在我们应该感怀伟大的英国人,他们索求占领也门腹地,将会扩大对犹太人的保护。黑巴尔的火山高地(哈拉)通常难以接近,这是因为其周围是干旱的沙漠与狂热的贝都因部落。16 世纪的拉比亚伯拉罕·法力索(R.Abraham Farissol)曾写道此地有大量犹太人,他们居住在帐篷或木屋、

棚屋之中。亚伯拉罕·法力索的同代人大卫·雷奔尼(David Reubeni)穿越阿拉伯到达阿比尼西亚(埃塞俄比亚),于1524年到达欧洲,佯装成约瑟夫的兄弟——约瑟夫为黑巴尔沙漠地带流便、迦得以及玛拿西支派半数人口的犹太人部落的国王。

针对黑巴尔犹太人的起源,本杰明进而言及:"人们说(בני אדם אומרים)他们来自流便、迦得支派,还有玛拿西支派半数人口,亚述国王萨尔玛那萨尔将他们囚禁到这里。"以此来证实他的记述。这里需要提及的是一部有趣的著作,作者为莱顿历史与东方语博士多兹(R.Dozy)教授,详见R.Dozy,*Die Israeliten in Mecca*,1864。通过运用圣经中一些巧妙的文献,如《旧约·撒母耳记》(上,30)、《旧约·历代志》(上,4:24—43等),他尝试说明在大卫驱散亚玛力人(Amalekites)之后——扫罗先前已经削弱了亚玛力人,西缅(Simeon)支派已经进入到阿拉伯地区,定居在迈纳斯(Minaeans)与麦加,在麦加的克尔白(Kaaba)建立了祭拜场所,并引入了一些(宗教)传统,这些传统直至今日仍在遵循。多兹博士还主张在希西家(Hezekiah)统治之后,大量犹太人流散到阿拉伯地区。霍梅尔(Hommel)在两篇文章中,分别为Hommel,"Be-douins" and "Anzah",in Ersch and Gruber,*Encyclopaedia*,对安尼泽(Anizeh)或安尼斯(Aanessi)部落进行了尤为详细的描述,称他们习惯加入到瓦哈比(Wahabees)与其他贝都因部落中,袭击商队,并进行勒索。大马士革突厥人的帕夏每年必须缴纳过路费,以确保朝圣者安全地前往麦加。有一次两位贝都因教长被突厥人俘虏并杀害,但是安尼泽人在其他部落的帮助下——这些部落人数达到八万之多,抢劫了麦加的商队,进行了复仇。他们掠夺了大量珍珠,据说妇女企图将他们与米饭一起烹煮。赛岑称:"现在在黑巴尔已经没有犹太人,只有安尼斯人。"(Seetzen,*Journey through Syria*,&c.,I,ch.i,p.356)拉亚德与其他的现代作家经常提到安尼斯贝都因人。旅行者在叙利亚沙漠与幼发拉底河沿线非常忌惮这些人。道蒂称他们比起其他部落而言与犹太人的外形与性格更加相似。里特尔在引用尼布尔之时,提到贝都因的安尼斯部落四处流散,古代被视为犹太人;大马士革与阿勒颇犹太人躲避他们,因为他们被视为不遵守习俗的犹太人,一些人认为他们为卡拉派(Ritter,*Geographie*,Vol.XII)。所有这些说法,是否能够支撑一个观点,即他们被认为是秘密犹太人、先前黑巴尔犹太人的后裔,抑或奥马尔允许定居在库法的那批犹太人呢?

这篇长注很适合如下神秘的评论——这是道蒂以常用的精巧方式所写,

这是一位设法到达黑巴尔的巴格达犹太人所遭遇的谋杀:“但是不要他在黑巴尔的生活遭遇任何危险!我希望这些逃离会拯救一些人的鲜血,上帝以此恩赐回报我的付出!如有人乐意,他将会把他们写入到黑巴尔所有故事之中。”以上诸内容,详见 Marcus Nathan Adler, *The Itinerary of Benjamin of Tudela*, pp.48-50, n.2。

כיבר希伯来语即 Kheibar,指黑巴尔;רכב可拟音为 Rechab,即上文亚设所言之利甲。Rechab 与圣经中的利甲(Rechab)、希百发音接近,因此拉帕波特将之与其联系起来。利甲人,圣经所记族群,为利甲后裔,属于基尼各(Kenite)部落——基尼各部落曾随以色列人到达圣地,并定居于此。《旧约·撒母耳记》(上,30:29)记载:“住拉哈勒的,耶拉篾各城的,基尼各城的。”《旧约·耶利米书》(35:1—2)记载:“当犹大王约西亚之子约雅敬的时候,耶和华的话临到耶利米说,你去见利甲族的人,和他们说话,领他们进入耶和华殿的一间屋子,给他们酒喝。”希百为基尼各族人,大约生活在公元前 12 世纪期间,据《旧约·士师记》(4:11)记载:“基尼人希百,曾离开基尼族,到靠近基低斯、撒拿音的橡树旁支搭帐棚。”《旧约·士师记》(1:16)记载:“摩西的内兄(或作岳父)是基尼人,他的子孙与犹大人一同离了棕树城,往亚拉得以南的犹大旷野去,就住在民中。”《旧约·撒母耳记》(上,27:10)记载:“亚吉说,你们今日侵夺了什么地方呢?大卫说,侵夺了犹大的南方,耶拉篾的南方,基尼的南方。”《旧约·历代志》(上,2:55)记载:“和住雅比斯众文士家的特拉人,示米押人,苏甲人。这都是基尼人利甲家之祖哈末所生的。”马库斯·南森·阿德勒此处所言,即指因某些文稿将כיבר置换为רכב,因此引起讹误,如前述亚设文稿即是如此,拉帕波特甚至错误地将其与利甲人与希伯的后裔联系起来;本杰明此处所记应为כיבר,指黑巴尔。

希伯来语בני אדם אומרים为“人们说”之意,其中אומרים为说的复数形式,בני אדם为人们,复数。亚玛力人是圣经中所记载的游牧民族,生活在迦南南部等地区,《旧约·民数记》(13:29)记载:“亚玛力人住在南地。”迈纳斯,位于今也门地区。克尔白,又译“天房”,位于麦加禁寺之内,为伊斯兰教圣地。希西家(公元前 739—前 687 年),犹大王国第 13 任君主。安尼泽或安尼斯,为生活在阿拉伯地区的部落。瓦哈比,为伊斯兰教的宗教运动,由穆罕默德·伊本·阿卜杜拉·瓦哈比(Muhammad ibn Abd al-Wahhab, 1703—1792 年)所建立。该派奉行极端保守主义,为原教旨主义者,致力于恢复纯粹的一神教。秘密犹太人指那些表面上信奉其他宗教而私下仍信奉犹太教的犹太人,这些犹太人迫于其他宗教的改宗压力而如此为之。马库斯·南森·阿德勒此处所言安尼泽是否为犹太人仍有待考证。

较之其他地区而言,本杰明关于阿拉伯地区犹太人的记载比较简略,且因文本在传抄过程中出现讹误,故马库斯·南森·阿德勒认为本杰明应并未到达过该地,此说并非没有道理。但是,本杰明之记载如马库斯·南森·阿德勒所言并非杜撰而成,应具备一定真实性,因此关于本杰明是否到达过阿拉伯地区仍有待商榷。——译者

7 亚设谓之后者,马库斯·南森·阿德勒谓之后者的国家,详见 A. Asher, *The Itinerary of Benjamin of Tudela*, Vol.1, p.116; Marcus Nathan Adler, *The Itinerary of Benjamin of Tudela*, p.50。

马库斯·南森·阿德勒提及在下文将会看到本杰明称亚丁位于印度,即"亚丁位于大陆"。众所周知,中世纪时期阿比尼西亚与阿拉伯半岛被称为"中印度",很明确的是古代阿拉伯人广泛地占领了东印度西海岸地区,详见"Arabia", in the ninth edition of *the Encyclopaedia Britannica* and Supplement。以上诸内容,详见 Marcus Nathan Adler, *The Itinerary of Benjamin of Tudela*, p.50, n.1。

本杰明这一记载在《马可波罗行纪》中被证实。马可波罗记之:"大印度境始马八儿,迄克思马可兰(Kesmacoran),凡有大国十三,……诸国尽在大陆,此大印度经吾人叙述者,仅为沿海之城国……小印度境始爪哇,迄木夫梯里(Muftili)国,凡八国,并在陆地,……阿巴西州是一大洲,君等应知其为中印度而属大陆。"马八儿,应为注辇国,即印度南部朱罗(Chola,公元前 3—13 世纪);克思马可兰,即今麦克兰(Mekran),指位于西南亚卑路支斯坦南部沿海半沙漠地区,故大印度指从印度南部沿海至卑路支斯坦沿海地区;木夫梯里为位于印度东部沿海港口城市,故小印度指从爪哇至印度东部地区;阿比西州为今埃塞俄比亚,中印度即指非洲埃塞俄比亚,但有时也包括阿拉伯半岛一些地区。马可波罗显然将从东南亚爪哇至东非整个印度洋周边地区皆称为印度。马可波罗之记载,详见〔意〕马可波罗:《马可波罗行纪》,冯承钧译,上海书店出版社 2001 年版,第 422—467 页。本杰明下文所言"亚丁位于印度"之语,马库斯·南森·阿德勒认为 Aden 应为亚丁,但仍有争议,详见下文解释,但其关于中印度地理范围之说无误。——译者

8 亚设谓之"从这些犹太人的国家经行 25 天到达……位于也门的韦拉(Virah)河畔;此地有 3 000 余位犹太人",马库斯·南森·阿德勒谓之"从他

们的地区返回,经行25天到达韦雷(Virae)河畔;此地位于也门,有3000余位犹太人,他们中有一位拉比与判官”。Virah与Virae音近,所指相同,详见A.Asher,*The Itinerary of Benjamin of Tudela*, Vol.1,p.116;Marcus Nathan Adler,*The Itinerary of Benjamin of Tudela*,pp.50-51。

亚设提及此处没有出现城市的名称。马库斯·南森·阿德勒提及无法认定韦雷河,并认为“此地位于也门”之语明显格格不入,详见A.Asher,*The Itinerary of Benjamin of Tudela*, Vol.1,p.116,n.a;Marcus Nathan Adler,*The Itinerary of Benjamin of Tudela*,p.51,n.1。

本杰明此处所记韦拉或韦雷河不可考。如其记载无误,应指也门某地。——译者

三十二、瓦西特、巴士拉、胡齐斯坦与书珊（苏萨）

73 经行七日到达瓦西特（Waset）。此地有 10 000 余位犹太人，拉比拿戴（R.N'dain）便是其中一位。[1]

经行五日到达巴士拉。巴士拉位于底格里斯河畔，其地有 2 000 余位以色列人（10 000 余位犹太人），其中很多人非常博学、富裕（其中有很多学者与富人）。[2]

从巴士拉经行两日到达……位于萨马拉（Samarra）或沙特-埃尔-阿拉伯（Shat-El-Arab）河畔［从巴士拉经行两日到达萨马拉（Samara）河畔］。[3] 这里是波斯的边境，有 1 500 余位犹太人；祭司与文士以斯拉的墓地位于此地（1 500 余位犹太人生活在祭司以斯拉墓地附近）。[4]从耶路撒冷前往阿尔塔薛西斯（Artaxerxes）国王的途中，以斯拉逝世于此。墓前有一座大的犹太会堂与一座穆罕默德清真寺，后者作为一个崇敬的标志，对犹太人极为友善的伊斯兰教徒在此尊奉以斯拉（墓前有一座大的犹太会堂；伊斯兰教徒在墓旁建立了一座祈祷所，以表达他们对以斯拉伟大的爱与崇敬，因此他们喜欢犹太人），并来到此地祷告。[5]

然后，经行四英里到达胡齐斯坦（Khuzestan），即圣经中的埃兰（'Elam），这是一个大省［经行四天到达胡齐斯坦（Khuzistan），即埃兰(Elam)]。[6] 然而仅有部分地区可以居住,一些地区是一片废墟。在这片废墟中,有书珊(Shushan)人[书珊人或苏萨(Susa)人]、都城以及亚哈随鲁(Achashverosh)国王[亚哈随鲁(Ahasuerus)国王]宫殿的遗迹,还有一些古代庞大而美丽的建筑。[7] 此地有 7 000 余位犹太人以及 14 座犹太会堂。已经安息的但以理的墓地位于其中一座犹太会堂前面。乌莱(Ulai)河(底格里斯河)将 74
此城分开,城市以桥梁连接。城市的一侧住着犹太人(犹太人居住但以理埋葬的那一侧),里面有市场,所有的贸易都在这里(以及很大的商品存储地);这里的居民都很富裕(犹太人因此富裕)。住在城另外一侧的人都很贫穷,没有上述的优势(市场与商人),没有花园与园林。[8] 此种状况便引起了嫉妒,因为所有的荣耀与富裕被认为是已经安息的先知但以理的遗骸所带来的,他葬在另一侧(他们因此而嫉妒,并称:"另一侧的人所享有的繁荣是因为埋葬在那里的先知但以理的美德。")。穷人请求将墓地移到他们这一侧,但是遭到了拒绝。因此,双方爆发了长时间的战争(由于激烈的冲突,他们双方皆不能进出);这场冲突一直持续到他们精神厌倦之时。双方最终达成了(明智的)协定,即约定将装有但以理尸骨的棺木每年轮流存放在两方。[9] 双方皆忠实地履行这一协定(并且都变得富裕起来),然而却在桑加尔·沙·本·沙(Sanjar Shah Ben Shah)的干涉下中断。他统治着整个波斯地区,在 45 位国王中掌握着最高的权威[其间桑加尔·沙·本·沙(Sinjar Shah Ben Shah)来到此地——他统治着波斯,45 位国王臣服于他]。这位王子在阿拉伯语中被称为苏丹法尔斯·哈比尔(Sultan-al-Fars-al-Khabir)(苏丹法尔斯·哈比尔,即强大的波斯君主)。[10] 他的帝国 75

从阿拉伯河畔一直延伸至撒马尔罕、肯兹·歌散(Kizil Ozein),包括尼沙布尔(Nishapur)城、米底亚诸城、查夫顿(Chaphton)山,[从萨马拉河一直延伸至撒马尔罕、歌散(Gozan)河、米底亚诸城、查夫顿(Chafton)山],远至吐蕃(Tibet)(他也统治了吐蕃)——在吐蕃的森林中有走兽出没,麝香就产自这些走兽。他的帝国需要经行四个月又四天(四个月)。[11]

当伟大的皇帝、波斯国王桑贾尔到达书珊,看到但以理的棺木从河流一侧移到另一侧,在大量随从的簇拥以及犹太人、伊斯兰教徒的陪伴下,他跨过桥,询问如此做的原因(众多犹太人、伊斯兰教徒、异教徒以及很多来自此地的人皆跨过桥,他询问如此做的原因)。当被告知上面所言情况之时,他称此举有损但以理的荣耀(此举有辱先知但以理),遂命令准确测量河流两岸的距离,将但以理的棺木放置在另一个棺木中——此棺木以玻璃(水晶)制成,以铁链悬挂在桥的中间(并在此处为所有人建立一座犹太会堂,如此犹太人或异教徒皆可到此祈祷)。河流两侧分别建立起公共祭拜之地,为所有愿意祷告的人开放,无论是犹太人,还是异教徒。但
76 以理的棺木直到现在还悬挂在桥上。国王命令为了纪念但以理,在棺木周边(上下游)一英里河道范围之内严禁钓鱼。[12]

注释

1　亚设谓之瓦西特,马库斯·南森·阿德勒并未言及,称马卡萨纳特瑟图书馆所藏手稿此处言及:"然后,经行七日到达鲁西斯(Lusis)。此地有2 000余位以色列人。"并称亚设此处则代之以瓦西特(Wasit)——瓦西特在底格里斯河附近,详见 Marcus Nathan Adler, *The Itinerary of Benjamin of Tudela*, p.51, n.1。

里特尔提及本杰明文中作 Naseth,我认为应为 Waseth。亚设提及伊本·亳盖勒称瓦西特位于底格里斯河(Dejleh)两岸……该城建筑得很坚固,人口密集,供应充足(Haukal,p.65)。伊德里斯证实了这些叙述(Edrisi, I, p.367);阿布肥达言及:"底格里斯河横穿瓦西特。瓦西特(或城中心)被禁止称为艾哈迈德。该城距离四个大城皆 50 法尔萨赫,分别为巴士拉、库法、阿瓦士与巴格达。"(Abulfeda,p.261)。现在瓦西特这一古名指另外一个地方,位于现在底格里斯河唯一一处主要支流的地方,分布在其沿线地带,距其约 6—7 英里(Rennel,*Western Asia*, I.58)。施恩茨提及拉比本杰明所言 ביניהם (意为"他们之中")后接复数,如(亚设文本中)第 1 卷第 92 页中的犹太人,第 1 卷第 3、23、72 页中的富裕的犹太人,第 1 卷第 30、53、60、76、77、83 页中的博学的犹太人,第 1 卷第 48、73、76、82 页中的富裕与博学的犹太人。但是,我们发现在第 98 页中则出现了单数人称这一情况,尽管如此仍继续言之:"他们中的一位是拉比拿坦业(R.N'thanel)等。"尽管拉比拿戴没有在其他地方出现,但其应存在。我们怀疑其应为ודיין之误——希伯来语ודיין 为"与判官"之意。以上诸内容,详见 A.Asher,*The Itinerary of Benjamin of Tudela*, Vol.2,p.149。

瓦西特位于今伊拉克东部地区,在巴格达与波斯湾之间。鲁西斯地名尚不可考。阿瓦士,位于今伊朗西南部地区。拉比拿坦业出现在亚设文本第 93 页,而非 98 页。此处为施恩茨之讹误。希伯来语ודיין,读音为 Vadayin,与 N'dain 部分发音接近,故施恩茨如此称之。亚设文本与马卡萨纳特瑟图书馆所藏手稿在也门之后皆有篇章论述瓦西特或鲁西斯地区,尽管内容有所不同,显示本杰明到也门之后应曾到达过其中某地;马库斯·南森·阿德勒文本此处应有所遗漏。Dejleh,为阿拉伯语对底格里斯河之称谓。——译者

2 亚设谓之"其地有 2 000 余位以色列人,其中很多人非常博学、富裕",马库斯·南森·阿德勒谓之"其地有 10 000 余位犹太人,其中有很多学者与富人",详见 A.Asher,*The Itinerary of Benjamin of Tudela*, Vol.1, p.116,n.a; Marcus Nathan Adler,*The Itinerary of Benjamin of Tudela*, p.51。

亚设言及在伊本·亳盖勒、伊德里斯、阿布肥达与伊本·白图泰时期,巴士拉地区极为重要(Iben Haukal,p.63;Edrisi,I,p.367;Abulfeda,p.269;Ibn Batuta,p.47)。巴士拉现在仍是一座大城,吸引了波斯、幼发拉底河等地几乎全部的商业活动。其周长 7 英里,城中一部分地区为花园与园林,运河横

亘城中，小船得以通行。城中约有 60 000 多居民，包括阿拉伯人、突厥人、印度人、波斯人、犹太人以及所有东方人（Murray，915）。其中犹太人据说有 7 000 余名。以上诸内容，详见 A. Asher，*The Itinerary of Benjamin of Tudela*，Vol.2，p.150。

从今瓦西特距离巴士拉约 300 公里。——译者

3　亚设谓之“从巴士拉经行两日到达……位于萨马拉或沙特-埃尔-阿拉伯河畔”，马库斯·南森·阿德勒谓之“从巴士拉经行两日到达萨马拉河畔”，其中亚设言及此处所到地名缺失，详见 A.Asher，*The Itinerary of Benjamin of Tudela*，Vol.1，p.116，n.a；Marcus Nathan Adler，*The Itinerary of Benjamin of Tudela*，p.51。

亚设提及经行两日到达萨马拉河畔的克尔纳（Korna）？我们作者言及巴士拉位于底格里斯河畔，克尔纳位于萨马拉河畔——这里描述的应为克尔纳，以斯拉墓地就位于该地附近，尽管巴士拉与克尔纳目前皆位于沙特-埃尔-阿拉伯河畔。这个记载显然为阿拉伯河河道变迁提供了证明，此为众多证明中的一处。在我们作者时期，阿拉伯河应是有一条独自通往大海的河道（Rennels Xenophon，75）。里特尔提及萨马拉河是迪亚拉（Diyala）[德鲁斯（Delos）]或迪拉（Diala）河下游，巴格达附近地区。我们在那里发现古代萨马拉或特马拉（Tamara）古城（Robinson，not. p. 29）。以上诸内容，详见 A. Asher，*The Itinerary of Benjamin of Tudela*，Vol.2，p.150。

Shat-El-Arab 指阿拉伯河，Shat 在阿拉伯语中意为河畔、沿岸。今底格里斯河与幼发拉底河在今伊拉克境内的克尔纳（al-Qurnah，位于今伊拉克南部、巴士拉西北约 70 公里处）交汇，称阿拉伯河；阿拉伯河向东南延伸至巴士拉附近，与源自伊朗的卡伦（Karun）河汇流，之后注入波斯湾。如亚设所言无误，阿拉伯河河道在历史上似曾发生过改变。迪亚拉省位于巴格达东北部，与今伊朗接壤。亚设所言本杰明此处可能到达克尔纳。据其地理位置判断，具有此种可能性。迪亚拉河流经迪亚拉省，在巴格达附近流入底格里斯河，为底格里斯河支流。里特尔称萨马拉河位于迪亚拉河下游，但是巴士拉距离巴格达约 500 公里，本杰明不可能在两日之内到达巴格达近郊地区，故其说并不符合本杰明实际行程。比较而言，此处的萨马拉河为阿拉伯河则更接近事实。——译者

4　亚设谓之“有 1 500 余位犹太人；祭司与文士以斯拉的墓地位于此地”，马库斯·南森·阿德勒谓之“1 500 余位犹太人生活在祭司以斯拉墓地

附近”,详见 A. Asher, *The Itinerary of Benjamin of Tudela*, Vol. 1, p.116, n.a; Marcus Nathan Adler, *The Itinerary of Benjamin of Tudela*, p.51。

亚设提及如以西结的墓地一样(第 1 卷,第 107 页),比西哈奇亚与查瑞斯皆注意到了以斯拉的墓地,并将一些传说与之联系起来;后者进而称以斯拉墓地所在河流在希伯来语中被称为爱河(Ahava),即宛如一道光亮照耀在以斯拉所经之道上(Charisi, VIII, 21、31);此段河流是那些从巴比伦返回至耶路撒冷犹太人的会合之地。以斯拉墓地现在仍然存在,并被现代数位旅行者所提及。尼布尔与麦克唐纳・克尼尔(Macdonald Kinneir)提到墓地位于底格里斯河畔,在克尔纳上方(北方)不远处(Niebuhr, I. plate XI; Macdonald Kinneir, p.282)。路梭称:“墓地位于克尔纳对面,紧邻森拿(Senna)河,在哈维萨(Haviza)地区。”他进而言之:“这里有一座古老建筑,被当作先知以斯拉的墓地。突厥人与犹太人皆尊奉这一遗址,经常在此进行虔诚的祭拜。”(Rousseau, p. 58)。克佩尔(Keppel)称:“我们经过一座被称为以斯拉(Il Azer, Ozeir?, Ezra)的建筑,传统认为其为先知墓地。墓碑顶端有一个大的圆顶,圆顶上面覆盖着绿松石色的釉面瓷砖。犹太人与伊斯兰教徒都对这一墓地十分敬重。据说这里有大量财富与朝圣者的供品,尤其是信仰前者(犹太教)的那些人。”(Keppel, I.92)。米格那以一块木版刻画来说明他的观察,称:“墓地周围环绕着一面非常好的砖墙,砖头已经被烧焦。穿过之后,我发现了一处大的圆顶回廊,回廊围着一座四方墓冢,墓中安置着以斯拉的骨灰。里面铺设着同样是天蓝色的瓷砖,与圆顶的装饰一样;如此显得非常华丽,尤其当太阳照耀之时。门口有两座黑色大理石碑,上面书写着希伯来文。巴士拉犹太人每年都来到此地朝圣。”(Mignan, p. 8)。以上诸内容,详见 A. Asher, *The Itinerary of Benjamin of Tudela*, Vol.2, pp.150-151。

马库斯・南森・阿德勒提及可参见哈特威・赫希菲尔德(Hartwig Hirschfeld)博士所提到的犹大・哈瑞兹(Judah Al-harizi)所写的一个篇章。这个篇章记述了朝圣者经过美索不达米亚,期望去拜谒以斯拉墓地。阿拉伯地理学家雅库特(Yakut)称墓地位于萨马拉河麦散(Maisan)村附近,幼发拉底河与底格里斯河在萨马拉河附近汇流(*J.Q.R.*, Vol.XV, 683)。拉亚德称:“我们停在被称为以斯拉墓地面前。幼发拉底河与底格里斯河在克尔纳汇流,墓地距离克尔纳约 25 英里。这座建筑相对现代,由两个庭院组成。外面的庭院是空的;里面的庭院有一座以砖建造的墓地,涂抹着白色的灰泥,以木箍围起来，上方有一个大的带有黄色流苏的蓝色布匹，捐赠者的姓名以希伯来文写在上面。没有看到本杰明记载的大犹太会堂与清真寺的任何遗迹。现在很怀疑目前这个建筑是否遮盖了希伯来旅行者所见的那座墓地。由于底格里斯河不断改变河道，吞噬着泥土淤积的河岸，直到建筑边上。图德拉的本杰明所看到的墓地极有可能很早已被河流所吞噬。"(Layard, *Early Adventuers in Persia*, *Susiana and Babylonia*, Vol. II, p. 214)；亦可详见 Benisch's Note in *Pethachia' Travels*, p.91；I.J.Benjamin II, *Eight Years in Asia and Africa*, p.167。以上诸内容，详见 Marcus Nathan Adler, *The Itinerary of Benjamin of Tudela*, p.51。

Ahava，为希伯来语אהבה，为热爱之意。森拿河、哈维萨以及麦散应为以斯拉墓地周围地区。克佩尔此处所言 II Azer，Azer 即 Ezra 的转音，其中 II 所指不明；这座建筑被称为以斯拉。犹大·哈瑞兹(1165—1225 年)，西班牙犹太人，诗人、翻译家、游历家。雅库特(1179—1229 年)，中世纪时期阿拉伯地理学家。由于以斯拉墓地之影响，墓地所在处也以以斯拉命名，即乌兹拉(Al-'Uzair)，位于今伊拉克东南部麦散(Maysan)省。——译者

5　亚设谓之"墓前有一座大的犹太会堂与一座穆罕默德清真寺，后者作为一个崇敬的标志，对犹太人极为友善的伊斯兰教徒在此尊奉以斯拉，并来到此地祷告"，马库斯·南森·阿德勒谓之"墓前有一座大的犹太会堂；伊斯兰教徒在墓旁建立了一座祈祷所，以表达他们对以斯拉伟大的爱与崇敬，因此他们喜欢犹太人，并来到此地祷告"，详见 A.Asher, *The Itinerary of Benjamin of Tudela*, Vol.1, pp.116-117；Marcus Nathan Adler, *The Itinerary of Benjamin of Tudela*, p.51。

此处的阿尔塔薛西斯为阿尔塔薛西斯二世(Artaxerxes II)，公元前 465—前 424 年在位，为古波斯第五任国王。——译者

6　亚设谓之"然后，经行 4 英里到达胡齐斯坦(Khuzestan)，即圣经中的埃兰，这是一个大省"，马库斯·南森·阿德勒谓之"经行四天到达胡齐斯坦(Khuzistan)，即埃兰"，其中 Khuzestan 与 Khuzistan 音近，所指相同，详见 A. Asher, *The Itinerary of Benjamin of Tudela*, Vol.1, p.117；Marcus Nathan Adler, *The Itinerary of Benjamin of Tudela*, p.51。

亚设提及胡齐斯坦，即圣经中的埃兰。这是正确的考证，罗斯穆勒尔、格泽纽斯皆如此认为。我们作者花了极少的笔墨描述他那个时代的胡齐斯坦，现在亦是如此(Rosenmüller, I. i. 300)。巴拉蒂耶指责我们作者有所忽视

(Baratier, I.172.Note.4),这是因为他不知道מדינה在希伯来语中意为省份,然而因为在叙利亚语与阿拉伯语中,该词常指城市,因此本杰明在此种状态下经常使用该词。以上诸内容,详见 A.Asher, *The Itinerary of Benjamin of Tudela*, Vol.1, p.117, n.2, Vol.2, p.152。

胡齐斯坦,位于今伊朗西南部,南邻波斯湾,首府为阿瓦士,意为"胡齐(Khuzi)之地"。胡齐为胡齐斯坦最早的居民。Khuzi,又称 Husa、Huza,希伯来语中作 Shushan,即שושאן。Elam,源自苏美尔语 *elam*(*a*)、阿卡德语 *elamtu*。埃兰,指今胡齐斯坦、伊拉姆(Ilam,今伊朗西南部省份,与胡齐斯坦紧邻)以及今伊拉克南部小部分地区。历史上的埃兰(公元前 2700—前 539 年)曾经作为此地的强国,公元前 539 年被亚述灭亡。埃兰,在圣经中被记作"以拦"(Elam),指以拦后代生活的区域,以拦则为闪的儿子,《旧约·创世记》(10:22)记载:"闪的儿子是以拦,亚述,亚法撒,路德,亚兰。"《旧约·以斯拉记》(4:9)记载:"省长利宏,书记伸帅,和同党的底拿人,…… 以拦人。"《旧约·但以理书》记载:"我见了异象的时候,我以为在以拦省书珊城中(城或作宫)。我见异象又如在乌莱河边。"מדינה在希伯来语中为省份、地区之意。从阿拉伯河至胡齐斯坦,至少 100 公里,因此亚设文本所记 4 英里有误,马库斯·南森·阿德勒所言四天行程更为准确。——译者

7 亚设谓之"在这片废墟中,有书珊人、都城以及亚哈随鲁(Achashverosh)国王宫殿的遗迹",马库斯·南森·阿德勒谓之"在这片废墟中,有书珊人或苏萨人、都城以及亚哈随鲁(Ahasuerus)国王宫殿的遗迹",其中 Achashverosh 与 Ahasuerus 音近所指相同,详见 A.Asher, *The Itinerary of Benjamin of Tudela*, Vol.1, p.117; Marcus Nathan Adler, *The Itinerary of Benjamin of Tudela*, p.51。

Shushan 即希伯来语对 Khuzi 的称谓,Susa 为其转音。亚哈随鲁国王为古代波斯帝国国王。《旧约·以斯帖记》(1:2)记载:"亚哈随鲁王在书珊城的宫登基。"——译者

8 亚设谓之"乌莱将此城分开……。城市的一侧住着犹太人……里面有市场,所有的贸易都在这里;这里的居民都很富裕。住在城另外一侧的人都很贫穷,没有花园与园林",马库斯·南森·阿德勒谓之"底格里斯河将此城分开……犹太人居住但以理埋葬的那一侧,里面有市场以及很大的商品存储地,犹太人因此富裕。住在城另外一侧的人都很贫穷,没有市场与商人,没有花园与园林",详见 A.Asher, *The Itinerary of Benjamin of Tudela*,

Vol.1, pp.117-118; Marcus Nathan Adler, *The Itinerary of Benjamin of Tudela*, p.52。

乌莱河，位于胡齐斯坦苏萨城。本杰明此处应是记述苏萨城之情况。较之而言，底格里斯河则在苏萨城以西 250 多公里处，故此处马库斯·南森·阿德勒文本出现讹误。——译者

9　亚设谓之“此种状况便引起了嫉妒，因为所有的荣耀与富裕被认为是已经安息的先知但以理的遗骸所带来的，他葬在另一侧。……因此，双方爆发了长时间的战争，……双方最终达成了协定”，马库斯·南森·阿德勒谓之“他们因此而嫉妒，并称：‘另一侧的人所享有的繁荣是因为埋葬在那里的先知但以理的美德。’……因此，双方爆发了长时间的战争；由于激烈的冲突，他们双方皆不能进出……双方最终达成了（明智的）协定”，详见 A. Asher, *The Itinerary of Benjamin of Tudela*, Vol.1, p.118; Marcus Nathan Adler, *The Itinerary of Benjamin of Tudela*, p.52。

亚设提及我们作者所记述关于但以理墓地及由其引发的冲突，源自于古老的时期。库法（Cufah）的阿西姆（Aasim），是一位备受尊敬的历史学家，生活在伊本·亳盖勒约两百年以前，逝世于 735 年；他提及但以理的棺木在苏萨（Sus）被发现。伊本·亳盖勒在 10 世纪期间曾游历此地，曾提及但以理的棺木，并归因于对但以理尸骨的拥有、驱除各类困境的美德，尤其饥荒对水的渴求。在欧洲出版的《奎斯利游记》（*Quseley's Trarel*）中，作者提及图德拉的本杰明似乎最早关注该墓地（*Quseley's Travel*, I, 422）。奇怪的是如同本杰明所记载的那样，古代犹太人血洒此地，我们时代最为著名的学者对此地亦投入大量笔墨。来自英国、法国与德国尊贵的一流学者，展开了一场笔战。两派各有五人，其中伦内尔、奎斯利、巴贝·杜·博卡（Barbié du Bocage）、克内尔、侯克（Hoek）等一致认为此地目前被称为仇斯（Chouch）、仇斯（Chouz）或苏斯（Sous）（纬度 31 度 55 分、经度 83 度 40 分）；德赫贝罗特（d'Herbelot）、德安维尔（d'Anville）、文森特、曼纳特（Mannert）以及哈默尔等一致认为书斯特（Shuster）为圣经中的苏萨（Susa，即书珊）（纬度 31 度 30 分、经度 84 度 30 分）——这两处地方的坐标皆来自伦内尔的权威引用（Rennel, *Western Asia*, I. 229）。最近一场争论又开始了（*Recueil de Voyages et mémoires*, Vol. II, Paris, le societe de geographie, 1835, p. 324, 335, 337, et seq）。博学的读者可参见这一颇具价值的信息。在争论过程中出现的足够证据显示，但以理墓地及其被移往另外一个地方的传说，源自于很古老的时

期。有一处墓地被古老的伊斯兰教徒与犹太人认定为先知的墓地,其将对但以理尸骨的拥有归因于美德,远胜于我们这位严肃的游历家与比西哈奇亚所言。后者在苏萨仅发现了两位犹太人,皆为职业染工,并提及棺木被悬挂在桥上,用另外一个棺木围起来——这个棺木以高度光亮的铜制成,远望如同漂亮的玻璃。

最近对这一著名地方的叙述源自罗林森少校。罗林森对该地进行实地观察并著文;此文颇具价值,被收录在第 9 卷的《皇家地理社会期刊》(*The Journal of the Royal Geographical Society*)之中。罗林森认为"宫殿书珊"(Shushan the Palace)即现在的苏萨(Súsan),位于库兰(Kuran)或卡伦(Eulaeus),圣经中的乌莱河畔,实际上在苏萨也发现了大量的遗迹。罗斯穆勒尔言及约瑟夫称这座宫殿位于埃克巴坦那(Ecbatana),为但以理所建(*Aantiq.*,b.X.c.11. §.4),但他认为其有可能位于苏萨;他的看法在圣哲罗姆的著作中得到证明。无疑后者的名字应为 Ecbatana,约瑟夫称宫殿为 βαρις,无疑为בירה(城市之意),这一称谓经常被用以称呼苏萨的宫殿——此宫殿可能就是本杰明所提及的那座建筑(亚设文本,Vol.1,p.117)。一直以来,犹太人常被雇用作此类建筑的看管者,并设有机构负责虔诚朝圣者供品的流通。《塔木德》中所提及的城市的管理者拉比阿哈(R. Aha)(ר' אחא שר הבירה)(*Talmud*,*Khethuboth*,22,a,88,a),为这座宫殿的看管人。他似乎从巴比伦去到了巴勒斯坦('Eruchin,22 b;Jebamoth,45.b.מזרחין לטבירה Rashi's *Commentary*,לאנטוכיה)。拉帕波特提及我们还发现城市的管理者约拿单(Jonathan)。我们作者在下文即将提及害怕钓鱼的历史(亚设文本,Vol.1,p.120),亦可详见波斯著作 *Nuz-halu-Ikulúb*(MS.),in Rawlison, I. c; Pethachia, p.186,其中比西哈齐亚将其归因于悬挂的棺木,其能够摧毁所有从其底下经过的邪恶的人。以上诸内容,详见 A.Asher,*The Itinerary of Benjamin of Tudela*, Vol.2,pp.152-154。

马库斯·南森·阿德勒提及著名的但以理墓地位于波斯的书斯特(Schuster)与迪兹富勒(Dizful)之间,靠近沙尔(Shaour)河——其为卡伦河支流,卡伦河似应为圣经中的乌莱河[《旧约·但以理书》(8:2)]。苏萨遗址,即古代的书珊,现在为一个巨大的土堆。1881 年,迪厄拉富瓦(Dieulafoy)女士曾对波斯国王的宫殿进行了大规模挖掘,其中很多文物收藏于法国的卢浮宫。拉亚德对但以理墓地有着详尽的描述,称其相对新近,与穆斯林的圣人神龛无太大差异,上面是一座由不规则的砖块所建造的锥形圆顶,类似松塔状，详见 Layard，*Early Adventures*，Vol.II，p.295。读者可以参见迪厄拉富瓦所提供的关于但以理墓地、苏萨遗迹、舒斯特及此座桥梁等的精美的画报，详见 Dieulafoy，*La Perse*，*la Chaldée et la Susiane*，Paris，1887。沙尔河畔的建筑与保持穆斯林传统的但以理墓地之间没有任何联系；有很多传说与这座著名的墓地联系起来，其中之一是为将但以理埋葬在河床之下，苏萨人改变了河道，详见 Guy Le Strange，p.240。阿德勒（E.N.Adler）在描述撒马尔罕之时，称："帖木儿（Tamerlane）在波斯苏萨看到这一墓地，上面刻有警示铭文，称任何人不得打开此门。所以他从后面打开墓地，发现上面写着先知但以理埋葬在此。这位浮躁的征服者将石棺方向移出，带到他的首都，给上面涂上一层钯。这个石棺超过 20 码，很适合但以理的身材。最近在其上面以砖块建造了三个圆顶状的礼拜堂，但是古代结构的图片可以在撒马尔罕看到，并被隆重地放置在悬崖边上——悬崖下面为湍急的瑟扑（Seop）河。当地犹太人不相信这个故事，但也不太怀疑，我就是与两位犹太人一同前往，他们并在这位义士的墓地前进行祷告。"详见 E.N.Adler，*Jews in many Lands*，Jewish Historical Society of England，p.224。以上诸内容，详见 Marcus Nathan Adler，*The Itinerary of Benjamin of Tudela*，p.53，n.1。

Sus、Chouch、Chouz、Sous、Shuster 等出现不同程度之转写或音变，所指相同。库兰河与卡伦河为今苏萨地区河流。关于圣经中的乌莱河地望尚有争议，一说为库兰河的支流，一说为卡伦河支流。埃克巴坦那，指古代米底亚城市埃克巴坦那，位于今伊朗哈马丹（Hamedan）省境内，在胡齐斯坦北部。罗斯穆勒尔认为约瑟夫所言及的宫殿似位于苏萨，尚待确凿证据之证明。希伯来语ר' אחא שר הבירה意为"城市看护人、管理者拉比阿哈（R.Aha）"之意。在巴比伦之囚期间，先知但以理曾居住在苏萨城。通常认为先知但以理的墓地就位于今胡齐斯坦的苏萨城，古代苏萨（书珊）遗址即位于今苏萨城。迪兹富勒，位于苏萨附近地区，扎格罗斯山脚。帖木儿（1336—1405 年），帖木儿帝国（1370—1506 年）奠基人，帝国都城为撒马尔罕。相传帖木儿在攻打波斯、叙利亚之时，曾将但以理部分遗骨带往撒马尔罕，并隆重安葬。——译者

10　亚设谓之"双方皆忠实地履行这一协定，然而却在桑贾尔·沙·本·沙的干涉下中断。他统治着整个波斯地区，在 45 位国王中掌握着最高的权威。这位王子在阿拉伯语中被称为苏丹法尔斯·哈比尔"，马库斯·南森·阿德勒谓之"双方皆忠实地履行这一协定，并且都变得富裕起来。其间桑贾尔·沙·本·沙来到此地——他统治着波斯，45 位国王臣服于他。这

位王子在阿拉伯语中被称为苏丹法尔斯·哈比尔,即强大的波斯君主”。详见 A.Asher,*The Itinerary of Benjamin of Tudela*, Vol.1,pp.118-119;Marcus Nathan Adler,*The Itinerary of Benjamin of Tudela*,p.52。

亚设提及我们作者所言苏丹法尔斯·哈比尔意为波斯的最高统治者,桑贾尔·沙·本·沙,或本·梅克莎(Ben Melikshah),于 1086 年生于叙利亚的桑贾尔(Sanjar),因此得名桑贾尔,但关于其名字来源仍有争议(Vullers Mirkhond,117,note.17)。桑贾尔·沙·本·沙享年 78 岁又 8 个月,即在本杰明游历些许年前。米克霍德(Mirkhond)言及:“他曾统治呼罗珊二十年。在四十一年间,他的专制统治拓展至大半个有人居住的世界。”米克霍德颂扬他完全东方式的神威与美德。桑贾尔将他的帝国拓展至撒马尔罕,1140 年撒马尔罕被征服。他成为亚洲最具权势的君主之一;他的往事在我们作者时期肯定仍记忆犹新,详见 *Herbelot S.V.Sangiar*, *Desguignes hist.des huns*, Mirkhond c.XXVIII to XX;Hammer,*Geschichte des osmanischen Reichs*,2d. Ed.I.45 et seq。以上诸内容,详见 A.Asher,*The Itinerary of Benjamin of Tudela*, Vol.1,n.a;Vol.2,pp.154-155。

桑贾尔·沙·本·沙,即艾哈迈德·桑贾尔(Ahmad Sinjar,1086—1157 年),又称艾哈迈德·桑贾尔·本·梅克莎。1097—1118 年,曾担任呼罗珊总督;1118—1157 年,任塞尔柱帝国苏丹,被誉为塞尔柱帝国最杰出的苏丹;其死后,塞尔柱帝国日渐衰落。——译者

11　亚设谓之“从阿拉伯河畔一直延伸至撒马尔罕、肯兹·歌散(kizil Ozein),包括尼沙布尔(Nishapur)城、米底亚诸城、查夫顿(Chaphton)山……他的帝国需要经行四个月又四天”,马库斯·南森·阿德勒谓之“从萨马拉河一直延伸至撒马尔罕、歌散(Gozan)河、米底亚诸城、查夫顿(Chafton)山……他也统治了吐蕃(Tibet)。……他的帝国需要经行四个月”,详见 A.Asher,*The Itinerary of Benjamin of Tudela*, Vol.1,p.119;Marcus Nathan Adler,*The Itinerary of Benjamin of Tudela*,p.52。

马库斯·南森·阿德勒提及歌散河上文已经提及,详见 Marcus Nathan Adler,*The Itinerary of Benjamin of Tudela*,p.33,n.3。下文亦将谈及,详见 Marcus Nathan Adler,*The Itinerary of Benjamin of Tudela*,p.58,n.4。查夫顿山下文亦将提及,详见 Marcus Nathan Adler,*The Itinerary of Benjamin of Tudela*,pp.54-55;查夫顿山地区似不仅包括扎格罗斯(Zagros),还包括胡齐斯坦高原。马可波罗称吐蕃:“在这个地区有很多动物出产麝香。

鞑靼人(Tartars)有很多优良的大犬;这些大犬很擅长捕捉出产麝香的动物,因此他们有很多麝香。"(*Marco Polo*,Book,II,chap.xlv)。以上诸内容,详见 Marcus Nathan Adler,*The Itinerary of Benjamin of Tudela*,p.52,n.1。

撒马尔罕,中亚河中地区(阿姆河与锡尔河之间地区,包括今乌兹别克斯坦全境和哈萨克斯坦西南部等地)历史名城,位于今乌兹比克斯坦境内。如上文注释所言,歌散河应为流经该地之哈博河,歌散遗址位于今叙利亚东北部哈散卡省的特拉·哈拉地区,Kizil Ozein 为歌散地区现代之称谓。尼沙布尔,位于今伊朗东北部呼罗珊地区。桑贾尔就在担任呼罗珊地区总督之时,占领波斯大部分地区,以尼沙布尔为统治中心,详见 Denis Sinor,*The Cambridge History of Early Inner Asia*,p.368。

如马库斯·南森·阿德勒所言,查夫顿山脉囊括了扎格罗斯山以及胡齐斯坦高原地区;扎格罗斯山由土耳其西北部一直延伸至波斯湾地区。塞尔柱帝国鼎盛时期向东方的征服,相继占领了呼罗珊等地以及中亚河中地区,但是吐蕃并未被其征服。麝香为雄麝腺囊的分泌物,为名贵的香料,亦可作药材。吐蕃盛产麝香,且吐蕃麝香最为名贵,阿拉伯史家雅库比即记载:"最好的麝香是吐蕃麝香,其次是粟特,再其次是 Khānfū(广府,即今广州)。"详见〔法〕费琅辑注:《阿拉伯波斯突厥人东方文献辑注》,耿昇、穆根来译,中华书局 1989 年版,第 67 页。马可波罗所记鞑靼人,主要指以蒙古族为族源的游牧民族。鞑靼人还包括那些操突厥语族的民族。马可波罗关于吐蕃之记述,亦可详见〔意〕马可波罗:《马可波罗行纪》,冯承钧译,上海书店出版社 2001 年版,第 276—278 页。——译者

12　亚设谓之"在大量随从的簇拥以及犹太人、伊斯兰教徒的陪伴下,他跨过桥,询问如此做的原因……他称此举有损但以理的荣耀……此棺木以玻璃制成,以铁链悬挂在桥的中间。……在棺木周边一英里河道范围之内严禁钓鱼",马库斯·南森·阿德勒谓之"众多犹太人、伊斯兰教徒、异教徒以及很多来自此地的人皆跨过桥,他询问如此做的原因……他称此举有辱先知但以理,……此棺木以水晶制成,以铁链悬挂在桥的中间,并在此处为所有人建立一座犹太会堂,如此犹太人或异教徒皆可到此祈祷。……在棺木上下游一英里河道范围之内严禁钓鱼",详见 A.Asher,*The Itinerary of Benjamin of Tudela*, Vol.1,pp.119-120;Marcus Nathan Adler,*The Itinerary of Benjamin of Tudela*,pp.52-53。

三十三、鲁德巴尔、木剌夷与阿马瑞耶(阿马迪耶)

(从苏萨)经行三日到达鲁德巴尔(Rudbar)。此地有 20 000 余位犹太人(以色列人),其中有很多学者与富人,但是他们皆饱受压迫。[1]

从鲁德巴尔经行两日到达哈莱万(Holwan)[尼哈万德(Nihawand)]河。在此我们发现有 4 000 余位犹太人(以色列人)生活在此地。[2]

经行四日到达木剌夷(Mulehet)[木剌夷(Mulahid)]之地。这里有一派人不信奉穆罕默德的教义,而是居住在高山之顶,服从哈昔新之地长者的命令。四个犹太(以色列)会众居住在他们中间,并与其一同征战。他们不认可波斯国王的权威,而是居住在山上,偶尔下山抢劫、掠夺,得逞之后撤退到他们山上的堡垒,以免受袭击。一些居住在此地的犹太人为杰出的学者;他们认可被囚禁的王子的权威——王子居住在巴比伦尼亚的巴格达。[3]

从木剌夷之地经行五日到达阿马瑞耶('Amaria)[阿马迪耶
(Amadia)]。此地有 25 000 余位犹太人(以色列人)。这一会众属 77
于居住在查夫顿山会众的一部分——查夫顿山约有 100 犹太会
众,此会众绵延至米底亚边界地区(这是居住在查夫顿山的首批会众——查夫顿山约有 100 犹太会众;米底亚之地始于此)。[4]

这些犹太人是起初萨尔玛那萨尔所俘虏的犹太人之后裔(这些犹太人是萨尔玛那萨尔最早所俘虏的那批犹太人)。他们讲叙利亚语,其中有很多杰出的《塔木德》学者[他们讲并书写《塔古姆》(*Targum*)所用之语言,其中很多为博学之人]。他们与阿马瑞耶城里的那些人是邻里——阿马瑞耶城位于波斯帝国一天行程范围之内[从阿马迪耶省到波斯王国边界的吉兰省(Gilan),有 25 天以远];他们服从波斯国王,并上交贡物。贡物由代理人征收,数量与所有伊斯兰教国家一样,即一枚阿米尔(Amiri)黄金[(贡物由波斯王国的官员征收,即每年缴纳人头税一枚阿米尔(Amir)黄金]——相当于一又三分之一马拉维迪(Maravedi)黄金;(在伊斯兰教之地)每一位 15 岁以上的男性皆要缴纳。[5]

大约在十五年(十年)之前,阿马瑞耶城出现了一位名叫大卫·埃尔·罗伊(Davdi El Roy)[大卫·阿罗伊(David Alroy)]的
78 人士。他曾受教于被囚禁的王子哈斯德与巴格达城格昂雅各学校的主事者埃利('Eli),后成为一名杰出的学者,深谙摩西律法、拉比的决断以及《塔木德》,并知晓世俗的科技、伊斯兰教的语言与著述以及魔术与法术经文[他曾受教于被囚禁的王子哈斯德与巴格达城格昂雅各学校的主事者,深谙以色列律法、哈拉哈(Halachah)以及《塔木德》,并知晓世俗文学、伊斯兰教之智慧以及魔术与占卜经文)]。[6] 他下定决心反抗波斯国王,联合查夫顿山地区的犹太人与所有异教徒交战,旨在实现对耶路撒冷的征服——此为他的最终目标(联合查夫顿山地区的犹太人与所有国家交战,旨在进军并占领耶路撒冷)。[7]

他给犹太人传递了一些虚假的神迹,并向他们应诺:"上帝派我征服耶路撒冷,将你们从异教徒的枷锁中解脱。"一些犹太人信奉他,称其为弥赛亚。当波斯国王得知这些情况之后,便将他传唤到面前。他毫无惧色地前往;当他们见面之后,国王问他:"你是犹太人的国王吗?"他回答道:"是!"国王随即下令将其控制,并囚禁在一个地方——此地将犯人一直囚禁至死,位于泰伯里斯坦(Dabaristan)城——此城位于肯兹·歌散之畔,肯兹·歌散是一条宽阔的河流[并囚禁在国王的监狱——这座监狱一直将国王的犯人囚禁至死,位于地处大河歌散的泰伯里斯坦(Tabaristan)城]。[8]

三天之后,国王召开御前会议,听取他的贵族与官员(他的王公贵族)对于这位反叛其权威的犹太人之意见。此时,大卫出现在 79
他们之中;他在没有任何人帮助之下从监狱出来了。国王看到他并质问:"谁将你带到这里? 谁将你释放?"大卫答道:"我的智慧与狡黠(技能)。"并称:"我从不惧怕你与你所有的仆人!"国王立即下令将他囚禁,但是其仆人回答道:"我们并没有看到他,仅能通过听他的声音才能感觉到他的存在。"(国王大声命令他的仆人抓捕他,但是仆人回答道:"尽管我们能听到他的声音,但是看不到他本人。")国王(国王与他的王公贵族)对大卫超凡的智慧(狡黠)感到十分震惊。他告诉国王:"我将自行离开!"国王、贵族以及仆人皆随其到达河畔。他脱掉披风,将其扔到水中,乘着披风跨过河流。此时他现身了,国王的所有仆人都看到他乘着披风过河。他们乘船追赶他,但是没有成功(他们乘小船追赶他,想将其抓回,但是没有成功),便忏悔道:"世上没有一位法师能够与他相比。"[9] 在闪·

哈姆普罗什(Shem Hamphorash)帮助下,他以每天经行十日行程的速度到达阿马瑞耶;他身上所发生的一切让犹太人皆感到惊讶(当日,在一种无可名状力量的帮助下,他经行了十日的行程到达阿马迪耶。他告诉犹太人他的所有经历,这些犹太人皆对其智慧感到震惊)。[10]

为了追究对大卫·埃尔·罗伊的审讯(为了禁止大卫·阿罗伊计划的实施),波斯国王随后让埃米尔穆米尼(Emir Al Mume-
80 nin),即巴格达哈里发、伊斯兰教首领,询问被囚禁的王子与学校主事者(警告流散宗主与格昂雅各学校主事者),并威胁将会处死帝国内的所有犹太人。[11]波斯的犹太会众即可认真地商议,并致信被囚禁的王子以及巴格达学校的主事者,其意如下:“你为何让我们以及帝国所有犹太会众赴死,阻止此人的行为,勿要让无辜的人流血。”于是被囚禁的王子与学校主事者致信大卫(波斯地区所有犹太会众随即陷入到巨大的麻烦之中,流散宗主与格昂雅各学校主事者告诉阿罗伊),称道:

> 你应当知道我们救赎的时机尚未来临,我们也没有看到标帜——标帜自会呈现出来,也没有看到任何人能够凭借此种力量获得胜利。因此,我们命令你停止你的作为,违者将被从所有以色列人中驱逐。[12]

这些信件被抄写,送至摩苏尔犹太人的王子萨凯(Sakhai)与天文学家拉比约瑟夫——其又名博尔汗·普卢克(Borhan-al-Fulkh)(拉比约瑟夫·博尔汗·普卢克),期待他们转发给大卫·
81 埃尔·罗伊(阿罗伊)。这位最后一位被提及的王子与天文学家亲自再给大卫写信,建议并劝告他;但是他仍继续他的犯罪生涯(他们亲自再给大卫写信警告,但是他并不接受)。[13] 一位名为森-埃尔-丁(Sin-el-Din)王子的出现终结了一切——森-埃尔-丁为波斯国王的附庸,突厥人[森-埃德-丁(Sin-ed-din)国王出现了——森-埃德-丁是托迦玛的国王、波斯王国的附庸]。[14] 他告诉大卫·埃尔·罗伊的岳父,如果他秘密杀害大卫·埃尔·罗伊,将会给他十万弗罗林;这笔交易即刻达成(他找到大卫·阿罗伊的岳父,向其行贿一万枚黄金,让其秘密杀害阿罗伊)。他进入大卫的房间,趁其睡觉之时将其杀害在床上,由此破坏了大卫的计划与邪恶的设想(由此阻止了大卫的计划)。[15] 但是,波斯国王对这些居住在山里以及其国的犹太人仍很愤怒;这些犹太人则渴望被囚禁的王子能够对波斯国王有所影响(但是,波斯国王仍然对居住在山里的犹太人不满)。为了能够平息波斯国王的怒火,让他们的土地得以平静,他们花费了 100 塔兰特(Talents)黄金的礼物用于请愿与祈祷(他们向流散宗主施以帮助,安抚国王。他们给国王了 100 塔兰特黄金的礼物,国王最终得以平息,他们的土地得以和平)。[16]

注释

1　亚设谓之"经行三日到达鲁德巴尔……犹太人",马库斯·南森·阿德勒谓之"从苏萨经行三日到达鲁德巴尔……以色列人",详见 A. Asher, *The Itinerary of Benjamin of Tudela*, Vol. 1, p. 120; Marcus Nathan Adler, *The Itinerary of Benjamin of Tudela*, p.53。

亚设提及鲁德巴尔(Rúdbá)这一名称被应用到波斯很多地区,位于河边,详见 *Journal Geogr. Soc.* IX. 56. Note。罗林森少校称:"帐篷扎在鲁德巴尔区最前面的阿比-瑟宛(Abi-Sirván)溪流边上——阿比-瑟宛溪流宽阔而深邃,从此沿着长约 6 法尔萨赫的河流峡谷,一直到与克卡(Kerkah)河的汇流处。我听说就在此地有一处规模较大的城镇遗址，与瑟宛(Sirván)很像，被称为沙利-鲁德巴尔(Shari-Rúdbá)。沙利-鲁德巴尔可能就是图德拉本杰明所记之鲁德巴尔，本杰明在此发现 20 000 余户犹太人家庭。由于这两个名字是如此相似，以至于我们不能看重本杰明所言从苏萨经行三日可至该地，或许这个数字有误。”(Rawlinson, *Journal R.G.S.* IX.56)。以上诸内容，详见 A.Asher, *The Itinerary of Benjamin of Tudela*, Vol.2, p.155。

克卡河，发源于扎格罗斯山脉，流经胡齐斯坦安迪梅什克(Andimeshk)以及苏萨西部等地。该河河道经常变化，古代时曾汇入到底格里斯河。今天的鲁德巴尔城位于伊朗北部吉兰(Gilan)省，距今苏萨约 800 公里，与本杰明所记鲁德巴尔相去甚远；瑟宛城位于今伊朗埃兰省境内，距离苏萨约 300 公里。阿比-瑟宛溪流应与瑟宛紧邻。如罗林森之说不误，此处的鲁德巴尔城似应指沙利-鲁德巴尔，在瑟宛附近。如罗林森所言，本杰明似难以在三日到达沙利-鲁德巴尔。此处应为如前文那般，因文本空缺所致。——译者

2 亚设谓之哈莱万河、犹太人，马库斯・南森・阿德勒谓之尼哈万德河、以色列人。详见 A. Asher, *The Itinerary of Benjamin of Tudela*, Vol. 1, p. 120; Marcus Nathan Adler, *The Itinerary of Benjamin of Tudela*, p.53。

亚设提及首版文稿中作לנהר ואנת，我们推测其应为לכ' הלוחן或לכ' הלוחכת，并将其认定为 Holwan(哈莱万)河。此河沿着我们作者所记述的路线方向流动，河流沿岸有大量犹太人定居点，详见下文。以上诸内容，详见 A.Asher, *The Itinerary of Benjamin of Tudela*, Vol.2, p.155。

希伯来语נהר为河流之意，לכ'为去往之意。הלוחן或הלוחכת可分别拟音为 haluhan 或 haluhakut，亚设此处认为其应为 Holwan。马库斯・南森・阿德勒文本则作 Nihawand。哈莱万河，位于今伊朗西部克尔曼沙汗省(Kirmanshah)，埃兰省以北，详见 *The Journal of the Royal Geographical Society*, Vol.XX, 1926, p.100。从瑟宛至克尔曼沙汗城约 100 公里。Nihawand，又作 Nahavand，即今伊朗纳哈万德，位于伊朗西北哈马丹省境内，距离苏萨约 250 公里；尼哈万德河即流经该地。——译者

3 亚设谓之“木剌夷(Mulehet)……犹太……王子居住在巴比伦尼亚的巴格达”，马库斯・南森・阿德勒谓之“木剌夷(Mulahid)……以色列……”，但并未言及王子居住在巴比伦尼亚的巴格达，其中 Mulehet 与 Mulahid 音近，所指相同，详见 A. Asher, *The Itinerary of Benjamin of Tudela*, Vol.

1,pp.120-121;Marcus Nathan Adler,*The Itinerary of Benjamin of Tudela*,pp.53-54。

亚设提及 Mulehet 被读作 the Mulehet,令人好奇的是我们作者所言波斯的哈昔新派极为符合马可波罗所言。马可波罗称据说此地现在被山长所占有,他所居住的地区被称为木剌夷,在萨拉森人的语言中意为异教徒之地。威尼斯游历者然后描述了山上教长(山老的别称)对那些年轻人所施加的诱惑——那些适合执行他计划的年轻人,作为服从教长意愿之工具,也仅是工具而已。如此的后果便是当附近的王子或其他人对他们的首领动怒,即会被这些训练有素的哈昔新所杀死。他们从不害怕失去自己生命的危险,且毫无保留去执行教长的意愿。因此,教长的暴政让周围国家都感到害怕(Marco Polo,p.112 of Marsden's edition)。作为马可波罗行纪博学的编辑,马斯登先生对上述的记述评论道:"这一称谓在十字军历史中十分著名。山老这一称谓是阿拉伯语 Sheikh-al-Jebal 或 Sheikh-al-Chashishin 的俗称(I.p.59),意为山上的首领或哈昔新首领。"但是,Sheikh 一词更似"阁下"之意,在一些其他的欧洲术语中赋予其"长者""主人或首领"之意,如此便有了解释的选择。基督徒与犹太人所采用此种并不恰当的解释,可能来自两位作者(即本杰明与马可波罗)的记述。我们在此皆提到了两位的记述。

关于哈昔新(Assassins)的名字,这里需要补充的是马斯登先生与蒙蒂思(Monteith)上校给出的与大部分作者不同的解释,称其来自哈塞·本·萨巴(Hassain ben Sabbah)或哈桑·本·沙巴(Hassan ben Sabbah)——其为他们最为著名的首领之一(上文关于该词之解释,详见 A.Asher,*The Itinerary of Benjamin of Tudela*,Vol.2,p.63;Marco Polo,l.c;Monteith,*Journal R.G.S.*,III,16)。此处亦需说明的是所有哈昔新的首领即在波斯有驻地,即木剌夷。蒙蒂思上校对此地遗址描述尤详(Monteith,l.c)。但是,里特尔教授坚持这一观点,称居住在叙利亚的教长——我们作者亦提及(Vol.p.59),不过是在西方执行他命令的负责人,其长官的御座就在鲁德巴尔(Ritter,*Erdkunde*,VIII,577)。在我们放弃我们作者的论断之前——我们作者清晰地言及"另外一位"教长的居所在"哈昔新的国家"——这里应指叙利亚,我们应当更深入地考察教长居所这一问题。为了完成对这一非凡教派的简要概述——在上文第 60 页中已经提及(A.Asher,*The Itinerary of Benjamin of Tudela*,Vol.2,p.60),特在此处列举备受推崇的研究:Am.Jourdain,*de l'historie de la Dynastie des Israéliens en perse*;*Notices et extraits*,IX.143, et seq——里特尔教授在此研究中哈昔新首次成为历史(研究)的财富。Kadi Beiduni,ibid. IV. 686; Makrizi, in De Sacy's *Chrestomathie arabe*, I. 130; Rashid Eddin, *histoire des mongoles en Perse, par Quatremère*, Paris, 1836; Abulfeda, in his annals, ed. Reiske and Adler III, 330; De Sacy, *mémoire sur la dynastie des Assassins*, Paris, 1809; Rousseau, in Malte-Brun's *annales de voyages*, Cah. 42. 271. et seq; *Quatremère, notices sur les Israéliens* (*Mines de l'Orient* IV. 339.); Marsedn, in his note to Marco Polo; Hammer, *Geschichte der Assassinen*, 1818; Wilkeù, *Geschichte Kreuzzüge*, II. 240; Gesenius, notes to Burkhardt's *travel*, I. 515——此为我们的文献; S. de Sacy, *religion des Druzes*, Paris, 1838; Ritter, *Erdkunde*, VIII, 577, et seq。

我们认为拉比本杰明则是第一位对这一非凡教派进行详细记述的欧洲人。"这些犹太人认可被囚禁的王子的权威——王子居住在巴比伦尼亚的巴格达"是我们作者众多评论之一,我们不禁认为本杰明收集信息,以显示巴格达这一地区是亚洲所有犹太人常往之地,因为为了获得他们的官职选任、处理他们的纠纷,某种程度之上巴格达可以被称为本杰明时期犹太人的罗马城。以上诸内容,详见 A. Asher, *The Itinerary of Benjamin of Tudela*, Vol. 2, pp. 155-158。

马库斯·南森·阿德勒提及关于此教派,可见上文第 16 页之解释,Marcus Nathan Adler, *The Itinerary of Benjamin of Tudela*, p. 16; 亦可详见 Guy Le Strange, p. 220, 354。以上诸内容,详见 Marcus Nathan Adler, *The Itinerary of Benjamin of Tudela*, p. 54, n. 1。

亚设所言 Mulehet 被读作 the Mulehet,指在希伯来语中 Mulehet 前加ה表示确指,相当于英文中的 the。Mulehet,为阿拉伯语 Mulhed 的对音,意为"外道",对亦思马因派的称谓。马可波罗记其为 Mulette,汉译为"木剌夷",此处沿用此译法。如上文注释所言,哈桑·本·沙巴为哈昔新派创始人,哈昔新这一名称则来自吸食苧叶所制名曰哈石失(Haschich)的麻醉剂。哈桑·本·沙巴曾在鲁德巴尔的阿剌模忒(Alamuth,位于里海南岸古兰省附近地区)拥有一座城堡,该城堡位于山地。哈桑·本·沙巴即在此地创立哈昔新派。本杰明所记之木剌夷之地,即指阿剌模忒。

从克尔曼沙汗省至今阿剌模忒约 400 公里。从尼哈万德至阿剌模忒亦约 400 公里。关于哈昔新教长居所,似有争议。本杰明记之其位于叙利亚沿海城市杰比雷附近,马可波罗则记之位于木剌夷。但是,可以确定的是哈昔新派创立之时,教长居所当位于木剌夷;且据冯承钧所言,之后的山老(教长),定都于阿剌模忒者凡数主,详见〔意〕马可波罗:《马可波罗行纪》,冯承钧译,东方出版社2007年版,第78—82页。——译者

4 亚设谓之"阿马瑞耶……犹太人……这一会众属于居住在查夫顿山会众的一部分——查夫顿山约有100犹太会众,此会众绵延至米底亚边界地区。"马库斯·南森·阿德勒谓之"阿马迪耶……以色列人……这是居住在查夫顿山的首批会众——查夫顿山约有100犹太会众;米底亚之地始于此",详见A.Asher,*The Itinerary of Benjamin of Tudela*, Vol.1,p.121;Marcus Nathan Adler,*The Itinerary of Benjamin of Tudela*,p.54。

亚设提及罗林森少校的传记中也记载此段——罗林森是一名开明的旅游者,1840年曾获皇家地理社会奖章;他花费了大量心血对我们作者(的记载)进行阐释。关于他们所居住的扎格罗斯山脉以及居住在此的阿里-伊拉斯人('Ali-Iláhís),罗林森进而言及:"佐哈(Zoháb)城通常被视为代表着哈莱万(Holwán)城,但并非如此。真正的哈莱万——哈莱万城为世界上八大原始城市之一,位于萨尔-普利-佐哈(Sar-Púli-Zoháb),距离现代城镇(即佐哈)以南约8英里处,位于从巴格达到克尔曼沙汗的高速路地区。其为亚述王的哈腊(Calah)、囚禁以色列人的哈腊(Halah);周围的地区被称为哈腊尼提斯(Chalonitis)——我们发现多数古代地理学家皆提到此地。察拉格司(Charax)的伊西多尔(Isidore)特别指出此城名叫哈腊(Chala),希拉克略(Heraclius)皇帝似乎隐约地提到一个名叫哈腊斯(Kalchas)的地方。3世纪亚述地区的聂斯托利派阶层在此形成之后,叙利亚人在此地建立了都市,被随意地称为Calah、Halah与Holwán。阿拉伯人与波斯人仅知道Holwán这一名称。

从词源出发,我相信最好的判断即为哈莱万应为亚述人的哈腊。但是,从撒玛利亚人被囚禁的角度来验证,则有很多令人好奇而有力的理由。我们发现据斯特波拉记载此地沿着扎格罗斯山的边缘地带,有时被认为是米底亚之地,有时又被认为是亚述之地。我们显然能够解释清楚米底亚城市之外的亚述国王萨尔玛那萨尔的领域。一些信仰基督教的阿拉伯人(the Christian Arabs)在他们的历史中,直接将囚禁的哈腊翻译为哈莱万;此地有很多关于犹太人的传统,大卫仍然被部落视为他们伟大的提供庇护的先知。如果被囚禁的撒玛利亚人任何明显的个性特征一直存留至今,卡胡尔(Kalhur)部落最能被视为他们的后裔。卡胡尔人被认为在遥远的古代便居住在扎格罗斯山

周围,哈腊这一称谓一直存在于他们的名字之中。他们自称为罗哈姆(Rohám)或征服犹太人的尼布甲尼撒之后裔;此或许为关于他们来源的一个晦涩说法。他们中有很多人起着犹太人的名字,最为重要的是他们的面相有着明显的以色列后裔特征。这一部落的大部分伊利亚特人(I'liyát)现在已经信奉伊斯兰教;但是,他们中的一部分以及古兰斯人(Gúráns)——古兰斯人认为他们为卡胡尔人的分支,还有大部分周围其他部落等,皆信守阿里-伊拉斯人的信仰——此种信仰有明显的犹太教色彩,并与赛伯伊人(Sabaean)、基督教以及伊斯兰教等传说奇异地结合起来。位于扎德(Zardah)关口的巴巴·亚德伽(Bábá Yádgar)的墓地是他们的圣地。在阿拉伯人入侵波斯时期,其曾被认为是圣埃利亚斯的居所。阿里-伊拉斯人相信神祖连续的化身,约一千零一次。便雅悯(Benjamin)、摩西、圣埃利亚斯、大卫、耶稣、阿里('Ali)及其导师萨尔曼(Salmán)、联合的状态、伊玛目侯赛因、七个形体(Haft-tan)等都被认为为主要的化身。Haft-tan 是七个皮尔斯(Pírs)或精神先导;他们生活在早期伊斯兰教时期,每个皆被尊奉为神,受到库尔德斯坦一些特定地区供奉,巴巴·亚德伽是其中之一位。整个化身显然被视为一个人与同一个人,身体成为被唯一改变的圣化表现;但是,最完美的化身应是发生在便雅悯、大卫与阿里这些人中。西班牙犹太人、图德拉的本杰明似乎认为这些阿里-伊拉斯人皆为犹太人;有可能在他那一时期,这些人的信仰没有丢失。他提及在查夫顿山地区有 100 余座犹太会堂,其所言查夫顿山地区显然指扎格罗斯山。此名称亦来自阿里-伊拉斯人的 Hafthan。他称自己在周围地区发现了 5000 余户犹太家庭。阿马瑞耶,当然位于哈莱万地区——此地曾出现假的弥赛亚、大卫王(David Elroi),英文读者对此故事应十分了解。我不确定本杰明从何处得到阿马瑞耶这一名称,但是一些情况让我相信哈莱万地区曾被称作为阿马尼亚('Amráníyah),且并无其他地区符合这一地理指向。"(Rawlinson,F.G.S.IX.35-37)。关于被萨尔玛那萨尔所俘虏的部落另外一个分支的后裔之记述,详见下文关于文本内容第 129 页之注释。以上诸内容,详见 A. Asher, *The Itinerary of Benjamin of Tudela*, Vol. 2, pp.159-162。

马库斯·南森·阿德勒提及阿马迪耶,又称易马迪耶(Imadiyah),位于库尔德斯坦、摩苏尔北部的山地地区。本·维尔加(Ben Virga)与拉比约瑟夫·哈科恩(R.Joseph Hacohen)(R.Joseph Hacohen, *Emek Habacha*)称在他们那个时期该城有 1000 余户犹太人。令人感到好奇的是在所有手稿中,包括亚设所用手稿,此城皆被称为 Amaria,而非 Amadia。无疑抄写员在抄书过程中,将ד(d)误写为ר(r)。大英博物馆所藏手稿的抄写员也犯了此类错误,体现在其他方面,如将בגדאד(Baghdad)写作בגדאר(Bgdar),将תרמוד(Trmod)写作תדמור(Tadmor)等(Guy Le Strange, p. 92)。以上诸内容,详见 Marcus Nathan Adler, *The Itinerary of Benjamin of Tudela*, p.54, n.2。

阿里-伊拉斯是一支神秘的支派,通常被认为是以色列人的后裔,但他们信奉的宗教十分特殊,被认为混杂着犹太教、基督教与伊斯兰教因素;他们的圣地位于佐哈附近的班·扎德(Ban Zárda)山地地区。详见 William Kennett Loftus, *Travels and Researches in Chaldaea and Susiana*, *Cambridge University*, 2004, p.386。哈莱万城,位于今伊朗西部扎格罗斯山地区,即今克尔曼沙汗省萨尔-普利-佐哈;亚述时期,该城被称为哈马努(Khalmanu);塞琉古时期被称为查拉(Chala),其周边地区被称为哈腊尼提斯。《旧约·列王记》(下,17:6)记载:"亚述王攻取了撒玛利亚,将以色列人掳到亚述,把他们安置在歌散河的哈腊与哈博,并玛代人(即米底亚人)的城邑。"显示哈腊为亚述领地。关于哈腊地望,目前尚不确定;罗林森之主张不失为一个线索,但仍有待于证实。从今阿剌模忒至萨尔-普利-佐哈约 600 公里。罗林森将哈莱万城认定为阿马瑞耶;若其说不误,本杰明似可经行五日到达萨尔-普利-佐哈。马库斯·南森·阿德勒所言阿马迪耶,位于今伊拉克北部库尔德斯坦地区,从今阿马迪耶至今阿剌模忒约 900 公里。据本杰明之后所述关于此地之内容,又与阿马迪耶相符合,详见下文叙述。因此,本杰明此处文本有两种可能——其一若该地为阿马瑞耶,则说明其关于该地情况之记述有误,有可能将阿马迪耶地区之部分情况与阿马瑞耶混淆;其二若该地为阿马迪耶,则如马库斯·南森·阿德勒所言抄写员关于该地地名之传抄出现错误。

察拉格司又称察拉格司·斯巴锡奴(Charax Spasinu),源于古希腊语 Σπασίνου Χάραξ,其旧址即今科威特;相传此城为亚历山大所建,并命名为 Alexandria,即《魏略·西戎传》所记"泽散"城(Alexandria 转音)。《魏略·西戎传》记载:"泽散王属大秦,其治在海中央。北至驴分,水行半岁。风疾时一月到。最与安息安谷城相近。"据张星烺考证,"泽散"即 Alexandria 转音,所指即为此地,详见张星烺:《中西交通史料汇编》(第 1 卷),第 144 页。伊西多尔,公元前 1 世纪希腊-罗马地理学家。信仰基督教的阿拉伯人——指那些并没有改宗伊斯兰教的阿拉伯基督徒。罗哈姆为古代波斯英雄史集《沙纳玛》(*Shahnameh*,《列王记》)所记之古代波斯英雄人物。

赛伯伊人，是古代生活在南部阿拉伯半岛，即也门的族群，聚集在圣经中的示巴王国。巴巴·亚德伽为雅赛尼派（Yarsanism）的精神领袖之一——雅赛尼派是一种融合各类宗教因素所形成的教派，信徒主要为生活在伊拉克东部与伊朗西部的库尔德人，哈莱万城即多此信徒。详见 Hamma F. Mirwaisi, *Return of the Medes: An Analysis of Iranian History*, Wheatmark, 610 East Delano Street, Suite 104, Tucson, Arizona 85705, U.S.A., p.328。此处的便雅悯指雅各之子便雅悯；此处的阿里应指穆罕默德女婿、什叶派阿里。此处所谓联合的状态似应指多个人合而为一之状态。Haft-tan，意为七个形体，Haft 意为七，其在波斯历史中是一个极为特殊的数字，被誉为一种圣化的数字。Pírs，意为精神先导。Elroi，在希伯来中为对上帝之称谓，此处指大卫王。拉比约瑟夫·哈科恩（1496—1575 年），意大利犹太人、历史学家、医生。——译者

5　亚设谓之"这些犹太人是起初萨尔玛那萨尔所俘虏的犹太人之后裔。他们讲叙利亚语，其中有很多杰出的《塔木德》学者。他们与阿马瑞耶城里的那些人是邻里——阿马瑞耶城位于波斯帝国一天行程范围之内。……贡物由代理人征收，数量与所有伊斯兰教国家一样，即一枚阿米尔（Amiri）黄金。……每一位 15 岁以上的男性皆要缴纳"，马库斯·南森·阿德勒谓之"这些犹太人是萨尔玛那萨尔最早所俘虏的那批犹太人。他们讲并书写《塔古姆》所用之语言，其中很多为博学之人。从阿马迪耶省到波斯王国边界的吉兰省，有 25 天以远。……贡物由波斯王国的官员征收，即每年缴纳人头税一枚阿米尔（Amir）黄金……在伊斯兰教之地每一位 15 岁以上的男性皆要缴纳"。其中 Amiri 与 Amir 音近，所指相同，详见 A. Asher, *The Itinerary of Benjamin of Tudela*, Vol. 1, pp. 121-122; Marcus Nathan Adler, *The Itinerary of Benjamin of Tudela*, p.54。

亚设提及我们作者称他们向波斯国王缴纳贡物，关于所有伊斯兰教国家犹太人纳贡一事，鲜明地说明了他那一时期的风俗；考虑到他们的数量，所纳贡物数量当很大。以钱币纳贡，而非农业或其他产品，说明即使在 12 世纪钱币已经成为犹太人赎买保护与居住许可的媒介；甚至到今日很多开明（?!）的基督教政府亦采取此种习俗。一枚上好的马拉维迪在中世纪时期相当于 2 先令 3 便士；每人所交的贡物相当于我们钱的 3 先令——此 3 先令在本杰明时期则相当于我们现在货币的 15 先令！以上诸内容，详见 A. Asher, *The Itinerary of Benjamin of Tudela*, Vol.2, p.162。

《旧约·历代记》(17:3)记载:“亚述王萨尔玛那萨尔来攻击何细亚,何细亚就服事他,给他进贡。”《旧约·历代记》(18:9)记载:“希西家王第四年,就是以色列王以拉的儿子何细亚第七年,亚述王萨尔玛那萨尔来围困撒玛利亚。”《塔古姆》以亚拉姆语所书写,故马库斯·南森·阿德勒所言指亚拉姆语。马拉维迪黄金,指11—14世纪期间在西班牙地区所使用的金币;阿米尔黄金则应为当地人所使用的一种金币。中世纪时期,阿拉伯帝国内的异教徒须向帝国缴纳贡物或税赋,哈里发奥马尔·本·赫塔卜在签署的“奥马尔敕令”中规定:“凡生活在伊斯兰教中的异教徒若遵守各种规范,安拉就为其提供保护。”具体而言,即生活在阿拉伯帝国的犹太教、基督教以及琐罗亚斯德教等异教徒作为顺民(Dhimmi),必须接受穆斯林统治,异教徒成年男子每年须缴纳吉兹亚税(Jizya)以及地税(Kharaj)等,如此安拉方才保护其生命、财产安全以及宗教信仰权利——Dhimmi,在阿拉伯语中意为“受保护者”之意,专指生活在阿拉伯地区的非穆斯林人;吉兹亚税即指人头税,Kharaj即指农业土地税,详见Norman A.Stillman,*The Jews of Arab Lands*,pp.157-158;Norman A.Stillman,*The Jews of Arab Lands*,pp.159-161;〔美〕菲利浦·希提:《阿拉伯通史》,马坚译,商务印书馆1979年版,第155—156页。——译者

6 亚设谓之“大卫·埃尔·罗伊……他曾受教于被囚禁的王子哈斯德与巴格达城格昂雅各学校的主事者埃利,成为一名杰出的学者,深谙摩西律法、拉比的决断以及《塔木德》,并知晓世俗的科技、伊斯兰教的语言与著述以及魔术与法术经文”,马库斯·南森·阿德勒谓之“大卫·阿罗伊……他曾受教于被囚禁的王子哈斯德与巴格达城格昂雅各学校的主事者,深谙以色列律法、哈拉哈以及《塔木德》,并知晓世俗文学、伊斯兰教之智慧以及魔术与占卜经文”,详见A. Asher,*The Itinerary of Benjamin of Tudela*,Vol.1,pp.122-123;Marcus Nathan Adler,*The Itinerary of Benjamin of Tudela*,pp.54-55。

施恩茨提及迈蒙尼德在他的一封关于占星术的信中——此信写于1194年(Geiger,*Zeitschrift*,III,287),寄至法国,注意到在二十二年之前(*Iggereth to Marseilles*),他曾给阿拉伯人写到过关于这位伪先知。在迈蒙尼德在《致也门之信》(*Iggereth theman*)中曾提到这位伪先知;此信的时间为1172年,大约在波斯的大卫出现后二十年,迈蒙尼德可能对其知之甚少。如果我们注意到另外一名冒名者的记述,将会对此不会感到惊讶——这位冒名

者大约出现在更早的八十五年之前(即1087年)的法国(*Iggereth theman in Noblot chochma*,f.103.a),拉什时期与其所处地区的所有作者对其皆一无所知。阿本·维尔加(Aben Virga)称大卫·埃尔·罗伊为大卫·埃尔·大卫(David el David),似乎知道拉比本杰明的记述,并从中受益(Aben Virga, *Shebet Jehuda*,No.31)。本杰明应是在1163年出现在波斯,因此大卫·埃尔·罗伊的事迹应发生在1153年,或居住在菲斯(Fez,摩洛哥北部城市)的迈蒙尼德之父所写信件的六或七年之前(Cod.Bodlejan.364 in Uri Cat.codd. hebr)。尽管阿本·维尔加将大卫·埃尔·罗伊的时期认定在1146年之前的七年间——1146年在巴巴利(Barbary)发生了迫害事件,我仍然认为此仍为拉比本杰明提供了进一步的证据。关于第三十次迫害,阿本·维尔加明显混淆事实,因为他不仅将在波斯与阿拉伯的两位冒充者称为一人,而且错误地判断了迈蒙尼德迁徙至开罗的时间,即1167年,认为几乎同时发生,甚至将迈蒙尼德的信件与阿拉伯联系起来。阿本·维尔加所提到的这次厄运之前的七年,有可能指1160年及之后的迫害——此次迫害导致了迈蒙尼德的迁徙,并引发了他写那封慰藉信。埃尔-大卫(El-David)这一称谓似为正确。大卫有可能为了证明他是大卫的后裔,所以盗用了这一名字;此举引起了巴格达王子哈斯德与摩苏尔的萨凯(Saccai)的敌意。众所周知,亥亚·达乌迪(Chija Daudi)——其为大卫后裔,于1154年在卡斯提尔逝世(*Sefer ha-kabbala*,f.41 a)。戈达迦·加基亚(Gedalja Jachia)以肤浅著称,称他为大卫·阿尔穆萨尔(David Almusar),但是事件的日期却定在1164年(*Shalsheleth ha-kabbala*, ed.Venet.f.45.a),此时间有可能为拉比本杰明所注意及此之时间。

亚设提及拉比本杰明与拉比所罗门·本·维尔加(R.Solomon B.Virga)是古代唯一两位对此位冒名者有所记述的权威人士。后者曾著书《犹大的惩罚》(*Shebet Jehuda*),以历史与时间为脉络对犹太人流散时期遭受的所有迫害进行了记述;对于此书的简要介绍以及价值,详见*Auswahl historischer Stücke*,Berlin,1840,p.96,note.1。大卫的历史——拉比所罗门称其为大卫·埃尔·大卫,被称发生在1146年,但是《犹大的惩罚》最晚成书于16世纪初,拉比本杰明生活的时代与之相近。这场灾难发生的正确时间有可能是在1151或1155年——应该告诉读者的是译文中所言十五年之前,应为十年之前。拉比所罗门在记述之前,有一个简要的介绍;此介绍似乎照搬自本杰明的叙述,因此他可能拥有一部本杰明手稿,此手稿与我们所有手稿不同。

拉比所罗门·本·维尔加所言这位冒名者终结自己事业的方式有所不同,其权威性地言称:"当被国王问及何以证明他为真正的先知,大卫回答:'砍掉我的头颅,我仍将存活。'国王满足了他的请求,那些轻易相信这位冒名者的人们,仍然期望他能够兑现承诺。"自上述所言内容之后,我的朋友、巴黎皇家图书馆的芒克先生,在图书馆所藏珍宝中发现了一封未经整理且从未被得知的阿拉伯文手稿。他认为这份手稿应为12世纪一位犹太变节者所写。此封手稿中记述了冒名者大卫的事迹。这位变节者抛弃了他的信仰,指控他的国家,并书写此封让人感到非常意外的手稿。这份令人好奇的手稿译文,我将会在完成此项工作之后或在将来的注解中进行展示。本杰明此处不经意间提及被囚禁的王子的影响,证明在他们自己民族中被囚禁的王子值得拥有王子的称号;他似乎可以毫无保留地传递他的命令,其影响所及范围至少与巴格达哈里发相当。下文的记述(详见 A. Asher, *The Itinerary of Benjamin of Tudela*, Vol.1, p.126),显示王子与其幕僚与亚洲的君主亦有联系。以上诸内容,详见 A. Asher, *The Itinerary of Benjamin of Tudela*, Vol. 2, pp.162-165。

马库斯·南森·阿德勒提及拉比约瑟夫·哈科恩指出阿罗伊的悲剧发生在1163年;然而实际上要更早一些。本杰明回程之际途径埃及,应在1171年9月之前,详见 Marcus Nathan Adler, *The Itinerary of Benjamin of Tudela*, p.1, n.2。他在埃及告诉我们阿罗伊的灾难发生在他访问巴格达以及周围地区十年之前,由此可见此事最晚应发生在1160年。以上诸内容,详见 Marcus Nathan Adler, *The Itinerary of Benjamin of Tudela*, p.54。

大卫·埃尔·罗伊或大卫·阿罗伊,出生于今伊拉克阿马迪耶城,生前曾向巴格达犹太宗教哈斯德与巴格达犹太学校主事者埃利学习。其致力于反对哈里发穆克塔菲(Muktafi, 1096—1160年)——本杰明在此段文本所称波斯王指实际统治阿拉伯帝国的塞尔柱王朝,联合查夫顿地区的犹太人,自称弥赛亚,宣称自己的神圣使命旨在夺取耶路撒冷,重建犹太人国家;但最终失败,而被处死。施恩茨、亚设与马库斯·南森·阿德勒关于其被处死时间,大致集中于1151、1153、1155与1160年间。关于其传说流传甚多,尚难以确定其具体被处死时间。本杰明此处所言大卫的事迹实际即出现在阿马迪耶城,而非阿马瑞耶。

Iggereth theman, Iggereth 为希伯来语 אגרת 拟音,意为信件;theman 即 תימן,即也门。亚设在注释中称译文应为十年之前,施恩茨亦言及在本杰明到达此地十年之前，与马库斯·南森·阿德勒所言相同。巴巴利，为16—19世纪欧洲人对马格里布地区的称谓。阿本·维尔加所言第三十次迫害应指12世纪迈蒙尼德时期西班牙犹太人被强迫改宗的历史事实，迈蒙尼德即因此于1167年离开西班牙前往菲斯。萨凯，应为哈斯德同代人，具体不详。所罗门·本·维尔加（1460—1554年），即施恩茨所言阿本·维尔加，西班牙历史学家、医生，曾著《犹大的惩罚》——Shebet 希伯来为שבט，意为杆、棍棒，此处引申为惩罚；书中对自古代以来，犹太人所遭受的64次不同的迫害进行了梳理与分析。——译者

7 亚设谓之"联合查夫顿山地区的犹太人与所有异教徒交战，旨在实现对耶路撒冷的征服——此为他的最终目标"，马库斯·南森·阿德勒谓之"联合查夫顿山地区的犹太人与所有国家交战，旨在进军并占领耶路撒冷"，详见A.Asher，*The Itinerary of Benjamin of Tudela*，Vol.1，p.123；Marcus Nathan Adler，*The Itinerary of Benjamin of Tudela*，p.55。

8 亚设谓之"并囚禁在一个地方——此地将犯人一直囚禁至死，位于泰伯里斯坦（Dabaristan）城——此城位于肯兹·歌散之畔，肯兹·歌散是一条宽阔的河流"，马库斯·南森·阿德勒谓之"并囚禁在国王的监狱——这座监狱一直将国王的犯人囚禁至死，位于地处大河歌散的泰伯里斯坦（Tabaristan）城"。其中Dabaristan与Tabaristan音近，所指相同，详见A.Asher，*The Itinerary of Benjamin of Tudela*，Vol.1，p.123；Marcus Nathan Adler，*The Itinerary of Benjamin of Tudela*，p.55。

泰伯里斯坦，位于里海南岸，相当于今伊朗马赞德兰省（Mazandaran）、吉兰省（Gilan）、戈勒斯坦（Golestan）以及塞姆南省（Semnan）部分地区。本杰明所言泰伯里斯坦位于歌散河畔，如前文所述应是混淆了歌散河及其流向。——译者

9 亚设谓之"听取他的贵族与官员……我的智慧与狡黠……国王立即下令将他囚禁，但是其仆人回答道：'我们并没有看到他，仅能通过听他的声音才能感觉到他的存在。'国王对大卫超凡的智慧……他们乘船追赶他，但是没有成功"，马库斯·南森·阿德勒谓之"听取他的王公贵族……我的智慧与技能……国王大声命令他的仆人抓捕他，但是仆人回答道：'尽管我们能听到他的声音，但是看不到他本人。'国王与他的王公贵族对大卫超凡的狡黠……他们乘小船追赶他，想将其抓回，但是没有成功"，详见A.Asher，*The Itinerary of Benjamin of Tudela*，Vol.1，pp.123-125；Marcus Nathan Adler，*The*

Itinerary of Benjamin of Tudela, p.55。

亚设提及希伯来语תחבולותי,意为辩护、毒辣或明智之意,《旧约·箴言》(1:5)记载:“使智慧人听见,增长学问。使聪明人得着智谋。”《旧约·箴言》(12:5)记载:“义人的思念是公平。恶人的计谋是诡诈。”《旧约·箴言》(20:18)记载:“计谋都凭筹算立定。打仗要凭智谋。”《旧约·箴言》(24:6)记载:“你去打仗,要凭智谋。谋士众多,人便得胜。”详见A.Asher, *The Itinerary of Benjamin of Tudela*, Vol.1, p.124, n.a。

10 亚设谓之“在闪·哈姆普罗什帮助下,他以每天经行十日行程的速度到达阿马瑞耶;他身上所发生的一切让犹太人皆感到惊讶”,马库斯·南森·阿德勒谓之“当日,在一种无可名状力量的帮助下,他经行了十日的行程到达阿马迪耶。他告诉犹太人他的所有经历,这些犹太人皆对其智慧感到震惊”,详见A.Asher, *The Itinerary of Benjamin of Tudela*, Vol.1, p.125; Marcus Nathan Adler, *The Itinerary of Benjamin of Tudela*, p.55。

亚设提及Shem Hamphorash字面意思为“被解释的名称”,即对耶和华这一名称进行解释的词汇。这是一种被广为人知的神迹,但极为少见;一些奇迹借此得以实现。耶稣所实施的奇迹被《塔木德》归因于其掌握此种神迹。以上诸内容,详见A.Asher, *The Itinerary of Benjamin of Tudela*, Vol.1, p.125, n.a。

Shem Hamphorash,希伯来语为שם המפורש,意为“明确的名称”。该词用于描述卡巴拉与犹太经典篇章中上帝所隐藏的名称,常被视为一种神迹。——译者

11 亚设谓之“为了追究对大卫·埃尔·罗伊的审讯……询问被囚禁的王子与学校主事者……”,马库斯·南森·阿德勒谓之“为了禁止大卫·阿罗伊计划的实施……警告流散宗主与格昂雅各学校主事者……”,详见A.Asher, *The Itinerary of Benjamin of Tudela*, Vol.1, p.125; Marcus Nathan Adler, *The Itinerary of Benjamin of Tudela*, p.55。

如上文注释所言,Emir Al Mumenin为“信仰王子”或“信仰领袖”之意,指哈里发;此处哈里发为穆克塔菲。——译者

12 亚设谓之“波斯的犹太会众即可认真地商议,并致信被囚禁的王子以及巴格达学校的主事者,其意如下:‘你为何让我们以及帝国所有犹太会众赴死,阻止此人的行为,勿要让无辜的人流血。’于是被囚禁的王子与学校主事者致信大卫”,马库斯·南森·阿德勒谓之“波斯地区所有犹太会众随即陷

入到巨大的麻烦之中，流散宗主与格昂雅各学校主事者告诉阿罗伊"，详见 A. Asher, *The Itinerary of Benjamin of Tudela*, Vol.1, pp.125-126; Marcus Nathan Adler, *The Itinerary of Benjamin of Tudela*, p.55。

《旧约·诗篇》(74:9)记载："我们不见我们的标帜。不再有先知。我们内中也没有人知道这灾祸要到几时呢?"《旧约·撒母耳记》(上，2:8)记载："他从灰尘里抬举贫寒人，从粪堆中提拔穷乏人，使他们与王子同坐，得着荣耀的座位。地的柱子属于耶和华。他将世界立在其上。"文中所言此种力量即指上帝的力量。——译者

13 亚设谓之"拉比约瑟夫——其又名博尔汗·普卢克……大卫·埃尔·罗伊……这位最后一位被提及的王子与天文学家亲自再给大卫写信，建议并劝告他；但是他仍继续他的犯罪生涯"，马库斯·南森·阿德勒谓之"拉比约瑟夫·博尔汗·普卢克……阿罗伊……他们亲自再给大卫写信警告，但是他并不接受"，详见 A. Asher, *The Itinerary of Benjamin of Tudela*, Vol.1, p.126; Marcus Nathan Adler, *The Itinerary of Benjamin of Tudela*, p.56。

摩苏尔王子萨凯与天文学家拉比约瑟夫详见上文。亚设所言这最后一位被提及的王子，应指本杰明所提到的最为新近的犹太人王子；博尔汗·普卢克应为拉比约瑟夫另外一个名字。——译者

14 亚设谓之"一位名为森-埃尔-丁王子(Sin-el-Din)的出现终结了一切——森-埃尔-丁为波斯国王的附庸，突厥人"，马库斯·南森·阿德勒谓之"森-埃德-丁(Sin-ed-din)国王出现了——森-埃德-丁是托迦玛的国王，波斯王国的附庸"，森-埃尔-丁与森-埃德-丁为同一人，拟音差异所致，详见 A. Asher, *The Itinerary of Benjamin of Tudela*, Vol.1, pp.126-127; Marcus Nathan Adler, *The Itinerary of Benjamin of Tudela*, p.56。

亚设提及关于森-埃尔-丁，详见 Desguignes, *Hist. des Huns*, III a., p.169。以上诸内容，详见 A. Asher, *The Itinerary of Benjamin of Tudela*, Vol.1, p.127。

马库斯·南森·阿德勒提及这位突厥人可能为阿尔贝拉的一位王子；1167 年当萨拉丁成功入侵埃及之后，他加入到萨拉丁的队伍中，他以强大的力量与勇气著称，详见 Bohadin, *Life of Saladin*, Palestine's Pilgrims' Text Society, p.51。以上诸内容，详见 Marcus Nathan Adler, *The Itinerary of Benjamin of Tudela*, p.56, n.1。

如上文注释所言,阿尔贝拉即今伊拉克北部地区埃尔比勒,历史上曾为美索不达米亚古国阿迪亚波纳的都城。——译者

15　亚设谓之"他告诉大卫·埃尔·罗伊的岳父,如果他秘密杀害大卫·埃尔·罗伊,将会给他十万弗罗林;这笔交易即刻达成。……由此破坏了大卫的计划与邪恶的设想",马库斯·南森·阿德勒谓之"他找到大卫·阿罗伊的岳父,向其行贿一万枚黄金,让其秘密杀害阿罗伊。……由此阻止了大卫的计划",详见 A. Asher, *The Itinerary of Benjamin of Tudela*, Vol. 1, p. 127; Marcus Nathan Adler, *The Itinerary of Benjamin of Tudela*, p.56。

16　亚设谓之"但是,波斯国王对这些居住在山里以及其国的犹太人仍很愤怒;这些犹太人则渴望被囚禁的王子能够对波斯国王有所影响。为了能够平息波斯国王的怒火,让他们的土地得以平静,他们花费了 100 塔兰特黄金的礼物用于请愿与祈祷",马库斯·南森·阿德勒谓之"但是,波斯国王仍然对居住在山里的犹太人不满。他们向流散宗主施以帮助,安抚国王。他们给国王了 100 塔兰特黄金的礼物,国王最终得以平息,他们的土地得以和平",详见 A. Asher, *The Itinerary of Benjamin of Tudela*, Vol. 1, p. 127; Marcus Nathan Adler, *The Itinerary of Benjamin of Tudela*, p.56。

马库斯·南森·阿德勒提及本·维尔加与约瑟夫·哈科恩关于此段内容之记述,明显是以本杰明记述为基础,并没有为这场弥赛亚运动提供新的信息(Ben Virga, *Shevet Jehudah*; Joseph Hacohen, *Emek Habacha*)。亚设在注释中虽然承诺,但并没有给出这份阿拉伯文手稿的内容——此份阿拉伯文手稿由同时代人、变节者撒母耳·伊本·阿拔斯(Samuel Ibn Abbas)所写,学者芒克在巴黎图书馆获得。这份手稿的德文译本,详见 Wiener, *Emek Habacha*, 1858, p.169。这位伪弥赛亚被称为梅纳汉姆(Menaham),姓汝黑(Al-Ruhi)。但是,芒克令人满意地证实了其即为大卫·阿罗伊。这位年轻人外貌迷人,取得了巨大成就,曾受阿马迪耶统治者影响颇深,并有很多波斯犹太人追随之。为了夺取城堡,他让一些他的信徒全副武装进入城镇,但是他们小心地藏匿了武器。阿马迪耶统治者觉察出了他的阴谋,将其处死。犹太人为此欢庆了很长时间。两位冒名者携带着大卫·阿罗伊散发的信件,来到巴格达,获取了犹太群体的轻信。男男女女纷纷拿出他们的钱财、珠宝,相信某日他们将乘着天使的翅膀从他们的屋檐飞往耶路撒冷。唯一让妇女们感到不悦的是,担心她们的孩子在空中飞行中不能跟上他们的步伐。在黎明

之时，谎言被戳穿，但是冒名者已经带着他们的资财离开了。编年史家进而称此事发生的年份为“飞行之年”(The Year of Flight)。德·萨西(De Sacy)提到了一个同样的故事，但其称主角为施尼斯坦尼(Schahristani)(De Sacy, Chrestomathie Arabe, I. p. 363)。以上诸内容，详见 Marcus Nathan Adler, *The Itinerary of Benjamin of Tudela*, p.56, n.2。

塔兰特，为古代一种重量单位，亦常作为黄金等贵重金属的单位。1 希腊塔兰特约等于 26 公斤、1 罗马塔兰特约等于 32.3 公斤、1 埃及塔兰特约等于 27 公斤、1 巴比伦塔兰特约等于 30.3 公斤，详见 John William Humphrey, John Peter Oleson, Andrew Neil Sherwood, *Greek and Roman technology*, Psychology Press, 1998。——译者

三十四、哈马丹、泰伯里斯坦、伊斯法罕、基瓦(加兹尼)

从此山经行10日(20日)到达哈马丹(Hamadan)。[1] 哈马丹是米底亚的都城(大城),大约有50 000位犹太人(30 000余位以色列人);末底改(Mord'khai)[末底改(Mordecai)]与以斯帖(Esther)的墓地位于这里的一座犹太会堂前。[2]

从哈马丹经行四日到达泰伯里斯坦。泰伯里斯坦位于肯兹·歌散(歌散)河畔,有4 000余位犹太人居住在此地。[3]

从泰伯里斯坦经行七日到达伊斯巴罕(Isbahan)[伊斯法罕 82
(Ispahan)]。其为都城与居所(大城与皇家居所),周长12英里,有15 000余位犹太人(以色列人)。沙·沙龙(Sar Shalom),为该城与波斯帝国所有其他城镇的拉比,由被囚禁的王子赋予尊严(大拉比沙·沙龙被流散宗主任命管理波斯帝国境内的所有拉比)。[4]

(向前)经行四日到达设拉子(Shiras)[设拉子(Shiraz)]或法尔斯(Fars)(设拉子为法尔斯的城市);这座大城中约有10 000位犹太人(10 000余位犹太人居住在此地)。[5]

从设拉子经行七日到达基瓦(Giva)[加兹尼(Ghaznah)]。这是一座大城,位于乌浒(歌散)河畔;8 000余位犹太人(80 000余位以色列人)居住在此地。此地商业规模甚大,所有国家、讲各种语言的商人(携带商货)皆来此地。此城所处的地区非常平整(此地广大)。[6]

注释

1 亚设谓之10日,马库斯·南森·阿德勒谓之20日,详见A.Asher, *The Itinerary of Benjamin of Tudela*, Vol.1,p.127;Marcus Nathan Adler, *The Itinerary of Benjamin of Tudela*,p.57。

亚设提及伊本·毫盖勒称哈马丹城长宽各约1法尔萨赫,有四座铁门,以泥土建造,城中有大量花园与园林(Ibn Haukal,p.169)。伊德里斯更称此地商业繁盛(Edrisi,II,p.162),其他作家亦如此证实(Herbelot,s.v),或因此城有大量犹太人。此地居民众多,且比较富裕。当马达维(Mardavigh)武力夺取此地之后,那些被底里麦特人(Dilemites)杀害的人的丝绸裤子,就用骡子拉了两车。阿布肥达为哈马丹人;这里环境优美,因此波斯国王经常夏天居住在此。莫里尔(Morier)称这里曾经是一座大城,但是现在则成为一处混乱而凄凉的废墟;通向居住区的道路弯弯曲曲地经过各处都是破败的城墙,断壁残垣的城墙证实了先前此地有优良的建筑。最后一位欧洲旅行家弗雷泽(Fraser),曾发表过对该地的描述,详见Fraser,*Koordistan and Mesopotamia*。他曾在冬季访问过此地,发现此地一片凄凉与惨淡。据说哈马丹位于古代埃克巴塔那(Ecbatana)遗址之上,或位于其附近。以上诸内容,详见A.Asher,*The Itinerary of Benjamin of Tudela*, Vol.2,p.166。

哈马丹位于今伊朗西北部哈马丹省境内,即古代的埃克巴坦那,历史上曾作为米底亚首都。此处所言从山地出发,即指查夫顿山。从今伊朗克尔曼沙汗省萨尔-普利-佐哈至哈马丹约320公里。从今伊拉克阿马迪耶至哈马丹约800公里。底里麦特人生活在里海边界地区,详见E.Blacquiere,*A Narrative of a Journey into Persia,and residence at Teheran*,London:Fleet Street,1822,p.122。马达维似应为底里麦特人之首领。——译者

2 亚设谓之都城、50 000余位犹太人与Mord'khai,马库斯·南森·阿德勒谓之大城、30 000余位以色列人与Mordecai,其中Mord'khai与Mordecai音近,所指相同,详见A.Asher,*The Itinerary of Benjamin of Tudela*, Vol.1, pp.127-128; Marcus Nathan Adler, *The Itinerary of Benjamin of Tudela*,p.57。

施恩茨提及据《戈齐斯》所记末底改的墓地不在哈马丹,而在苏萨(*Jichus*,p.71),以斯帖墓地位于加利利的巴拉姆(Baram)与采法特之间;其他作者亦称以斯帖埋葬在巴拉姆城镇(Jacob in cod.Sorbonn,222;*Iggereth Jachsutha*,ed.Mantua)。

亚设提及所有旅行者都注意到末底改与以斯拉的墓地,显示其位于此城;克尔·珀特(Ker Porter)对其描述尤为详细(Ker Porter,*Travels*,I.108,et seq)。马尔科姆(Malcolm)、莫里尔、弗雷泽(Frazer)等并未提供比克尔·珀特更多的信息;令人懊悔的是没有任何一位作者给出正确的希伯来铭文抄本——这些希伯来铭文粗糙地刻写在石头上,镶入到内室的墙中,里面有日期;在转录中,这些铭文已经明显被破坏;克尔·珀特与莫里尔已经发布此铭文。我们希望这份铭文的抄本落入到一位杰出的旅行者手中;这位旅行者可能曾访问过此地。我们将会感谢获得一份此封非凡铭文的正确抄本;此抄本将会通过英国与法国地理社会这一媒介进行转发。我们认为哈马丹犹太人也会为此而给予帮助;如果文本内容与第1卷第81页的主题相关,哈马丹犹太人将会很乐意地同意,他们会为此而感到满意。我们将在将来的注释中展现这些信息,并指明发布抄本的人的姓名。关于世界不同地区犹太人目前状态的进一步信息,应该被收集;这份非凡的行纪(即《本杰明行纪》)肯定会让他们感到十分欣喜;我们要用类似的方式收集这些犹太人的信息。以上诸内容,详见 A. Asher,*The Itinerary of Benjamin of Tudela*, Vol. 2, pp.166-168。

马库斯·南森·阿德勒提及亚设在注释中渴望得到关于此墓地的更多信息。波拉克(J.E.Polak)博士,曾作为波斯先王的医生。他在一部关于波斯的有趣著作中,提供了令人渴望的信息,写道:"犹太人在波斯拥有的唯一一座民族遗迹,即是在哈马丹(古代埃克巴坦那)的以斯帖墓地。从远古时期开始,他们都前来此地朝圣。在犹太人区中心,可以看到一座带有圆顶的低矮建筑;一只鹳在顶端筑巢。建筑入口大部分被封住,仅在下方保留一个小洞。这个小洞可以被扁平的石头所封堵,这块石头则可以随意移动,不仅充当门的作用,而且可以免受攻击——此类用途较为常见。入口大厅有着低矮的天花板,入口大厅中刻有朝圣者的名字与建筑被重修的时间。之后将会进入到一个小的四角内庭;内庭中有两个以橡木制造的高大石棺,此即为以斯帖与末底改的遗迹。这两座遗迹上都以希伯来语刻写着《以斯拉记》最后一章的内容,以及出资重修墓地的三位医生的名字。"(J.E.Polak,p.26)波拉克博士称中世纪时期波斯犹太人人数众多，尤其在南部省份。近些年来，由于可怕的迫害，犹太人人数急剧减少；他认为这里的犹太人不超过2000户。八十年之前，整个马什哈德地区的犹太人群体被强迫改宗伊斯兰教，详见E.N. Adler，*Jews in many Lands*，p.214。

关于本杰明所言以斯帖与末底改的墓地位于哈马丹，以色列·亚伯拉罕（Israel Abrahams）先生曾就此发表一篇颇为有趣的文章，并附有传统墓地以及古代苏萨地区的图像，详见*The Jewish Chronicle*，March 19，1897。1898年3月4日，巴格达的莫里斯·科恩（Morris Cohen）先生在陵墓中曾获得了一份完整的铭文抄本，但是并没有任何历史价值。先前一些旅行者见到的著名的以斯帖祷告已不复存在。拉比耶利·海尔普林（R.Jehiel Heilprin）称末底改与以斯拉埋葬在撒玛利亚（Shomron）。此说毫无根据，可能是将המרן读作שמרן。中世纪阿拉伯作家作品中有关波斯及其邻近地区的信息，详见Guy Le Strange，*The Lands of Eastern Ccaliphate*；其中地图被发现最为有用。以上诸内容，详见Marcus Nathan Adler，*The Itinerary of Benjamin of Tudela*，pp.57-58，n.1，2。

末底改，便雅悯族人，曾被俘虏至巴比伦，居住在苏萨，并在波斯王廷为官，其间全力帮助巴比伦地区的犹太人，曾收养其表妹以斯帖；以斯帖之后成为波斯国王薛西斯一世的王后。末底改与以斯帖的墓地通常被认为位于哈马丹。哈马丹城内有一处遗址即被认为是此两人之墓地，为犹太人重要的朝圣之地。巴拉姆与采法特皆位于今以色列北部地区，巴拉姆位于采法特以北。亚设所言第1卷第81页的主题，即指上文所述埋葬的太巴列地区犹太人的墓地。希伯来语שמרן即Shomron，指撒玛利亚；המרן拟音为Hamarn，此处应指哈马丹。——译者

3 亚设谓之肯兹·歌散，马库斯·南森·阿德勒谓之歌散，详见A. Asher，*The Itinerary of Benjamin of Tudela*，Vol.1，p.128；Marcus Nathan Adler，*The Itinerary of Benjamin of Tudela*，p.58。

亚设提及泰伯里斯坦在此处以及上文皆被提及，其中上文明确地被称为城市或城镇；我们从名字的形式即可判断此处应是指省份，而非城镇。但是，我们发现伊德里斯曾称："卓德建（Djordjan）与泰伯里斯坦，位于雷伊（Reï）与呼罗珊属国之间。"（Edrisi，II.180）我们猜测我们作者与伊德里斯应暗指法拉哈巴德（Farahabad）。在他们那一时期，此城中应有上文所提及的建筑。具体可详见Ritter，VIII，p.532，及其所提及之作者；肯兹·歌散，详见Ritter,VIII,p.613,et seq。以上诸内容,详见 A.Asher,*The Itinerary of Benjamin of Tudela*, Vol.2,p.168。

马库斯·南森·阿德勒提及大英博物馆所藏手稿并无此段内容;通过地图可以看出,泰伯里斯坦位于从哈马丹到伊斯法罕的贸易路线以北很远之处。以上诸内容,详见 Marcus Nathan Adler,*The Itinerary of Benjamin of Tudela*,p.58,n.1。

从今伊朗哈马丹到马赞德兰省、吉兰省等地,约 400—600 公里不等,至今法拉哈巴德约 450 公里。

卓德建,应为今伊朗某地,待考。雷伊应为今伊朗北部城市雷伊(Ray),位于今伊朗首都德黑兰以南 15 公里处。法拉哈巴德,位于今伊朗马赞德兰省境内,历史上曾为泰伯里斯坦属地。亚设所言上文所提及的建筑,即指囚禁大卫·埃尔·罗伊的监狱。——译者

4 亚设谓之"伊斯巴罕……都城与居所……犹太人。沙·沙龙,为该城与波斯帝国所有其他城镇的拉比,由被囚禁的王子赋予尊严",马库斯·南森·阿德勒谓之"伊斯法罕……大城与皇家居所……以色列人。大拉比沙·沙龙被流散宗主任命管理波斯帝国境内的所有拉比",详见 A.Asher,*The Itinerary of Benjamin of Tudela*, Vol.1,p.128;Marcus Nathan Adler,*The Itinerary of Benjamin of Tudela*,p.58。

亚设提及伊斯法罕被称为 Isbahan、Esfahan、Isphan、Isfahan,马可波罗称之为 Ispaan,位于波斯伊拉克(Persian Irak)南部地区,以萨菲(Sofi)家族国王的伟大都城而著名;尤其在阿拔斯二世(Abbas II)国王统治时期,该城之壮观与规模超过了大多数亚洲城市。查丁(Chardin)称该城周长 24 英里,但是莫里尔称该城遗迹已经被"除草"(如果可以如此描述),现在只有先前的四分之一。人们可能认为如巴比伦一样,上帝诅咒了此城一些地区,房子、市集、清真寺、宫殿与整个街道等,都被遗弃。我沿着遗迹骑行了数英里,没有遇见任何活物,除了穿墙的狐狼与进洞的狐狸(Morier,*Second Journey*,p.184)。此城应居住有大量犹太人,因为伊德里斯曾称:"伊斯法罕由两座城市构成,分别为犹太城与彻瑞纳(Chehriana)城。两地相距两英里,前者的规模是后者的两倍。"(Edrisi,II.p.166)。在古代伊斯法罕城被破坏之后,这些犹太人甚至仍留在此地。以上诸内容,详见 A.Asher,*The Itinerary of Benjamin of Tudela*, Vol.2,pp.168-169。

马库斯·南森·阿德勒提及伊斯法罕城规模较大,因其由两座城镇构

成，分别为加伊(Jay)——横穿该城需半里格(1.5英里)，与犹太城——犹太城位于向西两英里处，规模为加伊两倍。穆卡达斯称此城为犹太人在尼布甲尼撒时期所建，由于此地的温度与耶路撒冷极为类似，具体详见 Le Strange, p.203。以上诸内容，详见 Marcus Nathan Adler, *The Itinerary of Benjamin of Tudela*, p.58, n.2。

今马赞德兰省、吉兰省等距离伊斯法罕500—600公里不等。古代伊斯法罕城被认为在早期埃兰时期开始形成并发展；此地的犹太城应为流散至该地的犹太人所建。波斯伊拉克，在历史上为对今伊朗西部地区之称谓。11—19世纪期间，伊拉克指两处地区，分别为阿拉伯伊拉克(即古代巴比伦尼亚，今伊拉克地区)与波斯伊拉克(即古代米底亚，今伊朗西部地区)，两地以扎格罗斯山脉为界，详见"Iraq", in *Encyclopædia Britannica Online*., Retrieved January 30, 2006。萨菲家族，即为伊朗萨菲王朝(1501—1736年)，又称波斯第三帝国，其国在1598—1736年以伊斯法罕为首都。阿拔斯二世(1632—1666年)为萨菲王朝第七任国王，1642—1666年在位。亚设所言 Chehriana 与马库斯·南森·阿德勒所言 Jay，应为拟音差异所致，所指应相同。——译者

5 亚设谓之"经行四日到达设拉子或法尔斯；这座大城中有10 000位犹太人"，马库斯·南森·阿德勒谓之"向前经行四日到达设拉子，设拉子为法尔斯的城市；10 000余位犹太人居住在此地"，其中 Shiras 与 Shiraz 音近，所指相同，详见 A. Asher, *The Itinerary of Benjamin of Tudela*, Vol.1, p.128; Marcus Nathan Adler, *The Itinerary of Benjamin of Tudela*, p.58。

亚设提及里特尔教授对此座著名城市的历史曾做过颇有分量的传记，其中包括最为详尽的古代与现代作家所提供的信息，并以其令人羡慕而古典的方式进行了收录与整理，详见 Ritter, *Erdkunde*, VIII.847 et seq。以上诸内容，详见 A.Asher, *The Itinerary of Benjamin of Tudela*, Vol.2, p.169。

马库斯·南森·阿德勒提及罗德·科岑在关于波斯作品中曾对伊斯法罕城市与他在此地之行程有着详尽的描述，详见 Lord Curzon, chap. XIX, in Vol.II。他记载了从伊斯法罕到设拉子的行程(Lord Curzon, chap. XX)；两城之间的距离约81法尔萨赫，即312英里。我们将会看到本杰明在此处以及之后的加兹尼(Ghaznah)、撒马尔罕与吐蕃等地，皆低估了实际的距离。以上诸内容，详见 Marcus Nathan Adler, *The Itinerary of Benjamin of Tudela*, p.58, n.3。

设拉子位于今伊朗西南部地区，为西南部法尔斯省首府。从今伊斯法罕

至设拉子约 450 公里。如前文注释所述,马库斯·南森·阿德勒曾称 1 法尔萨赫约为 3.4 英里,81 法尔萨赫应为 275 英里,而非 312 英里。本杰明似可经四日从伊斯法罕到达设拉子,抑或为此处文本缺失所致,待考。——译者

6 亚设谓之"基瓦……乌浒……8 000 余位犹太人……所有国家、讲各种语言的商人皆来此地。此城所处的地区非常平整",马库斯·南森·阿德勒谓之"加兹尼……歌散……80 000 余位以色列人……所有国家、讲各种语言的商人携带商货皆来此地。此地广大",详见 A. Asher, *The Itinerary of Benjamin of Tudela*, Vol.1, p.128; Marcus Nathan Adler, *The Itinerary of Benjamin of Tudela*, pp.58-59。

亚设提及 Giva(基瓦)无疑为 Khiva,俄国独裁者意图征服此地之时,此地再次被全世界关注。我的一位友人齐默尔曼(Zimmermann)中尉在出版的一部优秀的地图以及传记中曾提及该地,收集了所有关于此地古代至现代的历史与国家政府情况的信息(Zimmermann, *Versuch zur Darstellung des Kriegstheaters Russlands gegen Chiwa*, Berlin, 1840),我们推荐此优秀的著作——此著作已被拜伦·亚历山大·冯·洪堡(Baron Alexander von Humboldt)修订,并赞成之。目前,该著作正在依照皇家地理社会之规定,被翻译为英语。Chiva 被讹写为 Kheiwah、Chereh、Heira(Ouseley' Ibn Haukal, p.278, p.241),以及 Hannah(Hartman's Edrisi, 109, Stüwe, 195, note.1)。以上诸内容,详见 A. Asher, *The Itinerary of Benjamin of Tudela*, Vol.2, pp.169-170。

马库斯·南森·阿德勒提及亚设遵循印刷版本,称此地有 8 000 余位犹太人;在没有判断的情况下,认为此处为基瓦,并将歌散河替换为乌浒河。中世纪时期,乌浒河常被认为是基训河(Jayhun、Gihon)。《旧约·创世记》(2:13)记载:"第二道河名叫基训,就是环绕古实全地的。"根据我们的手稿,此城的名字应为 Ghaznah,即加兹尼,八百年前此城为阿富汗都城。伊本·白图泰曾称从坎大哈(Kandahar)到赫拉特(Herat)需经八个驿站。盖伊·勒·斯特兰奇称:"11 世纪初期,加兹尼开始在历史上有名,因其作为加兹尼伟大的马哈茂德(Mahmud)的都城。此时,马哈茂德成为东至印度、西至巴格达之地的主人。"伊斯塔克利(Istakhri)称:"没有哪一个乡村城市比这里的商业与商货富有,因为此地为印度的商埠。"歌散河——我们被告知加兹尼位于歌散河旁,读者已经较为了解。在上文第 33 页,我们发现库尔德斯坦的哈博河为其支流;第 55 页提及其流经泰伯里斯坦,下文第 59 页提及其流经呼罗珊。

这一难题很容易被解释。在每一处地方，本杰明皆被告知河流被称为歌散。这是因为在蒙古语中，"Usun"意为水或河流；显然 Kisil Usun 意为"红河"。在 u、w 等前加 g，是一个普遍的语言特点；在拉丁语与凯尔特语（Keltic）中，就曾出现此种现象。以上诸内容，详见 Marcus Nathan Adler, *The Itinerary of Benjamin of Tudela*, pp.58-59, n.4。

基瓦，即今乌兹别克斯坦希瓦（Khiva），又译基发，又被称为 Khorezm、Khorasam、Chorezm 等，位于今乌兹比克斯坦花剌子模地区，紧邻阿姆河，即乌浒河。历史上的花剌子模位于咸海以南阿姆河三角洲地区，位于今日乌兹别克斯坦与土库曼斯坦两国土地之上，即汉籍所记之火寻——《新唐书・西域传》记载火寻国商贾常乘牛车以行诸国，其王稍施芬并于天宝十载（751年）遣使者入朝、献黑盐，宝应时（762—763 年）再次入朝，详见欧阳修、宋祁：《新唐书・西域传》卷 221 下，北京：中华书局，1975 年，第 6247 页。从今设拉子至基瓦约 2100 公里。坎大哈，位于今阿富汗南部；赫拉特，今阿富汗西部城市。加兹尼，位于今阿富汗东部地区，距设拉子约 2000 公里。962 年，萨曼王朝（874—999 年）呼罗珊总督突厥人阿勒普特勤（Alb Tikin，？—977年）占领加兹尼城，建立伽色尼王朝；马哈茂德（Mahmoud，971—1030 年）时期，伽色尼王朝迅速扩张至花剌子模、波斯及北印度等地，盛名远被。马库斯・南森・阿德勒在上文注释称，本杰明低估了设拉子之后的行程距离，且其在七日之内，恐无法到达基瓦或加兹尼。此处或为文本缺失所致；或为本杰明并未到达此地，从他人口中听说而记之，待考。

伊斯塔克利（？—957 年），中世纪时期波斯地理学家。关于歌散河之情况，详见上文注释。如马库斯・南森・阿德勒所言，其将 Goazn 当作河流理解，并不确指某条河流。如上文注释所言，19 世纪一些欧洲旅行者一度认为歌散河为位于东方的阿富汗巴里黑河或位于中亚的阿姆河；或因此故，亚设可能在此处将歌散河当作乌浒河理解。——译者

三十五、撒马尔罕、吐蕃与加兹温（尼沙布尔山）

从基瓦（加兹尼）经行五日到达王国（波斯）的边界撒马尔罕。此城规模颇大，居住有50 000余位犹太人（50 000余位以色列人）。首领为王子拉比俄巴底亚（R. Obadiah），其中有很多智慧、博学（富裕）的人士。[1]

从撒马尔罕经行四日到达吐蕃地区。在吐蕃的森林中有走兽出没，麝香产自这些走兽。[2]

（从吐蕃）经行28日到达肯兹·歌散河畔的加兹温（Khazvin） 83
山［歌散河畔的尼沙布尔（Nisabur）山］。[3] 该地犹太人现在居住在波斯（住在波斯地区的犹太人），称尼沙布尔（Nisapur）城（尼沙布尔山中）居住着四个以色列支派，分别为但、西布伦（S'bulan）［西布伦（Zebulun）］、［亚设］与拿弗他利（Naphthali）支派等，应为被亚述国王萨尔玛那萨尔俘虏的第一次流散犹太人之一部，如圣经所记：他将他们放逐到拉哈拉哈（Lachlach）与哈博、歌散山与米底亚山［歌散河的哈腊（Halah）与哈博、米底亚的城市］。[4]

他们的国家需经行20日，他们在山地中建有很多城镇与城市（城市与大村庄）；肯兹·歌散河（歌散河）为其国一侧边界。他们不臣服于任何一个国家（异教徒），而是由他们的王子统治——王子名为拉比约瑟夫·阿马卡拉·哈利末(Joseph Amarkh'la Halevi)[利末人约瑟夫·阿马卡拉(Jospeph Amarkala)]。[5]

这些犹太人有一些为杰出的学者,其他人则从事农业;从事农业的这些人中有一部分经过沙漠与古他(Cuth)交战[这些犹太人有一些为杰出的学者;他们从事农业,并经过沙漠远到古实(Cush),与之交战]。[6] 他们与卡法·突厥人(Caphar Tarac)或异教徒突厥人(Turcs)[寇法·突厥人(Kofar-al-Turak)]结盟;这些
84 人崇拜风,居住在沙漠中。这群族人不吃面包、不饮酒,但是吞食生的、丝毫未被烹饪的肉。他们没有鼻子,而是通过两个小孔呼吸,吃各类肉,无论其来自干净或不洁的动物(吃干净与不洁的动物);他们与犹太人(以色列人)极为友好。[7]

约在十八年前,此族发动很多人(大军)入侵波斯,占领了雷伊(Rai)[雷伊(Ray)]。他们以剑锋袭杀此地,并全部破坏,然后返回到他们的沙漠之中。波斯王国先前从未发生过此类入侵。当波斯国王得知此事,他的怒火被点燃,说道:"在我先辈时期(在我与我先辈时期),从未有人(军队)从此沙漠发动入侵。我将出击并将他们从地球上抹掉。"他在整个帝国发起战争的呐喊,集合所有部队,并招募向导,以找到他的敌人扎营之地。[8]

此时出现了一个人,向国王称:"我是他们中的一员,知道他们回撤的地方。"国王向他承诺,如果他照做并示路的话,将会保他荣华富贵。当这位间谍被问及穿越沙漠的长途需要携带多少补给时,他称携带 15 天的粮食与水,因为在到达他们领地之前将不会
85 找到任何补给。此建议被采纳。他们在沙漠中行走了 15 天(没有发现任何东西)。由于没有找到任何食物,他们的补给极度短缺,

人与动物(在饥饿与饥渴中)纷纷死去。国王找到间谍,问道:“你告诉我们关于敌人的承诺,怎么会如此呢?(你承诺找到我们的敌人在哪里?)”间谍仅回答:“我带错了道路。”国王下令砍掉他的头颅(国王怒火中烧,下令砍掉他的头颅)。[9]

国王给整个军营下令,凡是有补给的人须与其同伴分享,但是任何食物,甚至动物,都已经被吃光。在沙漠中又经行了13天之后,他们抵达了犹太人居住的加兹温山(犹太人居住的尼沙布尔山)。[10]

他们(在安息日)到达这里,在花园与园林处扎营,紧邻肯兹·
歌散河(歌散河)附近的泉水。此时为水果成熟的季节,他们免费 86
享用这些水果,并损坏了很多(他们享用并耗尽了所有),但是没有任何人出现。然而,他们发现了山上的城市与很多塔楼。国王命令两位仆人询问住在山上的族人的名称,让他们乘船或游泳渡河前去。最终,他们发现了一座大桥——大桥由塔楼守卫,由上锁的门保护(大桥上有三座塔楼,桥上的门被锁着),一座大城位于桥的另一侧。[11]

他们在桥的这一侧呼喊,最终出现了一个人。此人询问他们想要什么,他们是谁?他们不明白此人所说,便找到了一位懂得双方语言的译者。经过再次询问(然后他问他们),他们回答:“我们是波斯国王的仆人,到此地打听你们是何人,谁的臣民?”对方回应道:“我们是犹太人,我们不承认任何异教徒的国王或王子,仅是犹太王子的臣民。”当询问乌古斯人、卡法·突厥人或异教徒突厥人之时(异教徒、寇法·突厥人的乌古斯人子孙之时),犹太人答道:“他们是我们忠实的盟友,任何想伤害他们的人,我们将会视其为我们的敌人(我们将会让其受到伤害)。”这两位仆人返回,将此事告诉给国王。国王感到十分害怕,尤其是两天之后犹太人派遣了一位使者向他宣战(国王感到十分惊慌。某日,犹太人让他与他们
87 宣战)。国王称:“我无意与你们交战,我们的敌人是卡法·突厥人或异教徒突厥人(寇法·突厥人)。如果你们攻击我,我将来定会报复,会消灭我的王国中的犹太人,因为我知道在我目前的处境你们远胜于我(我知道在这里你们远胜于我;我的军队忍饥挨饿走出了这个大沙漠)。但是,我请求你们友好行事,不要骚扰我,允许我攻打我的敌人卡法·突厥人(寇法·突厥人),并卖给我足够的补给,供我的这些人之用。”犹太人经过商议,为了波斯国王的犹太臣民福祉(考虑到流散在国王帝国的犹太人),决定接受国王的请求(决定抚慰国王)。国王与他的人(他的军队)被允许进入到犹太人领地;在他停留的15天中,犹太人以最高的礼遇与尊重待他(犹太人对其颇为礼遇)。[12]

同时,犹太人向他的盟友卡法·突厥人(寇法·突厥人)传递了信息,让他们了解上述情况。他们占领了山上的所有通道,召集了所有居住在沙漠的大量人群(他们召集居住在沙漠的所有人组成了军队,以武力占领了山上的通道)。当波斯国王与他们交战时,卡法·突厥人征服、杀戮了大量波斯人(寇法·突厥人的军队旗开得胜,杀戮了大量波斯人),国王与少量随从逃回他的国家。[13]

88 国王的一位随从、骑手引诱此地一位名叫拉比摩西(R. Moshe)[拉比摩西(R. Moses)]的犹太人一起走,将其带到波斯,作为他的奴隶。然而,某日国王参观供其消遣的体育活动——此体育活动主要是练习弓箭;在所有竞争者中,拉比摩西最为出色

(某日,弓箭手在国王面前展示他们的技艺,但是没有人能够如拉比摩西那般拉弓)。国王便询问他;在译人的帮助下,国王得知他的经历,以及其如何被骑手强迫带到此地(国王得知骑手对他所做的一切),随即释放了他,还给了他荣光的衣服与很多其他礼物——这件衣服以丝绸与上好的亚麻制成(还让他穿上丝绸长袍,给他礼物)。同样,还给他提出了一个提议,即如果他放弃他的宗教,而改宗波斯人的宗教,将被以最大的诚意相待,享尽荣华富贵,并成为国王的管家(还对他说:"如果你接受了我们的宗教,我将让你享尽荣华富贵,并做宫廷的管家。")但是,他拒绝了,并称:"我不能下定决心如此为之。"(但是,他回答道:"我的主人,我不能如此为之。")然后,国王将他安置在伊斯法罕犹太会众(大)拉比沙·沙龙(Sar Shalom)家中;他后来成为沙·沙龙的女婿(沙·沙龙后来将女儿嫁给他)。拉比摩西告诉我所有这些事情。[14]

注释

1 亚设谓之"从基瓦经行五日到达王国的边界撒马尔罕……居住有50 000余位犹太人……博学的人士",马库斯·南森·阿德勒谓之"从加兹尼经行五日到达波斯的边界撒马尔罕……居住有50 000余位以色列人……富裕的人士",详见 A. Asher, *The Itinerary of Benjamin of Tudela*, Vol.1, pp.128-129; Marcus Nathan Adler, *The Itinerary of Benjamin of Tudela*, p.59。

亚设提及撒马尔罕是一座高贵的城市,有漂亮的花园,周围皆是平原,出产人们渴望得到的所有水果(Marco Polo, p.147);撒马尔罕是马沃莱拿赫尔(Mawarannahr)或河中地区的都城,是伊斯兰地区最为繁荣与盛产的地区之一。伊本·毫盖勒与伊德里斯对这座著名城市的记述极为详细(Ibn Haukal, I.233; Edrisi, II.197),我们现在对其所记之状况仍知之甚少。以上诸内容,详见 A. Asher, *The Itinerary of Benjamin of Tudela*, Vol. 2, p.170。

从今基瓦至撒马尔罕约650余公里;从加兹尼至撒马尔罕约900—1000公里。从基瓦经行五日似乎可至撒马尔罕,从加兹尼则似难以到达。此处基瓦之行程似为恰当。Mawarannahr,为阿拉伯文对河中地区之称谓。——译者

2 亚设提及麝香产自吐蕃,并被运往所有地区(Ibn Haukal, I.233; Edrisi, II.189);中世纪时期,该地被称为Tabbat或Tibet,详见颇具说服力之力作Stüwe, p.244。以上诸内容,详见A.Asher, *The Itinerary of Benjamin of Tudela*, Vol.2, p.170。

撒马尔罕距离吐蕃数千里,四日不可至其地。此处或为文本缺失所致;或为本杰明并未到达此地,从他人口中听说而记之,待考。中世纪时期,犹太人亦曾进入到吐蕃。如10世纪阿拉伯史家伊本·穆哈利尔(Ibn Muhalhil)曾记载:"吐蕃城中有伊斯兰教徒、犹太教徒、基督教徒以及拜火教徒等。"详见〔法〕费琅辑注:《阿拉伯波斯突厥人东方文献辑注》,耿昇、穆根来译,中华书局1989年版,第233、238页;〔英〕裕尔撰、〔法〕考迪埃修订:《东域纪程录丛——古代中国闻见录》,张绪山译,中华书局2008年版,第215—216页。这些犹太人极有可能就是前往吐蕃经营麝香。——译者

3 亚设谓之经行28日到达肯兹·歌散河畔的加兹温(Khazvin)山,马库斯·南森·阿德勒谓之从吐蕃经行28日到达歌散河畔的尼沙布尔山,详见A.Asher, *The Itinerary of Benjamin of Tudela*, Vol.1, p.129; Marcus Nathan Adler, *The Itinerary of Benjamin of Tudela*, p.59。

亚设提及Khazvin,现代旅行者称之为Cazwin(Edrisi, II. p.168)、Cazween,我们作者所言加兹温山可能指这里的山地地区,其构成了现代吉兰省、马赞德兰省的自然边界,与伊朗其他省份隔开,将里海围起来,很多支脉延伸至波斯呼罗珊地区的尼沙布尔Nisabur山;在马什哈德地区北部,消失在呼罗珊沙漠之中。此山在苏坦纳亚(Sultanea)与加兹温附近地区,被称为库伊·坎卡散(Khoi Cancasan);在德黑兰郊区被称为埃尔伯斯(Elbourz)。以上诸内容,详见A.Asher, *The Itinerary of Benjamin of Tudela*, Vol.2, pp.170-171。

马库斯·南森·阿德勒提及尼沙布尔城位于马什哈德附近,紧邻埃尔伯斯山脉延伸到之高山,详见Marcus Nathan Adler, *The Itinerary of Benjamin of Tudela*, p.59, n.1。

加兹温,位于今伊朗北部、里海以南地区。尼沙布尔,位于今伊朗东北部地区,属呼罗珊省辖地。亚设所言到达加兹温山,可能指到达尼沙布尔地区的加兹温山支脉,因其下文所述内容皆与尼沙布尔有关。苏坦纳亚,应与加兹温紧邻。——译者

4　亚设谓之"该地犹太人现在居住在波斯,称尼沙布尔(Nisapur)城居住着四个以色列支派,分别为但、西布伦(S'bulan)与拿弗他利支派等,……如圣经所记:他将他们放逐到拉哈拉哈(Lachlach)与哈博、歌散山与米底亚山",马库斯·南森·阿德勒谓之"住在波斯地区的犹太人,称尼沙布尔山中居住着四个以色列支派,分别为但、西布伦(Zebulun)、亚设与拿弗他利(Naphthali)支派等,……如圣经所记:他将他们放逐到歌散河的哈拉与哈博、米底亚的城市",其中 Nisabur 与 Nisapur,S'bulan 与 Zebulun,所指相同,拉哈拉哈为哈剌之误,详见 A. Asher, *The Itinerary of Benjamin of Tudela*, Vol.1, p.129; Marcus Nathan Adler, *The Itinerary of Benjamin of Tudela*, p.59。

亚设提及《旧约·列王记》(下,17:6)记载:"亚述王攻取了撒玛利亚,将以色列人掳到亚述,把他们安置在歌散河的哈腊与哈博,并玛代人(即米底亚人)的城邑。"此译才是权威翻译。很多迹象显示本杰明所言确凿,即萨尔玛那萨尔俘虏的部分犹太人居住在这些山地之中。阿布乎(Abhor)——伊德里斯称之为阿布尔(Abher)(Edrisi, II, 168),位于加兹温山西缘;伦内尔认为阿布乎即圣经中的哈博,我们文中亦提及(Rennel, *Georg. System of Herodotus*, 2nd.ed.I.521-522)。这位杰出地理学家的观点亦得到莫里尔的支持(Morier, *Second Journey*, p.207);莫里尔称:"较之其他地区,他从加兹温出发曾途经此城镇,这里有一些被破坏的城墙,城墙占据着高地,被当地人称为卡勒·达拉卜(Caleh Darab)或大流士城堡;城墙以大的泥砖建造,泥砖中夹杂着稻草,然后在太阳下晒干。"此砖与他在雷伊、伊斯法罕的阿特什·加(Atesh Gah),乃至巴比伦等地所见一致。莫里尔所称之状况更有力地佐证了伦内尔的论断。据我判断,伦内尔仅想证实此地现存的古代遗迹,并证明其为古代的哈博(亦可比较 Ouseley's *Traavel*, III.572)。哈博在波斯地图中亦可见,位于苏坦纳亚与加兹温之间,详见 Long, *The Map of Persia*, 1831。此图采纳了伦内尔巧妙的主张,亦证实了我们文本的准确性。我们无法得知这些地区居民中是否有犹太人;据克内尔称,此地被卡合里兹(Kahliz)与阿夫沙尔(Afshar)等敌对部落所拥有。我们有义务获取更多的信息,将在今后

的注释中注明。以上诸内容，详见 A.Asher, *The Itinerary of Benjamin of Tudela*, Vol.2, pp.171-172。

马库斯·南森·阿德勒提及大英博物馆所藏手稿称："他将他们放逐到哈腊与哈博、歌散山与米底亚山。"根据《旧约·列王记》(下，19：12)与《旧约·以赛亚》(37：12)记载，诺德克(Nöldeke)坚持认为：歌散河灌溉这一处土地；如圣经所示，歌散又被称为歌散尼斯(Gozanitis)(Nöldeke, *J.Q.R.*, Vol.1, p.186)。我们注意到当本杰明提及十个支派的行踪之时，皆十分谨慎。盛行的传统认识，即在呼罗珊有独立的犹太部落；直到近来仍是如此认识。阿德勒先生被告知，在库塔伊西(Kutais)附近的一座亚美尼亚人的修道院中，保存有一份古代的记载，证明在 3—4 世纪之前，犹太人在一些地区尤为重要(E.N.Adler, *Jews in many Lands*, p.178)；亦可详见 M.Lewin, *Wo wären die zehn Stämme Israels zu suchen?*, Frankfotr, 1901。以上诸内容，详见 Marcus Nathan Adler, *The Itinerary of Benjamin of Tudela*, p.59, n.1。

如上文注释所言，圣经所记歌散河实际指哈博河。亚设所引哈博之地望，似有论据，但仍待确凿的考古发现加以证实；哈腊为亚述属地，上文注释罗林森认为哈腊即为哈莱万城——其位于今伊朗西部扎格罗斯山地区，即今伊朗西部克尔曼沙汗省萨尔-普利-佐哈，但有待证实。流散的十个支派犹太人历史难以考辨，尼沙布尔犹太人源自上述四个支派之说法，应源自犹太人之间口耳相传，尚待确凿的历史与考古之证明，但其地应存在大量犹太人群体。Atesh，在波斯语中意为火，Atesh Gah 指古代波斯琐罗亚斯德教神庙。《旧约·列王记》(下，19：12)与《旧约·以赛亚》(37：12)皆记载："我列祖所毁灭的，就是歌散，哈兰，利色，和属提拉撒的伊甸人，这些国的神何曾拯救这些国呢？"库塔伊西，为今格鲁吉亚中西部城市。——译者

5　亚设谓之"城镇与城市……肯兹·歌散河……国家……拉比约瑟夫·阿马卡拉·哈未利(Joseph Amarkh'la Haveli)"，马库斯·南森·阿德勒谓之"城市与大村庄……歌散河……异教徒……利未人约瑟夫·阿马卡拉(Jospeph Amarkala)"，其中 Amarkh'la 与 Amarkala 音近，所指相同，详见 A. Asher, *The Itinerary of Benjamin of Tudela*, Vol.1, pp.129-130；Marcus Nathan Adler, *The Itinerary of Benjamin of Tudela*, p.59。

亚设提及利未支派的后裔分为利未(Leviim)与科恩(Khohanim)，是迄今唯一声称源自唯一支派的犹太人；其他支派的犹太人在历史长河中杂交，已经灭绝。以上诸内容，详见 A. Asher, *The Itinerary of Benjamin of*

Tudela, Vol.1,p.130,n.a。

如上文注释所言,历史上利未部落一直负责、从事与圣殿宗教活动有关的宗教事务。在利未部落中,亚伦与其子孙被选作为圣殿的祭司,亚伦为首任大祭司;亚伦之后,其子孙继承祭司职位,被称为הכהן(Hacohen),为祭祀之意。因此,利未人可以分为亚伦的后裔与非亚伦的后裔,即利未与科恩。非亚伦的后裔担任其他宗教职务。犹太人以母系认定,即如果孩子的母亲为犹太人,其才可被认定为犹太人;利未支派以父系认定,即如果孩子的父亲为利未人,其可被认定为犹太人。如此,利未人的认定既要遵循其母系,还要遵循其父系。或因此,亚设称利未支派后裔才可声称其源自唯一支派。Halevi,即利未人之意。如上文注释所言,Ha 在希伯来语中表示确指,Halevi 即表示利未人。——译者

6 亚设谓之"这些犹太人有一些为杰出的学者,其他人则从事农业;从事农业的这些人中有一部分经过沙漠与古他交战",马库斯·南森·阿德勒谓之"这些犹太人有一些为杰出的学者;他们从事农业,并经过沙漠远到古实,与之交战",详见 A.Asher,*The Itinerary of Benjamin of Tudela*, Vol. 1,p. 130;Marcus Nathan Adler,*The Itinerary of Benjamin of Tudela*, p.59。

亚设提及古他在《旧约·列王记》(下,17:24,30)中有记载:"亚述王从巴比伦,古他,亚瓦,哈马,和西法瓦音迁移人来,安置在撒玛利亚的城邑,代替以色列人。他们就得了撒玛利亚,住在其中。……巴比伦人造疏割比讷像。古他人造匿甲像。哈马人造亚示玛像。"亚述将一些人迁移至撒玛利亚的沙漠城市中,古他即为居所之一。这些人与被留下的当地人混杂,通过通婚而使当地人摆脱撒玛利亚人派系。《塔木德》学者与我们作者,将这些人称为古他斯人(Cutheans),如《塔木德》学者关丁古他,称我们已故的拉比将撒玛利亚人读作古他斯人——其来自古他;古他人,生活在撒玛利亚的撒玛利亚人来自古他。约瑟夫指出古他位于波斯(Josephus,*Anti*. IX.,14. §.3),但是我们无法确定该地的具体位置。以上诸内容,详见 A.Asher,*The Itinerary of Benjamin of Tudela*, Vol.2,p.172。

马库斯·南森·阿德勒提及在古代犹太文献中古实并不总是指埃塞俄比亚,还指部分阿拉伯地区,尤其指最近邻阿比尼西亚之地;在下文第 63 页,该词被用于指底格里斯河以东地区。以上诸内容,详见 Marcus Nathan Adler,*The Itinerary of Benjamin of Tudela*,pp.59-60.n.2。

亚设此处称古他，马库斯·南森·阿德勒称古实，差异甚大，文本不同所致。关于古他与古实，上文注释已经多有介绍，兹不赘述。——译者

7 亚设谓之“卡法·突厥人(Caphar Tarac)或异教徒突厥人(Turcs)……吃各类肉，无论其来自干净或不洁的动物……犹太人……”，马库斯·南森·阿德勒谓之“寇法·突厥人(Kofar-al-Turak)……吃干净与不洁的动物……以色列人……”，其中 Caphar Tarac 与 Kofar-al-Turak 音近，所指相同，详见 A. Asher, *The Itinerary of Benjamin of Tudela*, Vol.1, p.130; Marcus Nathan Adler, *The Itinerary of Benjamin of Tudela*, p.60。

亚设提及 Caphar Tarac 在此处文本经常出现，是乌古斯人的一个称号；哈特曼(Hartman)在翻译伊德里斯著作中亦如此称之，乔伯特将其读作异教徒突厥人(Edrisi, I.181)。哈摩尔(Hammer)称：960 年此族 2000 户改宗伊斯兰教，被称为土库曼人(Turcmans)，或者突厥-伊曼(Turc-iman)，意为信教或改宗的突厥人(Hammer, *Osmanische Geschichte*, I.73.44)；此与那些不信教的族人形成对比，他们被称为异教徒，我们作者与伊德里斯亦如此称之。以上诸内容，详见 A. Asher, *The Itinerary of Benjamin of Tudela*, Vol.2, pp.172-173。

土库曼人，中亚突厥语民族，今土库曼斯坦主要民族，也分布于阿富汗、伊朗东北部(呼罗珊)、叙利亚、伊拉克和北高加索。历史上的土库曼人，曾迁徙至阿拉伯帝国境内，改宗伊斯兰教。——译者

8 亚设谓之“……很多人……雷伊(Rai)……在我先辈时期，从未有人……”，马库斯·南森·阿德勒谓之“……大军……雷伊(Ray)……在我与我先辈时期，从未军队……”，详见 A. Asher, *The Itinerary of Benjamin of Tudela*, Vol.1, p.131; Marcus Nathan Adler, *The Itinerary of Benjamin of Tudela*, p.60。

马库斯·南森·阿德勒提及雷伊即古代城市剌吉思(Rages)(*Book of Tobit*, I.14)，其遗址位于德黑兰附近，详见 Marcus Nathan Adler, *The Itinerary of Benjamin of Tudela*, p.60, n.1。

雷伊位于今伊朗首都德黑兰以南 15 公里处，又称剌吉思。《旧约·申命记》(13:16, 20:13)记载：“你从那城里所夺的财物都要堆积在街市上，用火将城市与所夺的财物都在耶和华你神面前烧尽。那城就永为荒堆，不可再建造。……耶和华你的神把城交付你手，你就要用刀杀尽这城的男丁。”《旧约·约书亚记》(8:24, 10:28)记载：“以色列人在田间和旷野杀尽所追赶一切

艾城的居民。艾城人倒在刀下,直到灭尽。以色列众人就回到艾城,用刀杀了城中的人。……当日,约书亚夺了玛基大,用刀击杀城中的人和王。将其中一切人口尽行杀灭,没有留下一个。他待玛基大王,像从前待耶利哥王一样。"——译者

9 亚设谓之"他们在沙漠中行走了15天,……人与动物纷纷死去,……问道:'你告诉我们关于敌人的承诺,怎么会如此呢?'……国王下令砍掉他的头颅",马库斯·南森·阿德勒谓之"他们在沙漠中行走了15天,没有发现任何东西。……人与动物在饥饿与饥渴中纷纷死去……问道:'你承诺找到我们的敌人在哪里?'……国王怒火中烧,下令砍掉他的头颅",详见 A.Asher, *The Itinerary of Benjamin of Tudela*, Vol.1, p.132; Marcus Nathan Adler, *The Itinerary of Benjamin of Tudela*, p.60。

10 亚设谓之加兹温山,马库斯·南森·阿德勒谓之尼沙布尔山,详见 A.Asher, *The Itinerary of Benjamin of Tudela*, Vol.1, p.132; Marcus Nathan Adler, *The Itinerary of Benjamin of Tudela*, p.60。

11 亚设谓之"他们到达这里……紧邻肯兹·歌散河……他们免费享用这些水果,并损坏了很多……大桥由塔楼守卫,由上锁的门保护……",马库斯·南森·阿德勒谓之"他们在安息日到达这里……紧邻歌散河……他们享用并耗尽了所有……大桥上有三座塔楼,桥上的门被锁着……",详见 A. Asher, *The Itinerary of Benjamin of Tudela*, Vol.1, pp.132-133; Marcus Nathan Adler, *The Itinerary of Benjamin of Tudela*, pp.60-61。

12 亚设谓之"……经过再次询问……乌古斯人、卡法·突厥人或异教徒突厥人之时……我们将会视其为我们的敌人……国王感到十分害怕,尤其是两天之后犹太人派遣了一位使者向他宣战……卡法·突厥人或异教徒突厥人…… 因为我知道在我目前的处境你们远胜于我……卡法·突厥人……为了国土的犹太臣民福祉,决定接受国王的请求……国王与他的人……犹太人以最高的礼遇与尊重待他",马库斯·南森·阿德勒谓之"……然后他问他们……异教徒、寇法·突厥人的乌古斯人子孙之时……我们将会让其受到伤害……国王感到十分惊慌。某日,犹太人让他与他们宣战……寇法·突厥人……我知道在这里你们远胜于我。我的军队忍饥挨饿走出了这个大沙漠……寇法·突厥人……考虑到流散在国王帝国的犹太人,决定抚慰国王……国王与他的军队……犹太人对其颇为礼遇……",详见 A.Asher, *The Itinerary of Benjamin of Tudela*, Vol.1, pp.133-134; Marcus Nathan Adler, *The*

Itinerary of Benjamin of Tudela,p.61。

13　亚设谓之“卡法·突厥人……他们占领了山上的所有通道,召集了所有居住在沙漠的大量人群……卡法·突厥人征服、杀戮了大量波斯人……”,马库斯·南森·阿德勒谓之“寇法·突厥人……他们召集居住在沙漠的所有人组成了军队,以武力占领了山上的通道……寇法·突厥人的军队旗开得胜,杀戮了大量波斯人……”,详见 A.Asher,*The Itinerary of Benjamin of Tudela*, Vol.1,pp.134-135 Marcus Nathan Adler,*The Itinerary of Benjamin of Tudela*,p.61。

亚设提及我们从哈摩尔的著作中摘取以下内容,可能会对我们作者所述桑贾尔的远征带来一些线索:“在周围[森肯德(Seïkend)]居住着突厥部落与乌古斯人,他们信奉伊斯兰教,在牧场饲养牛。穆斯林在要道塔兰(Taran)建立堡垒,抵御突厥人,由于此地的北界正好有突厥的赫兹勒迪斯人(Turkish Khizildjis),穆斯林经常与其交战……肯德(Kend)是一座漂亮的城镇,周围全是花园与园林;此地仅有肯德一个城市,城中有房屋与花园,城中有一座堡垒;一条河贯穿其中。”(Hammer,*Osmanische Geschichte*,II.208,209)下面的注释则为拜伦·德欧森(Baron d'Ohsson)提供,此将为乌古斯历史以及我们作者所述事件提供线索:“本杰明在文中所提及的游牧民族为古斯人(Gouzes),真实名字为乌古斯(Ogouzes),即突厥人、异教徒,12 世纪从乌浒河迁徙而来。据阿拉伯地理学家哈卡尔(Haoucal)称,两百年前突厥人就在此地生活,此地为一处干旱的平原,环绕着亚拉特湖(Arat)与呼罗珊。突厥人从呼罗珊总督手中夺取了位于大夏斯坦(Tokharistan)的地区,即巴里黑城市以东,越过基训河,定居在此。

根据波斯史学家米克霍德所述,这些突厥-乌古斯人大约有 40 000 户或营帐,每年向宗主塞尔柱王朝桑贾尔苏丹进贡 24 000 头绵羊——桑贾尔统治着呼罗珊。伊斯兰历 548 年(公元 1153 年),乌古斯人起义,并成为巴里黑的统治者。桑贾尔亲自前往平叛。在某日战场上,军队溃逃;他被俘虏、囚禁。获胜的乌古斯人进入苏丹的驻地木鹿(Merv)城,将其洗劫一空。他们进入尼沙布尔,亦将其洗劫;然后,他们遍布呼罗珊各地,在巴里黑城外到处烧杀。他们装备精良,无法被制服。由于此次破坏,产生了大饥荒,此地变得十分萧条。俘虏桑贾尔于伊斯兰历 551 年逃跑,返回木鹿,数月后于公元 1157 年 6 月逝世。伊斯兰历 554 年,他们第二次占领尼沙布尔,556 年打败泰伯里斯坦国王。之后,波斯史上再没有提及此游牧族,亦没有发现其攻打雷伊——雷伊属于伊拉克王国,为塞尔柱王国另外一个分支。"桑贾尔令人震惊的事迹,即他征服这些游牧族人——他们居住的地区毗邻桑贾尔治权地区。在我们作者时期,此事肯定会在巴格达引起争议。如现在诸多国家新兴的一代人,被告知拿破仑的事迹一样,即这位伟大的征服者因他的天才与实力而被制服。本杰明所言间谍的事迹,被哈摩尔以东方的资料改变了一下情节(Hammer,*Osmanische Geschichte*,II.,43)。以上诸内容,详见 A.Asher,*The Itinerary of Benjamin of Tudela*, Vol.2,pp.172-175。

马库斯·南森·阿德勒提及纽鲍尔博士在他的第三篇颇具价值的文章中对此事叙述尤详(Neubauer,"Where are the Ten Tribes?" in *J.Q.R.*,Vol.1,p.185)。寇法·突厥人无疑属于鞑靼人,即祭司王约翰的臣民,中世纪时期常被如此称之。他们在1141年打败桑贾尔,此事发生的时间远早于本杰明游历十五年前。从文中所述判断,犹太人的联盟被称为寇法·突厥的乌古斯子孙,本杰明应是将乌古斯人与鞑靼人混淆。乌古斯人属于塞尔柱族——塞尔柱人早在一百年前就改宗伊斯兰教,本杰明也从未将塞尔柱人视为异教徒。这些乌古斯人曾在1153年与桑贾尔交战,将其打败并俘虏之。当本杰明称发生在十五年之前时,肯定是指这场战争。关于此事迹,详见 A Müller,*Islam*;G.Oppert,Presbyter Johannes in Sage and Geschichte,1864。以上诸内容,详见 Marcus Nathan Adler,*The Itinerary of Benjamin of Tudela*,pp.61-62,n.1。

森肯德,疑似周围某地,待考。塔兰,应为今伊朗西北部东阿塞拜疆省城市,位于加兹温山附近。赫兹勒迪斯,疑似突厥化的人群或受突厥人控制的人群,具体待考。肯德,应为今伊朗塔泽·坎德(Tāzeh Kand),位于今伊朗西北部阿尔达比勒(Ardabıl)省、塔兰东南部。哈卡尔,10世纪阿拉伯地理学家、旅行家,出生在巴格达,详见 Joseph Thomas,*The Universal Dictionary of Biography and Mythology*, New York: Cosimo. Inc., 2009, Vol. II, p.1143。亚拉特湖,似应为位于土耳其东部亚拉腊山地区的湖泊,待考。大夏斯坦(Tokharistan),为古代巴克特里亚核心地区,汉籍称之为"大夏",希腊人称该地为巴克特里亚,主要疆域在阿姆河以南,兴都库什山以北地区,大致相当于今阿富汗,以及塔吉克斯坦与乌兹别克斯坦部分地区。巴里黑历史上为大夏都城,位于今阿富汗北部,详见魏收:《魏书·西域传》卷102,北京:中华书局1974年版,第2275、2277页;(唐)玄奘、辩机:《大唐西域记校注》,季羡林校注,北京:中华书局2000年版,第115页。基训河,即乌浒河;如上文注释所言，中世纪时期阿拉伯人常把乌浒河称为基训河。木鹿，位于今土库曼斯坦西南部，呼罗珊要地，丝绸之路交通要道。雷伊属于伊拉克王国，应指属于波斯伊拉克——如上文注释所言，11—19 世纪期间伊拉克指两处地区，分别为阿拉伯伊拉克（即古代巴比伦尼亚，今伊拉克地区）与波斯伊拉克（即古代米底亚，今伊朗西部地区）。突厥人所猖獗的呼罗珊等地属于塞尔柱王朝东方属地。

一般认为，塞尔柱人源自乌古斯人，而乌古斯人属于西突厥部落联盟之一，因此塞尔柱人被称为塞尔柱突厥人。鞑靼人则指包括以蒙古族为族源之一的游牧民族，同时还包括部分突厥族裔等，为对欧亚草原突厥-蒙古系统民族的泛称。本杰明所言寇法·突厥人，更确切地说应为突厥人，哈摩尔认为其为信教或改宗的突厥人。本杰明此处所记应指塞尔柱帝国苏丹艾哈迈德·桑贾尔（Ahmad Sinjar，1085—1157 年）之事迹。1096 年艾哈迈德·桑贾尔担任呼罗珊总督，以尼沙布尔为中心占领大部分波斯地区。历史上桑贾尔曾在东方遭遇两次大的败仗。一次为 1141 年在撒马尔罕遭遇西辽（1124—1218 年），桑贾尔在撒马尔罕北部卡特万（Qatwan）战败，狼狈逃窜。《辽史·天祚皇帝四》（卷三十）记载：“至寻思干（撒马尔罕），西域诸国举兵十万，号忽儿珊（呼罗珊），来拒战。……三军俱进，忽儿珊大败，僵尸数十里。回回王来降，贡方物。”详见（元）脱脱等撰：《辽史·天祚皇帝四》（卷三十），中华书局 1974 年版，第 356 页。第二次为桑贾尔与巴克特里亚突厥人的战事。1153 年被巴克特里亚突厥人打败并生擒，详见 Denis Sinor，*The Cambridge of Early Inner Asia*，p.368。尼沙布尔犹太人与突厥人联盟对付波斯人，应是因对艾哈迈德·桑贾尔的统治不满。若以时间计，本杰明此处所言应为 1153 年桑贾尔与巴克特里亚突厥人之战事。马库斯·南森·阿德勒将 1141 年之战事归结为与寇法·突厥人显然有误，而应是与契丹人交战。——译者

14 亚设谓之“然而，某日国王参观供其消遣的体育活动——此体育活动主要是练习弓箭；在所有竞争者中，拉比摩西最为出色……国王得知他的经历，以及其如何被骑手强迫带到此地……还给了他荣光的衣服与很多其他礼物——这件衣服以丝绸与上好的亚麻制成。同样，还给他提出了一个提议，即如果他放弃他的宗教，而改宗波斯人的宗教，将被以最大的诚意相待，享尽荣华富贵，并成为国王的管家。但是，他拒绝了，并称：‘我不能下定决心如此为之。’……拉比沙·沙龙……他后来成为沙·沙龙的女婿”，马库斯·

南森·阿德勒谓之“某日,弓箭手在国王面前展示他们的技艺,但是没有人能够如拉比摩西那般拉弓……国王得知骑手对他所做的一切……还让他穿上丝绸长袍,给他礼物,还对他说:‘如果你接受了我们的宗教,我将让你享尽荣华富贵,并做宫廷的管家。’但是,他回答道:‘我的主人,我不能如此为之。’……大拉比沙·沙龙……沙·沙龙后来将女儿嫁给他”,Moshe 与 Moses 音近,所指相同,详见 A. Asher, *The Itinerary of Benjamin of Tudela*, Vol. 1, pp.135-136;Marcus Nathan Adler, *The Itinerary of Benjamin of Tudela*, p.62。

亚设提及文中所提到的此事为拉比摩西所述,本杰明应是在巴格达遇见了他。如果这个故事的情节有误,不应责怪本杰明,而是由于故事的信息来源所致,详见 A. Asher, *The Itinerary of Benjamin of Tudela*, Vol. 2, p.175。

亚设所言甚是。本杰明所记波斯国王狼狈逃窜与艾哈迈德·桑贾尔被突厥人生擒有所差异,应是拉比摩西提供的信息有所出入,其应是将 1141 年桑贾尔的结局与 1153 年相混淆。此处的沙·沙龙即为上文所言伊斯法罕大拉比。亚设所言本杰明在巴格达遇见拉比摩西,应为个人猜测,并无证据证明;此说待考。——译者

三十六、胡齐斯坦、基什、埃尔-卡提法与印度奎隆

我(有人)从加兹温山返回到胡齐斯坦。胡齐斯坦位于底格里
89 斯河畔,(有人沿)底格里斯河向下走,在基什(Kish)岛附近进入印度洋(波斯湾)。此岛周长 6 英里(到达此岛需经行 6 日);岛上居民不能从事农业,因为岛上没有河流,最多也只有一处泉水(只有一口井),只能饮用雨水。[1]

然而,此地有一个规模很大的市场,印度与岛屿商人皆携带商货来到此地。美索不达米亚、也门以及波斯的商人将包括丝绸、紫衣、亚麻、棉布、大麻(加工的羊毛)、麻石(mash)、小麦、大麦、小米、黑麦以及所有其他的食物与荜(形形色色的扁豆)带入该地,用于交换。印度商人带来大量香料。岛上居民作为双方的中间商,以此获利,以资家用。此岛有 500 余位犹太人。[2]

从基什沿海经行十日到达埃尔-卡提法(El-Cathif)[卡提法(Katifa)]。此城有 5 000 余位以色列人(犹太人)。城郊(这里)发现有珍珠。约在尼散月(Nisan)24 日,大的雨滴(雨水)落入水面。爬虫(一些小的海洋动物)吞食这些雨滴之后,关闭它们的外壳,然后潜入海底(然后闭嘴,潜入海底)。提斯利月(Thishri)中旬,一些人借助绳索潜入水中,从海底收集这些爬虫(贝壳类动物),并携

带上来；然后打开它们，从中取出珍珠。（这里的珍珠业属于此地 90
的国王，但是被一位犹太官员控制。）[3]

从埃尔-卡提法经行七日到达奎隆（Chulam）[奎隆(Khulam)]。此地位于太阳崇拜者之地的边界地区（太阳崇拜者之地始于此）。他们是古实（Khush）[古实（Cush）]的后裔，沉迷于占星术（观星），肤色全黑。[4]

此地人在商业中非常诚实。任何时候当异域商人进入他们的港口，国王的三位秘书就登船修理他们的船只，记录他们的名字，并报告给国王（下去找他们，记录他们的名字，并将他们带到国王面前）。于是，国王为他们的财物提供保护（国王亲自为他们的财物负责）——他们将财物放在空旷的地区，不用任何保护。[5]

国王的一位官员坐在市场中，收集那些随处捡到的东西，并归还给那些索求者，这些人须细致地描述所丢之物（一位官员坐在他的府衙；当他归还财物之时，任何丢失财物的失主只能向他描述）。这个风俗在国王的整个帝国（在此地所有地区）都被遵循。[6]

从复活节（逾越节）到新年的整个夏季，天气极度炎热（没有人走出屋子，因为太阳，此地的确非常炎热）。从白天三点直到晚上，人们都将自己关在屋子里；晚上每人都出去。街道与市场皆被点亮（然后，晚上出去，将市场与街道的灯光点亮），人们整夜经营商
业（做工与经营贸易）；白天则禁止经营，因为极度炎热（他们必须 91
将日夜倒转，因为太阳极度炎热）。[7]

此地种植胡椒。胡椒树被种植在城镇周围（田野），每个人（城中的每个人）都熟悉自己的种植园。胡椒树很小，胡椒起初为白色（胡椒白如雪）；但是，当他们采集胡椒之后将其放在水池（平底锅）

中，以热水冲洗，（就会变得坚硬）；然后，为了使其变得坚硬与厚实，将其放在太阳下暴晒、变干。在这个过程中，胡椒变为黑色。（然后，从水中取出，在太阳下晒干，颜色随即变黑。）肉桂（菖蒲）、生姜以及其他香料等也在此地出产。[8]

此地的人不埋葬他们的遗体，而以特定的（各类）香料保存，放置在凳子之上，以布匹（上等的麻布）裹之；每家分开安置（每家都有一座房子，用于保存他们祖先与亲属被处理的尸体）。血液在骨头上变干（硬化）。因为这些尸体与活人类似，所以他们每一个人都认识他的父母及其家族所有成员——这些成员很多年前被放置于此。[9]

92 这些人崇拜太阳。[10]他们在每一座城镇一英里远处都建有一处大的祭拜场所（高地），每天早上他们奔向（并迎接）冉冉升起的太阳。每处祭拜场所（高地），都有一处光亮的标识（太阳能圆盘）。此以机械制作（灵巧的工艺做成），在太阳上升的时候旋转，并伴有巨大的噪音。此时，男男女女带着香炉，为纪念他们的神灵而焚香（男男女女手持香炉向太阳焚香）。“这就是他们愚蠢的行径”（这就是他们迷信的行径）。这些人居住的所有城市与地区中，仅有100余位犹太人（在整个岛屿，包括所有城镇，有数千余位以色列人）。这些犹太人与其他人一样，肤色黝黑，皆为良民（且多仁慈），遵循律法，拥有《摩西五经》与《先知书》（*Prophets*），对《塔木德》及律法知之甚少（通晓摩西与先知律法，对《塔木德》与犹太律法知之甚少）。[11]

注释

1　亚设谓之“我从加兹温山返回到胡齐斯坦……底格里斯河向下流……

印度洋(波斯湾)……此岛周长6英里……最多也只有一处泉水……”,马库斯·南森·阿德勒谓之“有人从加兹温山返回到胡齐斯坦……(有人沿)底格里斯河向下走……印度洋……到达此岛需经行6日……只有一口井……”,详见A.Asher,*The Itinerary of Benjamin of Tudela*, Vol.1,p.136;Marcus Nathan Adler,*The Itinerary of Benjamin of Tudela*,p.62。

亚设提及“我从加兹温山返回到胡齐斯坦”之语,应是后来的抄写员所加入,详见上文亚设文本之导言。

马库斯·南森·阿德勒提及本杰明在此处称יורד אדם,הוזר אדם,显示他自己并未去海中,详见Marcus Nathan Adler,*The Itinerary of Benjamin of Tudela*,p.62,n.1。

如亚设在导言所述,其认为本杰明的行程并未超过巴格达以远,故其认为“我从加兹温山返回到胡齐斯坦”之语应是后人所增。希伯来语יורד אדם,הוזר אדם意为某人(或有人)下来、某人返回。马库斯·南森·阿德勒所言,完整意思为“某人从尼沙布尔返回到胡齐斯坦,某人沿底格里斯河向下进入印度洋”,详见Marcus Nathan Adler,*The Itinerary of Benjamin of Tudela*,Hebrew edition,p.88。因אדם(意为人)为泛指,所以马库斯·南森·阿德勒认为此处并不指本杰明,本杰明亦并未亲自到达海中。如前文注释所言,基什岛位于波斯湾,北距伊朗南部海岸约18公里。底格里斯河与幼发拉底河在今伊拉克克尔纳汇合,形成阿拉伯河。阿拉伯河与伊朗的卡伦河在巴士拉附近汇合,其下游为今伊拉克与伊朗之界河;阿拉伯河最后在伊拉克法奥(Fao)地区注入波斯湾。今伊朗胡齐斯坦省部分地区位于阿拉伯河畔。据亚设,尤其是马库斯·南森·阿德勒此处之意见,显示本杰明似并未亲临此地;待考。——译者

2 亚设谓之“然而,此地有一个规模很大的市场,印度与岛屿的商人皆携带商货来到此地……大麻、麻石……与茾带入该地……500余位犹太人”,马库斯·南森·阿德勒谓之“印度与岛屿的商人皆携带商货来到此地……加工的羊毛……与形形色色的扁豆带入该地……500余位犹太人”,并未提及麻石,详见A.Asher,*The Itinerary of Benjamin of Tudela*, Vol.1,p.137;Marcus Nathan Adler,*The Itinerary of Benjamin of Tudela*,pp.62-63。

亚设提及麻石(Māsh)即豌豆的一种(Lee's Ibn Batuta,p.107),阿卜杜拉提夫(Abdollatiph)称之为Masch(de Sacy's ed.p.119),伊德里斯称之为Mach(Jaubert's ed.p.117)。据我所知,这些作者列举了上述大部分商货。

希伯来语דוחן为小米之意,《旧约·以西结书》(4:9)记载:"你要取小麦,大麦,豆子,红豆,小米,粗麦,装在一个器皿中,用以为自己作饼。要按你侧卧的三百九十日吃这饼。"在商业史中,此岛并没有得到其应该受到的关注,我们应尤其关注此岛。因为在我们作者时期,此岛是印度、中亚与非洲等地商货交换的大的商业中心。我们知道9世纪中国人曾到达西拉夫(Siraf)寻求贸易,尽管他们并没有再向西方进发(Renaudot,*Anciennes Relations*);伊本·毫盖勒称10世纪西拉夫的商业仍旧繁荣。15世纪,我们发现霍尔木兹(Ormuz)被称为大市场,几乎与10世纪称呼西拉夫一样(Ritter,*Geography*,VIII,772,et seq)。在前者衰落与后者兴起期间,基什成为最为重要的贸易市场。霍尔木兹在基什衰落之后,甚至在其废墟之上兴起。1311年,霍尔木兹王子舍拉贝迪(Shelabeddin)从基什宗主手中买下了此岛,并在上面建造了位置优越的城镇,吸引贸易船只前来;基什在霍尔木兹之前衰落,西拉夫则在基什之前衰落(Ritter,l.c.,777;Quseley,I,178)。两位超群绝伦的波斯权威作家哈达拉·马斯图菲(Hamdallah Mastoufi)或加兹温(Cazvini)与哈菲兹·阿布鲁(Hafiz Abru),将西拉夫的兴起归因于迪米特(Dilemite)统治时期基什的兴起——迪米特王朝11世纪垮台。加兹温称13世纪来自波斯、印度与阿拉伯的船只经常停靠在基什,商人常来此地贸易。马可波罗13世纪下半叶旅行,曾提到这个岛屿,称旅行者在出海之前会先到达此地。我们作者在12世纪游历,可能收集了基什岛最辉煌时期的信息。他所叙述的此地物物交换的场景真实而简洁,给印度交往史带来了一些线索。岛屿的名称,阿布肥达曾提及,但即使在东方人中此岛的名称仍并不清楚;有人称之为Kaïsh,又有人称之为Kish,阿拉伯人称之为Keis。尼布尔称之为Qäs、Küs,德安维尔称之为Keish,艾夫斯(Ives)称之为Kyes。令人好奇的是威廉·乌斯利(William Ouseley)先生应不知道伊德里斯对此岛的记述,此记述尤为详尽;但是,如阿布肥达一样,此记述似乎是转录自更早的作家。

威廉先生对基什的历史以及描述极为卓越。从中我们得知,基什即尼阿卡斯(Nearchus)《航行记》(被阿里安收录)中的卡塔亚(Cataea),并根据一份13世纪波斯年代记手稿,10世纪基什得此名,源自一位一位名叫基斯(Keis)的人——此人因一只猫而获好运,为惠灵顿(Whittington)的原型。加兹温(13世纪人)与哈菲兹·阿布鲁(14世纪人)对于此岛规模与特色的记述,与我们作者所述一致。他们称此岛周长4法尔萨赫,饮用水为雨水;以水库或蓄水池存储雨水。本杰明所述基什市场主要的商品无误,上述作家亦提到这些商品，那些论述阿拉伯与印度商业交往的作者亦提及这些商品，其中勒诺多、文森特、罗伯逊（Roberston）与斯图未（Stüwe）等堪为典范。最近对此岛的记述，详见 *The Journal of Geographical Society*，V.281。其中还包括坎普伯恩（Kemptborne）中尉对此岛之调查，博学的读者可参考之。所有之前的编者对于此段的翻译与解释皆充满困难，这是因为他们读作נקרוקיש，即 Nekorkish，而非 nikra，即 Kish。以上诸内容，详见 A. Asher，*The Itinerary of Benjamin of Tudela*，Vol.2，pp.175-178。

西拉夫，位于今伊朗南部波斯湾畔，又译为“施那围”、“尸罗围”、“施那帏”、“撒那威”等。9—12 世纪上半叶约三百年间，一直作为波斯湾最大的贸易港口，阿拉伯商人出海贸易常经此港。南宋（1127—1279 年）泉州市舶提举赵汝适（1170—1231 年），曾著《诸蕃志》记载异域商客来泉贸易之状况。其在《诸蕃志》中就记载一位来泉州贸易的阿拉伯商人施那围，其言：“有蕃商曰施那围，大食（阿拉伯）也，侨寓泉南，有西土习气。作丛冢于城外东南隅，以掩胡贾之遗骸。”此施那围即来自此港的贸易商人。详见（宋）赵汝适：《诸蕃志》，冯承钧校释，中华书局 1956 年版，第 47 页。“施那围”在宋人岳珂（1183—1243 年）所著《桯史》中被记作“尸罗围”，宋人林之奇（1112—1176 年）所著《拙斋文集》中被记作“施那帏”，泉州明正德二年重刻的《重立清净寺碑》被记作“撒那威”等。详见（宋）岳珂：《桯史》卷 11《番禺海獠》，中华书局 1981 年版，第 127 页；林之奇：《拙斋文集》卷 15《泉州东坂葬蕃商记》（四库全书）；泉州明正德二年重刻的《重立清净寺碑》所记内容，详见吴文良、吴幼雄：《泉州宗教石刻》，科学出版社 2005 年版，第 17—18 页。

唐代贾耽（730—805 年）在“广州通海夷道”中记之从广州至波斯湾之海路交通，其称：“从广州至占不牢山、门毒国（东西竺昆仑洋）……又至海硖（马六甲海峡）、佛逝国……婆露国（朗迦鲁斯岛）、婆国伽蓝洲（苏门答腊西北境及尼科巴群岛）、师子国（锡兰）、没来（印度西海岸之地）……又至波罗门（印度）西境……又至提罗卢和国、乌剌国，乃大食国之弗利剌河（幼发拉底河），小舟泝流二日至末罗国（巴士拉）。”显示早在中国唐代已有通往波斯湾地区的海上交通线，但是此并不必然表示国人在唐代已经到达波斯湾诸地贸易，仍待有确凿证据证明之。霍尔木兹岛，属今伊朗岛屿，位于阿曼湾与波斯湾以北。历史上此岛为重要的贸易港口；14—15 世纪，尤其是 1514 年葡萄牙占领此地之后，此地贸易尤为繁荣。哈达拉·马斯图菲，又称加兹温，14 世纪波斯史学家；亚设称其为 13 世纪人，疑误；哈菲兹·阿布鲁（？—1430

年),波斯史学家。尼阿卡斯(公元前360—前300年),亚历山大大帝军队中的一名海军将领。在公元前326—前324年印度战争之后,曾从印度河向波斯湾航行,并著《航行记》;他的航行被记录在阿里安的《印度记》(*Indica*)中。狄克·惠廷顿(Dick Whittington,1350—1423),英国商人,曾三次担任伦敦市长。惠廷顿早年曾在富商的厨师做帮厨。某日,商人有一艘货船发往摩洛哥;他通知仆人每人可送一件东西与他的商货一并出售。惠廷顿除了一只猫外一无所有,就把猫送去了。结果因摩洛哥闹鼠灾,此猫被摩洛哥国王高价购买。惠灵顿靠这笔钱致富,之后又三次担任伦敦市长。——译者

3 亚设谓之"埃尔-卡提法(El-Cathif)……以色列人。城郊……大的雨滴(Katifa)……爬虫……关闭它们的外壳,然后潜入海底。……收集这些爬虫……",马库斯·南森·阿德勒谓之"卡提法(Katifa)……犹太人。这里……雨水……一些小的海洋动物……然后闭嘴,潜入海底……贝壳类动物……这里的珍珠业属于此地的国王,但是被一位犹太官员控制",其中Cathif与Katifa音近,所指相同,详见A.Asher,*The Itinerary of Benjamin of Tudela*, Vol.1,pp.137-138;Marcus Nathan Adler,*The Itinerary of Benjamin of Tudela*,p.63。

里特尔言及埃尔-卡提法非常著名,位于(信仰)瓦哈比派的阿拉伯海岸地区。亚设提及埃尔-卡提法或卡提法,位于波斯湾阿拉伯半岛海岸一侧。在我们作者与伊德里斯时期,埃尔-卡提法为一座大城(Edrisi,I.371)。伊本·白图泰称其为Kotaif,并称此地很大、很漂亮,拉菲扎派(Rafiza)阿拉伯人居住在此——此派人极度热情,宣泄自己的情感,不害怕任何人(Ibn Batuta,p.66)。马尔特·布鲁恩(Malte Brun)称:"卡提法似乎是古代的杰拉(Gerra)。此城镇居民以捕鱼为生。"巴尔比(Balbi)称:"此城以城堡守卫与保护。萨德勒(Sadler)上尉仅被授予了6000余位居民。这里是阿拉伯半岛商业最多的地方。"我们作者提到珍珠起源的方法,似乎在他那一时期已经被普遍采纳;相似的方法,亦可见Renaudot,*Anciennes Relations*,p.129。勒诺多称:"珍珠开始源自于一种大概被称为安格达内(Angedane)的植物。此种物质开始有气无力地在水中游荡,随着时间逐渐变硬,不断成长、变硬,呈鳞片状……当牡蛎变重之时,沉入海底……"伊德里斯的记述与我们作者比较契合,其称:"根据波斯湾地区河流流量,此类产品(珍珠)应主要是因2月的雨季而产生。如果这一季节没有降雨,潜水者整年都不会发现珍珠。这是一个无可争辩的事实,这也是此地的现实。"(Edrisi,I.377)。以上诸内容,详见

A.Asher, *The Itinerary of Benjamin of Tudela*, Vol.2, pp.178-179。

马库斯·南森·阿德勒提及卡提法或埃尔-卡提法位于波斯湾、阿拉伯半岛东部海岸，巴林(Bahrein)附近。博查特(Bochart)认为这一部分阿拉伯半岛之地为哈腓拉(Havilah)之地，据《旧约·创世记》(2:11—12)记载："此地有黄金、珍珠与玛瑙石。"犹太权威人士对于希伯来语בדלח所指有异议，即其为珍珠或一种象脂树分泌的香胶。本杰明遵从萨阿迪亚格昂的意见——萨阿迪亚在圣经的阿拉伯文译本中将之读作הלולו，我们作者以此词指珍珠。在最早记述波斯湾地区珍珠业的阿拉伯诸作家中，马苏第便是其中一位，其与本杰明之记述相符合，详见斯普林格(Sprenger)译本 Masudi, *Meadows of Gold*, p.344。现今大约有 5000 艘船只停靠在此地海岸从事珍珠业，年度收益为 1000 万英镑，详见 P.M.Sykes, *Ten Thousand Miles in Presia*, 1902。以上诸内容，详见 Marcus Nathan Adler, *The Itinerary of Benjamin of Tudela*, p.63。

卡提法位于今沙特阿拉伯东部沿海地区，为此地重要的贸易港口。犹太教历尼散月，相当于公历 3—4 月间。Rafiza 在阿拉伯语中意为拒绝者，逊尼派常用此贬损称呼什叶派。《旧约·创世记》(2:10—12)记载："有河从伊甸流出来，滋润那园子，从那里分为四道。第一道名叫比逊，就是环绕哈腓拉全地的。在那里有金子，并且那地的金子是好的。在那里又有珍珠和红玛瑙。"哈腓拉常被与阿拉伯半岛地区联系起来，但关于其具体地望不详。——译者

4 亚设谓之"此地位于太阳崇拜者之地的边界地区，……沉迷于占星术……"马库斯·南森·阿德勒谓之"太阳崇拜者之地始于此，……观星……"其中 Chulam 与 Khulam，Khush 与 Cush 音近，所指相同，详见 A.Asher, *The Itinerary of Benjamin of Tudela*, Vol.1, p.138; Marcus Nathan Adler, *The Itinerary of Benjamin of Tudela*, pp.63-64。

里特尔提及 Chulam(奎隆)无疑为马可波罗与伊本·白图泰所记之 Koulam，详见 *Erdkunde*, *Eastern Asia*, *Indian World*, IV. i. 594, II. 58。Chulam，即今之 Quilon，北纬 8 度 53 分。亚设提及古实后裔指黑人，详见 Gesenius, כוש (Cush)，并称拉比本杰明此段记述让先前所有译者十分困惑。巴拉蒂耶力图证明此地为锡兰，但可轻易证明我们作者所叙述为另外一个地区，即里特尔所言为马拉巴海岸(Malabar，印度西南部沿海地区)之地。马可波罗的记述与其杰出的编辑之注释，完全证实了我们作者的记述："离开马八儿(Maabar)，向西南行 500 英里，到达奎隆王国。这里居住着很多基督徒与

犹太人,他们保持着自己的语言。国王不对任何人纳贡……在一些月间,这里极为炎热,热不可耐。蛮子、阿拉伯等世界各地商人,前来此地贸易,携带商货以兹交换,收益颇丰,……其中有很多人深谙占星术与医术。所有男男女女肤色皆黑。"(Marco Polo, p.677)。马斯登对此评论道:Koulam、Kulam或我们地图所称之Coulan,是一处非常著名的地方;当葡萄牙人首次达到印度之时——葡萄牙人曾得到奎隆王子的帮助以反对卡利库特国王或萨莫林(Samorin),其又被称为此。现代以来,其贸易重镇的地位让位给了紧邻安吉古(Anjengo)。以上诸内容,详见A. Asher, *The Itinerary of Benjamin of Tudela*, Vol.1, p.138, n.b; Vol.2, pp.179-180。

马库斯·南森·阿德勒提及Khulam,今称Quilon,中世纪早期此地为一处非常繁忙的海港,中国航行者常在此遇见阿拉伯商人。之后其重要性日渐下降,被卡利库特(Calicut)、果阿(Goa),最终被孟买(Bombay)取代。其位于马拉巴海岸南部;勒诺多在翻译《两位伊斯兰教商人行纪》(*The Travels of Two Mohammedan Traders*)中——其分别作于851年与915年,曾对此地有所记述。伊本·白图泰与马可波罗记述了一些有趣的细节。里特尔对本土生长的胡椒种植有着详细的描述,详见Ritter, *Geography*, Vol.5。本杰明时期,白胡椒被认为是一种独特的种类。但是,里特尔解释白胡椒来自黑胡椒,将黑胡椒在流水中放置8—10天,其黑色的外壳将会被剥离。他还用专门的一章介绍古伯斯人(Guebers)对火的崇拜——古伯斯人与帕西人(Parsees)直到今日亦是孟买辖区的主要人口;另外一章则介绍本杰明所言及的此地犹太人居住地。亦可详见Dr. Gustav Oppert, *Die jüdishen Colonien in Indien*; *Semitic Studies*, Berlin, 1897, pp.396-419。以上诸内容,详见Marcus Nathan Adler, *The Itinerary of Benjamin of Tudela*, p.63, n.2。

奎隆,位于印度南部沿海、马拉巴海岸南端地区,历史上是重要的贸易港口。Koulam、Kollam,又称Quilon,《诸蕃志》与《岭外代答》记之"故临"、《宋史》作"柯兰"、《元史》作"俱兰"、《岛夷志略》作"小咀喃",详见(宋)赵汝适:《诸蕃志校释》,冯承钧校释,第30—31页;周去非:《岭外代答校注》,中华书局1985年版,第23页;《宋史·天竺传》卷409,中华书局1977年版,第14105页;(元)汪大渊:《岛夷志略校释》,苏继庼校释,中华书局1981年版,第321页。如前文注释所言,古实地望不详,故本杰明所言此地居民为古实后裔亦无定论。马八儿,似应为注辇国,即印度南部朱罗(Chola,公元前3世纪—公元13世纪)。注辇即Chola之音译。赵汝适记载"注辇国,西天南印度也"。关于注辇之记载以及马八尔为注辇之考证,详见(宋)赵汝适:《诸蕃志》,冯承钧校释,第 74—77 页。马可波罗所言"蛮子"指元代生活在南方的汉人。萨莫林,为 12—18 世纪统治马拉巴海岸地区的印度王室,其首都位于卡利库特。安吉古,位于马拉巴海岸,奎隆以南。卡利库特,今称科泽科德(Kozhikode),位于印度南部沿海,马拉巴海岸地区,历史上为重要的贸易港口。果阿,位于科泽科德以北沿海地区,历史上曾为葡萄牙人殖民地;孟买位于果阿以北沿海地区。古伯斯人与帕西人,为生活在印度地区的琐罗亚斯德教徒。琐罗亚斯德教崇拜火,中国古称拜火教;本杰明所言太阳崇拜者,应指琐罗亚斯德教徒。中世纪时期,尤其在 7 世纪阿拉伯人灭亡波斯期间,曾有大量琐罗亚斯德教徒迁徙至印度西海岸地区。本杰明所言此地人肤色全黑,应是因印度当地人肤色黝黑,似并不指非洲黑人。——译者

5　亚设谓之"登船修理他们的船只,记录他们的名字,并报告给国王……国王为他们的财物提供保护",马库斯·南森·阿德勒谓之"下去找他们,记录他们的名字,并将他们带到国王面前……国王亲自为他们的财物负责",详见 A. Asher, *The Itinerary of Benjamin of Tudela*, Vol. 1, p. 138; Marcus Nathan Adler, *The Itinerary of Benjamin of Tudela*, p. 64。

6　亚设谓之"国王的一位官员坐在市场中,收集那些随处捡到的东西,并归还给那些索求者,这些人须细致地描述所丢之物……在国王的整个帝国……"马库斯·南森·阿德勒谓之"一位官员坐在他的府衙;当他归还财物之时,任何丢失财物的失主只能向他描述……在此地所有地区……",详见 A. Asher, *The Itinerary of Benjamin of Tudela*, Vol. 1, pp. 138-139; Marcus Nathan Adler, *The Itinerary of Benjamin of Tudela*, p. 64。

亚设提及当地人在商业方面的廉洁,伊德里斯亦有证实,其称:"大量商人为了国王与大臣,来到纳拉万(Nahrawaru)城,在这里寻求保护与安全。印度人天生十分公正,在他们活动中从不丢弃他们良好的信仰、忠诚、对约定的忠实,这些众所周知。他们具备如此良好的品质,以至于到处都是他们的家。"(Edrisi, I. 177)。奎隆港经常被光顾,伊本·白图泰在其朝圣过程中曾四次来到此地。他游历之记述亦证实了我们作者所言,其称:"马拉巴地区出生黑胡椒,其长度需要经行两个月,从森杜巴(Sindobar)到科瓦兰(Kowlam)。他们会因偷一粒坚果或一粒水果种子,而将盗贼处死,因此他们中很少见到盗贼。树上掉下的任何东西,非其主人,任何人都不会触碰。"(Iben Batuta, pp. 166, 174, 194, 223)。斯图未在没有参考我们作者的情况下,证实

了我们作者所言商人在进港之后所享受到的安全,其称:“当来自秦(Sin)与信德(Sind)的船只进入到贝洛(Beruh、Beroah)港口,货物就被装到小船上运往城市。在国王特殊的命令下,被存放在宽敞的府库中。国王甚至对以货易货的商业活动进行检查,其中陌生人被保护免于任何伤害!”德平(Depping)认为,政府如此体面地保护异域商人,是因为他们从商业中获取的巨大税收,国王十分需要这些税收,称:“国王的后宫有1—15位妻子,摩尔人尤其乐于在此妖娆的王室中进行投机。入港与商业交易将会被征收百分之五作为关税收入。这是王子们的主要收入来源。”(Depping,I.29)。以上诸内容,详见Asher,*The Itinerary of Benjamin of Tudela*, Vol.2,pp.180-182。

纳拉万,疑似奎隆附近地区。森杜巴,马拉巴海岸北界;科瓦兰,为马拉巴海岸南界。贝洛,似应为印度西海岸地区,待考。Sin,此处指中国。古代西方诸地常称中国为“秦”、“秦奈”(Sin、Sinae)以及“赛里斯”(Seres),其中Sin、Sinae常为西方人从海路入华对中国的称号,Seres为由陆路入华对中国的称号。Sin、Sinae之名最初应是马来人以“秦”(秦王朝)之名称呼中国,后经阿拉伯人等传给希腊人与罗马人,如1世纪一位匿名的罗马商人在《厄立特里亚海周航记》中便首次将中国称之为Thin、Thinai(即Sin、Sinae的转写),详见〔法〕戈岱司:《希腊拉丁作家远东古文献辑录》,耿昇译,中华书局1987年版,第18页;〔英〕裕尔撰、〔法〕考迪埃修订:《东域纪程录丛——古代中国闻见录》,张绪山译,第1—16页。信德即今巴基斯坦信德省,位于印度西北。——译者

7 亚设谓之“从复活节到新年的整个夏季,天气极度炎热……晚上每人都出去。街道与市场皆被点亮……人们整夜经营商业;白天则禁止经营,因为极度炎热”,马库斯·南森·阿德勒谓之“从逾越节到新年的整个夏季,没有人走出屋子,因为太阳,此地的确非常炎热……然后,晚上出去,将市场与街道的灯光点亮……做工与经营贸易……他们必须将日夜倒转,因为太阳极度炎热”,详见A. Asher, *The Itinerary of Benjamin of Tudela*, Vol.1, p.139;Marcus Nathan Adler, *The Itinerary of Benjamin of Tudela*, p.64。

亚设提及从复活节到新年的整个夏季,即从4月到9月,白天3点即早上9点,详见A.Asher, *The Itinerary of Benjamin of Tudela*, Vol.1, p.139, n.a.b。

8 亚设谓之“城镇周围……每个人……胡椒起初为白色……水池中,以热水冲洗。然后,为了使其变得坚硬与厚实,将其放在太阳下暴晒、变干。在

这个过程中，胡椒变为黑色。……肉桂……”，马库斯·南森·阿德勒谓之“田野……城中的每个人……胡椒白如雪……平底锅中，以热水冲洗，就会变得坚硬……然后，从水中将取出，在太阳下晒干，颜色随即变黑。……菖蒲……”，详见 A. Asher, *The Itinerary of Benjamin of Tudela*, Vol. 1, p.139; Marcus Nathan Adler, *The Itinerary of Benjamin of Tudela*, p.64。

亚设提及伊本·白图泰称此地出产黑胡椒，其产量与种植规模甚大……胡椒树与黑葡萄树类似……秋季时，胡椒成熟，他们摘掉胡椒，与葡萄一样，并在太阳下晒干。如人们所说，他们以水煮之，使其变干，并去掉根蒂(Ibn Batuta, p.168)。阿拉伯人所述矛盾之处证明了我们作者所述之普及程度。肉桂、生姜的希伯来语为 הקנה והזנגביל。希伯来语 קנה 在英语中发音为 cane。尽管 קנה 通常可以被理解为肉桂(Cinnamon)，但此处有可能是指甘蔗(Cane)，甘蔗也是伊本·白图泰所列举的此地物产之一(Ibn Batuta, p.169)。以上诸内容，详见 A. Asher, *The Itinerary of Benjamin of Tudela*, Vol. 2, pp.182-183。

较之亚设所言，马库斯·南森·阿德勒文本则认为为菖蒲(Calamus)。菖蒲为多年生草本植物，可以提取芳香油。——译者

9 亚设谓之“特定的香料……以布匹裹之；每家分开安置……变干……”，马库斯·南森·阿德勒谓之“各类香料……以上等的麻布裹之；每家都有一座房子，用于保存他们祖先与亲属被处理的尸体……硬化……”，详见 A. Asher, *The Itinerary of Benjamin of Tudela*, Vol. 1, p. 140; Marcus Nathan Adler, *The Itinerary of Benjamin of Tudela*, p.64。

10 亚设提及我们作者称古代奎隆的居民为拜火教徒，然而伊德里斯称此地国王崇佛(Edrisi, I.176)，伊本·白图泰称他为“异教徒”(Iben Batuta, l. c)。尽管“异教徒”为伊斯兰教徒对拜火教者之称谓(Quseley, *Travels*, I. 105, note.7)，但是我们没有足够证据证明伊德里斯论断有误，或大部分人视太阳为神灵。当拜火教这一古老的教派被伊斯兰教所击败、强制迫害之后，拜火教徒不仅逃亡到波斯的山地以及偏僻地区，如科尔曼(Kerman)与赫拉特(Herat)等，而且辛苦劳作，流亡到远方，马拉巴海岸地区就为其避难所之一。他们忍受着无情的压力所带来的恐惧，越过印度河，建立了一块栖息之地。我们在这里发现了他们的后裔帕西人。帕西人在此建立了一个人口众多且备受尊敬的阶层(Quseley, *Travels*, I.97)。关于古伯斯人的历史、宗教与信仰，详见 Quseley, *Travels*, Vol. 1, Vol. III; Ritter, *Erdkunde*, V. 615。以

上诸内容，详见 A. Asher, *The Itinerary of Benjamin of Tudela*, Vol. 2, p.183。

科尔曼，位于伊朗东南部，濒临波斯湾的山地地区；赫拉特，为今阿富汗西部城市。——译者

11　亚设谓之"大的祭拜场所……奔向冉冉升起的太阳……祭拜场所……光亮的标识……此以机械制作……此时，男男女女带着香炉，为纪念他们的神灵而焚香……这就是他们愚蠢的行径……这些人居住的所有城市与地区中，仅有 100 余位犹太人……皆为良民……遵循律法，拥有《摩西五经》与《先知书》，对《塔木德》及律法知之甚少"，马库斯·南森·阿德勒谓之"高地……奔向（并迎接）冉冉升起的太阳……高地……太阳能圆盘……灵巧的工艺做成……男男女女手持香炉向太阳焚香……这就是他们迷信的行径……在整个岛屿，包括所有城镇，有数千余位以色列人……皆为良民且多仁慈……通晓摩西与先知律法，对《塔木德》与犹太律法知之甚少"，详见 A. Asher, *The Itinerary of Benjamin of Tudela*, Vol. 1, pp. 140-141; Marcus Nathan Adler, *The Itinerary of Benjamin of Tudela*, pp.64-65。

亚设提及本杰明称"机械"为כישוף，即巫术；众所周知，很早时期犹太人便定居在马拉巴海岸地区。帕力诺（Paolino）谈及科钦（Cochin）之时，提到犹太人、榕树、金丝雀与穆斯林等，并称其有很多关于此的杂志（Paolino, p.38）；巴博萨（Barbosa）在记述位于科钦附近的克兰伽努尔（Crangalor）之时，称居住着异教徒、摩尔人、印度人、犹太人、圣托马斯（St. Thomas）信徒的基督徒等（Barbosa, fol. 311. 2）。关于马拉巴地区的黑犹太人，亚设提及1806—1808 年克劳迪斯·布坎南（Claudius Buchanan）博士曾来到马拉巴海岸地区，访问此地犹太人，并发表了对他们的记述，详见 Claudius Buchanan, *Christian Researches*, 3d, ed. Edinburg, 1812。此记述发表之后，马拉巴海岸的黑犹太人与其同胞白犹太人便引起了对此感兴趣的人之关注。在两类犹太人中，黑犹太人无疑更早定居在奎隆附近。但是，本杰明的信息称他们对《塔木德》及律法（哈拉哈）知之甚少，让我们对白犹太人的主张以及他们所出示的较早时期文献的时间，表示怀疑。这些文献显示他们约在 231 年定居此地（*Asiatic Journal*, VI.6）。白犹太人收藏有黄铜碑，他们的特权被刻写在上面，还刻有日期。恩奎蒂尔·迪佩龙（Anquetil Duperron）、布坎南博士与《亚洲杂志》（*Asiatic Journal*, l.c）将此铭文摘录出来。很多人对于此日期的解释深有疑惑。如果经过进一步考察发现无误，即此日期正确，仍然存在一

个问题，即这些特权起初是给予黑犹太人，还是白犹太人？抑或白犹太人通过计策或因事故，而获得这些黄铜碑？我们希望证明图德拉的本杰明极具权威，但是很难解释他为何没有提到白犹太人，尽管在本杰明时期他们已经到达此地。本杰明如此勤奋地收集关于其同胞的信息，应不会忽视对这一非凡的群体进行记述。

我们推荐读者参阅里特尔教授之作品，他在其中概述了直至1835年这两处犹太人群体所有有用的信息，又增加了现居住在此的白犹太人家族的名称（*Jewish Expositor*，1822），即米兹瑞（Mizri）、阿莱格拉（Alegna）、寇德斯（Kodese）、萨菲迪（Sarphaty）与罗滕堡（Rottenburg）等，详见 Ritter，*Erdkunde*，V.595 et seq。这些家族名称即显示其来自埃及、西班牙与德国等地。里特尔称这一犹太群体长期以来与欧洲保持联系（Ritter，l.c），他们所使用的祈祷书就在阿姆斯特丹印制，就发生在荷兰占领此海岸的两年之后；1743年又在阿姆斯特丹重印。此事即是证明。其中第一版极为罕见，现在保存在牛津的奥本海默司（Catalogue，p.550，No.253）。以上诸内容，详见Asher，*The Itinerary of Benjamin of Tudela*，Vol.1，p.140，n.a，Vol.2，pp.180-185。

马库斯·南森·阿德勒提及在“科钦”标题下，《犹太百科全书》（*The Jewish encyclopedia*）记述了马拉巴海岸的黑、白犹太人。作为一个补充的材料，这里推荐一份先前在慕尼黑的默茨巴赫（Merzbacher）图书馆所藏编号为4238的手稿。这份手稿是关于犹太教历5527年（公元1767年）厄路耳月（Elul）多俾亚·博阿斯（Tobias Boas）回应马拉巴犹太人拉比以西结·拉彻比（R.Jeches Kel Rachbi）的11个问题。从这份手稿中，得知约在68年（或第二圣殿灭亡之时），10 000余名犹太人到达马拉巴，定居在克兰伽努尔、德沙尔勒（Dschalor）、玛德利（Madri）与普塔（Plota）等地。关于此手稿的摘录，详见 Winter and Wünsche，*Jüdische Literatur*，Vol.III，p.459。关于印度以色列之子（Beni-Israel），详见 Samuel B.Samuel，*The Jewish Literary Annual*，1905。以上诸内容，详见 Marcus Nathan Adler，*The Itinerary of Benjamin of Tudela*，pp.63-64，n.2。

“这就是他们愚蠢的行径”，见《旧约·诗篇》（49:13）记载：“他们行的这道，本为自己的愚昧。但他们以后的人，还佩服他们的话语。”《先知书》是《旧约圣经》的一部分，是由《以赛亚书》到《玛拉基书》，一共有16卷；其记载了先知们所传的信息。以篇幅多少，《先知书》分为大先知书与小先知书，其中大先知书包括《以赛亚书》《耶利米书》《以西结书》与《但以理书》，小先知书包括《何西阿书》《约珥书》《阿摩司书》《俄巴底亚书》《约拿书》《弥迦书》《那鸿书》《哈巴谷书》《西番雅书》《哈该书》《撒迦利亚书》与《玛拉基书》等。

科钦位于印度西南沿海，距离奎隆以北约 140 公里。克兰伽努尔、德沙尔勒、玛德利与普罗塔等皆位于马拉巴海岸，其中克兰伽努尔位于奎隆以北约 180 公里处。圣托马斯，应指圣托马斯·阿奎那（St. Thomas Aquinas，约 1225—1274 年），中世纪时期欧洲著名的经院哲学家与神学家、托马斯主义创立者。Mizri，即希伯来语 מִצְרִי，指埃及。厄路耳月，即犹太教历 6 月，在公历 8—9 月间。Plota，似应为印度梵答剌亦纳（Pandalayini）之地，其地位于马拉巴海岸，奎隆以北约 300 公里处，即汉籍所记“班达里”，详见（元）汪大渊：《岛夷志略》，苏继庼校释，中华书局 1981 年版，第 254 页。Beni-Israel，即希伯来语 בני-ישראל，意为以色列之子，此处指以色列后裔。

印度西海岸犹太人之流散，见于诸多记载之中：

（1）伊本·穆哈利尔记载在信德赛义姆尔（Saymur）地区有犹太人聚集区，详见（法）费琅辑注：《阿拉伯波斯突厥人东方文献辑注》，耿昇、穆根来译，第 243 页。

（2）在孟买南部 20 英里处的孔坎（Konkan）地区亦有犹太人聚集区。孔坎犹太人长期与外界隔绝，直到 18 世纪末，孔坎犹太人方才迁徙至孟买，恢复与外界联系以及犹太教习俗，详见 Joan G. Roland, “The Jews of India: Communal Survival or the End of a Sojourn?” in *Jewish Social Studies*, Vol. 42, No. 1, 1980, p. 77; Walter J. Fischel, “Bombay in Jewish History in the Light of New Documents from the Indian Archives”, in *Proceedings of the American Academy for Jewish Research*, Vol. 38/39, 1970-1971, pp. 123-125。

（3）1322 年入华的意大利圣方济各教士鄂多立克（Friar Odoric，1265—1331 年），在途经印度马拉巴海岸之时就提及梵答剌亦纳犹太人，其言及：“我曾登陆马拉巴。胡椒生长的森林，广延足有十八天旅程。林中有两个城市，其一叫梵答剌亦纳……梵答剌亦纳城中有些居民是犹太人，有些是基督徒。”详见（意）鄂多立克：《鄂多立克东游录》，何高济译，中华书局 2002 年版，第 54—55 页。

（4）1324 年阿拉伯旅行家伊本·白图泰从印度卡利库特启程前往中国，在途经昆芝凯雷（Kunja-Kari）之时发现位于此地一座山顶上居住有犹太人，称这些犹太人向奎隆苏丹纳贡，详见（阿拉伯）伊本·白图泰：《伊本·白图泰游记》，马金鹏译，宁夏出版社 2000 年版，第 487—488 页。

(5)印度西海岸另外一个重要犹太人群体为僧急里（Cyngilin）犹太人群体。僧急里，即《元史》所记“僧急里”，位于今克兰伽努尔地区。昆芝凯雷与僧急里紧邻，可能为其周边村庄。僧急里犹太人保存有两件以古代泰米尔文刻写的珍贵铜盘——该铜盘为印度西南部哲罗（Chera，公元前 3—公元 13 世纪）王朝婆什迦罗·伽维瓦曼为哲罗（Bhaskara Ravivarman）国王赐予僧急里犹太人首领约瑟夫·拉班（Issuppu Irappan）。铜盘上刻写了该地犹太人所享有的特权。关于这两件铜盘铸造的具体时间难有确论；亚设上述所提及的犹太人来此地之时间，亦有待证实。但是，其族人自称在 70 年罗马占据耶路撒冷圣地、摧毁第二圣殿之后来到此地，在僧急里犹太会堂中也雕刻着圣殿被焚烧及犹太人准备航向印度的场景。关于此地犹太人之情况，详见 Walter J.Fischel，“The Exploration of the Jewish Antiquities of Cochin on the Malabar Coast”，in *Journal of the American Oriental Society*, Vol.87, No.3, 1967；Mandelbaum, David G.，“The Jewish Way of Life in Cochin”，in *Jewish Social Studies*, Vol. 1, No. 4, 1939；Werner Keller, *Diaspora, the Post-Biblical History of the Jews*, Harcourt, Brace&World, Inc, New York, 1966, pp. 106-108；H. H. Ben-Sasson, *A History of the Jewish People*, Harvard University, 1976, p.380。《元史》所记之僧急里，详见〔明〕宋濂等：《元史·马八儿等国传》卷 270，中华书局 1976 年版，第 4670 页。

1524 年在摩尔人袭击下，克兰伽努尔地区（僧急里）犹太人迁徙至科钦。1565 年，科钦的印度王公在其王宫附近安置这批犹太人，即今之科钦犹太城。近代以来，迁徙至科钦的犹太人形成了三个等级，即白犹太人、褐色犹太人以及黑犹太人：白犹太人指肤色为白色、浅褐色的犹太人，其地位最高；褐色犹太人为白犹太人、释放或改宗的白犹太人奴隶与当地妇女所生的后裔；黑犹太人，肤色为浅褐色、黑色，其人数最多。一般认为，白犹太人应是 16 世纪后迁徙至科钦，其应是来自也门、亚丁、西班牙、中东等地的贸易商人，携带大量奴隶、仆人，并与当地人通婚；后来又有来自西班牙、中东等地区的犹太人，也被称为白犹太人。黑犹太人应是从克兰伽努尔地区（僧急里）迁徙而来的土著犹太人。因此，本杰明此处只提及黑犹太人，应无误。或因此时诸如昆芝凯雷、僧急里等地犹太人，受奎隆王国节制，向其纳贡，故本杰明将这些犹太人称为奎隆犹太人；抑或因奎隆作为此地重要贸易港口而被熟知，故马拉巴海岸诸地犹太人被本杰明称为奎隆犹太人。如亚设所言白犹太人收藏了这两枚黄铜碑无误，则其可能是从僧急里黑犹太人手中获得，待考。关于科钦黑、白犹太人之情况，详见 Johanna Spector，"Shingli Tunes of the Cochin Jews"，in *Asian Music*，Vol.3，No.2，Indian Music Issue，1972，p.24；David G. Mandelbaum，"The Jewish Way of Life in Cochin"，in *Jewish Social Studies*，Vol.1，No.4，1939，p.424；Joan G.Roland，"The Jews of India：Communal Survival or the End of a Sojourn?"，in *Jewish Social Studies*，Vol.42，No.1，1980，p.76。

中世纪时期，印度西海岸诸地犹太人与波斯、阿拉伯，乃至西班牙等地犹太人联系密切，彼此熟知。如阿拔斯王朝哈里发曼苏尔或马蒙（Al-Ma'mun，786—833 年）时期（8—9 世纪初）的埃及犹太人占星师马索拉（Mashallah）因熟知印度，被称为"印度哲人"；11 世纪早期印度犹太人则就诸多宗教与犹太律法等问题咨询普穆贝迪塔耶希瓦格昂亥（Geon Hai），格昂亥以"问答"答之。11 世纪图德拉的亚伯拉罕·伊本·以斯拉（Abraham ibn Ezra）甚至认为 8 世纪犹太人约瑟夫将古代印度梵文著作《五卷书》译为阿拉伯文，将来自印度的阿拉伯数字带到欧洲。关于中世纪时期印度犹太人与外界之交往，详见 Werner Keller，*Diaspora，the Post-Biblical History of the Jews*，pp.156-157；L. Rabinowitz，*Jewish Merchant Adventures：a Study of the Radanites*，London：Edward Goldston，1948，p.59。——译者

三十七、哈迪岛(伊布里格岛)、中国、僧伽罗与宰比德

经行 22 日(从奎隆经行 23 日海路)到达哈迪(Khandy)岛[伊布里格(Ibrig)]。此地居民为拜火教徒,被称为德鲁斯(Druzes)[杜赤宾(Duchbin)];约有 23 000(3000)位犹太人生活在他们中间。他们到处都有祭司,祭司在神庙为其神灵献祭(他们在数座神庙中都祭祀)。这些祭司擅长巫术(这些祭司是擅长所有巫术的伟大巫师),在世界其他地区不曾遇见。在他们祷告神庙的神坛上(高处),有一条深沟,沟中大火永不熄灭。他们称之为艾拉华塔
(Elahuata)[艾拉华塔(Elahutha)],即神灵。他们敦促孩子穿过 93
此沟,他们的尸骨也被放置在此沟之中。[1]

此地一些伟大的人物立誓自焚。如果任何一位拥护此举的人对其孩子(家人)与亲属宣称他将如此为之,他们将会为其欢呼,并说:“乐见其成,你将享福。”当约定的那天到来之时,他们将会准备一场盛宴。如果自焚之人富裕,众人把他扶上马;如果贫穷,则抬起他的一只脚,将其送到此沟边缘(如果是富人,则骑马前往此沟边缘;如果是穷人,则徒步前往)。他自己则纵身火海。他的所有亲属表演乐器,以表达他们的喜悦(他的所有亲属跟随着音乐伴奏喊叫、跳舞),直到他化为灰烬。在这场仪式三天之内(在三天之

后)，两位主祭将会修缮(来到)他们的房屋，并告诉他的孩子："在
房中准备，你们的父亲将在今日看望你们，传达对你们的期望(将
会到此告诉你们如何去做的最后指示)。"城镇中的一些居民将被
选作为见证者，并观看！魔鬼(撒旦)出现在亡者的肖像之中。妻
子(遗孀)与孩子询问他在另外一个世界的状态，他回答道："我遇
见了我的同伴。但是，在我还清我的朋友与邻居的债务(履行我对
家庭成员与邻居的义务)之前，他们禁止我加入他们。"然后，他立
94 下遗嘱，将其财产分给他的孩子，命令他们还清他的债务，并获取
别人欠他的东西。见证者将这份遗书记载下来……他消失，不被
任何人所见。这些祭司将谎言与骗局当做魔法传下来，因此保持
着对人民强有力的控制，使他们相信他们享有的平等在世界上不
曾遇见(这些祭司通过实施这场谎言与骗局，证实民众之错，并宣
称世上再无他们这样的祭司)。[2]

然后从此地经行 40 日到达中国[秦(Zin)，中国]。[3] 这个国家
位于东方(极东)；有人说这里有一处被称为尼帕(Nikpha)[尼帕
(Nikpa)，宁波?]海，位于猎户座方位内。有时此海有剧烈的风
暴，没有海员能够驾驶他们的船只；当风暴将船只打翻入海，就不
可能被控制(因为剧烈的风将船只吹到尼帕海，在那里无法移动)。
船员与乘客食用其补给，然后凄惨地死去(船员只能待在这里，等
待食物被用尽之时，然后死去)。很多船只失去航向，但是人们懂
得以如下方法自救(但是人们最终发现了一个设备能够带他们离
95 开这个邪恶的地方)：他们随身携带小公牛皮(公牛皮)；每当风暴
起来的时候，便将其扔进尼帕海，将自己缝入牛皮之中，手中小心
地握着刀子，安全地对抗着海水，在海洋中漂流(当邪恶的风将他

们吹到尼帕海之时,他们将自己裹入防水的皮革中,携带着刀子,纵身入海)。然后,他们很快被一种名为格里芬(Griffin)的大鹰(大鸟)发现,将他们当做黄牛(将船员当作动物)紧紧地抓起,带到陆地。大鹰将其存放在小山或山谷中,以备食用。然而,人们此时用刀子杀掉大鹰,从牛皮中爬出,设法到达有人居住的地方。很多人就以此方法获救。[4]

僧伽罗(Gingaleh)经由陆路不过 3 日行程,然而经由海路却需 15 日[从中国经行 15 日到达僧伽罗(Al-Gingaleh)]。此地约有 1000 位犹太人(以色列人)。[5]

(从僧伽罗)海行 7 日到达库兰(Khulan)[库兰(Chulan)];此地没有犹太人。[6]

从库兰经行 12 日到达宰比德(Sebid)[宰比德(Zebid)];此地有少量犹太人。[7]

注释

1 亚设谓之"经行 22 日到达哈迪岛,……被称为德鲁斯,约有 23 000 位犹太人……他们到处都有祭司,祭司在神庙为其神灵献祭。这些祭司擅长巫术……神坛上……",马库斯·南森·阿德勒谓之"从奎隆经行 23 日海路到达伊布里格……杜赤宾,约有 3000 余位犹太人……他们在数座神庙中都祭司。这些祭司是擅长所有巫术的伟大巫师……高处……",其中 Elahuatau 与 Elahutha 音近,所指相同,详见 A.Asher,*The Itinerary of Benjamin of Tudela*, Vol.1,p.141;Marcus Nathan Adler,*The Itinerary of Benjamin of Tudela*,p.65。

亚设提及先前很多译者对此地[哈迪(Khandy)]名称的翻译出现了很多好奇的错误,这些错误导致了其他仍旧很好奇的问题。任何将会对他们的注释进行发难的人,将会对此进行考证。君士坦丁堡 1543 年版将此地读作 כנדג——阿里亚斯·蒙塔努斯与康斯坦丁·隆佩尔之译文来自此版。前者错误地将ד(d)作为ר(r)，并转录为 Chenerag；隆佩尔沿袭了他的错误（Arias Montanus，I.12；L'Empereur，p.9）。巴拉蒂耶读作 Cigrag，博学的格兰斯先生读作 Chenerag。如下内容将会显示博查特的观点极为正确（Quoted by Baratier，I.208，note.9），我们作者此处所述为锡兰。我们文本内容与费拉拉版本一致，对此地记述应毫无疑问。里特尔教授对此岛历史有所记述，详见 Ritter，*Erdkunde*，Vol.6。据里特尔所述，我们得知此地首次以 Taprobane 之名著称——此地宛如在拱形蓝色镜面上的一颗大星星。此名称显然是被马其顿的亚历山大同代人称之，亚里士多德将其与大不列颠所处的位置相比较（Aristotle，*de mundo*，chap.3）。更多古老的名字，如 Simundo——勒诺多将其纠正为 Silan-div，东方化的 Serendib 与 Salike 等——现代名称 Seilan、Selan、Seilon、Ceylon 等源于此，已经被比较地理学之父里特尔进行过深入论述（Ritter，*Erdkunde*，VI，62.et seq），供词源学家讨论。然而，我们作者所言 Khandy 之名称，并没有遇见。实际上此岛土著王子的宫殿仍以此命名。诺克斯（Knox）甚至称他们为 Kandy 的国王，此足以证明此名被告知本杰明此信息的人或作者所熟知——起初被称为 Candy 城，其被基督徒广泛称之，可能源自 Conde；在锡兰语中，其意为山，此地有很多山脉（Knox，p.8）。本杰明所言 23 000 余位等大量犹太人居住此地，应与巴格达有商业、宗教交往。本杰明可能从巴格达人中收集信息，并记录之。这一设想是基于我们所掌握的阿拉伯商人与印度商人交往的各类记载。不排除有一些颇具进取心的犹太商人颇感兴趣，并大胆地前往探寻被囚禁的王子，并可能在基什获取消息，想带回犹大家最后一位王子的真实信息——锡兰穆斯林与西班牙穆斯林两地的交往从未中断，里特尔教授对此曾有经典的论述；此进一步证明了我们的设想，详见 Ritter，*Erdkunde*，VI，44。任何一位研究中世纪犹太人特点的人，甚至对我们当地犹太人有所评述的人，都会发现这一非凡的民族存在一种充满魔力般的联系，此亦足够说明此种行为的可能性极大。我们所掌握的关于锡兰中世纪至葡萄牙人来临之前的历史信息，极为稀少，因此难以找到直接的明证证明我们作者的记述。

本杰明称当地居民为דונבי"ין，דוגבין，即 Druzes，或许是因为他被告知类似他在叙利亚所熟悉的宗派，他们相信轮回（*Anciennes relations*，85&165）。锡兰犹太人数目众多，且颇具影响。我们从同代人伊德里斯口中得知，其称："此岛的国王有十六位维齐尔，其中四位来自他们国家、四位为基督徒、四位为穆斯林、四位为犹太人。他将他们安置在一个地方，让他们进行法律裁决活动,他们的历史被记载。除了所有派别博学之人以外——我指印度人、希腊人、穆斯林与犹太人,各式不同的人与大量(不同种族)的人聚集在一体,很早便学习书写他们先知的法令、他们古代国王的历史,他们受到法律科学的训练,并学习很多他们不知的事情。"(Edrisi,I.72)。此处所言事实,显示犹太人不仅与定居在此岛的其他人平等,也与当地人平等。伊德里斯所提及的机构,在他们自己那些饱学之人督查下对神学与历史的学习,证明了他们为数众多。我们现在无法确定在英国统治下,此岛是否有犹太人。在以后的注释中,将会增加所有对于此主题有用的信息。以上诸内容,详见 A.Asher, *The Itinerary of Benjamin of Tudela*, Vol.2,pp.185-188。

马库斯·南森·阿德勒提及大英博物馆所藏手稿称 Ibrig,罗马卡萨纳特瑟图书馆所藏手稿称 Ibriag。Ibrig 与 Ibriag 所指,无法认定。在许多印制版本中称איכנרג,即 Candig 岛。考虑到锡兰都城名称为 Kandy,故亚设认为其应指锡兰。本杰明时期,Kandy 并不是锡兰都城。问题是从奎隆到锡兰无须经行 23 天,约 4 天即可。勒诺多称 10 世纪大量犹太人居住在此岛;由于国王给予他们最大的宗教自由,他们与其他宗派一样,在政府部门任职。关于此地之详情,详见 Pinkerton, *Travels*, Vol.VII, p.217。以上诸内容,详见 Marcus Nathan Adler, *The Itinerary of Benjamin of Tudela*, p.65, n.1。

锡兰,即今斯里兰卡。古代该地曾被称为 Tambapanni,意为"铜-红之地",希腊语对该地之称谓 Taprobane 即源于此词。在波斯语与阿拉伯语中,称此地为 Sarandīb;1505 年葡萄牙人到达该地之后,称该地为 Ceilão,即 Ceylon。Ceilão 为 Sarandīb 之转音,汉译又将锡兰称为细兰。此地在梵文中被称为 Simhaladvipa,意为驯狮人,汉籍音译为僧伽罗,意译为狮子国、师子国等。锡兰西南部沿海地区有一座名为 Kotte 的城市;该城今为锡兰官方首都。据对音判断,Kotte 与本杰明所言 Khandy 音近,Ibrig 疑似讹误。此地在历史上曾作为寇特(Kotte)王国,但是在 13 世纪末至 16 世纪末期间。本杰明此处所言 Khandy 有可能指锡兰的寇特地区。从今奎隆至斯里兰卡约 700 公里,如马库斯·南森·阿德勒所言,本杰明似并不必经行 22 日到达此地。此处疑似文本缺失所致,亚设文本并未言明从奎隆出发,待考。德鲁斯派,是产生于西亚的一神论神秘宗教派别,其教徒主要居住在叙利亚、以色列、黎巴嫩与约旦等地;其信仰融合了伊斯兰教伊斯玛仪派、犹太教、基督教以及印度教等因素。其名称被认为源自该派早期领袖穆罕默德·本·伊斯梅尔·纳什塔金·达拉斯(Muhammad bin Ismail Nashtakin ad-Darazi)——其生活于

11世纪，为伊斯玛仪派传道士，为德鲁斯派早期领导者。Duchbin，应为Druzes之讹音。亚设此处所言被囚禁的王子、犹大家最后一位王子，应指巴格达犹太人流散宗主，具体所指待考。希伯来语אי״，意为岛屿。

中世纪时期，锡兰与阿拉伯诸地犹太人联系密切，如820年巴比伦犹太人天文学家阿本·希拉（Aben Sheara）从巴格达到达锡兰并带回锡兰天文学著作。此时，阿拉伯诸地犹太人与印度西海岸、锡兰等贸易往来亦十分频繁。在埃及福斯塔特发现的戈尼萨文库中，就有大量文献涉及犹太人经印度洋到达印度西海岸与锡兰等地贸易。戈伊泰因（G.D.Goitein）最先在戈尼萨文库中发现了犹太人在印度洋贸易的文书，并随后与弗里德曼（M.A.Friedman）从散落在各地的戈尼萨文书中，整理出大约459件与印度洋犹太人贸易相关的文书。这些戈尼萨文书大多以“犹太–阿拉伯文”书写，主要为11—12世纪的商业信件以及处理贸易纠纷的法律文书。这些文书中提到在印度洋经营贸易的犹太商人多达数百人。大部分文书皆出自北非拉巴达（Lebda）的约瑟夫·拉巴达（Joseph Lebdi）、亚丁的哈桑·布达尔（Hasan b.Bundār）以及突尼斯马赫迪叶（Al-Mahdiyya）的亚伯拉罕·伊居（Abraham b.Yiju）三位犹太商人及其家族成员，仅有零星的文书与其他商人有关，说明这些文书应是偶然得以保存。这些文献显示北非突尼斯、埃及福斯塔特以及也门等地犹太商人至少在11世纪就已深入到印度、锡兰，乃至缅甸、苏门答腊等地贸易。这些幸存的戈尼萨文书，应仅是北非、也门诸地犹太商人在印度洋贸易的缩影，此时这些地区亦应有更多的犹太人前往印度、锡兰，甚至更遥远的东方贸易。由于1025年福斯塔特犹太会堂戈尼萨被重新整修，先前文书被清理，所以并未见到11世纪之前犹太人在印度洋贸易的文书，但是11—12世纪北非、也门诸地犹太商人在印度洋各地建立如此系统、周密的长途贸易体系应非一朝一夕所能形成。有关印度洋犹太人贸易的戈尼萨文献，详见G.D.Goitein and Mordechai Akiva Friedman，*India Traders from the Middle Ages*：*Documents from the Cairo Geniza*，Brill Leiden.Boston，2008。——译者

2　亚设谓之“孩子……如果自焚之人富裕，众人把他扶上马；如果贫穷，则抬起他的一只脚，将其送到此沟边缘……他的所有亲属表演乐器，以表达他们的喜悦……在这场仪式三天之内，两位主祭将会修缮……你们的父亲将在今日看望你们，传达对你们的期望……魔鬼……妻子……在我还清我的朋友与邻居的债务……这些祭司将谎言与骗局当做魔法传下来，因此保持着对人民强有力的控制，使他们相信他们享有的平等在世界上不曾遇见”，马库

斯·南森·阿德勒谓之"家人……如果是富人,则骑马前往此沟边缘;如果是穷人,则徒步前往……他的所有亲属跟随者音乐伴奏喊叫、跳舞……在三天之后,两位主祭将来到……将会到此告诉你们如何去做的最后指示……撒旦……遗孀……履行我对家庭成员与邻居的义务……这些祭司通过实施这场谎言与骗局,证实民众之错,并宣称世上再无他们这样的祭司。"以上诸内容,详见 A. Asher, *The Itinerary of Benjamin of Tudela*, Vol.1, pp.141-143; Marcus Nathan Adler, *The Itinerary of Benjamin of Tudela*, pp.65-66。

亚设提及自焚与以火燃烧尸体的风俗,有可能来自于邻近大陆印度。甚至在 9 世纪,此风俗在印度就极为盛行。本杰明对此之记载,亦被证实,详见 *Anciennes relations*, pp.88-89。以上诸内容,详见 A.Asher, *The Itinerary of Benjamin of Tudela*, Vol.2, p.189。

马库斯·南森·阿德勒提及关于名人自焚牺牲时的仪式等,详见 Pinkerton, *Travels*, Vol. VII, p.217。以上诸内容,详见 Marcus Nathan Adler, *The Itinerary of Benjamin of Tudela*, p.65, n.1。

"乐见其成,你将享福",见《旧约·诗篇》(128:2)记载:"你要享福,事情顺利。"——译者

3 亚设谓之中国,马库斯·南森·阿德勒谓之秦、中国,详见 A.Asher, *The Itinerary of Benjamin of Tudela*, Vol.1, p.143; Marcus Nathan Adler, *The Itinerary of Benjamin of Tudela*, p.66。

如上文注释所言,古代西方诸地常称中国为"秦"、"秦奈"(Sin、Sinae),希伯来语称中国为סין(Sin)。或因语言流变,即 s/th/ts 音的互转,中世纪时期希伯来语צין(tsin)有可能指称中国,本杰明即称中国为צין,详见 A. Asher, *The Itinerary of Benjamin of Tudela*, Vol.1, Hebrew Edition, p.94。——译者

4 亚设谓之"东方……尼帕海……当风暴将船只打翻入海,就不可能被控制。船员与乘客食用其补给,然后凄惨地死去……但是人们懂得以如下方法自救……小公牛皮;每当风暴起来的时候,便将其扔进尼帕海,将自己缝入牛皮之中,手中小心地握着刀子,安全地对抗着海水,在海洋中漂流……大鹰……将他们当做黄牛……",马库斯·南森·阿德勒谓之"极东……尼帕,宁波? ……因为剧烈的风将船只吹到尼帕海,在那里无法移动。船员只能待在这里,等待食物被用尽之时,然后死去。……但是人们最终发现了一个设备能够带他

们离开这个邪恶的地方……公牛皮；当邪恶的风将他们吹到尼帕海之时，他们将自己裹入防水的皮革中，携带着刀子，纵身入海……大鸟……将船员当作动物……”，详见 A.Asher, *The Itinerary of Benjamin of Tudela*, Vol.1, pp.143-144; Marcus Nathan Adler, *The Itinerary of Benjamin of Tudela*, p.66。

亚设提及本杰明所述从锡兰到中国令人难以置信的内容，有可能摘取自一些东方的著作。关于此鸟的故事，马可波罗亦有所述，其内容有一些不同，称其为 Rukh 或 Roc。伊德里斯对这些海域的记述夹杂着很多寓言，其绝妙程度并亚于本杰明所述(Edrisi, I, 96, 97)。然而，我们作者是首位提及中国的欧洲人。以上诸内容，详见 A. Asher, *The Itinerary of Benjamin of Tudela*, Vol.2, p.189。

马库斯·南森·阿德勒提及本杰明对印度与中国的记述非常模糊，但是我们必须记住本杰明差不多是第一位提到中国的欧洲人。鉴于中世纪时期阿拉伯作家对旧世界其他国家详细的记述，以及本杰明所言海上路线为主要贸易路线的事实，我们颇为惊讶的是从阿拉伯文献中只能获得关于中国与印度很少的信息。在他们的记载中从未提及尼帕海，本杰明有可能以词根קפא创造出这一名称，该词在圣经中出现过四次：(1)《摩西之歌》(*The Song of Moses*)[《旧约·出埃及记》(15:8)]记载：“קפאו תהומות בלב ים”，意为：“海中的深水凝结”，并非为某些版本中的凝固(congealed)；(2)《旧约·约伯记》(10:10)记载：“כגבינה תקפיאני”，意为：“使我凝结如同奶饼”；(3)《旧约·西番雅书》(1:12)；(4)《旧约·撒玛利亚》(14:6)。术语“凝结的海”很适合表达中国海以及一年某些季节一些海峡狂暴的特点。马可波罗在谈到从马拉巴到马达加斯加岛航行的海流之时，提到了很多关于格里芬(Gryphon)的信息。他称：“其无论如何，像一头鹰，但是体型硕大。其力大无比，可以用爪子抓起一头大象，带到空中，然后扔下，大象被摔得粉身碎骨。大象被如此杀死之后，格里芬俯冲下去，悠闲地享用之。这些岛上的人称此鸟为鲁克(Rukh)。”(Marco Polo, Vol.II, Book.III, chap.33)。裕尔有趣的注解，介绍了鲁克的年龄及其寓言的流传，并指出关于其传说位于马达加斯加方向，或许是因为在此岛发现了大的象鸟(Aepyornis)化石与大蛋(Yule, Vol. II, p.348)。塞斯(Sayce)教授称鲁克的图像出现在中国的民俗学与古巴比伦文学中。《一千零一夜》的读者当然对此鸟十分熟悉。以上诸内容，详见 Marcus Nathan Adler, *The Itinerary of Benjamin of Tudela*, pp.66-67, n.1, 2。

Nikpha,亚设与马库斯·南森·阿德勒文稿关于尼帕海的希伯来文分别为ים הנקפא和הים נקפא。ים,הים为海之意。后者认为נקפא,应为凝结或冻结之意,但在文中又指出其是否指宁波。希伯来语נקפא,拟音 Nikpha,确与宁波音近。唐开元二十六年(738 年),唐廷设明州;明洪武四年(1381 年),为避国号讳,取"海定则波宁"之义,将明州改为宁波。自唐之后,明州一直作为中国重要的贸易港口,沟通中国与印度洋诸地以及日本、朝鲜等地之贸易交流。考之宁波之名,始于 1381 年。若נקפא为宁波,则与本杰明游历时间相差甚远,故其应不为宁波。如马库斯·南森·阿德勒所言,נקפא应是本杰明借助圣经中的词语形容中国海(即南海)或一些海峡狂暴、危险的特点。众所周知,南海有很多暗礁、浅石等,航行极为不便。

格里芬(Griffin、Gryphon),出自于希腊神话,是一种鹰头狮身有翅的虚拟怪兽,又称狮鹫。鲁克,为出现在阿拉伯地理著作之中传说中的大鸟,在阿拉伯神话故事中经常出现。格里芬与鲁克似并不相同,如马可波罗称:"(马达加斯加)岛人谓此鸟为鲁克,别无他名。未识此鸟诚为鹫首狮身之鸟(Griffin),抑是别种相类大鸟。然我敢断言其形不类吾人传说半狮半鸟之形,其躯虽大,完全累鹫。"据冯承钧所言,1848、1851 与 1854 年,法国商人曾在马达加斯加岛发现大卵,一卵容量逾十公斤,世人遂不复疑此种鲁克鸟之存在,详见〔意〕马可波罗:《马可波罗行纪》,冯承钧译,上海书店出版社 2001 年版,第 463—464 页。马可波罗与本杰明所述此鸟之行为类似。如马可波罗所言无误,则本杰明所述大鸟应为鲁克,非格里芬,其应是将此鸟认作为西方的格里芬。Aepyornis,为生活在马达加斯加岛的一种硕大无比的鸟,因此被称为象鸟;冯承钧所言之大鸟应为象鸟。《摩西之歌》为上帝让摩西所写之歌,以教导族人。据《旧约·申命记》(31:19)记载:"(上帝告诉摩西)现在你要写一篇歌,教导以色列人,传给他们,使这歌见证他们的不是。"圣经中的两首歌通常被认为《摩西之歌》,即《旧约·出埃及记》(15)、《旧约·申命记》(32)。希伯来语לקפוא为凝结之意;凝固,希伯来语为לקרוש。

中世纪时期,阿拉伯、波斯,乃至西欧商人海路入华贸易者甚多;史籍多有所载,兹不赘述。较之而言,关于此时犹太人海路入华史料则少之又少。兹列举迄今所知,关于犹太人海路入华之记载数则:

(1)916 年,阿拉伯西拉夫港人阿布·赛义德(Abu Saiyid)在续写阿拉伯商人苏莱曼(Suleiman)见闻,即《中国印度见闻录》(继篇)之时,曾记载:"回历 264 年(相当于公元 877 年 9 月 13 日至 878 年 9 月 2 日),黄巢在广府

(Khānfū,即广州)屠杀居民,仅寄居城中经商的伊斯兰教徒、犹太教徒、基督教徒、拜火教徒,就总共有十二万人被杀害了。这四种宗教徒的死亡人数所以能知道得这样确凿,那是因为中国人按他们的人(头)数课税的缘故。"10世纪,另外一位阿拉伯史家马苏第(Al-Masudi,约912/913—956年)在《黄金草原》中对黄巢在广府屠杀伊斯兰教徒、犹太教徒、基督教徒、拜火教徒等商人亦有所记,其记载黄巢共屠杀20万人。阿布·赛义德之记载,详见(阿拉伯)阿布·赛义德:《中国印度见闻录》(卷2),〔日〕藤本胜次译注、黄倬汉译,中华书局1983年版,第96页;马苏第之记载,详见〔阿拉伯〕马苏第:《黄金草原》,耿昇译,青海人民出版社/人民出版社2013年版,第165—167页。

(2)9世纪中叶,阿拉伯阿拔斯王朝邮驿与情报官、史地学家伊本·胡尔达兹比赫(Ibn Khurdāhbeh,大约820/825—912年)在《道里邦国志》(*al-Masalik w-al-Mamalik*)中曾记载来自塞瓦杜(Al-Sawād)拉唐尼亚(Al-Rādhānayn)的拉唐(Rādhānites)犹太商人沿海路与陆路入华贸易——阿拉伯语、波斯语中Al-Sawād意为"黑土",用于指幼发拉底河与底格里斯河在今伊拉克南部形成的冲积平原,代表富庶可耕之地,其与白色、贫瘠的阿拉伯沙漠形成鲜明对比。萨珊波斯时期,Al-Sawād演变为一个指代古代伊拉克(Irak)地区的政治区域;阿拉伯帝国时期,仍沿用此政治区域。拉唐尼亚位于底格里斯河东岸,属塞瓦杜辖地,详见〔阿拉伯〕伊本·胡尔达兹比赫:《道里邦国志》,宋岘译注,中华书局1991年版,第164页;〔阿拉伯〕艾卜·法尔吉·古达玛:《税册及其编写》,收录于〔阿拉伯〕伊本·胡尔达兹比赫:《道里邦国志》,宋岘译注,第249—253页;C. E. Bosworth, E. Van Donzel, W. P. Heinrichs and the late G.Lecomte, *The Encyclopaeda of Islam*, Leiden: Brill, 1997, Vol.IX, p.87。

(3)10世纪来自阿拉伯胡齐斯坦拉姆霍尔莫兹(Ramhurmuz)地区的波斯人巴佐尔·伊本·萨赫里亚尔(Buzurg ibn Shahriyar)在《印度珍异记》(*The Wonders of India*)中曾记载阿曼犹太人商人艾萨克沿海路入华贸易,详见Jacob R.Marcus, *The Jew in the Medieval World: A Source Book*, 315-1791, New York: Atheneum, p.355;〔法〕费琅:《阿拉伯波斯突厥人东方文献辑注》,耿昇、穆根来译,第660页。

另据中国古代史籍以及来华传教士、商人、使节等记载,目前可知于阗、敦煌、广州、杭州、泉州、明州(宁波)、扬州、宁夏、北京以及开封等地都有犹太人的生活痕迹,其中尤以开封犹太人规模最大,详见李景文等编校,《古代开封犹太人——中文文献辑要与研究》,人民出版社2011年版。其中广州、杭州、泉州、明州、扬州等地位于沿海地区或为重要贸易港口,故这些地区的犹太人应是经海路入华。由此可知,中世纪时期,已有各地犹太人,尤其是生活在阿拉伯地区的犹太人,已沿海路入华,甚至形成犹太人聚集区。因此,本杰明应是从这些犹太人口中得知中国的情况,并记载之。——译者

5　亚设谓之"僧伽罗经由陆路不过3日行程,然而经由海路却需15日……犹太人",马库斯·南森·阿德勒谓之"从中国经行15日到达僧伽罗……以色列人",详见Asher,*The Itinerary of Benjamin of Tudela*, Vol.1,p.144;Marcus Nathan Adler,*The Itinerary of Benjamin of Tudela*,p.67。

亚设提及隆佩尔并没有理解此段内容,巴拉蒂耶对此感到惊愕(Baratier,I.216),格兰斯将此段内容变得毫无意义(Gerrans,p.145)。简而言之,从陆路经行3日可到达此地,然而前往停靠在都城附近的港口与航行到海岸,则需要15日。里特尔称Gingaleh无疑为Cingala,详见Ritter,*Erdkunde*,Vol.6,p.16(190)。文中所提到的名称与阿拉伯旅行者所言一致。勒诺多称:"通常认为锡兰岛上有一部人为中国人,Chingola或Chingala之名称源自中国人在Gale建立的一个据点,这些中国人因暴风雨而来到此地。"(Renaudot,*Anciennes Relations*)。巴拉蒂耶对此段内容以长注解释,试图证明拉比本杰明访问的僧伽罗岛位于恒河河口(Baratier,I.216)。我们反驳这位"博学的孩子"显得多余;此处之所以提及这个注释,是因为此注释之书写是带着证明旅行的实际情况之想法;他在文中试图证明,但从未实施!以上诸内容,详见Asher,*The Itinerary of Benjamin of Tudela*, Vol.2,pp.189-190。

据对音判断,Gingaleh或Cingala,与僧伽罗即Simhaladvipa,音近,似应指锡兰。若从中国航行至此地,则可能先到达其地北部或东部沿海地区,故此处似应指锡兰北部或东部地区。Simhaladvipa意为驯狮人,故Gingaleh或Cingala亦应为此意,非勒诺多所言之意。本杰明所言陆路3日可至其地,应是指其距印度大陆之距离。从中国至锡兰海途遥远,且受印度洋季风影响,似难以在15日内从中国到达锡兰,如伊本·胡尔达兹比赫就称从锡兰航行至中国需数月有余,详见〔阿拉伯〕伊本·胡尔达兹比赫:《道里邦国志》,宋岘译注,第67—71页。此处或为文本缺失所致,或为本杰明道听途说而获取了不准确的信息。——译者

6　亚设谓之Khulan,马库斯·南森·阿德勒谓之从僧伽罗海行……Chulan,两者音近,所指相同,详见Asher,*The Itinerary of Benjamin of*

Tudela, Vol.1, p.144; Marcus Nathan Adler, *The Itinerary of Benjamin of Tudela*, p.67。

里特尔倾向认为此地为位于波斯湾入口处某地，或位于索科特拉（Socotra）岛上。此地为通往宰比德（Zebid）最后一段行程——Zebid，又转音为Sabitha、Sabatha，卢多维克斯·德·巴蒂玛（Ludovicus de Barthema，逝世于1500年）称该地为巨大的商场。以上诸内容，详见Asher, *The Itinerary of Benjamin of Tudela*, Vol.2, p.190。

本杰明此处所言库兰之地望待考。索科特拉岛位于西印度洋地区，也门以南，今属也门索科特拉省。——译者

7　亚设谓之Sebid，马库斯·南森·阿德勒谓之Zebid，两者音近，所指相同，详见Asher, *The Itinerary of Benjamin of Tudela*, Vol.1, p.144; Marcus Nathan Adler, *The Itinerary of Benjamin of Tudela*, p.67。

亚设提及伊德里斯称宰比德很大，人口众多，大量异域人士与汉志（Hedjaz）、阿比尼西亚与上埃及的商人汇聚于此，其中上埃及的商人经过吉达（Djidda）来到此地。阿比尼西亚人将奴隶带到此地，大量印度药草、各式中国物资与其他商货被出口到此地。此城位于距离萨那约132英里处的小河之畔（Edrisi, I.49）。关于现代此城的信息，详见Niebuhr, *Arabien*, p.225。以上诸内容，详见Asher, *The Itinerary of Benjamin of Tudela*, Vol.2, p.190。

宰比德，位于也门西部，红海之滨，历史上重要的贸易港口。汉志，位于今沙特阿拉伯西部，北至约旦边境，其为伊斯兰教发祥地，麦地那与麦加皆位于汉志地区。吉达为麦加地区港口城市。——译者

第三卷

非　洲

三十八、阿丹、努比亚、阿斯旺与法尤姆

从宰比德经行八日到达中印度，即印度大陆——其被称为阿
丹(Aden)，即圣经中的提拉撒(Thelasar)的伊甸('Aden)[印
度——印度位于大陆，被称为阿丹，即提拉撒的伊甸(Eden)]。[1] 此
地多山，有很多独立的犹太人(有很多以色列人)。这些人不臣服
于任何异教徒之权势，占据着山顶的城市与堡垒，并从那里下去到 96
达马图木(Ma'atum)之地[利比亚(Lybia)平原]，并与之交战。马
图木也被称为努比亚(Nubia)，为基督教王国，其居民被称为努比
亚人(Nubians)[利比亚是一个基督教帝国，此地居民为利比亚人
(Lybians)，犹太人与之交战]。[2]

这些犹太人经常抢劫并掠夺他们，将所获带回至他们的堡垒之中(这些犹太人经常抢劫并掠夺，然后退回到山中)。[3] 这些堡垒让犹太人无法被征服。很多阿丹犹太人去了埃及与波斯。

经行20日到达阿斯旺(Assuan)。这条路经过示巴(Sh'ba)沙漠，位于尼罗(Nile)河畔。尼罗河从黑人之地向下流到此地[从阿丹经行20日穿过沙漠到达阿斯旺。这是位于比逊河(Pishon)，即尼罗河的示巴(Seba)——尼罗河从古实之地流出]。[4] 黑人之地被国王统治，人们称其为苏丹哈巴什(Sultan-al-Chabash)[一些古实子孙有国王，他们称国王为苏丹哈巴什(Sultan Al-Habash)]。这

里的人在各个方面都和野兽很像(他们之中有一类人像动物)。他们吃生长在尼罗河畔的草药(他们吃生长在尼罗河畔与此地的草药),全身赤裸。没有任何一个人种与他们类似(他们没有普通人的智力),如他们与亲姐妹、任何被他们发现的人同居。此地极热;当阿斯旺人入侵这里之时,他们带着小麦、葡萄干以及无花果等(面包、小麦、葡萄干与无花果等),当作诱饵扔出去,引诱当地人(将食物扔给这些人;这些人纷纷追逐)。然后,这些人被俘虏,贩卖到埃及(埃及与周边地区)。他们在周围地区被称为黑奴,为含(Cham)的后裔[他们成为黑奴,是含(Ham)的子孙]。[5]

从阿斯旺经行 12 日到达赫勒万(Chaluah)[赫勒万(Heluan)]。此地有 300 余位犹太人,为商队始发地。商队经过 50 天穿越撒哈拉(Al-Tsahara)[撒哈拉(Sahara)]沙漠到达宰维莱(Savila)[宰维莱(Zawilah)],即圣经中的哈腓拉(Chavila)[哈腓拉(Havilah)],位于加纳(Ganah)[加纳(Gana)]之地。[6] 这个沙漠中有沙山。任何时候当风暴来临之时,商队就面临着被沙子活埋的迫在眉睫的危险(当起风之时,商队会被沙子掩埋;很多人窒息而死)。然而,那些逃脱的人会携带着铁、铜、各种不同的水果、荜以及盐等(铜、小麦、水果、扁豆以及盐)。金子与宝石被从此地带走用于交换(他们从此地带走金子与宝石)。此地位于古实或阿比尼西亚西侧[此地位于古实西侧边界——古实被称为哈巴什(Al-Habash)]。[7]

从赫勒万经行 13 日到达库兹(Kuts)[库兹(Kutz),即库斯(Kūs)]。这是一座位于埃及边界的城市(埃及之地始于此),有 30 000(300)余位犹太人。[8]

(从库兹)经行5日(300英里)到达法尤姆(Fajuhm)[法尤姆(Fayum)],即比东(Pithom)。此地有20(200)余位犹太人,我们先辈所建立的一些建筑遗迹,一直存留到今日。[9]

注释

1 亚设谓之"印度大陆——其被称为阿丹(Aden),即圣经中的提拉撒(Thelasar)的伊甸('Aden)",马库斯·南森·阿德勒谓之"印度——印度位于大陆,被称为阿丹,即提拉撒的伊甸(Eden)",其中'Aden与Eden音近,所指相同,详见Asher,*The Itinerary of Benjamin of Tudela*, Vol.1,pp.144-145;Marcus Nathan Adler,*The Itinerary of Benjamin of Tudela*,p.67。

亚设提及此段内容又与马可波罗的记载令人惊奇地一致(Marco Polo, p.717),后者将印度分为大印度、中印度与小印度,称中印度为阿巴西(Abascai)[阿比尼西亚(Habesh、Abyssinia)]。此文本与马斯登先生博闻的注释将会对我们作者所述有所阐述。马斯登称:"中印度、大陆或第二个印度等称谓,马可波罗以此明确地指阿比尼西亚,但是似乎阿拉伯沿海与波斯湾等地亦属于此范围之内。很难解释通过阿拉伯航海者中介所形成的这一分布,作为一种更加正确的意识,可能来自托勒密。但是,其偶尔会出现一些不确定性。首先,埃塞俄比亚这一名字,在古代常被称作印度土著,尤其是马拉巴海岸的人,波波尼斯·梅拉(Pomponius Mela)称这些人一定程度上为埃塞俄比亚的黑人。"其次,波斯人将阿比尼西亚人称作黑印度人,此为俗制。德赫贝罗特(d'Herbelot)称:"Habasch、Habaschi即Abissin或Ethiopian,双数为Habousch、Hobschan。波斯人称埃塞俄比亚人为黑印度人(Siah Hindu)。"马可波罗进一步告诉我们:"阿巴西是个很大的地方,由三位基督教国王与三位伊斯兰教国王统治。此地犹太人众多;萨拉森王子的领地位于伊甸(Aden)省!"马斯登先生称此处的Aden指阿德尔(Adel)王国,临近阿比尼西亚北界,并非指亚丁;阿德尔与亚丁被红海或波斯湾隔开。我们有理由相信我们的作者与马可波罗,将会为犯同一个错误感到内疚。本杰明在一股热情的推动下,即将他所描述的国家认定为圣经中被提及的地方,自然会有过之而无不及。据罗斯穆勒尔称提拉撒位于美索不达米亚,是能够解释我们作者的唯

一方式，即设想“伊甸之子”是非洲人，他们迁徙到了美索不达米亚——《旧约·列王记》(下，19：12)与《旧约·以赛亚书》(37：12)曾提及伊甸之子(Rosenmüller，I.ii.p.153)。以上诸内容，详见 Asher，*The Itinerary of Benjamin of Tudela*，Vol.2，pp.191-192。

马库斯·南森·阿德勒提及 Al-Gingaleh 与 Chulan 等皆难以令人满意地被认定，本杰明已经清晰地指出从印度到中国需要经行 63 日，即 23 日从奎隆到达伊布里格，再海行 40 日到达尼帕海。在返程中，没有提及印度，而是到宰比德——阿布肥达与阿尔贝鲁尼(Alberuni)称宰比德为也门的主要港口，总计需要 34 天。亚丁港曾长期被英国人占领，被称为印度帝国的第一个前哨。在上文中已经解释了这一部分阿拉伯半岛与红海另外一侧的阿比尼西亚被认为是中印度的一部分。伊本·白图泰称亚丁位于海岸，是一座大城，但是没有任何种子、水源与树。他们用蓄水池收集雨水。一些富商居住在此地，来自印度的船只偶尔到此地。这里犹太人群体历史极为悠久，无法追忆。直到今日，此地犹太人仍带着他们的经匣整日到处走动。关于亚丁犹太人之记述，详见 Jacob Saphir，*Eben Saphir*，Vol.II，chap.I-X。以上诸内容，详见 Marcus Nathan Adler，*The Itinerary of Benjamin of Tudela*，p.67，n.1。

中印度地理范围，详见上文注释。《旧约·列王记》(下，19：12)与《旧约·以赛亚书》(37：12)皆记载：“我列祖所毁灭的，就是歌散，哈兰，利色，和属提拉撒的伊甸人，这些国的神何曾拯救这些国呢？”提拉撒，被认为位于幼发拉底河与拜利赫(Belikh)河之间的提尔-阿苏瑞(Til-Assuri)。罗斯穆勒尔对本杰明将阿丹称作圣经中的提拉撒的伊甸之解释，较为恰当。Habesh，为阿拉伯语对 Abyssinia 的称谓；Abascai，为 Habesh 之转写，即今埃塞俄比亚。波波尼斯·梅拉(？—45 年)，罗马早期地理学家。阿德尔位于非洲之角——非洲之角即非洲东北半岛地区，指今索马里、埃塞俄比亚、吉布提以及厄立特里亚等地，又称索马里半岛。阿德尔之地穆斯林众多，萨巴·阿德-丁二世(Sabr ad-Din II，？—1422 年)建立阿德尔苏丹国(1415—1557 年)。

亚设认为本杰明此处所言阿丹为阿德尔，马库斯·南森·阿德勒则认为为亚丁。如上文亚设注释所言，马可波罗所述阿丹地理位置，与本杰明相一致。下文提到的努比亚，位于埃及南部与苏丹北部之间沿着尼罗河沿岸的地区。因此，若为亚丁，则本杰明所述犹太人需经过红海到达努比亚交战，不可能如本杰明在文中所述那般。马可波罗也在文中提到阿丹、阿比尼西亚以及努比亚交战事宜，详见〔意〕马可波罗：《马可波罗行纪》，冯承钧译，上海世纪出版集团、上海书店出版社 2001 年版，第 468—470 页。

据此判断，本杰明所述阿丹，与马可波罗所述为同，即指阿德尔地区，非指亚丁。由于 Adel 与 Aden 音近，因此常将两者混淆。此可能为后人在理解中所犯之讹误，并不是如亚设所言为本杰明与马可波罗在叙述之中所犯的错误。本杰明所言经一个多月从中国即可到达也门地区，似难以成立。通常在东北季风期间（10 月到来年 3 月间），向西航行的海舶多选择在印度西海岸或东南亚港口驻泊，等待西南季风开始之后，再完成向西之航行，如从泉州前往印度西海岸、阿拉伯的海舶经常在东南亚驻冬，次年再发而至，在两个季风期内才能完成横跨印度洋的航行；在西南季风期间（4 月到 9 月），从波斯湾等地出发的商船虽然能够直接航行至东南亚、中国，但为了贸易需要，大多海舶多选择在印度西海岸或东南亚港口停靠。此处或为文本缺失所致，或本杰明道听途说并未获得准确的信息所致。——译者

2　亚设谓之"有很多独立的犹太人……霍马图木之地，并与之交战。马图木也被称为努比亚，为基督教王国，其居民被称为努比亚人"，马库斯 · 南森 · 阿德勒谓之"有很多以色列人……利比亚平原。利比亚是一个基督教帝国，此地居民为利比亚人，犹太人与之交战"，详见 Asher，*The Itinerary of Benjamin of Tudela*，Vol.1，p.145；Marcus Nathan Adler，*The Itinerary of Benjamin of Tudela*，p.67。

亚设提及这一未开发的非洲之地，先前以及现在存在犹太人，可谓众所周知，无须任何证明。上述所言拉帕波特的文章对此地犹太人的历史有所收集与总结，详见 Asher，*The Itinerary of Benjamin of Tudela*，Vol.2，note. 282，p.148，其将会在后续的注释中再次出现。亦可比较参阅 *Balbi Géographie*，p.907；Pallmé's Account in *the Athenaeum*，1840。我们希望帕勒穆（Pallmé）或其他进取的旅行者，为我们提供更多关于此主题的信息。我们作者的信息来源，即"一些访问巴格达的波斯犹太人"被询问，他从此获得他所述之内容。我们没有发现 Nubia 被称为 Ma'atum，在同时代的作家中我们没有发现任何一位可供参考。其可能是犹太人中一个术语。据马苏第所
言，Maris 或 Makara 为努比亚两个地区的名称。努比亚被基督教国王统治，97
"努比亚与马卡拉（Makara）人拥护基督教"（*Quatremère*，I.17）。阿斯旺人

也信奉基督教,“阿斯旺人是雅各派基督徒,他们与努比亚主教都服从亚历山大里亚大主教”(*Quatremère*, I.23)。以上诸内容,详见 Asher, *The Itinerary of Benjamin of Tudela*, Vol.2, pp.192-193。

马库斯·南森·阿德勒提及我们必须指出本杰明此处所述意指,这些生活在亚丁后方山地的独立犹太人,跨越曼德海峡(Bab-el-Mandeb),与阿比尼西亚平原地区的居民交战。莱维尔(J.Lelewel)在写给卡莫里(E.Carmoly)的信中,费尽心思地确定霍马图木(Hommatum)之地(ארץ המזטום),在我们文本中此地读作“平原之地”(ארץ המישור),详见 J.Lelewel, *Examen géographique des Voyages de Benjamin de Tudèle*, Bruxelles, 1852。但是,他尝试的所有其他认定都失败了。来自亚丁的犹太人肯定会遭遇到阿比尼西亚基督教统治的力量,并在这里的山地寻求安全。后来这里的犹太人被称为法拉沙(Falasha)犹太人。详见 Marco Polo, Vol.III, chap.XXXV。亦可参见裕尔上校的宝贵注释,他引用的资料显示 10 世纪这里的犹太人王朝取代了王室,详见 Bruce, *Abstract of Abyssinian chronicles*。亦可参见查尔斯·辛格(Charles Singer)博士有趣的公报, Charles Singer, in *J.Q.R.*, XVII, p.142; J.Halevy, *Travels in Abyssinia*, Miscellany of Hebrew Literature, 2nd serices, p.175。以上诸内容,详见 Marcus Nathan Adler, *The Itinerary of Benjamin of Tudela*, pp.67-68, n.2。

Lybia、Lybians 应为 Nubia、Nubians 之误;努比亚,位于埃及南部与苏丹北部之间沿尼罗河沿岸地区,位于今日阿斯旺(Assuan,埃及南部城市)与凯里迈(Karima,苏丹北部城市)。曼德海峡,连接红海与亚丁湾,位于红海两端,也门与吉布提之间。希伯来语 ארץ המזטום 即霍马图木之地;ארץ המישור 为平原之地,ארץ 国家、地区之意。法拉沙犹太人,为埃塞俄比亚非犹太人对当地犹太人的称谓,意为“流亡者”、“陌生人”,详见 Steven Kaplan, “Indigenous Categories and the Study of World Religions in Ethiopia: the Case of the Beta Israel”, in *Journal of Religion in Africa*, Vol.22, Fasc.3, 1992, p.209。马可波罗曾提及两处阿丹,其一为阿德尔,其二为亚丁,其所述犹太人之状况出现在前者,而非后者,且在后者叙述之中,并未提及犹太人。马库斯·南森·阿德勒应是将两处阿丹混淆。马可波罗对亚丁的叙述,详见〔意〕马可波罗:《马可波罗行纪》,冯承钧译,上海世纪出版集团、上海书店出版社 2001 年版,第 472 页。——译者

3　亚设谓之“这些犹太人经常抢劫并掠夺他们,将所获带回至他们的堡

垒之中”，马库斯·南森·阿德勒谓之“这些犹太人经常抢劫并掠夺，然后退回到山中”，详见 Asher，*The Itinerary of Benjamin of Tudela*，Vol.1，p.145；Marcus Nathan Adler，*The Itinerary of Benjamin of Tudela*，p.67。

4 亚设谓之“经行 20 日到达阿斯旺(Assuan)。这条路经过示巴(Sh'ba)沙漠，位于尼罗河畔。尼罗河从黑人之地向下流到此地”，马库斯·南森·阿德勒谓之“阿丹经行 20 日穿过沙漠到达阿斯旺。这是位于比逊河(Pishon)，即尼罗河的示巴(Seba)——尼罗河从古实之地流出”，其中 Sh'ba 与 Seba 音近，所指相同，详见 Asher，*The Itinerary of Benjamin of Tudela*，Vol. 1，p.145；Marcus Nathan Adler，*The Itinerary of Benjamin of Tudela*，p.68。

亚设提及阿斯旺(Assuan 或 Assouan)，为非洲非凡的王国与城市之一，即古代著名的赛伊尼(Syene)，位于尼罗河第一瀑布北部附近，尼罗河东部。阿斯旺非凡之处，不仅是其作为埃及与埃塞俄比亚的极限城镇，而且作为主要的大地标之一，亚历山大里亚学校的地理学家曾在此地测量地球的形成及此处的相对位置。古代的赛伊尼大部已经被埋葬在遗迹之下，其初为罗马人城，然后为阿拉伯人城，都在同一位置被建立。现代城市与其毗邻，人口众多，但非常贫穷。伊本·奥瓦迪(Ibn al Ouardi)、伊本·豪盖勒、伊德里斯、马苏第等皆提及此地因地理位置优越而商业繁盛(Ibn al Ouardi，*Notices et Extraits*，II，31；Ibn Haukal，I.35，37；*Quatremère*，II.4，et seq)。此城与此地的统治者，为努比亚君主的附庸，被他的臣民称为“山地之王”(*Quatremère*，II.4，9)，被阿拉伯人或犹太人称为苏丹哈巴什(Ritter，I.77)，我们作者从此获得信息。文本中称尼罗河为פישון。中世纪犹太人称尼罗河为פישון；拉什与撒迪亚对《旧约·创世记》(2:11)的评注亦如此称之。后者为埃及当地人，无疑对此名的使用颇具权威。此名最初指远方另外一处河水，详见 *Castelli annot samar ad Exod*，II. 3；Gesenius，比较参阅：Rosenmüller，I. i. 192；*Gesenius Lexicon*，V.פישון。以上诸内容，详见 Asher，*The Itinerary of Benjamin of Tudela*，Vol.1，145，n.b；Vol.2，pp.193-194。

马库斯·南森·阿德勒提及据马克里齐称 1403 年这里两万多居民殒命之前，此地是一座极为繁荣的城镇。Seba 地名不可考；我们作者无疑是指示巴，此地在圣经中多次与埃及、古实、哈腓拉同时出现。以上诸内容，详见 Marcus Nathan Adler，*The Itinerary of Benjamin of Tudela*，p.68，n.1。

阿斯旺，位于今埃及南部城市。在古代该地被称为赛伊尼，为古代埃及南部边境城市。从今非洲之角到达阿斯旺约3000公里，经行22日似难以完成此行程。此处或为文本缺失所致，或为本杰明道听途说未获得正确的信息，待考。本杰明此处所言Seba应为圣经中示巴之地。《旧约·创世记》(2:10—11)记载："有河从伊甸流出来，滋润那园子，从那里分为四道。第一道名叫比逊，就是环绕哈腓拉全地的。"古代希伯来语פישון用以指尼罗河。关于古实上文注释多有介绍，本杰明此处应是将古实附会至非洲之地。伊本·奥瓦迪，13世纪阿拉伯史学家。撒迪亚，即上文注释所言格昂撒迪亚。——译者

5　亚设谓之"黑人之地被国王统治，人们称其为苏丹哈巴什(Sultan-al-Chabash)。这里的人在各个方面都和野兽很像。他们吃生长在尼罗河畔的草药。……没有任何一个人种与他们类似……他们带着小麦、葡萄干以及无花果等，当作诱饵扔出去，引诱当地人……贩卖到埃及。他们在周围地区被称为黑奴，为含的后裔"，马库斯·南森·阿德勒谓之"一些古实子孙有国王，他们称国王为苏丹哈巴什(Sultan-Al-habash)。他们之中有一类人像动物。他们吃生长在尼罗河畔与此地的草药。……他们没有普通人的智力……面包、小麦、葡萄干与无花果等，将食物扔给这些人；这些人纷纷追逐。……埃及与周边地区……他们成为黑奴，含的子孙"，其中Sultan-al-Chabash与Sultan Al-Habash，Cham与Ham音近，所指相同。详见Asher, *The Itinerary of Benjamin of Tudela*, Vol. 1, pp. 145-146; Marcus Nathan Adler, *The Itinerary of Benjamin of Tudela*, p.68。

亚设提及《旧约·创世记》(6:10)记载："挪亚生了三个儿子，就是闪，含，雅弗。"《旧约·创世记》(11:10—25)记载："闪的后代记在下面。洪水以后二年，闪一百岁生了亚法撒。……拿鹤生他拉之后，又活了一百一十九年，并且生儿养女。"详见Gesenius，חם。马苏第在别处称在努比亚，在阿比尼西亚北部，尼罗河源头附近，有一种猴子被称为"努比亚"。这种猴子体型较小，全身漆黑，类似努比亚人的肤色；狩猎者常携带此猴(*Quatremère*, II.30)。如果我们将此节录与本杰明文本相比，如居民被称为努比亚人，一些居民类似野兽，我们倾向认为我们作者犯了一个可笑的错误，即误解了他的信息来源，认为其指人，实则是指野兽。以上诸内容，详见Asher, *The Itinerary of Benjamin of Tudela*, Vol.2, pp.194-195。

亚设此处所言较为准确，本杰明应是将此地的猴子混同为当地人，并称

其为含的后裔。——译者

6　亚设谓之 Chaluah、Al-Tsahara、Savila、Chavila 与 Ganah，马库斯·南森·阿德勒谓之 Heluan、Sahara、Zawilah、Havilah 与 Gana，分别音近，所指相同，详见 A. Asher, *The Itinerary of Benjamin of Tudela*, Vol.1, p.146; Marcus Nathan Adler, *The Itinerary of Benjamin of Tudela*, p.68。

亚设提及根据阿卜杜拉·本·哈默德(Abdallah Ben Hamed)称赫勒万[Chalua、Aloua，伊德里斯称之为 Ghalua(Edrisi, I.33)]，是大帝国的首都，居民为雅各派基督徒(*Quatremère*, I.33)。伊德里斯及之后的斯图未证实此地为商队始发地，商队从此穿越撒哈拉沙漠，与北非贸易——此处文中所忽视的三个字母应被补上，其穿越沙漠为撒哈拉(Al-Tsahara)沙漠。宰维莱，即我们地图中的 Zavila、Zuila、Zuela，伊德里斯称之为 Zavila(Edrisi, I. 28—259)。此地非凡之处在于其辉煌的集市、建筑、漂亮的街道与通道，"这里有很多富裕的商人，他们极其聪明……他们有着丰富的商业知识。他们规律的商业赢得了普遍赞誉"。商队从宰维莱向南行进，几乎到达非洲内陆的加纳。伊本·奥瓦迪称被称作此名的城市，为黑非洲最大的国家之一；其他国家的所有商人来到此地为获得该地的黄金……我们携带瓦达(Ouada)的无花果、盐与铜等，从此地只获得黄金。斯图未对此城的辉煌状态进行了精彩的描述，证实了关于此地发生的重要的商业交换的记述。伊本·奥瓦迪的记述与我们作者的记述绝大部分相契合，其对沙漠的恐怖程度的简洁记述无误，因为此沙漠确实如此。以上诸内容，详见 Asher, *The Itinerary of Benjamin of Tudela*, Vol.2, pp.195-196。

马库斯·南森·阿德勒提及 Heluan 即今之 Helwan，距离开罗 14 英里以远。早起的哈里发尤其喜欢此地的硫磺热温泉。斯坦利·莱恩·普尔(Stanley Lane Poole)曾提及这里的建筑，称很好奇此处健康的胜地几乎变成了埃及的首都(Stanley Lane Poole, *The History of Cario*, p.61)。赫勒万，位于尼罗河右岸。人们认为进入非洲内陆的商队，穿越撒哈拉沙漠，将会经过尼罗河左岸，但是我们必须明白古代的孟菲斯(Memphis)——其位于尼罗河左岸，正对着赫勒万，在本杰明时代很早之前就已经废弃。伊德里斯与阿布肥达证实了本杰明关于宰维莱(Zawilah、Zaouyla)的记述，其为加纳——现代费赞(Fezzan)的都城，撒哈拉沙漠的一处大绿洲，位于的黎波里以南。以上诸内容，详见 Marcus Nathan Adler, *The Itinerary of Benjamin of Tude-*

la,pp.68-69,n.2。

亚设所言三个字母应指撒哈拉的希伯来文סהר,准确而言应为סהרה。瓦达,位于今布基纳法索(Burkina Faso)——布基纳法索位于撒哈拉沙漠南缘,西非内陆国家。孟菲斯,位于尼罗河三角洲南端,今开罗西南20余公里处。历史上该城作为埃及古王国(公元前27—前22世纪)的首都。赫勒万,位于今孟菲斯遗迹对面,开罗南部约20公里处,历史上曾作为开罗的郊区,或因此被称为"大帝国的首都"。阿斯旺距离赫勒万约800公里。费赞,属于撒哈拉沙漠一部分,位于今利比亚西南部地区。宰维莱,位于今利比亚费赞迈尔祖格(Murzuk)之地,位于今利比亚首都的黎波里以南约700公里处。本杰明此处所言加纳,似应指历史上的非洲加纳之地,非指今日位于西南部沿海地区的加纳。《旧约·创世记》(10:7)记载:"古实的儿子是西巴、哈腓拉、撒弗他、拉玛、撒弗提迦。拉玛的儿子是示巴、底但。"《旧约·历代志》(上,1:9)记载:"古实的儿子是西巴、哈腓拉、撒弗他、拉玛、撒弗提迦。拉玛的儿子是示巴、底但。"《旧约·创世记》(10:29)又记载:"阿斐、哈腓拉、约巴,这都是约坍的儿子。"因此,圣经中出现两个哈腓拉。其中《旧约·创世记》(2:10—12)记载:"有河从伊甸流出来,滋润那园子,从那里分为四道。第一道名叫比逊,就是环绕哈腓拉全地的。在那里有金子,并且那地的金子是好的。在那里又有珍珠和红玛瑙。"如上文注释所言,关于哈腓拉地望,未见定论,本杰明将其认定为宰维莱尚待商榷。——译者

7 亚设谓之"任何时候当风暴来临之时,商队就面临着被沙子活埋的迫在眉睫的危险……铁、铜、各种不同的水果、荜以及盐等。金子与宝石被从此地带走用于交换。此地位于古实或阿比尼西亚西侧",马库斯·南森·阿德勒谓之"当起风之时,商队会被沙子掩埋;很多人窒息而死……铜、小麦、水果、扁豆以及盐。他们从此地带走金子与宝石。此地位于古实西侧边界——古实被称为哈巴什",详见Asher, *The Itinerary of Benjamin of Tudela*, Vol.1, pp.146-147; Marcus Nathan Adler, *The Itinerary of Benjamin of Tudela*, p.69。

马库斯·南森·阿德勒提及此句并不适合出现在此,应出现在前节苏丹哈巴什段落之中,详见Marcus Nathan Adler, *The Itinerary of Benjamin of Tudela*, p.69, n.1。

马库斯·南森·阿德勒文本所称"古实被称为哈巴什"应是将前文哈巴

什之语讹误至此。阿比尼西亚,即埃塞俄比亚。——译者

8 亚设谓之“库兹……这是一座位于埃及边界的城市,有 30 000 余位犹太人”,马库斯·南森·阿德勒谓之“库兹(kutz),即库斯(kūs)。埃及之地始于此,有 300 余位犹太人”,其中 Kuts 与 Kutz 音近,所指相同,详见 A. Asher,*The Itinerary of Benjamin of Tudela*, Vol.1,p.147;Marcus Nathan Adler,*The Itinerary of Benjamin of Tudela*,p.69。

亚设提及戈留斯(Golius)与舒尔特斯(Schultens)声称此地即或位于古代底比斯或大奥斯波利斯(Diospolis Magnus)遗址。然而,德安维尔(d'Anville)与其他杰出的学者将其认定为阿波力诺泼力斯·帕瓦(Appolinopolis Parva)(Strabo,XVI)。阿布肥达称库斯(Kous)位于尼罗河东部的赛得(Saïd),规模仅次于埃及最大的城市福斯塔特,亚丁商人常来此地。“来自印度洋、阿比尼西亚、也门与汉志商队,在穿越埃达布(Aidab)沙漠期间之时,首先停靠在此地。此地有很多商库、私家住宅、浴池、学校、园林、花园与蔬菜园等,居民有各式艺术家、商人、科学家与富有的业主等。”(Makrizi, quoted by *Quatremère*, I. 194)。以上诸内容,详见 Asher,*The Itinerary of Benjamin of Tudela*, Vol.2,p.196。

马库斯·南森·阿德勒提及库兹,即现在的库斯,位于基纳(Keneh)与卢克索(Luxor)中途。库兹古城的规模仅次于福斯塔特,现在早已消失,为阿拉伯贸易中心之地。以上诸内容,详见 Marcus Nathan Adler,*The Itinerary of Benjamin of Tudela*,p.69,n.2。

希腊人称底比斯为大奥斯波利斯,即宙斯之城。阿波力诺泼力斯·帕瓦,为位于上埃及尼罗河西岸古城。赛得,即赛得港,位于埃及东北部地中海沿岸,靠近苏伊士运河的港口城市。埃达布,为中世纪时期重要港口,位于红海西岸,埃及与苏丹之间地区。基纳与卢克索,皆位于埃及南部地区,其中基纳位于卢克索以北约 100 公里处。库斯,应位于埃及基纳省地区,在古王国时期该城即存在。其地距离赫勒万约 500 余公里,马库斯·南森·阿德勒之说较为恰当。——译者

9 亚设谓之“经行五日到达法尤姆(Fajuhm),……20 余位犹太人……”,马库斯·南森·阿德勒“从库兹经行 300 英里到达法尤姆(Fayum)……此地有 200 余位犹太人……”,其中 Fajuhm 与 Fayum 音近,所指相同,详见 Asher,*The Itinerary of Benjamin of Tudela*, Vol.1,p.147;Marcus Na-

than Adler, *The Itinerary of Benjamin of Tudela*, p.69。

亚设提及这是一座古城，伊德里斯称之为 Fajoum(Edrisi, I.308—309)，并称此地规模很大，位于肥沃之地，并有很多大建筑的遗迹。与其他阿拉伯作家一样，伊德里斯亦尤其言及运河建造的缘起应归功于约瑟夫。拉比格昂撒迪亚在这些注释中被数次提及，他就为该城人士——此城迄今仍旧繁盛。里特尔经典的记述几乎囊括了关于此地所有信息(Ritter, I.801)。此地被认定为圣经中的比东，存疑。详见 Rosenmüller, III, 169; Gesenius, V. פתום。以上诸内容，详见 Asher, *The Itinerary of Benjamin of Tudela*, Vol.2, pp.196-197。

马库斯·南森·阿德勒提及库兹距离法尤姆 300 英里，希伯来语字母ש应指 300，而非 3。中世纪时期，法尤姆被错误地称为比东。纳维尔(E. Naville)将伊斯梅利亚(Ismailieh)附近的特拉-埃尔-马斯胡塔(Tell-el-Maskhuta)认定为比东；这座宛如宝库的城市在《旧约·出埃及记》(1:2)中被提及。在众多建筑中，曾发现存储谷物的矩形状仓室——此仓室没有门，玉米从上方倒入。这应始于拉美西斯二世(Rameses II)时期，可详见 E. Naville, *The Store City of Pithom and the Route of the Exodus*, A Memori of the Egypt Exploration Fund, 1885。法尤姆或沼泽地之肥沃，应得因于约瑟夫运河。一则阿拉伯故事称，当约瑟夫年老之时，众臣试图羞辱他，诱导法老为他安排不可能完成的任务，即在数年中将此地的税收翻倍。约瑟夫人为地改变了一条尼罗河天然支流，让该地每年的收益猛长，从而完成了任务。运河由此形成，运河长 207 英里，被称为约瑟夫运河。约瑟夫的仓库被阿拉伯作家多次提及。关于此，可详见 Koran, XII, 55, *Jacut*, IV., 933 and Makrizi, I., 241。以上诸内容，详见 Marcus Nathan Adler, *The Itinerary of Benjamin of Tudela*, p.69, n.2, 3。

希伯来语字母ש代表数字 300。马库斯·南森·阿德勒所言《旧约·出埃及记》(1:2)应为《旧约·出埃及记》(1:11)，其记载："于是埃及人派督工的辖制他们(以色列人)，加重担苦害他们。他们为法老建造两座积货城，就是比东，和兰塞。"可知比东为犹太人在埃及期间所建。伊斯梅利亚，位于埃及伊斯梅利亚省，位于埃及北部地中海沿岸、苏伊士运河西侧。特拉-埃尔-马斯胡塔，位于伊斯梅利亚西侧约 16 公里处。关于比东具体位置，有多种说法。格昂撒迪亚认为，其为法尤姆；纳维尔等认为其应位于特拉-埃尔-马斯胡塔。特拉-埃尔-马斯胡塔曾发现考古遗址，故此说较为流行，详见 Saadia

Gaon, *Tafsir* (Judeo-Arabic translation of the Pentateuch), Exodus 1:11; Yosef Qafih, ed. *Rabbi Saadia Gaon's Commentaries on the Torah*, Mossad Harav Kook: Jerusalem 1984, p. 63 (Exodus 1:11); Ann E. Killebrew, *Biblical Peoples and Ethnicity*, Atlanta GA 2005, p.152。本杰明应是采纳了格昂撒迪亚的观点。拉美西斯二世(约公元前 1303—前 1213 年),古埃及法老。

法尤姆,位于埃及中部,距离开罗西南约 100 公里。此地为绿洲,多湖泊、沼泽,或因此被称为沼泽之地。库兹距离法尤姆约 500 公里。约瑟夫为雅各之子,被贩卖至埃及。约瑟夫曾修建运河,将法尤姆与尼罗河连接,相传在法老阿蒙涅姆赫特三世(Amenemhat III,公元前 1860—前 1818 年在位)时期修建。——译者

三十九、麦西拉姆

从法尤姆经行四日到达麦西拉姆(Mitsraim)或孟菲斯
98 (Memphis)[麦西拉姆(Mizraim)]。这座大城位于尼罗河畔,被称为尼罗河(Al-Nil)[比逊河(Pison)或尼罗河(Al-Nil)],有 2 000(7 000)余位犹太人。[1]

这里有两座(大)犹太会堂,一座为被称为叙利亚人的巴勒斯坦犹太会众(以色列犹太人)所有,另一座为巴比伦犹太会众或伊拉克人(巴比伦犹太人)所有,[前者所有的犹太会堂被称为沙米亚犹太会堂(Kenisat-al-Schamiyyin),后者所有的犹太会堂被称为伊拉克犹太会堂(Kenisat-al-Irakiyyin)]。[2] 他们在将《摩西五经》分为篇章(Parashioth)与次第(S'darim)中遵从不同的风俗(他们所遵循律法的篇章与次第之习俗不同)。巴比伦犹太人每周诵读一个篇章,每年完成《摩西五经》的诵读;西班牙犹太人,(即我们的习俗)亦是如此。叙利亚犹太人遵从将每一个篇章分为三个次第的习俗(巴勒斯坦犹太人则不同,即将每一个篇章分为三个次第),用三年时间完成整个《摩西五经》(律法)的诵读。然而,他们长期形成一个习俗,即将所有会众集合在一起,共同进行公共仪式,在律法欢庆与律法赐予日亦是如此(然而,两个会众有一个习俗,即在律法欢庆与律法赐予日集合在一起,共同祈祷)。[3]

君主的君主拉比拿坦业(R.N'thanel)是犹太学校的主事者,作为所有埃及犹太会众的首领,具有任命拉班尼姆(Rabanim)与管理者的权力[王子的王子拿坦业(Nethanel)是研究机构的主事者,埃及所有犹太会众的首领,任命拉比与管理者],同时也是伟大国王的官员——国王居住在麦西拉姆城中琐安(Tso'an)堡垒[琐安·埃尔-梅迪纳(Zoan el-Medina)的宫殿]之中,这是所有这些阿拉伯人的都城(皇城)。[4] 他们服从阿里·本·阿比塔利布('Ali Ben Abitaleb)宗派的埃米尔穆米尼。因为反对巴格达的埃米尔 99
穆米尼·阿拔斯(Emir-al-Mumenin Al-'Abassi),其国所有人被称为反叛者;他们彼此仇恨。[这里居住着阿布·塔利布(Abu Talib)的后裔埃米尔穆米尼,他的所有臣民被称为阿拉未伊姆(Alawiyyim),因为他们反对巴格达的埃米尔穆米尼·阿拔斯(阿拔斯哈里发)。由于前者建立在琐安(埃及)建立了对立的王位,这两派之间已敌视很久]。[5]

之所以选择以琐安为居处,因其非常便利。王子(埃及君主)每年两次在公开场合出现,分别为他们伟大的节日与尼罗河洪水(涨水)之时。[6] 琐安被城墙环绕;麦西拉姆则没有城墙,其部分被尼罗河冲刷。此城很大,有(大量)集市与市场;一些极为富有的犹太人居住在此。[7]

此地从未见到过雨、霜(冰)与雪,且温度极高。每年厄路耳(Elul)月,尼罗河泛滥一次,淹没整个地区,一直浸润(灌溉)着 15 天行程之内的范围。在这一月与下一月(提斯利月)中,水一直存留在土地之中,土地一直被浸润,很适合农业耕作(灌溉、滋养之)。[8]

以精湛技艺制成的大理石柱矗立在岛屿前面，石柱高出水面
12 码（这里的居民有一座大理石柱，石柱颇具技巧地被竖立起来，
其可显示尼罗河水上涨的程度。这座石柱位于水中央的一座岛屿
前面，12 腕尺高）。[9] 任何时候当水覆盖整个石柱，他们就知道方圆 100
15 天行程范围内的整个埃及地区被淹没。当石柱的一半被覆盖
之时，则说明一半地区尚未被淹没。有专门的官员每天测量河水
的上涨，并在琐安与麦西拉姆宣告：“赞美上帝，河水上升了如此之
高！”测量与宣告日复一日地进行。任何时候当水完全覆盖柱子，
则显示为整个埃及地区带来富足。河水逐步上涨，直到 15 天行程
范围以内的整个地区被淹没。

岛的主人沿着他们的领地挖沟渠（在此地拥有土地的人雇用
人在其领地挖深沟），如此随着河水的上升便可以获得鱼。当河水
退回到河床（当河水退却），鱼仍然存留在沟渠之中，被主人捕获、
食用。其他的鱼则被卖给商人（鱼贩子），商人（鱼贩子）将这些鱼
腌制并贩卖到各地。这些鱼所产生的大量油脂（这些鱼产生大量
油脂，体型硕大），被此地的富人当作油用，用于点灯（此地将这些
油脂用于点灯）。人们在吃了这些鱼并饮用尼罗河水之后，再也不
害怕任何可怕的后果，因为尼罗河水具有极佳的预防作用（虽然人 101
们吃了很多这类鱼，但是如果之后再饮用尼罗河河水，这些鱼就不
会对他们造成伤害，因为尼罗河水有药用效果）。[10]

询问尼罗河涨水的人，被埃及人告知是因为大雨——阿比尼西亚即圣经中的哈腓拉[哈巴什(Habash)（阿比尼西亚），即哈腓拉]，常下大雨，其海拔高于埃及，大雨迫使河水脱离河床，淹没整个地区（当河水上涨的时候，大雨倾盆；大雨引起河水泛滥，淹没此

地)。任何时候当尼罗河停止泛滥的时候,他们便无法进行播种、收割,“那地的饥荒甚大”。[11]

河水退却之后,玛西班(Marcheshvan)为埃及播种的时节。他们在亚达月(Adar)收割大麦,尼散月(Nissan)收割小麦。在此月,还会收割一种被称为樱桃的酸梅、坚果、黄瓜、葫芦、圣约翰(St.John)面包、豆子、斯派特小麦(spelt-corn)、鹰嘴豆、马齿苋等各类草药、芦笋或茴香、葡萄、丽红、香菜、菊苣、卷心菜与酒等(大量的樱桃、梨、黄瓜、葫芦、豆子、豌豆、鹰嘴豆与很多蔬菜:马齿苋、芦笋、荜、生菜、香菜、苣荬菜、卷心菜、葱与刺苞菜蓟等被收割)。整个地区盛产良品,果园与花园由井水(各种池塘)与尼罗河水灌溉。[12]

尼罗河流经麦西拉姆之后,分为四个支流。其中之一流向杜姆亚特(Damietta),即迦斐托(Khaphthor)[迦斐托(Caphtor)],然后流向大海;第二个流向拉什德(Rashid)或罗塞塔(Rosetta)[拉
102 什德(Reshid),即罗塞塔(Rosetta)]——其地位于亚历山大里亚附近,然后流向大海;第三个流向艾什蒙(Ashmun)——其为埃及边境地区最大的城市[第四个远流至埃及边境地区]。此四个支流河畔皆分布有城市、城镇与村庄,大量游历者(人们)经河道与陆路常到这些地区。世界上没有其他地区如埃及(此地)这般人口众多,精耕细作。埃及(此地)土地广袤,盛产良品。[13]

从新麦西拉姆经行 2 法尔萨赫至老麦西拉姆。老麦西拉姆一片废墟,但是城墙、房屋与大量约瑟夫的谷仓之遗址直到今日仍依稀可见(但是城墙与房屋遗址直到今日仍依稀可见,大量约瑟夫的仓库在很多地方被发现,其以石灰与石头建造,极其坚固)。以魔力建成的金字塔在此处可以看到；任何国家与地区的任何东西皆无法与金字塔相比（以奇妙做工建造的石柱，在世界其他地区无法找到另外一个）。金字塔由石头与水泥建造，非常壮观。我们（已逝）伟大的先导摩西的古老犹太会堂，位于此城城郊，愿他安息。此为祈祷之地，一位非常博学（非常博学且受人尊重）的老者看护并管理此地，他被称为教长阿布纳萨尔（Al Sheikh Abunasar）[教长阿布·纳萨尔（Al Sheik Abu al-Nazr）]。老麦西拉姆（废墟中的老麦西拉姆）3 英里长。[14]

从老麦西拉姆经行 8 法尔萨赫到达歌珊（Goshen）之地。此 103
地被称为贝尔比斯（Belbeis）[比利巴斯（Bilbais）]，是一座大城，有 3 000（300）余位犹太人。[15]

从歌珊经行半日到达以斯肯·艾因·沙马（'Iskii Ain al Shems），古代的兰塞（Ra'amses）[艾因-沙马（Ain-al-shama）或兰塞（Ramses）]，现在为一片废墟。此地有一些建筑遗址，这些建筑是我们先辈所建；还有一些用砖石建造的塔状建筑（此地可以看到一些我们先辈所建的建筑，即以砖石建造的塔）。[16]

从艾因-沙马经行一日至布比奇戈（Al-Boutidg）[布比奇戈（Al-Bubizig）]；此地有 200 余位犹太人。[17]

[从布比奇戈经行半日到达本哈（Benha）；此地有 60 余位犹太人。][18]

（从本哈）经行半日到达色非塔（Sefita）[姆内·色非塔（Muneh Sifte）]；此地有 200（500）余位犹太人。[19]

[从姆内·色非塔经行半日到达萨姆努（Samnu）；此地有 200 余位犹太人。][20]

(从萨姆努经行)经行4法尔萨赫到达达米拉(Damira);此地有700余位犹太人。[21]

从达米拉经行5日到达马赫勒(Mahaleh)[拉马拿(Lammanah)];此地有500余位犹太人。[22]

注释

1 亚设谓之"麦西拉姆(Mitsraim)或孟菲斯(Memphis),……尼罗河,……2 000余位犹太人",马库斯·南森·阿德勒谓之"麦西拉姆(Mitsraim)……比逊河(Pison)或尼罗河……7 000余位犹太人",其中Mitsraim与Mizraim音近,所指相同,详见A. Asher, *The Itinerary of Benjamin of Tudela*, Vol. 1, p. 147; Marcus Nathan Adler, *The Itinerary of Benjamin of Tudela*, pp.69-70。

亚设提及我们作者所称Misr与阿布肥达所称类似(Abulfeda, p.424),指米斯尔-埃尔-阿提卡(Misr-al-Atik)或福斯塔特,欧洲人错误地称之为旧开罗。尼布尔对此城历史多有记述,读者可参阅之(Niebuhr, I. 36, 37, note. 247, p.202.)。如果"或孟菲斯"之语可以省略,我们的翻译将会更加真实。福斯塔特一直有很多犹太人,尼布尔在阿拉伯地理学家权威记载的基础上对此有所记述,但是我们将会在以后的注释中对此地之历史及其现状进行详细论述,本杰明时期此地似乎独立于巴格达被囚禁的王子的权威之外。下文即将提及的拉比纳撒尼尔(R. Nathanel)为整个埃及犹太会众首领,并可选任犹太会堂的官员[拉班尼姆(Rabanim)]。有可能法蒂玛与阿拔斯王朝的分裂、埃及与巴格达王室之间长期紧张的仇恨关系,导致了埃及犹太人首领的选举。这些"君主的君主"行使权威,有可能乐意将埃及如此定级,因此被囚禁的王子在亚洲被尊重,在巴格达哈里发权威被认可的地区强行行使他们的敕令。以上诸内容,详见A. Asher, *The Itinerary of Benjamin of Tudela*, Vol.2, pp.197-198。

马库斯·南森·阿德勒提及以色列·亚伯拉罕与沃曼(E. J. Worman)先生从戈尼萨文书中提供了关于福斯塔特与开罗的精彩信息(Israel Abrahams, in *J. Q. R.* XVII, 427, sqq; E. J. Worman, Vol. XVIII)。但是,为了完全理解本杰明的记述,我们必须知道在他到达之时,此地正经历一场危机。

1169 年 3 月萨拉丁正式成为埃及的统治者，尽管其名义上为哈里发埃尔-阿迪德的维齐尔——埃尔-阿迪德是法蒂玛王朝最后一位哈里发，逝世于 1171 年 9 月 13 日，即被废位三天之后。可参阅 Stanley Lane Poole，*The Biography of Saladin*，1878。斯坦利·莱恩·普尔在第八章中对 1171 年开罗的情况记述尤详，并配有地图。开罗著名的堡垒，位于穆卡塔姆(Mukattam)山山嘴，即是萨拉丁在七年之后所建。1170 年的开罗，以埃尔·梅迪纳(El Medina)著称，被本杰明称为"琐安(Zoan)之地的宫殿"(ארמון צוען המדינה)；其建于 969 年，有一座哈里发及其众多家眷的巨大宫殿；周围有供军队驻扎的区域，以及供大臣与政府官员居住的大厦。其全部被高大的城墙保护，并有诺曼风格的城门。居民，尤其是犹太人，居住在被称为巴比伦城堡的古老的卡斯尔-伊沙-沙马(Kasr-esh-Shama)区域、福斯塔特城(建于 641 年)、埃尔-阿斯卡尔(El-Askar)区(建于 751 年)。这些郊区被称为 Misr 或 Masr，但是被本杰明称为 Mizraim。维齐尔沙瓦(Shawar)曾在 1168 年 11 月 12 日下令火烧福斯塔特，此举是为了不给入侵埃及的法兰克人提供庇护之处；但是之后部分得以重建。现在该地被称为马萨-埃尔-阿提卡(Masr-el-Atika)，今日以其硕大的垃圾堆引人注目，详见 Stanley Lane Poole，*The Biography of Saladin*，p.34。以上诸内容，详见 Marcus Nathan Adler，*The Itinerary of Benjamin of Tudela*，pp.69-70，n.4。

拉班尼姆，即拉比的不规则复数形式רבנים。君主的君主，即指统治犹太会众首领的阿拉伯人君主。穆卡塔姆山，位于开罗西南部地区。马库斯·南森·阿德勒此处所言本杰明称之吉普赛人之地的宫殿，所指不明，亦未言即出处，似指此地曾生活大量吉普赛人。

Mizraim，即希伯来语מִצְרַיִם，为犹太人对埃及的称谓。本杰明此处以מִצְרַיִם指包括福斯塔特、埃尔-阿斯卡尔、卡斯尔-伊沙-沙马等在内的开罗近郊地区，犹太人主要生活在福斯塔特地区。亚设文本所称"或孟菲斯"之语应为讹误。从法尤姆到福斯塔特约 100 公里；尼罗河被称为比逊河，详见上文注释。本杰明关于琐安之记载，详见下文。——译者

2　亚设谓之"这里有两座犹太会堂，一座为被称为叙利亚人的巴勒斯坦犹太会众(以色列犹太人)所有，另一座为巴比伦犹太会众或伊拉克人(巴比伦犹太人)所有"，马库斯·南森·阿德勒谓之"这里有两座大犹太会堂，前者所有的犹太会堂被称为沙米亚犹太会堂(Kenisat-al-Schamiyyin)，后者所有的犹太会堂被称为伊拉克犹太会堂"，详见 A. Asher，*The Itinerary of Ben-*

jamin of Tudela, Vol.1, p.147; Marcus Nathan Adler, *The Itinerary of Benjamin of Tudela*, p.70。

德欧森提及马克里齐在关于埃及的著作第三卷末尾中有四章的标题如下:犹太人犹太会堂;来自犹太人时代及其他们的节日;犹太人的观点与原始信仰以及他们风俗之变化;今天与犹太人共享的其他宗派。从其中的第一章中得知犹太人在埃及有很多犹太会堂,希伯来语 Kenisset 是一个非常重要的词汇,即犹太人集中祷告的场所。作者提到了数座犹太会堂,在德摩(Demouh)犹太会堂的文章中,该犹太会堂与摩西的生平有关,德加德尔(Djaoudjer)犹太会堂与先知以利亚的生平有关。以上诸内容,详见 Asher, *The Itinerary of Benjamin of Tudela*, Vol.2, p.198。

芒克提及马克里齐所列举的犹太会堂如下:德摩犹太会堂(详见 Abdallatif, p.245);德加德尔犹太会堂,先知以利亚时期开始;阿拉姆查茨犹太会堂,位于米斯尔(Misr)马卡卡(Maccaca)街道;阿拉什阿米犹太会堂;阿拉阿拉克犹太会堂——此两者亦位于马卡卡街道;阿拉故德拉犹太会堂,位于开罗德乔达里亚(Djondariyya)街道;阿拉卡拉意犹太会堂,卡拉派犹太会堂;德拉布阿拉阿茨犹太会堂,位于佐伟拉(Zoweila)区达布·拉耶德(Darb-al-Rayedh)街道;阿拉布阿尼犹太会堂,拉比犹太会堂;阿布·萨米犹太会堂,卡拉派犹太会堂,位于佐伟拉区;阿拉斯穆拉犹太会堂,撒玛利亚人犹太会堂,位于佐伟拉区。沙米亚犹太会堂位于米斯尔的卡斯尔-沙马(Kacr-al-Schma)街道,是一座很古老的犹太人会堂。会堂门廊木头上刻写的希伯来文,显示该会堂建立于亚历山大之后的第 336 年,提图斯征服耶路撒冷之前的第 45 年,穆罕默德迁徙至麦地那(徙志)的前 600 余年。这座犹太会堂中保存有一部《托拉》,据说全部为先知以斯拉所抄写,阿拉伯语将以斯拉称为 Ozeir。伊拉克犹太会堂,也位于卡斯尔-沙马街道。以上诸内容,详见 A. Asher, *The Itinerary of Benjamin of Tudela*, Vol.2, pp.198-200。

Kenisset,即希伯来语הכנסת,指犹太会堂。亚历山大大帝于公元前 323 年逝世,公元 70 年罗马人征服耶路撒冷,穆罕默德于 622 年迁徙至麦地那——阿拉伯语中称之为徙志,即出走之意。据此判断,沙米亚犹太会堂应建于 13—25 年之间。本杰明此处所言沙米亚犹太会堂,应为发现戈尼萨文书的本·以斯拉犹太会堂。或因此犹太会堂保存以斯拉所抄写之《托拉》,而又被称为本·以斯拉犹太会堂。——译者

3 亚设谓之"他们在将《摩西五经》分为篇章与次第中遵从不同的风

俗。……西班牙犹太人亦是如此。叙利亚犹太人遵从将每一个篇章分为三个次第的习俗……《摩西五经》……然而,他们长期形成一个习俗,即将所有会众集合在一起,共同进行公共仪式,在律法欢庆与律法赐予日亦是如此”,马库斯·南森·阿德勒谓之“他们所遵循律法的篇章与次第之习俗不同。……西班牙犹太人,即我们的习俗亦是如此。巴勒斯坦犹太人则不同,即将每一个篇章分为三个次第……律法……然而,两个会众有一个习俗,即在律法欢庆与律法赐予日集合在一起,共同祈祷”,详见 A.Asher,*The Itinerary of Benjamin of Tudela*, Vol.1,pp.147-148;Marcus Nathan Adler,*The Itinerary of Benjamin of Tudela*,p.70。

亚设提及《摩西五经》被分为 7 部分、54 篇章,文中所提到的巴比伦犹太人此种习俗直到今日仍是如此,前者(律法欢庆日)在住棚节最后一天庆祝[《旧约·申命记》(16:13—15)],后者(律法赐予日)在七七节(The Feast of Weeks)庆祝[《旧约·申命记》(16:9)]。以上诸内容,详见 A.Asher,*The Itinerary of Benjamin of Tudela*, Vol.1,p.147,n.b,p.148,n.b。

马库斯·南森·阿德勒提及可详见两篇著名的文章 A.Büchler,“The Reading of the Law and Prophets in a Triennial Cycel”,in *J.Q.R.*, V.420, VI.I;E.N.Adler,ib.VIII,529;关于犹太会堂,详见 *J.Q.R.*, V.XVIII,II; Letter I of R.Obadja da Bertinoro;*Miscellany of Hebrew Literature*, p.133; Joseph Sambari,*Chronicle*,in Neubauer, *Anecdota Oxoniensia*, p.118。如 I.亚伯拉罕(I.Abrahams)所言那样,萨巴里(Sambari)肯定参阅过本杰明的行纪,详见 I.Abrahams,in *J.Q.R.*,II,p.107。以上诸内容,详见 Marcus Nathan Adler,*The Itinerary of Benjamin of Tudela*,p.70,n.1。

住棚节,源自希伯来语 סוכות,每年从犹太教历提市黎月(公历 9、10 月间)15 日开始,为期 7 天或 9 天。其有两个含义——其一指每年年终的农业收获节日,为纪念农民在收获期间所搭建的棚屋;其二,为纪念犹太人在出埃及之后进入迦南之前在旷野的棚屋中所居住的四十年。在住棚节,犹太人搭建棚屋,并在里面饮食、休息、款待客人等。《旧约·申命记》(16:13—15)记载:“你把禾场的谷、酒醡的酒,收藏以后,就要守住棚节七日。守节的时候,你和你儿女、仆婢、并住在你城里的利未人,以及寄居的、与孤儿寡妇,都要欢乐。在耶和华所选择的地方,你当向耶和华你的神守节七日。因为耶和华你神在你一切的土产上,和你手里所办的事上,要赐福与你,你就非常的欢乐。”圣经记载欢乐的守节,因此得名律法欢庆日。七七节,是逾越节过后七周的那天。本来这是一个农业收获节，以色列人在这一天把新收的小麦献给上帝，后来成了犹太人用以纪念神在西奈山上颁布律法。《旧约·申命记》(16：9—10)记载："你要计算七七日，从你开镰收割禾稼时算起，共计七七日。你要照耶和华你神所赐你的福，手里拿着甘心祭，献在耶和华你的神面前守七七节。"——译者

4　亚设谓之"君主的君主拉比拿坦业(R.N'thanel)是犹太学校的主事者，作为所有埃及犹太会众的首领，具有任命拉班尼姆与管理者的权力，……麦西拉姆城中琐安堡垒……都城"，马库斯·南森·阿德勒谓之"王子的王子拿坦业(Nethanel)是研究机构的主事者、埃及所有犹太会众的首领，任命拉比与管理者，……琐安·埃尔-梅迪纳宫殿……皇城"，其中 N'thanel 与 Nethanel 音近，所指相同，详见 A. Asher, *The Itinerary of Benjamin of Tudela*, Vol.1, p.148; Marcus Nathan Adler, *The Itinerary of Benjamin of Tudela*, pp.70-71。

亚设提及尼布尔称本杰明所言之为琐安位于城市与穆卡塔姆(Mokattam)山之间，在与此山隔离的岩石之上；该城在圣书中曾被提及，本杰明时期的埃及犹太人认为琐安城位于此地(Niebuhr, I.92)。以上诸内容，详见 A.Asher, *The Itinerary of Benjamin of Tudela*, Vol.2, p.200。

马库斯·南森·阿德勒提及施恩茨首次提出拉比拿坦业即是海比特·伊本·贾米(Hibet iben Al Jami)，之后成为萨拉丁的医生(详见 Asher, *The Itinerary of Benjamin of Tudela*, Vol. 2, p. 253)。格雷茨亦如此认为(Graetz, Vol. VI, p.307)。斯坦施耐德博士证实了此种说法，并对海比特·伊本·贾米的医学与哲学著述进行了详细的介绍(Steinschneider, *Die arabische Literstur der Juden*, 1902, p.178)。纽鲍尔博士在一封 1160 年的有关婚姻契约的义尼萨文书中发现拉比拿坦业被称为利未人(Neubauer, in *J.Q.R.*, VIII, 541)，本杰明此处并未如此称之。此文中还出现苏塔·梅吉拉(Suttah Megillah)，库夫曼(Kaufmann)教授对此有所论述(Kaufmann, in *J.Q.R.*, Vol.X., p.171)。拉比拿坦业似乎从未得到纳第德之身份。在本杰明游历埃及期间，苏塔作为首席征税官，名义上掌握了这一职位。苏塔之后，纳第德建议由摩西·迈蒙尼德担任，但是并未被其接受。

穆卡塔姆山，位于开罗东部地区。圣书，应指犹太人的宗教文献。苏塔·梅吉拉应为此时另外一位埃及犹太人首领。《旧约·民数记》(13：22)记载："原来希伯仑城被建造比埃及的琐安城早七年。"《旧约·诗篇》(78：12)记

载:“(摩西)他在埃及地,在琐安田,在他们祖宗的眼前,施行奇事。”琐安通常被认为可能为位于埃及东北部塔尼提克(Tanitic)运河畔的塔尼斯城(Tanis)。马库斯·南森·阿德勒在下文亦如此认为(详见下文注释),并称古代将开罗不假思索地称为圣经中的琐安。君主的君主,即指埃及犹太人自治之状态。——译者

5 亚设谓之“他们服从阿里·本·阿比塔利布宗派的埃米尔穆米尼(Emir-al-Mumenin)。因为反对巴格达的埃米尔穆米尼·阿拔斯,其国所有人被称为反叛者;他们彼此仇恨”,马库斯·南森·阿德勒谓之“这里居住着阿布·塔利布的后裔埃米尔穆米尼,他的所有臣民被称为阿拉未伊姆(Alawiyyim),因为他们反对巴格达的埃米尔穆米尼·阿拔斯(阿拔斯哈里发)。由于前者在琐安(埃及)建立了对立的王位,这两派之间已敌视很久”,详见 Asher,*The Itinerary of Benjamin of Tudela*, Vol.1,pp.148-149;Marcus Nathan Adler,*The Itinerary of Benjamin of Tudela*,p.71。

亚设提及我们作者所称巴格达与埃及哈里发之间的对峙,被所有历史学家所提及。“尽管与巴格达哈里发有着共同的信仰,但是不同的感情导致双方王室之间的仇视。在巴格达公开的祷告中,对埃及哈里发进行诅咒;开罗在同样的仪式上诅咒巴格达哈里发。”(Desguignes in mém,de l'académie,XXXVII,491)。以上诸内容,详见 A.Asher,*The Itinerary of Benjamin of Tudela*, Vol.2,p.200。

马库斯·南森·阿德勒提及阿拉未伊姆(Alawiyyim)——其并未印刷版中出现,意为穆罕默德的女婿、什叶派建立者阿里的追随者,详见 Marcus Nathan Adler,*The Itinerary of Benjamin of Tudela*,p.71。

阿布·塔利布,即阿里·本·阿比塔利布,即阿里。Emir-al-Mumenin 即“信仰王子”或“信仰领袖”之意,详见上文。——译者

6 亚设谓之王子、尼罗河洪水,马库斯·南森·阿德勒谓之埃及君主、涨水,详见 Asher,*The Itinerary of Benjamin of Tudela*, Vol.1,p.149;Marcus Nathan Adler,*The Itinerary of Benjamin of Tudela*,p.71。

亚设提及本杰明对埃及政府与法蒂玛哈里发的记述,证明他的信息在1171年之前。法蒂玛王朝最后一位哈里发阿迪德(Adhed)于1171年逝世;在此之前不久,在设蔻(Shirkou)与其外甥著名的萨拉丁率领努尔丁的军队的征服之下,他的权威早已丧失,后者(萨拉丁)享有了此种权威。阿拉伯历567年穆哈兰姆月(Mouharrem)第一个节日,在开罗最大清真寺的公众宗教

节日中，巴格达哈里发取代了哈里发阿迪德。由于没人能够注意到此变化，萨拉丁下令在米斯尔与开罗其他清真寺中亦如此进行。这条敕令在接下来的周五被执行。甚至在阿迪德退位之前，巴格达哈里发的权威在整个埃及已被毫无异议地重塑。阿迪德一度被限制在其寝宫内，足以"幸福"地作为一位消极的旁观者，见证其信仰逐渐衰落、毁灭。本杰明所言法蒂玛哈里发很少在公共场合露面，亦被其他作者所证实，详见 Gibbon，chap.59。君主在尼罗河涨水之时显身，似乎被法蒂玛王朝继任君主所继承，"当河水来临之时，……开罗人将苏丹放在一个制作好的胆囊上，调整大小，然后打开一个手工制的凹洞，通过此凹洞可以离开河流，得以穿过……通常在入口处，苏丹将会调整大小。"(Gilbert de Lannoy in *Archaeologia*，XXI，p.327)。12 世纪的这些王子仅是王权的影子，真正的权力掌握在维齐尔手中，琐安是他们自愿居住地，亦是他们的监狱。关于此大城，我们向读者推荐伊德里斯对福斯塔特的描述(Edrisi，I.301.2.3)，此将会证实我们作者的描述；得益于德欧森，我们可提供如下来自马克里齐关于此城的摘录：

这里是马克里齐在第一次行程结束之后对福斯塔特城的描述，源自其对埃及的记述(Abdallatif，p.7)：

据埃尔-德赫里(El-Djerheri)(著名的《阿拉伯字典》作者)称福斯塔特为埃及首都。福斯塔特城是在穆斯林征服埃及后所建，并成为首都；之前被罗马与科普特人控制。穆斯林建立福斯塔特之后，都城由亚历山大里亚转移到此——亚历山大里亚作为埃及首都长达九百多年。从此，福斯塔特成为政府的居所，直到附近埃尔-阿斯克(El Asker)城建立之后，福斯塔特成为他们普通的居所，他们其中的一些人仍住在福斯塔特。但是，埃米尔阿布·阿拔斯·艾哈迈德(Emir Abul Abbas Ahmed)之时——其为图伦(Tounoun)之子，在埃尔-阿斯克附近建立了埃尔-卡塔(El-Cattai)，他便居住在此，他的继任者直到最后一位图伦埃米尔等，皆效仿他。他们之后，埃及的统治者一直居住在埃尔-阿斯克，直到姆兹-里-第-伊拉·法蒂玛(Moizz-li-din-illahi Fathimite)征服埃及之时，他的大臣德赫·埃尔-凯德(Djerher el-Caid)下令发动此次征服。德赫·埃尔-凯德建立了开罗城，并将军队驻扎在此。姆兹-里-第-伊拉·法蒂玛到来之时，住在开罗的宫殿之中，开罗成为哈里发的居所。但是，福斯塔特仍旧繁荣，城内大量的建筑以及众多的人口，是世界上其他城市所不能比拟之，除了巴格达。福斯塔特一直保持繁荣的状态，直到法兰克人入侵。当法兰克国王梅瑞(Meri)[阿马尔里克(Amauri、Amalrich)]在

开罗附近的哈巴史(Habesch)湖畔扎营之时,维齐尔施未尔(Schaver)认为自己不能够同时防御福斯塔特与开罗,便下令福斯塔特居民撤离,选择守卫开罗以确保安全。福斯塔特城非常坚固,容易把守,因此福斯塔特居民欣然接受,并进入到开罗。施未尔纵火焚烧福斯塔特,在50天中该城被燃烧殆尽。当阿马尔里克撤退之时,施未尔占领了未兹拉特(Vezirat),居民返回到福斯塔特。但是,该城再也没有从废墟中重新恢复,然而今日其仍可被称为埃及之城市(Makrizi,*c'est le vieux Caire*)。以上诸内容,详见A.Asher,*The Itinerary of Benjamin of Tudela*, Vol.2,pp.200-204。

阿迪德(1160—1171年),最后一任法蒂玛哈里发。穆哈兰姆月,阿拉伯历第一个月,也是全年第一个圣月。如前文注释所言,努尔丁曾派军将十字军从埃及驱逐,萨拉丁亦曾随军前往。萨拉丁之后掌握了对埃及的实质性控制,为建立阿尤布王朝(1171—1260年?)奠定了基础。埃尔-阿斯克城,应为福斯塔特附近城市。艾哈迈德·伊本·图伦(Ahmed Ibn Tulum,868—884在位),于868年建立图伦王朝(868—905年),统治埃及与叙利亚一带,后被阿拔斯王朝军队所灭。埃米尔·阿布·阿拔斯·艾哈迈德应为图伦长子,因反叛而被处死。姆兹-里-第-伊拉·法蒂玛(932—975年),法蒂玛王朝第四任哈里发;其统治时期,法蒂玛王朝于969年征服埃及。阿马尔里克(1136—1174年),耶路撒冷王国国王,曾多次入侵埃及,并于1167年入侵开罗。未兹拉特,疑似福斯塔特或开罗某地,待考。——译者

7 亚设谓之集市与市场,马库斯·南森·阿德勒谓之大量集市与市场,详见Asher,*The Itinerary of Benjamin of Tudela*, Vol.1,p.149;Marcus Nathan Adler,*The Itinerary of Benjamin of Tudela*,p.71。

8 亚设谓之"霜……浸润……下一月……一直被浸润,很适合农业耕作",马库斯·南森·阿德勒谓之"冰……灌溉……提斯利月……灌溉、滋养之",详见A.Asher,*The Itinerary of Benjamin of Tudela*, Vol.1,pp.149-150;Marcus Nathan Adler,*The Itinerary of Benjamin of Tudela*,p.71。

亚设提及尼罗河此处被称为יאור,即海。德·萨西称在埃及我们将尼罗河称为海,因此我们在真正称呼海之时,如地中海或阿拉伯湾等,增加一个肮脏的称号(Gesenius,יאור)。同样的称谓也出现在圣经之中,详见《旧约·创世记》(41:1)《旧约·利未记》(1:22,2:3,7:15)。以上诸内容,详见Asher,*The Itinerary of Benjamin of Tudela*, Vol.2,p.204。

尼罗河在希伯来语中被称为יאור或נִילוֹס,其中יאור又有河流之意。《旧

约·创世记》(41:1)记载:"过了两年,法老作梦,梦见自己站在河边。此处的河即指海。——译者

9 亚设谓之"以精湛技艺制成的大理石柱矗立在岛屿前面,石柱高出水面12码",马库斯·南森·阿德勒谓之"这里的居民有一座大理石柱,石柱颇具技巧地被竖立起来,其可显示尼罗河水上涨的程度。这座石柱位于水中央的一座岛屿前面,12腕尺高",详见A.Asher,*The Itinerary of Benjamin of Tudela*, Vol.1,p.150;Marcus Nathan Adler,*The Itinerary of Benjamin of Tudela*,pp.71-72。

亚设提及关于此石柱,可详见Edrisi,l.c;关于此石柱历史,详见Langlés,*Notice historique sur les Nilmētres*,in Norden,Voyage,p.218 et seq;Ritter,l.835。兰诺(Lannoy)称这里有一位独立的人士,会识破苏丹的诡计,其将会在开罗尖叫,以争夺人民(Lannoy,*Archaeologia*,XXI,327)。这位负责观察石柱的官员,经常受到开罗警察的影响。这很契合政府的政治考量,在报告水位高度之时有时突然多报数英寸。通过这一技巧,人民心中会燃起大丰收的希望,这种信念的影响会立即显现出来。来自里特尔杰出著作的一篇摘录——这些摘录将在完成这些注释之后呈现,其不仅介绍了这个令人感到好奇设备之历史,而且向英语读者展示了比较地理学之父如何处理此类话题。以上诸内容,详见A.Asher,*The Itinerary of Benjamin of Tudela*,Vol.2,pp.204-205。

马库斯·南森·阿德勒提及同样的石柱位于罗达(Roda)岛南段尾部,很乐意向游客展示。从卡斯尔-伊沙-沙马(Kasr-esh-Shama)乘船很容易到达此地,卡斯尔-伊沙-沙马位于埃利亚胡犹太会堂(Kenisat Eliyahu)附近,戈尼萨文书即在此被发掘,详见E.N.Elder,*Jews in many Lands*, p.28; *J.Q.R.*, LX,669。此塔位于一个方井之中,直径16英尺,中部为一个带有刻度的八角柱,并刻有库法体的铭文,高17腕尺,1腕尺为21.3英寸。尼罗河水在最低点之时,淹没此石柱7腕尺;当到达15.6腕尺之时,尼罗河的谢赫(Sheikh)即会宣告Wefa,即河水高度足以灌溉尼罗河畔所有土地;此信息显示河堤开口。我们得知石柱经常被修缮,这一情况显示本杰明所述测量的高度与以上所提到的数据存在明显的差异。以上诸内容,详见Marcus Nathan Adler,*The Itinerary of Benjamin of Tudela*,pp.71-72。

罗达岛,位于开罗中部尼罗河中,福斯塔特即位于此岛西边。尼罗河的谢赫即指尼罗河的官员,谢赫之意,详见上文注释。——译者

10　亚设谓之“岛的主人沿着他们的领地挖沟渠……当河水退回到河床……商人……这些鱼所产生的大量油脂，被此地的富人当作油用，用于点灯。人们在吃了这些鱼并饮用尼罗河水之后，再也不害怕任何可怕的后果，因为尼罗河水具有极佳的预防作用”，马库斯·南森·阿德勒谓之“在此地拥有土地的人雇用人在其领地挖深沟……当河水退却……鱼贩子……这些鱼产生大量油脂，体型硕大，此地将这些油脂用于点灯。虽然人们吃了很多这类鱼，但是如果之后再饮用尼罗河河水，这些鱼就不会对他们造成伤害，因为尼罗河水有药用效果”，详见 A.Asher, *The Itinerary of Benjamin of Tudela*, Vol.1, pp.150-151；Marcus Nathan Adler, *The Itinerary of Benjamin of Tudela*, p.72。

亚设提及阿达拉提夫(Abdallatif)称当尼罗河水不再上涨的时候，为防止水流向河流，将其聚拢在陆地一侧，人行道路口与桥的拱门将会被关闭。所以我们撒网，以引导水的流向。鱼顺着水流方向到达网处，并被其所拦，不会随水流走，于是便在网中捕鱼。然后将其放在地上，铺在地毯上，用盐腌制，并装在瓶中。当其被制成时，起名萨拉松寺(Salaisons)，与瑟尔(Sir)，并卖掉。仅有那些与手指大小一致或更小的鱼被保留。此类品种在新鲜之时被称为阿布萨瑞阿(Absaria)，常被烧烤或油炸(Abdallatif, pp.283-284)。尼罗河有全世界最为丰富的鱼类资源，但是在沙漠中食用这些鱼都不太健康，然而水却很健康，可以多喝(*Archaeologia*, l.c., 333)。桑迪斯(Sandys)称这些鱼有害的因素源自河中泥土，有益的因素则源自尼罗河的水，详见 Ludolf hist.aethiop. l. I. c. 8. No. 53；Sonnini's *Travels*, c. 22；Rosenmüller, l. c. III. 204，及其权威的引文。以上诸内容，详见 A.Asher, *The Itinerary of Benjamin of Tudela*, Vol.2, pp.205-206。

11　亚设谓之“哈腓拉……其海拔高于埃及，大雨迫使河脱离河床，淹没整个地区”，马库斯·南森·阿德勒谓之“哈巴什(阿比尼西亚)，即哈腓拉……当河水上涨的时候，大雨倾盆；大雨引起河水泛滥，淹没此地”，详见 A. Asher, *The Itinerary of Benjamin of Tudela*, Vol.1, p.151；Marcus Nathan Adler, *The Itinerary of Benjamin of Tudela*, p.72。

亚设提及尼罗河涨水之情况，详见上文“以精湛技艺制成的大理石柱矗立在岛屿前面，石柱高出水面 12 码”中所提里特尔之论述；此处所言，阿比尼西亚即圣经中的哈腓拉似为正确，详见 Gesenius, חוילה 2。以上诸内容，详见 A.Asher, *The Itinerary of Benjamin of Tudela*, Vol.2, p.206。

马库斯·南森·阿德勒提及最近才清晰地认识到尼罗河的泛滥不是因为非洲中部湖水的不断涌出，因为这些涌出的湖水已经消失在法绍达(Fashoda)的沼泽地之中。此外，河流完全被制作莎草纸的草所堵塞——此类草被称为 Sudd，圣经中的סוף，详见《旧约·出埃及记》(2：3—5)。泛滥完全是由阿比尼西亚高原的大雨造成，其在六七月间引起青尼罗河泛滥，八九月间引起尼罗河下游泛滥。以上诸内容，详见 Marcus Nathan Adler，*The Itinerary of Benjamin of Tudela*，pp.72-73。

《旧约·创世记》(43：1)记载："那地的饥荒甚大。"法绍达，位于白尼罗河畔，今南苏丹境内。《旧约·出埃及记》(2：3—5)记载："后来不能再藏，就取了一个蒲草箱，抹上石漆和石油，将孩子放在里头，把箱子搁在河边的芦荻中。孩子的姐姐远远站着，要知道他究竟怎么样。法老的女儿来到河边洗澡，她的使女们在河边行走。她看见箱子在芦荻中，就打发一个婢女拿来。"莎草纸以纸莎草制成，纸莎草又称蒲草；此处即译作蒲草。关于哈腓拉地望，详见上文注释；其常被与阿拉伯半岛地区联系起来，但关于其具体地望不详。本杰明与亚设之说尚待商榷。——译者

12 亚设谓之"还会收割一种被称为樱桃的酸梅、坚果、黄瓜、葫芦、圣约翰面包、豆子、斯派特小麦、鹰嘴豆、马齿苋等各类草药、芦笋或茴香、葡萄、丽红、香菜、菊苣、卷心菜与酒等被收割……井水"，马库斯·南森·阿德勒谓之"大量的樱桃、梨、黄瓜、葫芦，豆子、豌豆、鹰嘴豆与很多蔬菜：马齿苋、芦笋、荜、生菜、香菜、苣荬菜、卷心菜、葱与刺苞菜蓟等被收割……各种池塘"，详见 A.Asher，*The Itinerary of Benjamin of Tudela*，Vol.1，p.152；Marcus Nathan Adler，*The Itinerary of Benjamin of Tudela*，p.73。

亚设提及关于埃及的特产，详见 Abdallatif，l.1.ch.II。圣约翰面包，拉丁语中作 Carob-siliqua，法语作 Caroube 或 Carouge。圣约翰面包这一译法，在犹太人中较为常见，尽管阿达拉提夫从未提及这是埃及的本土产物。以上诸内容，详见 A. Asher，*The Itinerary of Benjamin of Tudela*，Vol. 2，p.206。

玛西班月，犹太教历 8 月，相当于公历 10—11 月间。Carob-siliqua 与 Caroube 或 Carouge 分别意为角豆-豆荚与长豆角，又称豆角树。斯派特小麦，又称丁克尔(dinkel)小麦或去壳小麦，主要生长在中欧、西班牙北部等欧洲地区。马库斯·南森·阿德勒文本中并未提及此类小麦。——译者

13 亚设谓之"第三个流向艾什蒙——其为埃及边境地区最大的城市……

游历者……埃及”，马库斯·南森·阿德勒谓之“第三个流向艾什蒙；第四个远流至埃及边境地区……人们……此地”，其中 Khaphthor（迦斐托）与 Caphtor（迦斐托），Rashid（拉什德）与 Reshid（拉什德）音近，所指相同；亚设并未提及第四个支流。详见 A. Asher, *The Itinerary of Benjamin of Tudela*, Vol.1, pp. 152-153；Marcus Nathan Adler, *The Itinerary of Benjamin of Tudela*, p.73。

亚设提及尽管我们文本中有一些阙文，仅言及三道支流，并言明在我们作者时期尼罗河流向地中海，但是这些信息对于尼罗河床逐渐升高之历史颇具价值与意义，里特尔对此亦有很好之研究。伊德里斯亦称有四个支流，其中两个为分支，另外两个为运河（Edrisi, l.c.I.312）；读者可重点注意及此，因伊德里斯之记载即为当时之情况。本杰明所言第三个流向艾什蒙，显然指著名的艾什蒙运河。布列讷（Brienne）的约翰（John）曾在艾什蒙运河入口与河畔扎营，圣路易（St.Louis）曾在此与萨拉森人的前哨站中无谓地消耗时间与力量。伊德里斯称艾什蒙城为“小镇”（Edrisi, l.c.I.124）。告知我们作者的人称该地为 העיר הגדולה，有可能是将此地与同名的其他地方混淆，详见 *Quatremère*, I.490。“此地人口众多，城镇之间仅需一天行程，最多只需两天。在河流周围与两岸到处都是村庄，在各式运河周围到处都是繁荣的城市与人口众多的城镇。”（Edrisi, l. c. I. 129 et 313）。以上诸内容，详见 A. Asher, *The Itinerary of Benjamin of Tudela*, Vol.2, pp.206-207。

马库斯·南森·阿德勒提及纽鲍尔博士所提到的戈尼萨文书中，将迦斐托称为 אישטוטמיאתי（Neubauer, in *J.Q.R.*, IX, p.36），其中前两个字母，即 אי，便显示此地为一座岛屿；亦可详见 Schechter, *Saadyana*, pp. 90, 91, וימלך על נא אמון ואי חנס ואי כפתור。阿布肥达称艾什蒙为一座大城，我们在戈尼萨文书中发现流散宗主的后裔大卫·本·丹尼尔（David ben Daniel）在前往福斯塔特途中曾路过艾什蒙之地，详见 *J.Q.R.*, XV, 87。第四个支流为塔尼提克（Tanitic）运河，详见下文注释。以上诸内容，详见 Marcus Nathan Adler, *The Itinerary of Benjamin of Tudela*, p.73。

迦斐托为圣经所记海岛，为非利士人之地。《旧约·耶利米书》（47：4）记载：“因为日子将到，要毁灭一切非利士人，剪除帮助推罗，西顿所剩下的人。原来耶和华必毁灭非利士人，就是迦斐托海岛余剩的人。”《旧约·阿摩司书》（9：7）记载：“耶和华说，以色列人哪，我岂不看你们如古实人吗？我岂不是领以色列人出埃及地，领非利士人出迦斐托，领亚兰人出吉珥吗？”关于迦斐托海岛具体地望，现在仍难有确论，有克里特、基利家、塞浦路斯与埃及北部沿海培琉喜阿姆等地诸说。希伯来语וימלך על נא אמון ואי חנס ואי כפתור意为他将统治拿阿·阿姆尼、哈纳斯岛与迦斐托岛，其中אי כפתור即指迦斐托岛，אי即岛屿之意。אישטוטמיאתי，可拟音为"什图塔米阿提"岛。杜姆亚特位于埃及北部地中海沿岸，古代被称为*Tamiat*。圣经中所言迦斐托岛是否指杜姆亚特仍待商榷。罗塞塔，位于埃及北部地中海沿岸，在杜姆亚特以西，又称拉什德。艾什蒙城位于今开罗北部50余公里处，今埃及姆努菲亚（Monufia）省城市。亚设文本称其为埃及边境城市似有误，马库斯·南森·阿德勒就未言及此。塔尼提克运河，为尼罗河东北向支流之一，位于流向杜姆亚特支流东北侧，埃及塔尼斯城（Tanis）即位于其河畔。布列讷的约翰（1170—1237年），耶路撒冷国王、君士坦丁堡拉丁帝国皇帝；布列讷位于今法国中北部地区。圣路易，即路易九世（1214—1270年），法国国王，曾发动第七次十字军东征。希伯来语העיר הגדולה意为大城。——译者

14 亚设谓之"但是城墙、房屋与大量约瑟夫的谷仓之遗址直到今日仍依稀可见。以魔力建成的金字塔在此处可以看到；任何国家与地区的任何东西皆无法与金字塔相比。金字塔由石头与水泥建造，非常壮观。我们伟大的先导……愿他安息。……一位非常博学阿布纳萨尔……老麦西拉姆"，马库斯·南森·阿德勒谓之"但是城墙与房屋遗址直到今日仍依稀可见，大量约瑟夫的仓库在很多地方被发现，其以石灰与石头建造，极其坚固。以奇妙做工建造的石柱，在世界其他地区无法找到另外一个。……我们（已逝）伟大的先导……非常博学且受人尊重……阿布·纳萨尔……废墟中的老麦西拉姆"，详见A.Asher, *The Itinerary of Benjamin of Tudela*, Vol.1, pp.153-154; Marcus Nathan Adler, *The Itinerary of Benjamin of Tudela*, pp.73-74。

亚设提及阿达拉提夫可对此段内容进行最佳说明，引用其注解如下：摩西居住在吉兹（Djizeh）地区的一个村庄中，距离首都很近。此村庄的名字是第牟（Dimouh）（61）。今天犹太人在这里有一座犹太会堂。孟菲斯的遗迹大约方圆半日行程范围之内。第牟的名字在埃及一些地方比较常见。法尤姆（Fayyom）地区有三个村庄被称为第牟。此处所言及的村庄位于吉兹（Jizeh），埃及的地籍中曾提到这一村庄（Abdallatif, p.284, p.245）。马克里齐在埃及与开罗的历史与地志一节中专门谈及犹太会堂，其称吉兹的第牟处于埃及犹太人所有的犹太会堂之中。此地为埃及犹太人主要的崇拜地之一，

因为他们毫不迟疑地相信暗兰(Amran)之子摩西曾在此安家。当他告诉法老收到来自上帝指示并将指示告知他之时,以及他从米甸(Midian)返回直到其带着以色列子民离开埃及的所有时间,都生活在这里。犹太人称我们今天在吉兹所见的建筑建造于提图斯摧毁耶路撒冷四十年之后、伊斯兰教兴起五百多年之前,会堂中有一棵硕大的瑞兹拉特(Rizlaght)树。犹太人相信该树是摩西时期所种,他们说先知将树秧插在此地。上帝护佑这棵树秧成长,美丽永驻,绿枝茂盛,伟岸挺拔,直入云天,直到梅立科-阿拉斯哈拉夫·西班·德·霍森(Mélic-alaschraf Schaban de Hosein)在堡垒之下以自己名字命名大学。这位王子对此树之美赞誉有加,便下令用此树建造他的学校。当王子的命令下达第二日,这棵树变得曲折、弯曲,面目狰狞,所以被留在了此地;此种状态持续了很长时间。不久,一位犹太人在树底下奸淫了一位犹太妇女。从此之后,树干脱落了,叶子掉光了,逐渐死去,没有一个绿色的叶子留下。这便是我们今天所看到的状态。在每年息汪月(Siwan)律法赐予日那天,犹太人携其家人到此犹太会堂朝圣;这是他们的义务,抑或前往耶路撒冷朝圣。本杰明提到了这座犹太会堂,尽管其并没有准确地提出会堂所处的位置。在记述了金字塔之后,他称我们的先导摩西的犹太会堂位于此地,即城外(其所称古代的都城,即孟菲斯);这是一个很高的古代建筑。一位老者、哲人的门徒阿布·纳萨尔侍奉此会堂。以上诸内容,详见 A.Asher, *The Itinerary of Benjamin of Tudela*, Vol.2, pp.207-209。

马库斯·南森·阿德勒提及关于约瑟夫的仓库,详见《古兰经》(12:55)。萨巴里是一位埃及当地人,对开罗十分了解。他详细地解释此处所言并非马萨-埃尔-阿提卡,而是古代的孟菲斯,即约瑟夫时期的王家驻地。其称此地位于尼罗河左侧,距离开罗2法尔萨赫(Sambari, p.119);亦可详见 Reinaud's Abulfeda, Vol.II, p.140。关于教长阿布·纳萨尔,详见 Makrizi, Vol.II, 464; *J.Q.R.*, XV, p.75, XIX, p.502。以上诸内容,详见 Marcus Nathan Adler, *The Itinerary of Benjamin of Tudela*, pp.73-74。

暗兰为摩西之父,《旧约·出埃及记》(6:20)记载:"暗兰娶了他父亲的妹妹约基别为妻,她给他生了亚伦和摩西。暗兰一生的岁数是一百三十七岁。"米甸,圣经地名,位于阿拉伯半岛西北部。该地被认为是亚伯拉罕与其另外一个妻子基土拉(Keturah)所生之子米甸后裔所居之地,《旧约·创世记》(25:1—2)记载:"亚伯拉罕又娶了一妻,名叫基土拉。基土拉给他生了心兰,约珊,米但,米甸,伊施巴,和书亚。"摩西因在埃及期间杀害一位奴隶经红海逃往米甸，后来在得到上帝启示之后返回埃及带领以色列人走出埃及。Rizlaght，所指不明，待考。息汪月（Siwan），即犹太教历3月，在公历5—6月间。律法赐予日，详见上文注释。约瑟夫在埃及期间曾管理帝国粮食，并兴建粮仓以度饥荒，《古兰经》(12:55)记载："请你任命我管理全国的仓库，我确是一个内行的保管者。"《旧约・创世记》(43:56—57)记载："当时饥荒遍满天下，约瑟开了各处的仓，粜粮给埃及人。在埃及地饥荒甚大。各地的人都往埃及去，到约瑟那里籴粮，因为天下的饥荒甚大。"如萨巴里所言，本杰明所言此地似应为孟菲斯，且该地有金字塔；马库斯・南森・阿德勒文本所言石柱亦应指金字塔。——译者

15　亚设谓之"歌珊之地。此地被称为贝尔比斯（Belbeis）……3 000余位犹太人"，马库斯・南森・阿德勒谓之"比利巴斯（Bilbais）……300余位犹太人"，其中Belbeis与Bilbais音近，所指相同，详见A.Asher, *The Itinerary of Benjamin of Tudela*, Vol.1, p.154; Marcus Nathan Adler, *The Itinerary of Benjamin of Tudela*, p.74。

亚设提及马克里齐称贝尔比斯即圣经中所记之歌珊，雅各到其子约瑟夫之处时，便居住在此地（Makrizi, *Quatremère*, I.53）。关于歌珊，亦可详见Rosenmüller, III.p.246。我们的文本中读作בולסיר（Bulsir）、בלבים（Balbis），其中前者作为埃及很多城镇的字首，详见*Quatremère*, I.112.et seq。以上诸内容，详见A.Asher, *The Itinerary of Benjamin of Tudela*, Vol.2, p.210。

马库斯・南森・阿德勒提及纳维尔认为歌珊包括由比利巴斯、扎卡兹（Zakazig）、特拉-埃尔-克比尔（Tel-el-Kebir）组成的三角状地区，详见E. Naville, *The Land of Goshen*, The Fifth Memoir of the Egypt Exploration Fund, 1887。他主张兰塞（Ramses）之地包括歌珊，其为尼罗河塔尼提克运河东侧三角洲的一部分。该省的首都——阿拉伯称为埃及的诺姆（nome），为希腊人所言之法库萨（Phakusa）。此地现在有一座小火车站，车站名为兰塞。《旧约・创世记》(47:11)记载："约瑟遵着法老的命，把埃及国最好的地，就是兰塞境内的地，给他父亲和弟兄居住，作为产业。"以上诸内容，详见Marcus Nathan Adler, *The Itinerary of Benjamin of Tudela*, p.74。

歌珊，《旧约・创世记》(45:10)记载："你和你我儿子孙子，连牛群羊群，并一切所有的，都可以住在歌珊地，与我相近。"亦见于《旧约・创世记》(46:28,34;47:27;50:8)、《旧约・出埃及记》(9:26)等记载。约瑟夫之父雅各在埃及之时便住在此处。歌珊被认为位于尼罗河三角洲东部地区。兰塞为犹

太人为埃及法老所建的城市之一,《旧约·出埃及记》(1:11)记载:"于是埃及人派督工的辖制他们,加重担苦害他们。他们为法老建造两座积货城,就是比东和兰塞。"《旧约·创世记》(47:11)记载:"约瑟遵着法老的命,把埃及国最好的地,就是兰塞境内的地,给他父亲和弟兄居住,作为产业。"显示歌珊位于兰塞境内。nome,为古代埃及区域划分单元,其数量在各个时期不尽相同,相当于现今的省份。法库萨,即今埃及萨夫特·埃尔-黑拿(Saft el-Hinna),位于埃及东北部三角洲地区,历史上曾作为此地都城,详见 Lina Eckenstein,*A History of Sinai*, the Library of Alexandria,2015,p.29。贝尔比斯或比利巴斯,扎卡兹、特拉-埃尔-克比尔等皆位于东北部三角洲地区,彼此紧邻。从今埃及福斯塔特古城到贝尔比斯约 60 公里,本杰明所言从老麦西拉姆到歌珊 8 法尔萨赫(约 46 公里),行程基本接近。——译者

16 亚设谓之"以斯肯·艾因·沙马,古代的兰塞(Ra'amses)……此地有一些建筑遗址,这些建筑是我们先辈所建;还有一些用砖石建造的塔状建筑",马库斯·南森·阿德勒谓之"艾因-沙马(Ain-al-shama)或兰塞(Ramses)……此地可以看到一些我们先辈所建的建筑,即以砖石建造的塔",其中以斯肯·艾因·沙马与艾因-沙马所指相同,详见 A. Asher, *The Itinerary of Benjamin of Tudela*, Vol.1, p.154;Marcus Nathan Adler, *The Itinerary of Benjamin of Tudela*, p.74。

亚设提及伊本·毫盖勒称艾因·沙马或太阳之眼位于福斯塔特以北(Ibn Haukal, p.36);据说这里有法老的别墅或寻乐之地。伊德里斯称其位于福斯塔特以北,为法老寻乐之地(Edrisi, I.306)。罗斯穆勒尔与格泽纽斯皆不认可本杰明将艾因·沙马考订为兰塞,但是圣经地理学的学者将会对此地的评论(详见 Jablonski opusculla, II.138)与伊本·毫盖勒的观点进行比较。以上诸内容,详见 A. Asher, *The Itinerary of Benjamin of Tudela*, Vol.2, p.210。

马库斯·南森·阿德勒提及雅库特(Jacut)称艾因·沙马距离福斯塔特 3 法尔萨赫(Jacut, III, p.762),并言及在他那个时代可以看到法老时期的建筑遗迹。以上诸内容,详见 Marcus Nathan Adler, *The Itinerary of Benjamin of Tudela*, p.74。

Ain-al-shama,又称 Ain Shams,在阿拉伯语中意为"太阳之眼",位于今开罗北郊,将其认定为在福斯塔特北部之说法更符合实际地理情况。10 世纪拉比萨阿迪格昂认为艾因-沙马即圣经中的埃及城市兰塞,详见 Rabbi

Saadia Gaon's *Commentaries on the Torah* (ed. Yosef Qafih), Mossad Harav Kook: Jerusalem, 1984, p. 164 (Numbers 33: 3) (Hebrew)。雅库特(1179—1229 年),阿拉伯地理学家。——译者

17 亚设谓之 Al-Boutidg 布比奇戈,马库斯·南森·阿德勒谓之 Al-Bubizig 布比奇戈,两者音近,所指相同,详见 Asher, *The Itinerary of Benjamin of Tudela*, Vol.1, p.154; Marcus Nathan Adler, *The Itinerary of Benjamin of Tudela*, p.74。

亚设谓之 Al-Boutidg,又称为 Aboutidg、Boutidi 等,阿布肥达称其位于尼罗河东岸,距离艾斯尤特(Osiout)距离数小时之远。此地周围盛产制造鸦片的罂粟(Abulfeda, *Description Aegypti*)。以上诸内容,详见 A.Asher, *The Itinerary of Benjamin of Tudela*, Vol.2, p.210。

艾斯尤特,位于今开罗以南 300 余公里以远。据本杰明行程判断,艾斯尤特与布比奇戈应有较远距离,布比奇戈应位于艾因-沙马以及下文所提及的本哈(Benha)周围。——译者

18 马库斯·南森·阿德勒谓之此段内容,并称本哈现在是重要的铁路站点,位于开罗北部约 30 英里,亚设文本则并未提及,详见 Marcus Nathan Adler, *The Itinerary of Benjamin of Tudela*, p.74。

本哈,位于埃及东北部,在今开罗北部约 50 公里处。——译者

19 亚设谓之"经行半日到达色非塔(Sefita)……200 余位犹太人",马库斯·南森·阿德勒谓之"从本哈经行半日到达姆内·色非塔(Muneh Sifte)……500 余位犹太人",详见 A.Asher, *The Itinerary of Benjamin of Tudela*, Vol.1, p.154; Marcus Nathan Adler, *The Itinerary of Benjamin of Tudela*, p.74。

亚设提及 Sefita,伊德里斯称之为 Zefita,并称色非塔市镇云集很多意图捕获大鱼的船只,位于一座岛屿的顶端——尼罗河从此岛分为两个支流,面对着扫图夫城(Sautouf)——Sautouf,正确的读音应为 Chautouf,见 *Quatremère*, I.437;详见 Niebuhr, I.59; *Quatremère*, l.c。君士坦丁堡版本称其为מנויפתא,即 Miet 或 Miniet Sefita,详见 Niebuhr's *Map* to Vol. I., p. X, "Village de Sefita"。以上诸内容,详见 A.Asher, *The Itinerary of Benjamin of Tudela*, Vol.2, p.211。

马库斯·南森·阿德勒提及姆内·色非塔位于杜姆亚特支流,详见 Marcus Nathan Adler, *The Itinerary of Benjamin of Tudela*, p.74。

希伯来语מנויפתא，拟音为 Minifita、Munefite，应即 Miniet Sefita 或 Muneh Sifte。——译者

20 马库斯·南森·阿德勒言及此段内容，并称 Samnu 或应为 Samnat，详见 Dukmak，V.20，亚设并未提及，详见 Marcus Nathan Adler，*The Itinerary of Benjamin of Tudela*，p.74。

萨姆努，位于姆内·色非塔附近。——译者

21 亚设谓之经行 4 法尔萨赫到达达米拉，马库斯·南森·阿德勒谓之从萨姆努经行 4 法尔萨赫到达达米拉，详见 A.Asher，*The Itinerary of Benjamin of Tudela*，Vol.1，p.154；Marcus Nathan Adler，*The Itinerary of Benjamin of Tudela*，p.74。

亚设提及达米拉位于运河西侧，此地生产用于出口的漂亮布料，贸易繁荣，详见 A.Asher，*The Itinerary of Benjamin of Tudela*，Vol.2，p.211。

马库斯·南森·阿德勒提及关于达米拉，详见 Schechter，*Saadyana*，p.82；Worman，*J.Q.R.*，XVIII，10；动物学家达米瑞（Damiri）即出生在此地。以上诸内容，详见 Marcus Nathan Adler，*The Itinerary of Benjamin of Tudela*，p.74。

达米拉，被认为位于埃及杜姆亚特附近——杜姆亚特，位于埃及北部地中海沿岸港口城市。达米瑞（1344—1405 年），埃及动物学家，出生在达米拉镇。——译者

22 亚设谓之马赫勒（Mahaleh），马库斯·南森·阿德勒谓之拉马拿（Lammanah），详见 A.Asher，*The Itinerary of Benjamin of Tudela*，Vol.1，p.154；Marcus Nathan Adler，*The Itinerary of Benjamin of Tudela*，p.74。

亚设提及 Mahaleh 指自治市镇之意，在埃及很多城镇中比较常见，常与其他称谓一起出现，如马赫勒·达米拉（Mahaleh Damia）、马赫勒·萨（Mahaleh Sa）、马赫勒·萨德（Mahaleh Sard）。然而，其中的一座城镇被伊德里斯称为 Mahaleh（Edrisi，I.322），马赫勒运河即因此得名。我们从此可以看出我们作者的目的仅是列举出有犹太人的埃及城市，没有游历者的行程像他这样如此不规则。以上诸内容，详见 A.Asher，*The Itinerary of Benjamin of Tudela*，Vol.2，p.211。

马库斯·南森·阿德勒提及 Lammanah 也被称为 Mahallat 或 Mehallet-el-Kebir，阿布肥达称其为一座大城，城里有很多纪念碑，现在该地为塔拓

(Tanta)与曼苏拉(Mansura)之间的火车站。萨巴里提到此地有一座犹太会堂(Sambari,19,10);犹太人直到现在甚至都前往这里朝圣(Goldziher,*Z.D.P.G.*,Vol.XXVIII,p.153)。以上诸内容,详见 Marcus Nathan Adler,*The Itinerary of Benjamin of Tudela*,p.74。

马赫勒位于港口城市杜姆亚特西南部约 100 公里处。本杰明从达米拉西南行至马赫勒,然后再从此东北行至亚历山大里亚(详见下文)之行程,显然不符合正常的路线。塔拓位于马赫勒西南约 30 公里处,曼苏拉位于马赫勒东北约 30 公里处。——译者

四十、亚历山大里亚

从马赫勒经行两日到达(埃及)亚历山大里亚[——其为诺的阿蒙(Ammom of No)]。马其顿的亚历山大建立了此座坚固而美丽的城市,并以其名命名(但是当马其顿的亚历山大建造此城之后便以其名命名。此城坚固、美丽,城中的房屋、宫殿与城墙皆为建筑之优品)。[1] 在城郊有一所亚里士多德(Aristotle)学校(研究机构)——亚里士多德为亚历山大的老师。这座建筑也十分美丽,且非常庞大,大理石柱将其分为很多部分(这座建筑很大,位于其他研究机构之中——其他研究机构约有20个,研究机构之间屹立着大理石柱)。这里大约有20个学校,来自世界各地的人们皆涌入此地学习亚里士多德哲学(哲学家亚里士多德的智慧)。[2]

亚历山大里亚城呈拱形,建在山谷之中。街道十分笔直(宽 104
广、笔直),一些延伸很长,不能立刻尽收眼底,其中一条从罗塞塔到大海之门足够一英里长[不能从彼门到此门长一英里的街道与从拉什德门到大海之门的街道,尽收眼底]。[3]

码头占据了亚历山大里亚港的一部分,一直延伸一英里直到海边(亚历山大也为亚历山大里亚建造了一座码头,国王的御道一直通向海中)。[4] 此处还有一座高塔,被称为灯塔,在阿拉伯语中被称为亚历山大里亚的米拿(Minar)[玛拿·亚历山大里亚(Manar

al Iskandriyyah)]。在塔的顶端安置着一个玻璃镜。通过玻璃镜的反射，可以看到50(20)天行程之外那些怀有敌意(试图攻击或骚扰)的希腊与西方一侧的所有船只，如此便可对他们的行动采取预防措施。亚历山大离世很多年之后，一位名叫塞奥佐罗斯(Theodoros)的人率领着一艘希腊船只到达亚历山大里亚；此人十分狡猾(聪明)。此时希腊人臣服于埃及人，这位船长给埃及国王带来很多贵重的礼物，包括金银、丝绸衣物等。他停泊在镜子
105 (光塔)旁边——这是到达此地所有商人的惯常的停泊地。灯塔的看管者及其仆人每天都受到他的邀请款待，直到他们变得十分密切，经常互访(他可随时出入)。某日，看管者与仆人被邀请参加一场豪华的宴会，喝了大量的酒，随后喝醉、酣睡。船长(与其仆人)趁机打破了镜子，并趁着黑夜离开港口。从此基督徒的大小船只开始到达亚历山大里亚，并占领了克里特与塞浦路斯岛，直到今日希腊人仍占据这些岛屿，埃及人都无力抵挡希腊人。[5]

灯塔迄今仍是所有(航向至亚历山大里亚)海员的标识。白天可以在100英里以远看到灯塔，夜晚灯塔则可为所有海员导航(夜晚看管者点燃火炬，海员可从远处看到火炬，并航行至其地)。[6]

此城有大量商品，并为所有族群提供了优良的市场。所有基
106 督教王国的人们都来到亚历山大里亚，如瓦伦西亚(Valentia)、托斯卡纳(Tuscany)、伦巴第、普利亚、阿马尔菲、西西里、拉古未阿(Rakuvia)、加泰罗尼亚、西班牙、鲁西永(Roussillon)、日耳曼、萨克森、丹麦(Denmark)、英格兰、佛兰德尔、埃诺(Hainault)、诺曼底(Normandy)、法兰西、普瓦图(Poitou)、安茹、勃艮第(Burgundy)、莫列讷(Mediana)、普罗旺斯、热那亚、比萨、加斯科涅(Gas-

cogne)、阿拉贡与纳瓦拉等地[威尼斯(Venetia)、托斯卡纳、伦巴第、普利亚、阿马尔菲、西西里、卡拉布里亚、艾米利亚-罗马涅大区(Romagna)、可萨(Khazaria)、佩切涅格、匈牙利(Hungaria)、保加利亚(Bulgaria)、拉古未阿(Rakuvia)——拉古萨(Ragusa?)、克罗地亚、斯拉沃尼亚(Slavonia)、俄罗斯、阿勒曼尼(Alamannia,即日耳曼)、萨克森、丹麦、库尔兰(Kurland?)、爱尔兰(?)、挪威(Norway、Norge?)、弗里斯兰(Frisia)、斯科舍(Scotia)、英格兰、威尔士、佛兰德尔、埃诺(?)、诺曼底、法兰西、普瓦捷(Poitiers)、安茹、勃艮第、莫列讷(Maurienne)、普罗旺斯、热那亚、比萨、加斯科涅、阿拉贡与纳瓦拉等地]。[7] 你也可以看到来自西方安达卢西亚、阿尔加维(Algarve)、非洲、阿拉伯等地的伊斯兰教徒,还有来自印度、宰维莱、阿比尼西亚、努比亚(利比亚)、也门、美索不达米亚(示拿)、叙利亚[艾什-沙姆(Esh-Sham)]、希腊与突厥的商人[希腊(Javan)——当地的人为希腊人与突厥人]。他们从印度带来各式香料,这些香料被基督教商人所购买。此地非常繁忙,每一个族群都有自己的佛特克(Fonteccho)[印度商人带来各式香料,这些香料被以东商人所购买,每一个族群都有自己的客栈]。[8]

海边有一座大理石坟墓。坟墓上雕刻有各式鸟、野兽,(一个肖像位于其中),还有古老的文字,无人能够辨认这些文字,据说这是一位远古时期的国王墓地,其在大洪水之前统治该地。坟墓长 107
16 拃、宽 6 拃。亚历山大里亚有 3 000 余位犹太人。[9]

注释

1 亚设谓之“亚历山大里亚。马其顿的亚历山大建立了此座坚固而美丽的城市，并以其名命名”，马库斯·南森·阿德勒谓之“埃及亚历山大里亚——其为诺的阿蒙。但是当马其顿的亚历山大建造此城之后便以其名命名。此城坚固、美丽，城中的房屋、宫殿与城墙皆为建筑中之优品”，详见 A. Asher, *The Itinerary of Benjamin of Tudela*, Vol.1, pp.154-155; Marcus Nathan Adler, *The Itinerary of Benjamin of Tudela*, p.74。

亚设提及伊德里斯称亚历山大里亚由亚历山大所建，并以其名命名(Edrisi, I.297)，德·萨西援引马克里齐之说法，称亚历山大继承其父菲利普之王位，来到埃及，建立亚历山大里亚城(Abdallatif, p.209)。郎戈勒斯(Langlés)称尽管公认此城的建立者为征服者亚历山大，并以其命名直到今日，但是我仍毫不犹豫地质疑其为此城创建者的说法(Langlés, *Notes to Norden*, p.155.c.p.183)。上述这些同时代的作者与提尔的威廉皆证实了此城的坚固与美丽(William of Tyre, XIX, 24)。以上诸内容，详见 A. Asher, *The Itinerary of Benjamin of Tudela*, Vol.2, pp.211-212。

马库斯·南森·阿德勒称中世纪时期一些圣经中的名称被不假思索地用在著名的地方。圣经与楔形文字铭文中的诺-阿蒙[见《旧约·耶利米书》(46:25)与《旧约·那鸿书》(3:8)]，显然指古代底比斯，详见 Robinson, *Biblical Researches*, Vol.1, p.542。另外一个例子，便是将埃及称为琐安，古代的塔尼斯城可能就是琐安，琐安建造时间晚希伯伦七年，可以追溯至埃及第六王朝，在开罗建城两千多年之前。以上诸内容，详见 Marcus Nathan Adler, *The Itinerary of Benjamin of Tudela*, pp.74-75。

亚历山大里亚，即亚历山大港，通常认为由亚历山大于公元前 331 年建立，为埃及历史上著名港口。在亚历山大里亚建成之前，其地周围就存在港口城市，郎戈勒斯所言可能指在建城之前该地的已经存在的港口城市。《旧约·耶利米书》记载(46:25)：“万军之耶和华以色列的神说，我必刑罚诺的阿蒙(埃及尊大之神)和法老，并埃及与埃及的神，以及君王，也必刑罚法老和倚靠他的人。”诺的阿蒙，意为阿蒙(Ammom)神的驻地，No 意为驻地或城市之意。阿蒙，为古代埃及底比斯的主神，因底比斯的兴起而成为国家的主神。诺的阿蒙指底比斯城。埃及底比斯位于埃及南部地区，距今开罗约 700 公里，历史上为古埃及中王国(约公元前 2000—前 1780 年)与新王国(公元前 1567—前 1085 年)时期的都城。埃及第六王朝是古王国时期的一个王朝，大约在公元前 24 世纪至前 22 世纪统治约一百六十年。菲利普(公元前 382—前 336 年)，又称菲利普二世(腓力二世)，马其顿国王。——译者

2　亚设谓之“学校——亚里士多德为亚历山大的老师。这座建筑也十分美丽，且非常庞大，大理石柱将其分为很多部分……亚里士多德哲学”，马库斯·南森·阿德勒谓之“研究机构——这座建筑很大，位于其他研究机构之中——其他研究机构约有20个，研究机构之间屹立着大理石柱……哲学家亚里士多德的智慧”，详见A. Asher, *The Itinerary of Benjamin of Tudela*, Vol.1, p.155; Marcus Nathan Adler, *The Itinerary of Benjamin of Tudela*, p.75。

亚设提及巴拉蒂耶试图嘲讽的传统，在本杰明时代肯定十分流行，阿达拉提夫称这个建筑是亚里士多德及后来其门徒曾经教学的廊厅，这所学校是亚历山大在建城之时所建；此处曾有一座图书馆，奥马尔命令阿穆尔·本·阿斯（Amrou-ben-Alas）烧毁此座图书馆（Abdallatif, p.183）。以上诸内容，详见A.Asher, *The Itinerary of Benjamin of Tudela*, Vol.2, p.212。

3　亚设谓之“街道十分笔直，一些延伸很长，不能立刻尽收眼底，其中一条从罗塞塔到大海之门足够一英里长”，马库斯·南森·阿德勒谓之“街道十分宽阔、笔直，不能从彼门到此门长一英里的街道与从拉什德门到大海之门的街道，尽收眼底”，详见A.Asher, *The Itinerary of Benjamin of Tudela*, Vol.1, p.155; Marcus Nathan Adler, *The Itinerary of Benjamin of Tudela*, p.75。

亚设提及伊德里斯称流向城西的尼罗河水经过房子地下的水道（Edrisi, I.297），街道很笔直、很长，已被古代与现代很多作家所证实（Niebuhr, Voyage I; Prokesch, I. 19），详见A. Asher, *The Itinerary of Benjamin of Tudela*, Vol.2, p.212。

罗塞塔位于今亚历山大港东部约60公里。——译者

4　亚设谓之“码头占据了亚历山大里亚港的一部分，一直延伸一英里直到海边”，马库斯·南森·阿德勒谓之“亚历山大也为亚历山大里亚建造了一座码头，国王的御道一直通向海中”，详见A.Asher, *The Itinerary of Benjamin of Tudela*, Vol.1, p.155; Marcus Nathan Adler, *The Itinerary of Benjamin of Tudela*, p.75。

亚设提及在新旧部分之间，即从城市到海大约一英里的地方，环绕着这两部分（*Archaeologia*, XXI, 356），详见A. Asher, *The Itinerary of Benjamin of Tudela*, Vol.2, p.212。

5　亚设谓之“在阿拉伯语中被称为亚历山大里亚的米拿，……50天，……怀

有敌意……狡猾……镜子……经常互访，……船长……”，马库斯·南森·阿德勒谓之“玛拿·亚历山大里亚，……20 天，……试图攻击或骚扰……聪明……光塔……他可随时出入，……与其仆人……”，详见 A. Asher，*The Itinerary of Benjamin of Tudela*，Vol.1，pp.155-157；Marcus Nathan Adler，*The Itinerary of Benjamin of Tudela*，p.75。

亚设提及“位于亚历山大港入口处的小塔无法展现这座纪念塔的任何遗迹。尽管阿拉伯、希腊与拉丁作家就此塔的建筑者莫衷一是，尽管此塔有很多传说，但是此塔确实存在，甚或在世界奇观之中没有占有一席之地——东方人并不是这些夸张传说的唯一作者。琉善(Lucien，lucian)一个未经出版的注解，称灯塔的周长与金字塔一样，高度约为 100 英里；一些阿拉伯作家也如此认为(Vossius in Melam，p.762 de l'éd.de，1782)；亦有人认为为 70 英里，他们称可以从镜子中看到从希腊港口出发的船只等等，他们所言颇具价值。其神秘的面纱不禁让我相信其地基应紧随其后，甚至早于拉尤达(Rayoùdah)的地基，因为很难确定此座灯塔是为城市而建，还是为船只而建。尽管如此，其应扮演着双重使命，即通过夜晚燃烧的火与顶端穹顶上的镜子或望远镜。如果不知道其被破坏的时期与灯塔的时期，真会有人怀疑其是否存在。然而关于镜子的讨论，阿拉伯天文学家的观察与其对设备的描述，让我们无法怀疑他们曾使用望远镜或镜子，通过镜子可以看到物体或从远处反射物体。如果我们相信阿拉伯人，亚历山大里亚著名的天文台即位于灯塔上，镜子直径有 5 鳍片长(即 3 英尺 9 英寸)。又有一些作者称其为水晶、中国抛光的钢铁以及各种金属融合制成。据其他人称一些装饰着钟的星星安装在镜子周围，可以发现在远海的船只，并报告给城内的居民。战争期间，他们便可组织防卫，免受惊吓。这面镜子好像可以长时间地经受灯塔所遭遇的各类故障。倭马亚王朝第六任哈里发埃尔·韦立德·本-阿卜杜拉-马利克·本·马尔万(El Oualyd ben-Abdul-Melekh ben Merouan)时代，与希腊皇帝经常交战。他们其中一个人了解埃尔-韦立德(d'êl-Oùâlyd)的贪婪、愚蠢与轻信，找机会破坏了保卫埃及主要城市安全的纪念碑(即灯塔)。他组织了这一场其最为高明的重要行动之一，并给出特别的策划——马克里齐与本-阿贾斯(Ben-ajas)皆没有提及这位希腊皇帝的名字，也没有说明此事何时发生。我无法决定其是否为查士丁尼二世(Justinian II)、菲利皮科斯(Filépique)或阿纳斯塔修斯二世(Anastase II)，他们在 705—716 年占据君士坦丁堡皇位，即在埃尔-韦立德统治时期，即从 705 年至其逝世的 715 年。这

位要人到达叙利亚，声称国王曾经宠幸于他，后者一时动怒想处死他。他带着一个诡计，其细节显得较为勉强，但也可行，他要获得哈里发对他的信任。最终，他在埃尔-韦立德面前，假装接受了伊斯兰教。为了使自己更讨人喜欢，他告诉埃尔-韦立德他在大马士革以及叙利亚其他地方所埋的宝藏，这些都在他带来的一本书中有所注明。珍品与珠宝超出了想象，激发了埃尔-韦立德的贪欲。这位希腊人巧妙地暗示这些宝藏在亚历山大里亚灯塔底下，是亚历山大所埋葬，亚历山大继承了阿德（A'ad）之子彻达德（Chedad）与其他埃及国王的宝藏。王子信心十足，被希腊人的故事所迷惑，并下令其新宠希腊人率领一些工人负责挖掘宝藏。他们的工作进行得很快，灯塔的一半被破坏，镜子也被移走。此事引起了极大的愤怒，但希腊的诡计得逞。当哈里发得知此事之后，他的计划已经完成，并趁着黑夜逃到一座事先准备好的建筑之中。"（Langle's Edition of Norden，Voyage III，162）。此处引用此段内容，是为了驳斥一些评论者对拉比本杰明的指责。从朗格的评论中可以看出镜子的历史及其被破坏，并不是我们诚实的作者杜撰而来，而是非常流行的传统的另外一个版本。以上诸内容，详见 A. Asher，*The Itinerary of Benjamin of Tudela*，Vol.2，pp.213-216。

亚历山大灯塔位于埃及亚历山大港对面的法罗斯（Faros）岛上，也被称为"法罗斯岛灯塔"，为古代世界七大奇迹之一。约公元前 280—前 247 年由统治埃及的托勒密王朝建造，设计师为索斯特拉特（Sostrate），通常认为高 115—140 米，为古代重要的导航灯塔之一。14 世纪两次地震使得此塔完全被毁灭。朗格所提到的事件，中世纪阿拉伯史地学家马苏第亦曾提及，详见（阿拉伯）马苏第：《黄金草原》，耿昇译，第 432—433 页。灯塔在阿拉伯语中被称为 Minar、Manar。此处的琉善应指罗马时代讽刺学家与修辞学家琉善（约 125—180 年）。拉尤达（Rayoùdah）所指不详。埃尔·韦立德·本-阿卜杜拉-马利赫·本·马尔万为倭马亚王朝第六任哈里发，即埃尔-韦立德，又称韦立德一世，705—715 年在位；其父为阿卜杜勒·马利克（Abd-almalek），685—705 年在位。查士丁尼二世（670—711 年），685—695 年与 705—711 年两度在位为拜占庭帝国皇帝。菲利皮科斯，711—713 年在位；阿纳斯塔修斯二世，713—715 年在位。在伊斯兰教传统中，阿德被认为为闪的后裔，阿德人（Adites）的祖先。阿德人生活在阿拉伯半岛地区。阿德逝世之后，其子彻达德成为该族首领。《古兰经》（89：6）记载："难道你不知道你的主如何惩治阿德人。"——译者

6　亚设谓之"灯塔迄今仍是所有海员的标识,……夜晚灯塔则可为所有海员导航",马库斯·南森·阿德勒谓之"灯塔迄今仍是所有航向至亚历山大里亚海员的标识,……夜晚看管者点燃火炬,海员可从远处看到火炬,并航行至其地",详见 A. Asher, *The Itinerary of Benjamin of Tudela*, Vol. 1, p.157; Marcus Nathan Adler, *The Itinerary of Benjamin of Tudela*, p.75。

亚设提及伊德里斯称这个建筑十分非凡,因其高度、坚固程度。夜晚的照明与白天的大火皆为他们的航行导航。他们知道此火,并据此移动,因为从远在100英里的航行都可以看到此火;在夜晚宛如一颗星星,夜晚则可看到烟雾(Edrisi, I.298)。以上诸内容,详见 A. Asher, *The Itinerary of Benjamin of Tudela*, Vol.2, p.216。

马库斯·南森·阿德勒提及约瑟夫曾看到法罗斯被破坏之前的状况,他称灯塔的光辐射300斯迪达(Stadia),则有些夸张。斯特拉波称亚历山大里亚的法罗斯为世界奇迹之一。由于海岸线比较低,也没有地标,因此此灯塔为城市带来极大便利。灯塔以白色大理石建造,顶部闪耀着浸泡着沥青的原木所燃烧的烽火。阿布肥达曾暗示一面巨大的镜子能够使灯塔的看管者从远处便看到敌人的接近,还称那场破坏镜子的骗术发生在伊斯兰教1世纪,即阿卜杜勒·马利克(Abd-almalek)之子哈里发韦立德时期。以上诸内容,详见 Marcus Nathan Adler, *The Itinerary of Benjamin of Tudela*, pp.75-76。

7　亚设谓之"此城有大量商品,并为所有族群提供了优良的市场。所有基督教王国的人们都来到亚历山大里亚,如瓦伦西亚、托斯卡纳、伦巴第、普利亚、阿马尔菲、西西里、拉古未阿、加泰罗尼亚、西班牙、鲁西永、日耳曼、萨克森、丹麦、英格兰、佛兰德尔、埃诺、诺曼底、法兰西、普瓦图、安茹、勃艮第、莫列讷、普罗旺斯、热那亚、比萨、加斯科涅、阿拉贡与纳瓦拉等地",马库斯·南森·阿德勒谓之"此城为所有族群提供了优良的市场。所有基督教王国的人们都来到亚历山大里亚,如威尼斯、托斯卡纳、伦巴第、普利亚、阿马尔菲、西西里、卡拉布里亚、艾米利亚-罗马涅大区、可萨、佩切涅格、匈牙利、保加利亚、拉古未阿——拉古萨(?)、克罗地亚、斯拉沃尼亚、俄罗斯、阿勒曼尼(即日耳曼)、萨克森、丹麦、库尔兰(?)、爱尔兰(?)、挪威(?)、弗里斯兰、斯科舍、英格兰、威尔士、佛兰德尔、埃诺(?)、诺曼底、法兰西、普瓦捷、安茹、勃艮第、莫列讷、普罗旺斯、热那亚、比萨、加斯科涅、阿拉贡与纳瓦拉等地"。以上诸内容,详见 A. Asher, *The Itinerary of Benjamin of Tudela*, Vol.1, p.157;

Marcus Nathan Adler, *The Itinerary of Benjamin of Tudela*, p.76。

亚设提及本杰明对亚历山大里亚商业的描述以及列举来到此港贸易的国家，再次证明其客观性与观察的精神。本杰明时代，亚历山大里亚是东方商品主要的聚集地，这些商品被所有欧洲人垂涎。“埃及人是唯一经红海到达印度的人，在这一侧无人能够与他们相比。波斯湾地区也经营贸易，但是更多地集中在穆斯林国家内陆地区。亚历山大里亚风靡整个欧洲，对欧洲也极为重要，因为欧洲人到达此地非常容易，直接便可获取物资，此地让他们受益颇大。”(*Mémoires de l'académie*, XXXVII., p.511)。拉比本杰明所描述的埃及与欧洲精彩的商贸交往，或许是这一历史时期最为非凡的特色。十字军致力于直接反对这个国家君主的权威，据说埃及君主与整个欧洲为敌。据此推论，所有的商业与交往应当停止，但是双方的利益与政治考虑却导致了不同的结果。所输入的亚洲物资为当地居民以及政府税收带来了极大的利润，苏丹从未考虑对欧洲人关闭港口，他们不仅购买，而且进口并支付这些物资的关税，如此便使得在阿拉伯半岛与印度的商品交换便可进行。我们显然看到仇恨已久的敌人在金钱利益方面放弃了宗教偏见，这两派曾为捍卫各自的宗教兵戎相见。意大利、法国与西班牙等商业城镇亦迫切分享此等利好，迄今这些利好几乎完全被威尼斯、热那亚与比萨所独享，而教皇被一些法令诱导而禁止这些交往。然后，这些禁令都失效了，罗马教廷最终不仅让步，甚至向苏丹派遣了使团(Raynaldi annales ad ann, 1247, Chrestomathie Arable, II., 48)，以缔结条约——条约以互惠与国际法为基本准则。

施恩茨提及我们作者在列举国家之时似乎很少讲究秩序，这可能是其遵循船长们的佛特克(Fontecchо)或客栈的次序。此处我读作סקוטיה וברטניה，即苏格兰(Scotland)与英格兰，而非רקופיה וקרטויה；רוסייא为俄罗斯，而非 Roussillon。גלאץ或许指西班牙的加利西亚(Galecia)的居民或加利西亚(Galicia)王国，肯定不是英格兰——英格兰经常被称为ברטניה(Britian)，אנגילטירה(Angiltira)或ארץ האי(岛国)。היטר无疑为讹误，肯定不是由(亚设)文中所示由 Hainault 翻译而来。巴拉蒂耶在此节出现很多错误，并毫无理由地猜测为海尔德兰(Gueldres)(Baratier, I. 236. et. seq)。מדיאנה或许为 Meduana，或 Maine，与安茹、加斯科涅一样作为一个地区出现。

亚设提及拉比本杰明列举了 28 个基督教地区，在亚历山大里亚遇见了这些地区的人。这一记载对 12 世纪商业史极具价值，故在此引用这些商人所在地区，并进行评论、阐释：

(1)בלינסייא认定为 Valentia；(2)טוסכנה——Tuscany；(3)לומברדיאה——Lombardy；(4)פוליה——Apulia；(5)מלפי——Amalfi；(6)סקילייה——Sicily；(7)רקופיה——Rakuvia；(8)קרטויה——Catalonia；(9)אספנייא——Spain；(10)רוסייא——Roussillon；(11)אלמאנייה——Germany；(12)שושנאה——Saxony；(13)דנאמרקא——Denmark；(14)גלאץ—England；(15)פלנדריש——Flanders；(16)היטר,תיטר——Hainault；(17)לרמנדיה——Normandy；(18)פראנציה—France；(19)פייטו——Poitou；(20)אנגו——Anjou；(21)ברגנייה——Burgundy；(22)מדיאנה——Mediana；(23)פרובינצא——Provence；(24)גינואה—Genoa；(25)פישא—Pisa；(26)נשקוני׳א——Gascogne；(27)ארגון——Aragon；(28)נבארה——Navarra

(1)בלינסייא，如我们所认定那般，明显有误；在我们作者时期，此地或此王国明显在西班牙阿拉伯人手中，似乎应为佛罗伦萨(Florence)。(7)רקופיה——Rakuvia，或许为ראגוזיה，即 Ragusa，详见 Miltitz，II. i. 166。(8)史普格尔认为其似应为 Coralita，或 Sardinia，即撒丁岛。(10)רוסייא，基于对施恩茨的意见之尊重，我们还是接受史普格尔的译法，首先在我们作者时期俄罗斯人从未到亚历山大里亚贸易，然而我们理性地认识到其他地区，如安茹已经参与到此贸易之中；其次，拉比本杰明在此将俄罗斯拼写为רושיה，רוסיה，רוסיא，然而在两个第一版中此处所言之地皆被拼写为רוסייה，其可能为רוסייאן之讹误。(12)שושנאה，我们从第一次与第三次十字军东征史中发现了来自吕贝克(Lubek)与不莱梅(Bremen)的船只，伊德里斯曾提及此。(14)גלאץ，我们认为该词应为אנגליץ讹误，英国人参与到十字军之中，自然熟悉亚历山大里亚的商业，对此无须再提供任何证明。(16)היטר，应为 Hainault，与德吉涅之认识相符合，详见 Deguigne' celebrated Memoir in *mémoires de l'académie*，XXXVII.，524；(17)לרמנדיה亦是如此。(20)אנגו，即 Anjou，安茹。(26)נשקוני׳א，即 Gascogne，加斯科涅。在未来的注释中，我们有意专节讲述 12 世纪的商业状况，在此节中将会比在此书有关的注释(包括 Vol. 2，note. 95，p.46；note.145，p.74，与此注释)中更为深入。以上诸内容，详见 A. Asher，*The Itinerary of Benjamin of Tudela*，Vol.2，pp.216-220。

马库斯·南森·阿德勒提及他所列举的地区显然多于亚设所列举之，亚设列举了 28 个基督教地区，大英博物馆手稿中则出现了 40 个地区。有时，R 与 O 的读写被采纳——其似乎被仔细的抄写员所写，比 E 与印刷版更为古老。在我们的文本中，由于抄写员的疏忽，其并没有地名录与地图进行查

阅，因此一些明显的错误便不自觉地出现了。例如，关于 Amalfi 的名称，上文已经提及(p.9)，对其错误的拼写 מלכי 依旧重复。Patzinakia(上文提及，其与君士坦丁堡有贸易来往，p.12)被拼写为 פיסינק，而非 ביצינין。ורוטר 似应被读作 ותטר；与亚设一样，我认为其应为 Hainault，此与德吉涅一致。Maurienne，莫列讷包括萨伏依(Savoy)与海上阿尔卑斯山；摩尔人占据此地后得此名。以上诸内容，详见 Marcus Nathan Adler，*The Itinerary of Benjamin of Tudela*，p.76。

(1)בלינסייא：瓦伦西亚位于西班牙东部沿海地区，在 12 世纪由阿拉伯人统治，此时不属基督教世界；

(2)טוסכנה：托斯卡纳位于意大利半岛中西部沿海地区；

(5)מלפי：马库斯·南森·阿德勒文本中拼写为 מלכי，为讹误；

(7)רקופיה：施恩茨则谓之为苏格兰，亚设与马库斯·南森·阿德勒认为其可能为 Ragusa，拉古萨位于意大利西西里岛，据对音而言后者判断较为准确；

(8)קרטויה：亚设与马库斯·南森·阿德勒皆认为 קרטויה 指加泰罗尼亚；史普格尔认为其可能为撒丁岛。据对音判断，前者似更为准确；

(10)רוסייא：亚设所言两个第一版即指前文所述君士坦丁堡第一版与费拉拉第一版。鲁西永位于今法国南部地区，历史上曾属加泰罗尼亚地区；

(11)אלמאנייה：阿勒曼尼人，源自位在美因河上游区域的日耳曼部落同盟；

(12)שושנאה：吕贝克与不莱梅皆位于今德国北部地区。此处的萨克森指历史上的萨克森公国；

(14)גלאץ：אנגליץ 即为 English 之意。施恩茨认为应为加利西亚居民或加利西亚王国——加利西亚位于西班牙西北部地区；马库斯·南森·阿德勒则谓之可能为库尔兰——库尔兰位于今拉脱维亚西部地区。此处争议甚大，据对音而言似皆相似，待考；

(16)היטר：亚设谓之 היטר 为 Hainault，马库斯·南森·阿德勒则并未提及。Hainault，希伯来语为 היינאו，此处似为讹误，待考。海尔德兰，位于荷兰中部地区；埃诺，位于比利时西南部地区；

(19)פיטו：亚设谓之普瓦图，马库斯·南森·阿德勒谓之普瓦捷。普瓦图位于法国中西部，省会为普瓦捷；

(20)אנגו：Anjou，安茹历史上为法国西北地区省份；

(21)ברגנייה：勃艮第，法国中东部历史地区；

(22)מדיאנה：מדיאנה即亚设所言之 Mediana、马库斯·南森·阿德勒所言之 Maurienne。莫列讷位于法国东南部，历史上属萨伏依地区——萨伏依为法国东南部与意大利西北部历史地区；

(26)גשקוניא：加斯科涅位于法国西南部地区。

艾米利亚-罗马涅大区，意大利北部大区。斯拉沃尼亚，位于今克罗地亚东部地区。弗里斯兰，位于荷兰北部地区。斯科舍，指爱尔兰与大不列颠北部地区，意为盖尔人(Gales)的领地——盖尔族，一群使用盖尔亚支凯尔特语族为母语的人，起源于爱尔兰，随后扩张至苏格兰与马恩岛。阿拉贡，位于西班牙北部地区。马库斯·南森·阿德勒所言 R 与 O 分别指罗马卡萨纳特瑟图书馆与牛津大学图书馆奥本海默收藏手稿，E 则指其所采用之大英博物馆所藏手稿。——译者

8 亚设谓之"努比亚……美索不达米亚……叙利亚……希腊与突厥的商人。他们从印度带来各式香料，这些香料被基督教商人所购买。此地非常繁忙，每一个族群都有自己的佛特克"，马库斯·南森·阿德勒谓之"利比亚……示拿……艾什-沙姆……希腊——当地的人为希腊人与突厥人。印度商人带来各式香料，这些香料被以东商人所购买，每一个族群都有自己的客栈"，详见 A. Asher, *The Itinerary of Benjamin of Tudela*, Vol.1, pp.157-158; Marcus Nathan Adler, *The Itinerary of Benjamin of Tudela*, p.76。

亚设提及在一座大的佛特克房子中，当他们进行市场销售之时，进行会谈与奖励(*Breidenbach*)，这是一座商人存货之处，主要的商店货仓库(*Florios Italian Dictionary*, London, 1611)。穆拉托里(Muratori)认为该词源自阿拉伯语，对若因维利(Joinville)[杜·堪戈(du Cagne)]的注解显示其来自 funda，即钱包，引申为交易所、商人会谈的公共场所，详见 *Archaeologia*, Vol.XXI, p. 366。פונדק，Pundak、Fontecchio，与希腊语 πανδοχειον 或 πανδοχειον 同源，让词源学家感到迷惑；上述已提到一些观点。然而，这些博学的学者没有一个意识到该词频繁出现在《塔木德》与拉比作家之中。《汇编》一书的原作者认为该词源自阿拉伯语，一位叙利亚释义者将《旧约·约书亚记》(2:1)"בית אשה זונה"(权威版本认定其为妓女的家)，翻译为 פונדקיתא (Pundakitha)。尽管这一称谓让我们想起马可波罗所记述的吐蕃"娱乐之家"(Marsden's ed. p.413, and Mr. M.'s notes)，但是我们放弃追溯更远的词源，只是说明 Fontecchi 有货仓、商店、礼拜堂，有时指教堂，烤房、浴室、酒馆

等。其为一个市场场地，异域商人有权在此展示他们销售的商货，进行商业活动，并为他们提供食物与其他必需的生活用品。以上诸内容，详见 A. Asher，*The Itinerary of Benjamin of Tudela*，Vol.p.158；Vol.2，p.221。

希伯来语בית אשה זונה，意为妓女的房子。《旧约·约书亚记》(2:1)记载："当下，嫩的儿子约书亚从什亭暗暗打发两个人作探子，吩咐说，你们去窥探那地和耶利哥。于是二人去了，来到一个妓女名叫喇合的家里，就在那里躺卧。"希伯来语中פונדק为客栈之意。此处所言马可波罗所记述吐蕃的"娱乐之家"，应是指吐蕃人在其女出嫁之前被献于路人共寝的习俗。与路人共寝次数多者，则表明该女子颇受欢迎，也易于出嫁，但是在嫁人之后则要恪守妇道，不许与他们有染。马可波罗所记，详见〔意〕马可波罗：《马可波罗行纪》，冯承钧译，中华书局，2004 年版，第 443—444 页。——译者

9　亚设谓之"坟墓上雕刻有各式鸟、野兽，还有古老的文字……"，马库斯·南森·阿德勒谓之"坟墓上雕刻有各式鸟、野兽，一个肖像位于其中，还有古老的文字……"，详见 A.Asher，*The Itinerary of Benjamin of Tudela*，Vol.1，p.158；Marcus Nathan Adler，*The Itinerary of Benjamin of Tudela*，p.76。

亚设提及此记述可能指海岸边很多地下墓穴，很多游历者皆注意及此，详见 *Nordens Travels*，pp. 24-25；Niebuhr，I. 40。以上诸内容，详见 A. Asher，*The Itinerary of Benjamin of Tudela*，Vol.2，p.221。

四十一、杜姆亚特、苏巴特与特尼斯

从亚历山大里亚经行两日到达杜姆亚特，即迦斐托（即迦斐托，此地沿海）；此地有200余位犹太人。[1]

［从杜姆亚特经行一日到达斯马斯姆（Simasim），此地约有100位犹太人。］

（从斯马斯姆）经行半日到达苏巴特（Sunbat）。此地居民种植亚麻，编织上等的麻布——麻布为此地大规模出口物资（他们将麻布出口到全世界）。[2]

从苏巴特经行四日到达艾拉（Ailah）［艾拉（Aliam）］，即艾利（Elim）。此地属于贝都因阿拉伯人（居住在荒野中的阿拉伯人）。[3]

从艾拉经行两日到达利非丁（R'phidim）［利非丁（Rephidim）］。此地居住着阿拉伯人，没有犹太人。[4]

从利非丁经行一日到达西奈山。一位（伟大的）叙利亚僧侣在山顶拥有一处祭拜之地（修道院），山脚则是一个大村庄。这里的居民讲迦勒底（Chaldean）语［塔古姆，即叙利亚语］，称此村为图尔·西奈（Tour Sinai）。此山很小，被埃及人控制，距离麦西拉姆（埃及）约五天行程。从西奈山经行一日到达红海；红海为印度洋的海湾。[5]

返回到杜姆亚特，再从此经海路（经行一日）到达特尼斯

(Tennis)[塔尼斯(Tanis)],即古代的哈尼斯(Chanes)[哈尼斯(Hanes)]。这是一座海岛,约有40余位以色列人(犹太人)。这 108
里是埃及帝国的边境(埃及帝国一直延伸至此)。[6]

注释

1　亚设谓之"即迦斐托",马库斯·南森·阿德勒谓之"即迦斐托,此地沿海",详见A.Asher,*The Itinerary of Benjamin of Tudela*, Vol.1,p.158; Marcus Nathan Adler,*The Itinerary of Benjamin of Tudela*,p.77。

亚设提及将杜姆亚特认定为迦斐托,并未得到确证,详见Rosenmüller, III,385;Gesenius,s.v.。以上诸内容,详见A.Asher,*The Itinerary of Benjamin of Tudela*, Vol.2,p.221。

杜姆亚特与迦斐托之考证,详见上文注释。亚历山大里亚距离杜姆亚特约200公里。——译者

2　亚设谓之"经行半日到达苏巴特(Sunbat)……麻布为此地大规模出口物资……",马库斯·南森·阿德勒谓之"从斯马斯姆经行半日到达苏巴特……他们将麻布出口到全世界……",并言及从杜姆亚特经行一日到达斯马斯姆(Simasim),此地约有100位犹太人,亚设则未提及此段,详见A.Asher,*The Itinerary of Benjamin of Tudela*, Vol. 1, pp. 158-159; Marcus Nathan Adler,*The Itinerary of Benjamin of Tudela*,p.77。

亚设提及伊德里斯称苏巴特居民种植亚麻,从事贸易,极其富有,详见A.Asher,*The Itinerary of Benjamin of Tudela*, Vol.2,p.222。

马库斯·南森·阿德勒提及Simasim或Timasin位于提马萨(Timsah)湖附近,阿拉伯作家称苏巴特以种植、贸易亚麻闻名,详见Marcus Nathan Adler,*The Itinerary of Benjamin of Tudela*,p.77。

提马萨湖位于杜姆亚特东南侧,相距约100公里。斯马斯姆即位于提马萨湖附近地区。苏巴特位于提马萨湖约100公里处。本杰明此处的行程呈现半环形状。——译者

3　亚设谓之此地属于贝都因阿拉伯人,马库斯·南森·阿德勒谓之此地居住在荒野中的阿拉伯人,其中Ailah与Aliam音近,所指相同,详见A. Asher,*The Itinerary of Benjamin of Tudela*, Vol.1,p.159; Marcus Na-

than Adler, *The Itinerary of Benjamin of Tudela*, p.77。

亚设提及伊德里斯称这里的主人阿拉伯人经常光顾艾拉城。艾利实际上位于该城郊区，数位游历家皆提及此(Rosenmüller, III, 145，及其所提到的权威作家)。麦瑟斯、罗宾逊与史密斯，曾从西奈(Sinai)山到阿卡巴(Akabah)。他们从位于努伟巴(Nuweibia)泉水、紧邻海岸的东侧港湾向下行进，在阿卡巴城堡西南偏西方向看到了一个小岛的废墟，这就是艾拉堡垒。塔瓦拉(Tawara)阿拉伯人称其为 Kurejeh，即城镇，无论其是否有人居住或为一片废墟。以上诸内容，详见 A. Asher, *The Itinerary of Benjamin of Tudela*, Vol.2, p.222。

马库斯·南森·阿德勒提及艾利已经被认定为噶拉德谷(Wadi Gharandel)，从哈瓦拉谷(Wadi Hawara)苦泉经行两小时可至其地——哈瓦拉谷被认为是圣经中玛拉(Marah)。布克哈特推测周围地区的灌木枸杞的浆果的汁，如石榴汁那样，可以改善水中的盐分(Burckhardt, *Egypt*, 1879, p.475)。莱普修斯(Lepsius)教授对西奈路线有专门研究。以上诸内容，详见 Marcus Nathan Adler, *The Itinerary of Benjamin of Tudela*, p.77。

西奈山，位于埃及西奈半岛南部的山。阿卡巴位于红海北缘，阿卡巴湾即位于此。塔瓦拉阿拉伯人，应指生活在西奈半岛南部的阿拉伯人。努伟巴泉水，应位于红海东侧、西奈山附近地区。噶拉德谷，位于埃及西奈半岛西侧，Wadi 在希伯来语、阿拉伯语中意为河谷、山谷等意。玛拉，相传摩西率领以色列人越过红海到达旷野，这里的水是苦涩的，所以地名被称为"玛拉"，即希伯来语מָרָה，《旧约·出埃及记》(15:22—23)记载："摩西领以色列人从红海往前行，到了书珥的旷野，在旷野走了三天，找不着水。到了玛拉，不能喝那里的水，因为水苦，所以那地名叫玛拉。"《旧约·出埃及记》(16:1)记载："以色列全会众从艾利起行，在出埃及后第二个月十五日到了以琳和西乃中间，汛的旷野。"《旧约·民数记》(33:9)记载："从玛拉起行，来到艾利(艾利有十二股水泉，七十棵棕树)，就在那里安营。"——译者

4 亚设谓之 R'phidim，马库斯·南森·阿德勒谓之 Rephidim，两者音近，所指相同，详见 A. Asher, *The Itinerary of Benjamin of Tudela*, Vol. 1, p.159; Marcus Nathan Adler, *The Itinerary of Benjamin of Tudela*, p.77。

亚设提及据拉姆尔(Raumer)称此地尚难考订(Raumer, *Zug der Israeliten*, pp.28-29)，详见 A. Asher, *The Itinerary of Benjamin of Tudela*, Vol.

2,p.222。

马库斯·南森·阿德勒提及两天的行程将会到达弗兰(Firan)茫茫的绿洲,古代与现代的探险者皆认为弗兰即利非丁。塞斯教授等认为大部分以色列人与畜群从弗兰经过了艾什-谢赫谷(Wadi esh-Shekh),而摩西与一些老者则从瑟拉夫谷(Wadi Selaf)与拿卡布·埃尔-哈瓦(Nakb el-Hawa)经过。在律法赐予日那天,最终扎营。营地被认为位于杰贝尔·穆萨(Jebel Musa)峰脚的拉哈(Raha)平原。一些探险者认为瑟伯(Serbal)山即启示山(西奈山)。一些权威主张何烈山(Horeb)为整个山脉的名称,西奈仅是一个山的名称,其他则认为何烈山为北部山脉名称,西奈为南部山脉名称,详见 Robinson,*Biblical Researches*,Vol.1,section III;*Sinai* in Cheyne,*Encyclopaedia Biblica*;Dean Stanley,*Sinai and Palestine*。以上诸内容,详见 Marcus Nathan Adler,*The Itinerary of Benjamin of Tudela*,p.77。

利非丁,希伯来语רפידים,意为休息之地,以色列人过了红海之后曾在此安营。由于没水喝,摩西求告耶和华,耶和华回答说:"你要击打磐石,从磐石里必有水流出来,是百姓可以喝",于是摩西便依此行事。以色列人之后离开利非丁,到西奈山下的旷野安营。《旧约·出埃及记》(17:1)记载:"以色列全会众都遵耶和华的吩咐,按着站口从汛的旷野往前行,在利非订安营。"利非丁通常被认为为弗兰谷,摩西即在此击打磐石取水,弗兰谷上游西奈山周围即为艾什-谢赫谷。Jebel Musa,在阿拉伯语中意为"摩西山",即西奈山。瑟伯山位于西奈南部的弗兰谷,其被认为为圣经中的西奈山。何烈山,在圣经中被记作神山或上帝之山,《旧约·出埃及记》(3:1)记载:"摩西牧养他岳父米甸祭司叶忒罗的羊群,一日领羊群往野外去,到了神的山,就是何烈山。"《旧约·列王记》(上,19:8)记载:"他就起来吃了喝了,仗着这饮食的力,走了四十昼夜,到了神的山,就是何烈山。"关于何烈山与西奈山具体所指,尚有争议,待考。——译者

5　亚设谓之"一位叙利亚僧侣……祭拜之地……迦勒底语……距离麦西拉姆……",马库斯·南森·阿德勒谓之"一位伟大的叙利亚僧侣……修道院……塔古姆,即叙利亚语……距离埃及……",详见 A.Asher,*The Itinerary of Benjamin of Tudela*, Vol.1,p.159;Marcus Nathan Adler,*The Itinerary of Benjamin of Tudela*,p.77。

亚设提及伊德里斯亦称 12 世纪基督教在此山上存在一处祭拜之地(Edrisi,I,332;Ibn Haukal,p.29);麦瑟斯、罗宾逊与史密斯最近曾对这一颇

为有趣的地方有所记述(*American Biblical Repository*,l.c.404)。以上诸内容,详见 A.Asher,*The Itinerary of Benjamin of Tudela*, Vol.2,p.222。

马库斯·南森·阿德勒提及圣凯瑟琳(St.Catherine)修道院距离西奈山顶约有2000英尺,为查士丁尼为半岛上的隐士所建,由一位大主教管理,并称"红海为印度洋的海湾。返回到杜姆亚特,再从此经行一日"(详见下文)源自牛津大学所藏手稿,本杰明所称图尔·西奈,即图尔(Tur)城,位于苏伊士湾东侧,可以提供良好的停泊,港口被珊瑚礁所保护。从修道院一天多时间可到达此地。本杰明所提及的小山即杰贝尔·哈马姆·西德娜·摩西(Jebel Hammam Sidna Musa),即我们的先知摩西洗澡的地方。以上诸内容,详见 Marcus Nathan Adler,*The Itinerary of Benjamin of Tudela*, pp.77-78。

迦勒底语,属亚拉姆语东北分支,叙利亚语则属亚拉姆语的一种方言,两者皆属亚拉姆语。圣凯瑟琳修道院建于548—565年,为最古老的修道院之一。杰贝尔·哈马姆·西德娜·摩西,即 Jebel Musa,指西奈山。《旧约·出埃及记》(19:10—11)记载:"耶和华又对摩西说,你往百姓那里去,叫他们今天明天自洁,又叫他们洗衣服。到第三天要预备好了,因为第三天耶和华要在众百姓眼前降临在西奈山上。"——译者

6 亚设谓之"从此经海路……特尼斯……以色列人……这里是埃及帝国的边境",马库斯·南森·阿德勒谓之"经行一日……塔尼斯……犹太人……埃及帝国一直延伸至此",其中 Chanes(哈尼斯)与 Hanes(哈尼斯)音近,所指相同,详见 A.Asher,*The Itinerary of Benjamin of Tudela*, Vol.1,p.159; Marcus Nathan Adler,*The Itinerary of Benjamin of Tudela*,p.78。

亚设提及我们作者好像照抄了一些古代朝圣者到圣地的记载,他们通常从埃及到西奈,然后返回到开罗或杜姆亚特,由此便可搭乘前往加沙与巴勒斯坦的船只。这一传统甚至一直保持到最近时期,直到佩特拉被发现之后才不再如此行进。"特尼斯城位于曼宰莱(Menzaleh)岛,此处一处湖也被称为特尼斯湖。"(de Sacy in Abdallatif,p.160)。一些小船经常到达此城与此港,一些旅行者可能在此登船前往西西里,这些旅行者的记述源自我们作者,"特尼斯港非常适合小船,每天这里的行人、船只与商货沿水路与陆路川流不息"详见,*Archaeologia*,XXI,pp.334-335。现代一些批评家将哈尼斯认定为古代的赫拉克来俄波利斯(Herakleopolis),伊德里斯认定为阿含(Ahans)(Edrisi,I.,128),科普特人将其认定为内斯(Hnes)或埃内斯(Ehnes)

(Rosenmüller,III,297,及其所提到的权威作家)。以上诸内容,详见 A. Asher,*The Itinerary of Benjamin of Tudela*, Vol.2,pp.222-223。

马库斯·南森·阿德勒提及塔尼斯现在被称为 San,可能为圣经中的琐安,但是在中世纪时期,其被称为哈尼斯,《旧约·以赛亚书》(30:4)即提及哈尼斯。塔尼斯位于埃及东北部塔尼提克运河东畔,与古代培琉阿姆(Pelusium)西南约 30 英里,玛丽特(M.Mariette)与弗林德斯(Flinders)的考古发现已经证实塔尼斯是尼罗河三角洲地区最大、最为重要的城市。塔尼斯之状况,详见 *Second Memoir of the Egypt Exploration Fund*, 1885——塔尼斯之状况是本书主要内容。不能将此地与海港城市特尼斯混淆,亚设已经混淆彼此了。6 世纪,曼宰莱湖淹没了大部分塔尼斯领土,因此本杰明称此岛位于海中。1106 年的一则戈尼萨文书记载:"在哈尼斯小岛的城中,此城位于海中央,埃及尼罗河河口处。"详见 Schechter,*Saadyana*, p.91。以上诸内容,详见 Marcus Nathan Adler,*The Itinerary of Benjamin of Tudela*, p.78。

Tanis,即塔尼斯,位于埃及东北部塔尼提克运河东畔,该城遗址已被发现;如上文注释所言,马库斯·南森·阿德勒认为塔尼斯即圣经中的琐安。Tennis,即特尼斯,为曼宰莱湖中的小岛。本杰明此处所记应为 Tennis,而非 Tanis。马库斯·南森·阿德勒应是将两地混淆。曼宰莱,位于埃及北部沿海,又称曼宰莱湖,距离杜姆亚特 30 公里;特尼斯即为位于曼宰莱湖中的小岛。哈尼斯,据《旧约·以赛亚书》(30:4)记载:"他们的首领已在琐安,他们的使臣到了哈尼斯。"关于哈尼斯地望争议甚大,尚难考订,如亚设所言有赫拉克来俄波利斯、阿含与埃内斯等说,马库斯·南森·阿德勒所言塔尼斯等,其中赫拉克来俄波利斯位于上埃及,曾为上埃及第二十省的首府,阿含距开罗约 70 英里,埃内斯位于埃及中部尼罗河畔;还有一种说法认为其为答比匿(Tahpanhes)——其地位于曼宰莱湖畔,与特尼斯位置较为符合。——译者

第四卷

欧　洲

四十二、西西里岛、墨西拿与巴勒莫

从特尼斯海行20日到达墨西拿(Messina)。墨西拿位于西西里岛岸边一处被称为路尼尔(Lunir)的海峡处[西西里岛始于此地,此地位于利帕尔(Lipar)海湾],这个海湾将卡拉布里亚大陆与西西里岛分开。此城有200余位犹太人,十分美丽,有大量花园与园林,盛产各种良品。大多数前往耶路撒冷的朝圣者云集于此乘船,因为此城提供了最佳的航行。[1]

从墨西拿经行两日到达巴勒莫(Palermo)。这是一座大城,方圆2平方英里。此地有一座威廉王(William)的大宫殿,1 500余位犹太人以及大量基督教徒、伊斯兰教徒生活在此地。此地有很多井与泉水(泉水与小溪),生长小麦与大麦,有很多花园与果园。此地的确是西西里岛最好的地方(此地在整个西西里岛中显得与众不同)。[2]

此城是督抚驻地,其宫殿被称为哈茨拿(Al-hacina),有各类水果树以及被围墙环绕的大泉水[此地是国王的领地与花园,被称为哈比拿(Al Harbina)或哈茨拿(Al Hacina),有各类水果树,花园被围墙环绕],还有一个被称为贝黑拉(Al-Behira)[布黑拉(Al-Buheira)]的水池,池中有丰富的鱼类。国王的御船以金银装饰,

随时准备为其与其女人享乐(提供快乐之旅)。[3] 109

这里还有一座大宫殿(在广场上还有一座大宫殿),宫殿的围墙上装饰有绘画、金银等。路面以大理石铺成,并镶嵌有各式图案的马赛克(并有以金银装饰的所有图案)。在此地没有任何建筑可与其相比。

此岛始自墨西拿,很多朝圣者汇聚于此(有世界上所有愉悦的事情),延伸至(囊括)卡塔尼亚(Catania)、锡拉库扎(Syracuse)、马萨拉(Masara)、帕塔勒讷(Pantaleone)[佩特拉里亚(Petralia)]与特拉帕尼(Trapani)。环绕一周需行六日。在特拉帕尼附近曾发现了一块珊瑚石(珊瑚),阿拉伯人称之为穆尔甘(Al-Murgan)。[4]

注释

1 亚设谓之墨西拿位于西西里岛岸边一处被称为路尼尔的海峡处,马库斯·南森·阿德勒谓之西西里岛始于此地,此地位于利帕尔海湾,详见 A. Asher, *The Itinerary of Benjamin of Tudela*, Vol. 1, pp. 159-160; Marcus Nathan Adler, *The Itinerary of Benjamin of Tudela*, p.78。

亚设提及伊德里斯称墨西拿城极其非凡,建造优良,来访者甚多,船只在这里建造,这里所有地方皆可停泊。这里到处可见巨大的船只,基督教与伊斯兰教各地商人与游客皆汇聚于此(Edrisi, II.81)。尽管伊德里斯的记述明确地证实了我们作者在1170年对墨西拿的描述,但是我们不知如何说明本杰明对这个小海峡的称谓 Lunir 的来源——此海峡将大陆与岛屿分开,伊德里斯甚至都未给出该海峡的名称,朱伯特在翻译之时仅称为"海峡"。以上诸内容,详见 A. Asher, *The Itinerary of Benjamin of Tudela*, Vol. 2, pp.223-224。

马库斯·南森·阿德勒提及墨西拿海峡被称为法罗(Faro),利帕尔(Lipar)无疑为利帕尔(Liparian)岛,其皆紧邻,详见 Marcus Nathan Adler, *The*

Itinerary of Benjamin of Tudela,p.78。

墨西拿位于西西里岛东北角,为该地第三大城市,紧邻墨西拿海峡——墨西拿海峡即卡拉布里亚大陆与西西里岛之间的海峡。利帕尔为位于西西里岛北部岛屿,与墨西拿紧邻,行政上亦属墨西拿管辖;利帕尔湾即来自此岛名。亚设文本所言 Lunir 并不符合 Lipar 之发音,疑似撰写讹误。——译者

2　亚设谓之"这是一座大城,方圆 2 平方英里……井与泉水……此地的确是西西里岛最好的地方",马库斯·南森·阿德勒谓之"这是一座大城……泉水与小溪……此地在整个西西里岛中显得与众不同",详见 A.Asher,*The Itinerary of Benjamin of Tudela*, Vol.1,p.160;Marcus Nathan Adler,*The Itinerary of Benjamin of Tudela*,p.78。

亚设提及这里还是引用伊德里斯的记述证实我们作者的记载。这位著名的地理学家生活在此岛,并在此完成了他的著作,故更加乐意引用之。他在其书第二卷第 76—78 页中记述了巴勒莫,对此我们感激不尽,伊德里斯好像将此地的宫殿称为 Al-hacina,此与芒克所言 el-Cassar 一致——希伯来语אלחצ"ר有可能源于此,有讹误为חציריי"ה或אלחיציר"ה。以上诸内容,详见 A. Asher,*The Itinerary of Benjamin of Tudela*, Vol.2,p.224。

马库斯·南森·阿德勒提及贝尔蒂诺罗(Bertinoro)对该地的犹太会堂有着精彩的描写,但是其所言并不符于实际状况,详见 Bertinoro,*Miscellany of Hebrew Literature*, Vol. I, p. 114。以上诸内容,详见 Marcus Nathan Adler,*The Itinerary of Benjamin of Tudela*,p.78。

巴勒莫,位于西西里岛西北部沿海地区,距离墨西拿约 200 公里。此处的威廉王应指西西里王国(1130—1816 年)国王威廉二世(William I of Sicily,1153—1189 年),1166—1189 年在位。——译者

3　亚设谓之"此城是督抚驻地,其宫殿被称为哈茨拿(Al-hacina),有各类水果树以及被围墙环绕的大泉水,……贝黑拉(Al-Behira)……随时准备为其与其女人享乐",马库斯·南森·阿德勒谓之"此地是国王的领地与花园,被称为哈比拿(Al Harbina)或哈茨拿(Al Hacina),有各类水果树,花园被围墙环绕……提供快乐之旅",其中 Al-hacina、Al Harbina 与 Al Hacina,Al-Behira(贝黑拉)与 Al-Buheira(布黑拉)音近,所指相同,详见 A. Asher,*The Itinerary of Benjamin of Tudela*, Vol.1,pp.160-161;Marcus Nathan Adler,*The Itinerary of Benjamin of Tudela*,pp.78-79。

亚设提及芒克称在阿拉伯语中 Al Hacina 意为堡垒、坚固的宫殿,君士坦丁堡版与费拉拉版手稿的首版读作אלחיצ"ינה与אלח ציינה,而非אלחצינה,显然为讹误。西西里的威廉二世在 1166 年,即 12 岁时开始执政。在他未成年之时,其母亲皇后作为王国的摄政。她让其叔叔鲁昂(Rouen)的大主教派遣皮尔彻(Perche)伯爵之子、罗特劳(Rotrou)的斯蒂芬(Stephen),斯蒂芬被她选为帝国大臣。在皇后的影响下,斯蒂芬也成为巴勒莫主教,在教界与俗界经营着自己的权力,成为王国的统治者与督抚,即如我们作者所言。以上诸内容,详见 A. Asher,*The Itinerary of Benjamin of Tudela*, Vol. 1, p. 160; Vol.2,pp.224-225。

马库斯·南森·阿德勒提及 Al-Buheira 在阿拉伯语中为湖之意,威廉二世无与伦比的狩猎场很值得一看,其位于帕克(Parco)的小城与蒙雷阿莱(Monreale)大教堂之间——该教堂之后由国王建立。威廉二世,绰号"好人";当本杰明在 1170 年到达西西里之时,其 16 岁。在其未成年之时,主教作为副摄政。由于其不受欢迎,在 1169 年被驱逐。亚设认为本杰明到此地的时间肯定在此之前,因为他读כי היא מדינת סגן המלך,即此地为副国王(此处译作督抚)的国家。牛津文稿与我们文本一致,称כי היא מדינת גן המלך,即此地为国王的花园。年代志告诉我们年轻的国王在摆脱督抚的控制之后,醉心于享乐与迷途之中。亚设明显错误,因为仅仅一个孩子是不能够享受如此欢愉的。这一点极为重要,因其可以完全确定本杰明到达此岛的时间,而时间应在 1177 年威廉与我们英国国王亨利二世(Henry II)的女儿结婚那一年。以上诸内容,详见 Marcus Nathan Adler,*The Itinerary of Benjamin of Tudela*,pp.78-79。

Al Hacina 的希伯来语拟音即为אלחצינה,前注与此处所言君士坦丁堡与费拉拉版手稿称谓,皆为אלחצינה的转音或讹误,即在转音之时并未遵循规范的对音方法。蒙雷阿莱主教座堂建立于 1174 年。鲁昂,法国北部城市。皮尔彻,法国西北部地区。威廉二世年幼之时,其母亲皇后玛格丽特(Margaret,1135—1183 年)摄政。马库斯·南森·阿德勒所言副摄政即指斯蒂芬——斯蒂芬(1137—1169 年)作为西西里王国大臣与巴勒莫主教,在巴勒莫权力甚大,于 1169 年被驱逐。亚设与马库斯·南森·阿德勒所据文本,关于此时巴勒莫属谁之领地相互矛盾，后者认为 1170 年威廉二世 16 岁，比较年幼，不可能醉心于男女之事。亚设明确表示本杰明在 1170 年到达西西里，应是据文本所述与斯蒂芬被驱逐的时间得出，尽管 1169 年与 1170 年相差一年，亦可理解为本杰明应最晚是在 1170 年到达西西里。马库斯·南森·阿德勒所言威廉二世在 1170 年间年幼应不能醉心男女之事，可作为判断本杰明到达西西里时间之参考，但并不准确。由于文本记载之间的差异，关于本杰明到达西西里岛的准确时间仍难有确切定论。——译者

4　亚设谓之“很多朝圣者汇聚于此，延伸至……帕塔勒讷……珊瑚石……”，马库斯·南森·阿德勒谓之“有世界上所有愉悦的事情，囊括……佩特拉里亚……珊瑚……”，详见 A. Asher，*The Itinerary of Benjamin of Tudela*，Vol.1，p.161；Marcus Nathan Adler，*The Itinerary of Benjamin of Tudela*，p.79。

亚设提及珊瑚（阿拉伯语 Bessed，波斯语 Merjan），为海上产品，自古皆出名。其价值取决于其大小、坚固程度、颜色的深浅与色泽。此地珊瑚众多，以致一些珊瑚 1 盎司才卖 8 或 10 几尼（Guineas），甚至有些 1 磅都卖不 1 几尼。关于墨西拿的渔业生产，详见 Spallanzani，*Travels in the Two Sicilies*，Vol.IV，p.308，etc。墨西拿的渔业生产每（年？）可达 250 镑、12 担，详见 Mc. Culloch，*Coral*。伊德里斯称这里的渔业被西西里人与国家所经营，质量不如非洲海岸所产（Edrisi，I，266 et 267）。这一记载再次证明了我们作者的爱好，其对岛屿细致的描述会让我们不难确定他曾访问此地。以上诸内容，详见 A.Asher，*The Itinerary of Benjamin of Tudela*，Vol.2，225。

马库斯·南森·阿德勒提及伊德里斯应国王罗杰二世（Roger II）之请 1154 年在西西里岛撰写地理志，曾提及岛上的珍珠，并表示无法用语言描述此地的气候、美丽与肥沃。他尤其关注巴勒莫，称佩特拉里亚极其坚固，为流亡的最佳之地，周围精耕细作的程度极高，且十分盛产。亚设没有理由将佩特拉里亚读作帕塔勒讷。以上诸内容，详见 Marcus Nathan Adler，*The Itinerary of Benjamin of Tudela*，p.79。

卡塔尼亚、锡拉库扎位于西西里岛的东岸；锡拉库扎在卡塔尼亚以南。马萨拉位于西西里岛西南岸；帕塔勒讷位于西西里岛西北岸。特拉帕尼位于西西里岛西岸，处于马萨拉与帕塔勒讷之间。佩特拉里亚，则属巴勒莫城镇，

有佩特拉里亚·索普拉拿(Petralia Soprana)与佩特拉里亚·索塔拉拿(Petralia Sottana)。帕塔勒讷与佩特拉里亚之差异,为文本不同所致。几尼,英国 1663—1813 年所发行的货币。罗杰二世(1095—1154 年)为西西里国王,1130—1154 年在位。——译者

四十三、德国、波希米亚与斯拉沃尼亚

越过西西里岛，经行 3 日到达罗马（从西西里岛经行 10 日到达罗马）。从罗马经行陆路五日到达卢卡；从卢卡越莫列讷（Maurienne）山经行 12 日到达巴尔德（Bardin），如此便穿越了意大利［从卢卡越约翰·德·莫列讷（Jean de Maurienne）山，穿过意大利；再经行 20 日到达凡尔登（Verdun）］。[1]

这里地处德国边境（阿勒曼尼始于此地）——德国（阿勒曼尼）
是一个多山的国家。德国（阿勒曼尼）的犹太会众居住在大莱茵河
畔，从帝国的起点（帝国的主要城市）科隆（Cologne）到边境雷根斯
110 堡（Cassanburg）［雷根斯堡（Regensburg）］——此需要 15 天行程
（从阿勒曼尼一端到另一端需要 15 天行程），这一区域被犹太人称
为阿什肯纳兹（阿勒曼尼又被称为阿什肯纳兹）。[2] 德国如下城市
有以色列会众，其皆位于摩泽尔（Moselle）河畔：科布伦茨
（Coblence）、安德纳赫（Andernach）、考布（Kaub）、卡塔尼亚（Kar-
tania）、沃尔姆斯（Worms）与明斯特（Mistran）等［阿勒曼尼如下
城市有希伯来会众，位于摩泽尔河畔的梅斯（Metz）、特里尔
（Treves），以及科布伦茨（Coblenz）、安德纳赫（Andernach）、波恩
（Bonn）、科隆、宾根（Bingen）、明斯特（Münster）、沃尔姆斯等］。[3]

实际上犹太人（所有以色列人）流散在世界各地，任何阻止以色列汇集的人将不会得到任何好的兆头，亦不应与以色列人一起生活。在上帝指定我们被囚禁的极限(将记得我们在流散)、高举受膏者的号角之时，每个人都应该出来并说：我将要带领犹太人，将他们聚集在一起。[4]

这些城市中有很多杰出的学者，这些会众彼此以最好的条件相待，对远近同胞皆十分友好(祝愿和平)。任何时候当游历者造访他们之时，他们都在那里欢欣鼓舞，并热情地款待他。他们充满希望，并说：“高兴起来(欢呼吧，同胞)，上帝的救赎(帮助)眨眼间就会来。”事实上，要不是我们怀疑我们被囚禁的日子还没有结束，我们就应早已聚集在一起，但是在歌声到达之前，在咕咕叫的乌龟
发出警告声音(在斑鸠的声音——在土地上听见此声音)之前，这 111
是不可能的(我们不敢如此做)。当消息到达之时，我们将会说(不停地说)：当尊耶和华为大！(同时)他们彼此传递信件，以此劝告他们应坚守摩西律法。那些锡安倒塌与耶路撒冷陷落的哀悼者，总是穿着黑色的衣服，为了他们同胞的利益，在上帝面前祈求怜悯(他们彼此传递信件，称应坚守摩西律法，锡安与耶路撒冷的哀悼者在恳求上帝，他们身穿哀求的服装所表示的祈求应通过他们的美德上达天听)。[5]

除了我们所提到的城市之外，位于德国(帝国)边界的城市斯特拉斯堡(Astransburg)、杜伊斯堡(Duidisburg)、马特恩(Mantern)、弗赖辛(Pisingas)、班贝格(Bamberg)、茨尔(Tsor)与雷根斯堡等[斯特拉斯堡(Strassburg)、维尔茨堡(Würzburg)、马特恩、班贝格、弗赖辛(Freising)与雷根斯堡等]，皆有富裕与博学的犹太人(皆有智慧与富裕的以色列人)。[6]

然后，进入到波希米亚（Bohemia）地区，其被称为布拉格（Prague）。斯拉沃尼亚（Sclavonia）[斯拉沃尼亚（Slavonia）]之地始于此，居住在此地的犹太人将其称为迦南（Kh'na'an）[迦南（Canaan）]，因为这里的人将他们的孩子（儿女）卖给其他所有族群，俄罗斯人也是如此。[这里是俄罗斯人]，俄罗斯地缘广袤，从布拉格之门直到基辅（Kiev）[基辅（Kieff）]之门——基辅是一座位于帝
112 国边境的大城。此国多山与森林，在森林中可以看到一种被称为瓦未尔戈斯（Vaiverges）[瓦尔（Vair）]的野兽，其产黑貂皮或白貂皮。冬天极为寒冷，人们都不敢冒险出门。目前为止，到达俄罗斯王国。[7]

注释

1　亚设谓之"越过西西里岛，经行 3 日到达罗马……从卢卡经莫列讷山经行 12 日到达巴尔德，如此便穿越了意大利"，马库斯·南森·阿德勒谓之"从西西里岛经行 10 日到达罗马……从卢卡经约翰·德·莫列讷山，越过意大利；再经行 20 日到达凡尔登"，详见 A.Asher，*The Itinerary of Benjamin of Tudela*，Vol.1，p.161；Marcus Nathan Adler，*The Itinerary of Benjamin of Tudela*，p.79。

亚设提及在我们作者时期莫列讷的伯爵领地几乎包括现代所有萨伏依地区。我们发现了莫列讷与都灵（Turin）伯爵的名字出现在第二次十字军东征的贵族名录中；此名源自于 9 世纪阿拉伯人的入侵，仍然镌刻在圣约翰·莫列讷（St.John Maurienne）城镇中——此地位于塞尼山（Cenis）山脚。以上诸内容，详见 A. Asher，*The Itinerary of Benjamin of Tudela*，Vol. 2，p.225。

圣约翰·莫列讷位于法国东南部地区，即莫列讷。此名为纪念施洗者约翰（John the Baptist，？—31/32 年），即为耶稣洗礼的圣约翰。约翰·德·莫列讷山即位于此地，约翰·德·莫列讷山谷为阿尔卑斯山最大的山谷之一。塞尼山为法国和意大利之间阿尔卑斯山脉的山地。

亚设希伯来文本中作ברדין，亚设认为其为 Bardin，马库斯·南森·阿德勒希伯来文本中作ברדון，并认为其为 Verdun，即凡尔登，详见 A. Asher, *The Itinerary of Benjamin of Tudela*, Vol. 1, Hebrew Edition, p. 109; Marcus Nathan Adler, *The Itinerary of Benjamin of Tudela*, Hebrew Edition, p.71。与Bardin 发音较为接近的为 Bard，即巴尔德，其位于意大利西北部地区，距离圣约翰·莫列讷约 200 公里，但 200 公里之行程似并不用经行 12 日。凡尔登，位于法国东北部，与德国毗邻，距圣约翰·莫列讷约 500 公里，较为符合本杰明所记行程。因此，将ברדין与ברדון认定为凡尔登似更合理。——译者

2　亚设谓之"这里地处德国边境——德国……从帝国的起点……此需要 15 天行程，被犹太人称为阿什肯纳兹"，马库斯·南森·阿德勒谓之"阿勒曼尼始于此地——阿勒曼尼……帝国的主要城市……从阿勒曼尼一端到另一端需要 15 天行程，阿勒曼尼又被称为阿什肯纳兹"，详见 A. Asher, *The Itinerary of Benjamin of Tudela*, Vol. 1, pp. 161-162; Marcus Nathan Adler, *The Itinerary of Benjamin of Tudela*, p.79。

亚设提及我们作者所叙述此地的城市很多都被无知的抄书员抄写讹误，以致不可能去辨认其所指——伊德里斯的著作也面临同样的命运，详见其在第二卷对德国的记述。拉比本杰明当然听说很多犹太人居住在莱茵河畔与摩泽尔河畔，因为十字军对这里手无寸铁的犹太人发动残忍的暴行，迫使他的同胞改宗与死亡，尤其当他要返回一个犹太人可以享受到宁静并拥有大量特权的国家之时。以上诸内容，详见 A. Asher, *The Itinerary of Benjamin of Tudela*, Vol.2, pp.225-226。

科隆，位于德国西部莱茵河畔地区。摩泽尔河，莱茵河在德国境内第二大支流。中世纪时期，德国十字军对其境内，尤其莱茵河畔的犹太人展开了残酷的暴力杀害，大量犹太人被迫改宗或殉难。此处亚设文本所言 Cassanburg，应为 Regensburg。——译者

3　亚设谓之"实际上犹太人……德国如下城市有以色列会众，其皆位于摩泽尔河畔：科布伦茨、安德纳赫、考布、卡塔尼亚、沃尔姆斯与明斯特等"，马库斯·南森·阿德勒谓之"所有以色列人……阿勒曼尼如下城市有希伯来会众，位于摩泽尔河畔的梅斯、特里，以及科布伦茨、安德纳赫、波恩、科隆、宾根、明斯特、沃尔姆斯等"，详见 A. Asher, *The Itinerary of Benjamin of Tudela*, Vol.1, p.162; Marcus Nathan Adler, *The Itinerary of Benjamin of*

Tudela,p.80。

卡塔尼亚,所指不详。考布,位于德国西部莱茵河畔。梅斯,位于法国东北部摩泽尔河畔。特里尔,位于德国西部摩泽尔河畔。科布伦茨、安德纳赫,位于德国西部莱茵河畔。波恩位于德国西部莱茵河畔地区。宾根,有莱茵河畔宾根(Bingen am Rhein),位于德国西南部;还有美因茨-宾根(Mainz-Bingen),位于德国东部。明斯特,德国西北部城市;沃尔姆斯,德国西南部城市,位于莱茵河西岸。亚设文本所言所列举城市皆位于摩泽尔河畔有误,其中多数城市皆不位于此河畔;马库斯·南森·阿德勒文本则较为准确。——译者

4 亚设谓之在上帝指定我们被囚禁的极限,马库斯·南森·阿德勒谓之将记得我们在流散,详见 A. Asher, *The Itinerary of Benjamin of Tudela*, Vol.1,p.162;Marcus Nathan Adler, *The Itinerary of Benjamin of Tudela*,p.80。

亚设提及此段内容明显位置错乱,因其并没有与关于德国之记载有关联,此内容为拉比本杰明所记或由一位很好模仿其风格的模仿者所写。无论如何,皆证明此处内容与原始内容并不相同,本杰明不止一次地穿插此类叙述,或其模仿者如此为之,我们现在并不能将其与原始内容相区分,只有真正的手稿方能够解除我们的疑惑。以上诸内容,详见 A.Asher, *The Itinerary of Benjamin of Tudela*, Vol.2,p.226。

《旧约·撒母耳记》(2:10)记载:"与耶和华争竞的,必被打碎。耶和华必从天上以雷攻击他,必审判地极的人,将力量赐与所立的王,高举受膏者的角。"受膏者,在希伯来语中即为משיח,即弥赛亚(Messiah),希腊语中称之为基督,其指以油或香油抹在受膏者的头上,受膏者为上帝所选中之人,具有某种特殊的权力,并被委任以特别职务。圣经时代君王与祭司有时以受膏的仪式接受委任,如大卫王便是如此。在犹太教末世论中,认为未来出自大卫家的国王将会成为弥赛亚,即受膏者,拯救并统治犹太人,带领犹太人走向辉煌盛世。基督教认为耶稣即弥赛亚,但是犹太教并不承认其地位。——译者

5 亚设谓之"十分友好……高兴起来……救赎……在咕咕叫的乌龟发出警告声音……这是不可能的……我们将会说……他们彼此传递信件,以此劝告他们应坚守摩西律法。那些锡安倒塌与耶路撒冷陷落的哀悼者,总是穿着黑色的衣服,为了他们同胞的利益,在上帝面前祈求怜悯",马库斯·南森·阿德勒谓之"祝愿和平……欢呼吧,同胞……帮助……在斑鸠的声音——在土地上听见此声音……我们不敢如此做……不停地说……同时……

他们彼此传递信件，称应坚守摩西律法，锡安与耶路撒冷的哀悼者在恳求上帝，他们身穿哀求的服装所表示的祈求应通过他们的美德被收到"，详见 A. Asher, *The Itinerary of Benjamin of Tudela*, Vol.1, pp.162-163; Marcus Nathan Adler, *The Itinerary of Benjamin of Tudela*, p.80。

《所罗门之歌》、《旧约·雅歌》(2:12)记载："地上百花开放，百鸟鸣叫的时候已经来到，斑鸠的声音在我们境内也听见了。"《所罗门之歌》(*Song of Solomon*)，在《旧约·传道书》之后，通译为《雅歌》，相传为所罗门所作。《旧约·诗篇》(35:27)记载："愿那喜悦我冤屈得伸的，欢呼快乐。愿他们常说，当尊耶和华为大。耶和华喜悦他的仆人平安。"亚设文本所言在咕咕叫的乌龟发出警告声音应为讹误。——译者

6　亚设谓之"德国……斯特拉斯堡、杜伊斯堡、马特恩、弗赖辛、班贝格、茨尔与雷根斯堡等"，马库斯·南森·阿德勒谓之"帝国……斯特拉斯堡、维尔茨堡、马特恩、班贝格、弗赖辛与雷根斯堡等"，详见 A. Asher, *The Itinerary of Benjamin of Tudela*, Vol. 1, pp. 163-164; Marcus Nathan Adler, *The Itinerary of Benjamin of Tudela*, p.80。

马库斯·南森·阿德勒提及上文从所有以色列人流散在世界各地到除了我们所提到的城市之外这一段内容，在大多数印刷版中皆可见到，爱泼斯坦手稿中的内容也与此十分相似，都相对比较新近。这种风格便显示这段内容应是后来被插入进去，真正的手稿会省略此内容。关于所提到的城市，可详见 Aronius, *Regester*, p.131。阿尼斯(Aronius)这位作者理所当然只有他之前的印刷版本。他设想משהראן为 Mayence(美因茨)很值得怀疑，但是他与勒乐伟(Lelewel)将מרנטרק认定为 Mantern，将בסינגש认定为 Freising 则可被接受。当看到本杰明对河流疏忽的记述，阿尼斯怀疑其是否真的到达过德国。现在看来他在这方面的判断显得极为正确。以上诸内容，详见 Marcus Nathan Adler, *The Itinerary of Benjamin of Tudela*, p.80。

斯特拉斯堡，位于法国最东端，紧邻德国。杜伊斯堡，位于德国西部。班贝格，位于德国中东部。维尔茨堡、弗赖辛，位于德国中部。亚设文本中בסינגש亦应为 Freising，亚设拟音之时疑似出现讹误。美因茨，希伯来语为מיינץ。本杰明在德国关于河流与城市的信息，确实存在一些讹误；此成为怀疑其是否到达此地之依据。——译者

7　亚设谓之"孩子……俄罗斯人也是如此。……瓦末尔戈斯"，马库斯·南森·阿德勒谓之"儿女……这里是俄罗斯人……瓦尔"，Sclavonia 与

Slavonia,Kh'na'an 与 Canaan,Kiev 与 Kieff 音近,所指相同,详见 A.Asher, *The Itinerary of Benjamin of Tudela*, Vol.1, p.164; Marcus Nathan Adler, *The Itinerary of Benjamin of Tudela*, pp.80-81。

施恩茨提及迦南人被挪亚变为奴隶[《旧约·创世记》(9:25)],犹太律法中的迦南尼斯(Khna'anites)[《旧约·利未记》(25:46)]。斯拉沃尼亚的奴隶非常盛行——斯拉沃尼亚包括波希米亚,以至 Sclave(Sclavonia)成为 Slave 的同义词。此地的犹太人通过一个颠倒的方式,以迦南表述斯拉沃尼亚,尤其波希米亚。拉比巴鲁克(约 1200 年)称奴隶为כנעניים,拉比阿维格多(R. Avigdor,1240 年)称其为סקלאבי,详见הלקט שבלי,No.31。大约 1470 年,一位摩拉维亚(Moravia)的当地作家,告诉我们迦南语中"美丽"一词被称为בילא (bella),此或使用了迦南术语——不仅在称他们的同乡之时,而且在称外邦人之时,或是指一个斯拉夫词汇"biala",即白色。当地犹太人如此称呼,以致波希米亚得到了כנען ארץ(即迦南之地)的称谓。之后,这种观念日益盛行,以致斯拉沃尼亚人被认为是逃亡的迦南人(*Josippon*, chap.1)。此种观点被阿本·以斯拉(Aben 'Esra)部分接受,其将 Allemania(阿勒曼尼)称为כנעניים (Aben 'Esra, in '*Obadiah*, V.20)。大卫·肯姆赤(David Kimchi)更加正确地将德国(阿什肯纳兹)与斯拉沃尼亚联系起来,然而这两个地区总归不同,因两地有不同的习语(Rashi in Deuteron., III., 9; Meir Rothenburg, *Decisions*, in 4 to.No.117)。哈斯德的写作在本杰明两百年之前,其亦将阿什肯纳兹与斯拉沃尼亚分开置之(Zedner, *Auswahl*, p.29)。斯拉沃尼亚后来被称为גבלים,或许因为גבל[《旧约·诗篇》(83:8)]紧接着הגרים——《塔木德》学者与后来的评论家以הגרים称匈牙利(Hungary)。拉比本杰明的两位同代人比西哈奇亚与《马哈祖尔》的编者维特里(Vitry)也分开列举波希米亚与俄罗斯(Pethachia, p.185; Kherem chemed, III., 201)。埃利塞尔·本·南森(Elieser B.Nathan),见证了这个未被考虑过的早期时代,曾经描述过一些圣人的画像,展示了俄罗斯人房子的门与墙,并提及游历者到达此地(Elieser B.Nathan, ראב"ן, §.291.fol.74 b. §.5.fine),这不禁让我们认为其肯定到达过此地。他明确地称自己曾访问过迦南之地,并记述了此地的犹太人(§.8; f.70.a)。

除拉比本杰明之外,约瑟泊与肯姆赤可能部分见证了此地,这一推论由ראב"ן所证实。拉比南森(R.Nathan)与拉比所罗门(R.Sholom)留下了一些迦南语词汇的样品,即斯拉夫语,如:מקום,罂粟(poppy),波兰语 Mak;שניר,

雪，波兰语 snieg；קרוקים，甲虫；פרינום，坐垫，俄罗斯语 perina；אקדון，盆等（*Aruch*，v.פרגין；*Bereshith rabba* c.68.Deuteron.L.c.Aboda Sara f.28 b.51 b）。拉什一并提到法国与迦南之地之外，再没有其他国家（Rashi，'*Obadia*）。卢扎托（S.D.Luzzato）在他的评论中恰当地指出拉什暗指与斯拉沃尼亚的奴隶贸易。《旧约·创世记》（9：29）记载："即使闪的后裔流散在各地，迦南人的子孙将被卖给他们作奴仆。"维也纳的拉比艾萨克（R.Isaac，*Or sarua*）客观地称他的国家为迦南之地（Hagahoth Asheri in Chullin cap.3.No.31），因为奥地利在奥托卡二世（Ottokar II，1253 年在位）时期，属波希米亚统治。甚至在后来的时期，迦南被认为是一个可耻的称号，与奴隶同义（*Nimmukin* by Menachem Merseburg，fol.85 c）。然而，迈蒙尼德在他的书信中暗指也门、穆拉比特（Morabethun），即叙利亚——他们入侵了非洲，并称"马格里布的迦南"（Zunz，*über hispanische Ortnamen*，in *Zeitschrift für die Wissenschaft des Judenthuma*，pp.158-159）。通过这些分析，我自己与拉帕波特对此问题进行了部分纠正与补充（*Life of R.Nathan*，p.30）。以上诸内容，详见 A. Asher，*The Itinerary of Benjamin of Tudela*，Vol.2，pp.226-229。

亚设提及 Vaiverges，波兰语称之为 Wiewiórka，一种白色的小松鼠、一种走兽，其皮价值很高。"俄罗斯人将这种白色小松鼠的皮当作贡品送给征服者诺曼人，他们以瓦未尔戈斯（Vaiverges、Corsairs）之名致敬。"（Gibbon，ch. 55）。以上诸内容，详见 A.Asher，*The Itinerary of Benjamin of Tudela*，Vol.2，p.229。

马库斯·南森·阿德勒提及布拉格的犹太人常被当时的记载提及，拉比比西哈奇亚从雷根斯堡开始他的行程，在前往波兰与基辅途中曾经过布拉格。本杰明没有告诉我们犹太人是否居住在基辅。爱泼斯坦殷勤地提供了如下参考资料，其内容为"耶希瓦的主事者、基辅的拉比摩西问道"（תנאים סדר ואמוראים，Graetz，*Monatsschrift*，39，511）。"来自基辅的摩西、我们的拉比塔姆（Tam）"（ספר הישר，*Monatsschrift*，40，134）。拉比摩西还被拉比梅厄提及，详见 R.Meir of Rothenburg，ed.，*Resp*.Berilin，p.64。之后拉比摩西还被记载为来自基辅的拉比摩西·巴·雅科夫·丹尼拉（R.Moshe bar Yakov Danila）。Vair，波兰语中称为 Vaiverge 或 Wieworka，是一种貂，中世纪时期的著作中经常提及，这是一种著名的白毛皮。以上诸内容，详见 Marcus Nathan Adler，*The Itinerary of Benjamin of Tudela*，pp.80-81。

波希米亚是古中欧地名，占据古捷克地区西部三分之二区域，现在位于包括布拉格在内的捷克共和国中西部地区。斯拉沃尼亚、波希米亚历史上皆为斯拉夫人聚集生活之地。《旧约·创世记》(9:20—25)记载:"挪亚作起农夫来,栽了一个葡萄园。他喝了园中的酒便醉了,在帐棚里赤着身子。迦南的父亲含,看见他父亲赤身,就到外边告诉他两个弟兄。于是闪和雅弗,拿件衣服搭在肩上,倒退着进去,给他父亲盖上。他们背着脸就看不见父亲的赤身。挪亚醒了酒,知道小儿子向他所作的事,就说迦南当受咒诅,必给他弟兄作奴仆的奴仆。"可知含将衣服盖在其父亲的身上,其儿子迦南却遭到挪亚的诅咒成为奴仆。此目的主要是为说明迦南人要臣服于以色列人。《旧约·利未记》(25:46)记载:"你们要将他们遗留给你们的子孙为产业,要永远从他们中间拣出奴仆,只是你们的弟兄以色列人,你们不可严严地辖管。"Khna'anites,为迦南人之意。כנעניים,即 Canaanites,即迦南人;סקלאבי,即 Sclavi,亦即 Slave。拉比巴鲁克以迦南人指奴隶。摩拉维亚,位于捷克东部地区。《旧约·诗篇》(83:8)记载:"亚述也与他们连合。他们作罗得子孙的帮手。"《旧约·创世记》(9:18—29)记载:"出方舟挪亚的儿子就是闪,含,雅弗。含是迦南的父亲。这是挪亚的三个儿子,他们的后裔分散在全地。……挪亚又说,耶和华闪的神,是应当称颂的,愿迦南作闪的奴仆。"奥托卡二世(1230—1278 年),波希米亚国王,1253—1278 年在位;他在位时期是波希米亚最强大的时代。穆拉比特(1040—1147 年),指 11 世纪由来自撒哈拉的柏柏尔人在西非所建立的王朝,在阿拉伯语中"穆拉比特"意为"武僧"。柏柏尔人,指是西北非洲说闪含语系柏柏尔语族的民族。其民族构成比较多样,有从中东、东非一带迁徙过来的人种。——译者

四十四、法国巴黎

法兰西王国，被犹太人称为查拉法特（Tsarphat）[查拉法特（Zarfath）]，从欧苏杜（Alsodo）[欧塞尔（Auxerre）]到巴黎——巴黎是一个大都会，需经行六日行程。此城位于塞纳河畔，属于国王路易（Louis）。城里有很多博学之人，世界上其他地区的人无可与之相比。他们整日投入到对律法的学习之中，对游历者非常好客，对其犹太同胞非常友善（视犹太同胞为兄弟、朋友）。[1]

愿上帝怜悯、同情他们与我们，愿上帝实现他在圣经中所言两事："那时，耶和华你的神必怜恤你，救回你这被掳的子民。耶和华你的神要回转过来，从分散你到的万民中将你招聚回来。"[《旧约・申命记》(30:3)]阿门、阿门、阿门[愿上帝，赐福者，怜悯我们与他们]！[2]

注释

1　亚设谓之欧苏杜、对其犹太同胞们非常友善，马库斯・南森・阿德勒谓之欧塞尔、视犹太同胞为兄弟、朋友，详见 A.Asher, *The Itinerary of Benjamin of Tudela*, Vol.1, pp.164-165; Marcus Nathan Adler, *The Itinerary of Benjamin of Tudela*, p.81。

马库斯・南森・阿德勒提及莱维尔（Lelewel）曾研读סודו אל，认为这里应指色当（Sedan）。格罗斯（H.Gross）猜测欧塞尔位于法兰西岛大区（Isle de France）省边界处，属于古代法国国王之遗产，肯定会被注意，我们文本之记载证明其所言应为正确。罗马人称此地为 Antiossiodorum，之后演变为 Alciodorum，Alcore，最终成为 Auxerre。此地在中世纪时期文献中经常被提及，因为其为著名的学术中心。此地伟大的人物参与到由拉什巴姆(Rashbam)与我们的拉比塔姆(RabenuTam)组织的宗教会议中，详见 *Gallia Judaica*，p.60，Graetz，Vol.395(10)。以上诸内容，详见 Marcus Nathan Adler，*The Itinerary of Benjamin of Tudela*，p.81。

色当，位于法国东北部边界地区。欧塞尔，位于法国中北部地区，属今法国勃艮第–弗朗什–孔泰(Bourgogne-Franche-Comté)地区。法兰西岛大区，位于法国中北部，在勃艮第–弗朗什–孔泰地区西北。亚设与马库斯·南森·阿德勒希伯来文本皆称(פאיש)מעיר אל סודו עד פאריש，即从אל סודו城到巴黎，详见 A. Asher，*The Itinerary of Benjamin of Tudela*，Vol.1，Hebrew Edition，p.94；Marcus Nathan Adler，*The Itinerary of Benjamin of Tudela*，Hebrew Edition，p.45。莱维尔应是将אל סודו认为为סודו，即拟音 Sedan，即色当城；亚设与马库斯·南森·阿德勒将אל סודו整体译为 Alsodo、Auxerre。Alsodo 更为接近希伯来语文本，应对应 Alcore，Auxerre 则是该地现今之称谓。拉什巴姆，即拉比撒母耳·本·梅厄(R.Samuel ben Meir，1085—1158年)，法国特鲁瓦犹太人，著名《塔木德》评论家。Rashbam，为其名字首字母缩写而成 R-Sh-ba-M。拉比塔姆，即雅各·本·梅厄(Jacob ben Meir，1100—1171年)，以 RabenuTam 闻名，即我们的拉比塔姆——Tam 在希伯来语中意为坦率。雅各·本·梅厄为中世纪时期阿什肯纳兹犹太人著名的拉比之一、著名的《塔木德》评论家。此处的路易国王应指路易七世(Louis VII，1120—1180年)，1137—1180年在位。希伯来语称法国为צרפת，拟音为 Zarfath 或 Tsarphat。——译者

2　亚设谓之"愿上帝怜悯、同情他们于我们，愿上帝实现他在圣经中所言两事：'那时，耶和华你的神必怜恤你，救回你这被掳的子民。耶和华你的神要回转过来，从分散你到的万民中将你招聚回来。'"[《旧约·申命记》(30：3)]阿门、阿门、阿门！"马库斯·南森·阿德勒谓之"愿上帝，赐福者，怜悯我们与他们"。以上诸内容，详见 A. Asher，*The Itinerary of Benjamin of Tudela*，Vol.1，p.165；Marcus Nathan Adler，*The Itinerary of Benjamin of Tudela*，p.81。

亚设文本所言两事，如《旧约·申命记》(30：3)所记，即救回被俘虏之子民与召集犹太人之聚合。——译者

索　　引

（索引所标注页码为亚设希伯来文文本页码，即本书边码。同时参考了马库斯·南森·阿德勒希伯来文文本）

A

Aaronim，亚伦尼姆，33

Ab，Fast of，阿布月，10，52

Abaji，sepulcher of，阿巴吉，68

Abba Mari，R.，拉比阿巴·马里，5

Abraham，亚伯拉罕，亚伯拉罕城门，36

——哈兰亚伯拉罕之家，51

——希伯伦附近的亚伯拉罕，42

——圣经中的亚伯拉罕，41

——亚伯拉罕之井，44

Abraham，R.，拉比亚伯拉罕，天文学家，45

——纳博讷学术机构主事者亚伯拉罕，2

——珀斯奇瑞斯（博凯尔）学术机构主事者亚伯拉罕，4

Abraham el Constantini，R.，拉比亚伯拉罕·康斯坦丁，39，40

Abramaz，巨人国王亚巴马斯，47

Absalom，罗马押沙龙雕塑，11

——押沙龙之手的石柱，37

Abu al-Nazr，教长阿布·纳萨尔，102

Abu Talib，阿布·塔利卜，99

Abydos，阿比多斯，19

Abyssinia，阿比尼西亚，来自阿比尼西亚的商人，106

——阿比尼西亚人，96，97

——阿比尼西亚的尼罗河，96，101

Academies，学术机构（或学校）：亚历山大里亚，103；巴格达，60；雅比尼，43；麦西拉姆，98；纳博讷，2；内哈德，69；珀斯奇瑞斯，4

——流散宗主担任主事者，63；以西结犹太会堂，67；苏拉主事者，69；圣经中的以西结，69

Academy Gaon Jacob，学术机构的格昂雅各，60，80

——以色列之地的学术机构，48

Acco，亚柯，阿卡，31

Achelous（Aphilon），阿刻罗俄斯，阿

菲雷,15
Acre(Acco),亚柯,阿卡,31
Aden,阿丹,95,96
Africa,非洲,来自非洲的商人,2,106
Agur(Al-ajur)brieks,阿古尔砖块,65
Ahab(Achab), son of omri, palace of,暗利之子亚哈宫殿,31,32
Ahasuerus(Achashverosh),亚哈随鲁国王,73
Ailam(Ailah, Elim),艾拉(艾利),107
Ain Siptha(Ain Japhata),艾因·亚法塔(艾因·斯法)
Ain-al-Shams('Iskii Ain al Shems)(Ra'amses, Ramses),艾因-沙马或兰塞(斯肯·艾因·沙马,兰塞),103
Ajalon,亚雅仑谷,34
Al Abbasi,阿拔斯哈里发,54,99;亦见 Caliphof Bagdad
Al-Bubizig(Al-Boutidg),布比奇戈,103
Al Buheira(Al-Behira),布黑拉(贝黑拉),108
Al-Gingaleh,僧伽罗,95
Al-Habash(Abyssinia),哈巴什(阿比尼西亚),97,101,106
——苏丹哈巴什,96
Al Harbina(Al-hacina, Al Hacina),哈比拿(哈茨拿),108
Al-Karkh,卡尔赫,64
Al-Sham(Esh-Sham),艾什-沙姆,即叙利亚,来自叙利亚的商人,106
Alamannia,阿勒曼尼,即日耳曼,德国,109;
来自德国的商人,106
Alani(Alanians),阿兰人,62
Alawiyyim,阿拉未伊,99
Aleph,字母,撒玛利亚人将ה、ח、ע作א,33
Aleppo(Haleb, Aram Tsoba, Aram Zoba),阿勒颇,哈勒博,亚兰人的琐巴,50
Alexander the Great,亚历山大大帝,15,18
——建立亚历山大里亚,103,104
——亚历山大建立铁门,32
Alexander III,教皇亚历山大三世,8
Alexandria,亚历山大里亚,103—106
——来自亚历山大里亚的商人,2
Ali ben Abu Talib,阿里·本·阿布·塔利卜,69
Almah('Alma),阿尔玛,45
Alphabet,字母,撒玛利亚人没有ה、ח、ע字母,33
Alroy(Davdi El Roy, David Alroy),大卫·阿罗伊,77—78,81
Altar,祭坛,28,31,33,46
Amadia('Amaria),阿马迪耶(阿马瑞耶),76—79
Amalfi,阿马尔菲,13
——来自阿马尔菲的商人,106
Amana,亚玛拿,46
Ammon,亚扪,亚扪人子女(后

代),28
Ammon of No,诺的阿蒙,103
Anatolica,安纳托利卡,15
Andalusia,安达卢西亚,来自安达卢西亚的商人,106
Andernach,安德纳赫,110
Angleterre,即英格兰,来自英格兰的商人,106
Anjou,安茹,来自安茹的商人,106
Antioch,安条克,26
Antiochus,安条克,叙利亚国王,26
Antipater(Antipatros),安提帕特,希腊国王,15
Aphilon(Achelous),阿菲雷,阿刻罗俄斯,15
Apulia,阿普利亚,13
——来自阿普利亚的商人,106
Aqueducts,in Damascus,大马士革的水渠,46
Arabia,阿拉伯,来自阿拉伯的商人,67,106
Arabs,阿拉伯人,50,58,70,106
Aragon,阿拉贡,来自阿拉贡的商人,106
Aram Naharaim(Mesopotamia),阿拉姆·拿哈拉易姆,即美索不达米亚,62
Aram Zoba(Aram Tsoba),亚兰人的琐巴,即阿勒颇,50
Ararat,亚拉腊山,52,62
Archers,弓箭手,88
Aristotle,亚里士多德,亚历山大里亚的亚里士多德研究机构(学校),103
Ark,约柜,流散宗主犹太会堂约柜,64;以西结犹太会堂约柜,66
Arles,阿尔勒,5
Armenia,亚美尼亚,26
Armylo(Armiro), 阿莫柔,18
Arnon,亚嫩河,46
Arta(Larta),阿尔塔,15
Artaxerxes,波斯国王阿尔塔薛西斯,73
Artificers,丝绸工匠:君士坦丁堡,23;萨洛尼卡,19;丝绸与紫布工匠:底比斯,16
Ascoli,阿斯科利,14
Ashdod(Ashdoud),亚实突,43
Ashdoth Hapisgah,斯迦山坡,44
Asher,亚设,31
——亚设支派,83
Asher,R.,拉比亚设,隐士,3
Ashkelonah(Askelon,Ascalon),亚实基伦,43
Ashkenaz,阿肯什纳兹,即德国,109;来自德国的商人,106
Ashmedai,阿斯摩太,49
Ashmun,艾什蒙,102
Asia,亚洲,来自亚洲的商人,3
Askelon,亚实基伦,43
Assassins(Hashishim),哈昔新,27,76
Assuan,阿斯旺,96,97
Assur the Great,伟大的亚述,即摩苏

尔(Mosul),52

Astronmers,天文学家:拉比亚伯拉罕,45;拉比约瑟夫,即博尔汗·普卢克,52,80

Asveh(Aspisian),阿斯维(阿斯皮斯),62

Auxerre(Alsodo),欧塞尔(欧苏杜),112

Azariah('Asariah),亚撒利雅,被扔进到火窑的亚撒利雅,65;亚撒利雅墓地,68

Azariah,R.('Esra,R.),亚撒利雅,以色列之地学术机构(学校)主事者拉比亚撒利雅,48

B

Baalbec(Ba'albek,Baaloth),巴勒贝克,48,49

Baal-Gad(Gebal,Gebela,Jebilee),巴力迦得(迦巴勒,杰比雷),27

Babel,巴比伦,44,51,63,65,76,98,巴比伦商人,20

Babel,Tower of,巴比伦塔,65

Babylon(Babel),巴比伦,44,51,63,65,76,98,巴比伦商人,20

Bagdad,巴格达,20,54—64,67,71,77—79,99

Balaam(Bil'am Ben Be'or),巴兰塔(巴兰·本·比珥塔),50

Balis(Bales,P'thora,Pethor),巴利斯(毗夺),50

Bamberg,班贝格,111

Banias(Belinas),布里拿斯,但支派,46

Bar Melicha(Dar M'licha,Dar Melicha),达尔·米利查(巴尔·米利查),68

Barak ben Abinoam(Barak B. Abino'am),巴拉克·本·亚比挪庵,其墓地,46

Barbarians,蛮族:希腊人雇用的与马苏德苏丹交战的蛮族,23

Barcelona,巴塞罗那,1

Bari,Colo di(St.Nicolas di Bari),巴里科洛(巴里的圣尼古拉斯),14

Basra,巴士拉,73

Basra Gate,巴格达巴士拉门,57

Bassorah,巴士拉,73

Bath,浴缸,巨人头被用作浴缸,47

Batlanim(Bathanim),巴格达巴塔尼姆,61

Battles,斗兽场战斗,9

Bdellium,珍珠,卡提法发现的珍珠,89

Beirut(Beyrut,Beeroth),贝鲁特(比录),28

Beit Jibrin(Beith Jaberim),拜特·贾伯林,42

Beit Nuba(Beith Nubi,Nob),拜特·努巴(挪伯),42

Bekr(Diarbekh,Diyar Kalach),贝克(迪亚贝克,迪亚·卡拉奇),62

Ben Hadad,本·哈达宫殿,47

Bene Berak(Benebra),本尼·布拉克

（本尼布拉），43
Benevento，贝内文托，13
Benha，本哈，103
Benjamin ben Jephet，R.，拉比本杰明·本·雅弗，其墓地，45
Beth Din，犹太法庭：犹太法庭的主事沙尔·沙龙，48
Bethlehem（Beth-Lechem，Beth-Leon），伯利恒，40
Beziers，贝济耶，2
Bilbais（Belbeis），比利巴斯（贝尔比斯），102，103
Bingen，宾根，110
Bir Abraham（Bir Ibrahim-al-Khalil），亚伯拉罕井（亚伯拉罕·哈利勒井），44
Blachernae（Blachernes），布拉契尼：伊曼纽尔皇帝的行宫，21
Boemond Poitevin，博希蒙德·普瓦特万王公，姓博布（le Baube），26
Bohemia，波希米亚，111
Bones of Israelites，希伯来以色列人尸骨，41
Bonn，波恩，110
Bostanai the Nasi（Bosthenai），流散宗主博茨塔那纳西，53
Bourg de St.Gilles，圣吉尔，5
Bozez（Botsets），播薛，43
Brindisi，布林迪西，14
Bronze columns from the Temple，圣殿的柱子，10
Bulgaria，保加利亚，来自保加利亚的商人，106
Burgundy，勃艮第，来自勃艮第的商人，106

C

Caesar，凯撒，尤里乌斯·凯撒的罗马宫殿，8
Caesarea，凯撒利亚，32
Calabria，卡拉布里亚，14，108；卡拉布里亚商人，106
Cakeb ben Jephunneh（Khaleb B. J'phuneh），迦勒·本·耶孚尼犹太会堂，45
Caliph of Bagdad，巴格达哈里发，54—58，63，79，99
Callipolis（Gallipoli），加利波利，24
Camel slain，巴格达哈里发逾越节献祭所杀的骆驼，58
Canaan，迦南的，其商人，20
Capernaum（Kh'phar Thanchum），迦百农（迦百农村），32
Caphtor（Khaphthor），迦斐托，101，107
Captivity，囚禁，被囚禁的首领，即流散宗主（Exilarch）：博斯塔那，但以理·本·哈斯德，61—64，67，69，71，76，80
Capua，卡普亚，11
Capys，卡皮斯，国王，11
Caravans，in sahara，撒哈拉商队，97
Carchemish（Karkisiya，Karkisia，Kharkhmish），迦基斯亚（迦基米

施),53
Carmel(Kharmel),迦密山,31
Castile,卡斯提尔,希伯来文前言
Catacombs, at Rome, 罗马地下墓穴,10
Catania,卡塔尼亚,109
Cemeteries,墓地:阿尔玛犹太人墓地,45;拉玛附近墓地,43;耶路撒冷附近犹太人墓地,37
Ceuta,休达,6
Chafton(Chaphton), 查夫顿山,77
Charlemagne,查理曼,9
Chebar(Chaboras),迦巴鲁河,66
China(Zin),中国,94
Chinnereth (Khinnereth), 基尼烈湖,44
Chios(Chio),希俄斯,25
Chisdai,Rab,拉比哈斯德,其墓地,68
Chiya,R.,拉比亥亚,其墓地,44
Christianity,followed by Girgashites,革迦撒人基督教,62
Christians,基督徒:大量巴勒莫基督徒,108;萨勒诺基督徒医学院,12
Christopoli,克赖斯特波利,即基督城,19
Chulan(Khulan),库兰,95
Chuni Hamaagal,褚尼·哈马伽,其墓地,45
Churches,教堂,君士坦丁堡教堂,20
Cloth,匠人,底比斯的紫布手工匠人,16
Coblenz,科布伦茨,110
Colo di Bari(St.Nicolas di Bari),巴里的科洛(巴里的圣尼古拉斯),14
Cologne,科隆,109,110
Colosseum,at Rome,罗马斗兽场,9
Columns,柱子:哈里发宫殿中以金银装饰的柱子,56;大马士革清真寺柱子,47;圣殿中的青铜柱子,10;流散宗主犹太会堂的大理石柱,64
Constantinople,君士坦丁堡,11,17,19—24
Constantinus the Great,君士坦丁大帝,其骑马雕塑,11
Coral(Al Murgan),珊瑚:穆尔甘,特拉帕尼的珊瑚,109
Corfu,科孚岛,15
Corinth,科林斯,16
Coverlets,裯,巴格达哈里发所织,55
Crete,克里特,105
Crissa,科瑞萨,16
Croatia(Scotia?),斯科舍商人?,106
Curicus (Corycus, Curicus, Kurch), 科里库斯(科里驰),25
Cush,古实之地,83,96,97;古实之子,90,96
Cuthim(Cuthaeans),古他姆(古他斯人):凯撒利亚,32;纳布卢斯,32,33;新亚实基伦,43
Cyclopean building at Tarragona,塔拉戈纳巨石建筑,1

Cyprus,塞浦路斯,25,105

D

Damascus,大马士革,46—48,52
Damietta,杜姆亚特,101,107
Damira,达米拉,103
Dan,但,布里拿斯但支派,46;
——但支派,83
Danemark (Denmark),丹麦,其商人,106
Daniel,但以理,其墓地,74,75;但以理犹太会堂,65
Daniel,但以理:哈斯德之子但以理,流散宗主,61—63
Dar-al-Maristan(Dar-al-Maraphtan),达尔·马里斯坦(达尔·马里菲坦),59
Dar Melicha(Dar M'licha,Bar Melicha),巴尔·米利查(达尔·米利查),即美丽的居所,68
David,大卫王,12,61;大卫王墓地,39
——耶路撒冷大卫门,36
——大卫之家,64,69;大卫墓地,38,39,69
——大卫后裔:流散宗主但以理,61,62;提马纳西萨蒙,71;拉比塞奥佐罗斯,2;拉比萨凯,52
——大卫塔,35
David Alroy(Davdi El Roy),大卫·阿罗伊(大卫·埃尔·罗伊),77—79,81
Dayanim,判官:韦雷(韦拉)河畔的判官,73
Daylam(Gilān),吉兰,其王子,57
Demented people,疯癫的人,巴格达哈里发所照顾的疯癫的人,59
Demetrizi(Mitrizzi),德梅特里斯(梅特里斯),19
Dimin(Dimn,Latmin,Lamdin),迪姆(拉特),50
Disciples,门徒:20 位门徒的墓地,45;王室将领,希腊十二大臣之一,19
Diyār Kalach (Diarbekh, Bekr),迪亚·卡拉奇(迪亚贝克),62
Drama,戏剧,19
Druses,德鲁斯,29
Duchbin,杜赤宾,92
Dyers,染工:拜特·努巴,43;伯利恒,40;布林迪西,15;德鲁斯之中,29;雅法,43;耶路撒冷,34,35;耶斯列,44;卡列亭,49;卢德,32

E

Earthquake,地震:哈马(哈马斯),49;的黎波里,27,28
Ebal,以巴路山,32,34
Ebro,埃布罗河,1
Eden(Aden),伊甸(阿丹),95
Edom,以东来自以东的商人,3,106
Edom,以东之子,即法兰克人,27;耶路撒冷:34

Egripo(Negropont),戈旁特(伊戈旁奈),17

Egypt,埃及,96—108;埃及商人,3,20;埃及边境,44

El-Anbar(Juba),埃尔-安巴尔(朱巴),53,69

El-Khabur(Habor),埃尔-哈布尔河(哈博河),51,83

El-Mosul(Assur,Ashur),摩苏尔(亚述),52,53,80

Elahutha(Elahuata),艾拉华塔,火之名,92

Elam(Khuzistan),埃兰,即胡齐斯坦73,88;胡齐斯坦王子,57

Elazar,R.,拉比埃拉扎尔,采马赫之子,60

Eleazar ben Arak,R.,拉比以利亚撒·本·阿拉克墓地,45

Eleazar ben Azariah,拉比以利亚撒·本·亚撒利雅墓地,45

El-id-bed Ramazan(Ramadan),埃尔-以德-拜德·拉马赞(拉马丹)节日,57

Elijah,以利亚,迦密山重修祭坛的以利亚,31;以利亚洞穴,31

Elim(Ailah,Ailam),艾利(艾拉),107

Emanuel,伊曼纽尔,希腊国王,15;居住在君士坦丁堡,19;建立布拉契尼,21

Embalming,防腐,马拉巴海岸当地人尸体防腐处理,92

Embriacus,迦巴勒统治者纪尧姆·恩布里亚克(Guillelmus Embriacus)[朱利安·恩布里亚克(Julianus Embriaco)],28

Emesa,埃米萨,49

Emir al Muminin,埃米尔穆米尼:法蒂玛哈里发,居住在麦西拉姆,98

——阿拔斯哈里发,54—63;巴格达哈里发,54—58,63,79,99

England,英格兰,来自英格兰的商人,3,106

Epacto(Lepanto),伊班陀,16

Ephraim,以法莲山,32

——以法莲支派,33

Epikursin(Epicureans),塞浦路斯人,25

Ermine,俄罗斯的貂,111

Esther,以斯帖墓地,81

Euphrates,幼发拉底河,50,53,59,66,69

Evil-merodah(Evil M'rodakh),以未米罗达,66

Exilarch,流散宗主,61 64,67,69,71,76,80

Ezekiel,以西结墓地,66—68;以西结犹太会堂,66,67

Ezra the priest,祭司以斯拉,43;以斯拉墓地,73;以斯拉犹太会堂,52;哈兰以斯拉犹太会堂,51;拉卡以斯拉犹太会堂,51

F

Farming,农业:科瑞萨犹太人农业,16;尼罗河畔农业,101;阿拉伯犹太人农业,70;尼沙布尔山犹太人农业
Fars,法尔斯或设拉子(Shiraz),82
Fayum(Fajuhm),法尤姆,97
Fer(Fur,Orontes,Makloub),福尔、奥龙特斯、梅克卜河,26
Fera,菲拉:以西结犹太会堂集市,67
Fighting-men,战斗之人:阿丹犹太人,96;黑巴尔犹太人,72;尼沙布尔山犹太人,83;比萨犹太人,7;达莫犹太人,49;提马犹太人,70
Fire-worshippers,伊布里格(哈迪)岛拜火教徒,92—94
Fish,鱼,尼罗河回落之时获取的鱼,100
Fishing,捕鱼,但以理犹太会堂附近被禁止捕鱼,76
Flanders,佛兰德尔,来自佛兰德尔,其商人,106
Flax,glown at sunbat,苏巴特的亚麻,107
Fortifications,堡垒,那不勒斯堡垒,12;萨勒诺堡垒,13
Framks(Zarfath,Tsarphat),法兰克(查拉法特)27;耶路撒冷法兰克人,34
Freising,弗赖辛,111
Fur,(Fer,Orontes,Makloub),福尔、奥龙特斯、梅克卜河,26

G

Gad,迦得,其支派,72
Galid(Jela'ad),迦列(基拉),48
Galilee,下加利利,45
Gallipoli(Callipolis),加利波利,24
Gamaliel,Rabban,拉班迦玛列,其墓地,44
Gana(Ganah),加纳,97
Gardens and plantations,花园与果园:阿马尔菲,13;巴勒贝克,49;巴比伦,63;巴格达,64;大马士革,46;迦列,48;墨西拿,108;尼罗河畔,101;巴勒莫,108;拉哈巴,53;塞巴斯特亚,32;书珊,74;提马,71
Gardiki,伽迪肯,18
Gascony,加斯科涅,其商人,106
Gate of Mercy,慈悲之门,耶路撒冷,36
Gates,铁门,亚历山大所建,62
Gath,迦斯·希弗,32
Gazigan(Resen),伽兹甘(伽黑甘)(利鲜),64
Gebal(Gebal,Gebela,Jebilee,Baal-Gad),迦巴勒,杰比雷,巴力迦得,27
Genoa,热那亚,6;热那亚商人,2,106
Genoese,热那亚人:蒙彼利埃,3;阿莫柔,18;统治迦巴勒,28;热那

亚人军事与海上扩张,7
Gentiles,异教徒:耶路撒冷,36;圣吉尔朝圣者,5
Georgians,in Jerusalem,耶路撒冷格鲁吉亚人,34
Gerizim,基利心山,32—34
Germany,日耳曼(德国),109;日耳曼(德国)商人,106
Gerona,赫罗纳,2
Geziret Ben Omar(Jezireh Ben'Omar),泽尔·本·奥马尔(耶泽尔·本·奥马尔),51
Ghaznah,加兹尼(基瓦),82
Ghetto,隔都:君士坦丁堡,被制革工人所污染,24;圣吉尔,5
Ghuz,乌古斯,其子(后裔),86
Ghuzz,乌古斯,57
Gibeah of Saul (Gib'ath, Geb'a, Gibeath),扫罗的迦巴,42
Gibeon the Great (Gib'on),基遍大城,34
Gihon,基训河,62
Gilān(Daylam),吉兰,57
Gilboa(Jelbon),基利波山,34
Gilead (Galid, Jela'ad),迦列(基拉),48
Girgashites (Girgashim),革迦撒人,62
Glass-making,玻璃制造:安条克,26;提尔:30
Golden calf,但支派黄金牛犊,46
Goshen,歌珊,102
Gozan,歌散河,51,75,78,82,83,85
Graves,墓地,10,31,33,37,38,41—42,44—46,53,64,68,69,73—76,81,106
Great Sea,大海(地中海),31
Greece(Byzantine Empire),希腊(拜占庭帝国):被热那亚人攻打,7;12个大臣,19;面积:26;希腊商人:2,3,106
Greek building at Tarragona,塔拉戈纳的希腊建筑,1
Greeks,希腊人:君士坦丁堡,22;伽迪肯,18;耶路撒冷,34;塔兰托,14;被瓦拉几亚人掠夺,17;建立那不勒斯,12
Griffin,拯救船员的格里芬,95
Gubail(Gebal, Djebail, Gubail),迦巴勒(杰比雷),28
Gurgan,戈尔甘之地,62

H

Habor(El-Khabur),哈博河(埃尔-哈布尔河),51,83
Hadadezer (Hadar'eser),哈达利谢,11
Hadara (Chardah, Chadrah),哈达拉,54
Hafiz,哈菲兹,巴格达哈里发,54—58,63,79,99
Hahepher,希弗,即海法,31
Hai,R.,拉比亥墓地,69
Haifa(Hahepher),海法(希弗),31

Hainault,埃诺,其商人,106
Hakkadosh,我们的拉比哈卡都什墓地,44
Halah,哈腊,83
Haleb,哈勒博,阿勒颇,50
Ham,含,其子孙,97
Hamah (Hamath, Chamath),哈马(哈马斯)
Hamadan,哈马丹,81
Hanan,R.(Rabbi Chanan),拉比赫南纳西(王子),70
Hananel,R.,拉比哈纳内尔,医生,13
Hananiha(Chananiah),哈拿尼雅:被扔进火窑之中,65;哈拿尼雅墓地,68
Hanes (Chanes),哈尼斯,即塔尼斯,107
Har Gaash,哈伽什,即蒙彼利埃,2,3
Harrān,哈兰,51
Hashishim(al-),哈昔新,27,76
Havilah(Chavila),哈腓拉,97,101
Hazor(Chatsor),夏锁,50
Head of a giant used as a bath,巨人头用于浴缸,47
Head of Captivity,被囚禁的王子,流散宗主,61—64,67,69,71,76,80
Hebron(Chebron),希伯伦,40
Heluan (Helwan, Chaluah),赫勒万,97
Heretical Jews in Cyprus,塞浦路斯异端犹太人,25
Hermon,黑门山,29,46
Hiddekel(Tigris),底格里斯河,52—54,58,64,73,74,88
Hillah,希拉,65,69
Hillel,希勒尔,其墓地,45
Hipparchus,喜帕恰斯王,19
Hippodrome,竞技场,君士坦丁堡,21
Holy of Holies,至圣所,36
Hospices,收容所:流散宗主所有,59;犹太人收容所,35
Hospital,医院:巴格达哈里发所建,59;耶路撒冷:35
Hot-water springs,热水温泉:波佐利,12;太巴列,45
Huna,拉比胡拿,其墓地,68
Hungaria,匈牙利,来自匈牙利的商人,20,106

I

Ibelin(Jabneh),雅比尼,43
Ibrig(Khandy),哈迪(伊布里格),92
Idol of the children of Ammon,亚扪人子女神像,28
India,印度,62,72;印度商人,89,106
Inns,客栈:亚历山大里亚,106;麦西拉姆,99
Inscriptions,铭文:亚历山大里亚,106;拉玛,43;墓地上的日期,37
Intermarriage among Druses,德鲁斯人的近亲结婚,29
Irbil(Arbiil),阿比尔,52

Ireland,爱尔兰,来自爱尔兰的商人,106

Isaac,艾萨克,其墓地,41

Isaac Napcha, R.(R. Jitschak Napacha),拉比艾萨克·拿帕查犹太会堂,41

Ishmael,以实玛利,来自以实玛利的商人,3

Ishmaelites,以实玛利人,49

Islam,伊斯兰教徒,55,57,58

——伊斯兰教大清真寺,57

Ispahan(Isbahan),伊斯法罕(伊斯巴罕),82

Israel,以色列之地,以色列地震,28

Israelites,希伯伦以色列人,其尸骨,41

J

Jabbok,雅博河,26,49

Jabneh(Ibelin),雅比尼,43

Jabustrisa,布斯垂萨,17

Jacob,雅各,其墓地,41

Jacobites,耶路撒冷雅各布斯人,34

Jaffa,雅法,43

Javan,希腊(拜占庭帝国):被热那亚人攻打,7;12 个大臣,19;面积:26;希腊商人:2,3,106

Jean de Maurienne,约翰·德·莫列讷山,109

Jeconiah(J'khoniah),犹大国王约雅斤,建立哈达拉,54;建立以西结犹太会堂,66;属于约雅斤的财产,67;约雅斤墓地,69

Jehoshaphat,约沙法,其城门,36

——约沙法谷,37

Jehuda,拉比犹大其墓地,53

Jehuda ben Bethera,R.,拉比犹大·本·本瑟拉,其墓地,45

Jehudah Halevi,R.,拉比犹大·哈列维,其墓地,45

Jerusalem,耶路撒冷,9,34—37

——耶路撒冷哀悼者,39,70,111

Jesus the Nazarene,拿撒勒的耶稣,9;埋葬之处,35

Jewish names adopted by the Wallachians,瓦拉几亚人所用犹太人的名字,17

Jews,犹太人,1—112

Jezreel(Jisre'el),耶斯列,44

Joab,约押,12

Johanan ben Zakkai,R.(R.Jochanan B.Sakhai),拉比约哈南·本·萨凯,其墓地,45

Jonah,约拿,其所建的俄巴底亚犹太会堂,53

Jonathan,约拿单岩石,43

Jordan,约旦河,33,44,46

Jose Hagelili,R.,拉比乔斯·哈戈利利,其墓地,46

Joseph,约瑟夫,其墓地,33;约瑟夫在麦西拉姆的仓库,102

Joseph,R.,约瑟夫,即博尔汗·普卢克,天文学家,52,80

Joseph Amarkala, R.(Joseph

Amarkh'la Halevi),利未人约瑟夫·阿马卡拉(拉比约瑟夫·阿马卡拉·哈利未),83

Joseph ben Hama, Rab. (R. Joseph B. Chama),拉比约瑟夫·本·哈马,其墓地,68

Joseph Sinai,拉比约瑟夫·西奈,其墓地,68

Judah,犹大国王及其墓地,39

Judah, R., ben Tibbon,拉比犹大·本·提本,医生,4

Jugglery,戏法,21

K

Kadmus,卡德摩斯,27

Kako(Kakun),卡库,32

Kalat Jabar(Kala' Jiaber, Selah),卡拉特·加巴(西拉),50

Kales(Kilia),肯里亚,24

Kalonymos, R. (R. Calonymos), of Narbonne,纳博讷拉比卡路尼莫斯

Kaphri,卡夫里,66

Karaïtes,卡拉派:君士坦丁堡,23;塞浦路斯,25;大马士革,48;新亚实基伦,44

Karjatēn(Cariateen),卡列亭,49

Karkisiya(Karkisia),迦基斯亚,53

Katifa(El-Cathif),卡提法(埃尔-卡提法),89

Kedemoth(Kadmus),卡德摩斯,27

Kedesh Naphtali,卡迪斯·拿弗他利,45

Kedumim(Nahr el Klbe),克都米姆(拿哈·克雷布)溪流,31

Kefar al-Keram,葡萄园村庄,68

Keilah(K'eilah),基伊拉,32

Kenisat-al-Irakiyyin,伊拉克犹太会堂,98

Kenisat-al-Schamiyyin,沙米亚犹太会堂,98

Khazaria,可萨商人,20,106

Kheibar,黑巴尔人,70,72

Khulam(Quilon, Chulam),奎隆,90

Khuzistan(Elam),胡齐斯坦(埃兰),73,88;胡齐斯坦王子,57

Kidron,汲沦溪流,37

Kieff(Kiev),基辅,111

Kifto(Lepanto),勒班陀,16

Kirjathim(Kirjathaim),基列亭,即卡列亭,49

Kish,基什,88—89

Kishon,基顺溪流,31

Knights Templars and Hospitalers,圣殿骑士团与医院骑士团,35

Kofar-al-Turak (Caphar Tarac),寇法·突厥(卡法·突厥),83—87

Kotsonath (Al Kotsonaath),克茨拿,68

Kufa,库法,69

Kurch(Corycus, Curicus),科里驰(科里库斯),25

Kurland,库尔兰,来自库尔兰的商人,106

Kus（Kutz，Kuts，Kūs），库斯（库兹），97

L

Ladikiya(Latachia)，拉塔齐亚，27
Lammanah(Mahaleh)，拉马拿（马赫勒），103
Larta(Arta)，阿尔塔，15
Latmin（Dimn，Lamdin），拉特（迪姆），50
Law，律法：开罗犹太会堂圣经读法，98
Leah，利亚，其墓地，41
Learning，学术中心：巴格达，61，64；巴士拉，73；贝济耶，2；圣吉尔，5；卡普亚，11；君士坦丁堡，23；大马士革，48；埃尔-安巴尔，53；黑巴尔，72；吕内勒，3；马赛，6；蒙彼利埃，3；纳博讷，2；巴黎，112；珀斯奇瑞斯，4；罗马，8；鲁德巴尔，76；萨勒诺，12，13；底比斯，16
Lebanon，黎巴嫩山，26，27，49
——黎巴嫩平原，48
Lega(Ladikiya，Latachia)，来加（拉塔齐亚），27
Lepanto，勒班陀，16
Levites，利未，60
Lighthouse at Alexandria，亚历山大里亚灯塔，104，105
Lipar，利帕尔海湾，108
Lombardy，伦巴第，来自伦巴第的商人，3，20，106；伦巴第病人，12
Lot's wife，罗得之妻，37
Louis，法王路易，112
Lucca，卢卡，7，109
Ludd(Lydda)，卢德，32，44
Lunel，吕内勒，3
Lybia(Nubia)，利比亚（努比亚），95，96；商人，106
Lydda(Ludd)，卢德，32，44

M

Machpelah(Makhphela)，麦比拉，40
Magicians at Bagdad，巴格达魔术师，64
Mahomerie-le-Grand，大穆罕默德，34
Mahomerie-le-Petit（Pesipua），穆罕默德-勒-佩蒂特（佩斯普阿），43
Malaria，卡普亚热病，11
Malmistras（Tersoos，Tarshish），马米斯特斯（特什示、特苏斯），26
Manar al Iskandriyyah，玛拿·亚历山大里亚、亚历山大里亚的米拿，即亚历山大所建灯塔，104
Manasseh，玛拿西支派，72
Mantern，马特恩，111
Maon(Meon)，玛云，32
Mar Keshisha，Synagogne of，at Hillah，希拉的马尔·科什沙犹太会堂，65
Maresha，玛利沙，42
Mari，R.（R. M'iri），Synagogne of，at Hillah，希拉拉比马里犹太会

堂，65
Market-places，麦西拉姆市场，99
Marmora，马尔马拉海，23
Masara，马萨拉，109
Marseilles，马赛，6
Martyrs，graves at Rome of the ten，罗马十位殉道者墓地，10
Mastic，obtained at Chios，希俄斯的乳香，25
Masud(Thgarmim，Togarmim)，马苏德苏丹(陀迦玛苏丹)，23
Mata Mehasya(Matha M'chasia)，马塔·梅西亚，即苏拉，69
Mazliach，R.(R.Matsliach)，拉比马兹里奇，讲师，48
Mecca，pilgrims to，朝圣者前往麦加，55
Media，米底亚：米底亚之地，51，77，81，83；米底亚商人，20；米底亚王子，57
Medicinal properties，of Nile water，尼罗河水的药性，101；波佐利石油与热泉水的药性，12
Medicinal，school of，at salerno，萨勒诺医学院，12
Medon(Meron，Meroon，Maron)，梅东(梅龙、玛龙)，45
Megas Domesticus(Mega Domesticus)，军队统领，19
Megas Ducas(Mega Dukas)，海军统领，20
Meir，R.，拉比梅厄，大马士革博学之人的翘楚，48
——希拉梅厄犹太会堂，65
Melfi，梅尔菲，13
Merchants in Alexandria，商人：亚历山大里亚，105，106；阿马尔菲，13；阿莫柔，18；巴格达，64；君士坦丁堡，20，23；德鲁斯人之中，29；伊戈旁，17；加兹尼(基瓦)，82；奎隆，90；基什，89；蒙彼利埃，3；新亚实基伦，44；以西结犹太会堂，67；塔拉戈纳，1；提尔，31
——流散宗主从商人所获收入，63
Meron(Medon，Meroon，Maron)，梅龙(梅东、玛龙)，45
Mesopotamia(Aram Naharaim)，美索不达米亚，即阿拉姆·拿哈拉易姆，62
Messina，墨西拿，108
Metz，梅斯，110
Micah(Mikha)，雕刻的弥迦像，46
Mills，at Baalbec，巴勒贝克水磨，49
Ministers of religion，宗教首领，流散宗主有权任命，63
Mishael，米煞，65；米煞墓地，68
Mizraim，New，新麦西拉姆，97，98，101，102；老麦西拉姆，102
Mohammedans，伊斯兰教徒，51，52，67，69，73，108
Montpellier (Har Gaash，Har Ga'ash)，蒙彼利埃(哈伽什)，2，3

Mordecai(Mordekhai),末底改,其墓地,81
Moselle,摩泽尔河,110
Moses,"Our teacher",我们的拉比摩西,60;摩西律法,92,111;麦西拉姆郊外的摩西犹太会堂,102
Moses,R.,拉比摩西,弓箭手,88
Mosque,清真寺:大马士革,47;巴格达伊斯兰教清真寺,57;库法伊斯兰教徒清真寺,69;以挪亚的方舟所建清真寺,52
Mulahid(Mulehet),木剌夷,76
Muneh Sifte,姆内·色非塔,103
Münster,明斯特,110
Musk,from Tibet,吐蕃麝香,75,82
Mytilene(Mitilene),米蒂利尼,25

N

Nabal,the Carmelite,迦密的拿八,32
Nablous,纳布卢斯,32
Nahum,伊勒歌斯的那鸿,那鸿墓地,68,那鸿犹太会堂,53
——那鸿村,迦百农村,32
Naisabur(Khazvin),尼沙布尔山(加兹温山),83,85
Names,Jewish,adopted by Wallachians,瓦拉几亚人所用犹太人名字,17
Naphtali,拿弗他利,其支派,83
Naples,那不勒斯,12
Narbonne,纳博讷,2
Nasi of the Seed of David,大卫后裔纳西:但以理。61,62;拉比赫南,70;萨蒙,71;拉比塞奥佐罗斯,2;拉比萨凯,52
Nathan,R.,composer of the Aruch,《汇编》的拉比南森,8
Naupactus(Lepanto),勒班陀,16
Navarra,纳瓦拉,来自纳瓦拉的商人,106
Nebo(N'bo),尼波山,37
Nebuchadnezzar,尼布甲尼撒,其宫殿,65
Nehardea,内哈德,53,69
Nero,尼禄皇帝,尼禄罗马宫殿,9
Nethanel(R.N'thanel),"the Prince of Princes",君主的君主拉比拿坦业,98
Nihawand(Holwan),尼哈万德(哈莱万),76
Nikpa(Nikpha),尼帕海,94
Nile(Pison),尼罗河(比逊河),96,98—102
Nilometer,水位计石柱,99—101
Nineveh(Niniveh),尼尼微,52
Noah's Ark,挪亚方舟,52
Nob(Beit Nuba),挪伯(拜特·努巴),42
Normandy,诺曼底,来自诺曼底的商人,106
Nur-ed-din(Nureddin),陀迦玛国王努尔丁,46,49,50,52

O

Obadiah,俄巴底亚,其犹太会堂,53;

——拉比俄巴底亚，纳西，82
Oeconomus Megalus，大文书长官，20
Oil，obtained from fish of the Nile，尼罗河的鱼油，100
Oil-spring at Pozzuoli，波佐利油泉，12
Old Man of the Hashishim，哈昔新老者，76
Olives，橄榄山，37
Omar ben al Khataab('Omar Ben Al Khatab)，奥马尔·本·赫塔卜，36，52
Orion，猎户座，94
Orontes，奥龙特斯河，26
Otranto，奥特朗托，15

P

Palace，宫殿，8，9，32，35，48，50，54，65，71，73，98，109
Palermo，巴勒莫，108
Palestine，巴勒斯坦，来自巴勒斯坦的商人，2，3
Palmid(Palmis)，帕密德(帕密斯)，43
Papa，Rab.，拉比帕帕，其墓地，68
Paris，巴黎，112
Passover，Feast of the，逾越节，33
Patras，帕特拉斯，15
Patriarch of Jerusalem，耶路撒冷牧首，38
Patriarchs，tombs of the，at Hebron，希伯伦族长墓地，41
Patzinakia，佩切涅格，来自佩切涅格商人，20，106
Pavilion of Daniel，Synagogue of the，但以理犹太会堂，65
Pearl-fishery，at katifa，卡提法珍珠渔业，89
Pedigrees，谱系：哈斯德之子但以理，61；采马赫之子埃拉扎尔，60；赫南纳西，71；塞奥佐罗斯之子拉比卡路尼莫斯，2；萨蒙纳西，71；以利之子拉比撒母耳，60
Pepin，丕平国王，9
Pepper，gromn at khulam，奎隆胡椒，91
Pera，佩拉，24
Persia，波斯，62；波斯商人，20，89；波斯王子，57
——波斯的沙，征收阿马瑞耶犹太人人头税，77；其领土面积，75；其远征寇法·突厥，84—87；囚禁大卫·阿罗伊，78，79
Pethor (Balis，Bales，P'thora，Pethor)，毗夺(巴利斯)，50
Petralia(Pantaleone)，佩特拉里亚(帕塔勒讷)，109
Petroleum，Spring of，at Pozzuoli，波佐利油泉，12
Pharpar(Parpar)，法珥法河，46，47
Physicians，医生：拉比哈纳内尔，13；拉比犹大，4；拉比所罗门·哈姆斯瑞；拉比西底家，48
Pilgrims，朝圣者：圣吉尔，5；耶路撒冷，14，31，35，108；麦加，55

Pillar of Salt,盐柱,37
Pisa,比萨,7;比萨商人,2,106
Pisans,比萨人,蒙彼利埃的比萨人,3;阿莫柔比萨人,18
Pishon,比逊河,即尼罗河,96,98—102
Pithom,比东,97
Plantations,果园,花园与果园:阿马尔菲,13;巴勒贝克,49;巴比伦,63;巴格达,64;大马士革,46;迦列,48;墨西拿,108;尼罗河畔,101;巴勒莫,108;拉哈巴,53;塞巴斯特亚,32;书珊,74;提马,71
Poiters(Poitou),普瓦捷(普瓦图),其商人,106
Pool in Jerusalem,耶路撒冷献祭所用沟渠,36
Pope of the Greeks,希腊人的教皇,20
Pope of Rome,罗马教皇,8,20,54
Posquières(Beaucaire),珀斯奇瑞斯(博凯尔),4
Pozzuoli,波佐利,11
Prague,布拉格,111
Priests,samaritan,撒玛利业人的祭司,32
Provence,普罗旺斯,5;普罗旺斯商人,106
Psalms,流散宗主犹太会堂上刻写的诗篇,64
Pul,普勒之地,即普利亚,13
Pumbedita(El-Anbar,Juba),普穆贝迪塔(埃尔-安巴尔,朱巴),53,69

Q

Quilon(Khulam,Quilon,Chulam),奎隆,90

R

Rab and Samuel,拉布与撒母耳,其犹太会堂,69
Rabbah,拉巴,其犹太会堂,64
Rabbanite Jews,拉比犹太人:君士坦丁堡,23;塞浦路斯,25;新亚实基伦,44
Rabbis,拉比:韦雷(韦拉)河畔犹太人的拉比,73;研究机构主事者拿坦业所任命拉比,98;流散宗主所选任的拉比,63
Rabonica(Rabenica),拉本尼卡,17
Rachel's grave,拉结墓地,40
Raga(Lega),莱伽河,68
Ragusa,拉古萨,来自拉古萨的商人,106
Rahbah(Rahabah),拉哈巴,53
Rakka(Racca, Salchah, Salchan),拉卡(撒迦),51
Ramah(Ramlah,Ramleh),拉玛,42
Rams(Ramleh),拉姆拉,43
Ramses (Ra'amses, 'Iskii Ain al Shems),兰塞(斯肯·艾因·沙马,兰塞),103
Ras-el-Ain,拉斯-埃尔-艾因,51

Raymond V,图卢兹伯爵雷蒙德五世,5
Rayy(Rai,Ray),雷伊,84
Rebekah(Ribekah),利百加,其墓地,41
Red Sea,红海,107
Regensburg(Cassanburg),雷根斯堡,109,111
Rephidim(R'phidim),利非丁,107
Resen(Gazigan),利鲜(伽兹甘、伽黑甘),64
Reshid(Rashid,Rosetta),拉什德(罗塞塔),101
Reuben,流便,其支派,72
Rhine,莱茵河,109
Rhodes,罗得岛,25
Rhone,罗讷河,5
Rib of a giant,巨人的肋骨:大马士革,47
Riding on horseback forbidden to Jew of constantinople,君士坦丁堡犹太人被禁止骑马,23
Romagna,艾米利亚-罗马涅大区,其商人,106
Roman road,波佐利到那不勒斯的罗马大道,12
Rome,罗马,8—11,109;罗马商人,3
Romulus,罗慕路斯国王,12
Rosetta(Rashid,Reshid),罗塞塔(拉什德),101
Rudbar,鲁德巴尔,76
Ruins,遗迹:艾因-沙马,103;巴比伦,65;法尤姆,97;伽迪肯,18;尼尼微,52;老麦西拉姆,102;帕密斯(帕密德、亚实突),43;波佐利,11;拉姆拉,43;书珊,73
Russia,俄罗斯(罗斯):面积,111;商人,20,106

S

Saadiah Al-Fiumi, R.(R. Rabenu S'adiah-al-Fajumi),拉比萨阿迪·法尤弥,69
Saba,示巴,即也门,62,70,72;示巴商人,89,106
Sabbath,安息日,25
Sable, found in Russia,俄罗斯黑貂,112
Sacrifices,逾越节与其他节日在基利心山上的献祭,33
Saffuriya(Sepphoris,Sufurieh),色佛黎(西弗利亚、西弗利斯),44
Sahara,撒哈拉,97
Saida(Sidon, Tsdion),赛达(西顿),29
Saidna ben Daoud,大卫王后裔贵族,61,62
St.Abram,圣亚伯兰,其大教堂,40
St.Abram de Bron,圣亚伯兰·德·伯伦,40
St.Elias,迦密山的祭拜场所圣埃利亚斯,31
St.George of Ludd,卢德的圣乔治,32,44

St.Gilles,Bourg de.,圣吉尔斯,5
St. John, Lateran (San Giovanni in Laterano),拉特兰圣约翰,其大教堂,10
St. Peter's Church,罗马圣彼得教堂,8
St.Samuel of Shiloh,示罗的圣撒母耳,42
Salchah (Racca, Rakka, Salchan),撒迦(拉卡),51
——Salkat,撒迦,48
Salerno,萨勒诺,12
Salkat(Salchah),撒迦,48
Salmon,the Nasi,萨蒙纳西,70
Salonica(Salunki),萨洛尼卡,18
Salt Sea(Sea of Sodom),盐海,即死海(所多玛海),37,44
Samara,萨马拉河,73
Samaritan Alphabet,撒玛利亚人字母,缺少ה,ח,ע,33
Samaritans,撒玛利亚人:凯撒利亚,32;纳布卢斯(示剑),32
Samarkand,撒马尔罕,57,62,82
Samnu,萨姆努,103
Samos,萨摩斯,25
Samson,state of,at Rome,罗马参孙雕塑,11
Samuel,先知撒母耳墓地,42;撒母耳后裔,60
——撒母耳与拉布犹太会堂以及他们的墓地,53,69
——祭司拉比撒母耳·本·霍夫尼(R. Sh'muel B. Chophni the Cohen)墓地,69
——萨洛尼卡犹太人首领拉比撒母耳,19
Samuel,the son of Eli 埃利之子撒母耳,大拉比,60,61
Sand-storms,in the Sahara,撒哈拉沙暴,97
Santa Sophia,君士坦丁堡圣索菲亚教堂,20
Sar Shalom,犹太法庭的主事者沙尔·沙龙,48
Sar Shalom,伊斯法罕大拉比沙尔·沙龙,82,88
Sarafend(Sarepta),萨菲德(萨尔朋塔),30
Saragossa,萨拉戈萨,1
Saxony,萨克森,来自萨克森的商人,106
Scorpions, at Babylon, 巴比伦的蝎,65
Scotia,斯科舍,来自斯科舍的商人,106
Seba,示巴,96
Sebastiya(Sebaste),塞巴斯特亚(塞巴斯特),32
Seine,塞纳河,112
Selah(Kalat Jabar, Kala' Jiaber),西拉(卡拉特·加巴),50
Seleucus,塞琉古国王,18
Seljuks(Togarmim),塞尔柱(陀迦玛):23, 46, 50;塞尔柱之地,

51,62
Senators of Rome,罗马元老,9
Seneh(Séne),西尼,43
Sepharad(Spain),塞法迪(西班牙),1,9;塞法迪商人,20
Sephardi,塞法迪人,拉比犹大·本·提本,4
Sepphoris(Saffuriya,Sufurieh),色佛黎(西弗利亚、西弗利斯),44
Sepulchre,墓地,10,31,33,37,38,41,42,44,45,46,53,64,66,68,69,73,74—76,81,106
Serpents at Babylon,巴比伦的蛇,65
Shafjathib,沙非贾底布,69
Shalmaneser,亚述国王萨尔玛那萨尔,72,77,83
Shammai,沙麦,其墓地,27
Schechem(Sh'ekhem),示剑,32
Sheik Al Hashishim (Sheikh al Chashishim),教长哈昔新
Sheizar(Reiha),设扎尔(芮哈),50
Sherira,R.(R.Shrira),拉比谢拉,其墓地,69
Shiloh,示罗,42
Shinar,示拿之地,51,62,64,70,72;示拿商人,20,89,106
Shipping,航运:阿卡,31;热那亚,7;新提尔,30;比萨,7
Shirza,设拉子,82
Shittim,什亭谷,37
Shomron,撒玛利亚,32
——撒玛利亚犹太人,撒玛利亚人:凯撒利亚,32;纳布卢斯(示剑),32
Shushan(Susa),书珊(苏萨),73
Siberia(Sikbia),西伯利亚,62
Sicily,西西里,7,108;西西里商人,2,106
Sidon (Saida, Tsdion), 西顿(赛达),28
Sihon(Sichon),西宏,27
Silk,丝绸:手工匠人,16,23;萨洛尼卡丝织业,19
Siloam,Wafers of,西罗亚池,37
Simasim,芝麻,107
Simeon ben Gamaliel,拉班西蒙·本·迦玛列,其墓地,45
Simon the Just,正义的西蒙,其墓地,45
Sinai,西奈山,107
Sin-ed-din,森-埃德-丁托迦玛国王,52,81
Singers of the Temple,圣殿领唱者,精通圣殿中所唱诵的曲调的拉比埃拉扎尔·本·采马赫,60
Sinjar,桑加尔,波斯的沙,74;其领地面积,75;被乌古斯击败,84—88
Sinon Potamo(Zeitún Potamo),西努河(泽图河),17
Slaves,taken by men of Assuan,阿斯旺人所获奴隶,96
Slavonia(Canaan),斯拉沃尼亚(迦南),111;斯拉沃尼亚商人,106
Sodom(Salt Sea),所多玛海,(盐海,

即死海),37,44
Solomon,所罗门国王,48,49;所罗门宫殿,36;所罗门墓地,39;所罗门圣殿,10,35
Solomon Hamitsri, R., 拉比所罗门·哈姆斯瑞,医生,24
Sorrento,索伦托,11
Sapain(Sepharad),西班牙(塞法迪),1,9;塞法迪商人,20
Spices, from India, 印度香料, 89, 91,106
Stables,马厩,所罗门所建,36
Statues,at Rome,罗马雕塑,10,11
Strassburg,斯特拉斯堡,111
Sugar,grown near Tyre,提尔附近的糖,30
Sunbat,苏巴特,107
Sun-dial,in mosque at Damasus,大马士革清真寺太阳刻度,47
Sun-worshippers,拜火教徒,90—92
Sūr(Tyre),提尔,30
Sura (Mata Mehasya, Matha M'chasia),苏拉(马塔·梅西亚),69
Susa(Shushan),苏萨(书珊),73
Synagogues,犹太会堂,45,51—53,57,64—66,68,69,73,98
Syracuse,锡拉库扎,109
Syria(Al-Sham),叙利亚(艾什-沙姆),来自叙利亚的商人,106
Syrians,叙利亚人:耶路撒冷,34;西奈山修道院,107

T

Tabaristan,泰伯里斯坦,78,81
Tadmor (Tarmod, Thadmor), 达莫,49
Talmud,《塔木德》,3,4,63
Tanai,塔拿,71
Tanis(Tennis,Hanes,Chanes),塔尼斯(特尼斯、哈尼斯),107
Tanners,in Constantinople,君士坦丁堡制革工人,24
Tarabulus el Sham(Tripolis),的黎波里·沙姆(的黎波里),37
Taranto,塔兰托,14
Tarmal Galsin,塔马·伽斯,地下墓穴,10
Tarmod (Tadmor, Thadmor), 达莫,49
Tarquinius,palace of,at Rome,罗马塔奎尼乌斯宫殿,9
Tarragona,塔拉戈纳,1
Tarshish(Tersoos),特什示(特苏斯),26
Teima(Thema),提马,70,71
Temple,神庙:杰比雷(迦巴勒)亚扪人后裔神庙,28;耶路撒冷所罗门圣殿,10,35,36
Terah,house of,at Harrān,哈兰他拉之家,51
Thebes,底比斯,16
Thelasar,提拉撒,95
Theodoros,塞奥佐罗斯,希腊船

长，104
Thoros(Toros)，亚美尼亚国王特罗斯，26
Tiber，台伯河，8
Tiberias，太巴列，44
Tiberius(Triberius)，罗马提比略皇帝、宫殿，9
Tibet，吐蕃，62，82；吐蕃王子，57
Tigris，底格里斯河，52—54，58，64，73，74，88
Tilmas(Telmas)，蒂尔马斯，71，72
Timnathah(Tymin)，亭纳他(亭纳)，45
Titus，提图斯：据说罗马郊外提图斯的宫殿，9；洞穴中所存放的提图斯从圣殿获得的器皿，10
Todros，R.，大卫后裔拉比塞奥佐罗斯，2
Togarma，陀迦玛王子，57
Togarmim(Thgarmim，Seljuks)，陀迦玛(塞尔柱)，23，46，50；陀迦玛(塞尔柱)之地，51，62
Tombes，墓地，10，31，33，37，38，41，42，44，45，46，53，64，66，68，69，73，74—76，81，106
Torah，《托拉》，2
Tortosa，托尔托萨，1
Trani，特拉尼，14
Transmigration of souls，德鲁斯人所信仰的精神轮回，29
Trapani，特拉帕尼，109
Trastevere，特拉斯泰韦雷，8
Treves，特里尔，110
Tripolis(Tarabulus el Sham)，的黎波里(的黎波里·沙姆)，27
Trunia(Dhuchia)，图尼亚(德赤亚)，26
Tur Sinai，图尔·西奈，107
Tuscany，托斯卡纳，来自托斯卡纳的商人，106
Tymin(Timnathah)，亭纳(亭纳他)，45
Tyre(Sūr)，古代提尔，30
——新提尔，30，31
Tyrian glass-ware，提尔玻璃器皿，30

U

Uzziah，乌西雅国王，其墓地，37

V

Vair(Vaiverges)，俄罗斯瓦尔(瓦未尔戈斯)，111
Val-de-Luna，瓦尔·德·卢纳，34
Vegetables and fruit grown in Egypt，埃及的蔬菜与水果，101
Venetia(Valentia)，威尼斯，来自威尼斯的商人(瓦伦西亚商人)，106
Venetians，in Armylo，阿莫柔威尼斯人，18
Verdun，凡尔登，109
Vespasianue，罗马韦斯巴芗皇帝、宫殿，9
Vessels fromthe Temple，圣殿器皿，10

Vessels, sea-going, of Jews of Tyre, 提尔犹太人海船, 30
Virae, 韦雷(韦拉)河, 72
Vissena (Bissina), 韦森纳(比森纳), 18

W

Wales, 威尔士, 来自威尔士的商人, 106
Wallachia, 瓦拉几亚, 17
Wallachians, 采用犹太人名字的瓦拉几亚人, 17; 好战的瓦拉几亚人, 17
Water, 水: 供应到安条克的水, 26; 卡普亚的坏水, 11; 阿勒颇人喝的雨水, 50; 耶路撒冷, 37; 基什, 89
William, 威廉, 西西里国王, 14; 威廉的宫殿, 108
Witchcraft, of Duchbin priests, 杜赤宾(德鲁斯)祭司的巫术, 92—94
Worms, 沃尔姆斯, 110
Würzburg, 维尔茨堡, 111

Y

Yāfa(Jaffa), 雅法, 43
Yemen, el., 也门, 62, 70, 72; 也门商人, 89, 106
Yeshiba Gaon (Jacob), 格昂雅各布, 61

Z

Zakkai, R., the Nasi, 拉比萨凯纳西, 52, 80
Zarfath, 查拉法特(法兰克)27; 耶路撒冷法兰克人, 34
Zawilah(Savila, Chavila, Havilah), 宰维莱(哈腓拉), 97; 宰维莱商人, 106
Zebid(Sebid), 宰比德, 95
Zebulun (S'bulan), 西布伦, 其支派, 83
Zedekiah, 国王西底家, 其墓地, 69
Zedekiah, R., 医生拉比西底家, 48
Zeiri, Rab, Synagogue, at Hillah, 希拉拉比扎伊里犹太会堂, 65
Zelzah, 泄撒, 37
Zemarites, 洗玛利人, 49
Zephaniah(Z'phaniahu), the prophet, sepulchre of, 先知西番雅墓地, 69
Zerin(Serain, Jezreel, Jisre'el), 泽林(耶斯列), 44
Zin, 中国, 94
Zion(Tsion), 锡安, 其城门, 36
——锡安山, 37
——锡安哀悼者, 70, 111
Zoan, 琐安, 99
Zoan el-Medina, 琐安·埃尔-梅迪纳, 98
Zur, son of Hadodezer, 哈达利谢之子祖尔(森茨撒·哈达利谢), 11

译后记

在清华大学历史系读博期间，我在撰写博士论文过程中无意发现了《本杰明行纪》一书。在经过认真阅读之后，深感此书所记内容的珍贵价值，并且得知此书已被译为数种文字出版，在犹太学、中世纪历史地理与中西交流史研究中极具影响力，由此便萌生将此书译介至国内学界的想法。2015 年 3 月，我前往美国布兰迪斯大学（Brandeis University）近东与犹太学系交换学习犹太史与希伯来语，便借此机会收集了大量有关《本杰明行纪》的文献资料。在与诸位师友的交流之中，更是坚定了将此书译介至国内的想法。于是，在历时近三个年头的工作后，终于完成了对该书的翻译。

此项工作不仅包括对《本杰明行纪》的文本内容的翻译，而且最为重要的是对其所记内容进行校注，即解释与勘误，以揭示其意义。《本杰明行纪》的书写语言虽然朴实无华、简单明了，但却记载了大量古代的事物，尤其是圣经中的地名、人名等，并将其与当时的事物联系起来，其中还夹杂了一些讹误，因此这让校注工作充满困难。在翻译与校注过程中，我将意大利费拉拉版本与大英博物馆所藏版本的内容，尤其是不同的内容，皆呈现出来，同时把亚设与马库斯·南森·阿德勒的注解一并译出，然后再对文本内容以及此二人的注解进行校注，力求纠正讹误，解释其意义。在完成翻译与校注工作之后，虽然对译稿经过数次修改与校对，但是其中难免有尚未发现的错误或处理不当之处，因此我坦诚地欢迎一切严肃而认真的批评。

本书的翻译与出版承蒙诸位师友的帮助。张绪山教授多次叮嘱要细致、认真地对内容进行翻译与修改；美国布兰迪斯大学近东与犹太学系教授乔纳森·D.萨纳(Jonathan D.Sarna)、乔纳森·P.戴克特(Jonathan P.Decter)等在查阅相关资料方面为我提供了极大的帮助。张倩红、何志龙、韩中义、张礼刚、王彦与胡浩等教授也对本书的翻译予以关注，并提出了很多中肯的意见。在与他们的交谈中，让我大为受益。同时，该书的出版离不开商务印书馆杜廷广老师的辛苦付出与帮助。在此对于他们的热心帮助与批评指正，表示衷心谢意！译稿的完成与问世也离不开家人的支持，最后对我的母亲茹雪利与我的妻子黄冬秀女士的帮助与理解深表感谢！

李大伟

2018年8月于西安

图书在版编目(CIP)数据

本杰明行纪/(西)本杰明著;李大伟译注.—北京:商务印书馆,2024
(汉译世界学术名著丛书:120年纪念版:珍藏本:增订本)
ISBN 978-7-100-23710-9

Ⅰ.①本… Ⅱ.①本…②李… Ⅲ.①游记—世界—中世纪 Ⅳ.①K919.2

中国国家版本馆CIP数据核字(2024)第076756号

汉译世界学术名著丛书
(120年纪念版·珍藏本·增订本)
本杰明行纪
〔西〕本杰明 著
李大伟 译注

商务印书馆出版
(北京王府井大街36号 邮政编码100710)
商务印书馆发行
北京中科印刷有限公司印刷
ISBN 978-7-100-23710-9

2024年5月第1版 开本710×1000 1/16
2024年5月北京第1次印刷 印张36¾
定价:206.00元